Henninger / Mandl (Hrsg.)
Handbuch Medien- und Bildungsmanagement

Handbuch Medien- und Bildungsmanagement

Herausgegeben von Michael Henninger
und Heinz Mandl

Beltz Verlag · Weinheim und Basel

Die Herausgeber:

Prof. Dr. *Michael Henninger*, Arbeitsgruppe »Mediendidaktik, Medien- und Bildungsmanagement«, Direktor des Zentrums »Lernen mit digitalen Medien« an der Pädagogischen Hochschule Weingarten.

Prof. Dr. *Heinz Mandl*, Department Psychologie an der Ludwig-Maximilians-Universität München.

Das Werk und seine Teile sind urheberrechtlich geschützt. Jede Nutzung in anderen als den gesetzlich zugelassenen Fällen bedarf der vorherigen schriftlichen Einwilligung des Verlages. Hinweis zu § 52a UrhG: Weder das Werk noch seine Teile dürfen ohne eine solche Einwilligung eingescannt und in ein Netzwerk eingestellt werden. Dies gilt auch für Intranets von Schulen und sonstigen Bildungseinrichtungen.

Lektorat: Cornelia Matz

© 2009 Beltz Verlag · Weinheim und Basel
www.beltz.de
Herstellung: Lore Amann
Satz: Druckhaus »Thomas Müntzer«, Bad Langensalza
Druck: Druck Partner Rübelmann, Hemsbach
Umschlaggestaltung: glas aG, Seeheim-Jugenheim
Printed in Germany

ISBN 978-3-407-83162-0

Inhaltsverzeichnis

Michael Henninger/Heinz Mandl
Vorwort und Einleitung 9

1. Kompetenzprofile im Medien- und Bildungsmanagement 11

Christine Hörmann
Aufgabenstellungen und Kompetenzprofile im Medien- und Bildungs-
management 12

2. Pädagogische und instruktionale Aspekte des Medien- und Bildungsmanagements 21

Jan Hense/Heinz Mandl
Bildung im Zeitalter digitaler Medien – Zur wechselseitigen Verflechtung von Bildung und Technologien 22

Kirstin Hansen/Hans Gruber
Erwachsenenbildung – Konzepte, Methoden und Perspektiven 41

Birgitta Kopp/Heinz Mandl
Gestaltung medialer Lernumgebungen 55

3. Psychologische Grundlagen des Medien- und Bildungsmanagements 73

Lutz von Rosenstiel/Peter Neumann
Organisationspsychologie 74

Roland Brünken/Babette Koch/Inge Jänen
Pädagogisch-Psychologische Grundlagen 91

Regina Jucks/Ingo Kollar/Nicole Krämer/Frank Fischer
Psychologische Grundlagen des Medien- und Bildungsmanagements 107

4. Managementaufgabe Kommunikation 135

Michael Henninger/Michael Balk
Grundlagen der Kommunikation 136

Michael Fuhrmann/Algar Rother
Training kommunikativer Kompetenzen 151

Christina Barth/Michael Henninger
Konflikte erkennen und managen. Einführung in Konfliktmanagement und Verhandlungsführung 167

5. Medienwissenschaftliche Perspektive 189

Manuela Glaser/Sonja Weigand/Stephan Schwan
Mediendidaktik 190

Günter Dörr
Medienpädagogik 206

Anja Hartung/Wolfgang Reißmann
Medienwissenschaft 225

6. Informatik im Medien- und Bildungsmanagement 243

Andreas Urra/Oliver Deussen
Informatik im Medien- und Bildungsmanagement – Programmiersprachen 244

Rainer Hammwöhner/Christian Wolff
Gesellschaftliche und interdisziplinäre Aspekte der Informatik 272

7. Betriebswirtschaftliches Basiswissen 289

Verena Mayer/Stephanie Starke/Susanne Weber
Unternehmerische Grundlagen – Unternehmensformen und Geschäftsmodelle 290

Peter Neumann/Lutz von Rosenstiel
Marketingpsychologie 309

8. Politisches und juristisches Basiswissen ... 327

Gerhard Vowe
Medien in Politik und Gesellschaft ... 328

Joachim Löffler
Juristische Felder im Medienmanagement ... 340

9. Mediengestaltung ... 355

Helmut M. Niegemann
Instructional Design ... 356

10. Organisations- und Personalentwicklung ... 371

Katharina Ebner/Thomas Lang-von Wins
Organisationsentwicklung ... 372

Karlheinz Sonntag/Sonja Bausch/Ralf Stegmaier
Personalauswahl und Personalentwicklung ... 387

11. Qualitätsmanagement und Forschungsmethoden ... 405

Michael Henninger
Qualitätsmanagement am Beispiel von Hochschulen ... 406

Robin Stark
Einführung in quantitative Methoden der empirischen Bildungsforschung ... 418

12. Medien- und Bildungsmanagement in der Praxis ... 435

Sven Lehmann/Heinz Mandl
Implementation von E-Learning in Unternehmen ... 436

Susanne Weber/Verena Mayer/Stephanie Starke
Projektmanagement ... 458

Michael Balk
Moderation und Präsentation ... 474

Autorenverzeichnis ... 494

Vorwort und Einleitung

Was ist mit Medien- und Bildungsmanagement gemeint? Welche Themen lassen sich darunter subsumieren? Welche wissenschaftlichen Disziplinen sind involviert? Was sollten Medien- und Bildungsmanager können? Diese und andere Fragen finden ihre Antworten in diesem Handbuch, beantwortet durch Vertreter/innen unterschiedlicher Disziplinen aus Psychologie, Pädagogik, Informatik, Recht und Wirtschaft.

Wir wollen mit diesem Buch den Leser/innen die Möglichkeit geben, sich mit wichtigen Themen des Medien- und Bildungsmanagements fundiert und kompetent auseinanderzusetzen. Ein besonders erwähnenswertes Merkmal dieses Buches ist dabei, dass die thematischen Schwerpunktsetzungen nicht etwa den Vorlieben der Herausgeber oder einer singulären wissenschaftlichen Perspektive folgen. Vielmehr begründen sich Struktur und Inhalte des »Handbuchs Medien- und Bildungsmanagement« in einer breit angelegten internationalen Studie. Im Vorfeld der Entstehung dieses Buches wurden zahlreiche Vertreter/innen der Wissenschaft aber auch der Wirtschaft dazu befragt, was denn im Kontext von Medien und Bildung relevant und wissenswert ist (vgl. dazu auch Kapitel 2). Auf der Grundlage dieser Studie haben die Herausgeber ein Konzept entwickelt, bei dem die eingangs gestellten Fragen und manches mehr ihre Beantwortung finden. Bei der Umsetzung des Konzeptes wurden sie dabei von Eva Amann, Christina Barth, Anna Kutter, Meike Jaschniok und Christian Schmidt unterstützt. Die einzelnen Kapitel sind jeweils in sich geschlossen, weisen aber konkrete Bezüge zu den anderen Themen und Inhalten des Buches auf und folgen dem empirisch ermittelten Gesamtkonzept zum Medien- und Bildungsmanagement.

Wir wünschen allen Interessierten am Medien- und Bildungsmanagement eine interessante Lektüre. Sei es, indem gezielt einzelne Kapitel zur Beantwortung eigener, spezifischer Fragen herangezogen werden, oder indem das Buch in seiner Gesamtheit durchgearbeitet wird, mit dem Ziel, sich umfassend über Medien- und Bildungsmanagement affine Themen zu informieren und zu qualifizieren.

Michael Henninger und *Heinz Mandl*

1. Kompetenzprofile im Medien- und Bildungsmanagement

Christine Hörmann

Aufgabenstellungen und Kompetenzprofile im Medien- und Bildungsmanagement

Dieses Kapitel befasst sich mit dem Themenfeld »Medien- und Bildungsmanagement«. Im Mittelpunkt steht die Frage, was eigentlich die Aufgaben eines/einer Medien- und Bildungsmanagers/in sind und über welche Kompetenzen sie/er verfügen sollte, um entsprechende Aufgaben bewältigen zu können.

Einleitung

Medien- und Bildungsmanagement ist ein junges Fach, das derzeit noch nicht als etabliert betrachtet werden kann. Die Folge ist ein fehlendes Verständnis in der Fachöffentlichkeit und bei Interessent/innen darüber, was Medien- und Bildungsmanagement eigentlich auszeichnet. Im Gegensatz zu anderen Disziplinen und Fächern wie z. B. der Pädagogischen Psychologie oder der Betriebswirtschaftslehre kann Medien- und Bildungsmanagement nicht auf Traditionen zurückgreifen, die zu einem verbreiteten und weitestgehend geteilten Fachverständnis beitragen. Eine fachliche Beschreibung mit entsprechenden Anforderungs- bzw. Kompetenzprofilen kann weder auf ein ausgearbeitetes Konzept eines Berufs- oder Fachverbandes gestützt, noch auf eine breite Literaturbasis mit dem Fokus auf Medien- und Bildungsmanagement zurückgeführt werden.

Dass sich jedoch solch ein neues Berufs- und Anforderungsfeld entwickelt hat, zeigt eine international durchgeführte empirische Untersuchung, die im Rahmen einer Bedarfsermittlung für die Entwicklung eines neuen Studiengangs durchgeführt wurde (vgl. Hörmann 2007). Die Studienergebnisse führten zu einer Reihe von fachlichen Inhalts- und Kompetenznennungen für eine zukunfts- und bedarfsorientierte Tätigkeit im Bildungsbereich und zeigen ein Anforderungsprofil, das ausführlich in diesem Artikel vorgestellt wird. Die an der Studie beteiligten Expert/innen aus Bildungspraxis und Wissenschaft wählten für dieses empirisch abgesteckte Profil die Bezeichnung »Medien- und Bildungsmanagement«.

Doch welches sind nun die Tätigkeitsfelder bzw. Aufgaben eines Medien- und Bildungsmanagers? Welches sind die Kompetenzen, über die Medien- und Bildungsmanager/innen verfügen müssen, um beruflich erfolgreich zu arbeiten? Im Folgenden werden diese Fragen näher betrachtet und dadurch das Themenfeld Medien- und Bildungsmanagement detaillierter beschrieben.

Aufgaben von Medien- und Bildungsmanager/innen

»Felix H. ist in einer Softwarefirma als Medien- und Bildungsmanager tätig. Seine Aufgabe ist es, ein Lernprogramm zum Thema »Kostenkalkulation von Seminaren und Workshops« zu entwickeln und die Leitung des Projektes zu übernehmen. Er erstellt ein Konzept und ein Drehbuch für das Lernprogramm und berücksichtigt dabei sowohl lernpsychologische als auch instruktionale und mediendidaktische Aspekte. Aufgrund seiner grundlegenden Programmierkenntnisse ist er in der Lage, den Programmier- und damit den Personal- und Zeitaufwand des Projektes abzuschätzen und berücksichtigt diese bei der Erstellung eines Projektplans und der Zusammensetzung des Projektteams. Eine Kalkulation des Projektes legt er seinem Auftraggeber ebenfalls vor. Nachdem dieser das Projekt bewilligt hat, übernimmt H. das Projektmanagement und setzt das Konzept in ein Lernprogramm um, das von Beginn an einer formativen Evaluation unterzogen wird. In der Durchführung des Projektes profitiert er von seinen fundierten kommunikativen Fähigkeiten und erkennt schon frühzeitig Konfliktpotenziale in seinem Team. Aufgrund seiner Kenntnisse im Konfliktmanagement kann er dennoch einen reibungslosen Ablauf der Projektarbeit ermöglichen…«

Der kurze Einblick in die Aufgaben eines Medien- und Bildungsmanagers macht deutlich, dass es sich um ein interdisziplinäres Tätigkeitsfeld handelt, das sich insbesondere durch Schnittstellen- und Managementaufgaben in der Bildungs- und Medienbranche auszeichnet. Medien- und Bildungsmanager/innen planen, entwickeln, gestalten und bewerten bildungsbezogene und mediengestützte Dienstleistungen wie im oben beschriebenen Beispiel und führen diese durch. Dieses Aufgabenfeld kennzeichnet das Berufsbild des Medien- und Bildungsmanagers. Damit rückt er in Tätigkeitsbereiche hinein, die bislang zum Teil von Psycholog/innen, Pädagog/innen oder z.B. von Medienentwickler/innen oder Betriebswirt/innen abgedeckt wurden.

Entscheidender Unterschied bezüglich des Aufgabenfeldes eines Medien- und Bildungsmanagers ist jedoch, dass er Schnittstellenaufgaben übernehmen kann, die für eine dienstleistungsorientierte Tätigkeit im Medien- und Bildungsbereich notwendig sind. Er verfügt über interdisziplinäre Kompetenzen, die sich von den traditionellen Profilen eines Psychologen, Pädagogen bzw. Medienentwicklers oder Betriebswirts deutlich unterscheiden. Zentrale Kompetenzbereiche eines Medien- und Bildungsmanagers sind nach den gewonnenen empirischen Erkenntnissen der Bedarfsermittlung für eine entsprechende Ausbildung Kommunikation, Medien und Management. Er verfügt über ein Kompetenzprofil, das in gewisser Weise eine Schnittmenge der verschiedenen Fachqualifikationen darstellt, die für die Planung und Entwicklung bzw. die operative Durchführung und darüber hinaus für die Bewertung von mediengestützten und bildungsbezogenen Dienstleistungen relevant sind. Neben dem Beispiel aus der Softwarebranche stellen z.B. die Bildungsmedienentwicklung/-produktion, die Organisations- und Personalentwicklung, die Beratung oder auch die Weiterbildung/das Training weitere Tätigkeitsbereiche dar, in denen Medien- und Bildungsmanager/innen gefragt sind. Aufgrund der durchgeführten Bedarfsermittlung für die Konzeptionierung einer entsprechenden akademischen Ausbildung zum Medien- und Bildungsmanager liegen eine große Anzahl an Kompetenznennungen vor, die für die unterschiedlichen Aufgabenbereiche eines Medien- und Bildungsmanagers entsprechende Schwerpunktsetzungen erfahren müssen. Wie die präferierten Kompetenzprofile für einzelne Aufgabengebiete von Medien- und Bildungsmanager/innen im Einzelnen aussehen, wird im Folgenden näher beschrieben. Zunächst wird jedoch auf den Begriff »Kompetenz« näher eingegangen und das den weiteren Ausführungen zugrunde gelegte Begriffsverständnis erläutert.

Zum Begriff »Kompetenz«

Der Ansatz, ein Fachverständnis anhand einer Beschreibung von Kompetenzprofilen aufzubauen, die aus dem betreffenden Fach resultieren, orientiert sich an der aktuellen Entwicklung im Bildungsbereich, Lehr-Lern-Prozesse verstärkt aus der Perspektive der Kompetenz- bzw. Outputorientierung zu betrachten und aus den damit einhergehenden Vorgaben für die Entwicklung von (Hochschul-)Curricula. Diese zunehmende Kompetenzorientierung ist sowohl im Schulbereich (Bonsen/Hey 2002), nicht zuletzt durch die Einführung von Bildungsstandards durch die KMK (2004), im Hochschulbereich durch den sogenannten Bologna-Prozess (HRK 2005) als auch in der Erwachsenenbildung (Hof 2002; Thöne-Geyer 2004) zu beobachten. Lehr-Lern-Prozesse orientieren sich nicht mehr wie bislang primär an den Inhalten, die vermittelt werden (Inputorientierung), sondern an den Kompetenzen (Outputorientierung), die erworben werden sollen und werden zunehmend auch durch solche beschrieben. Auch das Themenfeld Medien- und Bildungsmanagement kann mithilfe der Kompetenzprofile beschrieben werden, die die berufliche Tätigkeit von Medien- und Bildungsmanager/innen prägen.

Da die im Folgenden vorgestellten Kompetenzprofile von Medien- und Bildungsmanager/innen auf der Entwicklung einer entsprechenden akademischen Ausbildung basieren (vgl. Hörmann 2007), sind Richtlinien und Vorgaben für Curriculumentwicklungen an Hochschulen zu berücksichtigen. Ein wesentlicher Aspekt entsprechender hochschulpolitischer Vorgaben ist die explizite Formulierung von Kompetenzzielen in den Curricula (Tauch 2005). Aus diesem Grund wird der Kompetenzbegriff bei der Entwicklung von Anforderungsprofilen für Medien- und Bildungsmanager/innen aufgegriffen, wohl wissend, dass eine Diskussion um Verständnis, Struktur und Systematisierbarkeit von Kompetenzen sowie deren Operationalisierung und Messbarkeit nach wie vor insbesondere von den Fachwissenschaften geführt wird (Himmelmann 2005; Zeitlinger 2007).

Die Schwierigkeit einer Kompetenzdefinition wird bereits bei einem kurzen Blick in die Literatur deutlich. Hier stößt man auf eine Vielzahl von Beschreibungen und Definitionen des Kompetenzbegriffs. Neben dem Verständnis von Kompetenz als Beschreibung von Zuständigkeit und Befugnis (North/Reinhardt 2005) wird Kompetenz auch mit verwandten Termini wie Fähigkeiten, Begabungen, Qualifikation beschrieben (Weinert 1999). Ansätze zur Definition von Kompetenz lassen sich z.B. unterscheiden in solche, die in Kompetenzen eine generelle kognitive Disposition sehen (vgl. z.B. Chomsky 1980) und in Ansätze, die Kompetenzen als Fähigkeiten betrachten, die in einem bestimmten Fachgebiet erworben werden (vgl. Gruber/Mandl 1996; vgl. auch Mandl/Krause 2001). Ein weit verbreitetes und in der pädagogisch-psychologischen Literatur häufig zitiertes Konzept von Kompetenz führt Aspekte solch unterschiedlicher Auffassungen von Kompetenz zusammen und berücksichtigt sowohl individuelle kognitive als auch nicht kognitive Voraussetzungen:

> Kompetenzen sind demnach »*verfügbare [...] oder [...] erlernbare [...] kognitive [...] Fähigkeiten und Fertigkeiten, bestimmte Probleme zu lösen, sowie die damit verbundenen motivationalen, volitionalen und sozialen Bereitschaften und Fähigkeiten, die Problemlösungen in variablen Situationen erfolgreich und verantwortungsvoll nutzen zu können*«. (Klieme et al. 2003, S. 72; vgl. auch Weinert 1999; Mandl/Krause 2001)

Kompetenz stellt dabei die Verbindung zwischen Wissen und Können her, sie wird ersichtlich, wenn Wissen in Handlung umgesetzt wird und ist zur Bewältigung von Aufgaben bzw. Situationen notwendig (Klieme et al. 2003; North/Reinhardt 2005). Für die Beschreibung von Kompetenzprofilen, die aufgrund von Lehr-Lern-Prozessen erworben werden können, bietet sich die Definition nach Weinert und Klieme et al. an. Sie betont die Erlernbarkeit von Kompetenzen und unterstützt den lebenslangen Erwerb von Kompetenzen. Das vorliegende Handbuch richtet sich an Interessent/innen, die Kompetenzen im Medien- und Bildungsmanagement erwerben möchten. Die aufgeführte Definition von Kompetenz nach Klieme et al. und Weinert genügt mit dem ihr eigenen Abstraktionsgrad, um Kompetenzprofile im Überblick zu beschreiben und wird daher für den vorliegenden Beitrag und die entwickelten Anforderungsprofile gewählt.

Zur empirischen Basis der Kompetenzprofile »Medien- und Bildungsmanagement«

Nach der Beschreibung des Kompetenzverständnisses, das den Ausführungen zu den Kompetenzprofilen des Medien- und Bildungsmanagements zugrunde gelegt wird, soll zunächst der Hintergrund deutlich gemacht werden, aufgrund dessen die Kompetenzprofile beschrieben werden.

Medien- und Bildungsmanagement ist ein junges Themenfeld. Damit stellt sich die Frage der Beschreibbarkeit, wenn Tradition und geteiltes Fachverständnis noch nicht greifen können. Diese Frage stellten sich auch die Verantwortlichen einer Studiengangsentwicklung an der Pädagogischen Hochschule Weingarten. Sie hatten den Auftrag, ein neues Studienangebot im Bereich Medien und Bildung zu entwickeln.

Einer modernen Studiengangsentwicklung kommt die Verantwortung zu, zukünftige Studierende für Tätigkeiten auf dem Arbeitsmarkt zu qualifizieren und entsprechend die sich verändernden Anforderungen sowohl vonseiten der Wissenschaft aber auch vonseiten späterer potentieller Arbeitgeber/innen zu berücksichtigen und entsprechende Kompetenzziele der akademischen Ausbildung zu formulieren (Lischka 2001; Hörmann 2007). In der aktuellen Literaturdebatte wird daher eine empirische, am Bildungsbedarf und den beruflichen Anforderungen ausgerichtete Studiengangsentwicklung gefordert (vgl. Hörmann 2007). Vor diesem Hintergrund wurde eine umfangreiche international angelegte Studie nach einem adaptierten Delphi-Design konzipiert und über 300 Expert/innen aus Wissenschaft und Bildungspraxis eingeladen, an dieser mehrstufigen Befragungsstudie teilzunehmen. Expert/innen wurden befragt, die sich mit dem Lehren und Lernen mit digitalen Medien beschäftigen bzw. in der Bildungsmedienentwicklung/-produktion, in Schule/Ausbildung, Training/Weiterbildung, Unternehmensberatung oder Personal- und Organisationsentwicklung tätig sind. Über drei Befragungsrunden hinweg und in zusätzlichen Experteninterviews konnten Erkenntnisse zu Kompetenzzielen und Studieninhalten sowie zu strukturellen Merkmalen des neuen Studiengangs gewonnen werden. In dem damit erhaltenen Ausbildungsprofil sehen Experten/innen eine fachliche Ausrichtung gegeben, die mit »Medien- und Bildungsmanagement« am treffendsten bezeichnet werden kann (Hörmann 2007).

Kommunikation, Management und Medien als zentrale Kompetenzbereiche

Die Expert/innen aus Wissenschaft und Bildungspraxis fordern ein interdisziplinäres Kompetenzprofil für den Studiengang »Medien- und Bildungsmanagement«. Es zeichnet sich unter anderem sowohl durch pädagogisch-psychologische Kompetenzen als auch durch betriebswirtschaftliche, methodische, juristische oder medienbezogene Kompetenzen aus (ausführliche Darstellung der gewonnenen Daten und damit auch der Kompetenzziele des Studiengangs »Medien- und Bildungsmanagement«, vgl. Hörmann 2007). Auf der Grundlage statistischer Auswertungsschritte der empirisch gewonnenen Daten konnten die Studienverantwortlichen aus den Kompetenznennungen Kompetenzbereiche gewinnen, die für das Medien- und Bildungsmanagement von Expert/innen als zentral angesehen werden. Diese Kompetenzbereiche bündeln sowohl fachliche als auch überfachliche Kompetenzen. Als zentral werden Kompetenzen in den Bereichen

- Kommunikation
- Management
- Medien

angesehen. Dabei umfasst der Kompetenzbereich Kommunikation z. B. Beratungskompetenz, pädagogische und pädagogisch-psychologische Kompetenz, instruktionale Kompetenz, psychologische Kompetenz, personale und soziale Kompetenzen, Moderations- und auch Methodenkompetenzen (diese Kompetenzen sind Beispiele aus den vorliegenden Nennungen, die aufgrund der empirischen Daten dem Bereich »Kommunikation« zugeordnet wurden; die Reihenfolge der Nennungen an dieser Stelle stellt keine Gewichtung der Kompetenzen dar. Diese Anmerkungen gelten im übertragenen Sinne ebenfalls für die beiden weiteren Kompetenzbereiche).

Kompetenzen aus dem Bereich Management sind laut Studienergebnis z. B. Kompetenzen in Management, Projektmanagement, Organisations- und Personalentwicklung, betriebswirtschaftliche und juristische Kompetenzen sowie z. B. systemische Kompetenzen und Leitungskompetenz.

Kompetenzen aus dem Bereich Medien sind entsprechend der Studienergebnisse neben Medienkompetenz z. B. mediendidaktische, -pädagogische und wissenschaftliche Kompetenzen, Kompetenzen in der Entwicklung mediengestützter Lehr-Lern-Umgebungen und multimedialer Bildungsangebote sowie in der Gestaltung von Medien und informationstechnische Kompetenz.

Die aufgeführten Kompetenzen, die laut empirischer Untersuchung das Anforderungsprofil des Medien- und Bildungsmanagements auszeichnen, verdeutlichen die interdisziplinäre Ausrichtung dieses Faches. Die Absolvent/innen einer entsprechenden akademischen Ausbildung müssen für die Bewältigung zahlreicher Schnittstellen- und Managementaufgaben qualifiziert und dazu befähigt werden, in einem interdisziplinären Team verantwortungsvoll tätig zu werden. In der Praxis ist es jedoch nicht möglich, dass eine Person über alle Kompetenzen verfügt, die aufgrund der empirisch gewonnenen Erkenntnisse von einem Medien- und Bildungsmanager gefordert werden. Vielmehr werden Medien- und Bildungsmanager/innen ihre beruflichen Aufgaben auch in verschiedenen Tätigkeitsschwerpunkten finden, sodass sich unterschiedliche Kompetenzprofile für Medien- und Bildungsmanager/innen ausdifferenzieren müssen. Auf diese wird im Folgenden näher eingegangen.

Kompetenzprofile der verschiedenen Tätigkeitsbereiche im Medien- und Bildungsmanagement

Medien- und Bildungsmanager/innen planen, entwickeln, gestalten und bewerten bildungsbezogene und mediengestützte Dienstleistungen und führen diese durch. Damit lassen sich drei Haupttätigkeitsfelder benennen, in denen Medien- und Bildungsmanager/innen arbeiten können:
- Entwicklung
- operative Durchführung
- Bewertung

von bildungsbezogenen und mediengestützten Dienstleistungen.

Entsprechend dieser Tätigkeitsbereiche lassen sich auch die Kompetenzprofile von Medien- und Bildungsmanager/innen weiter differenzieren. Je nach Tätigkeitsfeld, in dem ein Medien- und Bildungsmanager arbeiten möchte, wird ein spezielles Kompetenzprofil gefordert. Bestimmte Kompetenzbereiche sind dann eher gefordert als andere. Im Einzelnen bedeutet das folgendes:

- Tätigkeitsbereich »Entwicklung«
  Hier liegt die hauptsächliche Tätigkeit von Medien- und Bildungsmanager/innen in der Entwicklung, Gestaltung und auch Produktion von bildungsbezogenen und mediengestützten Dienstleistungen. Damit rücken Kompetenzanforderungen im Bereich Medien verstärkt in den Vordergrund, während die Kompetenzen in Kommunikation und Management nicht ganz so umfangreich ausgeprägt sein müssen.

  Medien- und Bildungsmanager/innen, die im Bereich »Entwicklung« vorwiegend tätig sind, müssen neben pädagogischen, psychologischen und instruktionalen Kompetenzen für die (mediale) Aufbereitung von Lehr-Lern-Materialien und Kompetenzen in modernen mediengestützten Lehr-Lern-Formaten (Blended-Learning-Konzepte, Videokonferenzen) insbesondere über Kompetenzen in der Entwicklung und Gestaltung von mediengestützten Bildungsangeboten verfügen. Dazu muss ein Medien- und Bildungsmanager Informations- und Kommunikationstechnologien effektiv und effizient für organisatorische Aufgaben sowie für mediengestütztes Lehren, Lernen und Arbeiten anwenden und berücksichtigen können. Ein kompetenter Umgang mit Produktions- und Bearbeitungswerkzeugen zur Bearbeitung von Bild-, Audio- und Videomaterial unter mediendidaktischen und softwareergonomischen Gesichtspunkten gehört ebenso dazu wie grundlegende Kompetenzen in der Programmierung, die es ihm ermöglichen, Entwicklungs- und Produktionsaufwand der Bildungsmedien abzuschätzen und entsprechende Kalkulationen aufzustellen. Kompetenzen werden gefordert, aufgrund derer Kommunikations- und Kooperationsprozesse in mediengestützten Lehr-Lern- bzw. Arbeitsprozessen strukturiert und begleitet werden können. Selbstverständlich werden auch hier weitere Kompetenzen aus den Bereichen Kommunikation und Management gefordert, um z. B. die Entwicklung der jeweiligen Dienstleistung im (interdisziplinären) Team voranzubringen, moderierend tätig zu sein und entsprechende Projekte zu managen. Der Schwerpunkt liegt jedoch eindeutig im Kompetenzbereich Medien.

- Tätigkeitsbereich »operative Durchführung«
  Hier liegt die hauptsächliche Tätigkeit von Medien- und Bildungsmanager/innen in Implementation, Management und Durchführung von bildungsbezogenen und mediengestützten Dienstleistungen. Damit rücken Kompetenzanforderungen im Bereich Management verstärkt in den Vordergrund, während die Kompetenzen in Kommunikation und Medien nicht ganz so umfangreich ausgeprägt sein müssen.

  Medien- und Bildungsmanager/innen, die vorwiegend im Bereich »operative Durchführung« tätig sind, müssen insbesondere über Kompetenzen im Bereich Implementationsmanagement, Unterstützung von Veränderungsprozessen und Personal- bzw. Organisationsentwicklung verfügen. Sie zeichnen sich durch ein

höheres Maß an Leitungskompetenz aus und sind eher in der Lage, ihr Angebot aus unternehmerischer Perspektive zu betrachten, relevante rechtliche und politische Aspekte zu berücksichtigen sowie es zu vermarkten. Zu den primär managementbezogenen Kompetenzen sollten sie zwar auch über kommunikative Kompetenzen verfügen, in der Lage sein, systemisch zu denken und Konflikte zu managen und über eine gewisse Medienkompetenz verfügen, sodass sie sowohl digitale Medien als auch moderne Lehr-Lern- und Arbeitskonzepte in ihren Dienstleistungen anwenden bzw. umsetzen können. Dennoch liegt der Schwerpunkt auf der Ausbildung von Kompetenzen im Bereich Management.

- Tätigkeitsbereich »Bewertung«
Hier liegt die hauptsächliche Tätigkeit von Medien- und Bildungsmanager/innen in der Bewertung bzw. Evaluation von bildungsbezogenen und mediengestützten Dienstleistungen und der Rückmeldung der gewonnenen Ergebnisse. Bezug nehmend auf die Literatur zu Evaluation (vgl. Wottawa/Thierau 2003) rücken daher Kompetenzanforderungen im Bereich Kommunikation verstärkt in den Vordergrund, während die Kompetenzen in Management und Medien nicht ganz so umfangreich ausgeprägt sein müssen.
Medien- und Bildungsmanager/innen, die vorwiegend im Bereich »Bewertung« tätig sind, sollten sich durch ihr systemisches Denken und Arbeiten auszeichnen. Sie sollten über Kompetenzen bezüglich der individuellen Kommunikation, der organisationalen Kommunikation und in diesem Zusammenhang auch der medialen/medial vermittelten Kommunikation verfügen. Sie sollten in der Lage sein, Kommunikationssituationen zu gestalten und zu analysieren, Konflikte zu managen und zu lösen und Moderationsaufgaben zu übernehmen. Darüber hinaus sollten Kompetenzen in der Bewertung und Evaluation von Bildungsangeboten zu ihren Kernkompetenzen gehören. Daher können sie Evaluationskonzepte entwickeln, durchführen und auswerten und sind idealerweise in der Lage, die gewonnenen Ergebnisse den beteiligten Parteien zu vermitteln.

Die Kompetenzprofile zeigen, dass in allen Tätigkeitsschwerpunkten sowohl Kompetenzen in Kommunikation als auch Management und Medien von Bedeutung sind. Jedoch erfordern die jeweiligen Tätigkeitsschwerpunkte auch eine Schwerpunktsetzung im Kompetenzprofil eines Medien- und Bildungsmanagers. Wohl wissend, dass trotz dieser Schwerpunktsetzungen immer noch eine Fülle an Kompetenzen bleibt, die ein Medien- und Bildungsmanager mitbringen muss, wird es in der Praxis wohl weitere Spezialisierungen geben. Neben einem akademischen Ausbildungsangebot – dem Studiengang Medien- und Bildungsmanagement – unterstützt auch das vorliegende Buch Interessent/innen darin, einzelne Kompetenzbereiche auszubauen und so das eigene Kompetenzprofil den beruflichen Anforderungen anzupassen. Da die Basis von Kompetenz das Wissen über bestimmte Themengebiete darstellt (vgl. Ausführungen zum Kompetenzbegriff in diesem Artikel), bietet dieses Handbuch eine Reihe von thematischen Einführungen, die Sie als Leser in dem Aufbau bzw. in der Entwicklung bestimmter Kompetenzbereiche unterstützen.

Literatur

Bonsen, E./Hey, G. (2002): Kompetenzorientierung – eine neue Perspektive für das Lernen in der Schule. manage.lisum.de/Inhalte/Data/unterrichtsentwicklung/beruf/Bereich_Rahmenplan/kompetenzorientierung%20Hey.pdf (Abruf 26.7.2007).

Chomsky, N. (1980): Rules and representations. In: The Behavioral and Brain Sciences 3, S. 1–61.

Gruber, H./Mandl, H. (1996): Expertise und Erfahrung. In: Gruber, H./Ziegler, A. (Hrsg.): Expertiseforschung. Opladen: Westdeutscher Verlag, S. 18–34.

Himmelmann, G. (2005): Expertise zum Thema »Was ist Demokratiekompetenz?« Ein Vergleich von Kompetenzmodellen unter Berücksichtigung internationaler Ansätze. rzv039.rz.tubs.de/isw/daten/Expertise.pdf (Abruf 24.6.2008).

Hörmann, C. (2007): Die Delphi-Methode in der Studiengangsentwicklung – Entwicklung und Erprobung eines Modells zur empirisch gestützten Studiengangsentwicklung [online]. Weingarten, PH, Dissertation. Verfügbar unter: http://www.ub.uni-konstanz.de/opus-hsbwgt/volltexte/2008/44/.

Hof, C. (2002): Von der Wissensvermittlung zur Kompetenzorientierung in der Erwachsenenbildung? In: Literatur- und Forschungsreport Weiterbildung 2002 49, S. 80–89.

HRK (2005): Was muss ein Bachelor wissen, was soll ein Master können? HRK-Senat stimmt Qualifikationsrahmen für Hochschulabschlüsse zu. Pressemitteilung vom 16. Februar 2005. www.idw-online.de/pages/de/news100917 (Abruf 13.8.2007).

Klieme, E./Avenarius, H./Blum, W./Döbrich, P./Gruber, H./Prenzel, M./Reiss, K./Riquarts, K./Rost, J./Tenorth, H.-E./Vollmer, H.J. (2003): Zur Entwicklung nationaler Bildungsstandards. Eine Expertise. Berlin: BMBF.

KMK (2004): Bildungsstandards der Kultusministerkonferenz. Erläuterungen zur Konzeption und Entwicklung. www.kmk.org/schul/Bildungsstandards/Argumentationspapier 308KMK.pdf (Abruf 26.7.2007).

Lischka, I. (2001): Erwerb anwendungsbezogener Fach- und Methodenkompetenzen sowie sozialer Kompetenzen durch Hochschulbildung. In: Forum Bildung (Hrsg.): Kompetenzen als Ziele von Bildung und Qualifikation – Bericht der Expertengruppe des Forum Bildung, S. 43–52. www.forum-bildung.de/bib/material/ex-bericht-bq.pdf (Abruf 14.4.2007).

Mandl, H./Krause, U.-M. (2001): Lernkompetenz für die Wissensgesellschaft (Forschungsbericht Nr. 145). München: LMU München, Lehrstuhl für Empirische Pädagogik und Pädagogische Psychologie.

North, K./Reinhardt, K. (2005): Kompetenzmanagement in der Praxis. Mitarbeiterkompetenzen systematisch identifizieren, nutzen und entwickeln. Wiesbaden: Gabler.

Tauch, C. (2005): Qualifikationsrahmen für deutsche Hochschulabschlüsse. HRK. www.kmk.org/doc/beschl/BS_050421_Qualifikationsrahmen_AS_Ka.pdf (Abruf 24.6.2008).

Thöne-Geyer, B. (2004): Zur Vermittlungsproblematik sozialer Kompetenz in der Erwachsenenbildung/Weiterbildung. In: REPORT (27) 1/2004, S. 164–170.

Weinert, E. (1999): Concepts of Competence. www.portal-stat.admin.ch/deseco/weinert_ report.pdf (Abruf 26.7.2007).

Wottawa, H./Thierau, H. (^{3}2003): Lehrbuch Evaluation. Bern u.a.: Verlag Hans Huber.

Zeitlinger, E. (2007): Deutsch-Standards. In: ide – Informationen zur Deutschdidaktik 4/2007, S. 113–118.

2. Pädagogische und instruktionale Aspekte des Medien- und Bildungsmanagements

Jan Hense / Heinz Mandl

Bildung im Zeitalter digitaler Medien – Zur wechselseitigen Verflechtung von Bildung und Technologien

Verflechtungen zwischen technologischen Entwicklungen und dem Bildungsbereich stellen historisch gesehen keineswegs ein neues Phänomen dar (Nordkvelle 2004). Allerdings hat der komplexe wechselseitige Zusammenhang nach allgemeiner Wahrnehmung durch die immer noch wachsende Allgegenwart der »neuen« digitalen Medien und Technologien zusätzlich an Dynamik gewonnen. Auch aus Sicht des Medien- und Bildungsmanagements ist daher die Frage von Interesse, welche Zusammenhänge und Einflüsse zwischen Entwicklungen im Bereich der digitalen Technologien auf der einen Seite und dem Bildungsbereich auf der anderen Seite bestehen.

Die Diskussion dieser wechselseitigen Zusammenhänge hat sich in einer Reihe von relativ unabhängigen Diskursen niedergeschlagen und hängt von der gewählten Perspektive ab (vgl. Aviram/Talmi 2005):

- Aus *administrativer* Perspektive stellt sich die Frage, welche Ausstattung in Bildungsinstitutionen für das Lernen mit digitalen Medien erforderlich ist.
- Die *mediendidaktische* Perspektive betrachtet digitale Medien als pädagogisches Mittel und interessiert sich für die Unterstützung und Umsetzung innovativer Lehr-Lern-Formen mithilfe digitaler Medien.
- Die *curriculare* Perspektive betrachtet digitale Medien als Inhalt pädagogischer Maßnahmen und fragt, wie und in welchem Umfang die für ihre Nutzung erforderlichen Kompetenzen Gegenstand von Bildungsprozessen sein können.
- Aus *organisationaler* Perspektive stellt sich die Frage, welche Veränderungen die digitalen Medien für die Strukturen und Prozesse von Bildungsinstitutionen mit sich bringen.
- Die *System*perspektive diskutiert Veränderungen des gesamten Bildungssystems infolge der zunehmenden Bedeutung digitaler Medien in der Gesellschaft.
- Die *kulturtheoretische* Perspektive schließlich geht von globalen kulturellen Veränderungen aus, die sich infolge der »digitalen Revolution« ergeben und betrachtet deren Auswirkungen auf das Bildungswesen.

Angesichts dieser Fülle möglicher Perspektiven konzentrieren wir uns in diesem Beitrag auf die mediendidaktische Perspektive, da sie uns für das Medien- und Bildungsmanagement als besonders zentral erscheint. Denn aus Sicht der Gestalter/innen und Anbieter/innen pädagogischer Maßnahmen stellt sich primär die Frage, wie die sich ständig fortentwickelnden technischen Möglichkeiten für Lehr- und Lernzwecke gezielt und effektiv genutzt werden können.

Phasen der pädagogischen Nutzung digitaler Medien

Will man sich mit der Rolle auseinandersetzen, die digitale Medien heute beim Lernen spielen, so lohnt sich ein Blick in die Vergangenheit. Denn Bemühungen zur systematischen Nutzung von technologiebasierten Medien für didaktische Zwecke gibt es schon lange. Sie werden oft unter dem Begriff der Bildungstechnologie zusammengefasst (Hense/Mandl 2006). Der Begriff der Mediendidaktik ist heute mit dieser Definition inhaltlich weitgehend deckungsgleich, auch wenn er einen anderen Entstehungskontext hat. In den folgenden Abschnitten geben wir einen Überblick über wichtige Phasen der Entwicklung in diesen beiden Bereichen und betrachten dabei parallel sowohl den technischen als auch den lehr-lern-theoretischen Fortschritt. Dabei liegt es nahe, sich an der technologischen Entwicklung zu orientieren. Grob lassen sich hierbei vier Hauptphasen unterscheiden (Messerschmidt/Grebe 2005):

- die Entwicklung von Großrechenanlagen und Mainframes in den 1960er- und 1970er-Jahren
- die Verbreitung von Heimcomputern und PCs (Personal Computers) in den 1980er-Jahren
- deren Weiterentwicklung zu Multimedia-PCs in den 1990er-Jahren
- die Einführung und Verbreitung des Internets und vor allem des World Wide Webs (WWW) Mitte der 1990er-Jahre

Stellt man allerdings diese wichtigen Etappen der technologischen Entwicklung in den Vordergrund, so entsteht schnell der Eindruck, dass die pädagogische Entwicklung vom technischen Fortschritt getrieben wird. Tatsächlich ist aber auch in lehr-lern-theoretischer Hinsicht ein kontinuierlicher Fortschritt zu verzeichnen, bei dem die jeweils aktuellen technologischen Entwicklungen auch zur Umsetzung neuer Ideen genutzt wurden (vgl. Reinmann 2006).

Daher betrachten wir im folgenden Überblick die bildungstechnologische Entwicklung aus einer lehr-lern-theoretischen Perspektive und zeigen dabei exemplarisch auf, wie die Lehr-Lern-Forschung die jeweils verfügbaren Technologien für ihre Zwecke genutzt hat. Im betrachteten Zeitraum unterscheiden wir dabei vier Phasen, in denen die übergeordneten theoretischen Paradigmen Behaviorismus, Kognitivismus, individueller Konstruktivismus und sozialer Konstruktivismus jeweils Einfluss auf das Lehren und Lernen genommen haben.

Die behavioristisch beeinflusste Phase

Bis in die 1970er-Jahre hinein war die Bildungstechnologie stark vom behavioristischen Paradigma geprägt. Ausgehend von Skinners Theorie des operanten Konditionierens wurde Lernen dabei als Resultat von sehr einfachen Lernmechanismen wie der positiven oder negativen Verstärkung verstanden, während Vorkenntnisse und die internen Vorgänge beim Lernen weitgehend ignoriert wurden.

Lernprozesse lassen sich aus Sicht des Behaviorismus durch drei Grundprinzipien charakterisieren (vgl. Ewert/Thomas 1996): Das *Aktivitätsprinzip* besagt, dass Lernen nur als Reaktion auf geeignete Hinweisreize erfolgen kann, die ein Antwortverhalten auslösen. Dem Prinzip des *fehlerlosen Lernens* zufolge muss Lernen in viele kleine, aufeinander aufbauende Annäherungsschritte zerlegt werden, die möglichst fehlerfrei zu durchlaufen sind, um den Aufbau von Defiziten zu verhindern. Eine wichtige Rolle spielt dabei das Prinzip der *unmittelbaren Rückmeldung*. Es verlangt, dass Lernende sofort nach dem Absolvieren eines Lernschritts eine Information über den Erfolg oder Nichterfolg erhalten.

Die bekannteste Anwendung behavioristischen Gedankenguts für Lehr-Lern-Zwecke ist zweifellos der »Programmierte Unterricht« bzw. die »Programmierte Unterweisung« (Skinner 1971). Dabei werden die Inhalte in möglichst kleine Lerneinheiten aufgeteilt, die typischerweise in vier Schritten vermittelt werden: (1) Zunächst erfolgt die Präsentation eines neuen Inhalts mit einer (2) direkt daran anschließenden Frage. Auf die (3) Beantwortung der Frage durch die Lernenden erfolgt dann (4) eine unmittelbare Rückmeldung.

Umsetzungen behavioristischer Prinzipien erfolgten einerseits klassisch in Form von Büchern zum Selbststudium, gleichzeitig aber auch durch Entwicklung spezieller »Lehrmaschinen« (Benjamin 1988). Technologisch basierten diese zunächst auf mechanischen und elektrischen Bauteilen. Früh wurden aber auch computerbasierte Umsetzungen realisiert, die aber kaum für einen breitflächigen Einsatz geeignet waren, da die entsprechende Technologie bis in die 1970er-Jahre hinein kaum erschwinglich war.

Dies änderte sich in den 1980er-Jahren, als die Preise für Mikrocomputer in einen Bereich sanken, die sie für einen Masseneinsatz qualifizierten. Obwohl das Konzept der programmierten Unterweisung als allgemeingültiges Lehr-Lern-Prinzip eigentlich bereits ausgedient hatte, erlebte es nun in Form der sich entwickelnden *Computer-Assisted Instruction* (CAI) noch einmal eine Renaissance (Mandl/Gruber/Renkl 1997). Sogenannte »Drill-and-practice«-Programme wurden implementiert, um hoch standardisierte Lerninhalte kleinschrittig am Bildschirm zu vermitteln. Insgesamt spielen diese aber inzwischen im Gesamtspektrum des medienbasierten Lernens eine eher untergeordnete Rolle als ergänzendes Element neben vielen anderen Instruktionsformen.

Warum scheiterten also Lehrmaschinen und weitgehend auch die computerbasierte »Programmierte Unterweisung«? Dies lag weniger an deren fehlender Wirksamkeit (Weidenmann 1992). Es zeigte sich vielmehr, dass ihre Reichweite viel geringer war als ursprünglich angenommen. Während Skinner noch davon ausgegangen war, dass sich jeder verbalisierbare Lerninhalt mit Lehrmaschinen vermitteln lässt, zeigte sich empirisch, dass ihre Stärken vor allem beim Erwerb von Faktenwissen und Routinehandlungen liegen. Komplexeren Anforderungen dagegen wie etwa dem Vermitteln von Problemlösekompetenzen oder dem Aufbau von Zusammenhangswissen konnten diese Lehrmedien nicht gerecht werden. Letztlich wurden sie aber auch schlicht von der technischen und lehr-lern-theoretischen Entwicklung überholt (vgl.

Mitschian 2000). Während die technische Weiterentwicklung digitaler Medien wesentlich mehr Möglichkeiten bot als die Umsetzung relativ primitiver »Drill-and-practice«-Programme, wurde auf theoretischer Seite mit der kognitiven Wende die Individualität des Lerners wiederentdeckt. Analog zur Medienwirkungsforschung, in der der Medieneinfluss nicht mehr unidirektional, sondern als Wechselspiel zwischen Rezipient/innen und Medienangebot gesehen wurde, rückten die Lernprozesse der Lernenden stärker in den Mittelpunkt des Interesses.

Die kognitivistisch beeinflusste Phase

Die sich in der Lehr-Lern-Forschung bereits in den 1970er-Jahren andeutende kognitive Wende wurde in den 1980er-Jahren endgültig vollzogen. Lernen wurde nicht mehr als bloße Verhaltensänderung aufgefasst, sondern als Aufbau und Veränderung des Wissens und Denkens der Lernenden. Anstelle einfacher Reiz-Reaktions-Ketten dienten komplexere Informationsverarbeitungsmodelle und Konzepte wie Metakognition und Selbstregulation als Analysegrundlage des Lernens. Ein wesentlicher Mehrwert dieser erweiterten Perspektive war, dass individuelle Unterschiede beim Lernen in viel stärkerem Maße berücksichtigt und analysiert wurden.

Wichtige Vertreter kognitivistisch beeinflusster Lehr-Lern-Ansätze waren »expository teaching« von Ausubel (1968), »mastery learning« von Bloom (1968) oder »instructional design« (ID), die als Wegbereiter der späten Arbeiten von Robert Mills Gagné gelten. ID-Modelle haben den Anspruch, die vorgegebenen Lernziele möglichst adaptiv und mit den jeweils am besten geeigneten Methoden und Lernwegen zu vermitteln (z. B. Reigeluth 1983). Um diese zu ermitteln, erfolgt eine genaue Analyse der Rahmenbedingungen und der notwendigen Vorkenntnisse und Fertigkeiten. Resultat ist dann ein genauer Instruktionsplan, der vorgibt, wann unter welchen Umständen welche Methoden einzusetzen sind. Daran werden zwei wichtige Grundannahmen des ID deutlich, nämlich dass Lehr-Lern-Prozesse zweckrational durchgeplant und Wissensbestände relativ unabhängig vom Lernenden in Form einer allgemeinen Wissensbasis repräsentiert werden können.

Der ID-Ansatz erwies sich besonders für mediengestützte Anwendungen als fruchtbar. Nachdem parallel zu seiner Entwicklung Mikrocomputer immer leichter verfügbar waren, erfolgte seine Umsetzung vorwiegend in Form von sogenannten »Tutoriellen Programmen«, die ebenso wie der »Programmierte Unterricht« Stoff vermitteln und den Lernerfolg kontrollieren wollen. Darüber hinaus zeichnen sie sich aber dadurch aus, dass sie flexibler und stärker dialogisch auf die Eingaben der Lerner/innen reagieren und so ein höheres Maß an Adaptivität beim Lernen ermöglichen (Mandl/Gruber/Renkl 1997). Einfache tutorielle Programme beschränkten sich dabei darauf, den linearen Lernweg der programmierten Unterweisung abhängig von den Lernerantworten stärker zu verzweigen, anstatt stur von einem Schritt zum nächsten vorzugehen. Fortgeschrittenere tutorielle Systeme dagegen stützten sich auf Ergebnisse der Forschung zur »Künstlichen Intelligenz« (KI), um den Prinzipien des ID stärker gerecht zu werden. Sie enthalten vor allem eine Diagnosekomponente, welche die kognitiven Prozesse des Lernenden fortwährend modellhaft ausdifferenziert, um die Instruktion während des Lernprozesses entsprechend anzupassen, was ihnen die Bezeichnung »Intelligente Tutorielle Systeme« (ITS) eintrug.

Ebenso wie programmierte Unterweisung und Lehrmaschinen sind »instructional design« und seine Anwendungen etwa in Form tutorieller Systeme nicht unkritisiert geblieben (z. B. Schulmeister 1996). Obwohl beispielhafte Umsetzungen in Form von Computerprogrammen vorliegen, blieb deren praktische Realisierung doch meist hinter den theoretisch formulierten Anforderungen zurück. Es zeigte sich, dass insbesondere die Idee, ein kognitives Modell des Lernfortschritts von Benutzer/innen als Grundlage der Programmsteuerung zu implementieren, für eine individualisierte Instruktion in der praktischen Umsetzung meist zu anspruchsvoll ist. Auch auf theoretischer Seite kam es zu einer Weiterentwicklung der kognitivistischen Lehr-Lern-Theorien. Kritisiert wurden vor allem die oben angedeuteten Prämissen der Plan- und Steuerbarkeit von Lernprozessen und der grundsätzlichen Möglichkeit des »Wissenstransports« von Lehrenden zu Lernenden. Diese Kritik machte sich Argumente konstruktivistischer Theorieansätze zu eigen, die zunächst stark auf die einzelnen Lerner/innen und deren individuelles Lernen fokussierten.

Die individuell-konstruktivistisch beeinflusste Phase

Konstruktivistisches Gedankengut wurde in der lehr-lern-theoretischen Forschung seit Ende der 1980er-Jahre aufgegriffen. Die zentrale Annahme der konstruktivistischen Position lautet, dass Wissen beim Lernen nicht einfach weitergegeben wird, sondern ein Ergebnis der aktiven Konstruktion der Lernenden ist (Gerstenmaier/Mandl 1995). Aktiv meint hier, dass ausgehend von den bereits bestehenden kognitiven Strukturen Informationen von Lernenden individuell unterschiedlich ausgewählt, interpretiert, verknüpft und abgespeichert werden. Folglich sind die Resultate konkreter individueller Lernprozesse praktisch nicht vorhersagbar und damit kaum rational planbar. Da der Schwerpunkt dieser Überlegungen auf der individuellen Informationsverarbeitung und Wissenskonstruktion liegt, bezeichnet man diese Phase auch als psychologischen, »first wave« oder individuellen Konstruktivismus (Woolfolk 2004).

Mit ihren oben skizzierten Annahmen kollidieren konstruktivistisch beeinflusste Ansätze deutlich mit traditionellen Auffassungen von Lehren und Lernen, wie sie rein kognitiven und erst recht behavioristischen Positionen zugrunde liegen. Es ergeben sich folgenreiche Konsequenzen für die Gestaltung von Lernumgebungen (Reinmann-Rothmeier/Mandl 2001). Die Rolle von Lehrenden verschiebt sich vom Wissensvermittler zum Unterstützer von Lernprozessen, die Rolle der Lernenden vom eher passiven Wissensrezipienten zum aktiven und selbstgesteuerten Lerner. Lernziele sind nun weniger der gezielte Erwerb konkreter Wissensinhalte, sondern viel mehr die Befähigung zum selbstständigen Lernen und der Aufbau allgemeiner Problemlösekompetenzen. Betrachtet man diese Forderungen, so wird deutlich, dass historische Vorbilder konstruktivistisch beeinflusster Instruktionsansätze bereits im »Amerikanischen Pragmatismus« (vor allem John Dewey) sowie in der Reformpädagogik (z.B. Kerschensteiner und Wagenschein) zu finden sind.

Zu den bekanntesten konstruktivistisch geprägten Instruktionsansätzen gehören »cognitive apprenticeship«, »cognitive flexibility« und »anchored instruction« (Reinmann-Rothmeier/Mandl 2001). Von Anfang an wurde die Umsetzung dieser Ansätze stark mit der Nutzung von Medien verknüpft. Klassisch ist etwa die Jasper-Bildplattenserie, die zur Umsetzung des »anchored instruction« entwickelt wurde (Cognition and Technology Group at Vanderbilt 1997). Den Lernenden wird dabei eine relativ komplexe, realitätsnahe Geschichte präsentiert, die die Neugier der Lerner weckt und durch Nutzung des Mediums Bildplatte (ein Vorläufer der DVD) leicht navigierbar ist. Eingebettet in die Geschichte sind sogenannte narrative Anker in Form authentischer Problemsituationen, die von den Lernenden identifiziert und gelöst werden sollen und beispielsweise bestimmte mathematische und physikalische Überlegungen erfordern. Alle dazu notwendigen Informationen sind in der Geschichte vorhanden und können bei Bedarf erneut abgerufen werden. Später wurde als Ergänzung zu den Bildplatten ein computerbasierter »Jasper Planning Assistant« entwickelt. Dieser wurde mit »Hypercard«, einer der ersten verfügbaren Hypertext-Anwendungen in Form einer Offline-Anwendung auf Apple-Computern realisiert.

Die inzwischen ebenfalls auf breiter Basis verfügbaren Personal Computer (PC) kamen zur Umsetzung der Ideen der Cognitive-Flexibility-Theorie zum Einsatz. Dieser aus der Expertiseforschung hervorgegangene Ansatz verlangt, dass neu zu erlernende Konzepte in möglichst unterschiedlichen Kontexten und aus mehreren Perspektiven betrachtet werden, um den Transfer des Gelernten auf neue Situationen zu erleichtern (Spiro/Jehng 1990). Dazu boten sich besonders computerbasierte Simulationen an, wie beispielsweise das Planspiel »Jeansfabrik«. In diesem MS-DOS-Programm können die Lernenden als Manager konkurrierender Firmen agieren und sich so praxisnah betriebswirtschaftliche Kompetenzen aneignen.

Neben solchen Simulationen wurden PCs zur Gestaltung problemorientierter Computer Based Trainings (CBTs) genutzt, beispielsweise zur fallbasierten Medizinausbildung. Beim Programm »Thyroidea« etwa werden den Lernenden authentische Fälle aus der medizinischen Praxis multimedial präsentiert, um durch das selbstständige Explorieren zusätzlicher Informationen ihre diagnostischen Kompetenzen zu verbessern, wobei sie verschiedene Unterstützungsangebote innerhalb der Lernplattform nutzen können (Mandl/Gräsel 1997).

Nach Aufkommen des Internets wurden ähnliche Anwendungen schnell als Web Based Trainings (WBTs) implementiert und ebenso wie CBTs zunehmend mit multimedialen Inhalten wie Grafiken, Video- oder Audiosequenzen ergänzt. Bereits in dieser Phase wurden auch die neuen Möglichkeiten der Kommunikation und Kooperation, die durch den technisch-medialen Fortschritt ermöglicht wurden, für die Gestaltung von Lernumgebungen genutzt. Videokonferenzen, E-Mail oder webbasierte Diskussionsforen wurden jedoch eher als Ergänzung zu anderen medialen Angeboten verwendet oder um klassische Face-to-face-Situationen virtuell nachzubilden.

Einflüsse des individuellen Konstruktivismus haben unser Denken über Prozesse des Lehrens und Lernens grundlegend geändert. Allerdings wurde er in seiner Anwendung auf viele praktische Lernsituationen oft als zu eng kritisiert, da er alleine auf die Wissens- und Bedeutungskonstruktion des Einzelnen fokussiert. Viele seiner Anwendungen haben daher das individuelle und selbstgesteuerte Lernen überbetont, was leicht auch zu einer Überforderung der Lernenden führen konnte. Soziale Prozesse haben dagegen im individuellen Konstruktivismus keine oder nur eine untergeordnete Rolle gespielt. Diese Rolle stand in einer zweiten »Welle« der Rezeption konstruktivistischer Ideen in der Lehr-Lern-Forschung im Mittelpunkt, die daher als sozialer Konstruktivismus bezeichnet wird (Woolfolk 2004).

Die sozial-konstruktivistisch beeinflusste Phase

Vertreter sozial-konstruktivistisch beeinflusster Ansätze berufen sich oft auf die entwicklungspsychologischen Arbeiten von Vygotsky, der bereits zu Anfang des 20. Jahrhunderts die Rolle sozialer Interaktionen für die kognitive Entwicklung betonte. Wissen wird im sozialen Konstruktivismus immer als nicht ablösbar vom sozialen und kulturellen Kontext verstanden und als Ergebnis von sozialen Interaktionen betrachtet. Damit steht er in engem Zusammenhang mit Theorien des situierten Lernens und der »situated cognition«, die soziale Interaktionen und Prozesse des Teilens von Wissen bzw. Fragen des sozial verteilten Wissens in den Vordergrund stellen (Brown/Collins/Duguid 1989). In der Anwendung ergibt sich daraus, dass Lernumgebungen immer den sozialen Kontext des Wissenserwerbs berücksichtigen und Lerngelegenheiten schaffen sollten, in denen die Lernenden gemeinsam im Austausch untereinander und mit Lehrenden lernen. Am deutlichsten haben sich diese Ansprüche im Ansatz der »learning communities« niedergeschlagen (Bielaczyc/Collins 1999).

Das Konzept der »Learning Community« kann als Rahmenkonzept betrachtet werden, das die Annahmen des individuellen und sozialen Konstruktivismus sowie situierter Lerntheorien in sich vereinigt und daher sowohl individuelle als auch soziale Aspekte von Lernprozessen thematisiert (Winkler 2004). Unter einer »Learning Community« versteht man eine Gruppe von Lernenden, die durch kooperative Arbeits- und Lernprozesse im Rahmen bestimmter Wissensgebiete neues Wissen erwerben und dieses auch tiefgreifend durchdringen. Ziel einer »Learning Community« ist es, das kollektive Wissen der Gruppe auf einem Themengebiet zu erweitern und zu optimieren und damit gleichzeitig auch die Entwicklung individuellen Wissens zu fördern. Wenn in der Community Aufgaben oder Problemstellungen bearbeitet werden sollen, kommen unterschiedliche Aspekte der Expertise verschiedener Teilnehmer/innen wie auch das kollektive Wissen der Gruppe gemeinsam zum Tragen.

Da ein Schwerpunkt von »Learning Communities« auf dem Austausch von Mitgliedern mit heterogenem Wissenshintergrund liegt, bot es sich an, sie medial unter

Nutzung aktueller Netzwerktechnologien umzusetzen. Exemplarisch ist das im »Computer Supported Instructional Learning Environment« (CSILE) von Scardamalia und Bereiter (1994) realisiert. Die Grundlage bildet dabei eine elektronisch repräsentierte Wissensbasis, die davon lebt, dass die Gemeinschaftsmitglieder neue Ideen einbringen und diese gegenseitig kommentieren und ergänzen. Die Lernenden können netzbasiert Texte und Grafiken in die Datenbank eintragen, wobei die Kommunikation rein asynchron erfolgt. Die Autor/innen werden benachrichtigt, wenn Kommentare zu ihren Anmerkungen geschrieben wurden oder Änderungen in der Datenbank eingetreten sind. Verschiedene Unterstützungsmechanismen wie z. B. Notizen mit Labels zur Kennzeichnung neuer Einträge oder Strukturierungshilfen (z. B. »Problem«, »meine Theorie«, »ich möchte gerne wissen«) fördern die Erstellung eines gemeinschaftlichen »Wissens-Gebäudes«.

Die Rolle der Lehrenden hat im Kontext der neueren Entwicklungen eine gewisse Renaissance erfahren. Einerseits hat sich empirisch gezeigt, dass in bestimmten Lernsituationen wie etwa der Einführung in ein völlig neues Wissensgebiet rein selbstorganisierte Lerner oft überfordert sind (vgl. Kirschner/Sweller/Clark 2006). Andererseits sind Lehrende durch ihren Expertisevorsprung natürlich wichtige Partner/innen beim Erwerb sozial konstruierten Wissens. Daher wird in letzter Zeit ergänzend zur medialen Gestaltung von Lernumgebungen nach Möglichkeiten gesucht, wie Medien und neue Technologien zur Unterstützung der Arbeit von Lehrpersonen genutzt werden können (Resnick/Lesgold/Hall 2005). Dabei sind zwei Einsatzfälle zu unterscheiden. Einerseits werden netzbasierte Anwendungen wie etwa E-Mail, Foren oder Chat genutzt, um mit Lernenden zu kommunizieren und deren Lernfortschritt zu beobachten, um ausgehend vom medial dokumentierten Lernprozess gezielt Unterstützung leisten zu können. Daneben wird aber auch ausgehend vom Community-Gedanken nach Möglichkeiten gesucht, um die Professionalität von Lehrpersonen und deren Austausch untereinander zu befördern. Projekte, in denen sich diese Gedanken niederschlagen, sind beispielsweise Internetportale, die für die Kommunikation und Kooperation von Lehrer/innen über Einzelschulen hinaus gedacht sind.

Lehren aus 50 Jahren Bildungstechnologie

Was lässt sich aus dem Rückblick auf wichtige Etappen der lehr-lern-theoretisch beeinflussten Nutzung von Medien und Technologien lernen? Zunächst einmal fällt auf, dass die technische Grundlage vieler Anwendungen so schnell veraltet ist, dass sie heute gar nicht mehr ohne Weiteres umgesetzt werden könnten. Ein MS-DOS-Programm wie die Simulation »Jeansfabrik« etwa ist auf den meisten PCs gar nicht mehr lauffähig und für die Bildplatten der Jasper-Serie wird man kaum mehr ein Abspielgerät finden.

Problematischer noch als praktische Nutzungsprobleme, die sich aus der Kurzlebigkeit vieler digitaler Technologien ergeben, ist ein wiederkehrendes Muster, das immer wieder beobachtet werden kann (Mayer 2005; Messerschmidt/Grebe 2005). Zuerst werden mit der neuen Technologie oft euphorische Erwartungen im Hinblick auf zu erwartende Verbesserungen bei Lernen und Bildung verknüpft. Diese führen dann zu breit angelegten Initiativen zur Ausstattung von Schulen und anderen Bildungsinstitutionen mit den jeweiligen Technologien. Nach einiger Zeit jedoch stellt sich eine mehr oder weniger große Ernüchterung im Hinblick auf die tatsächlichen Effekte der neuen Technologie ein. Diese sind teils auf die anfangs völlig überzogenen Erwartungen zurückzuführen, teils auf eine Unterschätzung von Implementierungsproblemen in der Praxis.

Mayer (2005) macht für diese Probleme eine zu stark technologiezentrierte Vorgehensweise verantwortlich und empfiehlt, lernorientierte Ansätze in den Vordergrund zu stellen. Anstatt also nur zu fragen, welche Anwendungen sich für die jeweils neuesten verfügbaren Technologien beim Lehren und Lernen finden lassen, sollten wir jeweils vom aktuellen Stand unseres Wissens über effektives Lehren und Lernen ausgehen und neue Technologien systematisch daraufhin überprüfen, welchen Beitrag sie zur Umsetzung entsprechender Szenarien leisten können. Weitergehend lässt sich auch die Forderung aufstellen, Technologien stärker eigens für Lernzwecke zu entwickeln (z. B. Resnick 2002) und sich um eine wechselseitige »Koevolution« von technologischer und lehr-lern-theoretischer Entwicklung zu bemühen (Roschelle/Pea 1999).

Digitale Medien als E-Learning-Werkzeuge

Während wir uns im vergangenen Abschnitt mit der zurückliegenden Entwicklung beschäftigt haben, konzentrieren wir uns in den folgenden Abschnitten auf die neueren digitalen Medien und Technologien unter dem Sammelbegriff des »E-Learning«. Unter E-Learning verstehen wir dabei ganz allgemein den Einsatz digitaler Medien und Technologien als Werkzeuge zur Gestaltung von Lernumgebungen und zur Unterstützung von Lehr- und Lernprozessen. Bei unserer Diskussion unterscheiden wir zwei Klassen von E-Learning-Werkzeugen, einerseits Werkzeuge zur Unterstützung der Präsenzlehre und andererseits Werkzeuge zur Gestaltung netzbasierter Lehr-Lern-Angebote. Dabei legen wir zunächst eine eher technische Perspektive an und gehen erst im nächsten Abschnitt genauer auf mögliche pädagogische Einsatzformen der jeweiligen Werkzeuge ein.

Werkzeuge zur Unterstützung der Präsenzlehre

Digitale Technologien werden in vielen Kontexten verwendet, um die klassische Lehr-Lern-Situation in Klassenzimmern, Seminarräumen und Vorlesungssälen zu unterstützen. Als Standardausstattung dieser digital unterstützen Präsenzlehre kann inzwischen ein mobiler oder fest installierter Beamer zur Projektion von Computer- oder Videobildern gelten. Ein Präsentationsrechner ist entweder vorhanden oder wird als mobiles Notebook mitgebracht. Da Beamer oft ausschließlich für das Abspielen von Präsentationen genutzt werden, bieten neuere Modelle inzwischen die Möglichkeit, diese auch ohne eigenen Computer direkt von einem Speichermedium mit USB-Anschluss abzuspielen. Ähnliche Funktionalität bieten spezielle Flachbild-Wandmonitore, die teils auch einen direkten Internetanschluss haben. In diesem Bereich geht der Trend derzeit also zu integrierten Präsentationslösungen.

Smartboards ergänzen die Kombination aus Präsentationsrechner und Beamer mit der Möglichkeit, Eingaben direkt auf dem projizierten Computerbildschirm vorzunehmen. Spezielle Stifte ersetzen dabei die Maus und erlauben über die integrierte Schrifterkennung oder eine einblendbare Tastatur auch die Eingabe von Texten in das jeweils dargestellte Programm. Möglich ist auch das direkte Zeichnen auf der Benutzeroberfläche, etwa um ein Tafelbild zu entwerfen oder etwas in einer Präsentation hervorzuheben. Die entstehenden Zeichnungen können gespeichert und später weitergegeben oder wiederverwendet werden.

Wenn Computeranwendungen nicht nur frontal eingesetzt werden sollen, sondern durch alle Lernenden, musste man lange Zeit in spezielle Computerräume mit fest installierten Desktop-Rechnern ausweichen. Diese werden aber zunehmend von sogenannten Laptop-Klassen abgelöst. Sie sind in jedem konventionellen Lernraum zu realisieren, indem mobile Rechner in einem speziellen Rollschrank vorrätig gehalten werden, wo sie aufgeladen und je nach Bedarf für Einzel- oder Gruppenarbeiten zum Einsatz gebracht werden. Soll auf netzbasierte Inhalte und Anwendungen zugegriffen werden, so ist zusätzlich die Verbindung zu einem Funknetzwerk (WLAN) erforderlich.

Im Prinzip erlauben Laptop-Klassenräume einen sehr flexiblen Computereinsatz, bei dem wahlweise frontal, individuell oder kooperativ gelernt werden kann. Behindert wird diese Flexibilität oft jedoch durch die zu starre Einrichtung vieler Lernräume, die etwa das spontane Bilden von Gruppenarbeitstischen verhindert. Die Zukunft wird daher bei einer angepassten, flexiblen Möblierung von E-Learning-Lernräumen gesehen, die beispielsweise leichtgewichtige, rollbare und flexibel kombinierbare Tische, Stühle und Trennwände umfasst (Huang et al. 2008).

Werkzeuge zur Gestaltung netzbasierter Lehr-Lern-Angebote

Im Rahmen virtueller Lehr-Lern-Angebote kommen eine Vielzahl unterschiedlicher netzbasierter Medien und Technologien zum Einsatz. Im Prinzip wird dabei erst einmal auf das gesamte Spektrum an Kommunikations- und Informationswerkzeugen zurückgegriffen, die auch allgemein im Internet verwendet werden. Ältere Werkzeuge wie E-Mail, Mailinglisten, Diskussionsforen, Newsgroups, Chats und konventionelle (statische) Webseiten können dabei inzwischen als allgemein bekannt vorausgesetzt werden. Im Folgenden werden daher nur die wichtigsten Anwendungen aus den Bereichen »Content Management Systeme« und Lernplattformen, sowie Anwendungen und Dienste des sogenannten »Web 2.0« dargestellt.

»Content Management Systeme« und Lernplattformen

Ein »Content Management System« (CMS) dient der einfachen webbasierten Erstellung von Auftritten im Internet und wird gewöhnlich von mehreren Autor/innen mit Inhalten beliefert. Hinter den meisten populären Internetauftritten steht heute ein CMS, so etwa die bekannten Portale der Nachrichtenmagazine und Tageszeitungen. Die wichtigsten Merkmale eines CMS sind:

- Redaktionssystem mit verschiedenen Rollen und Zuständigkeiten: Beispielsweise können einfache Anwender/innen eigene Inhalte einstellen und bearbeiten, nur Anwender/innen mit Redakteursrechten können aber die Inhalte freischalten, sodass sie tatsächlich sichtbar werden. Ein Administrator kann darüber hinaus weitergehende Verwaltungsaufgaben wie etwa die Veränderung des Layouts vornehmen.
- Frontend und Backend: Das Frontend ist jener Teil des CMS, das für seine Nutzer/innen sichtbar ist. Das Backend wird von Redakteur/innen und Administrator/innen verwendet, um Inhalte zu erstellen oder zu verändern. Bei den meisten CMS ist nicht nur das Frontend, sondern auch das Backend mit einem gewöhnlichen Webbrowser zu bedienen, sodass keinerlei zusätzliche Software installiert werden muss.
- Unabhängigkeit von Inhalt und Layout: Inhalte werden im Backend unabhängig von der konkreten Darstellung eingestellt, sodass die Ausgabe im Frontend je nach Bedarf etwa als Webseite oder als PDF-Datei erfolgen kann. Das Layout wird dabei von Vorlagen (Templates) gesteuert, sodass durch eine Änderung des Templates das gesamte Erscheinungsbild aller Inhalte des CMS geändert werden kann, ohne diese selbst bearbeiten zu müssen.
- Modularität und Erweiterbarkeit: Zusätzlich zu den Basisfunktionen eines CMS, wie Benutzerverwaltung oder Inhaltserstellung, können üblicherweise Funktionalitäten in Form von Modulen ergänzt werden. So bieten die meisten CMS Möglichkeiten, etwa Diskussionsforen oder die oben beschriebenen Web 2.0 Funktionalitäten wie Weblogs oder Wikis als Module einzubinden, die allen Benutzer/innen des Systems zur Verfügung stehen.

Ein »Learning Content Management System« (LCMS) ist ein CMS, das speziell für den Einsatz als Lernplattform ausgelegt ist. Wichtigste Ergänzungen sind dabei einerseits Module zur Verwaltung von Kursen, Kursgruppen und Teilnehmerdaten, die beispielsweise auch eine Selbsteinschreibung erlauben und das sogenannte »Learning Management System« (LMS) bilden. Andererseits gehört zu einem LCMS üblicherweise ein Autorentool, das zur Erstellung von multimedialen Lerneinheiten und automatisierten Lernerfolgstests dient. Um die Wiederverwendbarkeit von Lerneinheiten zu ermöglichen, geht hierbei der Trend zu verschiedenen Standardisierungsnormen wie SCORM oder AICC. Sie ermöglichen es, einmal erstellte Lerneinheiten (Reusable Learning Objects) inklusive Testverfahren in ein anderes LCMS zu importieren. Weitere Elemente eines LCMS, die sich aber auch in vielen gewöhnlichen CMS finden, sind Groupware-Funktionen wie ein gemeinsamer Kalender für eine Lerngruppe, interne E-Mail-Funktion und private oder gemeinsame Dateibereiche.

Anwendungen und Dienste des Web 2.0

Roschelle und Pea beklagten noch vor wenigen Jahren: »It is much easier to read, view, and hear information on today's web than it is to create information. Indeed, the process of authoring or composing web content is not well-integrated into web browsers and information access tools, and requires mastery of a complex set of technical products and processes« (1999, S. 23). Problem des frühen Internets war also, dass die herkömmliche Distributionskonstellation der klassischen Massenmedien im Prinzip bestehen blieb. Aufgrund der technischen und finanziellen Anforderungen bei der Publikation von Webinhalten standen also einige wenige Inhaltsanbieter vielen Inhaltsrezipient/innen gegenüber. Für »Normalnutzer« war es schwer, eigene Inhalte im Internet zu platzieren, sieht man vielleicht einmal von Beiträgen in Diskussionsforen ab.

Die Anwendungen des Web 2.0 ermöglichen inzwischen aber auch technisch weniger versierten Personen, Inhalte im Rahmen häufig kostenloser Dienste einem breiten Publikum in ansprechender Form und allein mithilfe eines Webbrowsers zu präsentieren. Mit diesem Trend zum »user generated content« löst sich die Grenze zwischen Inhaltsanbietern und -nutzern zunehmend auf (Richardson 2006). Die bekanntesten Web 2.0-Anwendungen sind Weblogs, Podcasts und Wikis, die technisch gesehen spezialisierte Content Management Systeme darstellen:

- *Weblogs* (kurz: Blogs) sind regelmäßig aktualisierte, thematische »Tagebücher« einer einzelnen Person oder kleinen Personengruppe, die öffentlich über eine feste Adresse im Internet gelesen werden können. Die Einträge werden chronologisch dargestellt und können üblicherweise per Newsfeed abonniert werden (Halavais 2006). Weblogs sind technisch gesehen extrem einfach zu betreiben, da die Einrichtung nur ein Konto bei einem der vielen kostenlosen Dienste benötigt und die ansprechende Erscheinungsweise weitgehend von der zugrunde liegenden Software übernommen wird. Geschätzt wird, dass heute Millionen von Weblogs existieren (Abfalterer 2007), eine nennenswerte Reichweite erreichen allerdings nur einige wenige, die eine kontinuierlich hohe Inhaltsqualität aufweisen. Pädagogisch werden Weblogs als Portfolios z. B. für Schreibübungen im Sprachenunterricht oder bei Projektarbeiten zur einfachen Dokumentation von Lernprozessen und -ergebnissen genutzt. Gelegentlich erfolgt auch der Einsatz von Weblogs als »Sprachrohr« von Lehrpersonen, über das bei der rein virtuellen Lehre Inhalte, Arbeitsaufträge oder Rückmeldungen an die gesamte Lerngruppe weitergegeben werden (Halavais 2006). Dabei kann der gewöhnlich öffentliche Zugang zum Weblog bei Bedarf auf den Kreis der Lerngruppe eingeschränkt werden.
- *Podcasts* (Audio- und Videocasts) sind in ihrer Funktionalität Weblogs ähnlich, nur werden hier die Inhalte nicht als Text eingestellt, sondern als Audio- oder

Videodatei. Die Nutzer/innen können sich diese Dateien entweder direkt im Internet ansehen bzw. anhören oder für den mobilen Einsatz auf entsprechende Endgeräte (z. B. MP3-Player, mobiler Videoplayer) kopieren. Da der Aufwand für die Produktion von Inhalten hier wesentlich höher ist als beim Weblog, haben Audio- und Videocasts mit der Ausnahme von virtuellen Vorlesungen bisher weit weniger Anwendung in pädagogischen Kontexten gefunden.
- *Wikis* sind ähnlich unkompliziert zu bedienen wie Weblogs und ermöglichen den einfachen Aufbau eines multimedialen Hypertexts, bei dem alle Nutzer/innen des Wikis die Inhalte jederzeit kommentieren und verändern können. Das bekannteste Wiki ist die Online-Enzyklopädie *Wikipedia*. Wikis können aber ebenso für jedes andere Inhaltsgebiet oder einzelne Lernumgebungen eingerichtet werden (Augar/Raitman/Zhou 2006). Ähnlich wie bei Weblogs existieren dafür kostenlose Hosting-Angebote im Internet. Da diese in ihrer Funktionalität jedoch oft eingeschränkt oder stark werbefinanziert sind, bietet sich hier eher die Installation der entsprechenden Software auf eigenen Servern an. Wikis werden in Lehr-Lern-Szenarien gerne zur kollaborativen Erarbeitung eines Themengebiets genutzt. Dabei werden individuell oder in Kleingruppen einzelne Aspekte des Themengebiets erarbeitet und in das Wiki als Einträge eingestellt. Anschließend erfolgt die Vernetzung des Wikis durch das Einfügen von Links zwischen den einzelnen Beiträgen. Aufgrund ihrer Popularität und niedrigen Schwelle zum Mitmachen (vgl. Forte/Bruckman 2006) werden Wikis oft aber auch als einfache Alternative zu umfangreicheren Content Management Systemen verwendet, um etwa die Interaktion zwischen den Lernenden untereinander und mit der Lehrperson oder den Dateiaustausch online zu organisieren (z. B. Bold 2006).

Einsatzformen digitaler Medien für Lehr-Lern-Zwecke

Die oben dargestellten digitalen Medien und Technologien können in unterschiedlichen Kontexten und Szenarien des E-Learning Verwendung finden. Geht man von der »klassischen« Gestaltung von Lernangeboten in Präsenzform (»face-to-face«) aus, so sind grundsätzlich vier Einsatzformen denkbar.
- Ein *additiver* Einsatz liegt vor, wenn klassische Präsenzangebote wie etwa ein Seminar um E-Learning-Elemente ergänzt und angereichert werden. Im Prinzip fällt unter diese Definition bereits die Nutzung von Präsentationsrechner und Beamer zur Unterstützung eines Lehrvortrags. Weitergehende Beispiele sind etwa die Einrichtung einer begleitenden Lernplattform, in der die Möglichkeit zum Herunterladen von Präsentationsfolien und weitergehender Materialien besteht oder zum Online-Austausch der Lernenden untereinander oder mit den Lehrpersonen besteht.
- Von einem *alternativen* Einsatz kann man sprechen, wenn das Angebot sowohl in klassischer Präsenzform als auch als reines E-Learning-Angebot bereitsteht. Da es dabei gewöhnlich zu aufwendig ist, ein komplett neues E-Learning-Angebot zu

entwickeln, das die Inhalte einer Präsenzveranstaltung repliziert, handelt es sich hier oft eher um eine virtuelle Zweitverwertung. Beispielsweise werden im universitären Bereich Vorlesungen mit besonders großer Zuhörerzahl zunehmend aufgezeichnet und zum Download (z. B. per Videocast) oder als Videostream im Internet verfügbar gemacht. Den Studierenden bleibt es dann freigestellt, ob sie die virtuelle oder die Präsenzvorlesung besuchen.

- Beim *substitutiven* Einsatz wird das Präsenzlernen komplett durch E-Learning ersetzt. Typische Beispiele sind multimediale Selbstlernprogramme in Form von Computer Based Trainings (CBT) bzw. Web Based Trainings (WBT), die zu den unterschiedlichsten Inhaltsgebieten angeboten werden und völlig ohne den Kontakt zu einer Lehrperson auskommen. Entgegen ursprünglicher Erwartungen, auch in Bezug auf Kostenersparnisse, hat sich das substitutive Szenario vielfach nicht bewährt. Maßgeblich waren dabei oft Faktoren wie hohe Entwicklungskosten, geringe mediendidaktische Qualität, fehlende Tauglichkeit bestimmter Inhalte für die rein virtuelle Vermittlung (z. B. im Bereich der »soft skills«), fehlende Passung zu den Lernpräferenzen der Zielgruppe und daraus entstehende Akzeptanzprobleme für reine E-Learning-Lösungen (vgl. Schulmeister 2006). Größere Verbreitung haben dagegen Formen der virtuellen Lehre gefunden, bei denen im Rahmen einer Lernplattform nicht gänzlich alleine, sondern im Kontakt mit Lehrpersonen und Mitlernenden gearbeitet wird.
- Der *integrative* Einsatz schließlich versucht, die Vorteile von Präsenz- und E-Learning-Angeboten durch den Wechsel von Face-to-face- und virtuellen Phasen konzeptionell zu kombinieren. Eingebürgert hat sich für diese gemischte Einsatzform der Begriff des »Blended Learning« (Mandl/Kopp 2006). Oft werden zu Beginn und am Ende des entsprechenden Kurs- oder Seminarangebots je eine Präsenzveranstaltung durchgeführt und dazwischen je nach Länge und Umfang der Inhalte eine oder mehrere virtuelle Lerneinheiten.

Weitere in jüngerer Zeit häufig genannte Einsatzformen sind »Mobile Learning« und »Game based Learning«. Beide lassen sich nicht klar in obiges Schema einordnen, da sie sowohl additiv als auch alternativ, substitutiv oder integrativ eingesetzt werden können.

- Beim »Mobile Learning« erfolgt der Zugriff auf lernrelevante Inhalte über mobile Endgeräte wie Smartphone, PDAs, Mini-Notebook oder mobile Audio- und Videoplayer (Kukulska-Hulme/Traxler 2005; Roschelle 2003). Da diese Geräte inzwischen prinzipiell über eine ähnliche Funktionalität wie fest installierte Desktop-PCs verfügen, sind viele der dort realisierbaren E-Learning-Formen auch mobil nutzbar. Kukulska-Hulme und Traxler (2005) unterscheiden beim »Mobile Learning« den didaktischen Einsatz, der der Aneignung von Inhalten etwa in Form von »E-Books« dient, vom diskursiven Einsatz, bei dem im Rahmen von virtuellen Seminaren und Communities Nachrichten etwa per SMS oder mobiler E-Mail ausgetauscht werden. Interessant ist, dass dem »Mobile Learning« eine mögliche Brückenfunktion zwischen formellem und informellem Lernen zugeschrieben

werden kann, da die entsprechenden Endgeräte von den Lernenden in der Regel auch im Privatleben mit sich geführt werden.
- Unter »Game based Learning« (GBL) versteht man heute den Einsatz computer- oder netzbasierter Spiele zur gezielten Unterstützung von Lehr-Lern-Prozessen (Prensky 2001; Rieber 2005). Der Begriff »serious games« soll dabei unterstreichen, dass es nicht um reine Unterhaltung geht, sondern um das Erreichen curricular begründeter Lernziele. Das Spektrum möglicher Umsetzungen reicht von sehr einfachen Spielen etwa im Rechenunterricht, die im Prinzip nach behavioristischen Mechanismen funktionieren, bis zu komplexen dreidimensionalen Simulationsspielen, die eher konstruktivistische und situierte Lernszenarien realisieren.

Anzumerken ist, dass gerade bei den neueren der genannten Einsatzformen wie dem Game Based Learning theoretische und auch empirische Fundierungen weitgehend fehlen. Bisher handelt es sich also weniger um Konzepte zur Gestaltung pädagogisch ausgereifter Lernumgebungen, sondern eher um programmatische Erwartungen, deren Umsetzung und Überprüfung noch aussteht.

Pädagogische Potenziale digitaler Medien

Die Nutzung neuer digitaler Medien ist oft mit hohen Erwartungen in Bezug auf ihre Lernwirksamkeit und ihren Innovationsgehalt verbunden. Dass sich diese Erwartungen im Rückblick oft als naiv und überzogen herausgestellt haben, kann in vielen Fällen mit einer Herangehensweise erklärt werden, die die Technik zu stark in den Vordergrund stellt und pädagogische Aspekte vernachlässigt. Infolge dieser Herangehensweise werden neue Technologien dann häufig in Verbindung mit ungeeigneten Lehr-Lern-Ansätzen zum Einsatz gebracht: »In most places where new technologies are being used today, the technologies are used simply to reinforce outmoded approaches to learning« (Resnick 2002, S. 32).

Man sollte also nicht annehmen, dass der Einsatz neuer digitaler Medien per se große Effekte in Bezug auf ein verbessertes Lernen oder auch nur eine nachhaltige Motivierung von Lernenden entfalten. Geht man allerdings von aktuellen lehr-lerntheoretischen Ansätzen aus (vgl. Mandl/Kopp in diesem Band), so lassen sich vielfache Ansatzpunkte finden, in denen digitale Medien das Potenzial aufweisen, deren Umsetzung zu unterstützen und zu erleichtern (vgl. Mandl/Hense/Kruppa 2003):
- Schaffung eines authentischen und realitätsnahen Kontexts: Vor allem fallbasierte Lernszenarien, Planspiele oder Simulationssysteme erlauben es, am Einzelplatzrechner oder im Netzwerk in komplexen Szenarien zu agieren, die realen Situationen nachmodelliert sind (vgl. Rieber 2005). Die Interaktivität solcher Systeme ermöglicht es den Lernenden, jederzeit Rückmeldung über ihre Handlungen beim Lernen zu erhalten. Weitere Möglichkeiten zur Gestaltung sind durch den vielfältigen und unmittelbaren Informationszugriff mittels neuer Medien gegeben. So

stehen im Internet vielfältige Ressourcen für die Auseinandersetzung mit authentischen und aktuellen Materialien zu den verschiedensten Themenbereichen zur Verfügung.
- Anregen von multiplen Perspektiven und Kontexten: Das Arbeiten an komplexen Fällen und in simulierten Systemen erlaubt meist auch die Variation von Bedingungen, Abläufen und Lösungswegen. Damit ist es möglich, denselben Lerngegenstand aus verschiedenen Perspektiven und in verschiedenen Kontexten zu betrachten. Multiple Perspektiven entstehen beispielsweise durch das Einnehmen verschiedener Rollen in computermodellierten Simulationen oder durch das Suchen alternativer Lösungswege bei einer Fallbearbeitung. Weitere Zugänge ergeben sich durch die Informationsfülle und Multimedialität neuer Medien. Nicht zu vergessen sind auch die vereinfachten Möglichkeiten zur Kontaktaufnahme und Kooperation mit externen Lernpartner/innen. Sie bedeuten immer auch die Konfrontation und Auseinandersetzung mit anderen Sicht- und Verhaltensweisen.
- Unterstützung von Kommunikation und Kooperation: Neben »alt gedienten« Anwendungen wie E-Mail, Diskussionsforen und Chats sind vor allem die neueren »social networks« wie etwa *MySpace* oder verschiedene Online-Communitys wie *YouTube* zu nennen. Sie sind relativ leicht nutzbare Möglichkeiten, in Computernetzen zu kommunizieren und zu kooperieren. Für das gemeinsame Arbeiten an konkreten Produkten wie Texten eignen sich vor allem die Anwendungen und Dienste des Web 2.0 wie Wikis und Weblogs. Doch garantieren diese Werkzeuge alleine nicht automatisch eine lernförderliche Kommunikation und Kooperation (vgl. Roschelle/Pea 1999). Wichtig ist, dass ihr Einsatz durch geeignete instruktionale Unterstützung flankiert wird, die je nach Kontext etwa in Form von Kooperationsskripts, Feedback-Regeln oder Online-Tutoring realisiert werden kann.
- Bereitstellen von instruktionaler Unterstützung: Sowohl selbstgesteuertes als auch kooperatives Lernen muss instruktional begleitet und unterstützt werden, um Überforderungen zu vermeiden oder um einen Einstieg in ein neues Themengebiet zu erleichtern (vgl. Clark/Feldon 2006). Digitale Medien wie Weblogs, Wikis oder die jeweils integrierten Kommentarfunktionen können etwa für die direkte und individualisierte Rückmeldung genutzt werden. Feedback auf Arbeitsergebnisse von Einzelnen oder Gruppen kann beispielsweise bei länger dauernden Projekten, die zeitweise neben dem regulären Unterricht durchgeführt werden, per E-Mail oder in virtuellen Arbeitsbereichen gegeben werden.

Das Potenzial digitaler Medien zur Umsetzung solcher lerntheoretischen Prinzipien ist auch darin zu erkennen, dass sie eine wichtige Rolle in verschiedenen aktuellen Instruktionstheorien spielen (vgl. Kollar/Fischer 2008):
- Im Ansatz der »Goal based scenarios« dienen sie etwa zur Darbietung von authentischen Situationen durch interaktive Videos und Simulationen.
- Beim »Forschenden Lernen« (»inquiry learning«) werden sie zur Unterstützung individuell-kognitiver Prozesse oder zur Strukturierung der Zusammenarbeit genutzt.

- Im »knowledge-building«-Ansatz finden digitale Medien als externer Speicher für Ideen und Wissen einer Gruppe kooperativer Lerner/innen Anwendung.

Bewusst haben wir von Potenzialen gesprochen. Denn oft genug hat sich gezeigt, dass die Metapher von den digitalen Medien als »Trojanisches Pferd« zur Umsetzung einer neuen Lernkultur insofern irreführend ist, als dass die technische Innovation nicht automatisch zu pädagogischen Innovationen führen muss (vgl. Salomon/Ben-Zvi 2006).

Berücksichtigt man diesen Sachverhalt, so ist auch zu erklären, warum die Wirkungsforschung in Bezug auf die Effekte des Lernens mit digitalen Medien ein so heterogenes Bild abgibt (vgl. etwa Cox/Marshall 2007). Denn mit digitalen Medien lassen sich zwar wie bereits beschrieben lehr-lern-theoretisch gut fundierte Lernumgebungen gestalten, nichts hält einen aber davon ab, mit ihnen auch ineffektiven Lehr-Lern-Prinzipien zu neuem Leben zu verhelfen. Clark hat schon vor 25 Jahren seine bekannte provokative These aufgestellt, nach der Medien niemals einen Einfluss auf das Lernen haben werden (»media will never influence learning«, Clark 1983). Auch wenn man ihm nicht Recht geben will, so kann man aber Lawless und Pellegrino (2007) folgend ins Positive gewendet feststellen: Die digitalen Medien werden das Lernen nur dann nachhaltig positiv beeinflussen, wenn sie auch pädagogisch sinnvoll zum Einsatz gebracht werden.

Literatur

Abfalterer, E. (2007): Foren, Wikis, Weblogs und Chats im Unterricht. Boizenburg: vwh.
Ausubel, D.P. (1968): Educational psychology – A cognitive view. New York.
Augar, N./Raitman, R./Zhou, W. (2006): Weblogs and collaborative web publishing as learning spaces. In: Weiss, J./Nolan, J./Hunsinger, J./Trifonas, P. (Hrsg.): The International Handbook of Virtual Learning Environments, Vol. II. Dordrecht: Springer, S. 1251–1269.
Aviram, A./Talmi, D. (2005): The Impact of Information and Communication Technology on Education: the missing discourse between three different paradigms. In: E-Learning 2, S. 169–191.
Benjamin, L.T. (1988): A history of teaching machines. In: American Psychologist 43, S. 703–712.
Bielaczyc, K./Collins, A.M. (1999): Learning communities in classrooms: A reconceptualization of educational practice. In: Reigeluth, C.M. (Hrsg.): Instructional design theories and models. Volume II: A new paradigm of instructional theory. Mahwah: Erlbaum, S. 269–292.
Bloom, B. (1968): Learning for mastery. In: Evaluation Comment 1, H. 2, S. 1–5.
Bold, M. (2006): Use of Wikis in graduate course work. In: Journal of Interactive Learning Research 17, S. 5–14.
Brown, J.S./Collins, A./Duguid, S. (1989): Situated cognition and the culture of learning. In: Educational Researcher 18, S. 32–42.
Clark, R. (1983): Media will never influence learning. In: Educational Technology, Research and Development 42, H. 2, S. 21–29.
Cognition and Technology Group at Vanderbilt (1997): The Jasper project: Lessons in curriculum, instruction, assessment, and professional development. Hillsdale, NJ: Erlbaum.
Cox, M.J./Marshall, G. (2007): Effects of ICT: Do we know what we should know? In: Education and Information Technologies 12, S. 59–70.

Ewert, O./Thomas, J. (1996): Das Verhältnis von Theorie und Praxis in der Instruktionspsychologie. In: Weinert, F.E. (Hrsg.): Enzyklopädie der Psychologie: Themenbereich D Praxisgebiete, Serie 1 Pädagogische Psychologie, Band 2 Psychologie des Lernens und der Instruktion. Göttingen: Hogrefe, S. 89–118.

Forte, A./Bruckman, A. (2006): From Wikipedia to the classroom: exploring online publication and learning. Proceedings of the International Conference of the Learning Sciences (Bloomington, IN), S. 182–188.

Gerstenmaier, J./Mandl, H. (1995): Wissenserwerb unter konstruktivistischer Perspektive. In: Zeitschrift für Pädagogik 41, S. 867–888.

Halavais, A. (2006): Weblogs and collaborative web publishing as learning spaces. In: Weiss, J./Nolan, J./Hunsinger, J./Trifonas, P. (Hrsg.): The International Handbook of Virtual Learning Environments, Vol. II. Dordrecht: Springer, S. 1215–1235.

Hense, J.U./Mandl, H. (2006): 50 Jahre Bildungstechnologie aus lehr-lern-theoretischer Sicht. In: medien + erziehung – zeitschrift für medienpädagogik 50, H. 5, S. 57–65.

Huang, J./Cherubini, M./Nova, N./Dillenbourg, P. (2008): Why Would Furniture Be Relevant For Collaborative Learning? In: Dillenbourg, P./Huang, J./Cherubini, M. (Hrsg.): Collaborative Artefacts and Interactive Furniture Supporting Collaborative Work/Learning. Kluwer Academic Publishers.

Kirschner, P.A./Sweller, J./Clark, R.E. (2006): Why minimal guidance during instruction does not work: An analysis of the failure of constructivist, discovery, problem-based, experiential, and inquiry-based teaching. In: Educational Psychologist 41, S. 75–86.

Kollar, I./Fischer, F. (2008): Was ist eigentlich aus der neuen Lernkultur geworden? Ein Blick auf Instruktionsansätze mit Potenzial zur Veränderung kulturell geteilter Lehr- und Lernskripts. In: Zeitschrift für Pädagogik 54, S. 49–62.

Kukulska-Hulme, A./Traxler, J. (Hrsg.) (2005): Mobile Learning. A handbook for educators and trainers. London: Routledge.

Lawless, K.A./Pellegrino, J.W. (2007): Professional development in integrating technology into teaching and learning: Knowns, unknowns, and ways to pursue better questions and answers. In: Review of Educational Research 77, S. 575–613.

Mandl, H./Gräsel, C. (1997): Multimediales, problemorientiertes Lernen: Thyroidea – ein Lernprogramm für das Medizinstudium. In: Hamm, I./ Müller-Böling, D. (Hrsg.): Hochschulentwicklung durch neue Medien. Gütersloh: Bertelsmann, S. 173–183.

Mandl, H./Kopp, B. (2006): Blended Learning: Forschungsfragen und Perspektiven. In: Forum Neue Medien (Hrsg.): Forschung zu Blended Learning: österreichische F/E Projekte und EU-Beteiligung. Graz: Verlag Forum Neue Medien, S. 5–24.

Mandl, H./Gruber, H./Renkl, A. (1997): Lernen und Lehren mit dem Computer. In: Weinert, F.E./ Mandl, H. (Hrsg.): Enzyklopädie der Psychologie, Themenbereich D, Serie 1 Pädagogische Psychologie/Band 4 Psychologie der Erwachsenenbildung. Göttingen: Hogrefe, S. 437–467.

Mandl, H./Hense, J./Kruppa, K. (2003): Der Beitrag der neuen Medien zur Schaffung einer neuen Lernkultur: Beispiele aus dem BLK-Programm SEMIK. In: Vollstädt, W. (Hrsg.): Zur Zukunft der Lehr- und Lernmedien in der Schule. Eine Delphi-Studie in der Diskussion. Opladen: Leske+Budrich, S. 85–102.

Mayer, R.E. (2005): Introduction to multimedia learning. In: Mayer, R.E. (Hrsg.): The Cambridge handbook of multimedia learning. Cambridge: Cambridge University Press, S. 1–18.

Messerschmidt, R./Grebe, R. (2005): Zwischen visionärer Euphorie und praktischer Ernüchterung. Informations- und Bildungstechnologien der vergangenen fünfzig Jahre (QUEM-report, Schriften zur beruflichen Weiterbildung, Heft 91). Berlin: Arbeitsgemeinschaft Betriebliche Weiterbildungsforschung e.V.

Mitschian, H. (2000): Vorsprung durch Technik? Von der Bildungstechnologie der 60er Jahre bis zum multimedialen Lehren und Lernen zu Beginn des 21. Jahrhunderts. In: Hendricks, W. (Hrsg.): Neue Medien in der Sekundarstufe I u. II. Didaktik, Unterrichtspraxis. Cornelsen: Berlin, S. 16–27.

Nordkvelle, Y. (2004): Technology and didactics: historical mediations of a relation. In: Journal of Curriculum Studies 36, S. 427–444.

Prensky, M. (2001): Digital Game-Based Learning. New York: McGraw-Hill.

Reigeluth, C.M. (1983): Instructional design: What is it and why is it? In: Reigeluth, C.M. (Hrsg.): Instructional theories and models: an overview of their current status. Hillsdale: Lawrence Erlbaum, S. 3–36.

Reinmann, G. (2006): Blended Learning in der Lehrerbildung. Grundlagen für die Konzeption innovativer Lernumgebungen. Lengerich: Pabst.

Reinmann-Rothmeier, G./Mandl, H. (2001): Unterrichten und Lernumgebungen gestalten. In: Krapp, A./Weidenmann, B. (Hrsg.): Pädagogische Psychologie. Ein Lehrbuch. Weinheim: Beltz, S. 601–646.

Resnick, L.B./Lesgold, A./Hall, M.W. (2005): Technology and the new culture of learning. Tools for education professionals. In: Gärdenfors, P./Johansson, P. (Hrsg.): Cognition, education and communication. Mahwah, NJ: Lawrence Erlbaum, S. 77–108.

Resnick, M. (2002): Rethinking Learning in the Digital Age. In: Kirkman, G./Cornelius, P.K./ Sachs, J.D./ Schwab, K. (Hrsg.): The Global Information Technology Report: Readiness for the Networked World. New York: Oxford University Press, S. 32–37.

Richardson, W. (2006): Blogs, wikis, podcasts, and other powerful web tools for classrooms. Thousand Oaks, CA: Corwin Press.

Rieber, L.P. (2005): Multimedia learning in games, simulations and microworlds. In: Mayer, R.E. (Hrsg.): The Cambridge handbook of multimedia learning. Cambridge: Cambridge University Press, S. 549–567.

Roschelle, J. (2003): Keynote paper: Unlocking the learning value of wireless mobile devices. In: Journal of Computer Assisted Learning 19, S. 260–272.

Roschelle, J./Pea, R.D. (1999): Trajectories from today's WWW to a powerful educational infrastructure. In: Educational Researcher 28, H. 5, S. 22–25.

Salomon, G./Ben-Zvi, D. (2006): The difficult marriage between education and technology. Is the marriage doomed? In: Verschaffel, L./Dochy, F./ Boekaerts, M./ Vosniadou, S. (Hrsg.): Instructional psychology. Past, present and future trends. Amsterdam: Elsevier, S. 209–222.

Skinner, B.F. (1971): Erziehung als Verhaltensformung. Grundlagen einer Technologie des Lehrens. München: E. Keimer.

Scardamalia, M./Bereiter, C. (1994): Computer support for knowledge-building communities. In: Journal of the Learning Sciences 3, S. 265–283.

Schulmeister, R. (2006): E-Learning: Einsichten und Aussichten. München/Wien: Oldenbourg.

Schulmeister, R. (1996): Grundlagen hypermedialer Lernsysteme. Theorie – Didaktik – Design. Addison-Wesley: Bonn.

Spiro, R.J./Jehng, J.C. (1990): Cognitive flexibility and hypertext: Theory and technology for the nonlinear and multidimensional traversal of complex subject matter. In: Nix, D./Spiro, R. (Hrsg.): Cognition, education, and multimedia: Exploring ideas in high technology. Hillsdale, NJ: Lawrence Erlbaum Associates, S. 163–205.

Weidenmann, B. (1992): Lehr- und Lernforschung. Neue Unterrichtstechnologien I. In: Ingenkamp, K./Jäger, R./Petillon, H./Wolf, B. (Hrsg.): Empirische Pädagogik 1970-1990. Eine Bestandsaufnahme der Forschung in der Bundesrepublik Deutschland, Band II. Weinheim: Deutscher Studien Verlag, S. 471–484.

Winkler, K. (2004): Wissensmanagementprozesse in face-to-face und virtuellen Communities. Kennzeichen, Gestaltungsprinzipien und Erfolgsfaktoren. Berlin: Logos.

Woolfolk, A. (2004): Educational psychology. Boston, MA: Pearson.

Kirstin Hansen / Hans Gruber

Erwachsenenbildung – Konzepte, Methoden und Perspektiven

Da das Thema Erwachsenenbildung vielseitig und komplex ist, verschafft dieses Kapitel einen Überblick über das Feld und gibt der Leserin/dem Leser einen ersten Einblick in die Thematik.

Das Kapitel ist in vier Unterpunkte gegliedert. Zunächst wird auf die Begrifflichkeitsdebatte eingegangen, um sich einer Definition für Erwachsenenbildung anzunähern. Anschließend erfolgt ein Überblick über die Forschungsfelder der Erwachsenenbildung, in dem Entwicklungen und Trends sowie die wissenschaftliche Zuordnung des Themas aufgezeigt werden. Im Anschluss daran werden Theorien und Modelle der Erwachsenenbildung vorgestellt und diskutiert. Diese zeigen die theoretische Einbettung der Erwachsenenbildung und versuchen zu erklären, wie das Lernen Erwachsener funktioniert. Danach wollen wir die Erwachsenenbildung an einem praktischen Beispiel aus dem E-Learning-Bereich veranschaulichen.

Was versteht man unter Erwachsenenbildung?

Wenn man versucht, in Worte zu fassen, was Erwachsenenbildung ist, wird man schnell feststellen, dass es nicht einfach ist, dieses umfangreiche Feld zu definieren. Dies ist der Grund, weshalb um das Feld der Erwachsenenbildung eine große Debatte über die passende Definition entstand. Das Erwachsenenbildungs- bzw. Weiterbildungssystem in Deutschland wurde seit 1970 vom Deutschen Bildungsrat als quantitativ und qualitativ eigenständiger Bildungsbereich erklärt (Deutscher Bildungsrat 1970). Allerdings ist dieser Bereich nicht systematisch gestaltet oder geordnet. Weiterbildung wurde durch den Deutschen Bildungsrat als »Fortsetzung oder Wiederaufnahme früheren organisierten Lernens nach Abschluss einer unterschiedlich ausgedehnten ersten Bildungsphase« (S. 51) definiert und umfasst die Bereiche der Fortbildung, Umschulung und Erwachsenenbildung.

Diese Definition wurde allerdings spätestens seit der Diskussion über Zerfaserung und Entgrenzung wieder problematisch: »Der Gegenstandsbereich Weiterbildung befindet sich in einem permanenten Prozess zwischen Verfestigung der Institutionen, Programme, Angebote und somit der Lernmöglichkeiten einerseits und ihrer Entgrenzung andererseits« (Faulstich 2005, S. 224). Einigkeit besteht allerdings darüber, dass Weiterbildung die längste Phase des individuellen Lernens erfasst und an einen vorhergegangenen Bildungsprozess angrenzt (Nuissl 2002).

Auch das wachsende Interesse an Forschung zur beruflichen Weiterbildung bzw. arbeitsorientierter Weiterbildungsforschung, die durch die Expansion des Gegenstandsbereichs verursacht wurde, ist unbestreitbar.

Nuissl (2001) versucht der Erwachsenenbildung konkrete Bereiche zuzuordnen, um so das Feld einzugrenzen und greifbarer zu machen; dabei unterscheidet er:
- berufliche und betriebliche Weiterbildung
- Fortbildung und Umschulung
- politische Bildung/gewerkschaftliche Bildung
- Allgemeinbildung und kulturelle Bildung

Hinter jedem Bereich verbergen sich verschiedene Formen der Erwachsenenbildung und Weiterbildung, die in unterschiedlichen Institutionen verankert sind. Wittpoth (2007) weist jedoch darauf hin, dass Erwachsenenbildung in vielfältigen, nicht nur institutionalisierten Formen stattfindet. Lernen ist sowohl in Institutionen als auch am Arbeitsplatz oder gar zu Hause möglich. Somit ist es von Wichtigkeit, wie an welchem Ort gelernt wird. Sloane (2001) plädiert dabei für lernortübergreifende Lehr-Lern-Arrangements, die an den jeweiligen Lernorten spezifische Aufgaben übernehmen sollen. Dies ist vor allem für das berufliche Lernen wichtig, da sich Lernen immer in der Wechselwirkung von theoretischer Reflexion und praktischer Anwendung vollzieht.

Arnold und Wieckenberg (1999) verfolgen eine andere Herangehensweise, um die Begrifflichkeiten einzugrenzen. In ihrer Analyse der Herausforderungen an die Erwachsenenbildung stellten sie fest, dass die Gegensätze zwischen Erwachsenenbildung und Weiterbildung zunehmend verschwinden. Erwachsenenbildung steht heute vier großen Herausforderungen gegenüber:
- der Erweiterung der Bildung
- den Krisen der Fachbildung
- dem Wandel des Wissens
- der wachsenden Bedeutung von Qualitätssicherung

Bei der Erweiterung der Bildung kann von zwei unterschiedlichen Phänomenen gesprochen werden. Erstens steht nicht mehr nur die reine Wissensvermittlung bzw. Wissensaneignung im Vordergrund, sondern der Erwerb umfassender Kompetenzen. Zweitens ist der Erwerb von Kompetenzen nicht nur von Einzelnen zu leisten. Dieser wird daher ausgeweitet auf Organisationen, welche sich im Rahmen des »organizational learning« ebenso Kompetenzen aneignen müssen. Eine weitere Herausforderung stellen die Krisen der Fachbildung dar. Durch die Zunahme der relevanten Wissensbestände werden weitere Kompetenzen als nur fachliche immer wichtiger. Dies zieht nach sich, dass die Bedeutung des Spezial- bzw. Detailwissens zugunsten von planerischen, vorbereitenden und überwachenden Funktionen geringer wird. Der Wandel des Wissens steht in engem Zusammenhang hiermit. Durch das immer schneller anwachsende Wissen in unserer Gesellschaft wird bestehendes Wissen schneller flüchtig, wobei zugleich die Bestände an gespeichertem Wissen (Daten, Fakten, Theorien) stark zunehmen. Somit stellt sich die Frage, inwiefern Bildungsinstitutionen ihren Fokus mehr auf reflexive Bildungsformen – to know how to know – setzen sollen. Auch das Qualitätsbewusstsein der Bildungsnachfragenden steigt beständig. Weiterbildung wird mehr und mehr als Dienstleistung betrachtet, deren Nutzen- und Kostenkomponenten gegeneinander abgewogen werden. In der Erwachsenenbildung stehen die Anbieter daher vor der Herausforderung, strengere Qualitätskontrollen in einem schärfer werdenden Wettbewerb von Bildungsanbietern durchlaufen zu müssen, um sich so von der Konkurrenz abzuheben und neue Teilnehmer für sich zu gewinnen.

Auch in der internationalen Literatur kann kaum eine einheitliche Definition für Erwachsenenbildung/Weiterbildung gefunden werden. Dort muss zudem differenziert werden zwischen den Begrifflichkeiten »adult education«, »adult learning« und »vocational education«, die aber eng miteinander verbunden sind.

»Vocational education is essentially education to prepare individuals for a vocation, specialist occupation or work« (Cornford 2005, S. 646). Das heißt, dass »vocational education« keine Weiterbildungsmaßnahme im klassischen Sinne ist, sondern für die berufliche Aus- und Weiterbildung Erwachsener steht.

»Adult education« ist mit dem Begriff Erwachsenenbildung vergleichbar und bezieht sich dabei auf das Berufs- und Forschungsfeld an sich. Unter »adult learning« ist hingegen das Lernen Erwachsener zu verstehen, welches sich einerseits leicht und andererseits schwer definieren lässt. Geht man vom Begriff des Lernens aus, scheint es hier leicht zu sein, eine passende Definition zu finden: »Learning is one of the essence of everyday living and of conscious experience; it is the process of transforming that experience into knowledge, skills, attitudes, values, and beliefs« (Jarvis 1992, S. 11). Schwierig ist es hingegen, zu erklären, wie und warum Erwachsene lernen und wie sich dieser Prozess am besten unterstützen lässt (vgl. Merriam 2000).

Foley (2004) unterscheidet vier Dimensionen des Lernens Erwachsener, wobei Lernen eine zentrale und bedeutende Komponente des täglichen Lebens darstellt:

- formal education
- non-formal education
- informal learning
- incidental learning

Unter »formal education« ist ein definiertes Curriculum zu verstehen, welches von professionellen Lehrenden organisiert und durchgeführt wird und meist mit einer Zertifizierung abschließt. Beispiele hierfür sind das Lernen in pädagogischen Institutionen oder auch Fortbildungen am Arbeitsplatz.

»Non-formal education« steht für das systematische Anleiten bzw. das Anlernen von konkreten Handgriffen. Dieses wird etwa beim Anlernen eines Arbeiters an einer neuen Maschine angewendet.

Das kontinuierliche Lernen aus Erfahrungen fasst Foley unter dem Begriff des »informal learning« zusammen. Diese Form des Lernens bezieht sich auf individuelle oder gruppenbasierte Reflexion, welche nicht auf eine formelle Instruktion zurückzuführen ist.

Beim »incidental learning« – welches so viel bedeutet wie beiläufiges Lernen – wird gelernt, während jemand einer anderen Aktivität nachgeht. Ein Mechaniker lernt beispielsweise während seiner Arbeit eine Menge über Autos. Das Lernen findet hier beiläufig zu der Aktivität statt, in welche die lernende Person involviert ist. Bei dieser Form des Lernens wird auch oft von »tacit learning« gesprochen.

Eraut (2000) beschäftigte sich intensiv mit dem Konzept »tacit learning« bzw. »tacit knowledge«. Er beschreibt es als weit verbreitetes Phänomen, das eine große Spanne an Bedeutungen erworben hat. Einerseits wird »tacit knowledge« als das Wissen bezeichnet, welches wir wissen, aber nicht artikulieren können. Andererseits sprechen viele Autoren davon, wie man tacit knowledge explizit machen kann. »This can mean either that the knower learns to tell or that the researcher tells and then seeks respondent verification« (Eraut 2000, S. 118). Forschungsarbeiten zu derlei »geheimnisvollen« Wissensformen, beginnen sich derzeit erst zu entwickeln (Gruber/Sand 2007).

Erwachsenenbildungsforschung

Seit der realistischen Wende in den 1960er-Jahren ist die Erwachsenenbildung zunehmend sozialwissenschaftlich geprägt. Die geisteswissenschaftliche Pädagogik konnte sich zu dieser Zeit aus ihrer disziplinären Randstellung befreien und wendete sich stärker der empirischen Forschung zu. Im Zuge der Reformdiskussion um eine wissenschaftliche Fundierung aller gesellschaftlichen Bereiche kam es zu einem enormen Expansionsschub universitärer Erziehungswissenschaft, welcher Ende der 1960er-Jahre auch die Einrichtung des erziehungswissenschaftlichen Diplomstudiengangs nach sich zog (Grunert 2006).

Die erwachsenenpädagogische Forschung sowie die praxisorientierte Tatsachenforschung versuchen, die gesellschaftliche Realität Erwachsener als Praxis zu verstehen oder zu erklären. Auf der Grundlage sozialwissenschaftlicher Forschungsergebnisse werden anschließend erwachsenenpädagogische Aufgaben und Ziele formuliert und Theorien entwickelt.

Gegenwärtig versteht sich die Erwachsenenbildungsforschung in erster Linie als empirische Forschung, die sich zur Erkenntnisgewinnung hauptsächlich qualitativer und quantitativer Forschungsmethoden bedient. Die unterschiedlichen Methoden bilden keine Gegensätze, sondern helfen, den Untersuchungsbereich aus verschiedenen Perspektiven zu betrachten (Schweikert 2006). Doch existiert nicht nur eine empirische Forschung zur Erwachsenenbildung, denn Theorie ist immer die Theorie einer Wirklichkeit – in diesem Fall der realen, historisch gewordenen Erwachsenenbildung. Daher analysieren Forscher auch die Geschichte der Erwachsenenbildung und die historischen Gründe für das Entstehen ihrer Vielfalt (Wittpoth 2007).

Im Auftrag der Sektion Erwachsenenbildung der Deutschen Gesellschaft für Erziehungswissenschaft (DGfE) verfassten Arnold et al. (2000) ein Forschungsmemorandum für die Erwachsenenbildung. Dieses befasst sich im Wesentlichen mit den Zielen und Absichten der Erwachsenenbildung und Weiterbildung sowie mit zentra-

len Forschungsfeldern und deren möglichen strategischen Umsetzungen. Im Mittelpunkt stehen dabei fünf Forschungsfelder, die jeweils verschiedene Unterpunkte und spezifische Fragestellungen beinhalten:
- Lernen Erwachsener
- Wissenskulturen und Kompetenzbedarfe
- Professionelles Handeln
- Institutionalisierung
- System und Politik

Das Forschungsmemorandum identifizierte damit vor dem Hintergrund des erreichten Forschungsstandes zur Erwachsenenbildung Schwerpunkte und notwendige Fragestellungen eines zunehmend bedeutsamen Bereichs der Bildungsforschung in einer anderen Weise als in den im ersten Abschnitt dieses Kapitels genannten Arbeiten.

Faulstich (2005) betont, dass der Fokus der Weiterbildungsforschung zu lange auf der allgemeinen Weiterbildung lag. Erst seit Ende der 1980er-Jahre wurde berufliche Weiterbildung zum relevanten Thema in der wissenschaftlichen Diskussion zur Erwachsenenbildung. Problematisch sieht Faulstich die fortbestehende Diskrepanz zwischen der Bedeutungsexpansion der Weiterbildung und den darauf bezogenen Forschungsaktivitäten.

Nach Schrader (2007) zeichnet sich die Erwachsenenbildung als Disziplin aus, die reich an Themen ist, aber arm an theoretisch begründbaren Fragestellungen. Dies führt zu einer geringen Kontinuität innerhalb des Bereichs. Die durch die Begriffsproblematik hervorgerufene Notwendigkeit, den Gegenstand selbst erst definieren zu müssen, führt zu unterschiedlichen Ausgangssituationen und erzeugt somit Uneinigkeit. Verstärkt wird dies dadurch, dass Erwachsenenbildungsforschung keiner einzelnen Disziplin zugeordnet werden kann. Folglich liefern hier verschiedenste Fachrichtungen Beiträge. Dieser Umstand führt einerseits zu einer Bereicherung, da die Erwachsenenbildung vielseitig erforscht wird, andererseits wird dadurch eine Zersplitterung in viele Einzelforschungsgebiete hervorgerufen (Faulstich 2005).

Theorien und Modelle der Erwachsenenbildung

Zur Veränderung der Lernfähigkeit und der Lernleistungen im Erwachsenenalter gibt es inzwischen umfangreiche Literatur (Conein/Nuissl 2001; Decker 1984; Orthey 2004). Durch die Vielzahl der Ergebnisse der empirischen Untersuchungen wird jedoch eine verallgemeinerbare, eindeutige Antwort über Veränderungen des Lernens im Alter immer unmöglicher. Dies hängt mit der Vielzahl der möglichen Einflussfaktoren zusammen, die sich auf den Lernprozess jedes Einzelnen anders auswirken können. Doch selbst wenn die Forschungsergebnisse eindeutiger und einheitlicher wären, wäre ihr Nutzen für didaktisch-methodisches Handeln dennoch eingeschränkt. Nach Decker (1984) wird die Lernfähigkeit überwiegend von der Persönlichkeit und den individuellen Lernerfahrungen beeinflusst. Das Alter selbst spielt nur eine untergeordnete Rolle, da die Lernfähigkeit grundsätzlich bis ins hohe Alter vorhanden ist und es lediglich zu Verschiebungen der Lernfähigkeit aufgrund biologischer Alterungsprozesse kommt. Die Entwicklung der Lernfähigkeit findet also individuell statt und kann daher bei jeder Person anders geprägt sein.

Merriam, Caffarella und Baumgartner (2007) diskutieren in ihrem Buch unter anderem auch verschiedene Modelle des »adult learning«. Dabei vertreten sie die zentrale Aussage »[…] there is no single theory that explains all of human learning, there is no single theory of adult learning« (S. 83).

Der Begriff Andragogik wurde von Knowles im Jahre 1968 verwendet, um seine Annahmen über den lernenden Erwachsenen in Form von Thesen zu formulieren. »Andragogy« wird das Pendant zum Begriff »pedagogy«, wobei sich »andragogy« mit dem Lernen Erwachsener und »pedagogy« mit dem Lernen von Kindern befasst. Knowles (1980, S. 44) stellte folgende Annahmen zum Lernen Erwachsener auf:

1. As a person matures, his or her self-concept moves from that of a dependent personality toward one of a self-directing human being.
2. An adult accumulates a growing reservoir of experience, which is a rich resource for learning.
3. The readiness of an adult to learn is closely related to the developmental tasks of his or her social role.
4. There is a change in time perspective as people mature – from future application of knowledge to immediacy of application. Thus, an adult is more problem centered than subject centered in learning.

Knowles' Thesen wurden viel diskutiert und kritisiert, da nicht klar ist, ob diese eine Theorie des Lernens oder eine Theorie des Lehrens darstellen und ob sich das Lernen Erwachsener von dem von Kindern unterscheidet. Knowles wurde vorgeworfen, dass seine Thesen sich nur auf Lerner einer bestimmten sozialen Schicht beziehen würden. Auch der Lernkontext, die individuellen Unterschiede der Lerner, andere Wege zum Lernen sowie das Verhältnis zwischen dem Selbst und der Gesellschaft werden nicht berücksichtigt.

Bei Merriam et al. (2007) werden in dem Kapitel über Andragogik die drei Modelle von McClusky, Illeris und Jarvis besprochen, welche alle einen unterschiedlichen Fokus bei der Analyse des Lernens Erwachsener legen. McCluskys Theorie gründet auf der Annahme, dass das Erwachsenenalter eine Zeit des Wachsens, der Veränderung und der Integration ist, in der man konstant auf der Suche ist nach der Balance zwischen der Energie, die gebraucht wird, und der, die verfügbar ist. Die Theorie fokussiert also, wie das Lernen mit dem Leben eines Erwachsenen interagiert. Illeris' Theorie setzt hingegen stärker am Lernprozess selbst an. In seinem Modell gibt es drei Dimensionen: Kognition, Emotion und Gesellschaft. Diese drei Dimensionen sind immer präsent während einer Lernaktivität. Die kognitive Dimension bezieht sich auf Wissen und Fertigkeiten, während die emotionale Dimension Gefühle und Motivation abbildet. Die Gesellschaftsdimension steht für die externe Interaktion. Lernen ist immer in einen sozialen Kontext eingebettet, der mit dem individuellen Lernen interagiert. Jarvis' Theorie ist die komplexeste, die den Transformationsprozess einer Person durch Erfahrung beschreibt. Er vertritt die Ansicht, dass jedem Lernprozess Erfahrung zugrunde liegt.

Anhand dieser unterschiedlichen Modellskizzen wird deutlich, wie schwierig sich das Lernen Erwachsener darstellen lässt. Meist kann nur ein Teil des Lernprozesses fokussiert werden, der durch die Ausgangsperspektive determiniert wird.

Sehr viel greifbarer als die erwähnten Modellansätze zum Lernen Erwachsener sind didaktische Lernkonzepte, die sich mit der Art und Weise des Lernens auseinandersetzen.

Didaktische Konzepte lassen sich in der Lernpsychologie nicht deduktiv ableiten, da Didaktik eine Vielzahl von Faktoren zu berücksichtigen hat. Dazu gehören beispielsweise der Lerninhalt, die Lernziele, die Lernmotivation, die Lerngruppe oder auch die Institution, in die das Lernangebot eingebettet ist.

Die lernpsychologische Forschung funktioniert im Prinzip inhaltsneutral und setzt sich formal mit den psychischen Funktionen und Prozessen auseinander, wohingegen die Didaktik sich schwerpunktmäßig mit den Lerninhalten befasst. Für didaktisches Handeln erweisen sich lernpsychologische Erkenntnisse vor allem als Hintergrundinformation als sinnvoll, da bei der didaktischen Planung mehr Wissen über soziale biografische Lebenslagen einbezogen werden kann (Siebert 2006).

Besonders vordergründig ist bei der Erwachsenenbildung der Ansatz des lebenslangen Lernens, der sich in den letzten Jahren immer stärker etablierte. Durch die gesellschaftlichen Veränderungen scheint es unabdingbar zu sein, dass sich Erwachsene zeitlebens weiterbilden und fortbilden.

Rinne und Jauhiainen (2007) gehen sogar so weit, zu sagen, dass das politische Versprechen des lebenslangen und lebensweiten Lernens als Voraussetzung für Erfolg und Überleben einer Gesellschaft gesehen werden kann. Dies hat allerdings die Gewöhnung an wachsende Ungewissheit zur Bedingung. Das Prinzip des lebenslangen Lernens wurde als Ausgangspunkt für die Entwicklung der Bildungssysteme und für das Lernen im täglichen Leben und im Beruf in allen postindustriellen Ländern gewählt.

Im Jahr 2000 wurde ein Memorandum über Lebenslanges Lernen von der EU formuliert, um die Diskussion zur Implementierung des Lebenslangen Lernens zu bündeln und voranzutreiben (Kommission der Europäischen Gemeinschaften 2000).

Das Memorandum strebt an, lebenslanges Lernen in Europa auf breiter Ebene zu realisieren und verfolgt dabei zwei gleichermaßen wichtige Ziele:
1. Die Menschen sind Europas wichtigstes Gut und müssen im Zentrum der Politik und der Union stehen.
2. Lebenslange Weiterbildung ist ein ganz wesentliches Mittel, um gesellschaftliche Teilhabe, sozialen Zusammenhalt und die Beschäftigung weiterzuentwickeln.

Aus diesem Grund wird gefordert, den Zugang zum Lernen zu gewährleisten und zu verbessern sowie die Investitionen in Humanressourcen zu erhöhen. Auch die Lehr- und Lernmethoden und die Methoden zur Bewertung von Lernbeteiligung und

Lernerfolg sollen verbessert und weiterentwickelt werden. Zudem sollen Informations- und Beratungsangebote erweitert sowie Möglichkeiten für lebenslanges Lernen in unmittelbarer räumlicher Nähe der Lernenden geschaffen werden (Nuissl 2007).

Paschen (2007) postuliert eine zentrale Rolle des lebenslangen Lernens. Er weist darauf hin, dass diese Form der Erwachsenenbildung nur ernsthaft gewährleistet werden kann, wenn entsprechende Freizeit vorhanden ist, um einschlägige Angebote wahrnehmen zu können, wenn in hinreichendem Umfang materielle Ressourcen zur Verfügung stehen, und wenn genügend Vorbildung vorhanden ist.

Online-Lernen in der Erwachsenenbildung

Der letzte Unterpunkt dieses Kapitels stellt einen Exkurs in den Bereich des E-Learnings dar. Es wird dargestellt, mit welchen Inhalten sich E-Learning beschäftigt; zur Illustration wird abschließend das Lernen Erwachsener an einem praktischen Beispiel des Lernens mit der Online-Lernumgebung ENTER geschildert.

Eine besondere Form der Erwachsenenbildung findet durch »distance education« (DE) statt. Gerade in der Zeit des individuellen Lernens kann dadurch mehr auf die Bedürfnisse jedes einzelnen Lerners eingegangen werden. DE wird daher auch oft »flexible education« genannt. In den letzten Jahren hat sich in diesem Bereich das Angebot sehr stark verändert und ausgeweitet.

»[…] it has moved from mail-in correspondence courses with little tutor support to carefully crafted, instructionally designed, edited and professionally printed courses with telephone and e-mail tutor support« (Spencer 2004, S. 189). Institutionen, die ihr Lernangebot durch DE anbieten, sind zum Beispiel die Fernuniversität Hagen oder die Virtuelle Hochschule Bayern (vhb).

Nach Arnold und Wieckenberg (1999) erhöhen sich durch die Einbindung neuer Technologien in den Lernkontext sowohl die kommunikative Anbindung der Lernenden an die verantwortliche Bildungseinrichtung als auch die Möglichkeit der Kooperation, Interaktion und Kommunikation zwischen den Teilnehmern.

Da in internetbasierten Lernumgebungen die Möglichkeit gesehen wird, zeitlich, räumlich, inhaltlich und methodisch flexibel, offen und selbstgesteuert zu lernen, wächst die Attraktivität der Lernumgebungen vor allem für Erwachsene, die bereits berufstätig sind. Gerade für Erwachsene ist bei der Weiterbildung die Flexibilität der Lernumgebung von großer Bedeutung, da sich so die Lernphasen individuell planen lassen (Gruber et al. 2002).

Online-Lernen unterscheidet sich in zweierlei Hinsicht vom Offline-Lernen. Durch die Anbindung an ein Computernetzwerk besteht für Lehrende und Lernende die Möglichkeit, untereinander sowie mit Außenstehenden computervermittelt zu kommunizieren. Neben der computervermittelten Kommunikation zeichnet sich das Online-Lernen durch den Zugriff auf sehr große, hypertextuell bzw. hypermedial strukturierte Archive aus. So kann der Lerner via Internet rund um die Uhr riesige Mengen an verlinkten Texten und Materialien zu den unterschiedlichsten Themen abrufen. Neben den öffentlichen Web-Angeboten können Informationen im WWW durch Passwortschutz nur bestimmten Zielgruppen oder Einzelpersonen zugänglich gemacht werden (Döring 2002). Beim Online-Lernen wird zwischen synchronen und asynchronen Online-Seminaren unterschieden. Bei der synchronen Variante wird meist mithilfe einer Lernplattform – dem virtuellen Seminarraum – unter Leitung eines E-Trainers zu einer bestimmten Zeit gelernt, wohingegen bei der asynchronen Seminarform die Lernenden in der Regel nicht zeitgleich in der virtuellen Lernumgebung sind, sondern hauptsächlich zeitversetzt über Foren kommunizieren.

Für beide Formen gelten zwar die gleichen didaktischen Grundprinzipien, jedoch unterscheiden sich die beiden Formen sehr deutlich bei den Faktoren der Zeitdisponibilität und der Verschriftlichung (Apel/Kraft 2003). Bei der Planung bzw. Erstellung eines Online-Seminars trifft man schnell auf die Frage nach der Didaktik und der methodischen Gestaltung medialer Lehr-Lern-Arrangements. Im Folgenden wird daher näher auf die didaktische Gestaltung von Online-Seminaren eingegangen und im Anschluss daran erläutert, wie Online-Lernen von Erwachsenen in der Praxis abläuft.

Didaktische Gestaltung von Online-Seminaren

Eine wesentliche Rolle für die Qualität und den Erfolg von netzgestützten Seminaren kommt der mediendidaktischen und methodischen Gestaltung zu. Diese trägt neben der funktionierenden Technik zum Gelingen des Seminars bei.

An E-Learning-Seminare werden vor allem in der betrieblichen Bildung hohe Erwartungen gestellt. So sollen durch den Einsatz elektronischer Medien der Wissenserwerb optimiert, Reise- und Ausfallzeiten reduziert sowie öffentliche und zeitliche Begrenzungen überwunden werden. Zudem verspricht man sich eine höhere Lernmotivation bei den Teilnehmenden im Vergleich zu anderen Lernformen. Bislang vorliegende Erfahrungen in Betrieben sowie aktuelle Forschungsergebnisse relativieren diese hochgesteckten Erwartungen jedoch erheblich. Die Annahme, dass es durch den Einsatz neuer Medien quasi automatisch zu einer höheren Lernmotivation, Lerneffektivität und Effizienz kommt, ließ sich nicht bestätigen. Auch die Kosteneinsparpotenziale lassen sich oft nicht realisieren.

Eine mögliche Ursache für die nicht erfüllten Erfahrungen stellt die in vielen E-Learning-Projekten immer noch überbetonte mediale Komponente dar, während die methodisch-didaktische Konzeption im Gegenzug zu wenig Beachtung findet (Iberer/Müller 2002).

Nach Born (2007) sollte bei der Konzeption von Online-Bildungsmaßnahmen im Bereich der Erwachsenenbildung auf folgende Prinzipien geachtet werden:
- Förderung der Selbstverantwortung
- Stärkung der Selbstwirksamkeit
- Förderung von Kommunikation und Kooperation
- Konzept der »Ermöglichungsdidaktik«

Da das erfolgreiche Absolvieren von Lernprozessen wesentlich von der Fähigkeit des Einzelnen abhängt, Verantwortung für das eigene Lernen zu übernehmen und den Lernprozess zu organisieren, kann der Lernerfolg durch die Förderung der Selbstverantwortung erhöht werden. Grundlage für die aktive Gestaltung des eigenen Lernweges bildet die Selbstwirksamkeitsüberzeugung. Erst wenn sich der Lerner kompetent genug fühlt, ein bestimmtes Ziel mithilfe eigener Ressourcen organisieren und erreichen zu können, kann er Problemlösestrategien entwickeln und gezielt an der Lösung einer Aufgabe arbeiten. Gerade in E-Learning-Seminaren ist die Förderung von Kommunikation und Kooperation unabdingbar, da die Kommunikationsform für viele Lerner ungewohnt ist und auch die Kooperation mit anderen Teilnehmer/innen gestärkt werden sollte, um ein effektives Arbeiten zu ermöglichen. Des Weiteren sollte der Lehrende das E-Learning-Angebot mithilfe der »Ermöglichungsdidaktik« konzipieren. Diese geht davon aus, dass die didaktische Planung zwar die Aneignung durch die Lernenden nicht erzeugen kann, jedoch versucht, diese zu ermöglichen. Die Voraussetzungen für die Aneignung und die Förderung und Entwicklung der Selbstlernkompetenz sollen also geschaffen und strukturierend in den Lehr-Lern-Prozess eingebracht werden. In anderen Worten nach Bateson (1982, S. 128):

> »Man kann das Pferd zum Wasser führen,
> aber man kann es nicht zum Trinken zwingen.
> Das Trinken ist seine Sache.
> Aber selbst wenn das Pferd durstig ist,
> kann es nicht trinken,
> solange Sie es nicht zum Wasser führen.
> Das Hinführen ist Ihre Sache.«

Online-Lernen Erwachsener am Beispiel ENTER

Das Deutsche Institut für Erwachsenenbildung (DIE) führte in Zusammenarbeit mit dem Zentrum für Fernstudien und Universitäre Weiterbildung (ZFWU) der Universität Kaiserslautern das Kooperationsprojekt »ENTER: Lehren und Lernen mit Neuen Bildungsmedien in der Weiterbildung« durch. Die Fortbildung richtete sich an alle Personen, die im Bereich der Erwachsenen- und Weiterbildung tätig sind und über ein abgeschlossenes Studium verfügen.

Das Lehren und Lernen mit neuen Bildungsmedien verändert traditionelle Muster der Lehr-Lern-Organisation und stellt daher die Erwachsenenbildung vor neue Herausforderungen. Der professionelle Einsatz von Bildungsmedien verlangt von den Bildungsverantwortlichen und dem pädagogischen Personal die Fähigkeit, sich dieser neuen Technologien zu bedienen und diese sinnvoll zu nutzen. Schließlich ergibt sich der Mehrwert digitaler Medien nicht mit der Einführung des Mediums an sich, sondern hängt von der Qualität des didaktischen Konzepts ab (Reimer 2004). Das Projekt ENTER zielte daher darauf ab, die Teilnehmenden im Umgang mit den neuen Medien zu schulen und den Erwerb von Medienkompetenz zu fördern (Kraft/Hemsing-Graf 2001).

Die Weiterbildung setzte sich zusammen aus vier Online-Modulen, vier Präsenzphasen und einem Praxisprojekt. Den größten Raum nahmen dabei die Online-Phasen ein, welche sich über 12 Monate erstreckten. Die Teilnehmenden erwarben über vier Module verteilt das notwendige Wissen bezüglich des Lehrens und Lernens mit neuen Bildungsmedien und erlernten dabei selbst, was Online-Lernen aus Sicht der Lernenden bedeutet. In den Präsenzphasen bot sich den Teilnehmenden die Gelegenheit zum Kennenlernen und zum fachlichen und sozialen Austausch.

Die vier Online-Module beschäftigten sich mit folgenden Inhalten:
- Modul 1: Technische Voraussetzungen und Notwendigkeiten
- Modul 2: Pädagogische und psychologische Grundlagen des Medieneinsatzes
- Modul 3: Didaktisches Design multimedialer Lernumgebungen
- Modul 4: Planung, Organisation und Management der technischen Infrastruktur und der Lernarrangements in Weiterbildungseinrichtungen

In Modul 1 wurden vor allem medienpädagogische Kompetenzen vermittelt, wobei darauf geachtet wurde, die technischen Möglichkeiten für den Einsatz in Bildungszusammenhängen aufzuzeigen und bezogen auf die Ausstattung von Weiterbildungseinrichtungen zu betrachten. Modul 2 sollte pädagogische und psychologische Grundlagen des Einsatzes von neuen Medien in Bildungsprozessen vermitteln und eine Auseinandersetzung mit den Vor- und Nachteilen der Online-Kommunikation und der Moderation von Online-Lernprozessen anregen. Fragen der Mediendidaktik sollten in Modul 3 geklärt werden. Dabei standen vor allem Aspekte des Qualitätsmanagements und Qualitätskriterien bei der Auswahl und Evaluation von multimedialen Lernangeboten im Vordergrund. In Modul 4 stand die Entwicklung einer Konzeption für das Lehren und Lernen mit »Neuen Bildungsmedien« im Mittelpunkt. Dabei sollten Kosten-Nutzen-Analysen, personelle Komponenten, medienrechtliche Aspekte, technische Infrastruktur in Weiterbildungseinrichtungen sowie Weiterbildungsberatung im Hinblick auf die Nutzung neuer Medien analysiert werden (Kraft/Hemsing-Graf 2001).

Die Lernumgebung selbst bestand aus den vier zentralen Bereichen: Kursmaterial, Seminarbereich, Infocenter, Übersichtsbereich über die Teilnehmenden.

Die Lernenden konnten im Menü »Kursmaterial« auf Lehrtexte zurückgreifen, welche eine interaktive Möglichkeit zur inhaltlichen Auseinandersetzung ermöglichten. Sie hatten ferner Zugriff auf weitere Informationsquellen sowie Aufgaben und Lösungen. Der »Seminarbereich« war das Zentrum des Online-Seminars. Hier befanden sich alle wichtigen Online-Kommunikationsformen, ein Seminarkalender, in den alle wichtigen Termine eingetragen wurden, sowie der Punkt »Arbeitsaufträge«, unter welchem von den Online-Tutoren formulierte Aufgaben abgerufen werden konnten.

Die Teilnehmer/innen konnten sich vor allem in den Diskussionsforen austauschen, welche von den Tutoren themenspezifisch eingerichtet und betreut wurden. Des Weiteren konnten sich die Lernenden über Chaträume oder E-Mail-Kontakt miteinander austauschen. Der Bereich »Teilnehmende« lieferte einen Überblick über alle Teilnehmenden und Tutor/innen eines Moduls. Im Infocenter konnten die Teilnehmenden alle wichtigen Informationen zum Ablauf des Seminars abrufen und sich über die Spielregeln des Seminars und mehr informieren.

Die Weiterbildung ENTER begann im Februar 2001 mit 50 Teilnehmenden. Diese erwarteten sich von der Weiterbildung einen Wissenserwerb hinsichtlich der effektiven Nutzung des Internets, Kenntnisse zu Entwicklung und Durchführung von Online-Lehrangeboten und Informationen über die Nutzungsmöglichkeiten der »Neuen Medien« in den Praxisfeldern der Weiterbildung. Da dies für viele Teilnehmer/innen die erste persönliche Erfahrung mit Online-Lernen war, kam es nicht selten vor, dass die individuellen Vorstellungen und Erwartungen vom realen Erlebnis der Weiterbildung abwichen.

Abschließend soll exemplarisch am ersten Modul der tatsächliche Verlauf von ENTER geschildert werden. Das erste Seminarmodul wurde in thematische Phasen geteilt, damit sich die Teilnehmer/innen auf ein gemeinsames Thema konzentrieren und gemeinsam daran arbeiten konnten. Während der Orientierungsphase hatten die Teilnehmer/innen dabei die Gelegenheit, sich mit der Lernumgebung vertraut zu machen.

Dabei ergab es sich, dass sich eine erste Gruppe von ca. zehn bis 15 Personen rasch mit den Gegebenheiten vertraut machte, wohingegen die Späteinsteiger das Gefühl hatten, etwas hinterherzuhinken. Das Forum wurde über das ganze Modul betrachtet sehr gut genutzt, wobei nicht alle Teilnehmer/innen inhaltlich aktiv wurden. Die vielen Diskussionsbeiträge (ca. 1500 innerhalb von drei Monaten) führten bei vielen Teilnehmer/innen zu einer Stresssituation. Daher wurden individuelle und gemeinsame Strategien entwickelt, um den Stressfaktor zu verringern und die Anzahl der guten inhaltlichen Beiträge nicht einzuschränken. Unterschiede bezüglich der Computerkompetenz der Teilnehmenden zeigten sich rasch, vor allem in den ersten acht Wochen bei Fragen und Problemen bei der Nutzung der Lernumgebung. Dabei erwarteten sich die Teilnehmenden eine rasche und sehr umfassende Betreuung, welche teilweise über die Lernumgebung hinausging. Diese Betreuung wurde durch Online-Tutoren gewährleistet, die die Lernenden bei ihren Problemen nicht alleine ließen. Trotzdem ließ sich aber das beim Online-Lernen bekannte Problem »lost in hyperspace«, bei dem sich die Lernenden in der Lernumgebung bzw. im World Wide Web verlieren, nicht ganz ausschließen (Kraft/Hemsing-Graf 2001).

Abschließend bleibt zu sagen, dass Online-Lernen eine interessante Variante der Erwachsenen- und Weiterbildung darstellt, um ortsunabhängig umfassend Themen mit anderen zusammen zu bearbeiten. Die Anforderungen, die dabei an die Teilnehmenden gestellt werden, sollten in diesem Kontext jedoch nicht unterschätzt werden. Schließlich fordert Online-Lernen – mehr als herkömmliche Bildungsangebote – von den Teilnehmer/innen die Kompetenz, selbstständig zu arbeiten, eine hohe Selbstmotivation und Frustrationstoleranz sowie Engagement und Aktivität.

Literatur

Apel, H./Kraft, S. (Hrsg.) (2003): Online lehren: Planung und Gestaltung netzbasierter Weiterbildung. Bielefeld: Bertelsmann.
Arnold, R./Faulstich, P./Mader, W./Nuissl von Rein, E. /Schlutz, E. (2000): Forschungsmemorandum für die Erwachsenen- und Weiterbildung. Im Auftrag der Sektion Erwachsenenbildung der DGfE. Sonderbeilage zum Forschungs- und Literaturreport Weiterbildung. Frankfurt a.M.: DIE.
Arnold, R./Wieckenberg, U. (1999): Die Wissensgesellschaft. Herausforderungen an die Erwachsenenbildung. In: VG-News. Zeitschrift der Volkswirtschaftlichen Gesellschaft Wien/Niederösterreich 40, H. 2, S. 1/2.
Bateson, G. (1982): Geist und Natur. Frankfurt a.M.: Suhrkamp.
Born, J. (2007): Online Lernen mit Erwachsenen: Didaktische Anforderungen, methodische Umsetzung und Evaluation. www3.rpi-virtuell.de/workspace/users/8862/Dats/2007/Online-Lernen_mit_Erwachsenen.pdf (Abruf 12.12.2007).
Conein, S./Nuissl, E. (2001): »Lernen wollen, können, müssen!« Lernmotivation und Lernkompetenz als Voraussetzungen lebenslangen Lernens. Forum Bildung: Lernen – ein Leben lang. Vorläufige Empfehlungen und Expertenbericht, Band 9. Bonn: Forum Bildung, S. 71–85.
Cornford, I.R. (2005): Vocational education. In: English, L.M. (Hrsg.): International encyclopedia of adult education. New York: Palgrave Macmillan, S. 646–651.
Decker, F. (1984): Grundlagen und neue Ansätze in der Weiterbildung, München: Hanser.
Deutscher Bildungsrat (1970): Strukturplan für das Bildungswesen. Stuttgart: Klett.
Döring, N. (2002): Online-Lernen. In: Issing, L.J./ Klimsa, P. (Hrsg.): Information und Lernen mit Multimedia und Internet. Weinheim: Beltz, S. 247–266.
Eraut, M. (2000). Non-formal learning and tacit knowledge in professional work. In: British Journal of Educational Psychology 70, S. 113–136.
Faulstich, P. (2005): Weiterbildungsforschung. In: Rauner, F. (Hrsg.): Handbuch der Bildungsforschung. Bielefeld: Bertelsmann, S. 223–231.
Foley, G. (2004): Introduction: The state of adult education and learning. In: Foley, G. (Hrsg.): Dimensions of adult learning. Adult education and training in a global era. Crows Nest: Allen/Unwin, S. 3–18.
Gruber, H./Sand, R. (Hrsg.) (2007): Geheimnisvolle Wissensformen (Bibliothek »Studentische Arbeiten Educational Science«, Nr. 1). Regensburg: Universität Regensburg.
Gruber, H./Festner, D./Harteis, C./Meier, B./Meling, P./Stamouli, E. /Winkler, C. (2002): Selbstgesteuertes Lernen in internetbasierten Weiterbildungsveranstaltungen. In: Kraft, S. (Hrsg.): Selbstgesteuertes Lernen in der Weiterbildung. Baltmannsweiler: Schneider Verlag Hohengehren, S. 214–221.
Grunert, C. (2006): Erziehungswissenschaft – Pädagogik. In: Krüger, H.-H./ Grunert, C. (Hrsg.): Wörterbuch Erziehungswissenschaft. 2. Auflage. Opladen: Budrich, S. 152–157.
Iberer, U./Müller, U. (2002): Sozialformen für E-Learning. Werkstatt für neue Lernkultur. www.neue-lernkultur.de/publikationen/sozialformen-elearning.pdf (Abruf 11.12.2007).
Jarvis, P. (1992): Paradoxes of learning: On becoming an individual in society. San Francisco: Jossey Bass.
Knowles, M. (^{2}1980): The modern practice of adult education. From pedagogy to andragogy. Englewood Cliffs: Prentice Hall.
Kommission der Europäischen Gemeinschaften (2000): Memorandum über Lebenslanges Lernen. ec.europa.eu/education/policies/lll/life/memode.pdf (Abruf 12.12.2007).
Kraft, S./Hemsing-Graf, S. (2001): Lehren und Lernen mit neuen Bildungsmedien: ENTER – Eine Internetbasierte Weiterbildung. In: DIE – Zeitschrift für Erwachsenenbildung 8, H. 4, S. 40–42.

Merriam, S.B. (2000): Adult education. In: English, L.M. (Hrsg.): International encyclopedia of adult education. New York: Palgrave Macmillan, S. 42–48.
Merriam, S.B./Caffarella, R.S./Baumgartner, L.M. (^{3}2007): Learning in Adulthood. San Francisco: Jossey Bass.
Nuissl, E. (2001): Erwachsenenbildung – Weiterbildung. In: Arnold, R./Nolda, S./Nuissl, E. (Hrsg.): Wörterbuch Erwachsenenpädagogik. Bad Heilbrunn: Klinkhardt, S. 85–89.
Nuissl, E. (2002): Weiterbildung/Erwachsenenbildung. In: Tippelt, R. (Hrsg.): Handbuch Bildungsforschung. Opladen: Leske+Budrich, S. 333–347.
Nuissl, E. (2007): Das »Memorandum über Lebenslanges Lernen« (2000) der Europäischen Kommission. In: Koerrenz, R./Meilhammer, E./Schneider, V. (Hrsg.): Wegweisende Werke zur Erwachsenenbildung. Jena: IKS Garamond, S. 545–556.
Orthey, F.M. (2004): Zwielichtiges Lernen. Gegenstimmen in der Weiterbildungsdiskussion. Bielefeld: Bertelsmann.
Paschen, H. (2007): Wegweisende Aufgaben der Erwachsenenbildung – eine Außenperspektive. In: Koerrenz, R./ Meilhammer, E./Schneider, V. (Hrsg.): Wegweisende Werke zur Erwachsenenbildung. Jena: IKS Garamond, S. 557–574.
Reimer, R. (2004): Blended learning – veränderte Formen der Interaktion in der Erwachsenenbildung. In: Report. Literatur- und Forschungsreport Weiterbildung 27, S. 265–271.
Rinne, R./Jauhiainen, A. (2007): The meaning of lifelong learning, aging generations and knowledge society. In: Rinne, R./Heikkinen, A./Salo, P. (Hrsg.): Adult education – liberty, fraternity, equality? Nordic views on lifelong learning. Turku: Painosalama, S. 105–124.
Schrader, J. (2007): Lehr-Lernforschung in der Erwachsenenbildung. In: Report. Blick nach vorn – 30 Jahre REPORT 30, H. 2, S. 52–62.
Schweikert, T. (2006): Erwachsenenbildung weiterdenken. Theorien der Erwachsenenbildung und ihre Kritik. Frankfurt a.M.: Lang.
Siebert, H. (2006): Didaktisches Handeln in der Erwachsenenbildung. Didaktik aus konstruktivistischer Sicht. Augsburg: ZIEL.
Sloane, P.F.E. (2001): Lernfelder als curriculare Vorgaben. In: Bonz, B. (Hrsg.): Didaktik beruflicher Bildung. Baltmannsweiler: Schneider Verlag Hohengehren, S. 187–203.
Spencer, B. (2004): Online adult learning. In: Foley, G. (Hrsg.): Dimensions of Adult learning. Adult education and training in a global era. Crows Nest: Allen/Unwin, S. 189–200.
Wittpoth, J. (2007): Theorie (in) der Erwachsenenbildung. In: Report. Blick nach vorn – 30 Jahre REPORT 30, H. 2, S. 44–51.

Birgitta Kopp / Heinz Mandl

Gestaltung medialer Lernumgebungen

Im Rahmen der Gestaltung medialer Lernumgebungen ist ein wichtiges Ziel, dass die Lernenden nachhaltig Wissen erwerben. Werden Medien im Rahmen von Bildungsmanagementmaßnahmen eingesetzt, so stellt sich häufig das Problem, dass diese zwar sehr kostenintensiv aufbereitet werden, sich der daraus resultierende Nutzen im Sinne eines nachhaltigen Wissenserwerbs jedoch nicht einstellt. Daher stellt sich die Frage, wie Medien so gestaltet werden können, dass das damit erworbene Wissen auch in der Praxis zur Anwendung kommen kann. Denn: Häufig kann erworbenes Wissen zwar in einer Prüfungssituation wiedergegeben werden, in der alltäglichen Berufspraxis wird dieses dann aber nicht umgesetzt. Es entsteht »träges Wissen« (Whitehead 1929). Daher sind Medien instruktional so einzusetzen und aufzubereiten, dass dieses Problem vermieden wird. Dies gelingt jedoch nur, wenn adäquate Annahmen dazu vorliegen, wie Wissenserwerb stattfindet und wie dementsprechend eine didaktische, mediale und technische Umsetzung auszusehen hat.

Daher stehen insbesondere zwei Fragen im Raum:
1. Wie lernt der Mensch bzw. wie findet Lernen mithilfe der Medien statt?
2. Wie kann man mediale Lernumgebungen so gestalten, dass ein nachhaltiger Wissenserwerb erzielt wird?

Um diese beiden Fragen zu beantworten, wird in einem ersten Schritt auf pädagogisch-psychologische Grundannahmen zum Lernen mit Medien eingegangen. In einem zweiten Schritt werden dann didaktische, mediale und technische Gestaltungskriterien, die für die pädagogische und instruktionale Aufbereitung von Medien relevant sind, vorgestellt.

Pädagogisch-psychologische Grundlagen des Lernens mit Medien

Grundlegende psychologisch-pädagogische Annahmen zum Lernen beruhen vor allem auf einer gemäßigt konstruktivistischen Sichtweise. Danach befindet sich Wissen nicht als abstrakte Einheit in den Köpfen der Lernenden, sondern ist stets in eine bestimmte Situation oder einen Kontext eingebettet (Gruber et al. 1996; Greeno 1992; Resnick 1991; Rogoff 1991). Es wird angenommen, dass Wissen nicht von einer Person zu einer anderen Person »1:1« weitergereicht werden kann (Mandl/Gruber/Renkl 2002), sondern selbstständig und aktiv in einem Handlungskontext erworben werden muss. Die konstruktive Eigenaktivität des Lernenden im Lernprozess und die dafür notwendigen Voraussetzungen werden in dieser konstruktivistischen Auffassung von Lehren und Lernen in den Mittelpunkt gerückt. Nach Reinmann und Mandl (2006) ergeben sich aus der konstruktivistischen Perspektive sechs zentrale Prozessmerkmale für das Lernen:

- Lernen ist ein aktiver Konstruktionsprozess. Wissen kann nur über eine selbstständige und eigenaktive Beteiligung des Lernenden am Lernprozess erworben werden.
- Lernen ist ein konstruktiver Prozess. Wissen kann nur erworben und genutzt werden, wenn es in die bereits vorhandenen Wissensstrukturen eingebaut und auf der Basis individueller Erfahrungen interpretiert werden kann.
- Lernen ist ein emotionaler Prozess. Für den Wissenserwerb ist es zentral, dass die Lernenden während des Lernprozesses positive Emotionen, wie etwa Freude, empfinden. Vor allem Angst und Stress erweisen sich für das Lernen als hinderlich.
- Lernen ist ein selbstgesteuerter Prozess. Die Auseinandersetzung mit einem Inhaltsbereich erfordert die Kontrolle und Überwachung des eigenen Lernprozesses durch den Lernenden.
- Lernen ist ein sozialer Prozess. Der Erwerb von Wissen geschieht in der Interaktion mit anderen.
- Lernen ist ein situierter Prozess. Wissen weist stets situative und kontextuelle Bezüge auf; der Erwerb von Wissen ist an einen spezifischen Kontext oder an eine Situation gebunden. So findet Lernen immer im Rahmen einer bestimmten Lernumgebung statt, die für den Erwerb zentraler Kompetenzen ausschlaggebend ist.

In der Theorie zur situierten Kognition ist die zentrale Forderung, die Lern- und Anwendungssituation ähnlich zu gestalten, da Wissen als stark kontextgebunden angesehen wird (Gruber/Mandl/Renkl 2000). Ausgangspunkt der Forderung ist das Problem des »trägen Wissens« (Whitehead 1929): Wissen, das in einer traditionellen Unterrichtssituation erworben wird, kann in einer späteren Anwendungssituation oft nicht ein- bzw. umgesetzt werden (Renkl 1996). Um dieses Phänomen zu vermeiden und einen Wissenstransfer auf den Anwendungskontext zu ermöglichen, soll dieser dem instruktionalen Kontext ähnlich sein (Mandl/Gruber/Renkl 2002).

Gestaltung von medialen Lernumgebungen

Werden mediale Lernumgebungen gestaltet, so ist es wichtig, die lehr-lern-psychologischen Annahmen zum Lernen zu berücksichtigen. Dies bedeutet, dass Lernen als aktiver, konstruktiver, emotionaler, selbstgesteuerter, sozialer, situierter Prozess betrachtet wird. Damit ist es notwendig, solche Lernumgebungen zu kreieren, die diese Prozesskriterien unterstützen. Im Rahmen der Gestaltung medialer Lernumgebungen wird zwischen *didaktischen, medialen und technischen Gestaltungskriterien* unterschieden.

Didaktische Gestaltung

Im Rahmen der didaktischen Gestaltung ist die zentrale Forderung, eine Balance zwischen Instruktion und Konstruktion herzustellen (Linn 1990). Instruktionale Elemente dienen dazu, den Lernenden in einer medialen Lernumgebung nicht zu überfordern (Reinmann-Rothmeier/Mandl 2001; Kirschner/Sweller/Clark 2006). Konstruktive Elemente werden benötigt, um die Eigenaktivität des Lernenden und damit den eigentlichen Lernprozess anzuregen. Somit wird der Lernprozess als eigenaktiv und konstruktiv angesehen, der durch geeignete Unterstützung durch den Lehrenden angeregt, gefördert und verbessert werden kann. Der Lernende nimmt überwiegend eine aktive Position ein, die manchmal durch rezeptive Anteile unterbrochen wird. Der Lehrende dient dem Lernenden vorwiegend als Berater oder Coach, der anleitet, darbietet und erklärt. Die jeweilige Aktivität des Lehrenden richtet sich nach einer optimalen Förderung des Lernprozesses (siehe Abb. 1).

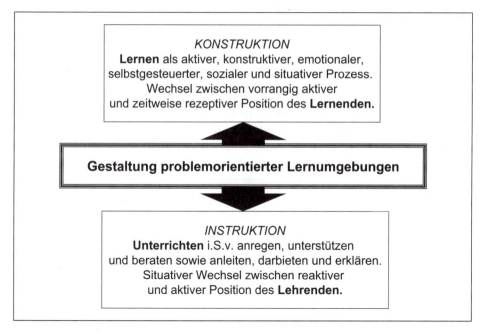

Abb. 1: Balance von Konstruktion und Instruktion (Reinmann-Rothmeier/Mandl 2001)

Problem- bzw. fallbasiertes Lernen

Ein Ansatz, in dem diese Forderung umgesetzt wird, ist das problem- bzw. fallbasierte Lernen (Zumbach/Haider/Mandl 2008). Darin werden vor allem vier Gestaltungskriterien fokussiert (Reinmann/Mandl 2006):
1. *Authentizität und Anwendungsbezug.* Die Lernumgebung wird so gestaltet, dass sie den Umgang mit realen Problemstellungen und authentischen Situationen er-

möglich und/oder anregt. Die Lernenden werden mit authentischen Aufgaben konfrontiert, die den Erwerb von anwendungsbezogenem Wissen fördern.
2. *Multiple Kontexte und Perspektiven*. Dies umfasst das Prinzip, dass spezifische Inhalte in verschiedenen Situationen und aus mehreren Blickwinkeln betrachtet werden können. Auf diese Weise wird der Transfer von Wissen gefördert.
3. *Soziale Lernarrangements*. In der Lernumgebung werden soziale Lernarrangements angeboten, um kooperatives Lernen und Problemlösen zu fördern. Dadurch sollen nicht nur soziale Kompetenzen der Koordination, Kommunikation und Kooperation erworben werden, sondern auch kognitive Fähigkeiten gefördert werden.
4. *Instruktionale Anleitung und Unterstützung*. Um Lernende im Umgang mit komplexen Aufgaben und vielfältigen Informationsangeboten nicht zu überfordern, verlangen problemorientierte Lernumgebungen nach instruktionaler Anleitung und Unterstützung. Unterstützende Elemente sind z. B. genaue Aufgabeninstruktionen, kontinuierliche Begleitung der Gruppenprozesse, Vorgabe von Gruppen- und Moderationsregeln sowie ausführliches und häufiges Feedback.

Voraussetzung für problemorientiertes Lernen

Diese Lernumgebungen setzen voraus, dass die Lernenden über ein gewisses Maß an Selbststeuerungs- und Kooperationskompetenzen verfügen, die jedoch auch zugleich durch die Gestaltung der Lernumgebung gefördert werden.

Selbstgesteuertes Lernen wird als das Ausmaß definiert, »in dem eine Person fähig ist, ihr eigenes Lernen – ohne Hilfe anderer Instanzen – zu steuern und zu kontrollieren« (Simons 1992, S. 251). Die Vorbereitung und Koordination des kooperativen Lernprozesses sowie die Organisation und Steuerung des Lernens stellen vier zentrale Aspekte des selbstgesteuerten Lernens dar (Mandl/Geier 2004).

- Vorbereitung des Lernens: Die Vorbereitung des Lernens umfasst insbesondere das Setzen von Zielen. Dabei ist besonders wichtig, dass die Zielsetzungen nicht von außen fremdbestimmt werden, sondern dass der Lernende sich selbst seine eigenen Ziele setzt, sodass er intrinsisch motiviert ist (Deci/Ryan 1993).
- Koordination des Lernens: Die Einbettung des Lernens in sonstige Aufgaben, Vorhaben und Interessen des Individuums stellt eine zentrale Herausforderung für den Lernenden dar. Um selbstgesteuertes Lernen zu ermöglichen, ist es daher notwendig, dass der Lernende die unterschiedlichen alltäglichen Anforderungen so koordiniert, dass er Gelegenheiten zum Lernen schafft. Insbesondere wenn Lernende miteinander kooperieren, ist die Koordination der Teilnehmenden zentral für den Lernerfolg.
- Organisation des Lernens: Die Schaffung eines organisationalen Rahmens ist für das selbstgesteuerte Lernen unabdinglich. Entscheidungen des Lernenden wann, wo und wie lange er lernt, welche Materialien und Hilfsmittel er benutzt und mit wem er lernt, sind in diesem Kontext zentrale Aspekte. Diese äußeren Rahmenbe-

dingungen umfassen neben der Lernzeit und den zur Verfügung stehenden Hilfsmitteln auch die Gestaltung des Arbeitsplatzes. Der Lernende muss also fähig sein, den Umgang mit seinen Ressourcen Zeit, Ort und Hilfsmittel so zu organisieren, dass er effektiv lernt (Wild 2000).

- **Steuerung des Lernprozesses:** Die Steuerung des Lernprozesses bildet den Kern des selbstgesteuerten Lernens. Für den Lernenden bedeutet dies zum einen, dass er kognitive, motivationale und emotionale Voraussetzungen mitbringt (Weinert 1996). So müssen Lernende über geeignete Strategien verfügen, sich selbst zum Lernen zu motivieren oder bei Misserfolgen ein positives Selbstkonzept zu bewahren. Kognitive Voraussetzungen umfassen insbesondere Vorwissen und Lernstrategien. Kognitive Lernstrategien werden in Wiederholungs-, Elaborations- und Organisationsstrategien sowie das kritische Prüfen unterteilt (Wild/Klein-Allermann 1995). Durch Wiederholung versucht der Lernende, das neue Wissen vom Kurzzeit- ins Langzeitgedächtnis zu überführen. Dazu helfen ihm auch Elaborationen, mit deren Hilfe er an sein Vorwissen anknüpft und Verbindungen zum neuen Wissen herstellt. Die Organisation des neuen Wissens z.B. in Form von Maps, dient der Vertiefung des Wissenserwerbs ebenso wie das kritische Prüfen. Letzteres überprüft z.B. die Argumentationsstruktur des neu zu erwerbenden Wissens. Dies bedeutet auch, dass er seinen Lernprozess selbstständig plant, reguliert und bewertet.

Im Rahmen kooperativen selbstgesteuerten, problemorientierten Lernens sind zudem kommunikative wie kooperative Kompetenzen Voraussetzung wie Gegenstand der Förderung: Die Arbeit in Gruppen weist nur dann positive Effekte für das Lernen und für die Einstellung gegenüber dem Lernen oder bestimmten Inhaltsgebieten auf, wenn die einzelnen Gruppenmitglieder wissen, wie sie miteinander kommunizieren und interagieren müssen, um die gestellte Aufgabe zufriedenstellend zu bewältigen (vgl. dazu auch den Beitrag von Jucks/Kollar/Krämer/Fischer in diesem Band). Strategien zur Lösung von Konflikten sind hier ebenso bedeutsam wie prosoziales Verhalten und teamorientierte Werthaltung. Doch auch diese Kompetenzen können durch eine sinnvolle Vorbereitung zur Kooperation, durch eine adäquate Unterstützung währenddessen und durch eine umfassende Nachbereitung des kooperativen Lernens in Form von Monitoring durch den Lehrenden verbessert werden (Huber 2006).

Blended Learning

Ein weiteres zentrales Konzept zur Umsetzung der Balance von Instruktion und Konstruktion bei der Gestaltung medialer Lernumgebungen ist das *Blended Learning*. Damit sich die Lernenden im virtuellen Raum nicht allein gelassen fühlen und damit überfordert sind, wechseln sich virtuelle Phasen mit Präsenzphasen in adäquatem Maße ab oder die virtuellen Phasen werden in die Präsenzphasen eingebettet (Mandl/Kopp 2006). Das Konzept des Blended Learnings versucht, die Potenziale von medialen Lernumgebungen mit den Potenzialen von traditionellen Lehrveranstaltungen zu verbinden. Bislang gibt es keine eindeutige Definition von Blended Learning. »Blended« wird häufig als »vermengt«, »vermischt«, »integriert«, »hybrid«, »ineinander übergehend« oder »verschnitten« übersetzt (Mandl/Kopp 2006). Diese Übersetzungen zeigen zweierlei: Einerseits gibt es keinen deutschen Begriff, der »blended« adäquat abbilden kann, andererseits liegt ihnen jedoch ein gemeinsames zentrales Prinzip zugrunde. Dieses umfasst die Prämisse, dass Blended Learning eine Kombination verschiedener Elemente methodischer und medialer Aufbereitung umfasst, um so eine größtmögliche Qualität und Effizienz des Lehr-Lern-Angebots herzustellen (Kerres/Jechle 2002).

Blended Learning umfasst nicht nur die Integration von Präsenz- und Online-Phasen, sondern auch, dass die zu vermittelnden Inhalte auf verschiedene Medien und Methoden verteilt werden (Arnold et al. 2004). Wichtig dabei ist, dass die einzelnen Komponenten nicht nebeneinander stehen, sondern integriert und in ein soziales Umfeld eingebettet sind.

Dabei ist die Wahrnehmung des Lernenden stärker in den Mittelpunkt zu stellen (Oliver/Trigwell 2005). Von ihm hängt es ab, ob das jeweilige Lernszenario als »blended« betrachtet wird. Dies ist dann der Fall, wenn die Lernenden in solch einer Lernumgebung die Variationen bzw. die Wechsel erkennen. Durch diese Variationen wird das Lernen stimuliert; kritische Aspekte können im Wechsel des Lerngegenstandes besser erkannt werden. Dadurch werden dem Lernenden verschiedene Zugangsweisen zum Lerngegenstand ermöglicht.

Mediale Gestaltung

Im Rahmen der medialen Gestaltung wird vor allem die Wirkung verschiedener Aufbereitungsarten von Medien betrachtet (vgl. dazu auch den Beitrag von Brünken/Koch/Jänen in diesem Band). Hier ist insbesondere die generative *Theorie multimedialen Lernens* von Mayer (1997) von Bedeutung. Diese baut auf der Theorie der dualen Codierung von Paivio (1986), der *Theorie zur kognitiven Kapazität des Arbeitsgedächtnisses* von Sweller (1988) und dem Konstruktivismus auf (Blömeke 2003). Drei Aspekte werden beim Lernen mit neuen Medien fokussiert: Die Gestaltung von verbalen und nonverbalen Informationen, monomodale und bimodale Präsentationsformen sowie die Möglichkeiten, in den Ablauf einer medialen Darbietung einzugreifen (Blömeke 2003).

Verbale und nonverbale Gestaltung

Im Mittelpunkt der Betrachtung verbaler und nonverbaler Gestaltung steht die Art der Codierung der Information. Gemäß der *Theorie der Doppelcodierung* von Paivio (1986) wird davon ausgegangen, dass das Vorhandensein von zwei unterschiedlichen

Formen der Codierung, nämlich einer verbalen und nonverbalen, zu einer besseren und nachhaltigeren Verarbeitung sowie einer leichteren Abrufbarkeit von Wissen führt. In dieser Theorie werden Text und Bild getrennt voneinander verarbeitet. Sind Text und Bild ergänzende Informationsquellen, so wird aus dem Text eine verbale bzw. propositionale und aus dem Bild eine visuelle Repräsentation gebildet. Beide Repräsentationen werden mit einem relativ geringen kognitiven Aufwand erstellt. Zentrale Voraussetzung hierfür ist, dass Text und Bild sinnvoll aufeinander abgestimmt sind und nicht unterschiedliche Informationen enthalten (Weidenmann 2002). Werden Text und Bild gleichzeitig präsentiert, kann die Lernwirksamkeit gesteigert werden (Mayer 1997). Dies gilt auch für die gleichzeitige Präsentation von visuellem und auditivem Material. Durch die gleichzeitige Präsentation verbaler und nonverbaler Informationen wird der Wissenserwerb gefördert. Empirisch belegt ist diese Theorie für das Physiklernen (vgl. Mayer 1997; Moreno/Mayer 1999; Lewalter 1997) und Fremdsprachenlernen (vgl. Plass et al. 1998).

Mono- und bimodale Präsentation

In einem zweiten Schritt wurde untersucht, welchen Einfluss es auf den Wissenserwerb nimmt, Informationen nicht nur visuell als Text oder Bild, sondern auditiv als gesprochenen Text aufzubereiten (Mayer 1997). Die empirischen Befunde weisen darauf hin, dass ein größerer Lernzuwachs zu verzeichnen ist, wenn Lernende ein Bild oder eine Animation betrachten und gleichzeitig einen dazu passenden Text hören.

Dieses Ergebnis wird mit der Theorie Swellers (1988) zur *Kapazität des Arbeitsgedächtnisses* erklärt. Darin wird angenommen, dass die Verarbeitungskapazität begrenzt ist. Eine monomodale visuelle Präsentation (Text und Bild) wird im gleichen Subsystem des Arbeitsgedächtnisses verarbeitet. Somit muss die verfügbare Aufmerksamkeit aufgeteilt werden (»Split-Attention-Effekt«). Dabei neigen Lernende dazu, sich auf das Bild zu konzentrieren und den beiliegenden Text zu vernachlässigen (Brünken/Leutner 2001). Wird jedoch die Information bimodal präsentiert, werden unterschiedliche Subsysteme verwendet, die die Verarbeitung vereinfachen. Dadurch wird die visuelle Wahrnehmung entlastet.

Weitere mediale Gestaltungskriterien, die von Mayer (1997) angesprochen werden, umfassen folgende Aspekte:
- eine einfache, klare und sparsame Gestaltung der Lernumgebung
- ein gleiches Aussehen und eine gleiche Anordnung der dominierenden Elemente auf einer medial aufbereiteten Seite (Weidenmann 2002)
- Redundanzen sind zu vermeiden, da sie die Verarbeitungskapazität des Lernenden überfordern (Mayer 2001, »redundancy principle«).

Weitere Prinzipien multimedialen Lernens von Mayer (2001) werden im Beitrag von Brünken, Koch und Jänen (»Pädagogisch-Psychologische Grundlagen« in diesem Buch) in diesem Band vorgestellt.

Möglichkeiten, in den Ablauf der medialen Darbietung einzugreifen

Die Möglichkeit, den Ablauf einer medialen Darbietung selbstständig zu beeinflussen, also interaktiv mit einem System zu agieren, ist der dritte wesentliche Untersuchungsaspekt beim Lernen mit Medien. In diesem Zusammenhang ist es wichtig, dass Lernende z. B. selbst über die Reihenfolge und Geschwindigkeit einer Präsentation entscheiden können. Präsentationen können PowerPoint-Folien, Filme, Videos, Diashows und Ähnliches umfassen.

Da Filme häufig beim Lerner die Konnotation der Unterhaltung hervorrufen, ist die Kontrolle über den Ablauf wesentlich (Weidenmann 2006): Erkennt der Lerner, dass er aufgrund seiner Annahme unterhalten zu werden, nichts gelernt hat, kann er den Ablauf der jeweiligen Präsentation erneut starten, stoppen und wiederholen, bis er den Inhalt verstanden hat – eine schrittweise Verarbeitung findet statt. Wird die Geschwindigkeit selbst reguliert, werden erst dann weitere Informationen angefordert, wenn die ersten vollständig verarbeitet wurden. Dies beinhaltet nach einem ersten Schritt der oberflächlichen Verarbeitung einen zweiten Schritt der Tiefenverarbeitung. Damit wird eine Überlastung des Arbeitsgedächtnisses vermieden. So zeigen empirische Untersuchungen, dass eine Kontrolle der Lernenden über die Geschwindigkeit beim ersten Ablaufen einer Präsentation zu signifikant besseren Ergebnissen führt als eine voreingestellte Geschwindigkeit (Mayer/Chandler 2001).

Werden neben der Regulation der Geschwindigkeit weitere interaktive Elemente in die mediale Lernumgebung integriert, kommt es zunehmend zu Wechselwirkungen mit Persönlichkeitsmerkmalen. Gerade Lernvoraussetzungen, wie die Einstellung zum Computer oder die Expertise im Umgang mit interaktiven Lernumgebungen, sind hier von Relevanz.

Technische Gestaltung

Im Rahmen der Aufbereitung von Medien ist auch die Technik von wesentlicher Bedeutung. Die Technik wird sowohl vom Lernenden als auch vom Tutor oder Designer der Lernumgebung verwendet. Daher gilt es, beide Sichtweisen im Rahmen der Technik zu berücksichtigen, da diese eine zentrale Voraussetzung für eine effektive Nutzung der Medien darstellt.

Dabei ist zunächst die Lernplattform selbst zu nennen. Lernplattformen sind »Content Management Systeme«, die fünf Grundfunktionen besitzen müssen (Schulmeister 2003): (1) Benutzerverwaltung, (2) Kursverwaltung, (3) Rollen und Rechtevergabe mit differenzierten Rechten, (4) Kommunikationsmethoden und Werkzeuge für das Lernen sowie (5) die Darstellung der Kursinhalte, Lernobjekte und Medien in einem netzwerkfähigen Browser.

Die *Benutzer- und Kursverwaltung* umfasst den Import und Export von Benutzer/innen und Benutzerdaten mit personalisierten Zugängen für die Lernenden und Lehrenden. Im Rahmen eines individuellen Zugangs hat der Lernende unter anderem die Möglichkeit, sich persönliche Notizen während des Lernens zu machen, seinen Lernstand anzeigen zu lassen oder seinen Wissenserwerb zu überprüfen. Der Lehrende kann über seinen personalisierten Zugang die Kursverwaltung – insbesondere des Contents und der Administration der Lernenden – übernehmen.

Rollen und Rechte sind z. B. Administrator, Autor (Dozent), Tutor und Studierender, aber auch Gast. Auch die Möglichkeit, einzelne Lernende zu Arbeitsgruppen zusammenzufassen, fällt unter diesen Aspekt.

Kommunikationsmethoden und Werkzeuge für das Lernen umfassen einerseits die synchrone und asynchrone Kommunikation (synchrone Angebote sind unter anderem Chat; asynchrone Angebote sind E-Mail oder Diskussionsforen) und andererseits Lernstandsanzeigen und Lernerfolgskontrollen. Hierunter fallen Tests mit adäquaten Feedback-Möglichkeiten in Form von Richtig/Falsch-Antworten oder Erklärungen. Aufgaben können unter anderem Multiple-Choice-Aufgaben, Drag & Drop-Aufgaben, Zuordnungsaufgaben, Lückentextaufgaben, Fallaufgaben, Simulationen sein.

Die *Darstellung der Kursinhalte, Lernobjekte und Medien* basiert auf einem flexiblen Import und Export von Daten als zentralen Voraussetzungen des Kurs- oder Content Managements. Wichtig ist in diesem Zusammenhang, Lerninhalte über Metadaten in anderen Versionen abspeichern und archivieren zu können. Mithilfe einer Objekt-Datenbank ist dann die Verwaltung der Daten über das Internet durch verschiedene Personen möglich. Auch wird dadurch eine schnelle Wiederverwendbarkeit für weitere E-Learning-Angebote möglich – und zwar unter dem Gesichtspunkt einer sinnvollen Didaktik. Daher stellt eine Forderung an die Technik der sogenannte »Dynamische Content« dar, der als flexibles, modularisiertes Baukastenprinzip umgesetzt wird. Damit wird eine schnelle, kostengünstige und bedarfsgerechte Aktualisierungsform gewählt (Neusius/Schulz, im Druck).

Weitere wichtige Punkte sind z. B. die Möglichkeit der Online-Registrierung, Authentifizierung als Sicherheitskriterium oder die Evaluation der Lernplattform bzw. der Lernprozesse anhand einer adäquaten Statistik.

Diese Grundfunktionen sollen dem Lehrenden eine einfache Benutzbarkeit des Systems ermöglichen. Aber auch für den Lernenden ist eine adäquate Nutzung der multimedialen Lernumgebung Voraussetzung, um mit dem Medium lernen zu können. Gerade wenn es um die Akzeptanz von Lernumgebungen als zentrale Voraussetzung ihrer nachhaltigen Nutzung geht (Goodhue 1995; Venkatesh/Davis 2000), spielt die Technik eine zentrale Rolle. Insbesondere eine einfache Bedienbarkeit und Handhabung haben hier einen Einfluss (Venkatesh/Davis 2000). In diesem Zusammenhang wird häufig der Begriff »Usability« verwendet. Dieser umfasst das Ausmaß, in dem ein Benutzer die Technik effektiv, effizient und zufriedenstellend für ein bestimmtes Ziel verwenden kann. Schließlich stellt eine benutzerfreundliche Technik den zentralen Ausgangspunkt für eine nachhaltige Nutzung derselben dar.

Beispiele zur Gestaltung von medialen Lernumgebungen

Um die verschiedenen Gestaltungshinweise zu illustrieren, werden nachfolgend drei Beispiele zur Gestaltung von medialen Lernumgebungen näher erläutert: Tele-Tutoring, Learning Communities und Planspiele/Simulation Games.

Tele-Tutoring

Tele-Tutoring umspannt alle Aktivitäten eines Lehrenden, die der Unterstützung der Lernenden im virtuellen Raum dienen. Damit umfasst dieser Aspekt eher die instruktionale Seite der Gestaltung medialer Lernumgebungen und bildet eine zentrale Voraussetzung dafür, dass Lernende konstruktiv innerhalb der Lernumgebung agieren können. Im Rahmen von Medien- und Bildungsmanagement ist Tele-Tutoring insofern wichtig, als sich Lernende ohne Unterstützung im virtuellen Raum aufgrund der vielfältigen Probleme oft nicht zurechtfinden. Der Tele-Tutor, auch E-Tutor, Online-Coach, E-Moderator, Tele-Teacher, Online-Facilitator oder E-Trainer genannt (Rautenstrauch 2001), hat daher mehrere zentrale Aufgaben zu erfüllen, insbesondere die Betreuung der Lernenden. Dabei ist zunächst zu beachten, dass die Kommunikationssituation bei virtuell Lernenden sich von normalen Präsenzangeboten deutlich unterscheidet. So erfordert die kommunikative Auseinandersetzung mit Lerninhalten durch die Lernenden ein didaktisch überlegtes Handeln vom Tele-Tutor (Kerres 2001). Der Einhaltung und Vermittlung von Kommunikationsstrategien und -regeln kommt in diesem Zusammenhang eine herausragende Bedeutung zu. Da im Rahmen der virtuellen Kommunikation »paraverbale Botschaften« (z. B. Stimmhöhe und Lautstärke) und »extralinguistische Äußerungen« (z. B. Gestik oder Mimik) als Hinweise auf die Stimmung oder Gefühle einer Person fehlen, zugleich die übermittelten Inhalte durch ihre Verschriftlichung an Bedeutung gewinnen – die Kommunikation findet meistens textbasiert statt – sind kommunikative Kompetenzen des Tele-Tutors ganz zentrale Voraussetzungen für ein Gelingen des virtuellen Angebots.

Folgenden Aufgaben sollte der Tele-Tutor nachkommen:

1. **Organisation und Vorbereitung des Lernprozesses:** Bevor ein virtuelles Angebot bereitsteht, muss dieses geplant und organisiert werden. Lernziele, Lerninhalte, Methoden und Medien werden in diesem Zusammenhang ausgewählt und unter Berücksichtigung didaktischer Überlegungen aufbereitet. Zusätzlich ist eine zeitliche Planung vorzunehmen. Im Laufe der Veranstaltung ist der Tele-Tutor dafür zuständig, unter anderem Gruppen einzuteilen, Präsenzphasen vorzubereiten, zusätzliche Lernmaterialien bereitzustellen, Lernprozesse zu strukturieren und zu organisieren und die Zusammenarbeit der Lernenden zu verfolgen (Haussmann 2001).

2. **Betreuung virtuell Lernender:** Die Betreuung virtuell Lernender gliedert sich in mehrere verschiedene Unteraufgaben. Hierzu gehören:

- *Die Motivation aufrechterhalten:* Motivation gilt als die zentrale Voraussetzung für erfolgreiches Lernen (Pekrun/Schiefele 1996). Lernmotivation kann z. B. durch eine angemessene Aufgabenstellung erzielt werden (Cohen 1993). So sind Lernende meist nur dann bestrebt, eine Aufgabe zu lösen, wenn diese als interessant und spannend erscheint. Langweilige Aufgabenstellungen werden hingegen mit einem möglichst geringen Aufwand bearbeitet (Renkl/Mandl 1995).
- *Feedback geben:* Feedback ist ein zentraler Faktor in der Pädagogik zur Unterstützung von Lehr- und Lernprozessen (Stark et al. 2008). Feedback beschreibt die Diskrepanz zwischen angestrebtem Soll-Zustand und dem Ist-Zustand. Das Feedback kann sich dabei auf unterschiedliche Aspekte beziehen, wie z. B. die Kooperation, die Aufgabenbearbeitung oder -lösung. Auch der Umfang von Feedback kann differieren zwischen sehr elaboriertem, ausführlichem Feedback, das dem Lernenden genau die Defizite benennt, und einfachem Feedback, das lediglich aus Richtig/Falsch-Aussagen besteht. Untersuchungen konnten zeigen, dass insbesondere elaboriertes Feedback bezogen auf die Aufgabenbearbeitung hilfreich für den Lernprozess ist (Stark et al. 2008).
- *Hilfestellung bei Problemen geben:* Tele-Tutoring umfasst auch die Beantwortung sämtlicher Fragen und die Hilfestellung bei allen Problemen, die im Rahmen des Lernangebots auftreten. Neben technischen Problemen gilt es auch, inhaltliche Fragen zu beantworten oder allgemeine Hilfestellungen zur Organisation des selbstgesteuerten oder kooperativen Lernens zu geben. Hier ist vor allem auf dysfunktionale Gruppenphänomene, wie Trittbrettfahren und Konflikte, hinzuweisen.
- *Kontinuität der Betreuung:* Tele-Tutoring umfasst nicht nur eine kurze Zeitspanne, sondern die gesamte Dauer des virtuellen Angebots. Kleinere Anregungen zwischendurch sind ganz zentral, um den Kontakt zu den Lernenden zu erhalten.
- *Empathischer Umgang mit Lernenden:* Echtheit, Empathie und Wertschätzung sind zentrale Voraussetzungen für den Erfolg von Tele-Tutoring. Nur wenn der Tele-Tutor in der Lage ist, sich in die Situation und Befindlichkeit seiner virtuell Lernenden hineinzuversetzen, schafft er Vertrauen und kann adäquat auf Probleme reagieren.

Tele-Tutoring ist somit ein ganz wichtiger Bestandteil für die Gestaltung medialer Lernumgebungen.

Learning Communities

Learning Communities bezeichnen das Phänomen, dass sich Personen aufgrund bestimmter Interessen und Zielsetzungen zusammenschließen, um sich mit einem bestimmten Thema intensiv und langfristig zu beschäftigen (vgl. Collins 1997). Diese bilden eine Plattform, in der Erfahrungen ausgetauscht werden und neues Wissen erworben, angewendet und entwickelt wird (Winkler/Mandl 2007).

Dieses Beispiel für mediale Lernumgebungen stellt eine relativ offene Form dar: Elemente von Instruktion und Konstruktion können hier in sehr unterschiedlichem Maße vorhanden sein. Dies hängt insbesondere von der jeweiligen Zielsetzung der Learning Community (Winkler 2004) ab, die stark voneinander differieren können, wie z.B. der Erwerb neuen Wissens, der Austausch von Informationen oder die Lösung von Problemen. Zielsetzungen können im Laufe des Bestehens einer Community auch geändert und neu definiert werden.

Fünf wesentliche Strukturmerkmale sind bei der Beschreibung von Learning Communities zu nennen (Winkler/Mandl 2003):

- *Zielsetzung:* Den Ausgangspunkt einer jeden Community bildet die jeweilige Zielsetzung. Dabei steht die Frage im Mittelpunkt, welchen Zweck diese Lerngemeinschaft verfolgt. Wichtige Voraussetzung hierfür ist, dass sich die Lernenden zu den gemeinsamen Zielen verpflichtet fühlen.
- *Mikrokultur:* In einer Learning Community bildet sich über die Zeit hinweg eine bestimmte, eigene sogenannte Mikrokultur heraus, in der häufig nicht explizierte Werte, Verhaltens- und Kommunikationsregeln festgeschrieben werden. Über die Identifikation der einzelnen Mitglieder mit diesen Werthaltungen und Regeln wird der Zusammenhalt der Gemeinschaft gefördert.
- *Interaktion:* Zunächst stellt die Interaktion zwischen den Mitgliedern ein grundsätzliches Kriterium der Lerngemeinschaft dar. Allerdings unterscheidet sich diese insbesondere in Hinblick auf ihre Intensität: Wie häufig und wie lange sich die Mitglieder der Learning Community treffen, kann sehr unterschiedlich ausfallen. Da Learning Communities mit der Arbeitszeit abgestimmt werden müssen, eignet sich hierfür das Medium Computer. Daher können sich die Mitglieder der Learning Community neben Face-to-face-Begegnungen, die insbesondere zu Beginn für das Entstehen von Vertrauen und persönlichen Bindungen zwischen den Mitgliedern notwendig sind, auch über Chatrooms, Foren oder Videokonferenz treffen.
- *Organisches Wachstum:* Ausgangspunkt für die Mitgliedschaft in einer Learning Community ist zunächst die gemeinsame Zielsetzung, unter der sich die Gemeinschaft gebildet hat. In welcher Form die Gemeinschaft den Zugang neuer und den Weggang alter Mitglieder regelt, wird in einem bestimmten Verfahren selbst organisiert. Darüber hinaus kann sich auch die Intensität der Mitgliedschaft stark unterscheiden: So können einzelne den Kern einer Community bilden, während sich andere nur am Rande derselben befinden.
- *Laufzeit:* Wie lange eine gebildete Learning Community besteht, hängt von unterschiedlichen Faktoren ab, die keinem institutionalisierten Zeitplan folgen, sondern an den Bedürfnissen und Zielen der Mitglieder ausgerichtet werden. So können auch selten Vorhersagen über die Laufzeit einer Learning Community getroffen werden.

Learning Communities kommt die neue Wiki-Technologie zugute. So kann z. B. ein Unternehmen Wissensmanagement mithilfe von Wikis realisieren (Hackermeier, eingereicht): Jeder Mitarbeiter hat die gleichen Zugriffs- und Veränderungsrechte auf zentrale Themen und Inhalte des Unternehmens. Damit haben neue Mitarbeiter/innen die Möglichkeit, bei auftretenden Fragen zuerst im Wiki-Forum nachzusehen und erst in einem zweiten Schritt einen Kollegen zu befragen. Älteren Mitarbeiter/innen bietet diese Form der Learning Community die Gelegenheit, ihr Wissen und ihre Expertise nachhaltig zu repräsentieren und zu kommunizieren. Damit gewinnt auch das Unternehmen, denn Mitarbeiter/innen, die das Unternehmen verlassen, lassen ihr Know-how beim Unternehmen selbst.

Planspiele/Simulation Games

Planspiele, im Englischen auch *Simulation Games*, sind Simulationen realer Abläufe und Prozesse. Sie bestehen aus drei Komponenten: Der Simulation eines Umweltfaktors, einem Rollenspiel und einem Regelspiel (Geuting 2000). Die *Simulation* umfasst eine interaktive Spielsituation, die auf einem Modell basiert, das verschiedene Parameter und Wirkzusammenhänge umfasst und mit einer Fülle konkreter Materialien, wie statistischen Daten, Listen, Tabellen angereichert wird. Die Komponente des *Rollenspiels* umfasst den Aspekt der Rollenübernahme durch die Spieler/innen, durch die sie aktiv und direkt am Spielgeschehen teilnehmen können. Durch *Regeln* wird das Modell der sozialen Welt weiter überformt, indem Spielrunden realzeitlich aufgegliedert werden oder Zeitzwänge integriert werden. Dadurch entsteht ein kompetitiver Faktor zur Erhöhung der Spannung des Planspiels.

Ein Beispiel für ein Planspiel ist z. B. das Unternehmensplanspiel »Jeansfabrik«. Die interaktive Spielsituation besteht darin, dass verschiedene Einzelhändler/innen den Preis für Jeans anhand von Marktwerten festlegen müssen. Die Spieler/innen übernehmen darin die Rolle der Einzelhändler/innen. Ziel ist es, gemäß den Regeln von Angebot und Nachfrage einen höchstmöglichen Gewinn zu erzielen. Dabei agieren mehrere Gruppen von Einzelhändler/innen gegeneinander, wodurch die Spielparameter je nach Handlung der jeweiligen Gruppen stets verändert werden. Dies macht eine laufende Adaptation an die jeweilige Situation notwendig.

Planspiele, ursprünglich aus dem militärischen Kontext stammend, werden zunehmend computerbasiert aufbereitet. Dabei kann eine ausgewogene Balance zwischen Konstruktion und Instruktion aufrechterhalten werden, da sämtliche Aspekte des problemorientierten Lernens umgesetzt werden können. Authentizität und Anwendungsbezug im Planspiel können durch realitätsnahe Problemstellungen erzielt werden. Diese authentischen Problemsituationen sind integraler Bestandteil eines jeden Planspielkonzeptes, da es darin darum geht, reale Problemsituationen möglichst exakt zu simulieren (Mandl/Reiserer/Geier 2001). Diese Problemsituationen weisen drei Strukturmerkmale auf (Dörner 1989): Komplexität und Vernetztheit, Intransparenz und Eigendynamik, Zielpluralität und Zieloffenheit.

Multiple Kontexte und Perspektiven können durch den Spielleiter integriert werden, indem er Änderungen innerhalb der Simulation vornimmt. So können je nach Modifikation unterschiedliche Situationen herbeigeführt werden, um Sachverhalte aus unterschiedlichen Perspektiven betrachten bzw. innerhalb multipler Kontexte wahrnehmen zu können (Stark et al. 1995).

Soziale Kontexte sind dem Planspiel inhärent, als normalerweise mehrere Gruppen gegeneinander spielen. Während die Konkurrenz zwischen den Gruppen eine geringere Bedeutung hat, ist insbesondere die Kommunikation und Kooperation innerhalb der jeweiligen Gruppe ganz zentraler Bestandteil eines Planspiels (Mand/Reiserer/Geier 2001). Schließlich ist es die zentrale Aufgabe der Gruppe, im Rahmen des Spiels möglichst gut abzuschneiden, was neben einer eingehenden Problemanalyse auch deren Behebung, verbunden mit zahlreichen Abstimmungsprozessen, umfasst.

Zugleich erfordern Planspiele ein hohes Maß an Fähigkeiten des selbstgesteuerten und kooperativen Lernens. Daher ist es notwendig, neben einer inhaltlichen Unterstützung in Form von Erklärungen zu Zusammenhängen und Entwicklungsverläufen auch Unterstützung für selbstgesteuertes und kooperatives Lernen zu geben. Selbstgesteuertes Lernen kann in Form von Anleitungen (Reinmann-Rothmeier/Mandl 2000), Strategien im Umgang mit hypermedialen Systemen (Astleitner/Leutner 1997) oder Problemlöseschemata (Stark et al. 1995) unterstützt werden. Regeln für die Zusammenarbeit und Kommunikation können das kooperative Lernen vereinfachen. Gerade im Rahmen virtueller Kommunikation ist durch die fehlende nonverbale Kommunikation auf die Gefahr einer Stereotypisierung, Desorganisation und unangemessene Umgangsformen hinzuweisen. Am Ende eines jeden Planspiels steht das *Debriefing*. Dieses umfasst den Prozess, der die Erfahrungen aus dem Planspiel zusammenfasst, diskutiert und in Lerneffekte transferiert. Sowohl psychische Prozesse (Emotion, Kognition) als auch soziale Prozesse (Handlungen, Kommunikation) werden darin reflektiert. Wichtig am Debriefing ist, dass die Lerneffekte auf die Realität übertragen werden (Kriz/Nöbauer 2002). Planspiele eignen sich besonders, lehr-lern-psychologische Annahmen zur Gestaltung medialer Lernumgebungen umzusetzen. Eine wichtige Komponente dabei ist der Spielcharakter, durch den die Lernenden motiviert werden, mit der Lernumgebung weiterzuarbeiten, auch wenn es manchmal auf inhaltlicher wie sozialer Ebene anstrengend ist.

Ausblick

Eine pädagogisch sinnvolle Gestaltung von Medien wird mit zunehmender Nutzung des Computers sowohl als Arbeits- als auch als Lerntool wichtiger. Die Vereinbarkeit von Arbeiten und lebenslangem Lernen stellt darin eine ebenso zentrale Herausforderung dar, wie die unmittelbare Anwendung des erworbenen Wissens im Arbeitsalltag.

Die Bedeutung der Gestaltung macht diese jedoch nicht einfacher. Die oben genannten Hinweise zur didaktischen, medialen und technischen Gestaltung umfassen einige grundlegende Annahmen und Ausführungen. Wie viel der Einzelne letztendlich lernt und in seinem alltäglichen Umfeld nutzen kann, hängt jedoch auch noch von verschiedenen anderen Kriterien ab, wie z. B. der Relevanz des Wissens für den Beruf, da Erlerntes, das nicht benötigt wird, auch wieder vergessen wird, oder den individuellen Voraussetzungen des Lernenden (z. B. Vorwissen, Expertise).

Mediale Lernumgebungen bieten einerseits die Chance, Lerninhalte so aufzubereiten, dass sie individualisiert zum Einsatz kommen können, um einen möglichst hohen Wissenserwerb und nachhaltigen Transfer des Gelernten zu erzielen, andererseits jedoch auch die Gefahr der Überforderung der Lernenden, wenn nicht instruktionale Unterstützung bereitgestellt wird.

Literatur

Arnold, P./Kilian, L./Thillosen, A./Zimmer, G. (2004): E-Learning. Handbuch für Hochschulen und Bildungszentren. Didaktik, Organisation, Qualität. Nürnberg: BW Bildung und Wissen.

Astleitner, H./Leutner, D. (1997): Learning strategies for unstructured hypermeida. A framwork for theory, research, and practice. In: Journal of Educational Computing Research, 13, S. 387–400.

Blömeke, S. (2003): Lehren und Lernen mit neuen Medien – Forschungsstand und Forschungsperspektiven. In: Unterrichtswissenschaft, 31, S. 58–82.

Brünken, R./Leutner, D. (2001): Aufmerksamkeitsverteilung oder Aufmerksamkeitsfokussierung? Empirische Ergebnisse zur »Split-Attention-Hypothese« beim Lernen mit Multimedia. In: Unterrichtswissenschaft, 29, S. 357–366.

Cohen, E.G. (1993): Bedingungen für produktive Kleingruppen. In: Huber, G.L. (Hrsg.): Neue Perspektiven der Kooperation. Hohengehren: Schneider, S. 45–53.

Collins, A. (1997): Learning Communities. A commentary on papers by Brown, Ellery, Campione and by Riel. In: Greeno, J.G./Goldman, S. (Hrsg.): Thinking practice. Math and science learning. Mahwah, NJ: Erlbaum, S. 339-405.

Deci, E.L./Ryan, R.M. (1993): Die Selbstbestimmungstheorie der Motivation und ihre Bedeutung für die Pädagogik. In: Zeitschrift für Pädagogik, 39, H. 2, S. 223–238.

Dörner, D. (1989): Die Logik des Mißlingens. Reinbek: Rororo.

Gerstenmaier, J./Mandl, H. (1995): Wissenserwerb unter konstruktivistischer Perspektive. In: Zeitschrift für Pädagogik, 41, S. 867–888.

Geuting, M. (2000): Soziale Simulation und Planspiel in pädagogischer Perspektive. In: Herz, D./Blätte, A. (Hrsg.): Simulation und Planspiel in den Sozialwissenschaften. Münster: LIT, S. 15–62.

Goodhue, D.L. (1995): Understanding user evaluations of information systems. In: Management Science, 41, S. 1827-1844.

Greeno, J.G. (1992): The situation in cognitive theory: Some methodological implications of situativity. Paper presented at the 4th Congress of the American Psychological Society, San Diego, CA.

Gruber, H./Law, L.-C./Mandl, H./Renkl, A. (1996): Situated learning and transfer. In: Reimann, P./Spada, H. (Hrsg.): Learning in humans and machines: Towards an interdisciplinary learning science. Oxford: Pergamon, S. 168–188.

Gruber, H./Mandl, H./Renkl, A. (2000): Was lernen wir in der Schule und Hochschule: Träges Wissen? In: Mandl, H./Gerstenmaier, J. (Hrsg.): Die Kluft zwischen Wissen und Handeln. Göttingen: Hogrefe, S. 139–156.
Hackermeier, I. (2008): Using Wikis in Companies. Paper Presentation. The International Symposium on Wikis 2008, 8–10.9.2008, Porto.
Haussmann, B. (2001): Nicht ohne meinen Tutor. In: Wirtschaft und Weiterbildung, 6, S. 50–53.
Huber, G.L. (2006): Lernen in Gruppen/Kooperatives Lernen. In: Mandl, H./Friedrich, H.F. (Hrsg.): Handbuch Lernstrategien. Göttingen: Hogrefe, S. 261–272.
Kerres, M. (2001): Multimediale und telemediale Lernumgebungen. München: Oldenbourg.
Kerres, M./Jechle, T. (2002): Didaktische Konzeption des Telelernens. In: Issing, L.J./Klimsa, P. (Hrsg.): Information und Lernen mit Multimedia und Internet. Lehrbuch für Studium und Praxis. Weinheim: PVU, S. 266–281.
Kriz, W.C./Nöbauer, B. (2002): Teamkompetenz. Konzepte, Trainingsmethoden, Praxis. Göttingen: Vandenhoeck & Ruprecht.
Kirschner, P.A./Sweller, J./Clark, R.E. (2006): Why Minimal Guidance During Instruction Does Not Work: An Analysis of the Failure of Constructivist, Discovery, Problem-Based, Experiential, and Inquiry-Based Teaching. In: Educational Psychologist, 41,2, S. 75–86.
Lewalter, D. (1997): Kognitive Informationsverarbeitung beim Lernen mit computerpräsentierten statischen und dynamischen Illustrationen. In: Unterrichtswissenschaft, 25, S. 207–222.
Linn, M.C. (1990): Summary: Establishing a science and engineering of science education. In: Gardner, M./Greeno, J.F./Reif, F./Schoenfeld, A.H./Di Sesssa, A./Stage, E. (Hrsg.): Toward a scientific practice of science education. Hillsdale, NJ: Erlbaum, S. 223–241.
Mandl, H./Geier, B. (2004): Förderung selbstgesteuerten Lernens. In: Blömeke, S./Reinhold, P./Tulodziecki, G./Wildt, J. (Hrsg.): Handbuch Lehrerbildung. Kempten: Klinkhardt, S. 576–577.
Mandl, H./Gruber, H./Renkl, A. (2002): Situiertes Lernen in multimedialen Lernumgebungen. In: Issing, L.J./Klimsa, P. (Hrsg.): Information und Lernen in Multimedia und Internet. Weinheim: Beltz, S. 139–148.
Mandl, H./Kopp, B. (2006): Blended Learning: Forschungsfragen und Perspektiven. In: FNM (Hrsg.): Forschung zu Blended Learning: österreichische F & E Projekte und EU-Beteiligung. Graz: Verlag Forum Neue Medien, S. 5–24.
Mandl, H./Reiserer, M./Geier, B. (2001): Problemorientiertes Lernen mit netzbasierten Planspielen. In: Mandl, H./Keller, C./Reiserer, M./Geier, B. (Hrsg.): Planspiele im Internet. Konzepte und Praxisbeispiele für den Einsatz in Aus- und Weiterbildung. Bielefeld: Bertelsmann, S. 78–94.
Mayer, R.E. (2001): Multimedia Learning. Cambridge: University Press.
Mayer, R.E. (1997): Multimedia Learning. Are We Asking the Right Questions? In: Educational Psychologist, 32, S. 1–19.
Mayer, R.E./Chandler, P. (2001): When Learning Is Just a Click Away. Does Simple User Interaction Foster Deeper Understanding of Multimedia Messages? In: Journal of Educational Psychology, 82, S. 715–726.
Moreno, R./Mayer, R.E. (1999): Cognitive Principles of Multimedia Learning. The Role of Modality and Contiguity. In: Journal of Educational Psychology, 91, S. 358–368.
Neusius, A./Schulz, M. (im Druck): Fernausbildung in Bewegung ... – Technologiegestützte Bildung als Motor von Innovationsprozessen. In: Neusius, A./Schulz, M./Elster, F. (Hrsg.): Fernausbildung in Bewegung ... – Technologiegestützte Bildung als Motor von Innovationsprozessen. Augsburg.
Oliver, M./Trigwell, K. (2005): Can »blended learning« be redeemed? E-Learning, 2, b. 1, S. 17–26.
Paivio, A. (1986): Mental Representations. A Dual-Coding Approach. New York: Oxford University.
Pekrun, R./Schiefele, U. (1996): Emotions- und motivationspsychologische Bedingungen der Lernleistung. In: Weinert, F.H. (Hrsg.): Enzyklopädie der Psychologie D / I Psychologie des Lernens und der Instruktion. Göttingen: Hogrefe, S. 153–180.

Plass, J.L./Chun, D.M./Mayer, R.E./Leutner, D. (1998): Supporting Visual und Verbal Learning Preferences in a Second-Language Multimedia Learning Environment. In: Journal of Educational Psychology, 90, S. 25–36.

Rautenstrauch, C. (2001): Tele-Tutoring. Zur Didaktik des kommunikativen Handelns im virtuellen Lernraum. Berlin, ISKO.

Reinmann, G./Mandl, H. (2006): Unterrichten und Lernumgebungen gestalten. In: Krapp, A./Weidenmann, B. (Hrsg.): Pädagogische Psychologie Weinheim: Beltz, S. 613–658.

Reinmann-Rothmeier, G./Mandl, H. (^{4}2001): Unterrichten und Lernumgebungen gestalten. In: Krapp, A./Weidenmann, B. (Hrsg.): Pädagogische Psychologie. Weinheim: Beltz, S. 601–646.

Reinmann-Rothmeier, G./Mandl, H. (2000): Individuelles Wissensmanagement. Strategien für den persönlichen Umgang mit Informationen und Wissen am Arbeitsplatz. Bern: Huber.

Renkl, A. (1996): Träges Wissen: Wenn Erlerntes nicht genutzt wird. In: Psychologische Rundschau, 47, S. 78–92.

Renkl, A./Mandl, H. (1995): Kooperatives Lernen: Die Frage nach dem Notwendigen und dem Ersetzbaren. In: Unterrichtswissenschaft, 23, S. 292–300.

Resnick, L.B. (1991): Shared cognition: Thinking as social practice. In: Resnick, L./Levine, J./Teasley, S. (Hrsg.): Perspectives on socially shared cognition. Washington, DC: American Psychological Association, S. 1–20.

Rogoff, B. (1991): Social interaction as apprenticeship in thinking: Guidance and participation in spatial planning. In: Resnick, L.B./Levine, J.M./Teasley, S.D. (Hrsg.): Perspectives on socially shared cognition. Washington, DC: American Psychological Association, S. 349–364.

Schulmeister, T. (2003): Lernplattformen für das virtuelle Lernen: Evaluation und Didaktik. München/Wien: Oldenbourg.

Simons, P.R.J. (1992): Lernen, selbständig zu lernen – ein Rahmenmodell. In: Mandl, H./Friedrich, H.F. (Hrsg.): Lern- und Denkstrategien. Analyse und Intervention. Göttingen: Hogrefe, S. 251–264.

Stark, R./Graf, M./Renkl, A./Gruber, H./Mandl, H. (1995): Förderung von Handlungskompetenz durch geleitetes Problemlösen und multiple Lernkontexte. In: Zeitschrift für Entwicklungspsychologie und Pädagogische Psychologie, 27, S. 289–312.

Stark, R./Tyroller, M./Krause, U.-M./Mandl, H. (2008): Effekte einer metakognitiven Promptingmaßnahme beim situierten, beispielbasierten Lernen im Bereich Korrelationsrechnung. In: Zeitschrift für Pädagogische Psychologie, 22, H. 1, S. 59–71.

Sweller, J. (1988): Cognitive Load During Problem Solving. Effects on Learning. In: Cognitive Science, 12, S. 257–285.

Venkatesh, V./Davis, F.D. (2000): A theoretical extension of the technology acceptance model: Four longitudinal field studies. In: Management Science, 46, S. 186–204.

Weidenmann, B. (2006): Lernen mit Medien. In: Krapp, A./Weidenmann, B. (Hrsg.): Einführung in die Pädagogische Psychologie. Weinheim: Beltz, S. 416–465.

Weidenmann, B. (2002): Abbilder in Multimediaanwendungen. In: Issing, L.J./Klimsa, P. (Hrsg.): Information und Lernen mit Multimedia und Internet. Beltz: PVU, S. 83–98.

Weinert, F.E. (1996): Lerntheorien und Instruktionsmodelle. In: Weinert, F.E. (Hrsg.): Psychologie des Lernens und der Instruktion. D/I/2. Enzyklopädie der Psychologie. Göttingen: Hogrefe, S. 1–48.

Wild, K.-P. (2000): Lernstrategien im Studium. München: Waxmann.

Wild, K.-P./Klein-Allermann, E. (1995): Jeder lernt auf seine Weise … Individuelle Lernstrategien und Hochschullehre. In: Raabe Verlag (Hrsg.): Handbuch Hochschullehre, 4. Band. Bonn: Raabe, S. 2–14.

Winkler, K. (2004): Communities – Der Schlüssel zum Wissensmanagement? Kennzeichen, Gestaltungsprinzipien und Erfolgsfaktoren face-to-face und virtueller Gemeinschaften. Berlin: logos.

Winkler, K./Mandl, H. (2007): Virtuelle und face-to-face Communities in Theorie und Praxis. Modul für den Studiengang »Education« mit dem Abschluss »Master of Arts (MA)« des Fachbereichs in Kultur- und Sozialwissenschaften der Fernuniversität Hagen. Hagen: Fernuniversität Hagen.

Winkler, K./Mandl, H. (2003): Knowledge Master: Ein Blended Learning Weiterbildungskonzept. In: Dittler, U. (Hrsg.): E-Learning. Einsatzkonzepte und Erfolgsfaktoren des Lernens mit interaktiven Medien. München: Oldenbourg, S. 191–202.

Whitehead, A.N. (1929): The aims of education. New York: MacMillan.

Zumbach, J./Haider, K./Mandl, H. (2008): Fallbasiertes Lernen: Theoretischer Hintergrund und praktische Anwendung. In: Zumbach, J./Mandl, H. (Hrsg.): Pädagogische Psychologie in Theorie und Praxis. Ein fallbasiertes Lehrbuch. Göttingen: Hogrefe, S. 1–11.

3. Psychologische Grundlagen des Medien- und Bildungsmanagements

Lutz von Rosenstiel / Peter Neumann

Organisationspsychologie

Einleitung und Problemstellung

Wir kennen es aus vielen innovativen Feldern: Fachspezialist/innen haben auf ihrem Gebiet aktuelles Wissen und Innovationskraft. Wollen sie diese in ein Geschäftsmodell verwandeln, so fehlt ihnen jedoch die dafür erforderliche Qualifikation – etwa für eine fundierte Beantwortung der folgenden Fragen:
- Wie organisieren wir die künftige Arbeitsteilung?
- Wer wird künftig für die Führungsprozesse verantwortlich sein – mit der Konsequenz, sich weniger um die bisherigen Fachaufgaben kümmern zu können?
- Wie sollte man die Kommunikationsprozesse nach innen und außen gestalten?
- Wie lässt sich unser Wissen vermarkten? Wie findet man potenzielle Kund/innen; wie spricht man sie an, um sie schließlich für sich zu gewinnen?

Die Liste der Fragen ließe sich fortsetzen. Wir wollen mit Blick auf das Medien- und Bildungsmanagement in diesem Beitrag aus psychologischer Sicht einige Antworten zur Organisation der entsprechenden Aufgaben geben, sowie in einem weiteren Beitrag (vgl. 7.2 Marketingpsychologie) zum Außenauftritt und zu potenziellen Vermarktungsstrategien.

Stand des Wissens

Wo immer Menschen versuchen, gemeinsam Ziele zu erreichen, entsteht Organisation, die vor allem dadurch gekennzeichnet ist, dass man in arbeitsteiliger Weise ganz bestimmte Aufgaben zu erledigen sucht, was im positiven Sinne einen höheren Grad an Bedürfnisbefriedigung ermöglicht, auf der anderen Seite aber vom Einzelnen auch vielerlei Anpassung und Verzicht fordert (Argyris 1975). Ein Beispiel soll dies verdeutlichen: Nachdem das Auto erfunden worden war, konnten es sich nur wenige reiche Menschen leisten. Kleine Stückzahlen der Fahrzeuge, von hoch qualifizierten Spezialist/innen in einer Werkstatt gefertigt, trieben den Preis nach oben. Eine sehr spezielle Organisationsform der Produktion, das Fließband (Taylor 1911), senkte den Preis so dramatisch, dass nun auch diejenigen Arbeitskräfte, die diese Fahrzeuge fertigten, sich diese leisten konnten. Allerdings war der »psychologische« Preis dafür erheblich. Es musste von jedem Einzelnen am Fließband eine repetitive, wenig anregende Arbeit verrichtet werden, durch die es zu einer Verarmung der Interessen, zur

Störung der Persönlichkeitsentfaltung und möglicherweise sogar zu einem Abbau der Intelligenz kam (Kohn/Schooler 1973; Greif 1978). Daraus ergibt sich eine viel diskutierte grundsätzliche Spannung zwischen dem Einzelnen und der Organisation. Die Psychologie und andere Sozialwissenschaften sehen einen Teil ihrer Aufgabe darin, diese Spannung zu reduzieren und erträglicher zu machen.

Organisation aus verhaltenswissenschaftlicher Sicht

Was aber ist eine Organisation? Selbstverständlich kann man sie je nach Ausgangsposition in unterschiedlicher Weise definieren. Aus *sozialwissenschaftlicher* Sicht (vgl. Gebert 1978; von Rosenstiel 2007) lässt sich eine Organisation sehen als ein gegenüber der Umwelt offenes System,
- das zeitlich überdauernd existiert
- spezifische Ziele verfolgt
- sich aus Individuen bzw. Gruppen zusammensetzt, also ein soziales Gebilde ist
- eine bestimmte Struktur aufweist, die meist durch Arbeitsteilung und eine Hierarchie von Verantwortung gekennzeichnet ist

Speziell der Definitionsbestandteil »soziales Gebilde« ist für die Psychologie ein zentraler Zugangspunkt. Es sind ja Kommunikationsprozesse, die diese sozialen Gebilde als Struktur und als Prozess bestimmen, was Kahn (1977) zur pointierten Aussage veranlasst, die Organisation bestehe aus den stabilisierten Beziehungen der Organisationsmitglieder untereinander. Dabei muss man freilich ergänzen, dass die Entstehung und Aufrechterhaltung dieser Prozesse selbstverständlich von einer größeren Zahl von Rahmenbedingungen abhängt, wie z. B. den Plänen der Aufbauorganisation (Organigramm), den Stellenbeschreibungen, Kommunikationsmedien oder der Gestaltung der Arbeitsplätze. Organisationen sind Gegenstand vieler Wissenschaften, die sich jeweils aus der verengten Perspektive ihres Fachs mit dem Thema auseinandersetzen, so z. B. aus historischer, juristischer, betriebswirtschaftlicher, soziologischer oder arbeitswissenschaftlicher Sicht. Eine dieser Perspektiven ist jene der Psychologie. Versteht man Psychologie als die Wissenschaft vom menschlichen Erleben und Verhalten (Rohracher 1988), lässt sich entsprechend die Organisationspsychologie als Wissenschaft vom menschlichen Erleben und Verhalten in Organisationen definieren (von Rosenstiel 2007). Dabei ist »Organisation« weit zu verstehen. Das Konzept beschränkt sich nicht nur auf Industriebetriebe, auf die sich die klassische Betriebspsychologie (Mayer/Herwig 1970) bezog, sondern umfasst – zumindest vom Anspruch her – sämtliche Felder, in denen Menschen arbeitsteilig bestimmte Ziele verfolgen, also auch Dienstleistungsunternehmen, Behörden, Bildungseinrichtungen, Vereine, politische Parteien und andere Organisationen. Freilich wird diese Programmatik nur ansatzweise erfüllt: Die einschlägige Forschung setzt sich vor allem mit dem Erleben und Verhalten der Menschen in gewinnorientierten Organisationen auseinander, die dort einer Erwerbsarbeit nachgehen.

Organisationspsychologie als anwendungsorientierte Forschung und wissenschaftlich begründetes Handeln in der Praxis

In einer Vielzahl anwendungsorientierter Wissenschaften wird zwischen einer zunächst zweckfreien *Grundlagenforschung*, einer auf den konkreten Nutzen zielenden *anwendungsorientierten Forschung* sowie einem durch die Wissenschaft fundierten *praktischen Handeln* unterschieden. Man denke z. B. an die Anatomie und Physiologie, die darauf aufbauende Medizin und das professionelle Handeln praktizierender Ärzt/innen oder auch an die Naturwissenschaften, die Ingenieurswissenschaften und die konkrete Berufstätigkeit von Ingenieur/innen. In ähnlicher Weise finden wir auch in der Psychologie die weithin akzeptierte Ausdifferenzierung in eine

- *Theoretische Psychologie*, innerhalb derer eine auf reine Erkenntnis gerichtete Grundlagenwissenschaft betrieben wird.
- *Angewandte Psychologie*, in der eine zweckorientierte und damit von Nützlichkeitsgedanken ausgehende Forschung verfolgt wird.
- *Praktische Psychologie*, die wissenschaftlich fundiert ohne Forschungsabsicht die Fragen eines individuellen oder institutionellen Auftraggebers beantwortet und den Kern der Erwerbsarbeit von Psycholog/innen darstellt.

Die Organisationspsychologie (bzw. die Betriebs- oder Arbeitspsychologie) wird in aller Regel der *Angewandten Psychologie* zugerechnet. Allerdings hat – zumindest im deutschen Sprachraum – diese Benennung auch zu Missverständnissen geführt. Gelegentlich war die Bezeichnung »Angewandte Psychologie« ausschließlich für die Arbeits- und Organisationspsychologie reserviert (unter welchem Namen diese auch immer auftrat; vgl. Witte 1977), nicht hingegen für andere Formen der Angewandten Psychologie (z. B. die Klinische Psychologie die Marktpsychologie). Verwechslungsgefahr ist durch die Bezeichnung selbst gegeben. Sie legt nahe, dass Angewandte Psychologie die Anwendung des in der psychologischen Grundlagenwissenschaft Erarbeiteten in der Praxis ist. Die Angewandte Psychologie könnte demnach als nicht forschungsorientiert, sondern als routinemäßige praktische Nutzung des jeweiligen Forschungsstandes interpretiert werden. Dies ist jedoch ein Missverständnis, das der Realität der angewandten Teildisziplinen der Psychologie nicht gerecht wird. In der Angewandten Psychologie wird ebenso wie in der Theoretischen Psychologie *Forschung* betrieben, doch ergeben sich die Fragestellungen in der Angewandten Psychologie aus den offenen Fragen und dem Bedarf in den Anwendungsfeldern, in der Theoretischen Psychologie dagegen aus Unvollkommenheiten, Lücken und Widersprüchen der allgemeinen Theorie menschlichen Erlebens und Verhaltens. Die Grenzen sind hier fließend, da auch die Beantwortung der Fragen aus den Anwendungsfeldern in der Forschung theoriegeleitet erfolgen muss und implizit weitere Forschungsarbeit dort initiiert wird, wo diese Theorie lückenhaft oder widersprüchlich erscheint.

In der *Praktischen Psychologie* dagegen geht es um die routinemäßige Umsetzung des psychologischen Wissens in *Diagnose* und *Intervention*. Auch hier ist eine Grenzziehung nicht eindeutig möglich, die Gegenüberstellung erfolgt akzentuierend.

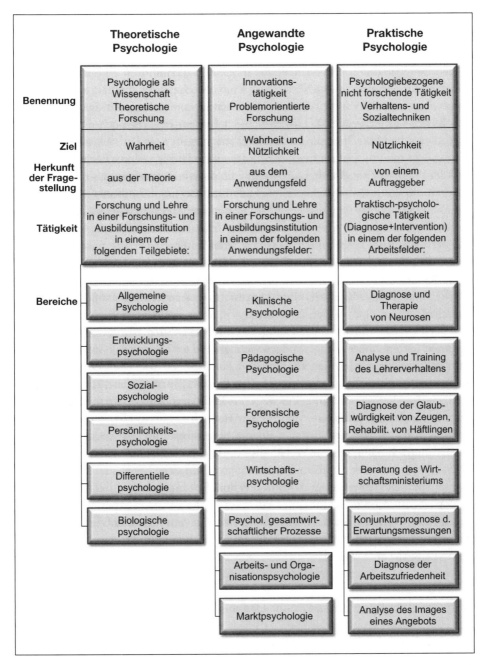

Abb. 1: Theoretische, Angewandte und Praktische Psychologie (von Rosenstiel 2007, S. 33)

Häufig wird nämlich die Beantwortung der Fragestellungen aus dem Anwendungsfeld direkt zu bedeutsamen Feststellungen und Veränderungen im konkreten Einzelfall führen. Andererseits kann und sollte die Praktische Psychologie die Daten erarbeiten, die der Weiterentwicklung der Wissenschaft dienen. Praktische Organisationspsychologie wäre dann gleichermaßen auch Angewandte Psychologie. Leider sind auf dem Feld der Psychologie – wie auf vielen anderen Wissenschaftsgebieten auch – die beiden Bereiche durch unterschiedliche Interessenlagen und durch Sprachbarrieren voneinander getrennt, was nicht selten als Kluft zwischen Wissenschaft und Praxis beklagt wird (Zapf/Ruch 1991). Für die Organisationspsychologie gilt dies in besonderem Maße, da hier weder die Einheit von Theorie und Praxis, noch die Einheit der psychologischen Forschung und Theoriebildung gegeben sind.

Versucht man nun, akzentuierend die Theoretische Psychologie der Angewandten und der Praktischen gegenüberzustellen, so liegt – wie bereits betont – das Hauptunterscheidungsmerkmal in der Herkunft der Fragestellung. Abbildung 1 verdeutlicht das und zeigt zugleich wichtige Beispiele aus den drei Arbeitsbereichen. Für die Angewandte Psychologie und damit auch für die Organisationspsychologie gilt also das, was Bertolt Brecht (1963) seinen Galilei für jede Wissenschaft fordern lässt: »Ich halte dafür, dass das einzige Ziel der Wissenschaft darin besteht, die Mühseligkeit der menschlichen Existenz zu erleichtern« (Brecht 1963, S. 127).

Die aufgezeigte Differenzierung ist angesichts des derzeitigen Standes der psychologischen Wissenschaft sicherlich angemessen, muss aber fraglos zugleich als Symptom der Unvollkommenheit des Faches interpretiert werden. Anzustreben ist keineswegs eine klarere Abgrenzung, sondern vielmehr die Aufhebung der Grenzlinien. Dies wird deutlich, wenn man sich an dem Kurt Lewin zugeschriebenen Diktum »Nichts ist praktischer als eine gute Theorie« (Lewin 1951, S. 169) orientiert. Die Unvollkommenheit der Theorie ist dann keineswegs nur Erschwernis in der Forschung, sondern kann zugleich zur »Blindheit« praktischen Handelns führen. Die Praxis bedarf der Theorie. Irle (1975) begründet dies für die Psychologie mit der Aussage »Theorien werden in Techniken, hier in Verhaltens- und Sozialtechniken, transformiert« (Irle 1975, S. 506), wobei er die Techniken als Hypothesen sieht, die aus einer Theorie abgeleitet sind. Die Anwendung der Sozialtechnik in Bereichen, die der Hilfe der Psychologie bedürfen, wird somit zum Feldexperiment, zu einem »Experiment in der sozialen Natur« (Irle 1975), das wiederum geeignet ist, zur Stützung oder Falsifikation der Theorie beizutragen. Der Gegensatz zwischen Theorie und Praxis wäre somit im optimalen Falle aufgehoben.

Felder und Arbeitsprozesse in der Organisationspsychologie

Innerhalb einer anwendungsorientierten Forschung lässt sich der Prozess des Vorgehens recht schlüssig in fünf Schritten darstellen:
1. Feststellen des Ist-Zustandes (Diagnose)
2. Definition des Ziel- oder Soll-Zustandes
3. Entwickeln oder Bereitstellen von Veränderungswissen
4. Eingreifendes Handeln auf der Basis des Veränderungswissens (Intervention)
5. Vergleich des neuen Ist-Zustandes mit dem Soll-Zustand (Evaluation)

Dabei gilt es, Folgendes zu beachten:
- Für die Diagnose und die Evaluation müssen wissenschaftlich begründete Operationalisierungen und Messmethoden erarbeitet werden.
- Das Erarbeiten von Veränderungswissen bedarf der wissenschaftlichen Theorie und darauf aufbauend der Überprüfung von Ursache-Wirkungs-Verknüpfungen. Die Organisationspsychologie setzt bei den hier notwendigen Untersuchungen seltener Laborexperimente ein, die in der psychologischen Grundlagenforschung üblich sind, sondern versteht sich methodisch als eine empirische Sozialwissenschaft, bei der die Befragung und Beobachtung im vom Forscher möglichst nicht beeinflussten Feld stattfinden (vgl. »Marketingpsychologie« in diesem Buch).
- Die Intervention stellt letztlich die wissenschaftlich begründete Praxis dar.
- Die Festlegung eines Ziel- oder Soll-Zustandes erfolgt in normativer Weise, kann also nicht das Ergebnis empirischer Forschung sein.

Damit gewinnt die Organisationspsychologie eine ethische und politische Dimension. Entsprechend darf ein Organisationspsychologe nicht allein bestimmen, was das angestrebte Ziel sein soll. Irle (1975) führt dazu aus: »Durch Absolvierung verhaltens- und sozialwissenschaftlicher Studiengänge erwirbt sich niemand das Recht, auf gesellschaftspolitische Zielfindungen kraft Expertentum einen besonderen Einfluss auszuüben« (Irle 1975, S. 509). Er fordert stattdessen, die Zielfindung dem legitimen demokratischen Prozess zu überlassen, an dem ja der Organisationspsychologe durchaus beteiligt sein kann. Man muss also nicht so weit gehen wie einer der Väter der Angewandten Psychologie (Münsterberg 1912, S. 18): »Welches Ziel das bessere ist, [...] geht den wirtschaftstechnischen Psychologen nichts an.« Auf welche inhaltlichen Felder der Organisationspsychologie aber bezieht sich der soeben skizzierte fünfstufige Prozess? Hier werden in der Regel vier Bereiche genannt (Gebert/von Rosenstiel 2002; von Rosenstiel 2007; Schuler 2007):

1. die Aufgabe bzw. die Arbeit, die in der Organisation zu erledigen ist. Hiermit beschäftigt sich insbesondere ein zum Teil mit der Organisationspsychologie überlappendes Teilgebiet der Psychologie, die Arbeitspsychologie (Frieling/Sonntag 1999; Ulich 2005).
2. das Individuum, das in der Organisation diese Aufgaben bewältigt. Für diese Richtung der Organisationspsychologie hat sich in jüngster Zeit der Begriff Personalpsychologie eingebürgert (Weinert 2004; Schuler 2006).
3. Zumeist eine Mehrzahl von Personen, die in unmittelbarer Interaktion über eine längere Zeit gemeinsam an einer Aufgabe arbeiten und dabei von einer Führungskraft koordiniert werden und die sich schließlich aufgrund gemeinsamer Normen und Werte durch ein Wir-Gefühl verbunden fühlen. Diese Richtung der Organisationspsychologie baut insbesondere auf sozialpsychologischen Erkenntnissen auf, weshalb man auch gelegentlich von einer Sozialpsychologie der Organisation spricht.
4. die Organisation bzw. die organisationalen Rahmenbedingungen, innerhalb derer Einzelne oder Gruppen ihre Aufgabe erfüllen.

Aus den zuvor skizzierten fünf Schritten des wissenschaftlichen Handelns und den soeben vorgestellten vier Handlungsfeldern lässt sich nun eine Matrix entwickeln, die Tabelle 1 zeigt.

Tab. 1: **Klassifikation organisationspsychologischer Arbeitsgebiete mit Beispielen** (aus von Rosenstiel 2007, S. 20)

Schritt \ Teilbereich	Aufgabe	Individuum	Gruppe	Organisation
Feststellen des Ist-Zustandes (Diagnose)	psychologische Aufgabenanalyse	Führungsstilanalyse der Abteilungsleiter	Analyse der Kommunikationsbeziehungen in Projektgruppen	Messung des Organisationsklimas mit einem standardisierten Fragebogen
Definition des Soll-Zustandes	Vergrößerung des Handlungsspielraumes in der Arbeit	Ausweitung partizipativer Verhaltensweisen bei der Führung von Gruppenleitern	hierarchiefreie Diskussion bei Offenlegung der Sach- und Beziehungsebene	Verbesserung des Klimas in den Dimensionen *Autonomie*, *soziale Unterstützung*, *Leistungsorientierung*
Entwicklung oder Bereitstellen von Veränderungswissen	Heranziehen des Erfahrungswissens über neue Formen der Arbeitsgestaltung	Kenntnis situationsspezifischer Auswirkungen von Partizipation und effektiver Verhaltensmodifikation	Wissen um die Ebenen der Kommunikation und der Auswirkungen von direktem Feedback auf die Gruppendynamik	Erfahrungen zu Erfolgsbedingungen von Organisationsentwicklungsmaßnahmen
eingreifendes Handeln (Intervention)	schrittweise Erweiterung der Variabilität (Ablauforganisation) und der Planungs- und Kontrollmöglichkeit (Aufbauorganisation) des Stelleninhabers	Training situationsgerechten Partizipationsverhaltens mithilfe eines Entscheidungsbaumes im Wechsel mit Praxisphasen	Teamentwicklungstraining	Erarbeitung von Vorschlägen in Projektgruppen, Implementierung der Vorschläge in den Abteilungen bei Unterstützung des Top-Managements
Vergleich des neuen Ist- mit dem Soll-Zustand (Evaluation)	erneute psychologische Aufgabenanalyse	erneute Führungsstilanalyse	erneute Analyse der Kommunikationsbeziehungen	erneute Messung des Organisationsklimas

Einige wichtige Methoden und Forschungsergebnisse dieser vier Arbeitsfelder seien nachfolgend knapp skizziert.

Aufgabe

Aufgaben werden – orientiert man sich an Hackman (1969) – durch die für die Arbeit erforderlichen Materialen sowie durch Anweisungen über die Vorgehensweise und die zu erreichenden Ziele bestimmt. Die Aufgaben, die einzelne Stelleninhaber in der Organisation im Zuge ihrer Arbeit zu bewältigen haben, werden durch unterschiedliche psychologische Verfahren diagnostiziert, die zum Teil standardisiert, zum Teil auch unstandardisiert sind. Dabei wird auf personenunabhängige *Auftrags- und Bedingungsanalysen* sowie auf personenbezogene *Tätigkeitsanalysen* zurückgegriffen (Ulich 2005). Auf Grundlage solcher Arbeits- bzw. Aufgabenanalysen (Frieling/Sonntag 1999; Schüpbach/Zölch 2007) kann nun die Arbeit nach bestimmten Kriterien bewertet werden, die sich an übergeordneten Wertvorstellungen oder an spezifischen Menschenbildern orientieren. Derartige Kriterien sind z. B. *Selbst- und Mitbestimmungsmöglichkeiten, Komplexität und Lernchancen, Abwechslungsreichtum, Kooperationsmöglichkeiten, Ganzheitlichkeit bzw. Sinnhaftigkeit* oder in einem übergeordneten Sinne auch *Persönlichkeitsförderlichkeit* (Hacker 2005). Bei der Festlegung der Kriterien wird das implizite Menschenbild der Organisationspsychologie deutlich. Die Akzeptanz dieser Vorstellungen durch die Praxis verweist dann wiederum auf die ethische und politische Dimension.

Orientiert an diesen diagnostischen und bewerteten Schritten kann schließlich die *Gestaltung der Aufgabe* (Ulich 2007) so vorgenommen werden, dass sie in einem normativen Sinne »menschengerecht« erscheint, wie dies insbesondere im Rahmen des Forschungsprogramms der Bundesregierung »Humanisierung des Arbeitslebens« (Pöhler 1979) gefordert worden war.

Individuum

Der Einzelne in der Organisation ist das wichtigste Thema der Organisationspsychologie. Die in der Praxis tätigen Organisationspsycholog/innen sind – um dies zu illustrieren – in mehr als 60 Prozent ihrer Arbeitszeit mit Fragen der Personalauswahl, der Personalbeurteilung und der Personalentwicklung beschäftigt. Diese Teilgebiete der Organisationspsychologie werden zunehmend unter dem Namen *Personalpsychologie* (Schuler 2006) zusammengefasst. Darunter fallen, geht man etwas stärker ins Detail, die *psychologische Eignungsdiagnostik* und *Personalauswahl* (Schuler 2001), die *Sozialisation des Einzelnen in der Organisation* (Kohn/Schooler 1978), die *Personalbeurteilung* (Marcus/Schuler 2006), die *Personalentwicklung* (Sonntag 2006) aber auch die Messung und Verbesserung der *Zufriedenheit des Einzelnen mit seiner Arbeit* (Neuberger/Allerbeck 1978).

Insgesamt geht es bei der Frage des »Job-fit« darum, inwieweit die Person den Anforderungen, d. h. der Organisation, entspricht und inwieweit sie dort ein ihren Bedürfnissen, Interessen und Wertorientierungen entsprechendes Befriedigungspotenzial findet. Hier sieht man besonders deutlich das Ziel der Organisationspsychologie, die Spannung zwischen dem Individuum und der Organisation sowohl im Interesse des Einzelnen als auch dem der Organisation zu reduzieren.

Gruppe

Quantitativ umfangreiche und qualitativ komplexe Aufgaben können nur gemeinsam bearbeitet werden. Deshalb werden in Organisationen zunehmend zeitstabile Arbeitsgruppen (Kleinbeck 2006; Wegge 2006; von Rosenstiel 2007) oder zeitlich begrenzte Projektgruppen bzw. kurzfristig einberufene Gruppen gebildet mit dem Ziel, das Potenzial des Personals zu entwickeln (*Lernstattgruppen*, vgl. Dunkel 1983) oder Verbesserungsvorschläge zu erarbeiten (*Qualitätszirkel*, vgl. Bungard/Wiendieck 1986). Die Koordination der Tätigkeiten der einzelnen Gruppenmitglieder erfolgt durch *Führung* (Neuberger 2002; Wegge 2004). Dabei ist zu prüfen, unter welchen Bedingungen – z. B. bei welchen Persönlichkeitsmerkmalen der Gruppenmitglieder und bei welchen Aufgabenstellungen – Gruppenarbeit die Leistungen ihrer Mitglieder positiv (als Prozessgewinn) oder aber negativ (als Prozessverlust) beeinflusst (Brodbeck 2007). In jüngster Zeit hat angesichts der globalen Zusammenarbeit und der Implementierung heterogen zusammengesetzter Arbeitsgruppen die Frage besonderes Interesse gefunden, ob bzw. in welchem Ausmaß Diversität in Gruppen leistungspositive bzw. leistungsnegative Folgen hat (Podsiadlowski 2002). Um die Arbeit von Gruppen zu optimieren, werden häufig mit standardisierten oder unstandardisierten Verfahren *Teamdiagnosen* und *Teamentwicklungsmaßnahmen* durchgeführt (Kauffeld 2001).

Organisation

Aus psychologischer Sicht ist der organisationale Rahmen, innerhalb dessen sich das Erleben und Verhalten der Organisationsmitglieder abspielt, weniger in seinen objektiv gegebenen Strukturen und Prozessen, sondern vielmehr in der Wahrnehmung durch die Person bedeutsam. In diesem Sinn versucht man
- die *Unternehmenskultur* an bestimmten Symptomen zu deuten (Schein 2004)
- das *Organisationsklima* mit standardisierten Befragungen im Rahmen der Organisationsdiagnostik (von Rosenstiel/Bögel 1992) zu erfassen
- die Auswirkungen von *Anreizsystemen* auf die Motivation (Nerdinger 1995) und die Zufriedenheit (Neuberger/Allerbeck 1978) zu analysieren
- all dies theoretisch miteinander zu verbinden

Mit entsprechenden Interventionen sucht man beim *Change-Management* Widerstände der Mitarbeiter/innen gegen die Veränderungen zu analysieren und zu reduzieren, wie dies innerhalb der *Organisationsentwicklung* (Gebert 2007) durch partizipative Vorgehensweisen erreicht werden soll.

Praxisbeispiele

Programmatisch ist – wie bereits dargelegt – der Anspruch der Organisationspsychologie weit gefasst. Sie beschränkt sich nicht auf Produktionsbetriebe, sondern umfasst beispielsweise auch jene Organisationen, in denen Medien- und Bildungsmanagement betrieben wird. Für dieses inhaltliche Feld soll nun, orientiert an den dargestellten Teilgebieten der Organisationspsychologie, gezeigt werden, wie man darin faktisch vorgeht oder vorgehen könnte.

Aufgabe

Wählen wir hier als Beispiel eine Position (Frieling 1975), wie sie derzeit an vielen Universitäten, Hochschulen oder Fachhochschulen geschaffen wird und deren Ziel darin besteht, universitäres Wissen im Rahmen einer beruflichen Fort- und Weiterbildung zu vermarkten. Gesellschafts- und hochschulpolitisch sind damit – dies zeigt auch die öffentliche Debatte – mehrere Ziele verbunden. Zum einen sollen sich die Universitäten als marktorientierte Unternehmen zum Teil selbst finanzieren, zum anderen soll der wissenschaftliche Forschungsstand rascher in die Praxis übertragen werden, um damit die Innovationskraft des Systems im internationalen Wettbewerb zu stärken. Was aber fordert eine solche Position? Wie könnte man sie gestalten? Dies wird im Rahmen der psychologischen *Arbeits- bzw. Aufgabenanalyse* untersucht. Wie bereits erwähnt, lassen sich hier zwei Vorgehensweisen unterscheiden, zwischen denen es selbstverständlich vielfältige Mischformen gibt: die *Auftrags- bzw. Bedingungsanalyse* und die *Tätigkeitsanalyse*.

Bei der *Auftrags- und Bedingungsanalyse* geht man personenunabhängig vor. So ließe sich mithilfe konkreter und weitgehend standardisierter Verfahren, wie z. B. VERA (Volpert et al. 1983) oder RHIA (Leitner et al. 1987), prüfen, welche Regeln für universitäre Weiterbildungsbeauftragte bestehen, in welchem Maße sie sich an welche Vorgaben des Wissenschafts- und des Finanzministeriums oder der Universitätsleitung zu halten haben, ob sie das Weiterbildungsangebot weitgehend autonom zusammenstellen, die Lehrenden auswählen und ihre Honorare festlegen dürfen, ob die Arbeitszeit starr geregelt ist oder ob sie ihre Arbeit hinsichtlich der Zeit und des Ortes flexibel gestalten können.

Es sollte aber auch geprüft werden, welche Ausstattung für diese Position vorgesehen ist. Steht ein Einzelzimmer oder nur ein Arbeitsplatz in einem Großraum zur Verfügung, können potenzielle Auftraggeber/innen in einem angemessenen Besprechungsraum empfangen werden, ist Arbeitsunterstützung durch ein Back-Office oder ein Vorzimmer vorgesehen, welche weiteren personellen, finanziellen oder räumlichen Ressourcen stehen zur Verfügung?

Die Ergebnisse dieser Analysen lassen sich durchaus mit einem Soll-Zustand vergleichen. So erscheint es z. B. auf diesem marktorientierten Gebiet geradezu selbstverständlich, dass Weiterbildungsbeauftragte potenziellen Auftraggebern bei deren Besuch Kaffee und Gebäck anbieten, die Hochschule hierfür aber keine Ressourcen bereitstellt.

Zum Soll gehört aber zentral etwas viel Weitergehenderes: Es gilt – betrachtet man die Aufgabenanalyse als Basis der Aufgabengestaltung – zu entscheiden, wie *morgen* die Aufträge und Bedingungen für eine derartige Position aussehen sollten, was wiederum erfordert, die zukunftsgerichteten Visionen der Bildungspolitik und die Strategie der Hochschule zu kennen.

Zur Arbeits- bzw. Aufgabenanalyse zählt »als andere Seite der Medaille« die *Tätigkeitsanalyse*. Hier geht es darum, den Stelleninhaber bei der Arbeit mit mehr oder weniger standardisierten Verfahren zu befragen, zu beobachten oder die Ergebnisse seines Handels zu analysieren. Auch hierfür stehen die unterschiedlichsten Verfahrensweisen zur Verfügung, wie der FAA (Frieling/Hoyos 1978), der SAA (Udris/Alioth 1980) oder der P-TAI (Kannheiser/Hormel/Aichner 1993). Es geht dabei darum, zu analysieren, wie die zuvor genannten Aufträge und Bedingungen von den Stelleninhaber/innen *redefiniert* (Hackman/Oldham 1980), also wahrgenommen, interpretiert und gelebt werden. Dabei kann es ganz konkret – orientieren wir uns an Udris/Alioth (1980) – um den Handlungsspielraum, die Transparenz, die Verantwortung, die geforderte Qualifikation, die Arbeitsbelastung und die soziale Struktur (wie z. B. die Unterstützung durch Kolleg/innen und die Respektierung durch die Vorgesetzten) gehen.

All dies gehört zur Diagnose der Position. Auf deren Grundlage kann man – inhaltlich ausgerichtet durch die zu definierende Soll-Vorstellung – ganz Unterschiedliches unternehmen, unter anderem auch die Gestaltung der Aufgabe in einer Weise, dass sie zu einer optimalen künftigen Aufgabenerfüllung beiträgt. Es kann ja tatsächlich auch eine hoch qualifizierte Stelleninhaberin nur dann wirklich gute Arbeit leisten, wenn sie unter Bedingungen und Regelungen arbeitet, die diese Arbeiten nicht einengen oder behindern, sondern im Gegenteil fördern.

Individuum

Bleiben wir beim Beispiel der Weiterbildungsbeauftragten einer Hochschule. Soll die Position bestmöglich ausgefüllt werden, so gilt es, eine Person zu finden, die in ihrer Eignung, ihrer Neigung und in ihrem Entwicklungspotenzial (Schuler 2001) den Anforderungen möglichst genau entspricht. Diese Anforderungen ergeben sich – wie bereits angesprochen – aus der Arbeits- bzw. Aufgabenanalyse sowie der Organisationsanalyse, insbesondere aus der Beachtung ihrer Strategie. Zum Erkennen der Eignung hat die Organisationspsychologie ein ganzes Arsenal der *Berufseignungsdiagnostik* entwickelt, die vom strukturierten Interview über die unterschiedlichsten Testverfahren, das Assessment-Center bis hin zu computerunterstützten Unternehmensplanspielen reicht (Schuler 2001, 2006; Sarges/Wottawa 2004; Erpenbeck/von Rosenstiel 2007). So kann man z.B. eine Bewerberin für die Position der Weiterbildungsbeauftragten der Hochschule vor die Aufgabe stellen, mit potenziellen Kund/innen ein Akquisitionsgespräch zu führen, Vorschläge dafür auszuarbeiten, wie ein *Blended Learning-Programm* für künftige Eventmanager aussehen sollte oder eine Strategie dafür zu entwickeln, auf welche Weise sich die personellen Ressourcen für den Weiterbildungsbereich in der Haushaltskommission steigern lassen.

Hat man sich auf diese Weise für eine geeignete Bewerberin entschieden, so wird man im Weiteren verfolgen, wie diese sich bewährt. Hierfür hat die Organisationspsychologie verschiedene Konzepte einer systematischen *Personalbeurteilung* (Marcus/Schuler 2006) entwickelt, die es einem Beurteiler – in der Regel dem unmittelbaren Vorgesetzten – gestatten, ein möglichst zutreffendes, an den Anforderungen oder Zielvereinbarungen orientiertes Bild der Stelleninhaberin zu gewinnen und zu kommunizieren. Dies ist ein diagnostischer Akt. Die Intervention bezieht sich dann meist darauf, der Stelleninhaberin das Bild zu kommunizieren, das ihr Vorgesetzter von ihr gewonnen hat, um darauf aufbauend einerseits die Arbeitsziele und andererseits die persönlichen Entwicklungsziele zu vereinbaren und die dafür erforderliche Förderung durch die Führungskraft und die Organisation zu sichern. In Ausnahmefällen kann die Intervention auch darin bestehen, die Anforderungen zu modifizieren, also die Anforderungen und Bedingungen, wie sie zuvor analysiert worden sind, mit Blick auf die Eignung und Neigung der Stelleninhaberin zu verändern. In jüngerer Zeit wird bei der Beurteilung der Person nicht nur deren Führungskraft befragt, sondern auch deren Mitarbeiter/innen, Kolleg/innen sowie interne und externe Kund/innen, woraus dann die sogenannte *360°-Beurteilung* (Neuberger 2000) resultiert.

Hat man vor Augen, dass ein wichtiges Ziel der systematischen Personalbeurteilung darin besteht, die Mitarbeiter/innen zu fördern und zu entwickeln, so sind sachgerechte Konzepte und Methoden der *Personalentwicklung* (Sonntag 2006) gefordert. Hier geht es generell darum, eine Stelleninhaberin/einen Stelleninhaber gezielt und geplant in all jenen psychischen Funktionen und Kräften zu fördern, die für die Erfüllung der Anforderungen notwendig sind. Freilich gilt es vorher, das Potenzial der Person, also ihre Entwicklungsfähigkeit und -bereitschaft, zu erkennen. Bei einer solchen Entwicklung geht es aber keineswegs nur um das kognitive Wissen, sondern z.B. auch um motorische Fertigkeiten, den Umgang mit Emotionen, die Leistungsmotivation, die Volition, das rhetorische Geschick oder die sozial-kommunikative Kompetenz. Im hier beschriebenen Beispiel könnten die Entwicklungsmaßnahmen für unsere Weiterbildungsbeauftragte darin bestehen, sie fachlich im Umgang mit elektronischen Medien soweit fit zu machen, dass sie Module für ein Blended-Learning-Programm gestalten kann, und ihr zugleich Sicherheit im Kontakt mit Leitern von Personalabteilungen größerer Unternehmen zu vermitteln.

Nach der Durchführung der Personalentwicklungsmaßnahmen gilt es, diese zu *evaluieren* (von Rosenstiel 2003; Thierau-Brunner/Wottawa/Stangel-Meseke 2006). Als Kriterien der Evaluation gelten subjektive Bewertungen der Betroffenen, ihr Wissenszuwachs, ihr Handeln in der Trainingssituation und später am Arbeitsplatz sowie objektivierbare Resultate ihres Handelns (Kirkpatrick 1987). Dabei sollte man Personalentwicklungsmaßnahmen nicht in einer verengenden Weise nur als institutionalisierte Fort- und Weiterbildung sehen. Sie können auch implizit durch gezielte Job-Rotation, Mitarbeit in Projekten, Auslandsentsendungen oder durch die Vermittlung herausfordernder Arbeitserfahrung bestehen. Staudt und Kriegesmann (1999) vermuten, dass 80 Prozent unseres künftigen beruflichen geforderten Wissens, Wollens und Könnens durch implizites Lernen und nur 20 Prozent durch explizites, institutionalisiertes Lernen vermittelt werden.

Gruppe

Im Prozess des gesellschaftlichen und technologischen Wandels werden die Aufgaben immer komplexer, sodass man sie in der Regel alleine nicht mehr bewältigen kann. Deshalb arbeiten immer mehr Menschen immer häufiger und immer länger gemeinsam mit anderen. Die Gruppen- bzw. Teamarbeit wird zum Regelfall, wobei unter einem Team meist eine Gruppe verstanden wird, in der die Kooperation relativ problemfrei funktioniert, eine besonders intensive Bindung der Mitglieder an ein gemeinsames Ziel gegeben ist und eine gering ausgeprägte hierarchische Binnenstruktur besteht (Kauffeld 2001). In herkömmlichen Arbeitsgruppen werden die Mitglieder meist längere Zeit für die Bewältigung ganz bestimmter Routineaufgaben eingesetzt, während bei häufig wechselnden, komplexen Aufgabenstellungen immer wieder neu zusammengesetzte Projektgruppen gebildet werden.

Da die für die Gruppen- oder Teamzusammensetzung Verantwortlichen meist nicht über ausreichende organisationspsychologische Kenntnisse verfügen, neigen sie häufig dazu, ausschließlich die *Sachebene* zu bedenken und die Gruppe so zusammenzusetzen, dass die wichtigen fachlichen Kompetenzen angemessen vertreten sind. Ob und inwieweit die ausgewählten Personen menschlich – also auf der *Beziehungsebene* – miteinander harmonieren, wird nicht bedacht. Dabei gilt – wie Tuckman (1965) zeigte – für die Gruppen- bzw. Teambildung die Folge

- *Forming* (man lernt einander kennen)
- *Storming* (es kommt zu gruppendynamischen Prozessen, z.B. zur »Hackordnung«)
- *Norming* (die Gruppe entwickelt die für sie geltenden Spielregeln)
- *Performing* (die Gruppe ist nun für die Erledigung der geforderten Aufgaben bereit)

Wurde der Gruppenbildungsprozess nicht erfolgreich abgeschlossen, so besteht die Gefahr, dass die Gruppe immer wieder ins Storming oder ins Norming zurückfällt und darunter leidet das Performing, die Leistungserstellung, massiv beeinträchtigt wird.

Um dies zu prüfen, sollte man zunächst die Gruppenprozesse analysieren und z.B. eine *Teamdiagnose* auf der Sach- und Beziehungsebene durchführen (Brodbeck/Anderson/West 2000; Kauffeld 2001), wofür ganz unterschiedliche qualitativ oder quantitativ orientierte Verfahren zur Verfügung stehen. Darauf aufbauend wird eine *Teamentwicklung* durchgeführt (Comelli 1994; Kauffeld/Grote 2001). Dabei werden den Gruppenmitgliedern gezielt kritische Erfahrungen vermittelt, diese dann gemeinsam mit dem Trainer reflektiert und schließlich diskutiert, wie sich diese Erfahrungen in die künftige Praxis der Gruppenarbeit übertragen lassen.

Für die in unserem Beispiel gewählte Weiterbildungsbeauftragte der Hochschule könnte es sich als Problem erweisen, dass sie als bisherige hoch qualifizierte Fachspezialistin weder auf die Führung von Mitarbeiter/innen noch auf die Kooperation mit Kund/innen innerhalb einer gemischten Projektgruppe zur Konzeption von Personalentwicklungsmodulen vorbereitet wurde. Hier gilt es, ihre Stärken und Schwächen bei der Gruppenarbeit zu diagnostizieren, in der sie in der Rolle der Führenden oder eines Teammitglieds handelt, und sie dann durch ein Führungstraining oder – gemeinsam mit den anderen – durch Teamentwicklungsmaßnahmen für ihre heutigen und künftigen Aufgaben zu qualifizieren.

Organisation

Unter diesem Blickwinkel werden das *Organisationsklima* oder die *Zufriedenheit* der Mitarbeiter/innen (von Rosenstiel/Bögel 1992) erfasst und dann auf Grundlage dieser Diagnose entsprechende *Organisationsentwicklungsmaßnahmen* gestaltet, bei denen die Betroffenen zu Beteiligten gemacht werden, die Organisationsmitglieder beim Wandel also aktiv mitwirken (Gebert 2007). Im Rahmen derartiger Diagnose- und Interventionsmaßnahmen lässt sich unter anderem auch prüfen, ob und inwieweit die wahrgenommenen Bedingungen der Organisation im Sinne positiver Anreize motivieren oder eher zu einer Lähmung oder gar zur »inneren Kündigung« führen (Comelli/von Rosenstiel 2003; von Rosenstiel/Comelli 2003).

Kehren wir wieder zu unserem Beispiel zurück: Die Organisationsdiagnose (Büssing 2007) an der Hochschule kann zeigen, dass die Prozesse der Entscheidungsfindung für die Weiterbildungsbeauftragte viel zu langwierig sind, da sowohl die »Kontaktstelle für Forschungs- und Technologietransfer« als auch die Hochschulleitung in allen Entscheidungen mit eingebunden werden sollen, was zur Konsequenz hat, dass den potenziellen Kund/innen die privatwirtschaftlich organisierten konkurrierenden Anbieter flexibler und deshalb attraktiver erscheinen. Es kann sich aber auch zeigen, dass die Bereitschaft vieler Hochschullehrer/innen zur universitären Weiterbildung beizutragen nur gering ausgeprägt ist, da sie bei einer genehmigten Nebentätigkeit mit einem vergleichbaren Aufwand in der Praxis deutlich mehr Geld verdienen können. Eine Intervention könnte hier so aussehen, dass sich die Betroffenen unter der Leitung eines neutralen Moderators in einem Workshop zusammenfinden, die Ergebnisse der Organisationsdiagnose gemeinsam interpretieren, um dann Maßnahmen zu erarbeiten und zu implementieren, die für die Problemlösung geeignet erscheinen. Es könnte möglicherweise sehr empfehlenswert sein, dabei auch Vertreter/innen jener Unternehmen hinzuzuziehen, die als Kund/innen mit der Hochschule kooperieren.

Dadurch wird freilich die Grenze der Organisationspsychologie überschritten und bereits die Marketingpsychologie (Neumann/von Rosenstiel, Kapitel 7.2 in diesem Band) berührt.

Ausblick

Obwohl die Organisationspsychologie sich unter diesem Namen erst in den 1960er-Jahren des vergangenen Jahrhunderts (Leavitt/Bass 1964; Bass 1965) konstituierte, liegt inzwischen ein relativ breiter Fundus bewährter Methoden und empirisch fundierten Wissens vor. Der Nutzen, den die Organisationspsychologie als anwendungsorientierte Disziplin damit leisten will, wird jedoch vielfach nur unzureichend in Anspruch genommen. Hier lassen sich große Unterschiede zwischen den verschiedenen Organisationen feststellen: Es gibt nicht wenige, die Organisationspsycholog/innen in der Arbeitsvorbereitung, der Organisations-, Personal- oder Marketingabteilung beschäftigen, die ihre Führungskräfte organisationspsychologisch schulen lassen, Teamdiagnosen und Teamentwicklungen sowie Organisationsdiagnosen und -entwicklungen durchführen lassen und somit von den Erkenntnissen dieses Faches profitieren. Andere Organisationen dagegen nehmen diesen Wissensfundus gar nicht wahr oder lehnen ihn sogar als zu »soft« ab. Medien- und Bildungsmanager/innen sollten von ihrer Sozialisation her nicht zu letzterer Gruppe gehören. Ihnen kann man raten, schon während ihres Studiums die Organisationspsychologie zumindest als Nebenfach zu wählen, sich während ihrer späteren Berufstätigkeit im Rahmen ihrer eigenen Fort- und Weiterbildung einschlägig zu qualifizieren und – fest angestellt oder im Rahmen von Beratungsaufträgen – organisationspsychologische Kompetenz ins Unternehmen zu bringen.

Literatur

Argyris, C. (1975): Das Individuum und die Organisation. In: Türk, K. (Hrsg.): Organisationstheorie. Hamburg: Hoffmann & Campe, S. 215-233.
Bass, B.M. (1965): Organizational psychology. Boston: Allyn & Bacon.
Brecht, B. (1963): Leben des Galilei. Frankfurt a. M.: Suhrkamp Verlag.
Brodbeck, F.C. (^{4}2007): Analyse von Gruppenprozessen und Gruppenleistung. In: Schuler, H. (Hrsg.): Lehrbuch Organisationspsychologie. Bern: Hans Huber, S. 415–438.
Brodbeck, F.C./Anderson, N./West, M. (2000): Teamklima-Inventar (TKI). Göttingen: Hogrefe.
Büssing, A. (2007): Organisationsdiagnose. In: Schuler, H. (Hrsg.): Lehrbuch der Organisationspsychologie. Bern: Huber, S. 557–599.
Bungard, W./Wiendieck, G. (Hrsg.) (1986): Qualitätszirkel als Instrument zeitgemäßer Betriebsführung. Landsberg: Moderne Industrie.
Comelli, G. (1994): Teamentwicklung. Training von »family groups«. In: Hofmann, L.M./Regnet, E. (Hrsg.): Innovative Weiterbildungskonzepte. Göttingen: Verlag für Angewandte Psychologie, S. 61–84.
Comelli, G./von Rosenstiel, L. (2003): Führung durch Motivation. Mitarbeiter für Organisationsziele gewinnen. München: Beck.

Dunkel, D. (1983): Lernstatt. Modelle und Aktivitäten deutscher Unternehmen. In: Beiträge zur Gesellschafts- und Bildungspolitik; 85/86. Köln: Deutscher Instituts Verlag.
Erpenbeck, J./von Rosenstiel, L. (Hrsg.) (^{2}2007): Handbuch Kompetenzmessung. Stuttgart: Schäffer-Poeschel.
Frieling, E. (1975): Psychologische Arbeitsanalyse. Stuttgart: Kohlhammer.
Frieling, E./Graf Hoyos, C. (1978): Fragebogen zur Arbeitsanalyse (FAA). Deutsche Bearbeitung des PAQ. Bern: Huber.
Frieling, E./Sonntag, K. (^{2}1999): Lehrbuch Arbeitspsychologie. Bern: Huber.
Gebert, D. (2007): Organisationsentwicklung. In: Schuler, H. (Hrsg.): Lehrbuch Organisationspsychologie. Bern: Huber, S. 601–616.
Gebert, D. (2007): Innovation durch Führung. In: Frey, D./von Rosenstiel, L. (Hrsg.): Enzyklopädie der Psychologie. Bd. Wirtschaftspsychologie. Göttingen: Hogrefe.
Gebert, D. (1978): Organisation und Umwelt. Stuttgart: Kohlhammer.
Gebert, D. (1978): Organisationspsychologie. Einige einführende Überlegungen. In: Mayer, A. (Hrsg.): Organisationspsychologie. Stuttgart: Poeschel, S. 16–42.
Gebert, D./von Rosenstiel, L. (^{5}2002): Organisationspsychologie. Stuttgart: Kohlhammer.
Greif, S. (1978): Intelligenzabbau und Dequalifizierung durch Industriearbeit? In: Frese, M./Greif, S./Semmer, N. (Hrsg.): Industrielle Psychopathologie. Bern: Huber, S. 232–256.
Hacker, W. (2005): Allgemeine Arbeitspsychologie. Psychische Regulation von Wissens-, Denk- und körperlicher Arbeit. Bern: Verlag Hans Huber.
Hackman, J.R. (1969): Toward understanding the role of task in behavioral research. Acta Psychologica, 31, S. 97–128.
Hackman, J.R./Oldham, G.R. (1980): Work Redesign. Reading, MA: Addison Wesley.
Irle, M. (1975): Lehrbuch der Sozialpsychologie. Göttingen: Hogrefe.
Kahn, R.L. (1977): Organisationsentwicklung. Einige Probleme und Vorschläge. In: Sievers, B. (Hrsg.): Organisationsentwicklung als Problem. Stuttgart: Klett, S. 281–301.
Kannheiser, W./Hormel, R./Aichner, R. (1993): Planung im Projektteam. München: Hampp.
Kauffeld, S. (2001): Teamdiagnose. Göttingen: Angewandte Psychologie.
Kauffeld, S./Grote, S. (2001): Teams in Organisationen. Diagnose und Entwicklung. Zeitschrift für Personalführung, 1, S. 26–33.
Kirkpatrick, D. (1987): Evaluation of training. In: Craig, R.L. (Hrsg.): Training and development handbook. A guide to human resource development. New York: McGraw-Hill, S. 301–319.
Kleinbeck, U. (2006): Das Management von Arbeitsgruppen. In: Schuler, H. (Hrsg.): Lehrbuch der Personalpsychologie. Göttingen: Hogrefe, S. 651–672.
Kohn, M.L./Schooler, C. (1978). The reciprocal effects of the substantive complexity of work and intellectual flexibility: A longitudinal assessment. American Journal of Sociology, 84, S. 24–52.
Kohn, M.L./Schooler, C. (1973): Occupational experience and psychological functionning. An assessment of reciprocal effects. American Sociological Review, 38, S. 97–118.
Leavitt, H.J./Bass, B.M. (1964). Organizational psychology. In: Mussen, P.H./Rosenzweig, M.R. (Hrsg.): Annual Review of Psychology, Vol. 15. Palo Alto, Cal.: Annual Reviews.
Leitner, K./Volpert, W./Greiner, B./Weber, W.G./Hennes, K. (1987): Analyse psychischer Belastung in der Arbeit. Das RHIA-Verfahren. Köln: TÜV Rheinland.
Lewin, K. (1947): There is nothing as practical as a good theory. In: Cartwright, D. (Hrsg.): Field theory in social science; selected theoretical papers, 1951. New York: Harper & Row, S. 169.
Marcus, B./Schuler, H. (2006): Leistungsbeurteilung. In: Schuler, H. (Hrsg.): Lehrbuch der Personalpsychologie. 2. Auflage. Göttingen: Hogrefe, S. 433–469.
Mayer, A./Herwig, B. (^{2}1970): Handbuch der Psychologie. Bd. 9: Betriebspsychologie. Göttingen: Hogrefe.
Münsterberg, H. (1912): Psychologie und Wirtschaftsleben. Ein Beitrag zur Angewandten Experimentalpsychologie. Leipzig: Barth.
Nerdinger, F.W. (1995): Motivation und Handeln in Organisationen. Stuttgart: Kohlhammer.

Neuberger, O. (2002): Führen und führen lassen. Stuttgart: Lucius.
Neuberger, O. (2000): Das 360°-Feedback. München/Mehring: Rainer Hampp.
Neuberger, O./Allerbeck, M. (1978): Messung und Analyse der Arbeitszufriedenheit. Bern: Huber.
Podsiadlowski, A. (2002): Multikulturelle Arbeitsgruppen in Unternehmen. Bedingungen für erfolgreiche Zusammenarbeit am Beispiel deutscher Unternehmen in Südostasien. Münster: Waxmann.
Pöhler, W. (Hrsg.) (1979): Damit die Arbeit menschlicher wird. Fünf Jahre Aktionsprogramm Humanisierung des Arbeitslebens. Bonn: Verlag Neue Gesellschaft.
Rohracher, H. (1988): Einführung in die Psychologie. München: Psychologie Verlags Union.
Sarges, W./Wottawa, H. (2004): Handbuch der wirtschaftspsychologischen Testverfahren. Lengerich: Pabst.
Schein, E.H. (2004): Organizational culture and leadership. San Francisco: Jossey-Bass.
Schüpbach, H./Zölch, M. (2007): Analyse und Bewertung von Arbeitssystemen und Arbeitstätigkeiten. In: Schuler, H. (Hrsg.): Lehrbuch Organisationspsychologie. Bern: Verlag Hans Huber, S. 197–220.
Schuler, H. (Hrsg.) (2007): Lehrbuch Organisationspsychologie. Bern: Huber.
Schuler, H. (Hrsg.) (2006): Lehrbuch der Personalpsychologie. Göttingen: Hogrefe.
Schuler, H. (2001): Psychologische Personalauswahl. Göttingen: Angewandte Psychologie.
Sonntag, K.H. (Hrsg.) (^{3}2006): Personalentwicklung in Organisationen. Göttingen: Hogrefe.
Staudt, E./Kriegesmann, B. (1999): Weiterbildung. Ein Mythos zerbricht. In: Arbeitsgemeinschaft Qualifikations-Entwicklungs-Management (Hrsg.): Kompetenzentwicklung 99. Münster: Waxmann, S. 17–60.
Taylor, F.W. (1911): The principles of scientific management. London: Harper and Brothers.
Thierau-Brunner, H./Wottawa, H./Stangel-Meseke, M. (^{3}2006): Evaluation von Personalentwicklungsmaßnahmen. In: Sonntag, K. (Hrsg.): Personalentwicklung in Organisationen. Göttingen: Hogrefe, S. 329–354.
Tuckman, B.W. (1965): Development sequence small companies. Group and Organizational Studies, 2, S. 419–427.
Udris, I./Alioth, A. (1980): Fragebogen zur »subjektiven Arbeitsanalyse« (SAA). In Martin, E. (Hrsg.): Monotonie in der Industrie. Schriften zur Arbeitspsychologie; Bd. 29. Bern: Huber, S. 61–68; S. 204–207.
Ulich, E. (^{4}2007): Gestaltung von Arbeitstätigkeiten. In Schuler, H. (Hrsg.): Lehrbuch Organisationspsychologie. Bern: Hans Huber, S. 221–251.
Ulich, E. (^{6}2005): Arbeitspsychologie. Stuttgart: Schäffer-Poeschel.
Volpert, W./Oesterreich, R./Gablenz-Kolakovic, S./Krogoll, T./Resch, M. (1983): Verfahren zur Ermittlung von Regulationserfordernissen in der Arbeitstätigkeit (VERA). Handbuch und Manual. Köln: Verl. TÜV Rheinland.
von Rosenstiel, L. (^{6}2007): Grundlagen der Organisationspsychologie. Stuttgart: Schäffer-Poeschel.
von Rosenstiel. L. (2003): Betriebliche Personalentwicklung – »ein blinder Fleck« für die Evaluation. Zeitschrift für Evaluation, 1, S. 151–174.
von Rosenstiel, L./Comelli, G. (2003): Führung zwischen Stabilität und Wandel. München: Vahlen.
von Rosenstiel, L./Bögel, R. (1992): Betriebsklima geht jeden an. München: Bayerisches Staatsministerium für Arbeit, Familie und Sozialordnung.
Wegge, J. (2006): Gruppenarbeit. In: Schuler, H. (Hrsg.): Lehrbuch der Personalpsychologie. Göttingen: Hogrefe, S. 579–610.
Wegge, J. (2004): Führung von Arbeitsgruppen. Göttingen: Hogrefe.
Weinert, A.B. (2004): Organisations- und Personalpsychologie. Weinheim: Beltz.
Witte, E. (1977): Psychologie als empirische Sozialwissenschaft. Stuttgart: Enke.
Zapf, D./Ruch, L. (1991): Wie weiter mit der Arbeitspsychologie? Gedanken eines Wissenschaftlers und eines Praktikers. In: Udris, I./Grote, G. (Hrsg.): Psychologie und Arbeit. Weinheim: Psychologie Verlags Union, S. 172–185.

Roland Brünken / Babette Koch / Inge Jänen

Pädagogisch-Psychologische Grundlagen

Einleitung

Die Pädagogische Psychologie ist nicht nur eine grundlagenwissenschaftliche, sondern auch eine anwendungsorientierte Disziplin. Als grundlagenwissenschaftliche Disziplin befasst sie sich mit der Beschreibung, der empirischen Erforschung sowie theoretischen Erklärung von psychologischen Phänomenen im pädagogischen Kontext. Als Anwendungsfach befasst sie sich vornehmlich mit der praktischen Umsetzung von Bildungs- und Erziehungsprozessen. Dafür leitet sie aus einschlägigen Theorien und Forschungsergebnissen Maßnahmen für die Praxis ab, die der Herausbildung und Aufrechterhaltung erwünschter bzw. dem Abbau unerwünschter Verhaltensweisen oder Eigenschaften beim Lernenden dienen sollen (Schnotz 2006).

Die Pädagogische Psychologie versucht also theoretisch und empirisch begründet, Lehr-Lern- und Erziehungssituationen zu optimieren. Zwar wird der Lernende in den genannten Situationen in erster Linie durch seine Eltern, Geschwister, Lehrer/innen oder Peers beeinflusst, eine zunehmend bedeutende Rolle spielen dabei aber auch Medien, die sich wachsender Beliebtheit erfreuen und immer häufiger zu Bildungszwecken herangezogen werden. Neben den »klassischen Medien« (z. B. Buch, Film) gehören dazu auch die sogenannten »Neuen Medien« (z. B. Lernsoftware), die häufig mit dem Schlagwort »Multimedia« umschrieben werden.

Da der Begriff »Multimedia« häufig sehr unpräzise definiert wird, spricht sich Weidenmann (2002) für eine differenzierte Beschreibung medialer Angebote anhand von drei Aspekten aus: (1) die technische Basis, (2) die Codierung und (3) die Modalität. Die technische Basis eines Mediums bezieht sich auf ein Objekt, technisches Gerät oder eine Konfiguration von Objekten/Geräten, welche(s) als Vehikel für die zu vermittelnde Information dient. Multimedial wären demnach Medien, die verschiedene Speicher- und Präsentationstechnologien für die Informationspräsentation (in der Regel in integrierter Weise) nutzen. Mit Codierung ist das verwendete Symbolsystem bzw. der Code gemeint, mit dem die Information übermittelt wird. Codierungen können symbolisch (z. B. verbal [Text], numerisch [Zahlen]), und/oder analog (d. h. piktorial [Bild, Grafik]) sein. Die Modalität zeigt an, über welches Sinnessystem die Information vom Lernenden aufgenommen wird (z. B. visuell, auditiv, haptisch).

Unabhängig davon, ob der Lernende durch eine Person oder ein z. B. computerbasiertes Lehrsystem unterrichtet wird oder selbstständig lernt, stellt sich die Frage nach den Voraussetzungen für effektives und effizientes Lernen. Einen guten Überblick relevanter Determinanten gibt das Modell der INdividuellen VOraussetzungen erfolg-

reichen Lernens (INVO-Modell; Hasselhorn/Gold 2006), welches einen generellen Rahmen für eine Erfolg versprechende Gestaltung von Lehr-Lern-Situationen aufzeigt und im nächsten Abschnitt näher beschrieben wird. Erweiternd zum INVO-Modell wird danach die *Cognitive Theory of Multimedia Learning* (CTML; Mayer/Moreno 2003) vorgestellt, die näher auf die kognitionspsychologische Sichtweise des Lernens – insbesondere mit Medien – eingeht. Ausgewählte Aspekte der beiden Modelle werden dabei aufgegriffen und mit aktuellen Forschungsergebnissen untermauert.

Stand der Wissenschaft

Das *INVO-Modell erfolgreichen Lernens* differenziert zwischen kognitiven und motivational-volitionalen Variablen, die sich auf die Quantität und Qualität des Lernens auswirken. Zu den kognitiven Variablen zählen (1) die selektive Aufmerksamkeit und das Arbeitsgedächtnis, (2) die Strategien und die metakognitive Regulation sowie (3) das Vorwissen. Auf der motivational-volitionalen Ebene werden die Variablen (4) Motivation und Selbstkonzept sowie (5) Volition und lernbegleitende Emotionen unterschieden (vgl. Abb. 1).

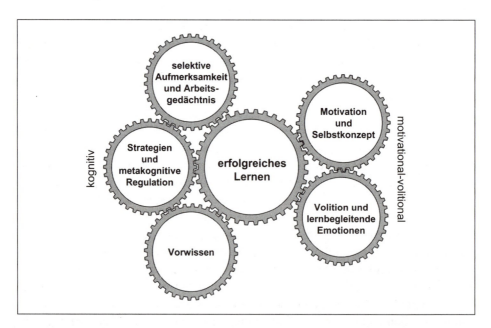

Abb. 1: Modell der kognitiven und motivational-volitionalen individuellen Voraussetzungen erfolgreichen Lernens (Hasselhorn/Gold 2006)

Am Anfang erfolgreichen Lernens bzw. einer erfolgreichen Informationsverarbeitung steht immer die Aufnahme der Informationen über das sensorische System (z. B. Auge, Ohr). Von dort aus gelangt die Information ins Arbeitsgedächtnis (AG; auch Kurzzeitgedächtnis). Da stets sehr viele Informationen auf das sensorische System einwirken, die Kapazität des AG aber begrenzt ist, muss eine Auswahl relevanter Informationen stattfinden (Selektion). Diese kann vom Lernenden erreicht werden, indem er seine Aufmerksamkeit auf die lernrelevanten Informationen richtet (Brünken/Seufert 2006). Somit gelangt nur ein ausgewählter Teil der Informationen ins AG und wird dort – gegebenenfalls mit Rückgriff auf das gespeicherte Wissen aus dem Langzeitgedächtnis (LZG) – weiterverarbeitet (Organisation und Integration). Um dauerhaftes Wissen zu garantieren, müssen die so im AG aufgebauten Wissensstrukturen im LZG abgespeichert werden. Demnach war das Lernen erst dann erfolgreich, wenn der Lernende das neu erworbene Wissen bei Bedarf aus dem LZG abrufen kann.

Beim Lernen kann der Einsatz von kognitiven Lernstrategien/-techniken (z.B. Loci-Methode, Mind-Mapping, Analogiebildung) hilfreich sein. Diesen übergeordnet sind metakognitive Strategien, welche der Planung, Überwachung, Bewertung und daraufhin gegebenenfalls einer Regulation der kognitiven Strategien dienen (Artelt 2000). Seit Längerem ist bekannt, dass nach Einübung einer Lernstrategie häufig nicht sofort die dadurch erhoffte Leistungssteigerung erzielt wird (Seufert/Zander/Brünken 2007; Hasselhorn 1996). Die ineffiziente Nutzung der Lernstrategie ist vermutlich auf eine anfangs unzureichende Automatisierung der Strategie zurückzuführen. Durch die vorübergehende Ineffizienz ist auch mit motivationalen Problemen zu rechnen.

Wie sich im oben genannten Prozess der Integration andeutet, ist der Erwerb neuen Wissens nicht unabhängig vom bereits vorhandenen Wissen. Das Vorwissen wirkt sich positiv auf die Lernleistung aus, wenn es einen inhaltlichen Bezug zu den zu lernenden Informationen hat und zum Lernzeitpunkt aktiviert wird. Sind die zu verarbeitenden Informationen nicht kompatibel mit dem Vorwissen, kann dies negative Folgen für das Lernen haben, z.B. kann es durch Vereinfachung, Überbetonung und/oder Veränderung von Detailinformationen zu Fehlkonzeptionen kommen. Jedoch kann eine gewisse Unvereinbarkeit der Informationen (kognitive Dissonanz) durchaus lernförderlich sein, weil sie dazu anregt, den aufgetretenen Konflikt zu lösen (*Dissonanztheorie*, Festinger 1978).

Im INVO-Modell werden zwei Arten der Motivation unterschieden. Die intrinsische Motivation ist als Wunsch oder Absicht eine bestimmte Handlung durchzuführen, weil sie als interessant, spannend oder ähnlich empfunden wird, definiert. Dagegen besteht eine Handlungsabsicht bei extrinsischer Motivierung, weil antizipierte positive Konsequenzen (z.B. gute Note, Lob) herbeigeführt oder negative Konsequenzen (z.B. Strafarbeit) verhindert werden sollen (Schiefele/Köller 2001).

Nach der Theorie von Atkinson wird die Leistungsmotivation durch drei Faktoren determiniert: (1) das Leistungsmotiv, (2) die Erfolgswahrscheinlichkeit und (3) den Anreiz des Erfolgs (Atkinson 1964, zitiert nach Weiner 1994). Die Erfolgswahrscheinlichkeit bezieht sich auf die Erwartung einer Person, dass die Handlung sie zum Ziel führen wird. Unter Anreiz des Erfolgs wird der subjektiv wahrgenommene Wert eines Erfolgs verstanden. Würden nur die zwei gerade beschriebenen Faktoren betrachtet, müssten Lernende besonders motiviert sein, wenn mittelschwere Aufgaben zu bearbeiten sind. Jedoch spielt das Leistungsmotiv (eine relativ stabile Disposition, Erfolg anzustreben) eine weitere wichtige Rolle. Diesbezüglich unterscheiden sich Lernende nämlich systematisch, während die einen eher erfolgsmotiviert sind, zeigen sich die anderen eher misserfolgsmotiviert. Erfolgsmotivierte zeigen sich in Leistungssituationen meist erfolgszuversichtlich, wählen eher mittelschwere Aufgaben und zeigen insgesamt mehr Ausdauer bei der Aufgabenbearbeitung als Misserfolgsängstliche. Die Ursache für Leistungserfolge sehen sie meist in internal-stabilen Faktoren (z. B. Fähigkeit). Dagegen schreiben sie Misserfolge eher internal-variablen Faktoren (z. B. mangelnder Anstrengung) zu. Diese Ursachenzuschreibung (Attribution) wirkt sich günstig auf die zukünftige Lern- und Leistungsmotivation und das Lernverhalten aus, außerdem kann sie das Vertrauen in die eigenen Fähigkeiten stärken (Fähigkeitsselbstkonzept, vgl. Möller/Köller 2004). Misserfolgsängstliche vermeiden hingegen Leistungssituationen (aus Furcht vor Misserfolg) lieber. Ist dies nicht möglich, tendieren sie dazu sehr leichte oder sehr schwere Aufgaben zu wählen. Zudem neigen sie zu einem ungünstigeren Attributionsstil, denn sie schreiben ihre Erfolge häufig external-variablen Ursachen (z. B. Glück) zu, während sie Misserfolge oft internal-stabilen Ursachen (z. B. mangelnder Fähigkeit) zuschreiben, was entsprechend negative Folgen für das Selbstkonzept hat (Hasselhorn/Gold 2006).

Eine ausreichend starke Motivation, ein Lernziel zu erreichen, bedeutet nicht automatisch, dass der entsprechende Lernprozess auch ausgeführt wird. Hierzu bedarf es volitional (d. h. willentlich) herbeigeführter Lernhandlungen. Mögliche Volitionsprobleme, die auftreten können, betreffen die Initiierung und Persistenz der Lernhandlung sowie die Überwindung von Handlungshindernissen während des Lernprozesses (Corno/Kanfer 1993).

Unter Emotionen werden Gefühle (z. B. Freude, Angst) und Stimmungen zusammengefasst, die vor, während, aber auch nach dem Lernen auftreten und sich verschiedenartig auf den Lernprozess auswirken können. Dementsprechend unterscheiden Pekrun und Schiefele (1996) positive, aktivierende negative und deaktivierende negative Emotionen.

Im Folgenden wird die *Cognitive Theory of Multimedia Learning* (CTML, Mayer/Moreno 2003; vgl. Abb. 2) vorgestellt, welche den Informationsverarbeitungsprozess beim Lernen mit multimedialem Lernmaterial detaillierter darstellt. Sie bezieht sich im Hinblick auf das INVO-Modell auf die kognitiven Aspekte der Informationsverarbeitung.

Die CTML basiert auf drei Grundannahmen, nämlich der (1) *active processing assumption*, (2) *dual channel assumption* und (3) *limited capacity assumption*. Erstens erfordert bedeutungsvolles Lernen demnach eine aktive Verarbeitung von Informationen durch den Lernenden. Diese beansprucht kognitive Prozesse, wie die Aufmerksamkeitslenkung auf das zu Lernende (Selektion), die kohärente, mentale Organisation sowie die Integration der Informationen in das vorhandene Wissen (vgl. SOI-Modell, vgl. Mayer 1992). Die zweite Annahme beschreibt zwei Kanäle der Informationsverarbeitung. Über den einen Kanal werden verbale (z. B. gesprochener Text) und über den anderen piktoriale Informationen (z. B. Bilder, Diagramme) verarbeitet.

Diese Annahme hat ihren Ursprung in der *Theorie der Dualen Kodierung* (Paivio 1986). Drittens wird für diese beiden Kanäle jeweils eine begrenzte Verarbeitungskapazität des AG angenommen (vgl. auch *Cognitive Load Theory*, Chandler/Sweller 1991).

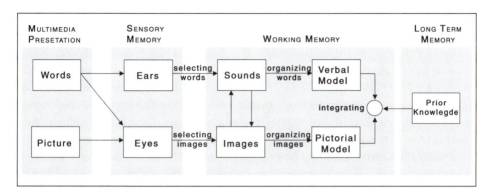

Abb. 2: Cognitive Theory of Multimedia Learning (Mayer/Moreno 2003)

Folgt man den Annahmen der CTML, werden Bilder verarbeitet, indem sie über das Auge ins sensorische Gedächtnis (sensorisches System) aufgenommen werden. Danach erfolgt eine Selektion relevanter Informationen, die als Abbild (Image) ins AG gelangen und durch einen Organisationsprozess in eine kohärente piktoriale Repräsentation (piktoriales mentales Modell) umgewandelt werden. In einem nachfolgenden Integrationsprozess kann dieses mentale Modell mit einem möglicherweise vorhandenen verbalen Modell entsprechenden Inhalts und/oder relevantem Vorwissen aus dem LZG verbunden werden.

Wie gerade beschrieben, verläuft auch der Prozess der kognitiven Verarbeitung von Worten. Jedoch geht die CTML davon aus, dass gesprochene Wörter über den verbalen Kanal und geschriebene Wörter zunächst über den piktorialen Kanal ins AG aufgenommen werden. Nichtsdestotrotz ist nach dem AG-Modell von Baddeley (1997, 2002) davon auszugehen, dass auch geschriebene Wörter im AG sprachlich weiterverarbeitet werden, also wieder in den verbalen Kanal gelangen.

Die im INVO-Modell abgebildeten Bereiche und in der CTML aufgeführten Prozesse werden in der pädagogisch-psychologischen Forschung auch im Hinblick auf medienunterstütztes Lernen untersucht. Die Forschung legt ihren Fokus dabei nicht auf Medien selbst (Kozma 1994). Die Medien werden lediglich als ein Faktor der Unterstützung des Lernprozesses betrachtet, und nicht als ein das Lernen per se beeinflussender Faktor. Das bedeutet, dass die lernende Person im Zentrum der Forschung steht. Dieser Ansatz unterstreicht die Relevanz verschiedener Charakteristika der Lernenden im Lernprozess. Eine spezielle Forschungsrichtung hat sich zur Untersuchung der Wechselwirkung *(interaction)* zwischen Lernervoraussetzungen *(aptitude)* und Lehr-Lern-Methoden *(treatment)*, zusammengenommen die *Aptitude-Treatment-Interaction-Forschung* (ATI), herauskristallisiert (Brünken/Leutner 2005). Hier werden

Lernercharakteristika, wie z. B. Motivation, Vorwissen (Novizen versus Experten) genau unter die Lupe genommen. Die Ergebnisse aus diesem Bereich zeigen, dass es unmöglich ist, ein allgemeingültiges Instruktionales Design zu finden, das allen Lernenden gleichermaßen beim Lernen hilft. Vertreter dieser Forschungsrichtung betonen die Notwendigkeit von adaptiven Lehrsystemen, welche die Lernervoraussetzungen berücksichtigen. So gibt es beispielsweise Systeme, die während des Lernprozesses Lernstandsmessungen vornehmen, die den Schlüssel für weitere Lernangebote darstellen (Kalyuga 2006; Kalyuga/Sweller 2005). Es öffnen sich je nach Aufgabenlösung einzelne Lernwege, um bei den Lernenden die höchst mögliche individuelle Lernleistung zu fördern (vgl. Kapitel 4.2.3). Trotz dieser theoretisch und praktisch berechtigten Individualisierungsperspektive schreitet auch die Forschung auf der Suche nach allgemeingültigen Regeln zur medialen Gestaltung von Lehr-Lern-Systemen fort. Hierbei ist in erster Linie der Frage nachgegangen worden, welche Aspekte medialer Informationspräsentation unter den eingangs beschriebenen Bedingungen und Restriktionen menschlicher Informationsverarbeitung lernförderlich sind. Zahlreiche Studien, insbesondere angestoßen durch die Arbeiten im Umfeld der CTML und der *Cognitive Load Theory* (Chandler/Sweller 1991) konnten dabei eine Vielzahl von Gestaltungsfaktoren beschreiben, die den Prozess des Wissenserwerbs beeinflussen. Die Ergebnisse dieser Studien sind mittlerweile in Form von Gestaltungsprinzipien zusammenfassend veröffentlicht (z. B. Mayer 2001, 2005).

Instruktionales Design: Gestaltungsprinzipien

Im Folgenden werden einige dieser Prinzipien dargestellt, die einerseits empirisch als gesichert gelten können, und die andererseits auch aus einer anwendungsorientierten Perspektive gut als Grundlage dienen können, multimediale Lehr-Lern-Systeme effektiv und effizient zu gestalten. Sie lauten im Einzelnen: Multimediaprinzip, Prinzipien der räumlichen und zeitlichen Nähe, Kohärenzprinzip, Modalitätsprinzip, Redundanzprinzip und das Prinzip der individuellen Unterschiede. Diese Prinzipien müssen vor dem Hintergrund der CTML betrachtet werden und lassen sich im Einzelnen mit verschiedenen Prozessen, die die CTML im Detail beschreibt, erklären. Neben den hier genannten Prinzipien existieren mittlerweile eine Reihe weiterer, spezifischerer Prinzipien, deren Beschreibung den vorliegenden Rahmen sprengen würde (z. B. *worked out example principle*, *cognitive aging principle*, vgl. Mayer 2005).

Das Multimediaprinzip besagt: Lernende lernen besser mit Wörtern und Bildern als mit Wörtern allein. Es bezieht sich also auf die Wort-Bild-Kombination, die man sich auch in einem Lehrbuch vorstellen kann. Multimediales Lernen beginnt hiermit schon bei der Verwendung verschiedener Präsentationsformate (z. B. Bild und Text) zur Veranschaulichung des Lehrinhalts und hat nicht notwendigerweise mit aufwendig gestalteten computerbasierten Lehrprogrammen zu tun. Dass Lernende von multimedial gestalteten Lernumgebungen profitieren, lässt sich anhand der CTML folgendermaßen erklären: Beim multimedialen Lernen wird durch die verschiedenen

Codierungen der Lehrinhalte der verbale und der piktoriale Kanal der Informationsverarbeitung beansprucht und so die Ressourcen des AG besser genutzt.

Das Prinzip der Kontiguität bezieht sich auf die räumliche und zeitliche Nähe von Informationen: Lernende lernen besser, wenn korrespondierende Wörter und Bilder räumlich direkt beieinander oder zeitnah präsentiert werden. Der Nachteil von räumlich distanziert dargestellten Informationen entsteht durch das Hin- und Herspringen zwischen den Informationen (*split attention*), was zu einer kognitiven Überlastung führen kann. Dagegen ist der Vorteil von räumlicher Nähe, dass der Lernende beim Erfassen von Bild-Text-Kombinationen die Aufmerksamkeit nicht aufteilen muss. Wenn Informationen nicht zeitnah präsentiert werden (z.B. sukzessiv dargebotene Bild-Text-Kombinationen), kann dies zur Folge haben, dass die Informationen im AG nicht aktiv aufrechterhalten und somit nicht integriert werden können.

Das Kohärenzprinzip besagt, dass Lernende besser lernen, wenn irrelevante Wörter, Bilder und Geräusche ausgeschlossen sind. Dies mag auf den ersten Blick trivial klingen. Schaut man sich allerdings einige Lehrbücher an, so kann man feststellen, dass diese oft kontextunabhängige Illustrationen beinhalten, die nicht notwendigerweise dem Lehrziel dienlich sind. Solch irrelevante Informationen können die begrenzte AG-Kapazität in den einzelnen Kanälen beanspruchen und vermindern somit die vorhandenen Ressourcen für den eigentlichen Lernprozess.

Das Modalitätsprinzip befasst sich mit den verschiedenen Sinnesmodalitäten: Lernende lernen danach besser mit Animationen und auditiv dargebotenem Lehrtext als mit Animationen und einem On-screen-Text. Der Vorteil besteht hier in der Vermeidung von visueller Aufmerksamkeitsteilung (*split attention*) durch die parallele Nutzung des verbalen und des piktorialen Kanals und der damit verbundenen verteilten Informationsverarbeitung. Diese garantiert eine effektive Nutzung der vorhandenen Arbeitsgedächtniskapazität (Seufert/Schütze/Brünken, in Vorbereitung).

Das Redundanzprinzip bezieht sich auf die Präsentation redundanter Informationen, sprich sich wiederholender Information. Dieses Phänomen ist zu beobachten, wenn ein geschriebener Text noch einmal gesprochen zu hören ist. Mayer (2001) fand in seinen Untersuchungen, dass Lernende besser mit Animationen und einem auditiv dargebotenen Lehrtext als mit Animationen und einem gleichzeitig auditiv als auch visuell dargebotenen Lehrtext lernten. Ein analoges, alltägliches Beispiel dazu wäre, wenn man sich einen Dozenten vorstellt, der seinen Vortrag schriftlich ausformuliert auf seinen Folien stehen hat und diesen Text vorliest. Versucht der Lernende nun gleichzeitig zuzuhören und mitzulesen, kann es leicht zu einer kognitiven Überlastung kommen, da beide Informationen über den verbalen Kanal des AG verarbeitet werden müssen. Daraus resultiert eine niedrigere Lernleistung (Brünken/Seufert/Jänen 2008). Dagegen wäre beispielsweise ein Vortrag, bei dem das Gesprochene die Ausführung weniger Stichworte auf den Folien ist, wesentlich besser zum Lernen geeignet.

Schließlich bleibt noch das Prinzip der individuellen Unterschiede zu berücksichtigen. Es ist zu beachten, dass sich die genannten Gestaltungseffekte bei Lernenden, die unterschiedliche Lernermerkmale mitbringen, verschieden auswirken können

(Brünken/Leutner 2005). Beispielsweise profitieren Lernende mit geringem Vorwissen stärker von nach den Gestaltungsprinzipien entwickelten Medien als Lernende mit hohem Vorwissen. Anhand der CTML lässt sich der Effekt dieses Prinzips folgendermaßen erklären: Wissensexpert/innen haben den Vorteil, dass sie komplexe Zusammenhänge dank ihres Vorwissens im AG als eine Informationseinheit (*chunks*) verarbeiten können. Dadurch bleiben mehr Ressourcen für die Verarbeitung von komplexen Lehrinhalten frei. Lernende mit geringem Vorwissen (Novizen) können dagegen komplexe Zusammenhänge nicht so ökonomisch verarbeiten, sondern benötigen oft die kompletten AG-Ressourcen. Deshalb ist für sie die Gestaltung des Lehrinstruments nach den Prinzipien von großer Bedeutung, weil diese unnötige kognitive Belastungen verhindern. Das Vorwissen und andere Lernervoraussetzungen sind somit kritische Faktoren, die die Gültigkeit der zuvor genannten Prinzipien spezifizieren. Zu diesem Prinzip der individuellen Unterschiede gibt es mittlerweile viele neue Erkenntnisse, sodass die Rolle einiger individueller Unterschiede beim multimedialen Lernen schon genauer festgelegt werden kann. So hat sich die Forschergruppe um Sweller speziell mit dem Vorwissen der Lernenden bzw. mit der Lernerexpertise beschäftigt und ist zu dem Schluss gekommen, dass sich die positiven Effekte einiger Gestaltungsprinzipien mit zunehmender Lernerexpertise umkehren können. Dieses Phänomen nennen Kalyuga, Ayres, Chandler und Sweller (2003) den »Expertise Reversal Effekt«. Höchst effektive Instruktionsmethoden (z. B. kurze erklärende Texte im Diagramm, Lösungsbeispiele) verlieren demnach ihre Effektivität mit zunehmender Expertise. Denn für Lernende mit hohem Vorwissen können zusätzliche Informationen redundant werden und zur Beeinträchtigung ihres Lernprozesses führen.

Mayer (2001, 2005) hat mit der Formulierung dieser Gestaltungsprinzipien und der dazugehörigen kognitiven Theorie zum multimedialen Lernen (CTML) eine Welle von Forschungsvorhaben zu verschiedenen Instruktionsmaßnahmen angestoßen. Er weist jedoch ausdrücklich darauf hin, dass diese Prinzipien nicht als ein zu erinnernder Maßnahmenkatalog für sich stehen sollen, sondern bei einer Implementierung immer im Zusammenhang mit der CTML gesehen werden müssen.

Einfache versus komplexe Lernumgebungen

Neben der instruktionalen Gestaltung des Informationsangebots sind das Ziel des Lernens und der Komplexitätsgrad der Aufgabe entscheidend für die Konzeption einer Lernumgebung. Wie ist der zu erreichende Lernerfolg definiert? Reicht es aus, den Lerninhalt wiedergeben zu können, wie z. B. beim Erlernen eines Alphabets (Behaltensleistung)? Oder ist es notwendig zu verstehen, was gelernt wird (Verstehensleistung)? Können und sollen die Lernenden den Lerninhalt auch auf andere Bereiche übertragen bzw. in anderen Situationen anwenden (Transferleistung)? Erfolgreiches Lernen kann über das Ziel, eine bestimmte Behaltens-, Verstehens-, Transferleistung oder Kombinationen dieser Leistungsebenen zu erreichen, definiert werden. Und die Gestaltung der Lernumgebung wird durch die Art des Lernzieles mitbestimmt. Hierzu gibt es in Abhängigkeit von der Komplexität einer Aufgabe verschiedene praktische Implikationen. Beim Erarbeiten von einfachen Aufgaben sind verschiedene herausfordernde Lernunterstützungsangebote (z.B. geringe Anleitung oder verzögertes Feedback) effektiv, da ausreichend Verarbeitungskapazität vorhanden ist, diese Angebote zur Konstruktion kognitiver Repräsentationen des Lerninhalts zu nutzen. Mit zunehmender Komplexität der Aufgabe nimmt die Effektivität der Lernunterstützungsangebote jedoch ab. Daraus würde man schließen, dass komplexe Aufgaben möglichst mit hoch strukturierten Methoden (z.B. schrittweise Anleitung oder unmittelbares Feedback), welche weniger Verarbeitungskapazität erfordern, angeboten werden sollten. Allerdings ist diese Schlussfolgerung nicht für alle Lernziele gültig. Studienergebnisse weisen darauf hin, dass der positive Effekt von hoch strukturierten Methoden sich nur in der Behaltens- und Verstehensleistung, nicht aber in der Transfer- und Problemlöseleistung bestätigen lässt (van Merriënboer/DeCroock/Jelsma 1997). Dieses Phänomen, dass die zur Erreichung spezifischer Lernziele geeigneten Methoden zugleich hinderlich für einen Lernerfolg im Transfer sind, haben van Merriënboer et al. (1997) als »Transfer Paradoxon« bezeichnet. Demnach müssen die Aufgabenkomplexität und die Lernerexpertise bei der Gestaltung einer Instruktionsmaßnahme berücksichtigt werden. Diese beiden Faktoren sind insofern eng miteinander verbunden, als das Ausmaß der Lernerexpertise die Aufgabenkomplexität mitbestimmt. Je mehr Vorwissen die Lernenden mitbringen, umso weniger komplex bzw. kognitiv belastend wird ihnen eine Aufgabe erscheinen. Wodurch zeichnen sich komplexe Lernumgebungen aus? Nach van Merriënboers *four-component instructional design model* (4C/ID-model 1997; van Merriënboer/Kester 2005) lassen sich angemessen gestaltete komplexe Lernumgebungen anhand von vier Komponenten beschreiben: Den Lernaufgaben (*learning tasks*) an sich, der unterstützenden Information (*supportive information*), wie z.B. Informationen zum Aufbau des Lernthemas, der prozeduralen Information (*procedural information*), wie z.B. an Bedingungen geknüpfte Lernschritte, und den Übungen zu Teilaufgaben (*part-task practice*) zur Automatisierung von Routine-Aspekten der komplexen Aufgabe. Diese vier Komponenten können variiert werden, um die Komplexität einer Lernumgebung zu reduzieren. Van Merriënboer (1997) legt mit diesem Modell nahe, Lernaufgaben so zu gestalten, dass sie sich erst im Laufe des Lernprozesses in ihrer Komplexität graduell erhöhen. Zu Anfang einer Lernphase sollten immer Aufgabenklassen stehen, die eine geringe Element-Interaktivität aufweisen und somit wenig komplex sind. Bei einer anschließenden Steigerung der Aufgabenkomplexität sind Hinweise auf zu fokussierende Aspekte sinnvoll, um die Aufmerksamkeit des Lernenden auf die wichtigsten Elemente zu lenken. Eine solche schrittweise Heranführung des Lernenden an ein komplexes Thema ermöglicht es zudem, Anleitungen zur Erhöhung der lernförderlichen kognitiven Aktivität zu geben (z.B. unmittelbar zu beantwortende Lernfragen inklusive Leistungsrückmeldungen). Van Merriënboer et al. (2005) fordern mehr Forschung in diesem Bereich mit hoch komplexen und vor allem authentischen Aufgaben, die die reale Lernwelt berühren.

Für die Ableitung praktischer Implikationen aus den bisher erwähnten Forschungsansätzen ist zudem zu beachten, dass sie sich mit multimedialen Lehr-Lernsystemen befassen, die Informationen in verschiedenen Präsentationsformaten (z. B. Texte, Bilder, Tabellen, Grafiken) bieten, und sich mit einem begrenzten Lern-/Themenbereich beschäftigen. Der Lernprozess im multimedialen Lernumfeld umfasst in der heutigen Realität jedoch häufig auch schon vernetztes Lehrmaterial mit umfangreichen Informationsangeboten, wenn die Möglichkeiten im World Wide Web genutzt werden (z. B. Newsgroup-Bildung, Nutzung von Chat-Räumen, Online-Lexika, Filme und Audiofiles, Online-Tutoring). Diese bieten Gelegenheiten zu interaktivem bzw. kooperativem Lernen. In solch vernetzten und unbegrenzten Lernumgebungen spielen bisher noch nicht erwähnte Faktoren wie Selbstregulationsprozesse, Lernstrategien und metakognitive Lernaktivitäten eine entscheidende Rolle.

Selbstreguliertes Lernen, Lernstrategien und Metakognition

Die Ergebnisse einiger Studien zeigen, dass Lernende inadäquate Strategien beim Lernen mit hypermedialen Lernumgebungen verwenden und ihren Lernprozess nicht ausreichend regulieren (Lawless/Brown 1997; Rouet/Levenon 1996). Den nicht spontan ausgeführten lernförderlichen Aktivitäten kann mittels spezieller Instruktionen nachgeholfen werden. Diese beziehen sich auf Lernstrategien und metakognitive Lernaktivitäten. Bannert (2004) versteht unter metakognitiv-strategischen Lernaktivitäten Lernhandlungen, die zur Kontrolle und Regulation der eigenen kognitiven Prozesse beim Lernen ausgeführt werden. Dazu zählen Orientierungs-, Zielspezifikations- und Planungsaktivitäten sowie die ständige Überwachung und Steuerung der strategischen Informationsverarbeitung und die Endkontrolle des Lernfortschritts. Metakognition erfüllt also eine Art Überwachungsfunktion beim Lernen. Erfolgreiches Lernen mit Texten lässt sich nach Schnotz (1992) entscheidend auf den Einsatz adäquater metakognitiver Strategien zurückführen. Wo genau die theoretisch vorgenommenen Grenzen zwischen kognitiven und metakognitiven Lernstrategien liegen ist in der Praxis jedoch teilweise nur schwer zu erkennen (Krapp 1993). Beispielsweise ist die zur metakognitiven Lernaktivität anregende Aufforderung »Notiere dein Lernziel und teile dieses möglichst in Subziele ein!« leicht zur Metakognition zuzuordnen, da diese Aufforderung unabhängig vom Lernthema in jeder Lernsituation zur Überwachung des Lernprozesses beitragen kann. Die Fragen »Was ist dir bisher noch unklar?« oder »Fasse die wichtigsten Lerninhalte zusammen!« könnten jedoch schon kognitive Lernaktivitäten anregen, die mit dem Lerninhalt selbst eng verbunden sind. Lernende bleiben hier nicht mehr auf der Ebene des Überwachens von Lernprozessen, sondern werden direkt zur Informationsverarbeitung im Sinne des SOI-Prozesses angeregt. Generell kann man sich Metakognition jedoch als einen zusätzlich und parallel zum eigentlichen kognitiven Lernprozess mitlaufenden Kontrollvorgang vorstellen. Ergebnisse mehrerer Studien (Bannert 2003, 2004) zeigen, dass die Förderung solcher metakognitiv-strategischer Lernaktivitäten das nicht spontan ausgeführte metakognitive Lernverhalten hervorrufen und einen erhöhten Lernerfolg insbesondere in der Transferleistung bewirken. Zur Entwicklung solcher erfolgreichen Fördermaßnahmen betont Bannert (2004), dass diese bereichsspezifisch gestaltet und in den Lernprozess integriert werden müssen. Die eingeführten Strategien müssen zudem ausführlich erläutert und ausreichend geübt werden, um die erwünschte Wirkung erzielen zu können.

Feedback

Zur Anregung von metakognitiven Prozessen sind auch Fördermaßnahmen sinnvoll, die sich die diagnostische Funktion des Feedbacks (Fischer/Mandl 1988; Kulhavy 1977) zunutze machen. Denn Feedback zeigt während des Lernprozesses an, inwiefern das Lernziel erreicht wurde bzw. wie groß die Diskrepanz zwischen der bisher erbrachten Leistung und dem zu erreichenden Lernziel ist. Feedback könnte demzufolge auch zu den kognitiven und metakognitiven Strategien zählen. Krause (2007) zeigt, dass ein elaboriertes Feedback zu regelmäßig in die computerbasierte Lernumgebung eingeblendeten Verständnisfragen zu signifikant und substanziell erhöhtem Lernerfolg führt. Dieser Befund bestätigt vorhergehende Ergebnisse aus der Feedback-Forschung (z.B. Bangert-Drowns et al. 1991). Die Fördermaßnahme »Feedback« hat neben der kognitiven und metakognitiven auch noch eine motivationale Funktion. Es kann das Erleben von Selbstwirksamkeit bzw. Kompetenz (Bandura 1997; Deci/Ryan 1985, 1993) hervorrufen. Nach Krause (2007) kann Feedback allein durch das Aufzeigen des Vorhandenseins von Wissen beispielsweise »Inkompetenzillusionen« verhindern und somit Kompetenzerleben fördern. Zudem unterstützt es den Glauben des Lernenden an den Zusammenhang zwischen dem Lernaufwand (Zeit, Anstrengung) und der Lernleistung. Eine klare Trennung der kognitiven, metakognitiven und motivationalen Feedback-Funktionen ist empirisch jedoch kaum möglich (vgl. Vroom 1964).

Geschlechtsspezifische Effekte

Da sich multimediales Lernen vor allem mit der Nutzung computerbasierter Lernumgebungen und dem Lernen mit »Neuen Medien« auseinandersetzt, ist es erstaunlich, wie wenig Untersuchungen existieren, die sich mit geschlechtsspezifischen Unterschieden beschäftigen. Richter, Naumann und Horz (2001) zeigen, dass Studentinnen gegenüber Studenten nach wie vor hinsichtlich verschiedener Computer-Literacy-Aspekte (z.B. Sicherheit im Umgang mit dem Computer, computerbezogene Kompetenz) in beträchtlichem Ausmaß benachteiligt sind. Die mittels einer Einstellungsskala erhobenen geschlechtsspezifischen Unterschiede deuten darauf hin, dass Studentinnen computertechnische Herausforderungen weniger akzeptieren. Stärkere geschlechtsspezifische Effekte konnten Richter et al. (2001) in der computerbezogenen Kompetenz und der subjektiven Sicherheit im Umgang mit dem Computer finden. Diese Ergebnisse sind ein Hinweis darauf, dass die Variable »Geschlecht« eine bedeutende Rolle dabei spielen kann, ob bzw. wie intensiv sich eine Person in die computer- und informationsorientierte Gesellschaft integriert. Für praktische Implikationen ist es in diesem Forschungsbereich allerdings zu früh, wenn man sich der geringen Anzahl von *Gender*-Studien bewusst wird, die sich bisher messmethodisch häufig auf subjektive Beurteilungen beziehen. Zudem berücksichtigen sie bisher moderierende Variablen wie das Interesse am oder die Motivation zum Umgang mit »Neuen Medien« nicht.

Anwendung der theoretischen Ausführungen – Adaptives Lehren

Wie die ATI-Forschung gezeigt hat, kann das Lernen durch eine optimale Passung zwischen Unterstützungsbedarf des Lernenden und Unterstützungsangebot des Lehrenden bzw. des Lehrsystems gefördert werden. Dadurch können individuelle Defizite der Lernenden behoben (Fördermodell) oder kompensiert (Kompensationsmodell) werden bzw. die Stärken des Lernenden genutzt werden (Präferenzmodell, vgl. Leutner 2001, 2002). Beim sogenannten »adaptiven Lehren« steht folglich immer der Lernende im Mittelpunkt. Bezüglich der Adaptation von Lehrprozessen bzw. -systemen an die Bedürfnisse des Lernenden werden zwei Möglichkeiten unterschieden: die Makro- und Mikroadaptation. Bei der Makroadaptation findet eine Anpassung an den Lernenden häufig nur einmalig statt, nämlich vor Beginn einer Lehreinheit. Diese bezieht sich meist auf Lernereigenschaften, die in kurzer Zeit als wenig veränderlich angenommen werden, deshalb wird eher selten oder erst nach längerer Zeit eine erneute Anpassung vorgenommen. Im Gegensatz dazu findet bei der Mikroadaptation eine selbstständige Anpassung des Systems an den Bedarf des Lernenden in regelmäßigen Abständen statt, berücksichtigt also auch den individuellen Lernfortschritt (Leutner, 2001, 2002; Brünken/Seufert/Leutner, im Druck).

Beispielsweise kann ein computerbasiertes Lehrsystem im Hinblick auf das Vorwissen eines Lernenden in verschiedener Weise angepasst werden. Typisch im Sinne der Makroadaptation ist die Anpassung der Einstiegsebene in ein Thema (z. B. Anfänger, Fortgeschrittene). Ebenso ermöglichen einige Softwareprodukte eine automatische oder benutzerdefinierte Anpassung der Benutzeroberfläche (z. B. des Menüs) an die derzeitigen Softwarekenntnisse bzw. an den individuellen Bedarf. Eine Mikroadaptation an das Vorwissen eines Lernenden kann durch Anpassung des Instruktionsumfangs und der Lernzeit vorgenommen werden (vgl. *mastery learning* bzw. zielerreichendes Lehren), d.h. der Lernende wird so lange unterrichtet, bis er das Lehrziel erreicht hat (Fördermodell). Des Weiteren kann auch die Schwierigkeit von Übungsaufgaben angepasst werden. Dazu muss ein Pool von verschieden schweren Aufgaben vorhanden sein. Bei richtiger Beantwortung einer Aufgabe wird der Lernende zur nächst schwereren Aufgabenstufe weitergeleitet, während er bei einer falschen Lösung auf die nächst niedrigere (also leichtere) Aufgabenstufe verwiesen wird. Auch unterschiedliche kognitive Stile von Lernenden können in adaptiven Lehr-Lern-Systemen berücksichtigt werden. Beispielhaft lässt sich dies an der Unterscheidung von Verbalisierern und Visualisierern zeigen (Leutner/Plass 1998). Während Erstere eher das Lernen anhand von Texten bevorzugen, nutzen Letztere gerne bildliches Lernmaterial. Diese intraindividuell stabile Präferenz für eine bestimmte Codierungsform kann in einem Lehr-Lern-System berücksichtigt werden, indem den Lernenden zur Auswahl gestellt wird, anhand welchen Materials sie sich die Lerninhalte aneignen wollen. Beispielsweise können Links zur Verfügung gestellt werden, anhand derer die Nutzer/innen auswählen können, ob sie mit einem Text oder einer Text-Bild-Kombination lernen möchten. Diese Makroadaptation stellt eine besondere Form der Anpassung dar, denn sie unterliegt der Kontrolle der Lernenden und ist somit nicht systemgesteuert; sie ist dem Präferenzmodell zuzuordnen. In einer Studie hierzu konnten Plass, Chun, Mayer und Leutner (1998) zeigen, dass eine Text-Bild-Kombination insbesondere den Lernprozess von Visualisierer/innen fördern kann.

Ein anderer kognitiver Stil ist die Feldabhängigkeit/-unabhängigkeit. In Untersuchungen hat sich herausgestellt, dass feldunabhängige Personen ihre kognitiven Prozesse besser überwachen und entsprechend regulieren können (vgl. Metakognition, Hasselhorn/Gold 2006), wohingegen feldabhängige Personen diese Fähigkeit weniger beherrschen. Da die metakognitive Regulation aber im Lernprozess eine wichtige Funktion einnimmt, könnte man den als feldabhängig diagnostizierten Lernenden in computerbasierten Lernumgebungen metakognitive Prompts anbieten, damit sie ihren Arbeitsprozess besser reflektieren und auf das Ziel ausrichten können. Die metakognitiven Prompts können in Form von Pop-up-Fenstern dargeboten werden, in denen Anregungen wie »Bin ich noch in der Zeit?« oder »Habe ich den Abschnitt verstanden?« gegeben werden (Bannert 2003, 2004). Dieses Vorgehen entspräche der Idee der Makroadaptation und des Kompensationsmodells.

Ausblick

Wie gezeigt, fokussieren die meisten empirischen Studien hinsichtlich der Gestaltung medialer Lehr-Lern-Systeme derzeit auf die Analyse kognitiver Faktoren. Dies stellt sicherlich – wie auch das INVO-Modell verdeutlicht – eine unzulässige Verkürzung der Bedingungsfaktoren menschlicher Informationsverarbeitung dar. So versuchen einige Arbeitsgruppen, in jüngster Zeit zunehmend auch nicht kognitive Determinanten erfolgreichen Lernens mit in den Blick zu nehmen. Beispielsweise wurde die CTML von Moreno (2006) zur *Cognitive-Affective Theory of Learning with Media* (CATLM) erweitert. Diese Theorie bezieht weitere Präsentationsformate ein (z.B. auch Gerüche und Geschmack), dementsprechend wurde auch das sensorische Gedächtnis um bestimmte Sinneskanäle erweitert (wie z.B. Geruchs-/Geschmackssinn). Die kognitive Verarbeitung der Information ist vergleichbar mit der in der CTML, nur dass einige Zusatzannahmen getroffen werden. Beispielsweise nimmt Moreno bestimmte Top-down-Prozesse an, die einerseits den mediierenden Einfluss von z.B. Emotionen und Motivation und andererseits die metakognitive Regulation anzeigen sollen. Die CATML umfasst also einige Faktoren, die auch im INVO-Modell genannt wurden und ist somit ein umfassenderes, zugleich aber auch komplexeres Modell. Der Einfluss von Variablen wie Emotionen und Motivation auf den kognitiven Lernprozess wurde bisher empirisch wenig untersucht. Erste eigene Untersuchungen (Domagk et al. 2007; Zander/Brünken 2007) zeigen jedoch vielversprechende Ergebnisse, die insbesondere auf einen Zusammenhang von Motivation, kognitiver Belastung und Prozessen der Aufmerksamkeitssteuerung hindeuten. Gerade vor dem Hintergrund der in der Praxis immer wieder erwarteten motivationalen Vorteile medialer Informationspräsentation ist hier in naher Zukunft mit intensiven Forschungsbemühungen zu rechnen.

Literatur

Artelt, C. (2000): Strategisches Lernen. Münster: Waxmann.
Baddeley, A.D. (2002): Is working memory still working? In: European Psychologist, 7, H. 2, S. 85–97.
Baddeley, A.D. (1997): Human memory. Theory and practice. East Sussex: Psychology Press.
Bandura, A. (1997): Self-efficacy: The exercise of control. New York: Freeman.
Bangert-Drowns, R.L./Kulik, C.C./Kulik, J.A./Morgan, M.T. (1991): The instructional effect of feedback in test-like events. In: Review of Educational Research, 61, S. 213–238.
Bannert, M. (2003): Effekte metakognitiver Lernhilfen auf den Wissenserwerb in vernetzten Lernumgebungen. In: Zeitschrift für Pädagogische Psychologie, 17, H. 1, S. 13–25.
Bannert, M. (2004): Designing metacognitive support for hypermedia learning. In: Niegemann, H.M./Leutner, D./Brünken, R. (Hrsg.): Instructional Design for multimedia learning. Münster: Waxmann, S. 19–30.
Brünken, R./Leutner, D. (2005): Individuelle Unterschiede beim Lernen mit Neuen Medien. In: Schilling, S.R./Sparfeldt, J.R./Pruisken, C. (Hrsg.): Aktuelle Aspekte pädagogisch-psychologischer Forschung. Detlef H. Rost zum 60. Geburtstag. Münster: Waxmann, S. 25–40.
Brünken, R./Seufert, T. (2006): Aufmerksamkeit, Lernen, Lernstrategien. In: Mandl, H./Friedrich, F. (Hrsg.): Handbuch Lernstrategien. Göttingen: Hogrefe, S. 27–37.
Brünken, R./Seufert, T./Jänen, I. (2008): Multimediales Lernen. In: Zumbach, J./Mandl, H. (Hrsg.): Pädagogische Psychologie in Theorie und Praxis. Ein fallbasiertes Lehrbuch. Göttingen: Hogrefe, S. 133–140.
Brünken, R./Seufert, T./Leutner, D. (im Druck): Lernen und Lehren mit informations- und kommunikationstechnischer Unterstützung. In: Renkl, A. (Hrsg.): Lehrbuch Pädagogische Psychologie. Bern: Huber.
Chandler, P./Sweller, J. (1991): Cognitive load theory and the format of instruction. In: Cognition and Instruction, 8, S. 293–332.
Corno, L./Kanfer, R. (1993): The role of volition in learning and performance. In: Review of Research in Education, 19, S. 301–341.
Deci, E.L./Ryan, R.M. (1993): Die Selbstbestimmungstheorie der Motivation und ihre Bedeutung für die Pädagogik. In: Zeitschrift für Pädagogik, 39, S. 223–268.
Deci, E.L./Ryan, R.M. (1985): Intrinsic motivation and self-determination in human behaviour. New York: Plenum Press.
Domagk, S./Zander, S./Niegemann, H./Brünken, R. (2007): Does motivation affect cognitive load? Paper presented at EARLI (European Association for Research on Learning and Instruction) Biennial Conference, Budapest, Hungary.
Festinger, L. (1978): Theorie der kognitiven Dissonanz. Bern: Huber.

Fischer, P.M./Mandl, H. (1988): Improvement of the acquisition of knowledge by informing feedback. In: Mandl, H./Lesgold, A. (Hrsg.): Learning issues for intelligent tutoring systems. New York: Springer, S. 187–241.

Hasselhorn, M. (1996): Kategoriales Organisieren bei Kindern. Zur Entwicklung einer Gedächtnisstrategie. Göttingen: Hogrefe.

Hasselhorn, M./Gold, A. (2006): Pädagogische Psychologie. Erfolgreiches Lernen und Lehren. Stuttgart: Kohlhammer.

Kalyuga, S. (2006): Assessment of learners' organised knowledge structures in adaptive learning environments. In: Applied Cognitive Psychology, 20, H. 3, S. 333–342.

Kalyuga, S./Sweller, J. (2005): Rapid dynamic assessment of expertise to improve the efficiency of adaptive e-learning. In: Educational Technology Research and Development, 53, H. 3, S. 83–93.

Kalyuga, S./Ayres, P./Chandler, P./Sweller, J. (2003): The expertise reversal effect. In: Educational Psychologist, 38, H. 1, S. 23–31.

Kozma, R.B. (1994): Will media influence learning? Reframing the debate. In: Educational Technology Research & Development, 42, H. 2, S. 7–19.

Krapp, A. (1993): Lernstrategien: Konzepte, Methoden und Befunde. In: Unterrichtswissenschaft, 21, S. 291–311.

Krause, U.-M. (2007): Feedback und kooperatives Lernen. Münster: Waxmann.

Kulhavy, R.W. (1977): Feedback in written instruction. In: Review of Educational Research, 47, S. 211–232.

Lawless, K.A./Brown, S.W. (1997): Multimedia learning environments: Issues of learner control and navigation. In: Instructional Science, 25, H. 2, S. 117–131.

Leutner, D. (2002): Adaptivität und Adaptierbarkeit multimedialer Lehr- und Informationssysteme. In: Issing, L.J./Klimsa, P. (Hrsg.): Information und Lernen mit Multimedia und Internet. Weinheim: Beltz, S. 114–125.

Leutner, D. (2001): Instruktionspsychologie. In: Rost, D.H. (Hrsg.): Handwörterbuch Pädagogische Psychologie. Weinheim: Beltz, S. 267–276.

Leutner, D./Plass, J.L. (1998): Measuring learning styles with questionnaires versus direct observation of preferential choice behavior: Development of the Visualizer/Verbalizer Behavior Observation Scale (VV-BOS). In: Computers in Human Behavior, 14, S. 543–557.

Mayer, R.E. (1992): Cognition and instruction: Their historic meeting within educational psychology. In: Journal of Educational Psychology, 84, S. 405–412.

Mayer, R.E. (Hrsg.) (2001): The Cambridge Handbook of Multimedia Learning. Cambridge: University Press.

Mayer, R.E. (Hrsg.) (2005): The Cambridge Handbook of Multimedia Learning. New York, Cambridge: University Press.

Mayer, R.E./Moreno, R. (2003): Nine ways to reduce cognitive load in multimedia learning. In: Educational Psychologist, 38, H. 1, S. 43–52.

Möller, J./Köller, O. (2004): Die Genese akademischer Selbstkonzepte: Effekte dimensionaler und sozialer Vergleiche. In: Psychologische Rundschau, 55, H. 1, S. 19–27.

Moreno, R. (2006): Does the modality principle hold for different media? A test of the method-affects-learning hypothesis. In: Journal of Computer Assisted Learning, 22, S. 149–158.

Paivio, A. (1986): Mental representation: A dual coding approach. Oxford, England: Oxford University Press.

Pekrun, R./Schiefle, U. (1996): Emotions- und motivationspsychologische Bedingungen der Lernleistung. In: Weinert, F.E. (Hrsg.): Psychologie des Lernens und der Instruktion. Göttingen: Hogrefe, S. 154–180.

Plass, J.L./Chun, D.M./Mayer, R.E./Leutner, D. (1998): Supporting visual and verbal learning preferences in a second-language multimedia learning environment. In: Journal of Educational Psychology 90, S. 25–36.

Richter, T./Naumann, J./Horz, H. (2001): Computer Literacy, computerbezogene Einstellungen und Computernutzung bei männlichen und weiblichen Studierenden. In: Oberquelle, H./Oppermann, R./Krause, J. (Hrsg.): Mensch & Computer 2001: 1. Fachübergreifende Konferenz. Stuttgart: Teubner, S. 71–80.

Rouet, J.-F./Levonen, J.J. (1996): Studying and learning with hypertext: empirical studies and their implications. In: Rouet, J.-F./Levonen, J.J./Spiro, A.D.J. (Hrsg.): Hypertext and cognition. New Jersey, Mahwah: Lawrence Erlbaum, S. 9–23.

Schiefele, U./Köller, O. (2001): Intrinsische und extrinsische Motivation. In: Rost, D.H. (Hrsg.): Handwörterbuch Pädagogische Psychologie. Weinheim: Beltz, S. 304–310.

Schnotz, W. (2006): Pädagogische Psychologie. Workbook. Weinheim: Beltz.

Schnotz, W. (1992): Metacognition and self regulation in text processing: Some comments. In: Carreterro, M./Pope, M.L./Simons, P.R.-J./Pozo, J.I. (Hrsg.): Learning and instruction: European research in an international context, Vol. 3. Elmsford, New York: Pergamon Press, S. 365–375.

Seufert, T./Zander, S./Brünken, R. (2007): Das Generieren von Bildern als Verstehenshilfe beim Lernen aus Texten. In: Zeitschrift für Entwicklungspsychologie und Pädagogische Psychologie, 39, S. 33–42.

Seufert, T./Schütze, M./Brünken, R. (in Vorbereitung): Memory characteristics and modality in multimedia learning: An aptitude-treatment-interaction study. In: Learning and Instruction.

Van Merrienboer, J.J.G. (1997): Training complex cognitive skills. Englewood Cliffs, NJ: Educational Technology Publications.

Van Merrienboer, J.J.G./DeCrook, M.B.M./Jelsma, O. (1997): The transfer paradox: Effects of contextual interference on retention and transfer performance of a complex cognitive skill. In: Perceptual and Motor Skills, 84, S. 784–786.

Van Merrienboer, J.J.G./Kester, L. (2005): The Four-Component Instructional Design Model: Multimedia principles in environments for complex learning. In: Mayer, R.E. (2005): The Cambridge Handbook of Multimedia Learning. New York, Cambridge: University Press, S. 71–93.

Vroom, V.H. (1964): Work and motivation. New York: Wiley.

Weidenmann, B. (2002): Multicodierung und Multimodalität im Lernprozess. In: Issing, L.J./Klimsa, P. (Hrsg.): Information und Lernen mit Multimedia und Internet. Weinheim: Beltz, S. 44–62.

Weiner, B. (1994): Motivationspsychologie. Weinheim: Beltz.

Zander, S./Brünken, R. (2007): On the relation of instructional design and motivation to cognitive load. Presentation at AERA (American Educational Research Association) Annual Meeting and Exhibition, Chicago.

Regina Jucks / Ingo Kollar / Nicole Krämer / Frank Fischer

Psychologische Grundlagen des Medien- und Bildungsmanagements

Medien sind fester Bestandteil unserer Lebensräume geworden. Dies gilt auch im Bildungsbereich. So unterstützen sie etwa Lehr-Lern-Prozesse und ermöglichen diese teilweise auch erst. Neben den »klassischen« Lehr-Lern-Medien wie dem Buch oder Visualisierungsmedien wie Tafel oder Flipchart sind seit vielen Jahren auch »moderne« Medien fester Bestandteil beim Lehren und Lernen. Computer und Internet bieten dabei unterschiedliche Möglichkeiten zur direkten Kommunikation (Videokonferenzen, E-mail-Austausch, Internetforen) und – auch gemeinsamen – Informationsaufbereitung (Blogs, Wikis) und zum individuellen Lernen (z. B. mit Lernsoftware, Online-Vokabeltrainern). Dabei variieren die Darbietungsform (reiner Text, Text-Bild-Kombinationen, bewegte Bilder) und der Grad der Vorstrukturierung (linear aufgebaute Dokumente oder hypermediale Angebote mit unterschiedlichem Grad der Adaptivität an die jeweilgen Nutzer/innen). Welche Vorteile hat der Einsatz von Computermedien in Lehr-Lern-Situationen? Diese Frage betrifft den Einsatz in formellen (z. B. Schule und Hochschule) und informellen Settings (z. B. Online-Beratung; selbstgesteuerte Informationssuche im Internet). Um diese Frage zu beantworten wird im ersten Teil des Beitrags der Stand der Forschung in Bezug auf die medien-, lern- und kommunikationspsychologischen Grundlagen beschrieben. Der zweite Teil vertieft mit den Bereichen computergestütztes gemeinsames Lernen, computerbasierte Beratung durch Expert/innen und Interaktion mit virtuellen pädagogischen Agenten beispielhaft drei aktuelle Forschungsthemen. Schließlich wird ein Ausblick auf anstehende Forschungsaufgaben gegeben und argumentiert, dass mediale Bildungsangebote in ein Zusammenspiel mit anderen (medialen und direkten) Bildungs- und Freizeitaktivitäten eingebunden sind und entsprechend analysiert und gestaltet werden sollten.

Stand der Wissenschaft

Medienpsychologische Grundlagen

Definition und Aufgaben der Medienpsychologie

Medienpsychologie beschäftigt sich als psychologische Teildisziplin mit der Beschreibung und Erklärung von menschlichem Erleben und Verhalten im Umgang mit Medien. Aufgabe der Medienpsychologie ist es zum einen, die Motive, die Prozesse während der Nutzung sowie die Wirkung zu analysieren. Zum anderen werden aus den Erkenntnissen Vorschläge für die Weiterentwicklung von Medien erarbeitet. Im Rahmen der erstgenannten Aufgabe werden klassische psychologische Methoden wie Befragungen oder Experimentalstudien genutzt, um zunächst Voraussetzungen für die Nutzung von Medien zu analysieren. Dies betrifft zum einen die Motive, die zur Zuwendung zu bestimmten Medien oder Medieninhalten führen, zum anderen fallen darunter die unter dem Stichwort »Medienkompetenz« zusammengefassten Voraussetzungen für eine angemessene Medienwahl und eine effiziente Mediennutzung (vgl. Mangold/Vorderer/Bente 2004). Bezüglich der Wirkungen werden sowohl die kognitiven als auch die emotionalen und verhaltensbezogenen Effekte auf Individuen und Gruppen fokussiert. Dabei werden einerseits die Prozesse während der Nutzung sowie andererseits die sich kurz- oder langfristig nach der Nutzung ergebenden Wirkungen untersucht.

Der zweite genannte Aufgabenkomplex nimmt stärker die Medien selbst in den Blick. Dabei werden zum einen die Inhalte der Medien erfasst und analysiert (vgl. Bente/Krämer 2004; Schreier 2004). Zum anderen werden Vorschläge und Empfehlungen für die Gestaltung und Weiterentwicklung von Medien und für die Optimierung medialer Inhalte abgeleitet (Mangold/Vorderer/Bente 2004).

Bei der Untersuchung dieser Phänomenbereiche ist die Medienpsychologie in den psychologischen Grundlagendisziplinen verankert. Sie verbindet Modelle und Befunde der verschiedenen psychologischen Teildisziplinen (z. B. Allgemeine Psychologie, Differentielle Psychologie, Sozial- und Entwicklungspsychologie) mit eigenen theoretischen Ansätzen. Insbesondere aktuelle medienpsychologische Betrachtungen sind durch eine enge Verwandtschaft mit der Pädagogischen Psychologie gekennzeichnet. Diese ergibt sich durch den stärker gewordenen Einsatz von Medien im Bereich des Lehrens und Lernens (vgl. E-Learning). Diese Schnittstelle von Medien- und Pädagogischer Psychologie wird daher auch im Folgenden besonders fokussiert.

Geschichte der Medienpsychologie

Mit dem Aufkommen erster Formen der Massenkommunikation (insbesondere Film und Radio) nahm auch die Medienwirkungsforschung ihren Anfang. Insgesamt werden drei Phasen unterschieden, in denen eine jeweils andere Ansicht zur Macht der Medien, Einstellungen und/oder Verhalten zu verändern, vertreten wurde (vgl. Winterhoff-Spurk 1999; Leffelsend/Mauch/Hannover 2004). Die erste Phase (1930er- und 1940er-Jahre) war durch die Untersuchung des Einflusses politischer Kommunikation auf das Publikum gekennzeichnet. Angenommen wurden »starke« Medienwirkungen: Den Medien wurde ein starker Einfluss auf die Meinungen und Verhaltensweisen der Menschen zugesprochen. Dies änderte sich in der zweiten Phase (1950er- und 1960er-Jahre) radikal, in der eine direkte Einstellungsänderung durch Medien nicht mehr für möglich gehalten wurde. Stattdessen rückten mit dem *Uses and Gratification-Ansatz* (Katz 1959; Katz/Blumler/Gurevitch 1974) die Rezipient/innen in den Vordergrund. Diese wurden nicht mehr als den Medien ausgeliefert gesehen, sondern als aktives Publikum verstanden, das Mediennutzung und -inhalte bewusst und gezielt aufsucht, um Befriedigung zu erlangen. Seit den 1970er-Jahren werden Mediennutzung und -wirkung als komplexes Phänomen verstanden, bei dem verschiedenste Faktoren berücksichtigt werden müssen. So werden moderierende Variablen identifiziert, die die Effektivität von Medienbotschaften beeinflussen (Leffelsend/Mauch/Hannover 2004). Besonders die zwischen Botschaft und Wirkung vermittelnden kognitiven und emotionalen Verarbeitungsprozesse werden fokussiert.

Klassifikation von Medien und psychologische Phänomene bei der Mediennutzung

Das Spektrum der betrachteten Medien umfasst sowohl Massenmedien, wie Zeitung, Hörfunk, Film und Fernsehen, als auch Medien der Individualkommunikation, wie Internet, E-Mail, Computer und Computerspiele. Aufgrund der Chronologie ihres Erscheinens werden diese auch in »Klassische Medien« und »Neue Medien« unterschieden. Im Rahmen der Untersuchung von klassischen Medien nimmt die Fernsehforschung den größten Raum ein. Während zu Beginn des zwanzigsten Jahrhunderts auch Filmwirkungen noch eine hohe Forschungstätigkeit auslösten, machten diese bereits in den 1990er-Jahren nur noch ein Prozent der medienpsychologischen Veröffentlichungen aus (Trepte 1999). Auch die in den 1930er- bis 1960er-Jahren noch umfangreichen Forschungsprogramme zur Radiowirkung werden mittlerweile nicht mehr fortgeführt. Die Forschung zu Printmedien ist im Rahmen der Medienpsychologie seit jeher von geringer Bedeutung (Trepte 2004). Dieser Bereich wird in der Pädagogischen Psychologie intensiv beforscht (z. B. zum Textverstehen: Schnotz 1994). Die Forschungsthemen lassen sich anhand der klassischen psychologischen Funktionsbereiche Motivation, Kognition, Emotion, Kommunikation und Verhalten anordnen (vgl. Krämer et al., im Druck). Mit Blick auf die Motivation werden im Sinne des »aktiven Rezipient/innen« beispielsweise Annahmen zum *selective exposure* (Zillman/Bryant 1985) sowie zum *Mood Management* (Zillmann 1988) vertreten. Diese Theorien gehen davon aus, dass der Rezipient vor dem Hintergrund seiner Persönlichkeit und seiner Stimmung unbewusst die Angebote auswählt, die positive Wirkungen entfalten.

Der Bereich der Kognition spielt vor allem auf der Schnittstelle von Medien- und Pädagogischer Psychologie eine Rolle: Hier werden neben Aufmerksamkeitsprozessen (Huff, im Druck) vor allem Verarbeitungsprozesse im Arbeitsgedächtnis fokussiert und in zahlreichen Theorien beschrieben (*Cognitive Load Theory*, Chandler/Sweller 1991; *Cognitive Theory of Multimedia Learning*, Mayer 2005; *Amount of Invested Mental Effort*, Salomon 1984; vgl. Tibus, im Druck). Ebenfalls umfangreiche Forschungstätigkeit haben Befunde zur Kultivierung (*Cultivation of Beliefs*) ausgelöst (Gerbner et al. 1994), die nahe legen, dass Fernsehen als Sozialisationsinstanz die Einschätzung der Realität verändert. Bezogen auf Emotion wird im Rahmen der *Drei-Faktoren-Emotionstheorie* (Zillmann 2004) vor allem der *excitation transfer* (Zillmann 1971) untersucht: Hier konnte gezeigt werden, dass die nach dem Medienkonsum verbleibende Resterregung fälschlicherweise auf die aktuelle Situation zurückgeführt wird und nachfolgende Emotionen dadurch intensiviert werden können. Mit Blick auf Kommunikation werden selbst bei klassischen Medien (para-)soziale Interaktionsprozesse festgestellt (Horton/Wohl 1956). Tatsächlich lassen sich viele sozialpsychologische Theorien auch auf den Umgang mit Medienpersonen übertragen (z.B. soziale Vergleichsprozesse: Krämer, im Druck; Sleeper Effekt: Appel/Richter, im Druck). Schließlich spielen die Auswirkungen des Medienkonsums auf das Verhalten eine besondere Rolle: Hier wurde insbesondere die Frage untersucht, inwieweit gewalthaltige Medieninhalte aggressives Verhalten hervorrufen. Differenzierte Analysen zeigen tatsächlich Gefahren auf, identifizieren aber auch zahlreiche weitere einflussnehmende Faktoren, sodass nicht von einer direkten Verursachung in dem Sinne, dass Konsum von gewalthaltigem Material direkt zu aggressivem Verhalten führt, ausgegangen werden kann (Gleich 2004).

Der mit dem Begriff »Neue Medien« bzw. »Individualmedien« bezeichnete Forschungsbereich bezieht sich fast ausschließlich auf die durch die mittlerweile flächendeckende Einführung des Computers entstandenen Fragestellungen. Der Computer wird nicht mehr nur von Expert/innen als Werkzeug benutzt, sondern hat seit den 1980er-Jahren auch an fast allen nicht technischen Arbeitsplätzen sowie in zahllosen Haushalten Einzug gehalten. Es ist offensichtlich, dass der Computer in zahlreichen seiner heutigen Anwendungsbereiche die Funktion eines Mediums übernimmt. Der Computer wird während der Arbeit und privat zur Textverarbeitung, zur Informationssuche im Internet, zum Lernen, zur beruflichen und privaten Kommunikation mit anderen, zur Unterhaltung durch Computerspiele sowie als Multimedia-Abspielgerät für Musik, Spielfilme genutzt. Die vielseitigen Nutzungsmöglichkeiten werden in ebenso zahlreichen Forschungsgebieten thematisiert, die sich zunächst in die Bereiche Computervermittelte Kommunikation (vgl. Weidenmann/Paechter/Schweizer 2004; Abschnitt 4.3.3, Anwendungsbeispiel Wissenskommunikation zwischen Expert/innen und Laien) und Mensch-Computer-Interaktion (vgl. Krämer 2004; Abschnitt 4.3.3, Anwendungsbeispiel Pädagogische Agenten) unterscheiden lassen. Die Unterscheidung bezieht sich letztlich darauf, ob mit einem anderen Menschen oder mit Programmen des Computers interagiert wird, was zumindest zum heutigen Zeitpunkt einen beträchtlichen Unterschied darstellt (vgl. Sundar/Nass 2000, S. 699):

> »*The basic distinction between CMC [computer mediated communication] and HCI [human computer interaction] lies in the object of users´ psychosocial attribution: Whereas users respond to other users in CMC, they respond directly to the technology in HCI. The computer is a source in HCI, not just a medium. [...] HCI is not simply a special case of CMC. The psychology of CMC is quite different – and at least partly independent – from the psychology of HCI.*« (Sundar/Nass 2000, S. 699)

Wie in dem Zitat von Sundar und Nass bereits deutlich wird, muss diskutiert werden, ob der Computer als *Medium* oder als eigenständige Informationsquelle, als *Source*, wahrgenommen wird. Insbesondere wenn man den Computer nicht nutzt, um mit anderen Menschen zu kommunizieren, sondern um direkt mit dem Rechner zu interagieren – wie etwa im Rahmen einfacher E-Learning-Software – wird dieser leicht als eigenständig handelnde Entität wahrgenommen (Nass/Moon 2000). Insbesondere Eigenschaften wie Interaktivität oder die Tatsache, dass traditionell dem Menschen vorbehaltene Rollen (z. B. Lehrer) nun durch den Computer übernommen werden, führen dazu, dass der Computer als eine Quelle von Kommunikation wahrgenommen wird und somit als Sender statt als Vermittler (Nass/Moon 2000; Reeves/Nass 1996). Folglich verändert sich auch das Verhalten der Nutzer. Dies zeigt sich insbesondere an den im Rahmen der Forschung wiederholt nachgewiesenen sozialen Reaktionen dem Computer gegenüber.

Im Rahmen der Untersuchung von Mensch-Computer-Interaktion muss daher mit von herkömmlichen medienpsychologischen Effekten divergierenden Wirkungen gerechnet werden (vgl. Krämer 2004). Überhaupt lässt sich vor diesem Hintergrund nicht dieselbe Systematik wie in Bereichen der »klassischen« Medienpsychologie (Motive, Rezeptionsprozess, Wirkung) nutzen. So erübrigt sich etwa die Motivanalyse meist aufgrund der Tatsache, dass der Computer beispielsweise in der Schule oder am Arbeitsplatz eingesetzt und nicht freiwillig aufgesucht wird. Häufig genug wird auch heute der Computer nicht zum Selbstzweck (etwa zur Unterhaltung), sondern als Werkzeug genutzt, um spezifische Arbeiten zu erledigen. Untersucht wird aber beispielsweise im Rahmen der *Media-Richness-Theorie* (Daft/Lengel 1986; vgl. Fischer, im Druck) unter welchen Bedingungen Menschen sich für welches Kommunikationsmedium entscheiden. Die Untersuchung von Rezeptionsprozessen und Wirkungen dagegen ist im Zusammenhang mit dem Computer als ebenso zentral zu bezeichnen wie im Bereich der klassischen Medien. Allerdings ist aufgrund der interaktiven und somit gänzlich anderen Rezeptionsstruktur mit abweichenden Prozessen und Wirkungen zu rechnen (vgl. Vorderer 2000). Die Untersuchung der Wirkung bringt ferner besondere Implikationen mit sich: Die Analyse von Wirkungen – die Untersuchung von Effizienz, Effektivität und Akzeptanz der Schnittstellen – erlangt hier besondere Bedeutung, da sie die notwendige Voraussetzung für einen kontinuierlichen und iterativen Optimierungsprozess der Technologien darstellt. Häufig dienen diese Arten von Analysen im Rahmen interdisziplinärer, anwendungsorientierter Forschung der direkten Optimierung der Schnittstellen (Krämer 2004). Während die diesbezügliche Forschung im Rahmen der Mensch-Computer-Interaktion häufig mit geringer psychologisch-theoretischer Fundierung geschieht, finden sich im Bereich der computervermittelten Kommunikation zahlreiche Modelle, die beschreiben, unter welchen Bedingungen es zu einer störungsfreien, effizienten und positiv bewerteten Interaktion kommt (vgl. Krämer et al., im Druck). Hier finden sich sowohl ursprünglich medienunabhängige Ansätze wie der zur Herstellung des sogenannten *Common Ground* (Clark 1996) als auch genuin medienpsychologische Ansätze, die entweder den Defizitcharakter medienvermittelter Kommunikation herausstellen (*Reduced Social Cues*: Kiesler et al. 1984), die Chancen betonen (*Hyperpersonal Communication*: Walther 1996) oder Vor- und Nachteile je nach Situation abwägen (*Social Identity Model of Deindividuation Effects*: Spears/Lea 1990).

Lehr-Lern-Forschung und neue Medien: Analyse und Förderung computergestützter Lernprozesse

Lange Zeit wurde die pädagogisch-psychologische Medienforschung von der Frage beherrscht, welche Medien sich für das Erlernen bestimmter Inhalte am besten eigneten (siehe Kozma 1991). Man nahm also an, dass bestimmte mediale Angebote spezifische Eigenschaften haben, die direkt mit Lernprozessen aufseiten des Mediennutzers einhergingen. Diese Annahme wurde im Zuge der sogenannten »Mediendebatte« von R. Clark (1994) scharf kritisiert. Dieser Kritik zufolge sei es nicht das Medium selbst, das Unterschiede in spezifischen Lernprozessen und dem individuellen Lernerfolg produziere, sondern die mit dem jeweiligen Medium realisierte Lernmethode. Beispielsweise wird mit der Nutzung eines Lehrbuchs ein eher präsentationsorientierter Lernansatz verwirklicht, während mit der Nutzung einer interaktiven Computersimulation eher ein forschungsorientierter Instruktionsansatz verbunden ist. Somit, so Clark, seien Medienvergleiche stets auch Vergleiche unterschiedlicher instruktionaler Maßnahmen, die mit der Nutzung unterschiedlicher Medienangebote untrennbar verknüpft sind und somit für fundierte Schlussfolgerungen über »reine« Medieneffekte unbrauchbar.

Auch wenn Clarks Position nicht ohne Kritik geblieben ist (siehe Kozma 1994), so hat sich die neuere pädagogisch-psychologische Medienforschung doch deutlich von der empirischen Untersuchung reiner Medieneffekte im Sinne klassischer Medienvergleiche distanziert. Im Gegensatz dazu dominieren heute Studien, in denen die Effekte unterschiedlicher Formen instruktionaler Gestaltung *innerhalb des gleichen medialen Angebots* miteinander verglichen werden. Dabei werden sowohl mediale Angebote für das individuelle als auch für das kooperative Lernen in den Blick genommen. Prototypische Studien mit einem Fokus auf dem individuellen Lernen mit Medien beschäftigen sich etwa mit der Frage, ob Computersimulationen mit Interaktionsmöglichkeiten für den Lernenden zu besseren Lernergebnissen führen als Simulationen ohne Interaktionsmöglichkeiten (z. B. Mayer/Chandler 2001) oder ob mit Bildern angereicherte Texte zu einem höheren Wissenserwerb führen als Texte ohne Bilder (z. B. Moreno/Mayer 2002). Im Kontext des *Computer Supported Collaborative Learning* (CSCL) wird etwa untersucht, wie die Kooperation von Lernenden mithilfe sogenannter Kooperationsskripts (Kollar/Fischer/Hesse 2006) strukturiert werden kann, die ortsverteilt über ein Diskussionsforum oder einen Chat miteinander kooperieren (z. B. Pfister/Mühlpfordt/Müller 2003; Weinberger et al. 2007).

Im Folgenden soll anhand zweier Forschungsbereiche verdeutlicht werden, welche kognitiven Prozesse beim Lernen mit Medien angenommen oder beobachtet werden, welche theoretische Modelle und welche exemplarische empirische Befunde vorliegen. Es handelt sich dabei um (a) die stark von den Arbeiten Mayers (2001) und Swellers (1999) geprägte Multimedia- und Instructional Design-Forschung, die sich dem individuellen Lernen mit Medien widmet und (b) die Forschung zum computerunterstützten kooperativen Lernen (CSCL; z. B. Suthers 2006), die kooperative und kommunikative Prozesse beim gemeinsamen Lernen mit Medien in den Blick nimmt.

Kognitive Multimedia- und Instructional-Design-Forschung

Die kognitiv orientierte Multimedia- und Instructional-Design-Forschung befasst sich mit der Frage, wie unterschiedliche mediale Angebote gestaltet sein müssen, damit individuelle Lern- und Wissenskonstruktionsprozesse optimal erleichtert und gefördert werden. Die beiden vermutlich prominentesten Theorien in diesem Bereich sind die *Cognitive Load-Theorie* (Sweller 1999) und die *Cognitive Theory of Multimedia Learning* von Mayer (2001; ein gut verständlicher Überblick über beide Theorien findet sich in Opfermann/Gerjets 2007).

Die *Cognitive Load-Theorie* basiert auf der Annahme, dass das menschliche Arbeitsgedächtnis engen Kapazitätsbeschränkungen unterliegt. Mit Miller (1956) wird davon ausgegangen, dass zu einem beliebigen Zeitpunkt etwa sieben kognitive Elemente gleichzeitig im Arbeitsgedächtnis verfügbar gehalten werden können. Solche kognitiven Elemente können sowohl kurzzeitige Repräsentationen äußerer Stimuli sein als auch aus dem Langzeitgedächtnis aktivierte Schemata, die die Verarbeitung dieser Stimuli steuern. Der Aufbau und die Automatisierung solcher Schemata muss nach Sweller (1999) das Ziel von Instruktion sein. Instruktion muss aus Sicht der *Cognitive Load-Theorie* nun so gestaltet sein, dass möglichst viel kognitive Kapazität in genau diese Schemakonstruktions- und Automatisierungsprozesse investiert werden kann. Kognitive Belastung, die aus derartigen Prozessen entsteht, wird in der Cognitive Load-Theorie als *germane load* bezeichnet. Hinzu kommt diejenige Belastung, die durch die Schwierigkeit der Aufgabe bestimmt ist. Diese Belastung wird als *intrinsic load* bezeichnet und ist zusätzlich vom Vorwissen des Lernenden abhängig (für einen Experten bedeutet die gleiche Aufgabe eine niedrigere intrinsische Belastung als für einen Novizen). Diejenige Belastung, die den Aufbau und die Automatisierung von Schemata erschwert, wird schließlich als *extraneous load* bezeichnet. In Bezug auf die Gestaltung medialer Lernangebote kann eine derartige extrinsische Belastung etwa durch animierte Hintergründe, Hintergrundgeräusche oder eine räumlich nicht integrierte Präsentation von Bild und Text entstehen, die aufwendige Suchprozesse aufseiten des Lernenden erforderlich macht. Da die drei in der Cognitive Load-Theorie postulierten Typen kognitiver Belastung additiv wirken, sollten mediale Lernangebote so gestaltet sein, dass das Arbeitsgedächtnis hauptsächlich mit *germane load* belastet und die extrinsische Belastung möglichst gering gehalten wird.

Die *Cognitive Theory of Multimedia Learning* von Richard Mayer (2001) geht ebenso wie die Cognitive Load-Theorie von einer Kapazitätsbegrenzung des menschlichen Arbeitsgedächtnisses aus, betont aber stärker die Notwendigkeit der Präsentation von Informationen sowohl in Form von Bildern (statische oder dynamische Visualisierungen) als auch in Form von Wörtern (gedruckter oder gesprochener Text). Grundlage für diese Forderung ist die Annahme der Existenz je zweier Verarbeitungskanäle im sensorischen Gedächtnis und im Arbeitsgedächtnis. Informationen, die visuell präsentiert werden (geschriebener Text oder Visualisierungen) werden im sensorischen Gedächtnis im visuellen Kanal verarbeitet, auditiv präsentierte Informationen (Töne und gesprochener Text) im auditiven Kanal. Haben die Informationen das sensorische Gedächtnis »durchlaufen«, gelangen sie in das Arbeitsgedächtnis, für welches nach Baddeley (1986) wiederum zwei Verarbeitungskanäle angenommen werden. In der »phonologischen Schleife« (*phonological loop*) werden sprachliche Informationen verarbeitet, im »visuell-räumlichen Notizblock« (*visuo-spatial sketchpad*) visuell-räumliche Informationen. Sowohl die phonologische Schleife als auch der visuell-räumliche Notizblock sind aber wiederum in ihrer Kapazität beschränkt, sodass medial präsentierte Informationen so gestaltet sein sollten, dass beide Arbeitsgedächtniskanäle ausgelastet sind. Dies ist dann der Fall, wenn Informationen sowohl verbal als auch bildhaft dargeboten werden (»Multimediaprinzip«; Moreno/Mayer 2002).

»Lernen« im Sinne einer Veränderung kognitiver Strukturen wird schließlich durch die Integration verbaler und piktorialer Informationen mit dem Vorwissen möglich. Sowohl die Cognitive Load-Theorie als auch die Cognitive Theory of Multimedia Learning haben zahlreiche empirische Studien stimuliert. So konnten zum Beispiel Moreno und Mayer (2002) die Überlegenheit der Präsentation von Texten und Bildern zur Funktionsweise einer Luftpumpe oder zur Entstehung von Gewittern gegenüber rein textbasierten Darstellungen nachweisen (»Multimediaprinzip«). Auch konnte gezeigt werden, dass Informationen besser behalten werden, wenn sie zeitlich und räumlich integriert als separiert dargeboten wurden (»Prinzip der zeitlichen und räumlichen Kontiguität«; Mayer et al. 1999; Moreno/Mayer 1999). Kritisch anzumerken ist jedoch die meist kurze Untersuchungsdauer von nur wenigen Minuten und die fast ausschließliche Labororientierung entsprechender Studien. Die Wirksamkeit und Relevanz der in experimenteller Forschung häufig bestätigten Multimediaeffekte kann erst abschließend bewertet werden, wenn mehr Studien vorliegen, die entsprechende Effekte auch über längere Lernzeiträume und unter authentischen Lernbedingungen im Feld demonstrieren.

Forschung zum computerunterstützten kooperativen Lernen (CSCL)

Im Vergleich zur stark kognitionspsychologisch orientierten Forschung zum Lernen mit Multimedia zeichnet sich die Forschung zum computerunterstützten kooperativen Lernen (CSCL; Suthers 2006) durch ein hohes Maß an Multidisziplinarität aus. Neben der Psychologie beschäftigen sich auch die Pädagogik und die Informatik intensiv mit der Frage der lernförderlichen Gestaltung von Kommunikations- und Kooperationsmedien wie Chat, Diskussionsforen, *Application Sharing* oder Videokonferenzen. Während sich die Informatik vorwiegend mit Fragen der technischen Umsetzung entsprechender Lernumgebungen befasst, geht es der Pädagogik um die Untersuchung der Effekte derartiger Lernumgebungen in eher feldorientierten Studien. Die Psychologie interessiert sich wiederum vorwiegend für die Untersuchung individuellkognitiver und sozial-diskursiver Prozesse, die mit dem Einsatz derartiger medialer Lernangebote verknüpft sind, sowie mit der Frage, durch welche instruktionalen

Maßnahmen hochwertige Elaborations- und Diskursprozesse evoziert und gefördert werden können.

Die angesprochene Multidisziplinarität der CSCL-Forschung findet ihren Ausdruck in der Existenz einer Vielzahl theoretischer Ansätze, von denen hier stellvertretend vier Modelle genannt werden sollen.

Zur Untersuchung der Effekte medialer Darstellungen auf das kooperative Lernen hat sich das Konzept der *Representational Guidance* (z. B. Suthers/Hundhausen 2003) als nützlich erwiesen. Diesem Konzept zufolge hat bereits die Art der Repräsentation von identischen Informationen einen Einfluss auf die stattfindenden Diskursprozesse sowie den individuellen Wissenserwerb. Suthers und Hundhausen (2003) untersuchten in diesem Zusammenhang die Effekte einer textuellen, einer tabellarischen und einer grafischen Repräsentation identischer Informationen auf die Struktur und die Inhalte der Gruppendiskussionen, die individuellen Erinnerungsleistungen sowie die Qualität von nach der Kooperationsphase erstellten individuellen Essays. Die Ergebnisse zeigten, dass Gruppen bereits besprochene Inhalte häufiger nochmals diskutierten, wenn die Informationen gradisch oder tabellarisch im Unterschied zu textuell repräsentiert waren. Zudem produzierten Lernende die besten Essays, wenn sie mit der grafischen Repräsentation gelernt hatten. In Bezug auf die individuellen Erinnerungsleistungen zeigten sich allerdings keine Unterschiede.

In eine ähnliche Richtung geht der Ansatz des *Group Mirroring*, demzufolge die Rückspiegelung spezifischer Kooperationsprozessparameter an computervermittelt interagierende Gruppen gruppeninterne Kompensationsprozesse in Gang zu setzen vermag. Im Unterschied zum *Representational-Guidance*-Konzept geht es hier allerdings nicht um die Frage, wie Gruppen inhaltlich zu lernende Informationen präsentiert werden, sondern es werden ihnen Informationen über die Qualität ihres eigenen Kooperationsprozesses mitgeteilt. In einer empirischen Studie von Zumbach, Reimann und Koch (2006) wurden den Lernenden etwa die Partizipationsraten der einzelnen Gruppenmitglieder (d. h. die Anzahl erstellter Nachrichten) sowie unterschiedliche über Online-Fragebogen erhobene emotionale und motivationale Zustände zurückgespiegelt. Die Ergebnisse zeigen, dass Gruppen, die derartige Informationen erhielten, bessere kooperative Falllösungen generierten als Gruppen, denen diese Informationen vorenthalten worden waren.

Ein dritter theoretischer Ansatz, der in der CSCL-Forschung in der Vergangenheit großen Anklang gefunden hat, ist der *Group Cognition*-Ansatz (z. B. Akkerman et al. 2007; Stahl 2005). Zentral ist hierbei die Sichtweise, dass sich »Lernen« und »Wissen« nicht allein auf individueller Ebene manifestieren, sondern dass Gruppen z. B. in ihrem Diskurs Wissenskonstruktions- und Lernprozesse zeigen, die nicht völlig auf einzelne Gruppenmitglieder zurückführbar sind. Für die Gestaltung von Umgebungen zum computerunterstützten kooperativen Lernen kommt es aus dieser Perspektive vor allem darauf an, dass sich Lernende Gemeinschaften (*learning communities*; z. B. Scardamalia/Bereiter 1994) bilden, innerhalb derer das (Mit-)Teilen von Wissen und das Aufbauen auf den Ideen anderer Gruppenmitglieder wesentliche Prozesse darstellen. Im sogenannten *Knowledge Building*-Ansatz von Scardamalia und Bereiter

(2006) erhalten die Lernenden etwa Zugang zu einer webbasierten Plattform namens »KnowledgeForum«, welche als Speicherplatz für Beiträge und Ideen der beteiligten Lernenden (etwa von einer Schulklasse oder auch einer gesamten Schule) dient. Zur gemeinsamen Elaboration der individuellen Ideen enthält das Programm eine Vielzahl von Werkzeugen wie etwa die Möglichkeit, ähnliche Beiträge zu gruppieren, Kommentare zu verfassen oder die eigenen Beiträge als »Ideen« oder »Fragen« zu kennzeichnen. Empirische Untersuchungen hierzu sind weitgehend qualitativer Natur und beschreiben, wie Gruppen vermittelt über die Beiträge der beteiligten Individuen gemeinsam Wissen generieren.

Ein vierter theoretischer Bereich der CSCL-Forschung, der in der jüngeren Vergangenheit auf starkes Forschungsinteresse gestoßen ist, ist die Forschung zu den Effekten von Kooperationsskripts in mediengestützten Lernumgebungen (Fischer et al. 2007). Kooperationsskripts bezeichnen instruktionale Vorgaben, die sich auf die Strukturierung des Kooperationsprozesses zwischen den Lernenden einer Gruppe beziehen (Kollar et al. 2006). Sie sind meist inhaltsunabhängig formuliert, geben den einzelnen Lernenden spezifische Lernaktivitäten und Rollen vor und bringen diese in eine Reihenfolge. Pfister et al. (2003) entwickelten beispielsweise ein Kooperationsskript für eine Chat-Umgebung, durch das bekannte Probleme der Chat-Kommunikation (Unübersichtlichkeit der Beiträge, Trittbrettfahren et cetera) vermieden werden sollten. Aufgabe der Lerngruppen, die aus zwei bis vier Personen plus Tutor bestanden, war es, einen Text zu lesen und diesen gemeinsam – per Chat – zu diskutieren. Auf dem Bildschirm konnten die Lernenden in einem Frame den Grundlagentext sehen, während in einem anderen Frame die Chat-Kommunikation ablief. Das Kooperationsskript legte die Reihenfolge fest, in der die Lernenden Beiträge absenden konnten. Zudem wurden die Lernenden vor dem Verfassen einer eigenen Nachricht dazu gezwungen, ihre Beiträge per Pull-down-Menü als Kommentar, Frage oder Erklärung zu klassifizieren. Schließlich konnte eine Nachricht erst abgeschickt werden, wenn der Sprecher per Ziehen einer Pfeilverbindung deutlich machte, auf welche vorherige Nachricht er sich bezog. Die empirische Befundlage zur Wirksamkeit dieses Kooperationsskripts stellte sich als uneinheitlich dar (siehe Pfister et al. 2003). Im Vergleich zu einem unstrukturierten Chat zeigten sich positive Effekte auf den individuellen Wissenserwerb der Lernenden nur in bestimmten Domänen und bei bestimmten Gruppengrößen. Auch in anderen Studien zeigte sich, dass inhaltsunspezifische Vorgaben über den Kooperationsprozess, wie sie Kooperationsskripts machen, selten auf den domänenspezifischen Wissenserwerb durchschlagen (z. B. Kollar/Fischer/Slotta 2007; Weinberger et al. 2005). Werden allerdings die Effekte auf domänenübergreifende bzw. -unabhängige Wissenskomponenten (z. B. Argumentationskompetenz; z. B. Kollar et al. 2007; Weinberger et al. 2007) untersucht, zeigen sich häufig positive Ergebnisse. Auch auf Lernprozessebene wurde immer wieder deutlich, dass Kooperationsskripts deutliche positive Effekte auf spezifische Kommunikations- und Kooperationsprozesse ausüben (Kollar et al. 2007; Weinberger et al. 2007).

Die Vielfalt in den theoretischen Modellen sowie den in der CSCL-Forschung untersuchten Szenarien und Technologien bringt zudem die Nutzung eines sehr breiten

Methodenarsenals mit sich. Dabei werden sowohl traditionelle, aus der Forschung zum individuellen Lernen übernommene oder angepasste Verfahren zur Wissensdiagnostik als auch zunehmend komplexere Prozeduren angewendet, die eine isolierte Betrachtung von Effekten auf individueller und auf Gruppenebene zulassen (Multi-Level-Modeling; siehe Strijbos et al. 2004). Hinzu kommen zahlreiche Methoden zur Diskurs- und Interaktionsanalyse, für deren Vereinfachung in jüngster Vergangenheit automatisierte computerlinguistische Verfahren entwickelt wurden (z. B. Rosé et al., im Druck). Im nächsten Abschnitt wird beschrieben, wie sich Kommunikationsprozesse durch die Computervermittlung verändern.

Kommunikationspsychologische Grundlagen

Der Computer und das Internet haben die Wissenskommunikation entscheidend verändert. Sie ergänzen klassische Unterrichts- und Lehrmethoden in Face-to-face-Settings, z. B. wenn die Dozentin inhaltliche Fragen eines Studenten zur Seminarliteratur per E-Mail beantwortet, sie ersetzen direkte Beratungs- und Supportkontakte, z. B. wenn an der Telefonhotline eine Mitarbeiterin vom Computer-Support einem Kollegen aus der Personalabteilung erklärt, wie der neue Drucker angeschlossen werden muss; und sie ermöglichen Wissensaustausch der face-to-face nicht oder nur erschwert herzustellen ist, z. B. wenn ein Experte für Herztransplantationen aus den USA per Videokonferenz mit einem Anästhesisten aus Deutschland über ein neues Operationsverfahren diskutiert.

Die drei Beispiele haben zwei grundlegende Gemeinsamkeiten: (1) Den Anlass der Kommunikation bildet eine systematische Wissensdivergenz zwischen den Kommunikationspartnern; (2) die Kommunikation findet medial vermittelt statt.

Während in den formellen Lehr-Lern-Situationen in der Schule curricular festgelegte Inhalte nach (fach-)didaktischen Überlegungen bearbeitet werden, führen in den genannten Beispielen konkrete Anlässe/Problemstellungen zur Wissenskommunikation. Das Ziel der Kommunikation ist hier jeweils konkret zu definieren und der Lerngewinn eher ein Nebenprodukt der Problem-/Aufgabenlösung. Um zur Zielerreichung zu gelangen ist eine hinreichende Verständigung der Kommunikationspartner notwendig. Die systematische Wissensdivergenz zwischen den Beteiligten ist dabei der Grund für die Interaktion und zugleich eine Schwierigkeit, die es zu überwinden gilt. Wie ist wechselseitige Verständigung möglich, wenn qualitativ und quantitativ ganz unterschiedliche Wissenssysteme (Expertenwissen und Laienwissen) aufeinander treffen?

Systematische Wissensdivergenz als Ausgangspunkt und Anlass der Kommunikation

Wenn systematische Unterschiede im Wissen der beteiligten Kommunikationspartner vorliegen, die den Beteiligten bewusst sind, handelt es sich um Experten-Laien-Kommunikation (zu der als Spezialfall auch die interdisziplinäre Kommunikation gezählt werden kann; Bromme 2000). Der Unterschied im Wissen zwischen Experten und Laien ist dabei nicht nur durch den Umfang, sondern vor allem durch dessen Qualität und durch strukturelle Merkmale zu beschreiben. Auf dem Weg zum Expertentum erwerben die Personen nicht nur Faktenwissen, sondern formen eine fachlich-geprägte Perspektive, einen speziellen Blick auf die Inhalte ihrer Disziplin (vgl. Bromme/Jucks/Rambow 2004). Diese fachliche »Brille« ist in die Weltwahrnehmung integriert; sich vorzustellen, wie jemand ohne diese Brille die Welt sieht ist daher schwierig.

Verständigung erfordert immer einen gemeinsamen Bezugsrahmen, und man benötigt eine gemeinsame Sprache. Die sprachpsychologische Forschung hat zeigen können, dass Menschen in Bruchteilen von Sekunden und ohne bewusste Entscheidungen ihre Formulierungen an die Perspektive des Gesprächspartners anpassen können (Lockridge/Brennan 2002). Die meisten Menschen verwenden z.B. automatisch eine andere Tonhöhe, Syntax und einen anderen Wortschatz, wenn sie mit Kindern statt mit Erwachsenen sprechen (Snow/Ferguson 1977). Dies erfordert auch realistische Abschätzungen darüber, was der Gesprächspartner bereits weiß und wie seine Perspektive auf das Gesprächsthema sein könnte. Einen theoretischen Rahmen zur Beschreibung der Abstimmungsprozesse in der Kommunikation liefert Herbert H. Clark (zusammenfassend 1996). Clark und seine Mitarbeiter haben Kommunikation als *Joint Activity* der Gesprächspartner konzeptualisiert (Clark 1996; Clark/Wilkes-Gibbs 1986). Damit Verständigung möglich wird, muss zwischen den Interaktionspartnern ein geteilter Bezugsrahmen *(Common Ground)* hergestellt werden. Sprecher berücksichtigen daher bei der Art und Weise, wie sie eine sprachliche Äußerung planen und ausführen, das von ihnen antizipierte Wissen des Gesprächspartners (was von Clark/Murphy 1982 als *Audience Design* bezeichnet wird; zur Kritik an dieser Annahme siehe Barr/Keysar 2006).

Woher wissen Sprecher, was ihr Gesprächspartner bereits weiß und was sie somit als *Common Ground* voraussetzen können? Kommunikationspartner verwenden bestimmte Faustregeln (Heuristiken), um zu ermitteln, was ihr gegenüber schon weiß. Diese Heuristiken ermöglichen eine effiziente und effektive Gestaltung der Kommunikationsbeiträge (im Sinne der Quantitätsmaxime von Grice 1989), weil eben das, was vorausgesetzt werden kann, nicht mehr explizit werden muss. Drei Heuristiken werden von Clark und Murphy (1982) genannt: Die erste ergibt sich aus der perzipierten Gruppenzugehörigkeit des Kommunikationspartners *(Community Membership Heuristik)*. Dabei kann die Gruppenzugehörigkeit z.B. am Alter, Geschlecht, der Nationalität des Kommunikationspartners oder dem wahrgenommenen Expertisestatus (Isaacs/Clark 1987; Clark/Marshall 1981) festgemacht werden. Wenn die Sprachäußerungen Referenzierungen auf sichtbare Objekte (Gegenstände, Bilder) ermöglichen, die im Blickfeld beider Kommunikationspartner liegen, so können die Kommunikationspartner außerdem die *Physical Copresence Heuristik* verwenden. Als drittes nennen Clark und Marshall (1981) die Heuristik der *Linguistic Copresence*, d.h. was einmal gesagt wurde, kann nachfolgend als bekannt vorausgesetzt werden, wenn von dem Gesprächspartner keine Hinweise gegeben wurden, dass er/sie es noch nicht verstanden hat. Die Heuristiken speisen somit Annahmen über das Wissen des Kommunikationspartners, auf deren Grundlage dann Kommunikationsbeiträge verfasst werden (zu dem Zusammenhang zwischen Antizipationen und Adaptationen siehe Fussell/Krauss 1989). Dabei kann erwartet werden, dass die Bildung von korrekten Annahmen im Zuge einer Perspektivenübernahme besonders dann wichtig ist, wenn die eigene Sichtweise systematische Unterschiede zur Perspektive des Kommunikationspartners aufweist (und somit »Zufallstreffer« im Sinne von verständlichen Äußerungen ohne erfolgte Perspektivenübernahme unwahrscheinlich sind).

Die empirische Forschung hat sich daher in den letzten Jahren intensiv mit der Veridikalität von Antizipationen beschäftigt und die Annahmen von Fachleuten über das Vorwissen von Laien untersucht (Rambow 2000; Nückles 2001; Jucks 2001). Als Faktoren, die die Antizipationen beeinflussen, sind unter anderem die Wortwahl (Jucks/Becker/Bromme, im Druck) und die Kontextualisierung der Anfrage (Bromme/Rambow/Nückles 2001) ermittelt worden.

Medienspezifische Möglichkeiten und Einschränkungen in der Kommunikation

Im persönlichen Gespräch nutzen Menschen die genannten Heuristiken, um intuitiv abzuschätzen, was ihr jeweiliger Gesprächspartner bereits weiß, und was noch erklärt werden muss. Die mediale Vermittlung beeinflusst die Handlungsmöglichkeiten, die Lernende und Lehrende für den Umgang mit Wissensdivergenzen haben (Bromme/Hesse/Spada 2005). Sie beeinflusst auch den Nutzen und die Einsatzmöglichkeiten der genannten Heuristiken.

Herbert H. Clark und Susan E. Brennan (1991) haben die Möglichkeiten zur Interaktion zwischen Kommunikationspartnern im Medienvergleich systematisch beschrieben (siehe auch Bromme/Jucks 2001): Für jedes Medium kann festgestellt werden, ob sich die Kommunikationspartner sehen und/oder hören können, ob sie gleichzeitig Mitteilungen aufnehmen und produzieren können, ob die Mitteilung unmittelbar oder zeitlich versetzt beim Gesprächspartner ankommt, ob die Kommunikation in einer festgelegten Abfolge geschieht und ob beim Verfassen einer Mitteilung die Möglichkeit der Überarbeitung besteht, bevor diese an den Kommunikationspartner gelangt sowie die Möglichkeit zum Rückblick über die bisher erfolgte Kommunikation gegeben ist. Zudem unterscheiden sich Medien darin, inwieweit sie eine gemeinsame Betrachtung externer Objekte zulassen.

Die empirische Forschung zur schriftlichen Wissenskommunikation hat untersucht, von welchen Rahmenbedingungen es abhängt, ob Kommunikationsbeiträge mehr oder weniger erfolgreich auf den vermuteten Verständnishorizont der Partner zugeschnitten, d.h. adaptiert sind. Am Beispiel der Online-Beratung per E-Mail in den Gebieten Medizin und Informationstechnologie wurde untersucht, inwiefern Expert/innen ihre Kommunikationsbeiträge an Laien adaptieren. Den Expert/innen, die Fragen über das Internet beantworten, ist es in aller Regel kaum möglich, das Vorwissen des konkreten Lesers ihrer Erklärungen aufwendig zu explorieren und das notwendige Hintergrundwissen für das Verständnis einer speziellen Erläuterung durch vorbereitende Instruktionen aufzubauen. Sie müssen sich vielmehr auf ihre allgemeinen Vorannahmen über Laien stützen, um so eine Anpassung der Erläuterungen an den vermuteten Wissensstand der Personen vorzunehmen, von denen sie eine Anfrage erhalten. Die computervermittelte Wissenskommunikation moderiert dabei den Einsatz der Heuristiken: Die Community Membership-Heuristik wird durch andere Hinweisreize (z.B. die E-Mail-Adresse oder auch den Sprachstil in der Anfrage) aktiviert, die Physical Copresence-Heuristik kann zwar verwendet werden (z.B. wenn beide Kommunikationspartner auf die gleiche fachliche Abbildung referenzieren; Jucks/Bromme/Runde 2003), jedoch können Expert/innen in der Kommunikation mit Laien nicht voraussetzen, dass diese das Gleiche sehen (bzw. erkennen) wie sie selbst. Nun fehlen in der zeitversetzten, schriftlichen Kommunikation per E-Mail viele der Informationen über das Gegenüber, die in der persönlichen Kommunikation eine Anpassung erleichtern. Im direkten persönlichen Gespräch erlaubt bereits die Mimik und Gestik des Gesprächspartners eine schnelle Abschätzung, ob das, was man sagt, auch »ankommt«. Diese intuitiv ausgewertete und aus dem Alltag gewohnte Rückmeldung entfällt nun, wenn es um die Verständigung über das Netz geht. Insofern besteht im Vergleich zur Face-to-face-Situation verstärkt die Gefahr einer »Illusion der Evidenz« zu unterliegen (Bromme/Jucks/Runde 2005). Auch die Anwendung der Linguistic-Copresence-Heuristik kann Expert/innen in die Irre führen, da Laien die verwendeten Fachbegriffe nicht zwangsläufig in der Bedeutungstiefe wie Expert/innen verwenden (Becker/Bromme/Jucks, im Druck). Zudem zeigen Expert/innen zwar eine gute Anpassung an die Vorinformationen, die sie über den Kenntnisstand ihres Kommunikationspartners vor Beginn der Interaktion erhalten (Nückles/Wittwer/ Renkl 2005) jedoch adaptieren sie in der Situation wenig an die identifizierten Unterschiede im Wissen (Jucks/Becker/Bromme, im Druck). Eine Förderung der Reflektion der eigenen Kommunikation, d.h. der eigenen Textprodukte, ist daher eine sinnvolle und effektive Unterstützung (Jucks/Schulte-Löbbert/Bromme, im Druck).

*Computergestützte Lern- und Kommunikationsprozesse:
Drei Anwendungsbeispiele*

In diesem Kapitel werden drei Szenarien beschrieben, die sich in ihrer medialen Form und auch ihren inhaltlichen Anforderungen deutlich voneinander unterscheiden. Wir beginnen mit einer synchronen Kommunikationssituation, wie sie in Schule und Hochschule mittlerweile häufiger zu finden ist: In kopräsenten kleinen Gruppen tauschen sich Lernpartner/innen am Computer aus; dies kann sowohl schriftlich als auch mündlich (z.B. durch Videokonferenzen) geschehen. Das zweite Setting skizziert die Verständigung von Expert/innen mit Laien, z.B. in Telefonhotlines oder per E-Mail-Support. Hier ergeben sich für die Beteiligten ebenfalls spezifische Anforderungen, die bei der Bewertung von entsprechenden Angeboten auch medienpsychologisch reflektiert werden müssten. Das dritte Beispiel ist eher visionär, d.h. ist noch nicht Teil des Medienalltags in Schule oder Hochschule. Pädagogische Agenten unterstützen Lernende bei der Erreichung ihrer Lernziele.

Gemeinsames Lernen am Computer

In letzter Zeit mehren sich Stimmen, die eine stärkere Integration von Computermedien in bestehende, gerade auch formelle Bildungskontexte (z.B. Schulunterricht) im Kontrast zur Entwicklung rein medienbasierter Lernangebote fordern (z.B. Dillenbourg/Fischer 2007). Derartige Forderungen zielen einerseits darauf ab, verschiedene Instruktionsformen, die entweder computerbasiert oder traditionell (im Sinne von Büchern, Filmen oder Vorträgen) sein können, zu kombinieren, um tiefe Lern- und Verstehensprozesse aufseiten der Lernenden zu produzieren. Andererseits geht es gerade in formellen Bildungskontexten, in denen Gruppengrößen von häufig 30 und mehr Lernenden eher die Regel denn die Ausnahme sind, darum, unterschiedliche Sozialformen einzusetzen und in eine sinnvolle Reihenfolge zu bringen. Auch hierfür können Computermedien eine zentrale Rolle spielen, wie im Folgenden beschrieben wird.

In einer neunten Klasse mit 32 Schüler/innen eines Gymnasiums wird im Biologieunterricht das Thema »Globale Erderwärmung« behandelt. Zu Beginn der Unterrichtsstunde führt die Lehrerin in das Thema ein, indem sie in einem Klassengespräch das Vorwissen der Lernenden zu dem Thema erfragt und sie Hypothesen darüber aufstellen lässt, warum die durchschnittliche Temperatur auf der Erde in den letzten Jahren deutlich gestiegen ist. Die Antworten der Lernenden hält sie an der Tafel fest. Im Anschluss bittet sie die Lernenden, nun in Paaren jeweils einen Laptop zu öffnen, auf dem sie bereits vor der Schule eine Simulation installiert hat, mit der es möglich ist, virtuelle Experimente zu den Auswirkungen unterschiedlichster Parameter wie »CO_2-Ausstoß«, »Dicke der Ozonschicht« oder »Verkehrsaufkommen« auf die Erderwärmung durchzuführen. Die Lernenden haben die Möglichkeit, diese Parameter durch die Eingabe von Zahlenwerten zu manipulieren und können die Simulation dann starten. Als Output erhalten sie einen Graphen, der die Veränderung der globalen Temperatur über die Zeit hinweg anzeigt. Um ein in der empirischen Forschung häufig beobachtbares Trial-and-Error-Verfahren bei der Durchführung der virtuellen Experimente zu vermeiden (siehe de Jong 2006), wird die Interaktion der Lernenden zudem mithilfe eines Kooperationsskripts strukturiert, das in die Computersimulation integriert ist und das von der Lehrerin bereits in der vorangegangenen Stunde vorgestellt worden ist. Dieses Skript verlangt zunächst von Lernpartner A, eine geeignete Untersuchungsfrage aufzustellen. Lernpartner B wird dazu angehalten, den Vorschlag von A kritisch zu evaluieren. Erst wenn sich die Lernenden auf eine gemeinsame Untersuchungsfrage geeinigt und diese in ein dafür vorgesehenes Textfeld eingegeben haben, erlaubt ihnen das Programm, voranzuschreiten. Im nächsten Schritt ist es Aufgabe von B, ein experimentelles Design zu entwickeln, mit dem die Frage untersucht werden kann – Lernpartner A überwacht diesen Prozess kritisch. Wiederum erlaubt die Simulationsumgebung erst dann die Manipulation einzelner Variablen, wenn die

Lernenden eine Hypothese aufgestellt und eingetippt haben. Zur Erleichterung dieses Prozesses haben die Lernenden ein computerbasiertes Tool zur Verfügung, welches ihnen Prompts für die Formulierung von Hypothesen bietet (»Wenn <Variable 1> <steigt/sinkt>, <steigt/sinkt> <Variable 2>«). Nachdem die Dyade eine Hypothese aufgestellt hat, wird die Simulation zum Experimentieren freigegeben. Die Lernenden haben die Aufgabe, diejenige Variable zu manipulieren, die sie in ihrer Hypothese als potenziell einflussreich im Hinblick auf die Erderwärmung erkannt hatten. Der Computer erlaubt zudem, Ergebnisgrafiken zu benennen, zu annotieren und abzuspeichern, damit den Lernenden der Überblick über ihren eigenen Forschungsprozess erhalten bleibt. Sobald die Lernenden ein ihrer Meinung nach interessantes Ergebnis erzielt haben, fordert das Skript sie auf, dieses in einer allgemein zugänglichen Datenbank abzuspeichern. In dieser Datenbank werden somit alle Ergebnisse verwaltet, die in den einzelnen Dyaden der Klasse für wichtig befunden wurden.

Während der Kleingruppenarbeit an den Laptops verfügt die Lehrerin ihrerseits über einen Laptop, mit dem sie die Vorgänge an den einzelnen Schülerlaptops sowie die in der Datenbank eingehenden Ergebnisgrafiken und -beschreibungen mitverfolgen und auf diese adaptiv reagieren kann (etwa indem sie einzelne Dyaden gezielt anspricht, die offenbar Probleme mit der Aufgabe haben). Am Ende der Schulstunde bittet die Lehrerin die Schüler/innen, die Laptops zu schließen und projiziert die Datenbankinhalte mithilfe eines Beamers an die Wand. Sie öffnet einzelne Einträge und bittet die entsprechenden Gruppen, ihre Ergebnisse und die Vorgehensweise, die zu diesen geführt hat, nochmals vorzustellen. Die übrigen Klassenmitglieder hören den einzelnen Präsentationen zu und kommentieren diese. Als Hausaufgabe bittet die Lehrerin ihre Schüler/innen, bis zur nächsten Unterrichtsstunde die Datenbank durchzusehen und auf der Grundlage der Beiträge einen individuell zu erstellenden Kurzaufsatz darüber zu schreiben, welche Faktoren die Erderwärmung am stärksten beschleunigen und wie dies theoretisch erklärt und empirisch untersucht werden kann.

Computergestützte Kommunikation zwischen Expert/innen und Laien

Im letzten Abschnitt wurde beschrieben, wie das gemeinsame Lernen am Computer strukturiert und ausgestaltet werden kann. Die Lehrerin übernimmt in dem Beispiel die Konzeption und Evaluation der Maßnahme, d.h. sie gestaltet die Lernsituation so, dass Lernen erfolgen kann, bewertet den Lernfortschritt und greift steuernd in die Interaktion der Lerner/innen und deren Computernutzung ein. Die Online-Beratung ist hingegen eine direkte 1:1-Interaktionssituation, z.B. in der folgenden Form:

Herr Meier, Mitte 50, hat bei seinem gestrigen Arztbesuch erfahren, dass er an Diabetes erkrankt ist. Sein Allgemeinmediziner hat ihm gesagt, dass sich Herr Meier nun mit seinen Lebensgewohnheiten an die Krankheit anpassen muss. Er soll mindestens zehn Kilogramm abnehmen und sich täglich sportlich betätigen. Außerdem hat Herr Meier noch ein Medikament verschrieben bekommen. Nachdem der erste Schock über die laut des Arztes »chronische« Erkrankung verflogen ist, überlegt Herr Meier, ob denn das Medikament alleine nicht als Therapie reicht. Sein Gewicht zu reduzieren ist für ihn eine schwierige Aufgabe, die er schon öfter erfolglos aufgegeben hat. Er schaltet seinen Computer an und sucht im Internet nach weiteren Informationen über seine Erkrankung. Fast 100 Millionen »Treffer« hat seine Suchmaschine in einer halben Sekunde für ihn parat. Nachdem er sich durch einige Seiten geklickt hat, ist er ziemlich durcheinander. Seine konkrete Frage, wie wichtig es ist, dass er sein Gewicht reduziert, ist nicht beantwortet. Auf der Seite, die er gerade geöffnet hat, findet er eine »Expertenrat«-Rubrik. Dort kann er an einen Arzt, der an der Universität arbeitet, seine Frage schicken. Schon wenige Stunden später erhält Herr Meier die Antwort von Dr. Schulte. Dieser ist seit einem halben Jahr auf freiwilliger Basis für die Beantwortung von Laienanfragen bei dem Internetforum beschäftigt. Sein Spezialgebiet, zu dem er an der Universität forscht, ist die Entstehung von Diabetes mellitus Typ 2. Er bekommt ausschließlich Fragen zu dieser Thematik gestellt. Die Frage von Herrn Meier ist für ihn Routine. Er sucht aus seinen letzten Antworten auf ähnliche Anfragen einen kurzen Text heraus, in dem er deutlich formuliert hat, dass die Gewichtsreduktion eine ganz wichtige therapeutische Maßnahme ist und sendet diesen an Herrn Meier. Allerdings zweifelt er kurz, ob Herr Meier sich wünscht, vom Arzt zum Abnehmen motiviert zu werden, oder ob er tatsächlich inhaltlich verstehen will, wie sich das erhöhte Gewicht nachteilig auf die Insulinproduktion und den Diabetes auswirkt. Da er dies aus der E-Mail nicht ersehen kann, belässt er es bei seiner Antwort. Es wartet schon eine weitere Anfrage auf die Beantwortung, und hier fällt die Formulierung der Antwort schon schwerer.

Die hier skizzierte E-Mail-Beratung kann durch die Berücksichtigung medien- und pädagogisch-psychologischer Erkenntnisse gestaltet werden. Abstrakt formuliert geht es darum, die Möglichkeiten und Grenzen des Mediums, die Aufgabenstellung und die kognitiven Anforderungen an die Kommunikationspartner zu reflektieren und technische Umsetzungen für Hilfestellungen in der Kommunikation zu geben. So ist es sinnvoll, bei einem überschaubaren Inhaltsbereich (wie der Diabeteserkrankung) die Nutzer/innen des Expertenrats vor der Formulierung ihrer Anfrage aufzufordern, einen Kurzfragebogen auszufüllen, der dem beratenden Expert/in Hinweise über das Vorwissen und die Motivation, die bestimmte Frage zu stellen, liefert. Zum anderen können Datenbanken angelegt werden, die die Expert/innen darin unterstützen ihre Antworten zu verfassen. In diesen können Textbausteine in unterschiedlichen Schwierigkeits-/Ausführlichkeitsgraden abgelegt werden, die je nach Stichwort (z. B. Entstehung von Diabetes) ausgefeilte Texte in die Antwort des Expert/in einfügen. Kritisch zu prüfen wäre dabei, ob durch die Vorgabe von Textbausteinen die Distanz zum Text (und damit zum Leser) verstärkt wird, oder ob die Qualität der Antwort dadurch verbessert wird. Des Weiteren können die erstellten Antworten vor der Versendung an den Nutzer eine Endkontrolle durchlaufen, die eine Reflexion der verwendeten Sprache anstößt (siehe Jucks/Schulte-Löbbert/Bromme, im Druck).

Zudem wäre eine Rückmeldefunktion sinnvoll in dieses Setting zu integrieren, bei der die Nutzer/innen differenziert ihr eingeschätztes Verständnis der Antwort abbilden können.

Die Möglichkeiten, die sich zur Herstellung und Absicherung von Verständigung ergeben, sind also jeweils für das entsprechende Medium zu betrachten.

Pädagogische Agenten

Computergestützte Lernumgebungen wurden in vielfältigen Ausgestaltungen entwickelt und evaluiert. Ein Forschungsbereich, der interdisziplinär von Pädagog/innen, Medienpsycholog/innen sowie Informatiker/innen bearbeitet wird, ist die Ausstattung solcher E-Learning-Umgebungen mit virtuellen Tutoren, die durch humanoide Figuren verkörpert werden. Mit dem Einsatz dieser pädagogischen Agenten verbindet sich die Erwartung, dass nicht nur eine natürlichere Interaktion zwischen Lerner und Programm gewährleistet wird, sondern dass vor allem die Vorteile sozialer Lernsituationen nachgebildet werden. So wird angenommen, dass autonom agierende pädagogische Agenten die Aufmerksamkeit des Lerners gezielt steuern können, ein Interesse an den vermittelten Inhalten wecken und aufrechterhalten sowie den Lerner durch kontinuierliches Feedback motivieren. Prototypisch sind beispielsweise die im Rahmen der IntelliMedia-Initiative entwickelten animierten pädagogischen Agenten (Lester et al. 2000; Lester et al. 1997a und b): Die Figuren »Herman the bug« und »Cosmo« bevölkern unterschiedliche desktopbasierte Lernumgebungen und sollen insbesondere Kinder zum Lernen motivieren.

Herman the bug (Lester/Stone/Stelling 1999) ist ein pädagogischer Agent, der das Lernprogramm »Design-a-plant« unterstützt. Innerhalb dieses Programms können Lernende aus einer Auswahl an Wurzeln, Blättern und Stielen Pflanzen so zusammenstellen, dass sie an eine gegebene Umwelt perfekt angepasst sind. Herman wird als »talkative, quirky insect« beschrieben, das die Aktivitäten des Lerners beobachtet sowie Erklärungen und Hilfen gibt. Herman ist mit einer Reihe von Aktivitäten ausgestattet: Je nach Situation kann er gehen, fliegen oder Bungee-Springen betreiben. Die Verhaltensweisen werden angepasst an den Problemlösungsverlauf des Lerners, an den momentanen Zustand der Lernumgebung sowie den momentanen Zustand des Agenten. Diese und weitere, unauffälligere Verhaltensweisen sollen das Lernergebnis mittelbar dadurch steigern, dass sie die Motivation des Lerners erhöhen. Daneben wurden auch unmittelbar lernförderliche Aktivitäten implementiert. Beispielsweise sollte der Agent den Lerner mit Hilfe und Erläuterungen versorgen. Der Agent *Cosmo* liefert Hilfe und Erklärungen im Rahmen des Lernprogramms »Internet Protocol Advisor« (Lester et al. 1999). Der Lerner wird über Netzwerk-Mechanismen aufgeklärt, indem er durch eine Serie von *subnets* reist. Es handelt sich um eine Fantasiefigur, die durch verschiedene nonverbale Verhaltensweisen nicht nur Emotionen ausdrücken, sondern auch die mitgeteilten Informationen illustrieren kann. Bei der ursprünglichen Entwicklung lag ein besonderer Schwerpunkt auf dem Design der

Zeigegesten und dem Zusammenspiel von Gestik, Bewegung und Sprache, um sich auf Objekte in der Umgebung zu beziehen (Lester et al. 1999).

Ein weiteres wichtiges Merkmal, die emotionale Reaktion auf die Eingaben des Nutzers, wird durch das sogenannte *emotive-kinesthetic behavior sequencing framework* ermöglicht (Lester et al. 1999). Den verschiedenen Sprechakten werden mithilfe dieses Modells emotionale nonverbale Verhaltensweisen zugeordnet: So kann Cosmo bei Freude über eine richtige Antwort des Lerners vom Boden abheben oder bei Enttäuschung seine Antennen senken. Cosmos Aussagen wurden durch einen Schauspieler aufgezeichnet, sodass lediglich bis zu 240 Sprechakte möglich sind. Sophistiziertere pädagogische Konzepte stehen dagegen hinter der Entwicklung von *AutoTutor* (Graesser/Jackson/McDaniel 2007; Graesser et al. 1999). Der durch eine humanoide Figur verkörperte *AutoTutor* soll den Lerner bei der aktiven Konstruktion von Wissen unterstützen, indem er Lernende zu Elaborationen sowie zum Stellen und Beantworten von Fragen sowie zum Problemlösen anhält. Der animierte Agent fungiert dabei als Dialogpartner für den Lerner: »*AutoTutor* was designed to be a good conversation partner that comprehends, speaks, points, and displays emotions, all in a coordinated fashion« (Graesser et al. 2000, S. 8). Zu diesem Zweck verfügt der Tutor über eine Taxonomie an Verhaltensweisen, die er (im Idealfall in dieser Reihenfolge) durchgehen sollte: Feedback, pumping, prompting, hinting, elaborating, splicing/correcting, summarizing, requestioning (Graesser et al. 1999). Da bekannt sei, dass mimische Cues eine wichtige Form von Feedback in Tutoring-Sitzungen darstellen (Graesser/Person/Magliano 1995), erhält der Lernende in Abhängigkeit von der Qualität der Antwort ein kurzes mimisches Feedback (zum Beispiel Lächeln und angehobene Augenbrauen) sowie ein entsprechendes Bewegungsverhalten (Nicken oder Kopfschütteln). Weitere Ansätze werden von Rickel und Johnson (1999) sowie Baylor und Kollegen vorgestellt (Baylor/Ebbers 2003a, b; Baylor/Ryu 2003).

Medienpsychologische Fragestellungen, die sich an die Entwicklungen anschließen, betreffen die Evaluation der Technologien. Damit pädagogische Agenten in Zukunft sinnvoll eingesetzt werden können, müssen sie evaluiert und aufgrund der Ergebnisse iterativ weiterentwickelt werden. Wie in klassischen medienpsychologischen Untersuchungen wird dabei einerseits ein Modalitätenvergleich durchgeführt sowie auf der anderen Seite die spezifische Ausgestaltung des Agenten variiert. Als Pionier auf dem Gebiet der pädagogischen Agenten war Lester mit seiner Gruppe auch einer der Ersten, der die Effektivität der Figuren empirisch überprüft hat (vgl. Lester et al. 1997a, b; Johnson/Rickel/Lester 2000). In einem *Between-Subjects*-Design ließen Lester et al. (1997a, b) 100 Schüler mit unterschiedlichen Formen des pädagogischen Agenten *Herman the bug* interagieren. Variiert wurden sowohl Modalitäten als auch Vermittlungstechnik: ein Agent gab keine Ratschläge, einer lieferte aufgabenspezifische Ratschläge im verbalen Modus, einer verbale prinzipienbasierte Ratschläge, der vierte enthielt alle Elemente des Letztgenannten, wurde aber zusätzlich mit Animationen/nonverbalem Verhalten versehen und der fünfte war der »expressivste«, da er nicht nur all diese Elemente, sondern zusätzlich auch bei Schwierigkeiten selbstständig verbale Hilfe anbot. Für alle Formen konnte nach der Interaktion ein signifikanter

Wissenszuwachs bezüglich des Aufbaus von Pflanzen nachgewiesen werden: der Agent hat somit keinen Distraktionseffekt, sondern unterstützt das Lernen – erstaunlicherweise sogar, wenn er gar keine Hilfsfunktionalitäten hat (vgl. Lester et al. 1997b).

Bei einfachen Problemen ergab sich kein Unterschied hinsichtlich der Problemlösung, bei komplexen Problemen aber erwiesen sich der voll expressive und der Agent mit aufgabenspezifischen Ratschlägen als hilfreicher als der stumme Agent. Parallel dazu wurde auch die Nützlichkeit und Verständlichkeit höher eingeschätzt, je expressiver der Agent war (Lester et al. 1997a). Hinsichtlich der affektiven Dimension pädagogischer Agenten schließen Lester et al. (1997a) somit: »The study revealed the persona effect, which is that the presence of a lifelike character in an interactive learning environment – even one that is not expressive – can have a strong positive effect on student´s perception of their learning experience« (S. 359). Die Autor/innen führen dies einerseits auf direkte kognitive Effekte zurück und andererseits auf Motivationseffekte – verursacht sowohl durch die »enchanting presence« (S. 364) und die Glaubwürdigkeit als auch durch die angeborene Tendenz des Menschen, auf psychosoziale Stimuli zu reagieren. Auch Baylor und Ryu (2003; Baylor/Ebbers 2003a, b) sowie Atkinson (2002) berichten gemäßigt positive Ergebnisse zur Wirkung der von ihnen getesteten pädagogischen Agenten.

In aktuellen Studien werden die Wirkungen unterschiedlicher Erscheinungsbilder und Kategorienzugehörigkeit des Agenten untersucht (Moreno/Flowerday 2006). Medienpsychologisch besonders interessant sind ferner Ergebnisse, die zeigen, dass erhöhte Immersion (die Darstellung der Lernumgebung nicht über den Desktop, sondern über ein *head mounted display*, das das Eintauchen in die virtuelle Welt ermöglicht) zwar die empfundene Präsenz in der Umgebung stärkt, nicht aber das Lernergebnis verbessert (Moreno 2002; Moreno/Mayer 2004).

Zusammenfassung und Ausblick

In diesem Kapitel wurde Grundlagenwissen aus der Medienpsychologie, der Lehr-Lern-Forschung und der Kommunikationspsychologie dargestellt. Wir haben ausgeführt, dass mediale Bildungsangebote empirisch meist über einen Vergleich unterschiedlicher Formen instruktionaler Gestaltung innerhalb des gleichen medialen Angebots analysiert werden. Die Forschung zum computerunterstützten kooperativen Lernen zeigt, dass unstrukturierte Kooperation in Kleingruppen kaum zu guten Lernergebnissen führt. Kooperationsskripts werden derzeit als Instruktionsansatz für mediengestützte Umgebungen weiterentwickelt und empirisch untersucht. Beispiele aktueller Forschung wurden dabei zum computergestützten, kooperativen Lernen im Klassenzimmer, zur Wissensvermittlung von Expert/innen an Laien in der Online-Beratung und zur Nutzung pädagogischer Agenten mit dem Ziel, die computermediierte Lehr-Lern-Situation mit sozialen Merkmalen anzureichern und damit interessanter und effektiver zu machen, gegeben. Als theoretischer Hintergrund wurde auf verschiedene kognitive Theorien verwiesen (Sweller 1999; Mayer 2001; Moreno/

Mayer 1999), die die Aufteilung der kognitiven Ressourcen auf verschiedene Teilleistungen beschreiben. Die beschriebenen kommunikationspsychologischen Konzeptualisierungen (Clark/Marshall 1981; Clark 1996) lassen Folgerungen für das Gelingen von computervermittelter Kommunikation zu.

In jedem der genannten Anwendungsbereiche bestehen Forschungslücken, die insbesondere die Langzeiteffekte der ermittelten Wirkfaktoren betreffen. In Bezug auf die Online-Beratung besteht die Herausforderung darin, die konkreten Bedingungen von Adaptivität an den jeweiligen Rezipienten zu klären. Hier ist zum einen der Zusammenhang zwischen der Qualität/Veridikalität von Annahmen über das Wissen des Kommunikationspartners mit den kommunikativen Beiträgen *unter den medialen Gegebenheiten* zu klären. Zum anderen sind die einzelnen Faktoren, die z. B. die Anwendung der Heuristiken zur Einschätzung des Wissensstands des Lernpartners beeinflussen, in ihrem Wechselspiel zu untersuchen.

Für die Wirksamkeit von pädagogischen Agenten lässt sich zusammenfassen, dass der überwiegende Teil der Untersuchungen bestätigt, dass die virtuellen Figuren eine Leistungssteigerung des Nutzers befördern. Zumindest lässt sich die Sorge, dass anthropomorphe Agenten den Lerner mehr ablenken als fördern, zunächst als unbegründet einordnen. Eine generelle Effizienz im Sinne der Lernunterstützung kann somit angenommen werden. Die Studien allerdings, die auf experimentellem Wege die Ursache für den Erfolg zu ergründen suchen, verweisen häufig auf den zentralen Anteil der verbalen Vermittlung (Moreno et al. 2001). Außerdem erscheint noch wenig erklärt, ob die pädagogischen Agenten tatsächlich effizient sind, da sie die Motivation des Lerners erhöhen oder vielleicht doch eher, weil sie direkteren Einfluss auf kognitive Aspekte nehmen (beispielsweise die Wahrnehmung strukturieren). Da dies unterschiedliche Implikationen für Einsatz und Verhalten der Agenten hätte, sollten weitere Studien auch diese offene Fragestellung stärker fokussieren. Da aber gerade im Bereich der *Pädagogischen Agenten* eine rege Evaluationstätigkeit herrscht, werden entsprechende Antworten sicherlich in Zukunft erwartet werden können.

Die Forschung zum computerunterstützten kooperativen Lernen gilt als prototypisches multidisziplinäres Forschungsfeld. Konzeptuelle Vielfalt und Methodenpluralismus haben aber auch eine Schattenseite. Sie haben nämlich eher hemmende Wirkung auf die Wissensakkumulation (vgl. Dillenbourg/Fischer 2007). Dieses weitgehende Fehlen eines einheitlichen theoretischen und methodologischen Bezugsrahmens macht eine Integration der inzwischen recht zahlreichen Forschungsbefunde sehr schwierig. Wenn Lernen und Wissen stark unterschiedlich konzeptualisiert und operationalisiert werden, ist eine Studien übergreifende Analyse und Bewertung von Effekten spezifischer Gestaltungskomponenten kaum möglich. Wichtig erscheint also für die nächsten Jahre, dass ein gemeinsamer konzeptueller Bezugsrahmen und ein Standard zur Beschreibung von Methodologien entwickelt wird, der es ermöglicht, die Befundvielfalt zumindest teilweise zu integrieren.

Die drei beschriebenen Anwendungsfelder beziehen sich auf unterschiedliche Forschungsfelder, die inhaltlich wenig Verschränkungen aufweisen. Die Schüler/innen, die gemeinsam im Klassenzimmer mit einem modernen Computerprogramm lernen, hypothesengeleitet Erkenntnisse zu naturwissenschaftlichen Fragestellungen zu gewinnen, der Cyber-Doktor, der per E-mail einen ihm unbekannten Patienten berät, der einzelne Lerner, der durch die Interaktion mit einem *Pädagogischen Agenten* eher spielerisch lernt, welche Zusammenhänge zwischen verschiedenen Komponenten eines Lebensraums bestehen, haben tatsächlich wenig gemein.

In jüngster Vergangenheit werden – vermutlich auch vor diesem Hintergrund – vermehrt Forderungen nach systematischer Untersuchung des computergestützten Lernens und Kommunizierens in einem weiteren (Unterrichts- oder Trainings-)Kontext laut, innerhalb dessen Medien »nur« eine von mehreren Quellen von Information und Instruktion sind. So sind in der CSCL-Forschung mit zunehmend sophistizierten Systemen der Lehrende und der Unterrichtskontext aus dem Fokus geraten. Beim Lernen mit *Pädagogischen Agenten* steht die Interaktion mit Individuen im Vordergrund. Eine optimale Lernumgebung könnte aber *Pädagogische Agenten*, die computerunterstützte Peerkooperation und die Kommunikation mit externen Expert/innen umfassen. Über die Interaktion der in diesen Gebieten untersuchten Variablen ist wenig bekannt. Forschung zur »Orchestrierung« soll die unterschiedlichen Komponenten einer Lern- und Kooperationsumgebung in ihrem Zusammenspiel (auch mit Kontextvariablen) untersuchen, um positive wie negative Wechselwirkungen identifizieren zu können. Für das Lernen in unterschiedlichen Bildungskontexten ist dann die Frage, wie das Zusammenspiel dieser Komponenten untereinander und mit dem weiteren Kontext (z.B. Unterrichtsbedingungen) orchestriert werden kann, um optimale Lernergebnisse zu erzielen. Dabei rücken Variablen in den Vordergrund, die bislang kaum Gegenstand der psychologischen Forschung zum Lernen und Kommunizieren mit Medien waren, wie etwa die Flexibilität und (einfache) Adaptierbarkeit der Technologie durch die Lehrenden für ihren Unterricht. Dies erfordert häufig, dass die Studien in einem Zielkontext (z.B. im Biologieunterricht oder im Englischkurs an der Volkshochschule) durchgeführt werden. Dies erfordert ebenfalls häufig die interdisziplinäre Zusammenarbeit etwa von Psycholog/innen, Pädagog/innen und Informatiker/innen, in deren Wissensgebieten die Teilkomponenten bzw. Variablen verankert sind. Empirische Arbeiten zur »Orchestrierung« in diesem Sinne stehen allerdings erst am Anfang.

Literatur

Akkerman, S./van den Bossche, P./Admiraal, W./Gijselaers, W./Segers, M./Simons, R.-J./Kirschner, P.A. (2007): Reconsidering group cognition: From conceptual confusion to a boundary area between cognitive and socio-cultural perspectives? In: Educational Research Review 2, H. 1, S. 39–63.

Appel, M./Richter, T. (im Druck): Der Sleeper-Effect. In: Krämer, N./Schwan, S./Unz, D./Suckfüll, M. (Hrsg.): Medienpsychologie. Schlüsselbegriffe und Konzepte. Stuttgart: Kohlhammer.

Atkinson, R.K. (2002): Optimizing learning from examples using animated pedagogical agents. In: Journal of Educational Psychology 94, S. 416–427.

Baddeley, A.D. (1986): Working memory. Oxford: Clarendon Press.

Barr, D.J./Keysar, B. (2006): Perspective taking and the coordination of meaning in language use. In: Traxler, M.J./Gernsbacher, M.A. (Hrsg.): Handbook of Psycholinguistics. Volume 2. Amsterdam: Elsevier, S. 901–938.
Baylor, A.L./Ryu, J. (2003): Does the presence of image and animation enhance pedagogical agent persona? In: Journal of Educational Computing Research 28, H. 4, S. 373–395.
Baylor, A.L./Ebbers, S. (2003a): Evidence that Multiple Agents Facilitate Greater Learning. International Artificial Intelligence in Education (AI-ED), Sydney, Australia.
Baylor, A.L./Ebbers, S. (2003b): The Pedagogical Agent Split-Persona Effect: When Two Agents are Better than One. ED-MEDIA, Honolulu, Hawaii.
Becker, B.-M./Bromme, R./Jucks, R. (2008): College students' knowledge of concepts related to the metabolic syndrome. In: Psychology, Health and Medicine 13, S. 367–379.
Bente, G./Krämer, N. (2004): Inhaltsanalyse medialer Angebote. In: Mangold, R./Vorderer, P./Bente, G. (Hrsg.): Lehrbuch der Medienpsychologie. Göttingen: Hogrefe, S. 634–671.
Bromme, R./Jucks, R. (2001): Wissensdivergenz und Kommunikation. Lernen zwischen Experten und Laien im Netz. In: Hesse, F.W./Friedrich, H.F. (Hrsg.): Partizipation und Interaktion im virtuellen Seminar. Münster: Waxmann, S. 81–103.
Bromme, R. (2000): Beyond one's own perspective: The psychology of cognitive interdisciplinarity. In: Weingart, P./Stehr, N. (Hrsg.): Practising interdisciplinarity. Toronto: Toronto University Press, S. 115–133.
Bromme, R./Hesse, F.W./Spada, H. (Hrsg.) (2005): Barriers and biases in computer-mediated knowledge communication – and how they may be overcome. New York: Springer.
Bromme, R./Jucks, R./Rambow, R. (2004): Experten-Laien-Kommunikation im Wissensmanagement. In: Reinmann, G./Mandl, H. (Hrsg.): Der Mensch im Wissensmanagement: Psychologische Konzepte zum besseren Verständnis und Umgang mit Wissen. Göttingen: Hogrefe, S. 176–188.
Bromme, R./Jucks, R./Runde, A. (2005): Barriers and biases in computer-mediated expert-layperson-communication. In: Bromme, R./Hesse, F.W./Spada, H. (Hrsg.): Barriers, biases and opportunities of communication and cooperation with computers- and how they may be overcome. New York: Springer, S. 89–118.
Bromme, R./Rambow, R./Nückles, M. (2001): Expertise and estimating what other people know: The influence of professional experience and type of knowledge. In: Journal of Experimental Psychology: Applied 7, S. 317–330.
Chandler, P./Sweller, J. (1991): Cognitive load theory and the format of instruction. In: Cognition and Instruction 8, S. 293–332.
Clark, H.H. (1996): Using language. Cambridge, MA: Cambridge University Press.
Clark, H.H./Brennan, S.E. (1991): Grounding in communication. In: Resnick, L.B./Levine, J.M./Teasley, S.D. (Hrsg.): Perspectives on socially shared cognition. Washington, DC: American Psychological Association, S. 127–149.
Clark, H.H./Marshall, C.R. (1981): Definite references and mutual knowledge. In: Joshi, K.A./Webber, B.L./Sag, I.A. (Hrsg.): Elements of discourse understanding. Cambridge: University Press, S. 10–63.
Clark, H.H./Murphy, G.L. (1982): Audience design in meaning and reference. In: Le Ny, J.F./Kintsch, W. (Hrsg.): Language and comprehension. Amsterdam: North-Holland Publishing Company, S. 287–299.
Clark, H.H./Wilkes-Gibbs, D. (1986): Referring as a collaborative process. In: Cognition 22, S. 1–39.
Clark, R.E. (1994): Media will never influence learning. In: Educational Technology Research and Development 42, H. 2, S. 21–29.
Daft, R.L./Lengel, R.H. (1986): Organizational information requirements, media richness and structural design. In: Management Science 32, S. 554–571.
de Jong, T. (2006): Technological advances in inquiry learning. In: Science 312, S. 532–533.

Dillenbourg, P./Fischer, F. (2007): Basics of Computer Supported Collaborative Learning. In: Zeitschrift für Berufs- und Wirtschaftspädagogik 21, S. 111–130.

Fischer, F./Dillenbourg, P. (2006): Challenges of orchestrating computer-supported collaborative learning. Paper presented at the 87. Annual Meeting of the American Educational Research Association (AERA), San Francisco, USA.

Fischer, F./Kollar, I./Mandl, H./Haake, J.M. (Hrsg.) (2007): Scripting computer-supported collaborative learning – cognitive, computational, and educational perspectives. New York: Springer.

Fischer, O. (im Druck): Media Richness. In: Krämer, N./Schwan, S./Unz, D./Suckfüll, M. (Hrsg.): Medienpsychologie. Schlüsselbegriffe und Konzepte. Stuttgart: Kohlhammer.

Fussell, S./Krauss, R.M. (1989): The effects of intended audience on message production and comprehension: Reference in a common ground framework. In: Journal of Experimental Social Psychology 25, S. 203–219.

Gerbner, G./Gross, L./Morgan, M./Signorielli, N. (1994): Growing up with television. The cultivation perspective. In: Bryant, J./Zillmann, D. (Hrsg.): Media effects. Advances in theory and research. Hillsdale: Erlbaum, S. 17–41.

Gleich, U. (2004): Medien und Gewalt. In: Mangold, R./Vorderer, P./Bente, G. (Hrsg.): Lehrbuch der Medienpsychologie. Göttingen: Hogrefe, S. 587–618.

Graesser, A.C./Person, N.K./Magliano, J.P. (1995): Collaborative dialog patterns in naturalistic one-on-one tutoring. In: Applied Cognitive Psychology 9, S. 359–387.

Graesser, A.C./Person, N./Harter, D./TRG (2000): Teaching tactics in AutoTutor. Paper presented at the workshop on tutorial dialogue at the Intelligent Tutoring Systems 2000 Conference, Montreal, Canada.

Graesser, A.C./Wiemer-Hastings, K./Wiemer-Hastings, P./Kreuz, R./the Tutoring Research Group (1999): AutoTutor: A simulation of a human tutor. In: Journal of Cognitive Systems Research 1, S. 35–51.

Graesser, A.C./Jackson, G.T./McDaniel, B. (2007): AutoTutor holds conversations with learners that are responsive to their cognitive and emotional states. In: Educational Technology 47, S. 19–22.

Grice, H.P. (1989): Studies in the way of words. Cambridge: Harvard University Press.

Hesse, F.W./Garsoffky, B./Hron, A. (1997): Interface-Design für computerunterstütztes kooperatives Lernen. In: Issing, L.J./Klimsa, P. (Hrsg.): Information und Lernen mit Multimedia. Weinheim: Psychologie Verlags Union, S. 252–267.

Horton, D./Wohl, R.R. (1956): Mass communication and para-social interaction: Observation on intimacy at a distance. In: Psychiatry 19, S. 215–229.

Huff, M. (im Druck): Aufmerksamkeitsprozesse beim Fernsehen. In: Krämer, N./Schwan, S./Unz, D./Suckfüll, M. (Hrsg.): Medienpsychologie. Schlüsselbegriffe und Konzepte. Stuttgart: Kohlhammer.

Isaacs, E.A./Clark, H.H. (1987): References in conversation between experts and novices. In: Journal of Experimental Psychology: General 116, S. 26–37.

Johnson, W.L./Rickel, J.W./Lester, J.C. (2000): Animated pedagogical agents: Face-to-face interaction in interactive learning environments. In: The International Journal of Artificial Intelligence in Education (2000) 11, S. 47–78.

Jucks, R. (2001): Was verstehen Laien? Die Verständlichkeit von Fachtexten aus der Sicht von Computer-Experten. Münster: Waxmann.

Jucks, R./Becker, B.-M./Bromme, R. (2008): Lexical entrainment in Written Discourse – Is Experts' Word Use Adapted to the Addressee? Discourse Processes 45, S. 497–518.

Jucks, R./Bromme, R./Runde, A. (2003): Audience Design von Experten in der netzgestützten Kommunikation: Die Rolle von Heuristiken über das geteilte Vorwissen. In: Zeitschrift für Psychologie 211, H. 2, S. 60–74.

Jucks, R./Schulte-Löbbert, P./Bromme, R. (2007): Supporting experts' written knowledge communication through reflective prompts on the use of specialist concepts. In: Zeitschrift für Psychologie/Journal of Psychology 215, S. 237–247.

Katz, E. (1959): Mass communications research and the study of popular culture: an editorial note on a possible future for this journal. In: Studies in Public Communication 2, S. 1–6.

Katz, E./Blumler, J.G./Gurevitch, M. (1974): Utilization of Mass Communication by the individual. In: Blumler, J.G./Katz, E. (Hrsg.): The Uses of Mass Communication. Beverly Hills: Sage Publications, S. 19–32.

Kiesler, S./Siegel, J./Mcguire, T.W. (1984): Social psychological aspects of computer mediated communication. In: American Psychologist 39, S. 1123–1134.

Kollar, I./Fischer, F./Slotta, J.D. (2007): Internal and external scripts in computer-supported collaborative inquiry learning. In: Learning & Instruction 17, H. 6, S. 708–721.

Kollar, I./Fischer, F./Hesse, F.W. (2006): Computer-supported collaboration scripts. In: Educational Psychology Review 18, H. 2, S. 159–185.

Kozma, R.B. (1994): Will media influence learning? Reframing the debate. In: Educational Technology Research & Development 42, H. 2, S. 7–19.

Kozma, R.B. (1991): Learning with media. In: Review of Educational Research 61, H. 2, S. 179–212.

Krämer, N. (2004): Mensch-Computer-Interaktion. In: Mangold, R./Vorderer, P./Bente, G. (Hrsg.): Lehrbuch der Medienpsychologie. Göttingen: Hogrefe, S. 634–671.

Krämer, N. (2008): Soziale Vergleichsprozesse. In: Krämer, N./Schwan, S./Unz, D./Suckfüll, M. (Hrsg.): Medienpsychologie. Schlüsselbegriffe und Konzepte. Reihe Medienpsychologie (Band 1). Stuttgart: Kohlhammer.

Krämer, N./Schwan, S./Unz, D./Suckfüll, M. (2008): Medienpsychologie. Schlüsselbegriffe und Konzepte. Reihe Medienpsychologie (Band 1). Stuttgart: Kohlhammer.

Leffelsend, S./Mauch, M./Hannover, B. (2004): Mediennutzung und Medienwirkung. In: Mangold, R./Vorderer, P./Bente, G. (Hrsg.): Lehrbuch der Medienpsychologie. Göttingen: Hogrefe, S. 51–71.

Lester, J.C./Converse, S.A./Kahler, S.E./Barlow, S.T./Stone, B.A./Bogal, R.S. (1997a): The Persona Effect: Affective Impact of Animated Pedagogical Agents. In: Pemberton, S. (Hrsg.): Human Factors in Computing Systems: CHI'97 Conference Proceedings. New York: ACM Press, S. 359–366.

Lester, J.C./Converse, S.A./Stone, B.A./Kahler, S.E./Barlow, S.T. (1997b): Animated Pedagogical Agents and Problem-Solving Effectiveness: A Large-Scale Empirical Evaluation. In: Du Boulay, B./Mizoguchi, R. (Hrsg.): Proceedings of the 8th World Conference on Artifical Intelligenz in Education. Kobe, Japan: IOS Press, S. 23–30.

Lester, J.C./Stone, B.A./Stelling, G.D. (1999): Lifelike pedagogical agents for mixed-initiative problem solving in constructivist learning environments. In: User Modeling and User-Adapted Interaction 9, S. 1–44.

Lester, J.C./Towns, S.G./Callaway, C.B./Voerman, J.L./Fitzgerald, P.J. (2000): Deictic and emotive communication in animated pedagogical agents. In: Cassell, J./Sullivan, J./Prevost, S./Churchill, E. (Hrsg.): Embodied Conversational agents. Boston: MIT Press, S. 123–154.

Lester, J.C./Towns, S.T./Fitzgerald, P.J. (1999): Achieving affective impact: Visual emotive communication in lifelike pedagogical agents. In: The International Journal of Artificial Intelligence in Education 10, H. 3–4, S. 278–291.

Lester, J.C./Voerman, J.L./Towns, S.G./Callaway, C.B. (1999): Deictic believability: Coordinating gesture, locomotion, and speech in lifelike pedagogical agents. In: Applied Artificial Intelligence 13, S. 383–414.

Lockridge, C.B./Brennan, S.E. (2002): Addressees' needs influence speakers' early syntactic choices. In: Psychonomic Bulletin & Review 9, S. 550–557.

Mangold, R./Vorderer, P./Bente, G. (2004): Lehrbuch der Medienpsychologie. Göttingen: Hogrefe.

Marttunen, M./Laurinen, L. (2001): Learning of argumentation skills in networked and face-to-face environments. In: Instructional Science 29, H. 2, S. 127–153.

Mayer, R. (2005): The Cambridge handbook of multimedia learning. Cambridge: Cambridge University Press.

Mayer, R.E. (2001): Multimedia learning. Cambridge, UK: Cambridge University Press.
Mayer, R.E./Chandler, P. (2001): When learning is just a click away: does simple user interaction foster deeper understanding of multimedia messages? In: Journal of Educational Psychology 93, H. 2, S. 390–397.
Mayer, R.E./Moreno, R./Boire, M./Vagge, S. (1999): Maximizing constructivist learning from multimedia communications by minimizing cognitive load. In: Journal of Educational Psychology 91, S. 638–643.
Miller, G.A. (1956): The magical number seven, plus or minus two: Some limits on our capacity for processing information. In: Psychological Review 63, S. 81–97.
Moreno, R. (2002): Pedagogical agents in virtual reality environments: Do multimedia principles still apply? ED-MEDIA 2002 Proceedings. Charlottesville, VA: AACE Press, S. 1374–1376.
Moreno, R./Flowerday, T. (2006): Students' choice of animated pedagogical agents in science learning: A test of the similarity attraction hypothesis on gender and ethnicity. In: Contemporary Educational Psychology 31, S. 186–207.
Moreno, R./Mayer, R.E. (2004): Personalized messages that promote science learning in virtual environments. In: Journal of Educational Psychology 96, S. 165–173.
Moreno, R.E./Mayer, R.E. (2002): Verbal redundancy in multimedia learning: When reading helps listening. In: Journal of Educational Psychology 94, S. 156–163.
Moreno, R./Mayer, R.E. (1999): Cognitive principles of multimedia learning: The role of modality and contiguity. In: Journal of Educational Psychology 91, S. 358–368.
Moreno, R./Mayer, R.E./Spires, H./Lester, J. (2001): The case for social agency in computer-based teaching: Do students learn more deeply when they interact with animated pedagogical agents? In: Cognition and Instruction 19, S. 177–213.
Nass, C./Moon, Y. (2000): Machines and mindlessness: Social responses to computers. In: Journal of Social Issues 56, H. 1, S. 81–103.
Nückles, M. (2001): Perspektivenübernahme von Experten in der Kommunikation mit Laien. Eine Experimentalserie im Internet. Münster: Waxmann.
Nückles, M./Wittwer, J./Renkl, A. (2005): Information about a layperson's knowledge supports experts in giving effective and efficient online advice to laypersons. In: Journal of Experimental Psychology: Applied 11, S. 219–236.
Pfister, H.-R./Mühlpfordt, M./Müller, W. (2003): Lernprotokollunterstütztes Lernen – ein Vergleich zwischen unstrukturiertem und systemkontrolliertem diskursivem Lernen im Netz. In: Zeitschrift für Psychologie 211, H. 2, S. 98–109.
Rambow, R. (2000): Experten-Laien-Kommunikation in der Architektur. Münster: Waxmann.
Reeves, B./Nass, C.I. (1996): The media equation: How people treat computers, television, and new media like real people and places. New York: Cambridge University Press.
Rickel, J./Johnson, W.L. (1999): Animated agents for procedural training in virtual reality: Perception, cognition, and motor control. In: Applied Artificial Intelligence 13, S. 343–382.
Rosé, C.P./Wang, Y.C./Arguello, J./Stegmann, K./Weinberger, A./Fischer, F. (im Druck): Analyzing collaborative learning processes automatically: Exploiting the advances of computational linguistics in computer-supported collaborative learning. In: International journal of computer-supported collaborative learning.
Salomon, G. (1984): Television is »easy« and print is »tough«: The differential investment of mental effort in learning as a function of perceptions and attributions. In: Journal of Educational Psychology 4, S. 647–658.
Scardamalia, M./Bereiter, C. (2006): Knowledge building. In: Sawyer, K. (Hrsg.): Cambridge Handbook of the Learning Sciences. Cambridge: Cambridge University Press, S. 97–117.
Scardamalia, M./Bereiter, C. (1994): Computer support for knowledge-building communities. In: The Journal of the Learning Sciences 3, H. 3, S. 265–283.
Schnotz, W. (1994): Aufbau von Wissensstrukturen. Untersuchungen zur Kohärenzbildung beim Wissenserwerb mit Texten. Weinheim: Beltz.

Schreier, M. (2004): Qualitative Methoden. In: Mangold, R./Vorderer, P./Bente, G. (Hrsg.): Lehrbuch der Medienpsychologie. Göttingen: Hogrefe, S. 377–399.
Snow, C./Ferguson, C.A. (1977): Talking to children. Language input and acquisition. New York, Cambridge, MA: Cambridge University Press.
Spears, R./Lea, M./Lee, S. (1990): De-individuation and group polarisation in computer-mediated communication. In: British Journal of Social Psychology 29, S. 121–134.
Stahl, G. (2005): Group cognition in computer-assisted collaborative learning. In: Journal of Computer Assisted Learning 21, S. 79–90.
Strijbos, J.-W./Martens, R.L./Jochems, W.M.G./Broers, N.J. (2004): The effect of functional roles on group efficiency: Using multilevel modeling and content analysis to investigate computer-supported collaboration in small groups. In: Small Group Research 35, S. 195–229.
Sundar, S.S./Nass, C. (2000): Source orientation in human-computer interaction: programmer, networker, or independent social actor? In: Communication Research 27, H. 6, S. 683–703.
Suthers, D.D. (2006): Technology affordances for intersubjective learning: A research agenda for CSCL. In: International Journal of Computer-Supported Collaborative Learning 1, H. 3, S. 31–337.
Suthers, D.D./Hundhausen, C.D. (2003): An experimental study of the effects of representational guidance on collaborative learning processes. In: The Journal of the Learning Sciences 12, H. 2, S. 183–218.
Sweller, J. (1999): Instructional design in technical areas. Melbourne, Australia: ACER Press.
Tibus, M. (im Druck): Cognitive load (CLT). In: Krämer, N./Schwan, S./Unz, D./Suckfüll, M. (Hrsg.): Medienpsychologie. Schlüsselbegriffe und Konzepte. Stuttgart: Kohlhammer.
Trepte, S. (1999): Forschungsstand der Medienpsychologie. In: Medienpsychologie 11, H. 3, S. 200–218.
Trepte, S. (2004): Zur Geschichte der Medienpsychologie. In: Mangold, R./Vorderer, P./Bente, G. (Hrsg.): Lehrbuch der Medienpsychologie. Göttingen: Hogrefe, S. 3–25.
Vorderer, P. (2000): Interactive entertainment and beyond. In: Zillmann, D./Vorderer, P. (Hrsg.): Media entertainment: The psychology of its appeal. Mahwah, NJ: Lawrence Erlbaum, S. 21–36.
Walther, J.B. (1996): Computer-mediated communication: Impersonal, interpersonal, and hyperpersonal interaction. In: Communication Research 23, S. 3–43.
Weidenmann, B./Paechter, M./Schweizer, K. (2004): E-Learning und netzbasierte Wissenskommunikation. In: Mangold, R./Vorderer, P./Bente, G. (Hrsg.): Lehrbuch der Medienpsychologie. Göttingen: Hogrefe, S. 743–768.
Weinberger, A./Ertl, B./Fischer, F./Mandl, H. (2005): Epistemic and social scripts in computer-supported collaborative learning. In: Instructional Science 33, H. 1, S. 1–30.
Weinberger, A./Stegmann, K./Fischer, F./Mandl, H. (2007): Scripting argumentative knowledge construction in computer-supported learning environments. In: Fischer, F./Kollar, I./Mandl, H./Haake, J. (Hrsg.): Scripting computer-supported communication of knowledge – cognitive, computational and educational perspectives. New York: Springer, S. 191–211.
Winterhoff-Spurk, P. (1999): Medienpsychologie. Eine Einführung. Stuttgart, Berlin, Köln: Kohlhammer.
Zillmann, D. (1988): Mood management through communications. In: American Behavioral Scientist 31, S. 327–340.
Zillmann, D. (1971): Excitation transfer in communication-mediated aggressive behavior. In: Journal of Experimental Social Psychology 7, S. 419–434.
Zillmann, D. (2004): Emotionspsychologische Grundlagen. In: Mangold, R./Vorderer, P./Bente, G. (Hrsg.): Lehrbuch der Medienpsychologie. Göttingen: Hogrefe, S. 129–150.
Zillmann, D./Bryant, J. (1985): Selective-Exposure Phenomena. In: Zillmann, D./Bryant, J. (Hrsg.): Selective exposure to communication. Hillsdale: Erlbaum, S. 1–10.
Zumbach, J./Reimann, P./Koch, S. (2006): Monitoring students' collaboration in computer-mediated collaborative problem-solving: Applied feedback approaches. In: Journal of Educational Computing Research 35, H. 4, S. 399–424.

4. Managementaufgabe Kommunikation

Michael Henninger / Michael Balk

Grundlagen der Kommunikation

Problemstellung

Im Medien- und Bildungsmanagement sind Kenntnisse in Kommunikation zentral, sei es um zwischenmenschliche Kommunikationsprozesse positiv zu beeinflussen, Konflikte zwischen Personen kommunikativ zu bearbeiten (vgl. auch »Konflikte erkennen und managen« in diesem Buch) oder die Interaktion zwischen Lehrenden und Lernenden lernförderlich zu gestalten (vgl. dazu »Medienpsychologie« in diesem Buch). In diesem Kapitel werden theoretische Grundlagen der Kommunikation für eine gelungene Gesprächsführung dargestellt und theoretisch begründbare Wege zur Förderung kommunikativen Verhaltens aufgezeigt.

Gelungene Kommunikation

Wann kann man von einer *gelungenen Kommunikation* sprechen? Welche Faktoren tragen dazu bei, dass ein Gespräch zur Zufriedenheit der beteiligten Personen abläuft? Welchen Einfluss hat dabei der Einzelne auf den Verlauf und das Ergebnis? Wie *führt* man ein Gespräch und wie *folgt* man einem Gespräch? Wann und wozu sollte man einem Gespräch eher »folgen« und wann eher »führen«? Welche Kompetenzen des Zuhörens sowie des sprachlichen und körpersprachlichen Ausdrucks sind hilfreich für ein gelungenes Gespräch?

Am Anfang des Artikels soll ein Beispiel veranschaulichen, wie Gespräche in dieser oder ähnlicher Form in Organisationen ablaufen könnten. Es handelt sich hier um einen Gesprächsauszug zwischen einem Vorgesetzten und dessen Mitarbeiter:

- *Vorgesetzter:* »Beim letzten Meeting sind wir doch so verblieben, dass Sie das Konzept für das neue EU-Projekt überarbeiten und mir *rechtzeitig* vor dem Abgabetermin vorlegen! Jetzt muss das Ding morgen abgegeben werden und *Sie* sagen mir, dass Sie das noch nicht geschafft haben. *Ich fasse es nicht!*«
- *Mitarbeiter:* »Ja, aber ich dachte, dass Kollege Müller erst die Kalkulation fertigstellen sollte, bevor ich weiter am Konzept arbeiten kann. Er hat sich seitdem aber nicht mehr bei mir gemeldet und ich dachte, dass Sie ...«
- *Vorgesetzter:* »Das stimmt doch gar nicht! Und soll das jetzt etwa heißen, dass *ich* daran Schuld bin, dass *Sie* die Vereinbarung nicht eingehalten haben?!«
- *Mitarbeiter:* »Nein, aber ...«

Inwieweit ist dieses Gespräch gelungen oder nicht gelungen? Sicherlich hängt eine Beurteilung dieser Frage auch vom weiteren Gesprächsverlauf ab, d. h. ob das angesprochene Konzept zur Abgabe gelangt oder nicht. Doch jenseits der möglichen Entwicklung der Faktenlage gibt es Indikatoren, dass für die beteiligten Personen die aktuelle als auch die diesem Gesprächsausschnitt vorangegangene Kommunikation wenig gelungen war. Äußerungen wie »Ich fasse es nicht!« drücken, vorsichtig formuliert, Überraschung aus. Formulierungen wie »Ja, aber ich dachte …« deuten auf eine nicht identische Interpretation von Gesagtem hin. Solche nicht gleichlaufenden Interpretationen von Gesprächsäußerungen, also Missverständnisse, sind sowohl einer der Indikatoren als auch häufig kausaler Ausgangspunkt wenig gelungener Kommunikation (vgl. Henninger/Mandl 2003).

Sicher fallen den Leser/innen ähnliche Situationen ein, in denen *Missverständnisse* unangenehme Folgen nach sich gezogen haben. Wie das Beispiel und die eigene Erfahrung zeigen, kommt es bei der Kommunikation zwischen Menschen nicht immer zum erwünschten Zustand, dass sich die Beteiligten gegenseitig tatsächlich so verstehen, wie sie es ursprünglich gemeint haben: »Als schwierig gestaltet sich die Suche nach Verständnis – die gemeinsame Annäherung des Verstandenen an das Gemeinte ist eine Aufgabe, die nicht allen Gesprächspartnern mit Erfolg gelingt« (Henninger/Mandl 2003, S. 9).

Einerseits muss es also nicht stets zum erhofften Ergebnis führen, wenn man der weit verbreiteten Aufforderung nachkommt, »doch miteinander zu reden«, um beispielsweise gemeinsame Ziele zu vereinbaren, Probleme zu lösen oder einen Konflikt zu klären (Flammer 1997). Andererseits dürfte es einer Lösung auch nicht dienlich sein, wenn man ein Klärungsgespräch vermeidet – es sei denn, das Problem erledigt sich von selbst. Der Erfolg des »Miteinander Redens« hängt entscheidend davon ab, (1) dass die Kommunikationspartner über das gleiche *Thema* sprechen und (2) wie sie dies tun, um einen *guten Kontakt* zueinander zu schaffen (Watzlawick/Beavin/Jackson 1969). Ein Mindestmaß an gegenseitiger Wertschätzung ist die Grundlage für kreativitätsfördernde Prozesse im Gespräch und die Vereinbarung möglicher weiterer Handlungsschritte (Gesprächsergebnis), mit denen die Beteiligten weiterarbeiten können. Wie aber soll man Wertschätzung gegenüber jemandem aufbringen, der einem wenn schon nichts Böses dann doch aber die Erfüllung eigener Wünsche und Bedürfnisse verhindern will –, also der typischen Ausgangslage von zwischenmenschlichen Konflikten?

Antworten auf diese Frage oder darauf, wie die negativen Folgen von Missverständnissen, fehlender Wertschätzung oder anderer Ursachen nicht gelungener Kommunikation vermieden werden können und wie gelingende Kommunikation aussehen kann, werden in diesem Artikel vorgestellt. Dazu gehen wir auf Aspekte wie der emotionalen Aktivierung ein, beschreiben kognitive Prozesse und Strategien beim Kommunizieren und thematisieren individuelle Faktoren zwischenmenschlicher Kommunikation (z. B. die Einstellung zu sich selbst und zum Gesprächspartner).

Auf die Förderung der Kommunikation in Arbeitsgruppen mithilfe von Moderation wird in einem anderen Text dieses Buches eingegangen (Balk 2008). Klinische

Störungen, beispielsweise der Aufmerksamkeit oder der Verarbeitung von Informationen (z. B. Schwerhörigkeit, cerebrale Dysfunktionen bei Schlaganfall), die das Sprachverstehen und/oder Sprechen beeinträchtigen, werden in diesem Artikel nicht behandelt.

Theoretische Ansätze und empirische Befunde

Welche theoretischen Modelle sind geeignet, die Komplexität dyadischer Kommunikation zu beschreiben und zu erklären? Welche Theorieansätze können Expert/innen im Medien- und Bildungsmanagement helfen, Kommunikationssituationen differenzierter wahrzunehmen? Wie kann die Bedeutung von Gesprächsäußerungen genauer verstanden werden? Wie kann man sich so klar ausdrücken, dass man dem Gesprächspartner das Verstehen dessen erleichtert, was man selbst meint? Welche Befunde sind nützlich, um in Gesprächen wesentliche Einflussfaktoren auf das gegenseitige Verstehen zu beachten? Im Folgenden wird ein Überblick über Theorien und Befunde gegeben, die für gelungene Kommunikation relevant erscheinen.

Zirkuläre Dynamik in dyadischen Kommunikationssituationen

Kommunikative Auseinandersetzungen sind oft durch besondere Ausprägungen der Lautstärke (sehr laut oder sehr leise), der Sprechgeschwindigkeit (sehr schnell oder betont langsam), der Tonhöhe und Klangfarbe (sehr hoch-schrill bis sehr tief-fauchend) und deutliche nonverbale Signale (dominant-subdominant) gekennzeichnet. Insgesamt ein Ausdrucksverhalten, das vor allem darauf abzielt, den jeweils anderen in irgendeiner Form zu beeinflussen. Häufig wird damit der Zweck verfolgt, die Übernahme von Verantwortung für eine Problemlösung – mehr oder weniger bewusst – tendenziell auf die andere Person zu verlagern (ein Phänomen der *Interpunktion*, vgl. Watzlawick/Beavin/Jackson 1969). Solange beide bei dieser Interpretation der Lage bleiben, dürfte der Kontakt zueinander negativ getönt und eine kooperative Haltung eingeschränkt bleiben.

Die *zirkuläre Dynamik* zwischen zwei Personen bezüglich ihrer wechselseitig aufeinander bezogenen Handlungen und Reaktionen führt daher zu einer in hohem Maße komplexen Situation (Forgas 1994; Henninger/Mandl 2003; Kriz 2004). Jede Person muss im Prozess des Gespräches eine Vielzahl von äußeren (von der anderen Person ausgehenden) und inneren (die eigene Person betreffenden) Hinweisreizen mehr oder weniger bewusst verarbeiten und in kurzer Zeit – nämlich sofort in dieser Situation – in der eigenen Handlungsplanung berücksichtigen.

Diejenigen inneren Prozesse, welche die eigene Person betreffen und die am von außen beobachtbaren Kommunikationsverhalten beteiligt sind, werden in der personzentrierten Systemtheorie als »selbstreferente« Kommunikation bezeichnet:

»Jede Kommunikation [verbaler und nonverbaler Ausdruck; Anm. d. Verf.] muss somit stets durch das ›Nadelöhr‹ persönlicher Wahrnehmungen, Sinndeutungen [...] bevor eine andere Kommunikation ›anschließt‹. [...] neuronale, hormonelle und andere Körperprozesse bilden ein Netzwerk jeweils selbstorganisierter, aber doch verbundener Prozesse als Basis für diese kognitive ›Innenwelt‹ (unter anderem Gedanken und Gefühle).« (Kriz 2004, S. 47)

Diese von der Wahrnehmung und Deutung intrapsychischer oder körperlicher Prozesse beeinflusste Interpretation von Gesprächsäußerungen führt zu einer subjektiven Konstruktion von Bedeutungen, die nicht immer der Bedeutungskonstruktion der anderen Person entsprechen muss. Diese Divergenz in der Interpretation des Gesagten wird insofern verstärkt, als der Gesprächspartner den gleichen Verzerrungseinflüssen unterliegen kann. Es kann im kritischen Fall eine zirkuläre Verstärkung von Missverständnissen erfolgen, mit dem nicht seltenen Fall der kommunikativen Konflikteskalation. An dieser Stelle des Textes mag der Eindruck entstehen, dass Kommunikation grundsätzlich eher defizitär verlaufen müsse. Dass dies jedoch nicht nur der Alltagserfahrung etwas widerspricht, sondern gelungene Kommunikation auch theoretisch begründbar ist, wird im nächsten Abschnitt erläutert. Dort wird ein Kompetenzprofil für gelungene Kommunikation in Gesprächssituationen vorgestellt.

Kompetenzprofil in dyadischen Kommunikationssituationen

Berücksichtigt man die Umgebung, in der das Gespräch stattfindet, Konventionen und das mehr oder weniger ausgeprägte Wissen in Bezug auf den Gesprächspartner und das Gesprächsthema (auch in Form von persönlichen Erfahrungen), sollten die Beteiligten in einer dyadischen, zirkulären Kommunikationssituation folgenden Anforderungen kompetent begegnen können:

- Einschätzung und Bewertung der Gesprächssituation und des Gesprächskontextes (Herrmann 1992)
- Berücksichtigung der erlebten Geschichte mit dem Gesprächspartner einschließlich der Partner- und Beziehungsdefinitionen (Flammer 1997)
- Beachten von Gesprächskonventionen wie Sprecherwechsel, Antworten auf Fragen, Wahrheitsgehalt von Aussagen, Bezugnahme auf vorangegangene Aussagen, angemessener Umgang mit emotional gewichtigen Themen (Grice 1979)
- Wahrnehmen und Verarbeiten des körpersprachlichen Ausdrucks *und* der verbalen Äußerungen des Gesprächspartners im Gesprächsverlauf (Ekman 2007; Watzlawick/Beavin/Jackson 1969)
- innere Klärung und Regulation der eigenen emotionalen und kognitiven Prozesse während des Gesprächs (Balk 2007), z.B. der eigenen Ziele und Absichten
- Formulierung des Gemeinten in sprachlich codierte Aussagen (Herrmann 1992)
- Modulierung des eigenen körpersprachlichen Ausdrucks beim Zuhören und Sprechen (Ekman 2007; Storch/Cantieni/Hüther/Tschacher 2006)

Um zum einen den Gesprächspartner in seinen Anliegen verstehen und zum anderen sich selbst verständlich ausdrücken zu können (Henninger/Mandl 2003), muss eine Person kompetent mit diesen Anforderungen umgehen können. Mit Blick auf die kognitiven Prozesse im Arbeitsgedächtnis muss diese Person also z. B. zentrale Inhalte des bereits von beiden Gesagten aufrechterhalten, Wissen über die Gesprächsthemen und den Gesprächspartner aus dem Langzeitgedächtnis abrufen sowie die Art und Intensität von eigenen Gefühlen als Reaktion auf das Wahrgenommene einbeziehen.

Ein solch komplexes Kompetenzprofil braucht seine Entwicklungszeit. Der Erwerb der Muttersprache gilt erst bei Schuleintritt als relativ abgeschlossen (Dittmann 2006). Relativ abgeschlossen deshalb, weil bis dahin die sprachliche Kompetenz zwar zur mehr oder weniger erfolgreichen Bewältigung der oben erwähnten Aufgaben ausreicht, sprachliche Kompetenzen auszubauen aber ein lebenslanger Prozess ist. Eine solch lange Lernzeit resultiert nicht nur in dem erwähnten umfangreichen Kompetenzprofil, sondern auch darin, dass Sprechen und Verstehen weitgehend automatisiert und vor allem auch sehr schnell ablaufen kann.

Automatisierung sprachlichen Handelns

Der erforderliche kognitive Aufwand beim Zuhören und Sprechen wird durch den hohen Grad der *Automatisierung* der Teilprozesse sprachlichen Handelns reduziert – beispielsweise beim Erkennen von Lauten und Wörtern, der Grammatik sowie kognitiven Inhalten in Gesprächsäußerungen (Gigerenzer 2007; Henninger/Mandl 2003; Herrmann 1992).

Die Voraussetzung dafür ist, dass die Person mit der jeweils gesprochenen Sprache hinlänglich vertraut ist (z.B. die eigene Muttersprache). Wie schwierig die Automatisierung des Entschlüsselns von Lauten und Wörtern und deren aktive Verwendung zu erwerben ist, zeigt sich deutlich beim Erlernen einer Fremdsprache.

Durch die Automatisierung sprachlichen Handelns wird es möglich, dass sich die Person auf die Anteile im Gespräch konzentrieren kann, die in das Bewusstsein Eingang finden (Damasio 2004; Hüther 2006), z.B. die eigene Absicht oder markante Hinweisreize von außen, wie ein vom Gesprächspartner besonders stark betontes Wort oder ein auffälliges Heben seiner Augenbrauen an einer kritischen Stelle des Gesprächs. Beim Verarbeiten dieser markanten Hinweisreize von außen und von innen kann es zu einer – häufig wiederum automatisch und damit wenig oder nicht bewusst ablaufenden – *Komplettierungsdynamik* kommen, in der kognitive Ergänzungen des Hörers zu seiner subjektiven Bedeutungskonstruktion beitragen (Kriz 2004); z.B. »wenn der andere so schaut, weiß ich schon, was er sagen will«. Infolgedessen hört die Person bereits mit einer gewissen Voreingenommenheit zu, die sich auf die Interpretation des Gehörten auswirken kann. Bei diesem Vorgang spielt die Konditionierung emotionaler Erfahrungen eine große Rolle, welche ebenfalls in hohem Maße automatisiert sind und in einem Gespräch auch bei anderen, ähnlichen Personen ausgelöst werden können (Ekman 2007).

Diese Komplettierungsdynamik zeigt sich auch beim erheblichen Einfluss der eigenen *Meinungen* und *Einstellungen* zu bestimmten Themenkomplexen auf das Verstehen von Gesprächsäußerungen (Fiske/Neuberg 1990). Das kann insbesondere dann unproblematisch sein, wenn man mit einer Person spricht, die genau diese Meinungen und Einstellungen teilt. Ist dies jedoch nicht der Fall, besteht dennoch die Gefahr, dass man dessen Äußerungen so interpretiert, dass sie zur eigenen Meinung passen oder eben gerade nicht passen (z. B. wenn der andere ein Kontrahent ist). Die Vorerfahrungen mit der anderen Person prägen infolgedessen zusammen mit der eigenen Meinung bzw. Einstellung die Verstehensleistung.

In dem Zusammenhang sind auch die Einflüsse der jeweiligen Vorstellungen über die andere Person, die sich auf der Grundlage des ersten Eindrucks und der weiteren Erfahrungen mit diesem Menschen bilden, für das Verstehen von Aussagen relevant. Das, was man vom anderen hält, wird von Flammer (1997) als *Partnerdefinition* bezeichnet. Je nach Partnerdefinition wird man dessen Vorwissen, Kompetenzen und Macht entsprechend einschätzen. Auch die Annahmen über dessen Absichten und Einstellungen gehören zur Partnerdefinition. Vermutet man beispielsweise Unehrlichkeit oder Manipulation, wirkt sich dies auf die Interpretation seiner Handlungen und Gesprächsäußerungen aus.

Die gegenseitigen Erfahrungen in der Begegnung miteinander und die Partnerdefinitionen tragen weiterhin dazu bei, wie die Gesprächspartner/innen ihre Beziehung zueinander einschätzen. Dies wird als *Beziehungsdefinition* bezeichnet (Flammer 1997; vgl. Watzlawick/Beavin/Jackson 1969). Die Beziehungsdefinition umfasst das, was die beteiligten Personen darüber denken, wie der eine mit dem anderen umgehen darf. »Das Gespräch läuft immer in einer sozialen Beziehung ab, [...] und ist imstande, sie fortlaufend zu ändern. Eine soziale Beziehung weist den Beteiligten bestimmte Rollen zu, nämlich Aufgaben und Möglichkeiten/Berechtigungen. Wenn die Beziehung klar und von allen Beteiligten angenehm akzeptiert ist, dann läuft die Kommunikation über die anderen Aspekte relativ gut; wenn nicht, kann die ganze Kommunikation zu einem Ringen um die Beziehungsdefinition werden« (Flammer 1997, S. 120).

In hierarchischen Beziehungen kann es infolgedessen beispielsweise zu einem Anpassungseffekt der Meinung und/oder Einstellung der statusniedrigeren Person zum Gesprächsthema kommen, um einen Dissens zu vermeiden, was aber im Gespräch zu einer Bestätigung der vorherrschenden Meinung führt (Konsensdruck, vgl. Frey/Schulz-Hardt 2000). Ein negativer Effekt dessen kann aber darin bestehen, wichtige Informationen für anstehende Entscheidungen zu übersehen, weil sie der Gesprächspartner nicht zu äußern wagt (Jonas et al. 2001). Die Folge ist wiederum ein Missverständnis: der andere geht von Zustimmung aus, während tatsächlich eine Ablehnung oder ein impliziter Widerspruch vorliegt.

So dienlich die Automatisierung von Verstehensprozessen und der oft unbewusste Einfluss von Meinungen, Einstellungen, konditionierten emotionalen Reaktionen sowie Partner- und Beziehungsdefinitionen auf die Interpretation in vielen Fällen ist, kann dies doch auch dazu führen, dass man *meint*, den anderen verstanden zu haben, wohingegen tatsächlich ein Missverständnis vorliegt: »Die hohe Geschwindigkeit, in der Äußerungen wahrgenommen und interpretiert werden, macht es dem Hörer allerdings auch nicht leicht, bewussten Einfluss auf das Verstehen zu nehmen. Das reflektierende Innehalten, welches das Verstehen differenzieren könnte, würde es erschweren, in alltäglichen Situationen die Konvention eines flüssigen, linear verlaufenden Gespräches einzuhalten. Auch erscheint es vielen Personen ungewöhnlich, eigene Interpretationen für sich infrage zu stellen« (Henninger/Mandl 2003, S. 10).

Intentionalität und Veränderung sprachlichen Handelns

Sprachlichem Handeln wird von verschiedenen Autoren ein hohes Maß an Intentionalität zugeschrieben (Davidson 1990; Rorty 1993; Searle 1969). Das bedeutet aber nicht, dass die einzelnen kognitiven Schritte bewusst sein müssen, sondern dass Personen durch Sprechen und Zuhören bestimmte Ziele und Absichten verfolgen (Henninger/Mandl 2003).

Wenn eine Person merkt, dass sie in Gesprächssituationen immer wieder an ihre Grenzen stößt, besteht Veränderungsbedarf. Damit eine Person ihre Ziele besser erreichen kann, benötigt sie anwendbares Wissen, um in der beschriebenen Komplexität von Kommunikationssituationen angemessener handeln zu können – d.h. Missverständnisse vermeiden und klären zu können und sich selbst verständlich auszudrücken (Barth/Henninger Kapitel in diesem Buch; Flammer 1997; Glasl 1990). Es geht also nicht darum, besser über Kommunikation sprechen zu können, sondern besser kommunizieren zu können (Henninger/Mandl 2003).

Die eigene Verstehensleistung bewusst selbst zu korrigieren, ist aber wie bereits erläutert aufgrund des hohen Automatisierungsgrades keineswegs trivial (Antos 1997). Über den Wunsch nach Verbesserung der eigenen kommunikativen Fähigkeiten hinaus ist die Voraussetzung für Veränderungen sprachlichen Handelns folglich ein gewisses Maß an Bewusstheit darüber: »Handlungen, die von den Beteiligten als intentional steuerbar erlebt werden, lassen sich leichter verändern, als erlebte ›Reaktionen‹ auf andere« (Kriz 2004, S. 46).

Das differenzierte Verstehen von Gesprächsäußerungen kann somit als kognitive Aufgabe betrachtet werden, bei der es gilt, »die wenig bewussten Abläufe, die das Verstehen begleiten, bewusst zu machen und zu verändern« (Henninger/Mandl 2003, S. 10). Dieser selbstreflexive Prozess findet jedoch als »*zusätzlicher* Prozess« nicht von selbst statt, sondern muss gezielt herbeigeführt und unterstützt werden (Kriz 2004, S. 53).

Wodurch kann also für Lernende die Möglichkeit geschaffen werden, mehr Einfluss auf das eigene Verstehen und Sprechen zu erhalten? Wie können Lernende eigene Interpretationen von Gesprächsäußerungen reflektieren und gegebenenfalls korrigieren? Wie können sie durch ihr aktives sprachliches Handeln für ein gemeinsames Verständnis der Anliegen des anderen sorgen?

Zum einen müssen die Lernenden eine Gelegenheit bekommen, ihre automatisierten Prozesse zu unterbrechen (De-Automatisierung), damit eine Erweiterung ihrer kommunikationsbezogenen Handlungskompetenz möglich wird. Da diese De-Automatisierung jedoch zunächst mit einer Zunahme an Unsicherheit verbunden sein kann, muss eine Übertragung des Gelernten durch eine Phase der Re-Automatisierung gefördert werden (Henninger/Mandl 2003), um das Arbeitsgedächtnis wieder zu entlasten.

Aus der Vielzahl theoretischer Modelle zur Beschreibung, Erklärung und Vorhersage von Kommunikation müssen daher diejenigen ausgewählt werden, die zum einen für Lernende in Kommunikationstrainings verständlich sind und zum anderen Ansatzpunkte zur De- und Re-Automatisierung von Verstehensprozessen bieten. Dadurch soll der Bezug zum Bedarf an sprachlichen Problemlösungen für alltägliche Kommunikationssituationen geschaffen werden.

In umfangreichen Forschungsarbeiten – unter anderem im Rahmen der DFG-Forschergruppe »Wissen und Handeln« (Fr395/1–6) – haben sich das »Modell zur Sprachrezeption und Sprachproduktion« (Herrmann 1992) und das »Modell der Sprachfunktionen« (Bühler 1934) als wirksam erwiesen (Henninger et al. 1999; Henninger/Mandl 2000; Henninger/Mandl, 2003; Henninger/Mandl/Law 2001). Diese werden im Folgenden kurz vorgestellt.

Sprachrezeption und Sprachproduktion

Die kognitiven Prozesse der Kommunikation werden in zwei Bereiche aufgeteilt. Die *Sprachrezeption* umfasst das Hören des Gesprochenen sowie das kognitive und emotionale Verarbeiten des Gehörten (Sprachverstehen). Zur *Sprachproduktion* gehören Planungs- und Kontrollprozesse bei der »Erzeugung geordneter Folgen von Sprachlauten« (Herrmann 1992, S. 283), die auch semantische, syntaktische und grammatikalische Aspekte umfassen. Wie zuvor bereits beschrieben, werden auch nicht sprachliche Informationen wahrgenommen und verarbeitet (z. B. Umgebung, Körpersprache), die im Modell von Herrmann (1992) als nicht sprachlicher Input und Output veranschaulicht werden.

Kriz (2004) beschreibt diese Bereiche in der »Personzentrierten Systemtheorie« folgendermaßen: die efferente (ausgehende) Kommunikation des einen Gesprächspartners (Sprachproduktion) wird zur afferenten (eingehenden) Kommunikation des anderen (Sprachrezeption). Allerdings hat es sich gezeigt, dass das klassische Sender-Empfänger-Modell (Shannon/Weaver 1948) die Komplexität von Verstehensprozessen nur unzureichend abbildet (Henninger/Mandl 2003). Die eindeutige Zuordnung von Zeichen zu Bedeutungen ist aufgrund der Situationsspezifität von Gesprächsäußerungen (Hörmann 1977) und der häufigen Uneindeutigkeit nonverbaler Signale (Winterhoff-Spurk 1983) höchstens eingeschränkt möglich.

Diese Uneindeutigkeit und die oben beschriebenen Verzerrungseffekte bei der Verarbeitung der sprachlichen Informationen bergen wie erläutert das Risiko von Missverständnissen. Um diese potenziellen Missverständnisse bezüglich der *Sprachrezeption* zu vermeiden oder aufzudecken, sollte sich die De-Automatisierung daher auf das Erkennen von Inhalten und Bedeutungen sowie der Sprecherintention und der Bewertungen dieser Äußerungen durch den Zuhörenden beziehen (Henninger/ Mandl 2003).

Um ihr sprachliches Handeln zu verändern sollten Lernende deshalb reflektieren, welche Bedeutungen und Intentionen sie zu erfassen glauben, wie sie diese bewerten und inwieweit alternative Möglichkeiten denkbar wären, da das Gemeinte »immer komplizierter als die Worte, die es aussprechen«, ist (Gendlin/Wiltschko 1999, S. 97). Dadurch wird eine höhere Ebene des Verstehens erreicht, indem der Zuhörende die Referenzen erkennt, auf die sich eine Aussage bezieht (Flammer 1997). Nur wenn klar ist, was der andere ausdrücken möchte, ist eine sinnvolle Anpassung der eigenen Gesprächsstrategie möglich (Henninger 2004).

Die Überprüfung dieser alternativen Interpretationen und Bewertungen kann dann bezüglich der *Sprachproduktion* durch De-Automatisierung der Planung von Gesprächsäußerungen erfolgen – die Person reagiert dann nicht wie gewohnt in Inhalt und Art ihrer Formulierungen, sondern setzt beispielsweise bewusst bezugnehmende Gesprächstechniken ein (vgl. folgende Erläuterungen; vgl. Henninger/Mandl 2003).

Sprachfunktionen

Während das Modell von Herrmann (1992) verdeutlicht, *wo* man bei der De- und Re-Automatisierung ansetzen kann, um sprachliche Fähigkeiten zu erweitern, erläutert das »Modell der Sprachfunktionen« von Bühler (1934), *wie* dies geschehen kann. Zur Differenzierung, inwieweit die Interpretation des Gesagten dem vom Sprecher Gemeinten entspricht, kann der Zuhörende diese anhand der drei Funktionen (1) Darstellung, (2) Ausdruck und (3) Appell reflektieren.

»Die *Darstellungsfunktion* beschreibt, dass sprachliche Äußerungen auf Gegenstände und Sachverhalte Bezug nehmen und über sie informieren; die *Ausdrucksfunktion* macht deutlich, dass die Verwendung von Sprache immer auch etwas über den Sprecher, sein Wissen, seine Befindlichkeit und seine Einstellungen ausdrückt; die *Appellfunktion* schließlich thematisiert, welche auffordernde Wirkung sprachliche Aussagen haben« (Henninger/Mandl 2003, S. 28). Diese Funktionen reichen aus, um Gesprächsäußerungen differenziert zu verstehen. Die in Modellen anderer Autor/innen enthaltene Beziehungsebene (z. B. Neuberger 1992; Schulz von Thun 1991; Watzlawick/Beavin/Jackson 1969) hat sich aufgrund uneinheitlicher Begriffsdefinitionen für die Reflexion sprachlichen Handelns in den empirischen Studien als problematisch erwiesen (Henninger 1999):

Dem Lernenden stehen bei der Bezugnahme auf die Sprachfunktionen drei Möglichkeiten zur Verfügung, wie er verbale Aussagen einordnen und seine Interpretationen reflektieren kann. Eine klare Unterscheidung dieser Gesprächsanteile ist ein wichtiges Lernziel (Henninger 2004). Diese Unterscheidung führt zunächst zu einer Unterbrechung und Verlangsamung der automatisch ablaufenden Prozesse und erhöht deren Bewusstheit. Dadurch kann der Lernende weitere Informationen einbeziehen, die sonst übersehen oder überhört worden wären.

Ebenso kann der Sprechende eine bewusste Verdeutlichung hinsichtlich dieser drei Funktionen vornehmen, um sich klarer und verständlicher auszudrücken. Auch der differenzierte Einsatz bezugnehmender Gesprächstechniken oder vertiefender Fragen kann anhand dieser Funktionen erfolgen (Henninger/Mandl 2003). Dabei ist auch eine bewusste Schwerpunktsetzung beispielsweise dahingehend möglich, nur auf den gefühlsbezogenen Anteil einer Äußerung einzugehen und nicht zusätzlich den appellativen Anteil wiederzugeben (Henninger 2004).

Die bezugnehmenden Gesprächstechniken dienen der Präzisierung im Gespräch – man greift das Gesagte (Beispiel: »Hier zieht es aber.«) in eigenen Worten auf, so dass der Gesprächspartner die Möglichkeit hat, im Fall der Passung zuzustimmen oder im Fall der Nichtpassung den anderen zu korrigieren, indem er das genauer ausdrückt, was er meint.

Mittels der *Paraphrase* beschreibt man, wie man den Sachinhalt des Gesprächspartners verstanden hat (Darstellungsfunktion, z. B. »Sie sagen, dass es in diesem Raum zieht.«). Beim *Ansprechen von Wünschen* bezieht man sich auf die Appellfunktion (z. B. »Sie möchten, dass ich das Fenster schließe.«). Mit dem *Ansprechen von Gefühlen* greift man die emotionalen Anteile auf (Ausdrucksfunktion; z. B. »Ihnen ist kalt.«). Beispiele für vertiefendes Nachfragen sind: »Worauf beziehen Sie sich in Ihrer Aussage?«; »Können Sie es mir bitte noch genauer erklären, was Sie meinen?« (jeweils Bezug auf Darstellungsfunktion); »Wie geht es Ihnen (damit)?«; »Wie sehen Sie das?« (jeweils Bezug auf Ausdrucksfunktion); »Was möchten Sie?« oder »Was hätten Sie gerne?« (jeweils Bezug auf Appellfunktion).

Umsetzungsmöglichkeiten im Training

Um Lernende in einem Kommunikationstraining bei der De-Automatisierung gewohnter Interpretationen von Gesprächsäußerungen zu unterstützen, muss die Lernumgebung dazu beitragen, dass die Lernenden ihre bewusste Aufmerksamkeit auf präzises Zuhören, differenziertes Verstehen anhand der drei Sprachfunktionen von Bühler (1934) und den Einsatz verstehenssichernder Gesprächstechniken richten können (Henninger 2004).

In einer Kombination von klassischen Präsenzphasen (mit Übungen und deren Reflexion zur Sensibilisierung für Kommunikationsprozesse und Schärfung der Eigenwahrnehmung) mit multimedialen Lernmodulen zur Differenzierung von Gesprächsäußerungen kann gezielt auf die beschriebenen Teilaspekte gelungenen Verstehens eingegangen werden (Henninger/Mandl 2003). Da eine Unterbrechung der gewohnten Abläufe des Verstehens während eines Gesprächs aufgrund der kognitiven Belastung schwierig ist, bietet das Softwarepaket *CaiManOnline©* die Möglichkeit, mit Videos von Gesprächssituationen zu arbeiten und dabei die Sprachfunktionen von Bühler (1934) bei der Reflexion zu verwenden.

Die schriftliche Formulierung der eigenen Analyse der Gesprächssituation führt zum Bewusstwerden der Interpretation, zum Einbeziehen weiterer Informationen (z. B. nonverbaler Art) und alternativer Interpretationsmöglichkeiten. Mit dem Programm können weitere Interventionen wie der Vergleich mit Expertenlösungen oder ein Coaching der Lernenden umgesetzt werden (Henninger 1999; Henninger/Weingandt 2003). Die Re-Automatisierung des Gelernten kann durch eine abschließende Präsenzphase mit entsprechenden Übungen und deren Reflexion gefördert werden, um die Anwendung des neu erworbenen Wissens in alltäglichen Kommunikationssituationen zu erleichtern und das Arbeitsgedächtnis zu entlasten (Henninger/Mandl 2006).

Prozessmodell der Gesprächsführung

Zu Beginn des Artikels wurde die Frage gestellt, wann man in einem Gespräch eher »führen« und wann eher »folgen« sollte. Die zirkuläre Dynamik dyadischer Kommunikation erfordert insbesondere in Anbetracht emotional-intensiver Phasen des Gesprächs und bei der Förderung eines positiven, kooperativen Kontaktes zum Gesprächspartner ein angepasstes Vorgehen hinsichtlich Timing, Inhalten und nonverbalen Anteilen eigener Äußerungen. In diesem Zusammenhang stellt sich auch die Frage, welche Rolle das Einfühlungsvermögen in die Befindlichkeit des Gesprächspartners dabei spielt, wenn man wie oben beschrieben Gesprächsäußerungen hinsichtlich Darstellung, Ausdruck und Appell verhältnismäßig präzise unterscheiden kann.

Im folgenden Prozessmodell der Gesprächsführung ist der »Personzentrierte Ansatz« eine wichtige theoretische Grundlage (vgl. Gendlin 1998; Rogers 1959/1991; Stumm/Wiltschko/Keil 2003). Dieser Ansatz beschreibt förderliche Einstellungen zu sich selbst und zum Gesprächspartner: (1) *Kongruenz* (Glaubwürdigkeit, Bewusstheit über die eigenen Gedanken und Gefühle), (2) *Empathie* (präzises einfühlendes Verstehen) und (3) *Akzeptanz* (unbedingte positive Wertschätzung).

Durch diese Haltungen kann nachweislich ein positiver Kontakt zu sich und zum anderen geschaffen werden (Lux 2007). In den Worten von Flammer (1997): »Wenn die Beziehung klar und von allen Beteiligten angenehm akzeptiert ist, dann läuft die Kommunikation über die anderen Aspekte relativ gut« (S. 120). Dieser gute Kontakt ist daher eine wichtige Voraussetzung für das gegenseitige Verstehen – und umgekehrt trägt präzises, differenziertes Verstehen, das mit glaubhafter Wertschätzung zum Ausdruck gebracht wird, zu einem guten Kontakt bei.

Das Prozessmodell der Gesprächsführung verdeutlicht auf der Grundlage differenzierten Verstehens und der »Personzentrierten Einstellungen« diejenigen Abschnitte in einem Gespräch, in denen es um *Einfühlen*, *Führen* und *Folgen* geht (vgl. Abb. 1). Das Modell soll daher der Orientierung und Handlungssteuerung im Gespräch dienen (Hoos-Leistner/Balk 2008).

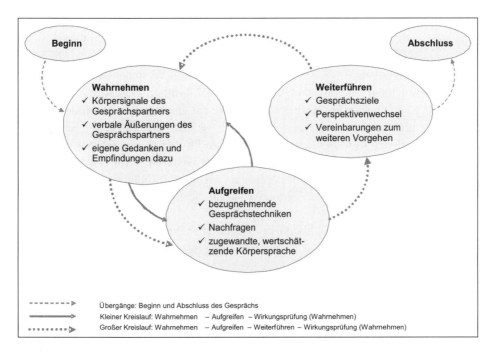

Abb. 1: Prozessmodell der Gesprächsführung (in Anlehnung an Hoos-Leistner/Balk 2008)

Das Modell gliedert sich in den Gesprächsbeginn, die Schritte des Wahrnehmens, Aufgreifens und Weiterführens von verbalen und nonverbalen Anteilen des Gesprächs sowie den Abschluss. Die genannten Schritte können zu zwei Kommunikationskreisläufen führen, die in einem Gespräch mehrfach durchlaufen werden können:

- Im kleinen Kreislauf greift man das Wahrgenommene, d. h. nonverbale und verbale Aspekte sowie deren Interpretation in Form eigener Gedanken und Empfindungen auf, indem man bezugnehmende Gesprächstechniken oder vertiefendes Nachfragen einsetzt. Indem man die Wirkung des Aufgegriffenen auf den Gesprächspartner prüft, erhält dieser die Möglichkeit zur Präzisierung. Dies entspricht dem Prinzip des »Folgens« im Gespräch. Dadurch erhält der Gesprächspartner Raum und Zeit, das auszudrücken, was er meint.
- Beim großen Kreislauf führt man das, was man aufgreift, weiter, indem man einen Bezug zu den Zielen des Gesprächs herstellt, einen Perspektivenwechsel anregt oder/und eine Vereinbarung zum weiteren Vorgehen bespricht. Diese Anregungen und Impulse prüft man in ihrer Wirkung auf den Gesprächspartner und adaptiert gegebenenfalls die weitere Gesprächsstrategie, wenn dieser neue Ideen oder Widerspruch äußert. Dies entspricht dem Prinzip des »Führens« im Gespräch, an das sich wieder ein Kreislauf des »Folgens« anschließt.

Da Gefühls- und Beziehungsinformationen insbesondere nonverbal transportiert werden (Flammer 1997), ist eine aufmerksame Beachtung dieser Signale sowohl die eigene Person als auch den Gesprächspartner betreffend empfehlenswert. Müdigkeit,

Aufmerksamkeitsverlagerungen, Interesse oder Ablehnung sind oft schon sicht-, spür- oder hörbar, bevor sie in Worte gefasst werden. Diese körperlichen Indikatoren im Sinne somatischer Marker für die positive oder eher negative Bewertung der Situation können für das gegenseitige aufeinander Einstellen und Verstehen äußerst hilfreich sein (Damasio 2004; Gendlin 1998; Gigerenzer 2007; Hüther 2006; Kriz 2004).

Ekman (2007) beschreibt eindrücklich, auf welche emotionalen Zustände die Körpersprache hinweisen kann, wobei jedoch die jeweiligen Gründe für die Emotionen für den Betroffenen nur über Bewusstwerdung und für den Gesprächspartner durch verbale Erklärungen ermittelt werden können. Des Weiteren ist für einen geschulten Beobachter das Erkennen von »absichtlichen« Missverständnissen leichter möglich, indem beispielsweise nonverbale Hinweise darauf, ob eine Person lügt, beachtet werden (Ekman 2007).

Dabei erscheint es wichtig, bei starker emotionaler Erregung die nachfolgende Refraktärphase zu berücksichtigen, in der vorrangig nur emotionskonforme Informationen von außen und innen (z. B. Erinnerungen) verarbeitet werden. Diese Refraktärphase kann wenige Sekunden bis zu mehreren Stunden andauern; »dann kann unser emotionales Agieren unangemessen ausfallen. Wir sehen die Welt und uns selbst nur mehr aus einem verengten Blickwinkel« (Ekman 2007, S. 56).

Auch Kriz (2004) weist darauf hin, »dass die affektive ›Gestimmtheit‹ eine wesentlich längere Veränderungszeit benötigt als die rational-logischen Prozesse im Kurzzeitgedächtnis« (S. 51). Bemerkt man also beim Gesprächspartner Anzeichen für emotionale Erregung, empfiehlt es sich, dafür Raum und Zeit zu schaffen, soweit dies möglich ist (vgl. Grice 1979). Es wäre weniger günstig, dann dem eigenen, vorher bestehenden Plan bezüglich des Gesprächsablaufes blindlings weiter zu folgen, wenn man ein Missverständnis und/oder einen Konflikt vermeiden möchte (vgl. den Artikel von Barth/Henninger in diesem Buch). Der im Prozessmodell (in Anlehnung an Hoos-Leistner/Balk 2008) dargestellte kleine Kreislauf dient in diesem Fall dazu, das aktuelle Erleben des Gesprächspartners zu beachten (Stumm/Wiltschko/Keil 2003).

Fazit

Wie können Expert/innen im Medien- und Bildungsmanagement für gelungene Kommunikation sorgen und Missverständnisse vermeiden und klären? Anwendbares Wissen darüber, wie man lösungsorientierte Gespräche sucht und führt, dürfte sich als eine Schlüsselkompetenz erster Güte erweisen, um mit Kolleg/innen, Lehrenden und Lernenden gut zusammenarbeiten zu können. Eine verstehensorientierte Gesprächsführung (Henninger/Mandl 2003) soll genau dazu beitragen. Dazu gehört, miteinander über das gleiche Thema zu sprechen (und eben nicht »aneinander vorbei zu reden«), emotionale Befindlichkeiten des Gesprächspartners und der eigenen Person zu beachten sowie die berechtigten Wünsche der Beteiligten zu berücksichtigen. Dies kann durch bezugnehmende Gesprächstechniken und vertiefendes Nachfragen geschehen (Henninger/Mandl 2003). Wenn dazu eine wertschätzende, einfühlsame Grundhaltung zum Gesprächspartner kommt, fördert dies einen positiven Kontakt zueinander (Stumm/Wiltschko/Keil 2003).

Auf diese Weise kann man seine eigenen Interpretationen durch den Gesprächspartner korrigieren lassen – schließlich kreiert jeder Zuhörende aufgrund der schnell ablaufenden, automatisierten kognitiv-emotionalen Prozesse (Laut-, Wort-, Grammatikerkennung, Einflüsse von Meinungen, Konditionierungen, Partner- und Beziehungsdefinitionen) seine eigene innere Bedeutungswelt, die es an der Realität zu überprüfen gilt (Flammer 1997; Herrmann 1992; Kriz 2004).

Um das Ziel einer gelungenen Kommunikation zu erreichen, bedarf es aber immer die eigene Bereitschaft zum Zuhören und die Fähigkeit, diese beim Gesprächspartner zu wecken, falls sie nicht ohnehin schon vorhanden ist (Hoos-Leistner/Balk 2008).

Literatur

Antos, G. (1997): Laien-Linguistik: Studien zu Sprach- und Kommunikationsproblemen im Alltag. Am Beispiel von Sprachratgebern und Kommunikationstrainings. Tübingen: Niemayer.
Balk, M. (2008): Moderation und Präsentation. In: Henninger, M./Mandl, H. (Hrsg.): Handbuch Medien- und Bildungsmanagement. Weinheim: Beltz.
Balk, M. (2007): Focusing: Klarheit im Fühlen, Denken und Handeln. www.psychophysik.com/html/ak-093-focusing.html (Abruf 20.6.2007).
Barth, C./Henninger, M. (2008): Konflikte erkennen und managen. In: Henninger, M./Mandl, H. (Hrsg.): Handbuch Medien- und Bildungsmanagement. Weinheim: Beltz.
Bühler, K. (1934): Sprachtheorie: Die Darstellungsfunktion der Sprache. Jena: Fischer.
Damasio, A.R. (^{5}2004): Ich fühle, also bin ich. Die Entschlüsselung des Bewusstseins. Berlin: List.
Davidson, D. (1990): Handlung und Ereignis. Frankfurt a.M.: Suhrkamp.
Dittmann, J. (2006): Der Spracherwerb des Kindes. München: Beck.
Ekman, P. (2007): Gefühle lesen. Wie Sie Emotionen erkennen und richtig interpretieren. München: Elsevier.
Fiske, S.T./Neuberg, S.E. (1990): A continuum of impression formation, from category-based to individuating processes: Influences of information and motivation on attention and interpretation. In: Zanna, M.P. (Hrsg.): Advances in experimental social psychology. Volume 23. San Diego, CA: Academic Press, S. 1–74.
Flammer, A. (1997): Einführung in die Gesprächspsychologie. Bern: Huber.
Forgas, J.P. (1994): Soziale Interaktion und Kommunikation. Weinheim: Psychologie Verlags Union.
Frey, D./Schulz-Hardt, S. (2000): Entscheidungen und Fehlentscheidungen in der Politik: Die Gruppe als Problem. In: Mandl, H./Gerstenmaier, J. (Hrsg.): Die Kluft zwischen Wissen und Handeln. Empirische und theoretische Lösungsansätze. Göttingen: Hogrefe, S. 73–93.
Gendlin, E.T. (1998): Focusing. Hamburg: Rowohlt.
Gendlin, E.T./Wiltschko, J. (1999): Focusing in der Praxis. Eine schulenübergreifende Methode für Psychotherapie und Alltag. Stuttgart: Pfeiffer.
Gigerenzer, G. (2007): Bauchentscheidungen. Die Intelligenz des Unbewussten und die Macht der Intuition. München: Bertelsmann.
Glasl, R. (1990): Language comprehension as structure building. Hillsdale, NJ: Erlbaum.
Grice, H.P. (1979): Logik und Konversation. In: Meggle, G. (Hrsg.): Handlung, Kommunikation, Bedeutung. Frankfurt a.M.: Suhrkamp, S. 243–265.
Henninger, M. (1999): Die Förderung sprachlich-kommunikativen Handelns: Konzeption und Untersuchung einer konstruktivistischen Lernumgebung. Unveröffentlichte Habilitationsschrift, Ludwig-Maximilians-Universität, München.
Henninger, M. (2004): Kommunikationstraining zur Unterstützung von Wissensmanagement In: Reinmann, G./Mandl, H. (Hrsg.) (2004): Psychologie des Wissensmanagements. Perspektiven – Theorien – Methoden. Göttingen: Hogrefe, S. 290–299.

Henninger, M./Mandl, H. (2006): Training soft skills with software – Fostering reflection in the training of speech-receptive action. In: Frey, D./von Rosenstiel, L./Mandl, H. (Hrsg.): Knowledge and Action. New York: Springer, S. 53–83.

Henninger, M./Mandl, H. (2003): Zuhören – verstehen – miteinander reden. Ein multimediales Kommunikations- und Ausbildungskonzept. Bern: Huber.

Henninger, M./Mandl, H./Law, L.-C. (2001): Training der Reflexion. In: Klauer, K.J. (Hrsg.): Handbuch Kognitives Training Göttingen: Hogrefe, S. 236–260.

Henninger, M./Weingandt, B. (2003). Training of interpersonal communication with tomorrow's technologies. In: De Fillippi, R./Wankel, C. (Hrsg.): Research in Management Education and Development Vol. 2, Educating managers with tomorrow's technologies. Greenwich (CT): Information Age Press, S. 149–172.

Herrmann, T. (^{2}1992): Sprechen und Sprachverstehen. In: Spada, H. (Hrsg.): Allgemeine Psychologie. Bern: Huber.

Hörmann, H. (^{2}1977): Psychologie der Sprache. Berlin: Springer.

Hoos-Leistner, H./Balk, M. (2008): Gesprächsführung für Physiotherapeuten. Theorie – Techniken – Fallbeispiele. Stuttgart: Thieme.

Hüther, G. (2006): Wie Embodiment neurobiologisch erklärt werden kann. In: Storch, M./Cantieni, B./Hüther, G./Tschacher, W. (Hrsg.): Embodiment. Die Wechselwirkung von Körper und Psyche verstehen und nutzen. Bern: Huber, S. 73–97.

Kriz, J. (2004): Personzentrierte Systemtheorie. In: Von Schlippe, A./Kriz, W. (Hrsg.): Personzentrierung und Systemtheorie. Perspektiven für psychotherapeutisches Handeln. Göttingen: Vandenhoeck und Ruprecht.

Jonas, E./Frey, D./Henninger, M./Pommer, M./von Haeften, I./Schulz-Hardt, S./Mandl, H. (2001): Rechtfertigungsdruck und Expertenurteile als Einflussfaktoren auf Informationssuche und Informationsbewertung in einer sequentiellen Lernsituation. Zeitschrift für Entwicklungspsychologie und Pädagogische Psychologie, 33 (4), S. 242–252.

Lux, M. (2007): Der Personzentrierte Ansatz und die Neurowissenschaften. München: Reinhardt.

Miller, G.A. (1956): The magical number seven, plus or minus two. Some limits on our capacity for processing information. In: Psychological Review 63, S. 81–97.

Neuberger, O. (^{14}1992): Miteinander arbeiten – miteinander reden! München: Bayerisches Staatsministerium für Arbeit, Familie und Sozialordnung.

Rogers, C.R. (1959/1991): Eine Theorie der Psychotherapie, der Persönlichkeit und der zwischenmenschlichen Beziehungen. Köln: GwG-Verlag.

Rorty, R. (1993): Consciousness, intentionality, and pragmatism. In: Christensen, S.M./Turner, R.D. (Hrsg.): Folk psychology and the philosophy of mind. Hillsdale, NJ: Erlbaum, S. 388–404.

Schulz von Thun, F. (1991): Miteinander reden 1: Störungen und Klärungen. Reinbek: Rowohlt.

Searle, J.R. (1969): Speech acts: An essay in the philosophy of language. Cambridge: Cambridge University Press.

Shannon, C.E./Weaver, W. (1948): The mathematical theory of communication. Urbana, IL: Reinhardt.

Storch, M./Cantieni, B./Hüther, G./Tschacher, W. (2006): Embodiment. Die Wechselwirkung von Körper und Psyche verstehen und nutzen. Bern: Huber.

Stumm, G./Wiltschko, J./Keil, W.W. (2003): Grundbegriffe der Personzentrierten und Focusingorientierten Psychotherapie und Beratung. Stuttgart: Pfeiffer.

Sweller, J./Van Merrienboer, J.J.G./Paas, F.G. (1998): Cognitive architecture and instructional design. In: Educational Psychology Review 10, S. 251–296.

Watzlawick, P./Beavin, J.H./Jackson, D.D. (1969): Menschliche Kommunikation. Bern: Huber.

Winterhoff-Spurk, P. (1983): Die Funktion von Blicken und Lächeln beim Auffordern: Eine experimentelle Untersuchung zum Zusammenhang von verbaler und nonverbaler Kommunikation. Frankfurt a.M.: Lang.

Michael Fuhrmann / Algar Rother

Training kommunikativer Kompetenzen

Überblick

Kommunikationstrainings gehören zum Standardangebot betrieblicher Weiterbildung. Wir zeigen in diesem Artikel auf, warum der Bedarf in der Praxis so groß ist, was es Führungskräften schwer macht, lebenslang zu lernen und wie die Fähigkeit, erfolgreich zu kommunizieren für unterschiedliche Hierarchieebenen separat trainiert werden sollte. Dazu differenzieren wir zwischen der Zielgruppe der Mitarbeiter/innen, der jungen Führungskräfte, der erfahrenen Führungskräfte und dem Topmanagement. Methodische Beispiele und Beschreibungen von Trainingssequenzen konkretisieren diese Ausführungen. Schließlich zeigen wir auf, warum Kommunikationstrainings trotz guter Konzeption teilweise nicht erfolgreich sind und wo die Möglichkeiten und Grenzen der Erfolgsmessung in der Praxis liegen. Der Stil dieses Aufsatzes weicht absichtlich etwas vom wissenschaftlich geprägten Duktus der anderen Beiträge dieses Buches ab, mit dem Ziel, die in diesem Tätigkeitsbereich von Medien- und Bildungsmanager/innen gepflegte Sprache stärker abzubilden.

Warum besteht ein hoher Bedarf an Kommunikationstrainings?

Kommunikation gilt als wichtiger wirtschaftlicher Erfolgsfaktor im Unternehmensalltag: In Veränderungsprozessen entscheidet die Kommunikation über die Akzeptanz von Vorhaben (vgl. Capgemini 2008, S. 39 ff.), im Mitarbeitergespräch ist sie mitverantwortlich für den Erfolg der Zusammenarbeit, in Teams und zwischen Teams bewirkt gute Kommunikation reibungslose Abläufe und effizientes Arbeiten. Umgekehrt gilt auch: Fast überall, wo etwas nicht funktioniert, ist »die Kommunikation« das Hauptproblem. Wenn von der fehlenden Chemie gesprochen wird, ist meist die schlechte Kommunikation als Ursache oder Folge der chemischen Unzulänglichkeiten gemeint. Die sogenannten »weichen« Faktoren entpuppen sich als »harte« Kriterien für wirtschaftlichen Erfolg.

Fachlich und methodisch sind viele Mitarbeiter/innen schon bestens ausgerüstet, wenn sie ihre Arbeit in einem Unternehmen aufnehmen. Ihre kommunikativen Kompetenzen sind es oft noch nicht. Und so wird in modernen Unternehmen immer mehr Wert darauf gelegt, dass neue Mitarbeiter/innen »ins Team passen« und über genügend soziale Kompetenz verfügen, um sich erfolgreich zu integrieren, zu behaupten und sich zu anerkannten Führungskräften zu entwickeln.

Deshalb werden in vielen Unternehmen große Anstrengungen unternommen, um die Kommunikationskompetenzen der Mitarbeiter/innen zu verbessern. Es gibt kaum ein Weiterbildungsprogramm ohne das integrierte Lehr-Angebot, erfolgreich, wirkungsvoll, professionell oder einfach richtig zu kommunizieren, oft sogar als Pflichtbaustein für alle Führungskräfte. Das allein schon kann als Bekenntnis zur Erlernbarkeit guter Kommunikation verstanden werden. Kommunikation als Schlüsselkompetenz braucht jeder – darin sind sich fast alle einig.

Was macht es Führungskräften so schwer, lebenslang Kommunikation zu trainieren?

Das Kommunikationstraining tritt unter diesem Namen vorwiegend im Weiterbildungsangebot für Mitarbeiter/innen auf. Im Angebot für Führungskräfte verschwindet der Begriff aus dem Sprachgebrauch. Dies hat unserer Meinung nach viel mit Image zu tun. Am Anfang der Karriere darf man noch kommunikative Defizite haben. Daher werden in den Trainings für Mitarbeiter/innen auch die Grundmodelle der Kommunikationstheorie vermittelt und in Übungen praktisch angewandt.

Tritt eine junge Führungskraft dann ihre erste Führungsposition an, gibt es immer noch viel zu trainieren. Die erlernten Kommunikationsmodelle werden ersten spezifischen Anwendungen unterzogen: »Wie kommuniziere ich im Mitarbeitergespräch und in Teammeetings richtig, wie komme ich im Kollegenkreis gut an und wie überzeuge ich meine Chefs?« Damit beginnt der fließende Übergang vom Kommunikations- zum Führungstraining. Das ist schon deshalb so, weil gelungene Kommunikation den Großteil des Führungserfolgs ausmacht. Hinzu kommt, dass mit der wachsenden Erfahrung einer Führungskraft von ihr erwartet wird, gut kommunizieren zu können. Am meisten erwartet sie es selbst von sich und glaubt dies auch bereits zu beherrschen. Der Besuch eines Kommunikationsseminars ist mit diesem Selbstbild schwer vereinbar. Lebenslanges Lernen in Sachen Kommunikation wäre imageschädigend. Daher werden für diese Zielgruppe die Kommunikationsthemen spezifischer gefasst und anders benannt: z. B. Gesprächs- und Verhandlungsführung, Rhetorik, Konfliktmanagement, Feedback-Techniken, Motivation und Führung, Presse- und Öffentlichkeitsarbeit, Change-Management oder schlichtweg Coaching.

Wie wird die Fähigkeit zur Kommunikation auf unterschiedlichen Hierarchieebenen trainiert?

Die Zielgruppe der Mitarbeiter und jungen Führungskräfte

Die Grundlagen der Kommunikation (Basis-Trainings) werden in der betrieblichen Weiterbildung meist im Rahmen von klassischen Seminaren vermittelt. Die Dauer variiert von Halbtages-»Infusionen« bis hin zu Wochenkursen. Oft werden die Inhalte in mehrere aufeinander aufbauende Module portioniert. Die Systematik der inhaltlichen Aufbereitung folgt meist dem Dreischritt »Kommunikation mit sich selbst«, »Kommunikation mit einem Gegenüber« und »Kommunikation mit mehreren Menschen«.

Theoretische Grundlagen sind unverzichtbar, wobei der Praxisanteil jedoch im Vordergrund stehen sollte. Dennoch werden in manchen Seminaren sehr viele Modelle und Theorien vorgestellt und diskutiert. Seit einigen Jahren gibt es den Trend, diesen kognitiven Trainingsanteil auszulagern. Dabei werden individuelle Lerneinheiten (computergestützt, per DVD oder in Papierform) als Infopakete und Aufgabenstellungen im Vorfeld des Präsenzseminars vermittelt. Hierbei werden die theoretischen Inhalte schriftlich aufbereitet und in selbsterklärenden Einheiten den Teilnehmer/innen zur Verfügung gestellt. Zur Vorbereitung auf das Präsenzseminar wird nun erwartet, dass sich alle mit diesen Inhalten vertraut machen, sodass im Seminar die wertvolle Zeit auf die praktische Anwendung verwendet werden kann. Das gleiche Verfahren wird zwischen einzelnen Modulen praktiziert. Sozusagen als »Hausaufgabe« bis zum nächsten Seminar sollen Theorie-Blöcke gelesen oder schriftliche Übungen bearbeitet werden.

Bewährt hat sich eine Methode, bei der die Teilnehmer/innen eine Aufgabenstellung in Form einer Präsentation vorbereiten sollen und dann per Los Einzelne bestimmt werden, die ihre Ausarbeitung vorstellen »dürfen«. Die meisten Teilnehmer/innen bereiten sich darauf vor.

Der Aufbau eines Kommunikationstrainings sollte unserer Erfahrung nach zwei Grundprinzipien folgen:

1. Prinzip: Erst die praktische Selbsterfahrung, dann die theoretische Einbettung.
   Theorievermittlung bleibt theoretisch, wenn sie nicht an eigener Erfahrung anknüpft. Daher empfehlen wir, praktische Erfahrungsübungen voranzustellen. Anhand dieser interaktiven, aktivierenden und motivierenden »Lernexperimente« lassen sich Prinzipien und Ebenen der Kommunikation anschaulich ableiten.
2. Prinzip: Erst die Einzelteile, dann das Ganze.
   Kommunikation ist sehr komplex. Sie lässt sich aber leicht in Einzelteile zerlegen, z. B. Wahrnehmung, Einfühlung, Interaktion, oder auch Kommunikation mit sich, einem Partner und einer Gruppe. Dabei ist das Vorangegangene eine wichtige Grundlage für das Nachfolgende: Zunächst sollten also kleine und einfache Einheiten geübt werden, bevor dann in komplexeren Einheiten mehrere Einzelteile zu einem Ganzen zusammengefügt werden. Natürlich gilt auch hier, dass das Ganze mehr ist als die Summe seiner Teile, weswegen kein mechanistisches Abspulen erfolgen darf, sondern eine systematische Vorgehensweise aufeinander aufbauender und ineinander greifender Schrittfolgen anzustreben ist.

Im Folgenden wird exemplarisch ein Trainingsdesign vorgestellt, das den genannten Prinzipien folgt. Dabei legen wir ein schrittweises Vorgehen zugrunde, wobei einzelne Schritte je nach Vorbildung und Zielgruppe ausgetauscht werden können.

Praxisbeispiel: Kommunikationsseminar für Mitarbeiter und junge Führungskräfte

- **Schritt 1: Das gegenseitige Kennenlernen**
  Ein wichtiges Ziel der Kommunikation ist ein Vertrauensaufbau. Das kann in der Einstiegsübung im Rahmen des Kennenlernens exemplarisch erfahren werden. Ungewöhnliche Leitfragen sorgen für persönliche Gespräche in Paaren oder Kleingruppen, die anschließend in der großen Gruppe wiedergegeben werden. Elemente wie »sich anderen vermitteln«, »zuhören und zusammenfassen« und »Vertrauen aufbauen durch persönliche Informationen« können gut ausgewertet werden.

- **Schritt 2: Wahrnehmung und Selbstkonzept im Lernexperiment sensibilisieren**
  In einem praktischen Lernexperiment werden zwei Teams gebildet, die in getrennten Durchgängen aus einer Reihe von Bildern eine Geschichte entwickeln sollen. Im Hintergrund wird dazu Musik gespielt. Die Tönung der Musik (dramatisch, harmonisch) hat eine (meist nicht bewusst wahrgenommene) Wirkung auf die Storyline und die Emotionalität der Geschichte. Daraus können wertvolle Erkenntnisse zur Rolle von Wahrnehmung für die Kommunikation abgeleitet werden.
  Denn am Anfang der Kommunikation steht die Wahrnehmung (vgl. »Kommunikation – Theoretische Grundlagen« in diesem Buch). Von außen nach innen: Was bekommt die Person von den Informationen mit, die von außen bereitgestellt werden? Welche Filter hat sie und sind diese noch alle zeitgemäß und sinnvoll? Wie kann sie ihre Filter erneuern und umrüsten? Und dann weiter nach innen: Was bekommt sie mit von ihren Gedanken, Selbstgesprächen und Gefühlen? Wer steuert wen, die Gedanken die Gefühle oder umgekehrt? Wer oder was erzeugt die Gefühle, und ist die Person wirklich für alles selbst verantwortlich? Viele Fragen, die in dieser interaktiven Übung erlebbar werden und die mithilfe aktueller Forschungsergebnisse aus der Neuropsychologie, der Kognitionspsychologie und der Persönlichkeitspsychologie beantwortet oder zumindest gewinnbringend diskutiert werden können.
  So kommt es zu ersten Selbsterkenntnissen: Wie kommuniziert der Einzelne mit sich selbst, mit einem Gegenüber und mit Gruppen? Die Auseinandersetzung mit der eigenen Persönlichkeit, den eigenen Stilen und Mustern ist deshalb wichtig. Allerdings ist dies leider häufig ein Element des Kommunikationstrainings, das der zunehmenden Zeitnot durch immer kürzere Seminare zum Opfer fällt.

- **Schritt 3: Nonverbale Kommunikation einführen**
  Nonverbale Kommunikation stellt einen wichtigen Bestandteil zwischenmenschlicher Kommunikation dar. Ihre Umsetzung in Trainings, beispielsweise mit pantomimischen Übungen, ist nicht nur unterhaltsam, sondern auch lehrreich. Der Zusammenhang zur kongruenten (passenden) und inkongruenten verbalen und nonverbalen Kommunikation kann darauf aufbauend leicht hergestellt werden. Die Teilnehmer/innen lernen, auf Kongruenz und den Umgang mit Inkongruenz

zu achten. Sinnvolle interaktive Übungen sind hier das nonverbale Spiegeln (Pacing-Techniken), die pantomimische Darstellung von Gefühlen und das Erzeugen inkongruenter Situationen durch Trainer-Anweisungen an die handelnden Akteur/innen.

- **Schritt 4: Reflexionen zum eigenen Kommunikationstyp**
Das Selbstbild kann in Kommunikationstrainings immer wieder mit wertvollen Fremdbild-Feedbacks abgeglichen werden. Ziel ist es, sich über die eigenen Präferenzen und Entwicklungsfelder bewusst zu werden und daraus Strategien zum Aufbau eines positiven Selbstkonzepts abzuleiten. Hilfreich sind dazu unter anderem das Konzept der emotionalen Intelligenz, Ansätze der Humanistischen Psychologie, eingeschränkt auch NLP-Techniken sowie persönlichkeitspsychologische Typologien (vgl. Goleman 1996; Mohl 2006; MSAprofile Ltd. 2008). Im Basis-Training wird die Auseinandersetzung mit diesen Themen mithilfe von Selbstanalyse-Tools (Fragebogen) (vgl. MSAprofile Ltd. 2008; Tscheuschner/Wagner 2008) ermöglicht. Die passenden theoretischen Ansätze können daraufhin vorgestellt und individuell aufbereitet werden. Über sich selbst nachzudenken und mit anderen (und einem Trainer) darüber zu sprechen (Feedback) erfordert und fördert Vertrauen in sich und andere – eine gute Grundlage für gelungene Kommunikation.

- **Schritt 5: Aktives Zuhören und paraphrasieren**
Das Bindeglied zwischen Wahrnehmung und Einfühlung ist das »Aktive Zuhören«. Diese Technik wird mit dem »kontrollierten Dialog« eingeübt (Henninger/Mandl 2003). Dabei fassen die Gesprächspartner/innen immer erst zusammen, was der andere gesagt hat, bevor sie einen eigenen Beitrag anschließen. Somit wird aktiv »kontrolliert«, ob das Gesagte vom Gesprächspartner tatsächlich im Kern verstanden wurde. In Kleingruppen wird geübt, in der Gesamtgruppe werden die Erfahrungen ausgetauscht und ausgewertet.

- **Schritt 6: Empathie fördern**
Auf die Erfahrungen mit dem »Aktiven Zuhören« lässt sich aufbauen, wenn es um die Herstellung einer tragfähigen Arbeitsbeziehung geht. Sich auf einen anderen Menschen einstellen, sich einfühlen in die Gedanken- und Gefühlswelt des Gegenübers, das sind wesentliche Fähigkeiten sozial intelligenter Menschen. Die positive Grundhaltung und die bekannten Gesprächstechniken von Rogers sind hier ebenso hilfreich wie Pacing- und Leading-Techniken aus dem NLP-Bereich (z. B. Sinneskanäle spiegeln).
Die eingesetzten Übungen führen zur Erkenntnis: Der Einzelne kann nicht wirklich von sich auf andere schließen. Menschen sind unterschiedlich und deshalb kommunizieren sie auch anders. Sie denken in anderen Kategorien, haben andere Kommunikationsziele und -stile und tendieren dazu, andere Herangehensweisen abzulehnen.

- **Schritt 7: Kommunikationstheorien praktisch kennen und anwenden lernen**
Die »Kommunikations-Aliens« mit den vielen Ohren dürfen in keinem Grundlagen-Seminar fehlen. Ob nun drei (Bühler 1934) oder vier Ohren (Schulz von Thun

1991), wichtig ist die Ausdifferenzierung von Sach- und Beziehungsebenen. Auch hier geht es um das Wahrnehmen, das Erkennen und Einordnen von Signalen als notwendige Voraussetzung für die angemessene Reaktion. Methodisch eignen sich zur Steigerung dieser kognitiven Kompetenz Videoanalysen von Gesprächssequenzen. Hier lassen sich »Sender« und »Empfänger« systematisch auf Gesagtes, hypothetisch Gemeintes und unterschwellig Transportiertes hin untersuchen. Um noch effizienter zu arbeiten, können kurze spezifische Situationssequenzen durch den Trainer vorab als Video-Analyse-Aufgaben produziert und im Training dann systematisch in Klein- und Kleinstgruppen bearbeitet werden. Auch hier greift das Prinzip der Übung in Einzelteilen. Henninger und Weingandt (2003) ist der Nachweis gelungen, dass solche Kommunikationskompetenzen auch mithilfe von Blended-Learning-Ansätzen erfolgreich gelernt werden können (Henninger et al. 1999). Dieses Verfahren lässt sich auch in der Trainings-Praxis nutzen: Die Teilnehmer/innen lernen im ersten Seminarbaustein die Analysetechnik in Übungen kennen, erfahren deren Einbettung in die theoretischen Grundlagen, um sich in der Kommunikationsanalyse zu verbessern, und erhalten dann für die Zeit bis zum nächsten Präsenzseminar Lernaufgaben, die sie am Computer individuell bearbeiten, um die entsprechende Fähigkeit zu perfektionieren. Das Üben in der Praxis erzielt auch hier einen besonders starken Lerneffekt.

- **Schritt 8: Soziale Kompetenzen mit interaktiven Übungen verbessern**
Positive Selbstbehauptung, selbstbewusstes Auftreten, offenes Feedback-Verhalten, konstruktive Konfliktbewältigung, klare Sprache und zielbewusstes Handeln sind auf dieser Basis die nächsten Lernziele auf dem Weg zu emotional intelligenter Kommunikation und dementsprechend auch Vertiefungsthemen von Aufbauseminaren in der Weiterbildungspraxis. Im Theorie-Praxis-Gemisch von etwa 1:10 werden die wichtigsten psychologischen Grundlagenerkenntnisse in Übungen erlebbar gemacht. Das Üben muss selbst im künstlichen Laborklima eines Trainings nicht »trocken« sein: Moderne Übungsvarianten sind – wie bereits gezeigt wurde – nicht nur multimedial (also im Wesentlichen computer- und videounterstützt), sondern vor allem erfahrungs- und erlebnisorientierte Lernexperimente.
Typischerweise werden die Teilnehmer/innen in solchen Experimenten vor eine Aufgabe gestellt, die sie nur mittels klarer, zugewandter und kooperativer Kommunikation gemeinsam bewältigen können. Dazu werden oft Teams gebildet, die sich über sichtbare und unsichtbare Barrieren hinweg abstimmen müssen. Die Aufgaben selbst erfordern oft körperlichen und geistigen Einsatz, sind spielerisch angelegt, machen Spaß, verwirren, irritieren oder frustrieren. Die Sorge der verantwortlichen Auftraggeber, mit Spielen bei ernsthaften Mitarbeiter/innen oder gar Manager/innen auf Unverständnis zu stoßen, lösen sich auf, sobald erste Erfahrungen mit dieser Lernform gemacht werden. So wichtig wie die richtige Auswahl geeigneter Übungen ist die systematische Auswertung der Erlebnisse und Ergebnisse und der Praxistransfer: Was sind die Erfolgsfaktoren für das Lösen der Aufgabe, welche sind die behindernden Elemente, welche Aspekte treten auch in

der Alltagswelt auf und welche Lernerfahrungen lassen sich somit in die Praxis übertragen?

So kommt zum Spaß die Erkenntnis (Aha-Erlebnis). Eine solche Übung wird im Folgenden kurz vorgestellt:

Mit dem Lernexperiment »Rauminstallation« lernen die Teilnehmenden spielerisch die wichtigsten Prinzipien der Einweg- und Mehrweg-Kommunikation kennen (Weiterentwicklung des »verflixten Stuhlbauspiels«, Röschmann 1990). Hinter einem Wandschirm wird ein Kunstwerk (Rauminstallation) aufgebaut. Das erste Team sieht es sich an und muss es sich einprägen, bevor es wieder in die Einzelteile zerlegt wird. Danach treten sie vor den Wandschirm und ein zweites Team geht hinter den Schirm, um das Kunstwerk nach den Anweisungen des ersten Teams zu rekonstruieren. Rückfragen sind nicht explizit verboten, werden jedoch nur von wenigen Teams genutzt. Wie komplex diese verdeckte Kommunikation ist, wird schnell deutlich, spätestens wenn das Ergebnis der Bemühungen mit der Ursprungsinstallation verglichen wird und große Abweichungen festgestellt werden. Kommunikative Missverständnisse und Interpretationsspielräume werden sichtbar. Die implizite Bildung von Hierarchien zwischen dem beschreibenden (anweisenden) und dem konstruierenden (aufnehmendem) Team ist eine weitere interessante Auswertungsebene. Da der gesamte Prozess sehr komplex ist, wird er auf Video aufgenommen und anschließend analysiert. Viele Aha-Erlebnisse und Erkenntnisse können so humorvoll und lehrreich vermittelt werden.

- **Schritt 9: Das Rollenspiel**
Ein Kernstück von Kommunikationstrainings ist die praktische Fallarbeit. Hier werden in ansteigender Komplexität und Schwierigkeit Kommunikationssituationen aus der Praxis in Rollenspielen simuliert oder in Gruppencoaching-Verfahren analysiert, um daraufhin entsprechende Handlungsalternativen zu besprechen und gegebenenfalls gleich auszuprobieren. Viele Seminarteilnehmer/innen berichten von schlechten Erfahrungen mit Rollenspielen und Videoanalysen. Geht man der Genese dieser Abneigung auf den Grund, findet man häufig zwei Muster:
    - Bestimmte Trainer-Typen lieben es, sich selbst, auf Kosten ihrer Teilnehmer/innen, zu profilieren. Im Rollenspiel bieten sich dazu viele Gelegenheiten: Nimmt man als Trainer beispielsweise die Rolle des »schwierigen Gesprächspartners« ein, kann man mit etwas schauspielerischem Talent den sich redlich mühenden Teilnehmer richtig vorführen. Das macht allen Spaß (außer dem »Betroffenen«), weil es oft witzig wirkt und Schadenfreude ohnehin die Schönste ist, bis man dann selbst dran ist und die Stimmung kippt. Am Ende bleibt das Gefühl, sowieso keine Chance gehabt zu haben. Besonders frustrierend bleibt der Eindruck, wenn der Trainer am Schluss noch einmal allen zeigt, wie es richtig geht.
    - Manche Trainer-Typen nutzen die Videoanalyse zur Bloßstellung der Lernenden: Mit diesem Instrument lassen sich nämlich alle Verhaltensweisen in einem Gespräch mikroskopisch sezieren. Und da findet sich immer ein überflüssiges

»ääh«, eine ungeschickte Äußerung, eine abweisende Körperhaltung oder inkongruente Kommunikation. Mit geübtem Blick werden all diese negativen Szenen angehalten und ausführlich der Lächerlichkeit preisgegeben. Auch hier kann der Trainer durch witzige Kommentare die Lacher auf seine Seite bringen. Seine überragende Kompetenz zeigt er dann in Ratschlägen, wie man es hätte richtig machen müssen. Die Teilnehmer/innen sind hin und hergerissen zwischen Faszination und Entsetzen, je nach persönlicher Betroffenheit.

Mit solchen Erinnerungen im mentalen Gepäck wird es schwer, sich erneut auf dieses risikobehaftete Lerninstrument einzulassen. Dabei bietet es enorme Potenziale. Und schon deshalb sollten Selbstdarsteller/innen im Trainingsmetier ausgemustert werden. Denn das Rollenspiel ist eine echte Chance, komplexe Kommunikationsmuster auszuprobieren, neue Varianten zu testen und sein eigenes Repertoire schrittweise zu erweitern. Dazu sind allerdings einige Randbedingungen wichtig:
1. Der »schwierige« Gesprächspartner sollte von der Person gespielt werden, die den Fall eingebracht hat: Erstens kennt sie die kritischen Verhaltensweisen am besten und reagiert wohl am realistischsten auf die Interventionen der »Führungsperson«. Zweitens lernt sie damit »am eigenen Leib«, wie dieser Mitarbeiter denkt und fühlt (Empathie-Chance). Drittens kann sie neue Verhaltensalternativen einer anderen Person beobachten und an diesem Rollenmodell lernen. Nach der Analyse einer solchen Situation kann dann auch der falleinbringende Teilnehmer das Gespräch (nun in der Rolle der Führungsperson) nochmals ausprobieren.
2. Rehearsal und Stand-up-Performance im Wechsel: Rollenspiele wirken oft künstlich und gestellt. Das liegt häufig daran, dass es vorab nur wenig Abstimmung zwischen den Akteuren gibt. So kommt es zu »erfundenen« Aktionen und übertriebenen Reaktionen. Eine gute Absprache über die Rahmenbedingungen des Szenenspiels helfen hier sehr (z. B. handelnde Personen, Tätigkeit in der Organisation, Geschichte der Zusammenarbeit, Charaktere, Ziele, Motive und Verhaltensmuster, hierarchische Positionen). Die Spielpartner/innen sollten nun Gelegenheit bekommen, sich mit ihrer Rolle vertraut zu machen und die wichtigsten Aspekte, gegebenenfalls auch in einer Probensituation mit einem Coach, durchzugehen (z. B. Wie starte ich das Gespräch?; Wie reagiere ich auf die erwarteten Reaktionen des anderen?; Wie »bekomme ich die Kurve«?). Das dauert, ist aber gut investierte Zeit. Im Anschluss an die erste Spielsituation sind oft weitere »Durchgänge« sinnvoll, nun mit vertauschten Rollen oder neuen Spielpartner/innen. Diese können auch als spontane Varianten (*stand-up*) »produziert« werden.
3. Wertschätzende (Video-)Analyse: Diese beginnt mit dem Prinzip der Freiwilligkeit. Sowohl die Videoaufnahme als auch das Abspielen und betrachtende Analysieren ist für die lernende Person freiwillig (und dazu gehört weder Gruppen-, noch Trainerdruck). Die freie Wahl stärkt Motivation und Lernbereitschaft. Klare Feedback-Regeln während der Videoanalyse unterstützen die wertschätzende Absicht der Lernpartner. Die bewusste Trennung von Beschreiben und Bewerten erhöht die Feedback-Kompetenz. Das Einholen von unterschiedlichen Wahrneh-

mungen, Interpretationen und Gefühlen der Gesprächspartner/innen wie auch der Beobachter/innen macht die Subjektivität der Rückmeldungen deutlich. Das Herausgreifen gelungener Sequenzen betont die Stärken der Teilnehmenden und das offene Ansprechen von Kommunikationsschwächen (psychologisch: Entwicklungspotenziale) ist in diesem Kontext dann auch kein Problem (psychologisch: Herausforderung) mehr. Insgesamt steht die Person im Fokus des Interesses und nicht unter dem Brennglas des Trainers.

- **Schritt 10: Neue Varianten im Rollenspiel**
  Mögliche Rollenspiel-Phobien können auch dadurch abgebaut werden, dass schrittweise mit leicht ansteigenden Schwierigkeitsstufen vorgegangen wird. Als Einstieg wird ein selbstproduzierter Film ausgewählt, in dem eine Kommunikationssituation zu beobachten ist. Die Aufgabe der Beobachter/innen ist es, die Verhaltensweisen der Gesprächspartner/innen zu beschreiben und zu bewerten. In der Lerngruppe werden dann diese Analysen zusammengetragen und ausgewertet sowie Verhaltensalternativen besprochen. Danach wird ein weiterer Film gezeigt, in dem z. B. eine Führungskraft mit einem Mitarbeiter ein Gespräch führt. Die Teilnehmer/innen beobachten und bewerten auch diese Sequenzen. In dieser zweiten »Brennstufe« gibt ein Teilnehmer der Führungskraft aus dem Film (Trainer) ein Feedback zu dessen Gespräch (aus dem Film). Dieses Feedback-Gespräch kann durch weitere Rückmeldungen aus dem Teilnehmerkreis ergänzt werden. Schließlich gibt es noch die Möglichkeit, dem Feedback-Geber aus der Gruppe eine Rückmeldung zu dessen Feedback zu geben. Eine wahre Feedback-Kaskade entsteht, und plötzlich sind alle so mit Feedback-Geben beschäftigt, dass auch das Aufzeichnen von Gesprächen kein Hindernis mehr ist.

Die Zielgruppe der erfahrenen Führungskräfte

Die Akzeptanz von Trainingsmaßnahmen ist generell ein entscheidender Erfolgsfaktor. Erfahrene Führungskräfte brauchen daher einen anderen Zugang zum Thema Kommunikation als Mitarbeiter/innen und junge Führungskräfte. Sie müssen als erfahrene Kommunikator/innen abgeholt werden.

Allerdings ist das Verhältnis von Manager/innen zu Kommunikationstheorien durchaus ambivalent. Einerseits herrscht ein enormer Wissensdurst nach möglichst neuesten Erkenntnissen, die der Führungskraft in der Praxis einen Wissensvorsprung verschaffen sollen. Andererseits ist kaum eine Zielgruppe so leicht zu langweilen wie informationshungrige Manager. Sie informieren sich ohnehin selbstständig, wenn sie etwas wirklich interessiert. Daher versuchen findige Trainer/innen, bekannte Inhalte neu zu verpacken und pfiffig zu präsentieren.

Eine größere Herausforderung für die Trainer/innen dürfte jedoch in der ambivalenten Einstellung der Führungskräfte zum Training als solchem bestehen. Einerseits wissen oder spüren sie (im schlimmsten Fall bekommen sie es von oben gesagt), dass sie an ihrem Kommunikationsverhalten »arbeiten« sollten. Andererseits kennen sie häufig schon die einschlägigen Modelle und Theorien und haben auch schon reichlich Rollenspiele und Videoanalysen bearbeitet. Der größte Bedarf aus unserer Sicht liegt daher nicht im kognitiven Bereich der Manager/innen sondern klar in ihrer Verhaltenskompetenz.

Dies ist allerdings den Auftraggeber/innen und Endkund/innen (eben den Führungskräften selbst) oft schwer vermittelbar. Um Kommunikationsseminare für diese Zielgruppe attraktiver zu machen, stellt man deshalb ein »bundle« mit den neuesten Produkten aus Motivation, Leadership und Neuropsychologie zusammen (vgl. Corvey 2005; Corvey 2006; Hinterhuber/Pirchner-Friedrich/Reinhardt/Schnorrenberg 2007).

Neben dem klassischen Seminar setzen sich auch andere Lernformen durch. Das Business-Coaching von einzelnen Führungskräften gehört mittlerweile zum selbstverständlichen Angebot in immer mehr Unternehmen: Anfangs noch eine Mischung aus Statussymbol und »Nachsitzen für Führungskräfte«, hat sich das Instrument aus dem tabuisierten Graubereich heraus im Zentrum des *Management Development* etabliert. Und tatsächlich wird hier noch individueller und effizienter an den speziellen Themen und Bedürfnissen der Manager/innen gearbeitet, ist der Entwicklungsraum noch geschützter, können noch schneller offen und vertrauensvoll die wirklichen Schwierigkeiten angesprochen und die kritischen Kommunikationskompetenzen noch intensiver geübt werden, als dies im Seminar möglich wäre. Mit der Möglichkeit des *Coaching on the job* (Rauen 1999), bei dem die Führungskraft in Realsituationen (z.B. Meetings, Workshops, Präsentationen) begleitet wird und die Situationen vorab und im Nachhinein bearbeitet werden, wird das Lernen noch stärker in den Arbeitskontext integriert.

Erfahrene Führungskräfte üben sich selbst immer häufiger in der Rolle eines Coaches für ihre Mitarbeiter/innen und werden zum Teil auch dazu ausgebildet. Coaching-Kommunikation ist eine spezielle Führungskommunikation, die besonders wertschätzend, aufnehmend, spiegelnd und reflektierend ist. Eine solche Grundhaltung fällt den lösungsorientierten »Machertypen« anfangs schwer und muss im eigenen Coaching oder in einem Seminar »die Führungskraft als Coach« geübt werden (Sauter 1994).

Ein weiteres Schwerpunktthema für die Zielgruppe der erfahrenen Führungskräfte sind Feedback-Gespräche (hier vor allem das Vermitteln kritischer Botschaften), das Überbringen schlechter Nachrichten in Veränderungsprozessen, das regelmäßige Mitarbeitergespräch mit seinen vielen Facetten der Aufgabenanalyse, Delegation, Motivation und der Diskussion von Entwicklungsaspekten, Leistungseinschätzungsgespräche, Zielvereinbarungen und »Zielerreichungsverhandlungen« (Breisig 1998; Stroebe/Stroebe 1996; Berkel/Lochner 2001). Für diese Zwecke werden Gesprächsleitfäden erarbeitet, Kommunikationsregeln vereinbart und Kommunikationstechniken in noch weiter ansteigender Komplexität eingeübt.

Auf das jährliche (in manchen Unternehmen sogar noch häufiger stattfindende) Mitarbeitergespräch bereitet sich die Führungskraft selbstverständlich gewissenhaft mithilfe des, oftmals von der Personalentwicklung aufbereiteten Gesprächsleitfadens vor. Oft wird dabei eine differenzierte Leistungseinschätzung anhand des unternehmenseigenen Kompetenzmodells vorgenommen (Breisig 1998; Lurse/Stockhausen 2001). Hier sollen schlechte Nachrichten besonders sensibel übermittelt werden, vor allem dann, wenn diese Auswirkungen auf den variablen Gehaltsbestandteil haben.

Eines der spannendsten Kommunikationsthemen aus dem Bereich der Teamkommunikation ist das Team-Feedback. Denn hier geht es darum, offen im Team, und damit mindestens über eine Hierarchieebene hinweg, über Leistung, Verhalten und Zusammenarbeit lobend und wünschend zu sprechen. Als »heißer Stuhl« ist diese Übung in Verruf geraten, als »Feedback-Thron« kann sie sich möglicherweise rehabilitieren.

Der Thron unterscheidet sich vom Stuhl in mehrfacher Hinsicht: Beim »heißen Stuhl« geht es um das Aushalten schonungsloser Kritik, bei der »Thronbesteigung« um Wertschätzung als Basis für konstruktives Feedback. Die Überhitzung auf dem Stuhl rührt oft von ungezügelter, falsch verstandener Offenheit, nach dem Motto »immer feste drauf, mal sehen, was er verträgt« und wenn Tränen fließen, ist der Trainierende in ihrem bzw. seinem Element. Bei der Methode des Feedback-Throns wird nach genauen Kommunikationsregeln (z. B. mit Ich-Botschaften formuliert, dem Feedback-Nehmer zugewandt, möglichst konkret ohne Generalisierung) zunächst positives Feedback der Gruppe gegenüber dem Feedback-Nehmer geäußert, dies dann um selbst wahrgenommene positive Aspekte ergänzt, bevor er selbst an der eigenen Person wahrgenommene negative Punkte anspricht, die abschließend von der Gruppe nacheinander ergänzt werden (als Wünsche formuliert). Diese guten Wünsche der Kolleg/innen treffen in einem solchen Kontext fast immer auf das eigene Veränderungsinteresse und verlassen damit den Bereich der »frommen Vorsätze«, denn nun erfolgt eine konkrete und gemeinsame Umsetzungsplanung.

Besonders wirksam ist diese Lernform, wenn das Team ein Management-Team ist, also aus Führungskräften des oberen Managements besteht. Dann wird die Management-Weiterbildung zur Management-Praxis. Sie integriert das notwendige Methoden- und Verhaltens-Know-how in die konkrete Management-Arbeit. Die Lernthemen fokussieren die aus den Unternehmenszielen abgeleiteten aktuellen Anforderungen. Die Manager/innen gestalten beim Lernen ihre Praxis aktiv. Teamwork wird gelebt. Leadership bekommt einen praktischen Rahmen. Die Akzeptanz gegenüber der praxisorientierten Lernform steigert den Umsetzungserfolg.

Management-Trainings fokussieren im Idealfall Themen, die von den Führungskräften ohnehin bearbeitet werden müssen. Die »Lernzeit« ist klassische Arbeitszeit, allerdings strukturiert, systematisch und synergetisch miteinander und aufeinander abgestimmt. Veränderungen werden als Team betrieben, mit allen Vorteilen der Abstimmung und Koordination. Damit wird Organisations- und Personalentwicklung im Führungsteam aktiv koordiniert und die gegenseitige Loyalität wird bewusst gefördert und gefordert.

Die Zielgruppe Top Management

Meist sind Topmanager durch verschiedene Hierarchiestufen in ihre Position gelangt und haben auf diesem Wege das eine oder andere Kommunikationsseminar absolviert. Dennoch steigen überproportional auch die Anforderungen an die Kommunikationskompetenzen, was die Lücke zwischen Anspruch und Wirklichkeit größer werden lässt und den Bedarf an gezieltem Training erhöht. Das ist schon deshalb so, weil die Kommunikationsrichtungen vielfältiger und explosiver werden, je mehr Verantwortung ein Topmanager trägt.

Nehmen wir das Beispiel der Kommunikation »nach innen und nach unten«. Ein Vorstand ist sich in der Regel kaum bewusst, was er mit einer ungehaltenen Äußerung in einem Nebensatz gegenüber einem nervösen, weil zwei oder drei Hierarchieebenen unter sich arbeitenden, Mitarbeiter auslösen kann: Im Zweifel die schiere Existenzangst. Gehen wir hypothetisch von einem Anteil der eher ungehaltenen Äußerungen von Vorständen gegenüber solchen Mitarbeiter/innen von 75 Prozent zu 25 Prozent aufbauender Kommunikation aus (und das entspricht sicher der Gemütslage vieler Vorstände, die sich damit herumquälen müssen, was immer noch nicht funktioniert), dann erklären sich so manche Phänomene, die sich in vielen Mitarbeiterbefragungen zeigen. Rechnet man die Mitarbeiterzufriedenheit in Umsatz und Ertrag um (was möglich ist und einen enormen Erfolgshebel darstellt), lohnt sich die Investition in anständige Kommunikation schnell.

Und nehmen wir ein weiteres Beispiel »nach außen und nach oben«. Vorstände kommunizieren vor allem zu Stakeholdern und/oder Shareholdern und immer mehr auch direkt in die Öffentlichkeit hinein. Von ihrer gelingenden Kommunikation hängen oft Ressourcen, Genehmigungen, Großaufträge, Aktienkurse und ein öffentliches Image ab. Aus diesem Blickwinkel erlangen Kommunikationstrainings den Status von Investitionen und verlieren den Charakter des Kostenfaktors.

Methodische Beispiele für die Zielgruppe Top Management

- Videotraining im Fernseh-Studio
  Geübt wird in der Regel mit einem Sparringspartner oder Coach. Auch hier empfiehlt sich das Videotraining, wozu jedoch ein Fernsehstudio oder mindestens eine Theaterbühne genutzt werden sollte, ansonsten sind die Vorstände eher wenig beeindruckt. Und gearbeitet wird vor allem auf der mentalen Ebene, der Motivationsstruktur, in der sich Ambivalenzen zeigen in Bezug auf die Persönlichkeit, ihrer Werte, Überzeugungen und Einstellungen, die sich wiederum auf das Verhalten direkt auswirken. Entscheider/innen, die sich für ein Coaching entschieden haben, lernen extrem schnell, denn »können« war für sie noch nie das Problem.
- Teamkommunikation
  Trotzdem sollte sich die Arbeit mit dieser Zielgruppe nicht auf das individuelle Training reduzieren. Kommunikation erfolgt auch an der Unternehmensspitze

häufig als Teamkommunikation. Das gilt insbesondere für Veränderungsprozesse. Hier achten die Mitarbeiter/innen (und vor allem das obere und mittlere Management) genau auf die kongruente Kommunikation des Management-Teams, oder, wie John Kotter es nennt, die »Guiding Coalition« (Kotter/Rathgeber 2006). Und die Einigkeit in diesem Gremium wird zwar oft mühsam demonstriert, selten jedoch bewusst hergestellt oder gar gelebt. Dabei ist gerade die Rolle der Kommunikation im Change- und besonders die der Kommunikation im Management-Team ein ausgewiesener Erfolgsfaktor (vgl. IBM-Studie »Making Change Work« 2007, Global Business Services) in teuren Veränderungsprozessen.

Es gilt daher auch hier, die Vorteile des Trainings im Führungsteam (Vorstand, Geschäftsführung, Bereichsleitung und andere Bereiche) zu nutzen. Das Team kann die Veränderungsabsicht des einzelnen Mitglieds hören, verstehen und sogar unterstützen. Es gibt keine überraschenden Verhaltensänderungen, wie sie manchmal nach »bereichsübergreifenden« Seminaren erfolgen, da alle die Lernmotivation und die Lernziele des Kollegen mitbekommen und verstanden haben. Allerdings ist die Vertrauensbasis in den genannten Gremien selten so groß, dass offen von »Lernen« oder »Training« gesprochen werden kann. Meist finden diese Inhalte im Rahmen von Strategieworkshops, Kick-offs oder Klausurtagungen statt.

Warum sind Kommunikationstrainings trotz guter Konzeption teilweise nicht erfolgreich?

Immer wieder stellen wir in der Praxis fest, dass Seminare doch nicht so langfristig wirksam sind wie erhofft. Das liegt unserer Meinung nach an verschiedenen Gründen. Der häufigste ist, dass das System nicht mitlernt: Nach bereichsübergreifend gemischten Seminaren hat eine Person ein Aha-Erlebnis und nimmt sich vor, sich künftig anders zu verhalten. Sie ist dazu motiviert und voller guter Absichten. Sie ändert sich, und das ist für ihr Umfeld erst einmal überraschend bis irritierend. Hinter vorgehaltener Hand beruhigen sich die Kolleg/innen: »Sie war auf einem Seminar, das gibt sich bald wieder ...« Der neue Verhaltensansatz stößt auf Irritation und Widerstand im gewohnten Umfeld und schleift sich bald wieder ab.

Ein zweiter Grund für einen mangelnden Erfolg von Kommunikationstrainings ist, dass häufig die Kontinuität fehlt. Seminare und Trainings sind meist Einmal-Angebote, bestenfalls im Modulcharakter auf zwei bis drei Teile ausgelegt. Regelmäßiges Auffrischen und Vertiefen stößt auf Akzeptanzgrenzen bei den Nutzern (»keine Zeit, nichts Neues, kann ich schon«).

Ein dritter Grund beinhaltet ein immer wieder zu beobachtendes Phänomen: »Die es wirklich brauchen, melden sich nicht freiwillig.« Die meisten Kommunikationstrainings werden auf freiwilliger Basis angeboten. Das ist insofern sinnvoll, als eine Lernbereitschaft den Lernerfolg sicher fördert. Allerdings werden die Angebote erfahrungsgemäß eher von jenen Mitarbeiter/innen und Führungskräften besucht, die ohnehin schon eine höhere Affinität zu diesem Thema haben und über ein natürliches Talent und eine soziale Grundintelligenz verfügen.

Der vierte Grund schließlich, warum Kommunikationsseminare manchmal nicht den gewünschten Dauererfolg erzielen, ist die Tatsache, dass das Alltagscoaching fehlt. Um das im Training Gelernte und Geübte in die Berufswelt zu integrieren, wäre eine coachende Begleitung durch Führungskräfte und Mentoren hilfreich. Um diesen Mangel zu beheben, werden die Führungskräfte immer stärker in die Pflicht genommen, ihre Rolle als Personalentwickler/innen stärker wahrzunehmen. Außerdem etablieren sich in vielen Seminargruppen sogenannte Lernteams oder Peergroups, die sich auch im Alltag unterstützend und kollegial coachend gegenseitig begleiten. Dies gelingt jedoch nur bei Seminarprogrammen, die aus mehreren Modulen bestehen, da erst hier die Netzwerkbildung möglich ist.

Möglichkeiten und Grenzen der Erfolgsmessung in der Praxis

In den Auf- und Ausbau von Kommunikationskompetenzen wird viel Zeit, Geld und Energie investiert. Das sollte sich auszahlen. Daher liegt es auf der Hand, den Erfolg solcher Maßnahmen zu überprüfen. Evaluationsmodelle liegen vor (Phillips/Schirmer 2004; Henninger 2000). Mit ihrer Hilfe kann nachgewiesen werden, dass ein Training bei den Teilnehmer/innen gut ankommt, dass die gelernten Inhalte auch im Alltag angewendet werden und manchmal sogar, dass auch die Umgebung der Teilnehmenden das registriert und ihrerseits gut findet.

Mit solchen Ergebnissen werden diejenigen bestätigt, die die Maßnahmen initiieren und finanzieren, und auch jene, die sie durchführen oder daran teilnehmen. Zweifler/innen können überzeugt werden. Was sie in ihrem Zweifel bestärkt, ist der Umstand, dass es noch immer schwer fällt, den Erfolg der Trainingsmaßnahmen in materiellem Gegenwert nachzuweisen. Denn noch immer wird viel zu wenig im Bereich *Return on Invest* geforscht.

Allerdings stellen wir in der Praxis immer wieder fest, dass Evaluation nur halbherzig gewollt wird. Woran könnte das liegen? Unserer Meinung nach basiert das Trainingsgeschäft im Wesentlichen auf Überzeugungen: Überzeugte Personalentwickler/innen überzeugen das Management von der Werthaltigkeit von Weiterbildung und engagieren überzeugende Trainer/innen, um die Teilnehmenden von günstigen Kommunikationsmustern zu überzeugen. Lange Zeit dachte man, dass man an die Wirksamkeit glauben müsse, da der Erfolg dieser Seminare nicht in konkretem Gegenwert nachgewiesen werden könne. Dies liege wiederum daran, dass viel zu viele Faktoren für einen möglichen Verbesserungseffekt verantwortlich sein könnten, um diese in der Praxis wissenschaftlich überprüfen zu können.

Die wissenschaftlichen Möglichkeiten werden jedoch immer besser und praxistauglicher. Daher nochmals die Frage, warum diese also nur bestenfalls halbherzig genutzt werden. Hier sind einige Erklärungsansätze aus der Praxis:

In der Personalentwicklung sind in der Regel langjährige Profis beschäftigt, die sich bezüglich der Evaluationsneigung grob in zwei Lager aufteilen lassen: Die einen sind »von Natur aus« neugierig und wissensdurstig. Sie sind immer auf der Höhe der wissenschaftlichen Entwicklung und begrüßen aus Prinzip neue Forschungsansätze und versuchen diese in ihrem Bereich zu nutzen. Sie verzweifeln dann eher an der geringen Eindeutigkeit und Aussagekraft ihrer Ergebnisse, was ihren Drang zur weiteren Evaluation zwar bremst, sie jedoch nicht an der Erprobung neuer Trainingsansätze hindert.

Die anderen haben sich längst eine differenzierte Meinung über die (begrenzte) Wirksamkeit von Trainingsmaßnahmen gebildet. Die in jahrelanger Beobachtung erworbenen Erkenntnisse lassen sich durch wissenschaftliche Untersuchungen mit weit geringerem Datenmaterial nicht leicht widerlegen. Zudem wäre dies mit noch weiteren Aufwendungen verbunden. Vor allem für zweifelnde Führungskräfte birgt die Evaluation der Wirksamkeit solcher Trainings die Gefahr von Ambivalenzen: So erscheint ihnen eine losgelöste Betrachtung des Trainingserfolgs von ihrer Führungsrolle als nicht möglich, lassen sich doch unter Umständen Brücken von dem Erfolg des Trainings zur Vorbildfunktion der Führungskraft mit ihrer skeptischen Grundeinstellung schlagen. In ihrer Rolle als Entscheider über das Weiterbildungsbudget und den Einsatz von Evaluationsinstrumenten wird dementsprechend eine tiefere Betrachtung des Trainingserfolges meist nicht angestrebt.

Dennoch: Der Nachweis für die Wirksamkeit von Kommunikationstrainings ist wichtig. Nicht um die zu bestätigen, die ohnehin schon daran glauben, sondern vor allem um jene zu überzeugen, die sich an wissenschaftlich nachweisbaren Erkenntnissen orientieren.

Literatur

Berkel, K./Lochner, D. (2001): Führung: Ziele vereinbaren und Coachen. Vom Mit-Arbeiter zum Mit-Unternehmer. Weinheim und Basel: Beltz Verlag.
Bühler, K. (1934): Sprachtheorie: Die Darstellungsfunktion der Sprache. Jena: Fischer.
Breisig, T. (1998): Personalbeurteilung – Mitarbeitergespräch – Zielvereinbarungen. Grundlagen, Gestaltungsmöglichkeiten und Umsetzung in Betriebs- und Dienstvereinbarungen. Frankfurt a.M.: Bund-Verlag.
Capgemini consulting (2008): Change Management Studie 2008. Business Transformation. Veränderungen erfolgreich gestalten. (Berlin): Capgemini Deutschland GmbH. www.de.capgemini.com/m/de/tl/Change_Management-Studie_2008.pdf (21.7.2008).
Corvey, S. (2006): Der 8. Weg: Von der Effektivität zur wahren Größe. Offenbach: GABAL Verlag.
Corvey, S. (2005): Die 7 Wege zur Effektivität. Prinzipien für persönlichen und beruflichen Erfolg. Offenbach: Gabal Verlag.
Goleman, D. (1996): Emotionale Intelligenz. München/Wien: Carl Hanser Verlag.
Henninger, M. (2000): Evaluation – Diagnose oder Therapie? In: Harteis, C./Heid, H./Kraft, S. (Hrsg.): Kompendium Weiterbildung. Aspekte und Perspektiven betrieblicher Personal- und Organisationsentwicklung. Opladen: Leske & Budrich, S. 249–260.

Henninger, M./Mandl, H. (2003): Zuhören – verstehen – miteinander reden. Ein multimediales Kommunikations- und Ausbildungskonzept. Bern: Huber.

Henninger, M./ Weingandt, B. (2003): Training of interpersonal communication with tomorrow's technologies. In: DeFillippi, R./Wankel, C. (Hrsg.): Research in Management Education and Development. Vol. 2. Educating managers with tomorrow's technologies. Greenwich (CT): Information Age Press, S. 149–172.

Henninger, M./Mandl, H./Pommer, M./Linz, M. (1999): Die Veränderung sprachrezeptiven Handelns. Einfluss des instruktionalen Gestaltungsprinzips Authentizität. Zeitschrift für Entwicklungspsychologie und Pädagogische Psychologie, 31 (1), S. 1–10.

Hinterhuber, H./Pirchner-Friedrich, A./Reinhardt, R./Schnorrenberg, L. (2007): Servant Leadership. Prinzipien dienender Unternehmensführung. Berlin: Erich Schmidt Verlag.

Kotter, J./Rathgeber, H. (2006): Das Pinguin-Prinzip. Wie Veränderung zum Erfolg führt. München: Droemer/Knaur Verlag.

IBM Business Services (2007): Making Change Work. Erfolgsfaktoren für die Einführung von Innovationen. Stuttgart: IBM Deutschland GmbH. www-05.ibm.com/de/pressroom/downloads/mcw_2007.pdf (21.7.2008).

Lurse, K./Stockhausen, A. (2001): Manager und Mitarbeiter brauchen Ziele. Führen mit Zielvereinbarungen und variable Vergütung. Neuwied, Kriftel: Hermann Luchterhand Verlag.

Mohl, A. (2006): Der große Zauberlehrling. Teil 1/2. Das NLP-Arbeitsbuch für Lernende und Anwender. 2 Bände. Paderborn: Junfermann Verlag.

MSAprofile Ltd. (2008): Bessere Personalentscheidungen mit der MotivStrukturAnalyse MSA. Bayreuth: MSAprofile Ltd www.msaprofile.de/doc/MSA_AnwendungsInfo.pdf (21.7.2008).

Phillips, J./Schirmer, F. (2004): Return on Investment in der Personalentwicklung. Der 5-Stufen-Evaluationsprozess. Berlin/Heidelberg: Springer-Verlag GmbH.

Rauen, C. (1999): Coaching. Göttingen: Verlag für angewandte Psychologie.

Röschmann, D. (1990): Arbeitskatalog der Übungen und Spiele. Ein Verzeichnis von über 400 Gruppenübungen und Rollenspielen. Band 2. Hamburg: Windmühle.

Sauter, W. (1994): Vom Vorgesetzten zum Coach der Mitarbeiter. Handlungsorientierte Entwicklung von Führungskräften. Weinheim: Deutscher Studien Verlag.

Schulz von Thun, F. (1991): Miteinander reden 1: Störungen und Klärungen. Reinbek: Rowohlt.

Stroebe, R./Stroebe, G. (^{5}1996): Führungsstile. Management by Objectives und situatives Führen. In: Arbeitshefte Führungspsychologie, Band 3. Heidelberg: I.H. Sauer-Verlag: Heidelberg.

Tscheuschner, M./Wagner, H. (2008): TMS – Der Weg zum Hochleistungsteam. Praxisleitfaden zum Team Management System nach Charles Margerison und Dick McCann. Offenbach: Gabal Verlag GmbH.

Christina Barth / Michael Henninger

Konflikte erkennen und managen

Einführung in Konfliktmanagement und Verhandlungsführung

Einleitung und Problemstellung

Soziale Konflikte finden sich früher oder später in allen Situationen, in denen Menschen miteinander interagieren. Sie sind »zwangsläufige Begleiterscheinungen des menschlichen Zusammenlebens wie auch der betrieblichen Zusammenarbeit« (Wenninger 1999, S. 558). Auch der Bildungsbereich in Schule und Hochschule ist davon nicht ausgenommen. So sind beispielsweise Konflikte zwischen Eltern und Lehrer/innen oder Lehrenden untereinander keine Ausnahmeerscheinungen. Medien- und Bildungsmanager/innen, die insbesondere an Schnittstellen tätig sind und mit Arbeitsgruppen zusammenarbeiten, die oftmals unterschiedliche Ausgangspositionen, Interessenslagen und Ziele verfolgen, können sich daher der Konfrontation mit sozialen Konflikten kaum entziehen. Konfliktträchtige Problemfelder sind nach Wenninger (1999) etwa die effiziente Verteilung der Arbeit, die Verantwortung für Fehler oder die gerechte Verteilung von Ressourcen (z.B. Geld, Material, Raum, Arbeitskräfte, Information, Macht) für die gemeinsame Arbeit.

Konflikte werden in aller Regel negativ betrachtet und »selten als willkommene Abwechslung und Bereicherung des Arbeitsalltages angesehen« (Schmitz/Weyrer 1995, S. 120). In der Betrachtung überwiegen meist erlebte Belastungen, Blockaden, Reibungsverluste und nachhaltige Probleme. Konflikte können jedoch auch eine Chance bieten (Schmitz/Weyrer 1995; Regnet 2001). Sie machen Unterschiede deutlich und fruchtbar und stellen Einheit und Einigkeit her, indem sie helfen, Unterschiede zu überwinden. Sie haben keineswegs nur negative Seiten. Konflikte schaffen Gemeinsamkeiten, Veränderung, können aber auch das Bestehende erhalten (Schwarz 2005, S. 15ff., S. 25ff.). Weiterhin erhalten sie ein nicht zu unterschätzendes Potenzial für Kreativität und Motivation (Eidenmüller/Hacke 2003). Die interessante Frage ist daher meist nicht: »Wie kann ich Konflikte vermeiden?«, sondern »Wie kann ich Konflikte nutzen?« (Schmitz/Weyrer 1995).

Der Anspruch dieses Kapitels ist es, dem Leser einen Einblick in die Konfliktthematik zu geben und verschiedene theoretische Grundlagen zu beleuchten, die es ermöglichen, sich vertieft mit dem Thema zu befassen. Angesichts der im Weiteren auch belegten hohen kontext- und personengebundenen Abhängigkeiten von Konflikten wollen wir in diesem Kapitel explizit darauf verzichten, den Leser mit Ratschlägen für bestimmte Konfliktsituationen zu versorgen oder ihn gar zum kompetenten Konfliktlöser auszubilden. Im Folgenden soll dementsprechend darauf eingegangen werden, welche Art von Konflikten für Medien- und Bildungsmanager/innen relevant und welche Unterscheidungen sinnvollerweise zu treffen sind. Hierzu werden Definitionen und Typologien von Konflikten dargestellt. Im Anschluss soll ein Überblick über den Stand der Wissenschaft zur Konfliktbehandlung erfolgen, der die Aufgabenstellungen wiedergibt, die sich für die Behandlung von Konflikten ergeben. Dabei wird dargestellt, wie eine Diagnose bzw. Analyse von Konflikten vorzunehmen ist, welche Gefahren durch eine Konflikteskalation drohen und welche Interventionsmöglichkeiten zur Verfügung stehen. Zudem soll die Bedeutung der Kommunikation bei der Konfliktintervention hervorgehoben werden und aufgrund der Befundlage ein Einblick darüber gegeben werden, was in einem Konflikt entschärfend wirkt und was ihn anregt. Abschließend werden die theoretischen Hintergründe anhand einiger Problembeispiele ausgeführt und Konsequenzen für den Medien- und Bildungsmanager abgeleitet.

Definitionen von sozialen Konflikten

Konflikte im Arbeitsleben lassen sich meist als soziale Konflikte beschreiben, die in den seltensten Fällen zu handgreiflichen Auseinandersetzungen führen, sondern sich in kommunikativen oder auch arbeits- bzw. organisationswirksamen Handlungen ausdrücken. Wie lassen sich solche sozialen Konflikte definieren?

Glasl (2004), der eine Synthese verschiedener Kompetenzdefinitionen (Thomas 1976; Prein 1982, S. 1; Rüttinger 1980, S. 22) von sozialen Konflikten vornahm, definiert diese folgendermaßen (Glasl 2004, S. 17): »Sozialer Konflikt ist eine Interaktion zwischen Aktoren (Individuen, Gruppen, Organisationen usw.), wobei wenigstens ein Aktor eine Differenz bzw. Unvereinbarkeiten im Wahrnehmen und im Denken bzw. Vorstellen und im Fühlen und im Wollen mit dem anderen Aktor (den anderen Aktoren) in der Art erlebt, dass beim Verwirklichen dessen, was der Aktor denkt, fühlt oder will eine Beeinträchtigung durch einen anderen Aktor (die anderen Aktoren) erfolge.« Dabei besteht eine Interaktion, also aufeinander bezogenes Kommunizieren oder Handeln, welche das Realisierungshandeln des Konflikts darstellt. Damit von einem sozialen Konflikt gesprochen werden kann, muss wenigstens eine Partei die Interaktion so erleben, dass sie die Gründe für das Nichtverwirklichen der eigenen Gedanken, Gefühle oder Intentionen der anderen Partei zuschreibt. Dabei ist es gleichgültig, ob dies von der Gegenpartei bewusst oder unbewusst, willentlich oder unabsichtlich so geschieht (Glasl 2004, S. 17). Konflikte sind also keine bloßen Meinungsverschiedenheiten, sondern sie setzen eine Unvereinbarkeit im Denken, Fühlen und/oder Handeln voraus (Schwertfeger 2006).

Solche Unvereinbarkeiten reichen aber nach Montada und Kals (2007, S. 71) nicht aus. Damit ein sozialer Konflikt entsteht, ist es weiterhin notwendig, dass subjektiv ein Unrecht wahrgenommen wird, d. h. er resultiert aus Verletzungen und Bedrohungen normativer Überzeugungen.

Pesendorfer (1995) führt in seine Definition außerdem den Aspekt eines Einigungszwanges ein – ohne den man einem Konflikt prinzipiell einfach aus dem Weg gehen kann: »Von Konflikt kann man reden, wenn zwei oder mehrere entgegengesetzte oder widersprüchliche Interessen aufeinanderprallen und die Konfliktparteien – sei es aus freien Stücken, sei es aus äußerem Druck – unter Einigungszwang stehen« (Pesendorfer 1995, S. 167).

Von den ersten Anzeichen eines Konflikts zur Konfliktbehandlung

Werden Konflikte in Organisationen nicht bearbeitet, besteht die Gefahr einer zerstörerischen Konflikteskalation. Dabei können Anzeichen für Konflikte feindseliges Verhalten, Beschränkungen der Kommunikation auf das Nötigste, Resignation, Sabotage von Maßnahmen, Intrigen und hartnäckige Wiederaufnahme eines scheinbar erledigten Streitpunktes sein (Wenninger 1999). Leider ignorieren viele Führungskräfte und Mitarbeiter Konflikte in ihrer Abteilung lange und hoffen, dass sich das Problem von selbst löst. Erst wenn es zu ernsthaften Konsequenzen kommt, wie hohen Krankheitsraten, Verlust der Arbeitsmotivation, negative Einstellung zu Arbeitsverhältnis und Betrieb, Leistungseinbußen oder ein hoher persönlicher Leidensdruck, beginnt die Suche nach Konfliktlösungen (Schwertfeger 2006).

Wird in eine Konfliktsituation schließlich eingegriffen, spricht man von Konfliktbehandlung. Diese Bezeichnung fasst alle Bemühungen zusammen, auf Konflikte einzuwirken. Darunter kann sowohl verstanden werden, dass die Parteien sich durch eine Intervention mit einem Konflikt abfinden, dass sie nur weitere Folgen unter Kontrolle halten wollen oder dass sie die Probleme an ihren Wurzeln gelöst haben. »Konfliktbehandlung bezeichnet nur ein Aktiv-Werden eines handelnden Subjektes: einer Konfliktpartei, mehrerer Parteien, von einem Interessenvertreter oder einer neutralen Drittpartei usw.« (Glasl 2004, S. 20).

Typologien sozialer Konflikte

In der Literatur findet sich unter dem Überbegriff des sozialen Konflikts eine Vielzahl von Konflikttypologien. Im Folgenden möchten wir auf einige eingehen, die für das Medien- und Bildungsmanagement besondere Relevanz besitzen.

Eine erste offensichtliche Unterscheidungsmöglichkeit stellen die Anzahl und die Größe der an einem Konflikt beteiligten Parteien dar. Konfliktparteien können von einzelnen Individuen, über Gruppen, Organisationen bis hin zu Koalitionen von Nationen reichen (Pruitt 1998; Schwarz 2005). Ein Konflikt zwischen Einzelpersonen kann zwischen zwei Kollegen bestehen, ein Konflikt in einer Gruppe kann sich innerhalb eines Arbeitsteams etabliert haben, ein Konflikt zwischen Gruppen kann etwa zwischen verschiedenen Arbeitsbereichen einer Organisation (z. B. Unternehmen, öffentliche Einrichtungen, Schulen, Hochschulen) bestehen oder es kann zu einem Konflikt zwischen verschiedenen Organisationen kommen. Auch die Größen der Parteien innerhalb eines Konflikts können variieren – so können Personen mit Gruppen in Konflikt geraten oder umgekehrt, Gruppen treten mit Organisationen in Konflikt und so weiter (Schwarz 2005).

Systemtheoretisch lässt es sich auch so beschreiben, dass verschiedene Systeme und Subsysteme, z. B. Personen, Interaktionen, Gruppen, Organisationen oder etwa die ganze Gesellschaft jeweils Kontexte bilden, die Anlässe und Fortführungschancen für Konflikte liefern (Schmitz/Weyrer 1995). In diesen Zusammenhang lässt sich die Unterscheidung verschiedener Konfliktrahmen nach Glasl (2004, S. 68 ff.) einordnen. Glasl unterscheidet nach Mikro-, Meso- und Makrokonflikten. In einem mikro-sozialen Rahmen finden alle Konflikte statt, die sich zwischen zwei oder mehreren Einzelpersonen oder in kleinen Gruppen ereignen. Konflikte in einem meso-sozialen Rahmen betreffen soziale Gebilde der mittleren Größenordnung. Meso-soziale Einheiten bauen sich aus mirko-sozialen Einheiten auf. Bei meso-sozialen Konflikten tritt weiterhin die Organisation mit ihren eigenen Zielen, Aufgaben, Strukturen und Prozeduren auf, die das persönliche Verhalten, Denken und Fühlen mit beeinflusst oder überformt. Ein Konflikt in makro-sozialem Rahmen kann den Eingriff von gesellschaftlichen Gruppen, öffentlichen Einrichtungen oder Interessenvertretungen beinhalten. Bei Konflikten, die das makro-soziale System betreffen, tritt eine wesentlich höhere Komplexität auf als bei den beiden anderen Rahmen, wodurch eine gute Analyse und Interventionsstrategie erschwert wird. Je größer der Rahmen ist, in dem ein Konflikt ausgetragen wird, desto komplexer wird die soziale Situation. Denn hier ergeben sich eine Vielzahl von Beziehungen und weiteren Konflikten innerhalb und zwischen den verschiedenen Gruppierungen. Konflikte haben in der Regel die Tendenz, den sozialen Rahmen auszuweiten.

Je nachdem ob Konfliktparteien einander ebenbürtig oder ungleich sind, kann von symmetrischen oder asymmetrischen Konflikten gesprochen werden. Besteht ein Machtgleichgewicht, spricht man von »symmetrischen« Konflikten, liegt eine Ungleichheit vor, spricht man von »asymmetrischen« Konflikten (Rapoport 1974; Glasl 2004, S. 57).

Eine weitere Unterscheidungsmöglichkeit ist diejenige nach »institutionalisierten« und »nicht-institutionalisierten« Konflikten. Bei einem institutionalisierten Konflikt liegt die Konfliktquelle in der Organisation und führt zu wiederholten Auseinandersetzungen in meist voraussagbaren Formen. Nicht institutionalisierte Konflikte sind in der Regel in ihrem Verlauf nicht berechenbar (Glasl 2004).

Konflikte können außerdem als latent oder manifest beschrieben werden. Latent ist ein Konflikt, wenn zwar in der objektiven Position der Konfliktparteien und in deren Zielen Gegensätze vorliegen, diese aber nicht zu feindseligem Verhalten führen. Ein Konflikt ist im Gegensatz dazu manifest, wenn er sich in Konfliktverhalten äußert, das sich für die jeweilige Gegenpartei nachteilig auswirkt (vgl. Dahrendorf 1959; Pondy 1967). Hiervon abzugrenzen ist die Unterscheidung von sogenannten heißen und kalten Konflikten. Entscheidend bei diesen Konflikttypen ist nach Glasl (2004, S. 76 ff.) der dominierende Verhaltsstil der Interaktion zwischen den Parteien.

Bei heißen Konflikten besteht eine Atmosphäre der Überaktivität und Überempfindlichkeit. Angriff und Verteidigung sind klar sichtbar und nehmen oft aufsehenerregende Formen an. Die Selbstbilder sind übertrieben positiv. Die gegenseitigen Beziehungen werden trotz der Konfrontation von einem Streben nach Annährung bestimmt. Bei heißen Konflikten versuchen die Konfliktparteien meist ihre Anhängerschar zu vermehren und es kommt zu einer starken Führerzentrierung. Kalte Konflikte führen dagegen zu einer zunehmenden Lähmung aller äußerlich sichtbaren Aktivitäten wie auch der direkten Kommunikation. Frustrationen und Hassgefühle werden »hinuntergeschluckt« und wirken in den Parteien destruktiv weiter. Auseinandersetzungen finden indirekt statt. Den Parteien fehlt ein positives Selbstbild. Es entwickelt sich ein Führungsvakuum. Positive Bezugspersonen verschwinden. Unpersönliche Steuerungs- und Kontrollvorkehrungen einer Organisation (z.B. Prozeduren und Vorschriften) können starken Einfluss gewinnen. Die Aussichten auf eine Beeinflussung des Geschehens nehmen ab. Die Beteiligten empfinden sich nur noch als reaktives Produkt der feindseligen Umgebung, verhalten sich dementsprechend und schaffen dadurch tatsächlich diese – im Grunde durch Wahrnehmungsverzerrung ausgelöste – soziale Wirklichkeit.

Kalte Konflikte sind gekennzeichnet von einem regen Austausch feindseligen, destruktiven Verhaltens. Ein Konflikttypus kann sich aber auch ändern. Die meisten Konflikte haben warme oder heiße Beginnphasen. Erst mit voranschreitender Eskalation kann der Konflikt als kalter oder heißer Konflikt weitergehen (Glasl 2004, S. 85). Kalte Konflikte können auch plötzlich wieder in heiße umschlagen.

Wozu benötigt man solche Konflikttypologien? Die Antwort hierzu liefert Glasl (2004, S. 60).»Die Zuordnung eines Konfliktes zu einem bestimmten Typus dient [...] der allerersten Orientierung und Indikationsstellung. Darum ist eine Konflikttypologie für uns ein grobmaschiges Orientierungssystem. Es muss erlauben, schnell – und ohne eingehende Analysen – einige Grundentscheidungen bezüglich der ersten Schritte in Richtung einer Konfliktbehandlung zu treffen. Danach kann erst eine tiefer gehende Diagnose folgen, die den Dingen auf den Grund geht.« Gegebenenfalls ist allerdings eine Revision des aufgrund des angenommenen Typs gewählten Vorgehens nötig. Es ist also wichtig sich ständig wieder die Frage zu stellen, mit welchem Konflikttypus man es zu tun hat.

Aufgabenstellung im Medien- und Bildungsmanagement

Welche Aufgabenstellung ergibt sich nun für einen Medien- und Bildungsmanager, der sich in seinem Berufsfeld mit sozialen Konflikten konfrontiert sieht? Wichtig scheint vor allem zu sein, dass Konflikte frühzeitig erkannt und ernst genommen werden und so eine angemessene Konfliktbehandlung eingeleitet werden kann, die eine Eskalation des Konflikts verhindert. Dabei kann von einem Medien- und Bildungsmanager nicht grundsätzlich erwartet werden, dass er in bereits eskalierten Konflikten fachgerechte Interventionen durchführt, hierzu ist in manchen Fällen durchaus das Handwerkszeug eines professionellen Mediators oder Coachs vonnöten. Es kann jedoch in seiner Verantwortung liegen, Konflikte frühzeitig zu erkennen, in groben Zügen zu klassifizieren und zu deren Deeskalation beizutragen, möglicherweise auch, indem gezielt qualifizierte Hilfe für das identifizierte Problem in Anspruch genommen wird.

Der Umgang mit Konflikten – Konfliktmanagement

Unter Konfliktmanagement können alle Ansätze verstanden werden, die von den Konfliktparteien selbst oder aber von Dritten bewusst und planvoll eingesetzt werden, um Störungen eines Handlungsvollzugs, also den Konflikt im engeren Sinne, zu vermindern, aufzuheben oder aber zu überwinden (Berkel 1992, S. 1090, zitiert nach Wenninger 1999). Im Folgenden wird das Konfliktmanagement differenziert in die Konfliktanalyse und -diagnose, eine Einführung in den Verlauf von Konflikten bzw. die Konflikteskalation, verschiedene Ansätze der Konfliktintervention sowie eine Betrachtung der Bedeutung der Kommunikation im Konfliktgeschehen.

Konfliktanalyse und -diagnose

»Sowohl bei meinem eigenen Konfliktverhalten als auch bei Konfliktsituationen, auf die ich bei der Analyse der Struktur von Gruppen und Organisationen gestoßen bin, habe ich immer wieder festgestellt, dass es die Tendenz gibt, sofort beim Auftreten eines Konfliktes aktiv zu sein und in eine Lösung zu ›springen‹. Meist ist diese Art der Lösung diejenige, die man immer schon präferiert hat, mit der man mehr oder weniger alle Konflikte zu lösen versucht« (Schwarz 2005, S. 39). Wie Pesendorfer (1995) es herausstellt, ist dies aber oft eine schlechte Lösung: »Solche Ad-hoc-Blitzlösungen sind meist die falschen und kosten übrigens deshalb so viel Geld und Energie, weil gar nicht sicher ist, ob man den richtigen Konflikt löst« (Pesendorfer 1995, S. 178). Empfehlenswert ist es stattdessen zwischen dem Auftreten eines Konfliktes und dem Lösungsversuch eine Analyse- bzw. Diagnosephase einzuschieben. Solch eine Diagnose von Konflikten ist Voraussetzung einer angemessenen Konfliktbehandlung.

In Anlehnung an Glasl (2004, S. 24, S. 105 ff.) und Schwarz (2005, S. 50 ff.) lassen sich verschiedene relevante Aspekte bei der Analyse und Diagnose eines Konfliktes identifizieren.
- *Konflikt-Issues:* Um welche Streitfragen geht es bzw. um welchen Streitgegenstand?
- *Konfliktverlauf:* Wie ist es zum Konflikt gekommen? Was spielt sich gegenwärtig ab? Wird ein Konflikt von seiner Geschichte her betrachtet, ist es auch oft leichter ihn und seine Bedeutung anzuerkennen (Schwarz 2005, S. 79).
- *Konfliktparteien:* Wer streitet mit wem?
- *Positionen und Beziehungen:* Wie stehen die Parteien zueinander? Welche formellen und informellen Positionen und Beziehungen bestehen? Welche Sozialstruktur ist gegeben, d.h. wer hat im Sozialgebilde welche Rolle? Welche Zwänge bestehen

durch die Organisation? Darauf, dass Konflikte in einer Organisation nicht ausschließlich persönlich geprägt sind, verweisen Schmitz und Weyrer (1995) mit dem Begriff der Konfliktgrammatik. Diese steht individuell und kollektiv in einer Organisation zur Verfügung. Sie kann sich von Organisation zu Organisation unterscheiden und enthält geteilte Annahmen, Zuschreibungen, Alltagstheorien, Muster, Lösungsmodelle und Ideen (z. B. »Man streitet nicht mit dem Chef«), die helfen, Konflikte zu identifizieren, Orientierung über die Handlungsmöglichkeiten geben und Lösungswege skizzieren. Eine Konfliktgrammatik definiert, was mögliches Konfliktthema ist, wer als Konfliktpartner infrage kommt und wie der Konflikt ausgetragen wird. Sie steuert das Konfliktverhalten und den -verlauf, wodurch sich im Zirkelschluss die Konfliktgrammatik wieder bestätigt.

- *Kommunikation:* Relevant ist es, bei einem vorliegenden Konflikt festzustellen, was gemeint wird, ob dieses so auch gesagt wird und wie es von der Gegenseite verstanden wird bzw. was verschwiegen wird (Schwarz 2005; Henninger/Balk Kapitel 5.1 in diesem Buch). Weiterhin lassen sich drei Ebenen der Kommunikation unterscheiden, die wesentlich für das Verständnis von Konflikten sein können. Ein Konflikt hat immer eine sachliche Komponente: es geht um ein bestimmtes Problem. Dazu kommt noch eine emotionale Dimension (z. B. gegensätzliche Interessen der Beteiligten) und eine soziale Komponente (wie jemand etwas sagt, hängt z. B. von seiner sozialen Stellung ab). »Diese drei Dimensionen müssen wegen ihrer Verflochtenheit und Unterschiedlichkeit einerseits auseinandergehalten werden, andererseits aber auch verbunden werden« (Schwarz 2005, S. 52).
- *Grundeinstellung zum Konflikt:* Worauf wollen die Konfliktparteien hinaus? Warum begeben sie sich in den Konflikt? Was wollen sie damit gewinnen? Was setzten sie ein? Wie stehen sie grundsätzlich zu Konflikten? Inwiefern erachten die Parteien den Konflikt für lösbar? Was erwarten sie von der Lösung?

Nach Schwarz (2005) ist es bei der Konfliktanalyse empfehlenswert, eine Gruppe einzusetzen (»vier Augen sehen mehr als zwei«, »sechs sehen mehr als vier«). Der Vorteil soll dabei größer sein, wenn auch von dem Konflikt Betroffene dabei sind, was eine gute Grundlage für die spätere Durchführung einer beschlossenen Konfliktlösung darstellt. Erschwert wird die Diagnose von Konflikten dadurch, dass meist nicht von einer eindeutigen und einseitigen Ursache ausgegangen werden kann, vielmehr dürfte es sich in der Regel um eine Wechselwirkung von Faktoren, die einen Konflikt begünstigen oder generieren, handeln (Glasl 2004, S. 99).

Diagnose und Intervention gehen meist ineinander über und sind unter Umständen schwer zu trennen (Glasl 2004, S. 94). Allein die Tatsache, dass sich gegebenenfalls eine dritte Partei mit der Konfliktbehandlung befasst, hat schon Konsequenzen zur Folge und löst eventuell verschiedene Aktionen der Konfliktparteien aus. In manchen Fällen kann auch dringendes Handeln geboten sein, obwohl die Situation bisher nur teilweise erfasst werden kann. Im Zuge der Konfliktbehandlung vertieft sich dann die Diagnose.

Verlauf von Konflikten – Konflikteskalation

Die Erfahrung, dass Konflikte sehr hartnäckig und manchmal fast nicht mehr lösbar erscheinen, ist nicht selten. So gaben über zweihundert Teilnehmer/innen eines Forschungsprojektes von Burgess, Burgess und Kaufman an, dass Konflikte eine lange Zeit andauern können und es manchmal erscheint, als wären sie unmöglich zu lösen. Glücklicherweise sind aber bei Weitem nicht all diese Konflikte hoffnungslose Fälle (Burgess/Burgess/Kaufman 2007). Ursachen »unlösbarer« Konflikte sind nach Burgess und Burgess (2006) etwa grundlegende moralische Differenzen, Distributionsfragen mit sehr hohen Werten bzw. Einsätzen und Dominanz- bzw. Statuskonflikte. Auch ist zu beobachten, dass scheinbar »unlösbare« Konflikte einer dynamischen Entwicklung unterliegen. Sie erscheinen selten von Anfang an unlösbar, dieser Eindruck entsteht eher durch eine Entwicklung über die Zeit hinweg, oft verursacht durch einen unglücklichen Umgang mit destruktiven Konfliktdynamiken (Burgess/Burgess 2006). Wie kann es zu so schwerwiegenden Konflikten kommen? Hierbei dürfte die sogenannte Konflikteskalation eine Rolle spielen. Auch wenn jeder Konflikt seinen eigenen konkreten Verlauf nimmt, lassen sich bestimmte Tendenzen beschreiben. Diese betreffen die Eskalation von Konflikten, also den Prozess der Konfliktsteigerung.

Bei einer Eskalation stimulieren sich die Beteiligten in der Regel gegenseitig, jeder Schritt wird von der Gegenseite beantwortet bzw. noch überboten. Eigenes Handeln orientiert sich am Handeln anderer und wird dadurch legitimiert (Hücker 1997, S. 31). Dabei ist nach Pruitt (1998) vor allem eine Entwicklung in Konfliktspiralen zu beobachten. Die Partei A verärgert die Partei B, welche es Partei A wiederum heimzahlt. Dies führt aufseiten der Partei A zu einem noch extremeren Vorgehen, und schon geht es die Eskalationsleiter hoch. Es kommt zur gegenseitigen Aufschaukelung. Schließlich gerät der Konflikt für die Beteiligten außer Kontrolle (Hücker 1997, S. 31 f.)

Dabei lassen sich nach Hücker (1997 S. 33) psychologische Mechanismen identifizieren, die zur Eskalation beitragen können. Dazu gehören Schuldzuschreibungen, durch die das Verhalten des anderen als Ursache für den Konflikt angenommen wird. Außerdem können sich selbsterfüllende Prophezeiungen negativ auswirken, indem eine negative Ergebnis- und Verlaufsvorhersage bereits ein entsprechendes »Antwortverhalten« bewirkt, welches wiederum bei der anderen Konfliktpartei das erwartete Verhalten auslöst. Dieses wiederum gilt als Bestätigung des ersten – negativen – Denkansatzes und löst meist eine neue, noch schärfere Handlungsorientierung aus. Durch eine Personifizierung und damit einhergehende Abwertung der Person und der Argumente des anderen, werden Feindbilder stabilisiert. Nach Wenninger (1999) wirkt es konflikteskalierend, spontan zu reagieren, das Konfliktthema zu personalisieren, die andere Partei zu attackieren oder die Beziehungen abzubrechen, Strukturen und Abläufe intransparent zu machen, Streitpunkte auszuweiten und Verbündete zu suchen. Deeskalierend soll wirken, Konflikte direkt anzusprechen, sie als gemeinsames Problem anzugehen, versöhnlich und humorvoll zu reagieren.

Bei der Vorstellung einer systematischen Konflikteskalation ist der Wunsch nicht weit, sich an einem umfassenden Eskalationsmodell zu orientieren, um die Entwicklung eskalierender Konflikte abschätzen zu können, den Eskalationsgrad spezifizieren und bestimmten Eskalationsstufen optimale Interventionsstrategien zuordnen zu können. Wir verzichten an dieser Stelle jedoch bewusst darauf, Eskalationsmodelle, die in der Literatur durchaus zu finden sind, zu beschreiben. Unserer Ansicht nach sind Konfliktverläufe aufgrund der oben beschriebenen Kontextsensitivität, den individuellen Konfliktvoraussetzungen der beteiligten Akteure, der spezifischen Dynamik eines Konfliktes und des Interaktionsverlaufes zu volatil, um mit den meist recht einfachen Eskalationsmodellen valide vorhergesagt werden zu können.

Daher gehen wir davon aus, dass der Bezug auf ein allgemeines Eskalationsmodell im konkreten Konfliktfall dazu führen kann, wichtige Spezifika des speziellen Falls zu unterschätzen. Außerdem erscheint uns der Ertrag für einen empirischen Zugang eher gering. Für die konkrete Konfliktbetrachtung und -behandlung plädieren wir daher für eine differenziertere Betrachtung der unterschiedlichen Problemfelder, wie sie in diesem Kapitel angerissen werden.

Dem interessierten Leser sei an dieser Stelle jedoch auf das Modell von Glasl (2004), das auf Konflikte verschiedenster Art anwendbar sein soll und das Modell von Kimsey et al. (2006), das sich in erster Linie auf Konflikte in Organisationen bezieht, verwiesen.

Konfliktinterventionen

Es gibt eine Vielzahl von Verfahren, die als mögliche Interventionen im Konfliktgeschehen beschrieben werden. Im Folgenden können daher nur die bekanntesten und deren Einsatzgebiete angesprochen werden.

Konfliktinterventionen können danach unterschieden werden, ob neben den Konfliktparteien noch eine dritte Partei involviert ist, ob der Konflikt durch ein Einvernehmen der Parteien oder durch eine dritte Instanz gelöst werden soll (Verhandlung, Moderation, Mediation, Prozessbegleitung, Organisationsberatung versus Schiedsverfahren, Machteingriff) und ob sie als akute Intervention oder als längerfristige begleitende Maßnahme gedacht ist (Verhandlung, Moderation versus Prozessbegleitung, Organisationsberatung, Mediation).

Negotiation (Verhandlung)

Dabei handelt es sich um eine Verhandlung zwischen den Konfliktparteien mit dem Ziel einer Übereinkunft. Es liegt insofern eine Interessendivergenz vor, als jede Partei motiviert ist, sich auf Kosten der anderen durchzusetzen. Dennoch gibt es auch eine Interessenkonvergenz, da ein Kompromiss meist für beide Parteien besser ist, als das Verfehlen einer Übereinkunft (Pruitt 1998).

Eine Verhandlung hat nach Pruitt (1998) theoretisch vier mögliche Ausgänge: keine Einigung, Sieg einer Partei, Kompromiss oder die Win-Win-Lösung. Weshalb dann nicht immer die Win-Win-Lösung? Ein Grund könnte sein, dass den Parteien zum Teil gar nicht klar ist, dass diese Lösung existiert (z. B. die Kosten von etwas erscheinen zu hoch, bietet die andere Partei jedoch einen zusätzlichen Service für einen nur sehr kleinen Aufpreis, lohnt es sich möglicherweise für beide). Oder aber, dass eine Partei den Sieg im Konflikt anstrebt, unabhängig von Kollateralschäden oder Langzeiteffekten.

Verhandlungen zwischen den Konfliktparteien sind allerdings weniger erfolgreich, wenn bereits eine Eskalation des Konflikts stattgefunden hat, die Gründe hierfür sind nach Pruitt (1998) darin zu sehen, dass die Parteien schon zu sehr verfeindet sind und das gegenseitige Vertrauen verloren haben. In diesen Fällen ist meist der Zeitpunkt gekommen, eine Drittpartei einzubinden, um zu einer Deeskalation beizutragen und die Parteien wieder zur Kooperation zu bewegen.

Moderation

Wie der Name schon sagt, beinhaltet Moderation den Einsatz eines Moderators (vgl. auch »Moderation und Präsentation« in diesem Buch). Der Moderator sollte dabei nicht selbst vom Konflikt betroffen sein, denn man kann schwer zugleich Betroffener sein und neutral moderieren (Schwarz 1995; »Moderation und Präsentation« in diesem Buch).

Die Interventionen beziehen sich meist auf die Klärung von Wahrnehmungen (z. B.: Sind Absicht und Aufnahme einer Botschaft identisch?) und relevanten Themen. Unfaire Diskussions- und Debattentaktiken können mithilfe des Moderators aufgedeckt und abgebaut werden. Bei diesen Interventionen gibt der Moderator als Drittpartei den vom Konflikt Betroffenen Methoden an die Hand. Er beschränkt sich in seiner Rolle auf das Ratgeben. Er hat keine Macht, die Ausführung der Vorschläge zu erzwingen. Weiterhin achtet er darauf, nach Möglichkeit die psychische bzw. physische Trennung der Parteien zu vermeiden. Die Parteien sollen sich nicht zu sehr am Moderator orientieren und ihren direkten Kontakt miteinander nicht vermindern. Nach kurzer Zeit ist wieder ihre selbstständige Arbeit an der Lösung ihrer Probleme gefordert (Glasl 2004, S. 405 ff.).

Prozessbegleitung und Organisationsberatung

Im Rahmen der Prozessbegleitung wird an schon länger fixierten Wahrnehmungen, Einstellungen, Intentionen und Verhaltensweisen gearbeitet. Gefestigte Rollen und Beziehungen sollen aufgebrochen werden, gegebenenfalls ist eine Umgestaltung der Organisation vonnöten. Prozessbegleitung bedeutet nach Glasl (2004, S. 409) aktive, konstruktive und integrale Konfliktbehandlung. Der Schwerpunkt liegt bei der Beeinflussung des Konfliktverlaufs und der gegenseitigen Beziehungen. Nach Regelungen des Status quo wird es möglich, die Konfliktgeschichte zu analysieren und die Ereignisse näher zu untersuchen. Dabei werden die eskalierenden Faktoren aufgedeckt. Auch der Prozessbegleiter verfügt über keine Durchsetzungsmacht. Für die Interventionsmethoden und Kommunikationsspielregeln muss den Parteien der Sinn und Zweck der einzelnen Maßnahmen verdeutlicht werden. Eine Prozessbegleitung erfordert relativ viel Zeit, da sich die Interventionen auf Perzeptionen, Gefühle, Intentionen, Verhaltensweisen und Formen der Beziehung richten, die bereits gefestigt sind (Glasl 2004, S. 409 ff.). Neben der allgemeinen Prozessbegleitung beschreibt Glasl (2004, S. 398 f.) noch die sozio-therapeutische Prozessbegleitung. Hiermit ist eine therapeutisch vertiefte Prozessbegleitung gemeint.

Die Organisationsberatung nach Schlegel (2003) ist ebenfalls längerfristig zu betrachten und weist mit der Prozessbegleitung viele Übereinstimmungen auf. Der erste Schritt in der Organisationsberatung heißt Klärung: Klärung des Beratungsauftrages, des Beratungsanliegens sowie der Beiträge der Teilnehmer/innen zur Konfliktlösung. Weitere Ziele sind das Wecken des Interesses füreinander, die Verbesserung der Verständigung, das Klären von Erwartungen, das Erschließen von Ressourcen für die Konfliktlösung bei jedem Teammitglied, die Entwicklung neuer Perspektiven und das Auflösen fixierter Standpunkte. Der Berater übernimmt überwiegend eine Moderatorenrolle. Er ist Katalysator und Moderator für den vom Klientensystem initiierten und gesteuerten Veränderungsprozess. Die Akzentuierung liegt auf den Veränderungen der Strukturen. Alle Beteiligten werden gemeinsam in die Konfliktlösung einbezogen, daher handelt es sich um ein partizipatives Modell.

Supervision

Diese Beratungsform wendet sich an alle Beteiligten, um eine gemeinsame Lösung zu erarbeiten und umzusetzen (Schlegel 2003). Das Sondieren der Problemsituation steht im Mittelpunkt. Der kleinste gemeinsame Nenner der Konfliktparteien wird gesucht, der als Lösungsansatz fungieren soll. In der Problemanalyse diagnostiziert der Supervisor den Konflikt und spürt Ursachen und Lösungsressourcen auf. Er tritt den Ratsuchenden erst einmal als Unwissender gegenüber. Die Rolle des Supervisors entspricht der eines »Beziehungsarbeiters«. Er wählt den Beratungseinstieg über interpersonelle Beziehungen und arbeitet etwa mit Selbstreflexion und der Dynamik der Klienten direkt an den Beziehungen. Die Interventionen des Supervisors sind meist konfrontativ, machen die Sichtweisen der Konfliktparteien erkennbar und sind auf die Auseinandersetzung mit Widersprüchen zur Klärung der Situation gerichtet. Mangelhafte Kooperationsschnittstellen sollen analysiert und verbessert werden. Durch die Interventionen entfaltet sich die Konfliktsituation, die rationale und die emotionale Ebene wird aktiviert. Alle Betroffenen sind an der Konfliktlösung beteiligt. Die exponierte Stellung der Führungskraft bleibt entsprechend der Hierarchie bestehen. Neben den Konfliktparteien, werden auch nicht beteiligte Mitarbeiter/innen eines Teams als Controller/innen einbezogen (Schlegel 2003).

Coaching

Coaching wendet sich meist an das Management. Die einzelne Führungskraft steht im Zentrum der Beratung. Die traditionelle Anordnung im Coaching ist eine Zweierkonstellation zwischen Coach und Klient. Der akute Konflikt soll durch die Verbesserung der sozialen Kompetenzen und Managementkompetenzen der Klient/innen in geschütztem Rahmen gelöst werden (Schlegel 2003). Die Verantwortung für die Konfliktlösung liegt bei der Führungskraft (Schlegel 2003). Der Coach gilt als Experte und gibt in verschiedener Form Beratung, Anregungen und Wissen an den Klienten weiter. Er kann mit der gecoachten Person gemeinsam Lösungen erarbeiten oder dessen persönliche Fähigkeiten erweitern und trainieren (Schwertfeger 2006). Ein Coach ist weniger als etwa ein Mediator auf eine neutrale Rolle festgelegt (Schwertfeger 2006). Konflikt-Coaching ist nach Schwertfeger (2006) dann das Mittel der Wahl, wenn nicht alle Konfliktparteien an einer Bearbeitung des Konfliktes interessiert sind oder wenn spezielle Führungsaufgaben von der Führungskraft nicht bewältigt werden können. Konflikt-Coaching ist in diesen Fällen eine auf eine Konfliktpartei beschränkte Entwicklungsmaßnahme.

Die Grundfähigkeiten eines Coachs, wie auch eines Mediators, sind nach Schwertfeger (2006) Empathie, Humor, wertschätzende Haltung, das Ausstrahlen von Sicherheit, eine breite Lebens- und Berufserfahrung, hohe emotionale Stabilität und emotionale Intelligenz, ein fundiertes Methodenwissen und einen gut gefüllten Handwerkskoffer. Wichtig ist in Wirtschaftsmediation und Coaching weiterhin beispielsweise ein gutes Wissen über Organisationen, Aufbau- und Ablaufprozesse, Führungsanforderungen, Hierarchieregeln. Ein guter Coach oder Mediator verfügt außerdem über ein hohes Maß an intellektueller Flexibilität und eine ideologische Offenheit. Unabdingbar ist maximale Diskretion.

Klassische Vermittlung/Mediation

Hierbei handelt es sich um die Interventionsmaßnahme, die in der Literatur bei Weitem die meiste Aufmerksamkeit erhält. Mediation bietet Möglichkeiten Konflikte mithilfe neutraler, allparteilicher Vermittler zu bearbeiten (Schwertfeger 2006). Eine Mediation stellt also eine Vermittlung oder Verhandlung dar, die von einem neutralen Dritten – einem Mediator – unterstützt wird (Montada/Kals 2007, S. 24 ff.). Oder mit anderen Worten »Mediation is the management of other people's negotiations« (Haynes/Haynes/Fong 2004, S. 15). Der Mediator leitet die Verhandlungen nach einem strukturierten Ablauf und hilft den Parteien durch den Einsatz bestimmter Techniken (z. B. Gesprächsführungs- und Moderationstechniken), selbst eine Lösung für den Konflikt zu finden. Die Parteien behalten sowohl Prozess- als auch Ergebnisverantwortung (Eidenmüller/Hacke 2003; Schwertfeger 2006). Die Mediation ist lösungs- und zukunftsorientiert. Im Zentrum steht die Frage, wie die Konfliktparteien in Zukunft miteinander umgehen wollen (Schwertfeger 2006), wobei diese Zukunft sich von dem Vergangenen in positiver Weise abheben sollte (Haynes/Haynes/Fong 2004). Die Vergangenheit ist insofern von Bedeutung, wie sie für das Verständnis des Konflikts zentral ist oder ungünstige Kommunikations- und Konfliktmuster bearbeitet werden müssen (Schwertfeger 2006).

Eine Mediation setzt die Freiwilligkeit aller Parteien voraus und läuft nach Schwertfeger (2006) in klar strukturierten Phasen ab. Zunächst werden die Positionen und Sichtweisen der Parteien erfasst. Dabei ist es nach Haynes, Haynes und Fong (2004) wichtig, zu einer gemeinsamen Problemdefinition zu gelangen. Danach erfolgt eine Vertiefung des Konfliktverständnisses. Hierbei sollen die Interessen der Parteien aufgedeckt werden. Auf dieser Grundlage des gegenseitigen Verstehens der Interessen entwickeln die Parteien nun Lösungsoptionen. Schließlich soll es zu Einigungen kommen, die sogenannte Win-Win-Lösungen darstellen und konsensorientiert festgelegt werden (Schwertfeger 2006; Pruitt 1998).

Was die konkreten Mediationsstile anbelangt, können sich Mediator/innen unterscheiden. So konnte Wood (2004) die Mediationsstile des Counselors, des Negotiators, des Facilitators und des Demokraten differenzieren. Kressel (2007) unterscheidet einen erleichternden Stil (*facilitative style*), eine evaluativen Stil, (*evaluative style*) einen transformativen Stil (*transformative style*) und einen strategischen Stil bei dem der Mediator nach latenten Konfliktursachen sucht (*strategic style*), wobei ein Mediator nicht grundsätzlich auf einen Stil festgelegt sein muss.

Die klassische Mediation ist vor allem für Konflikte geeignet, in denen die Parteien nicht mehr in der Lage sind, in direkter Begegnung Probleme kooperativ zu lösen (Glasl 2004, S. 399). Der Mediator trennt also zunächst meist die Parteien und kanalisiert ihre gegenseitigen Beziehungen. Er wird zur Drehscheibe und zum Filter der Kommunikation. Erst in späteren Stadien wird der Vermittler direkte Begegnungen zwischen den Konfliktparteien arrangieren, um Details oder Ausführungsfragen zu regeln (Glasl 2004, S. 399). Problematisch kann es sein, wenn am Mediationsprozess Beteiligte versuchen, ihre Macht, die sie etwa aufgrund der hierarchischen Struktur des Unternehmens besitzen, in dem der Konflikt besteht, zu nutzen, um ihre Interessen durchzusetzen oder diese sich unintendiert auswirkt und schlimmstenfalls die Mediation scheitern lässt (Wiseman/Poitras 2002). An dieser Stelle ist ein geschicktes Vorgehen des Mediators nötig, das bestehenden Machtdifferenzen entgegengewirkt, ohne aber die hierarchischen Strukturen der Organisation infrage zu stellen. Vorhandene Machtstrukturen bzw. ungleiche Machtverhältnisse können sich natürlich nicht nur in der Mediation, sondern in Verhandlungen allgemein auswirken.

Die Verhandlungen zwischen den Parteien werden indirekt über den Vermittler geführt, wofür dieser wiederum mit beiden Seiten in Verhandlungen treten muss. Hierzu benötigt er Kenntnis und Beherrschung der Verhandlungsdynamik, der Techniken, Taktiken und Finten (Glasl 2004, S. 418). Aber auch auf eine theoretische Fundierung kann er nicht verzichten, denn sie bildet die Basis und die Begründung seiner Handlungen, die Grundlage für das Verständnis deren Konsequenzen und der Beurteilung des Erfolgs. Ebenso ist hierfür eine reflektive Betrachtung der eigenen Handlungen nötig (Haynes/Haynes/Fong 2004).

Mediation ist effektiver, wenn ein Konflikt gemäßigt ausgetragen wird. Weiterhin ist es günstig, wenn die Parteien stark motiviert und engagiert sind, eine Einigung zu finden, wenn keine starke Ressourcenknappheit zu befürchten ist, die Konfliktthemen keine generellen Prinzipien betreffen und wenn es nur ein geringes Ausmaß an innerparteilichen Konflikten und Zerwürfnissen gibt (Befunde zusammenfassend in Pruitt 1998). Empirische Untersuchungen konnten weiterhin zeigen, dass der wirtschaftliche Nutzen der Mediation am größten ist, wenn diese systematisch als Teil eines Managements von Konflikten in Unternehmen eingesetzt wird. Dies beruht etwa darauf, dass sich die indirekten monetären und nicht monetären Konfliktkosten (z. B. beanspruchte Managementzeit und Störungen des Geschäftsablaufs) reduzieren (McEwen 1998 zitiert nach Eidenmülle/Hacke 2003). Eine Metaanalyse von Burrell, Zirbel und Allen (2003) untersuchte den Effekt von in Schulen eingerichteten Mediationsprogrammen, bei denen Peers als Mediator/innen fungierten. Die Ergebnisse zeigten, dass in 93 Prozent aller Mediationen eine Übereinkunft erzielt wurde und 88 Prozent der Teilnehmer/innen, von denen das entsprechende Datenmaterial vorlag, mit den erreichten Vereinbarungen zufrieden waren, was den Erfolg dieser Programme belegt. Auch Jones (2004) kommt in seiner Zusammenfassung des Forschungsstandes zur Peer-Mediation an Schulen zu dem Schluss, dass diese erfolgreich ist, insbesondere auf den »elementary levels«, d. h. Schultypen mit eher jüngeren Schüler/innen.

Doch welche Veränderungsprozesse werden bei den Betroffenen ausgelöst? Hoskins/Stoltz (2003) beschäftigten sich im Rahmen einer qualitativen Studie mit dieser Frage, indem sie Teilnehmer/innen ihrer Studie (zwei in einen Konflikt geratenen Dyaden) darüber berichten ließen, inwiefern ein Mediationsprozess ihre Überzeugungen, Werte, Erwartungen und Verhaltensweisen innerhalb ihrer konflikthaften Arbeitsbeziehung beeinflussten. Die Teilnehmer/innen merkten dabei oftmals an, dass sie sich nicht sicher wären, ob die Veränderungen tatsächlich während der Mediation selbst stattfanden. Es erschien vielmehr so, dass die Veränderungen in den darauf folgenden Monaten nach der Mediationsintervention geschahen, in denen der Verhandlungsprozess in den Beziehungen fortgeführt wurde. Die Einflüsse der Mediation erstrecken sich also offensichtlich weit über die direkte Intervention hinaus. Weiterhin zeigte sich, dass von den Befragten ein gewisses Chaos und eine Art Zusammenbruch des Bisherigen als inhärente Aspekte der Neuorganisation ihres Systems, in dem der Konflikt existiert, erlebt wurden. Hoskins und Stoltz (2003) konnten also Veränderungsprozesse identifizieren. Allerdings stellten die Autoren zugleich fest, dass die Teilnehmer/innen die Mediation als nicht erfolgreich einschätzten, was daher doch etwas erstaunt. Offensichtlich weicht hier die subjektive Wahrnehmung ab.

Schiedsverfahren

Der sogenannte »Arbiter« entscheidet auf der Grundlage seiner eigenen Beurteilung, wie ein Konflikt gelöst werden kann (Glasl 2004, S. 399). Arbiter müssen dementsprechend über Macht und/oder Autorität und Sanktionsmacht verfügen (Pruitt 1998;

Glasl 2004, S. 428). Schiedsverfahren oder richterliche Entscheide bieten bei stark eskalierten Konflikten noch einen Ausweg (Glasl 2004, S. 399).

Die Schiedsinstanz muss in jedem Falle neutral, unparteilich und unbefangen sein. Ein Schiedsverfahren kann nur einsetzen, wenn der Arbiter seinem Verfahren anerkannte Normen zugrunde legen kann, über die zwischen den Konfliktparteien Konsens besteht. Die Sachentscheidung bezüglich der Themen steht im Mittelpunkt, Beziehungen werden gegebenenfalls geregelt bzw. formalisiert, der Konfliktverlauf wird akut durch Regelungen beeinflusst, Gefühle der Feindschaft werden durch das Schiedsverfahren nicht geheilt (Glasl 2004, S. 428ff).

Schiedsverfahren werden als Intervention in Fällen bevorzugt, in denen gesetzliche Regelungen bestehen z. B. wenn es um Fragen des Besitzes geht oder wenn Zeitdruck besteht. Verfahren wie Negotiation und Mediation werden dagegen für alltägliche Streitfragen, die Dinge wie Fragen der Arbeitsteilung betreffen, präferiert (Pruitt 1998). Es zeigt sich oft eine geringere Zustimmung zu Entscheidungen, die in Schiedsverfahren getroffen werden, als mit denen, die etwa über eine Mediation getroffen wurden (McEwen/Maiman 1998, zitiert nach Pruitt 1998).

Machteingriff

Eine Machtinstanz, z. B. Vorgesetzte oder Aufsichtsorgane, setzen aufgrund ihrer Machtüberlegenheit Maßnahmen auch gegen den Willen der Betroffenen durch. Führt ein Machteingriff nicht zur Eliminierung einer der Konfliktparteien, muss die Machtinstanz in der Lage sein, die Situation über einen längeren Zeitraum hinweg zu beherrschen. Die Machtinstanz setzt sich über die Konfliktparteien hinweg und beabsichtigt völlige Verhaltenskontrolle durch verhaltensregulierende Maßnahmen. Die Interventionen sind auf die Sachinhalte bezogen. Die Verhaltenskontrolle durch die Drittpartei führt zur Unterdrückung von Verhaltensweisen, die einen Konflikt weiter eskalieren lassen könnten.

Strategien der Konfliktintervention

Tatsächlich ist anzunehmen, dass die wenigsten der genannten Interventionsmaßnahmen, die das Engagement einer dritten Partei beinhalten, in alltäglichen Konflikten Anwendung finden. Häufig dürfte auch ein Strategiewechsel stattfinden. So wird erst einmal mit dem Konfliktgegner gesprochen, bevor weitere Personen einbezogen werden (Pruitt 1998).

Bezogen auf interne Konflikte in Organisationen arbeiten allerdings einige Einrichtungen auch mit einem ständig eingerichteten *Conflict Management System*. Pruitt (1998) nennt hierbei Mediator-Programme an Schulen oder Systeme abgestufter Konfliktlösungsverfahren, die gestaffelt nach Kostenintensität beziehungsweise ihrer Verbindlichkeit zum Einsatz kommen. So werden nach Eidenmüller und Hacke

(2003) z. B. erst strukturierte Gespräche mit den Betroffenen geführt, dann folgt gegebenenfalls ein Mediationsverfahren und schließlich, falls der Konflikt damit nicht gelöst werden kann, steht noch der Weg zu einem Schiedsverfahren offen. Es bietet sich dabei allerdings an, die in der Reihenfolge gestaffelten Verfahren nicht als »Einbahnstraße«, sondern auch als potenzielle Schleife zurück zu vorherigen Stufen zu konzipieren. Viele dieser Programme haben nach Eidenmüller und Hacke (2003) in den USA bereits zu positiven Ergebnissen geführt. Bei der Einführung und Etablierung eines Konfliktmanagementsystems muss allerdings beachtet werden, dass dieses möglichst in »friedlichen« Zeiten etabliert wird; alle Beteiligten dazu bereit sind; eine genaue Analyse der relevanten Unternehmensvoraussetzungen erfolgen muss; das Ganze nicht von heute auf morgen geschehen kann, sondern auch mit der Entwicklung einer Konfliktkultur einhergehen muss und dass auch überprüft werden sollte, ob die getroffenen Maßnahmen sich als sinnvoll erweisen (Höher/Höher 2004; Regnet 2001).

Um Konflikte in Schulen einzudämmen werden z. B. in den Vereinigten Staaten von Amerika »conflict resolution education programs« eingesetzt – wie Jones (2004) zusammenfassend berichtet, mit sehr positiven Ergebnissen. Auf diese Weise soll Gewalt an Schulen reduziert werden, Konflikte zwischen Schülergruppen sollen eingedämmt und Abwesenheitsraten sowie andere Folgen unsicherer Lernumgebungen reduziert werden (Jones 2004). Stattdessen soll mithilfe dieser Programme eine konstruktive Lernumgebung geschaffen werden, die soziale und emotionale Entwicklung von Schüler/innen gefördert und eine konstruktive Konflikt-Gemeinschaft aufgebaut werden (Jones 2004). Neben den Schüler/innen und Studierenden sollten hierbei auch Lehrer/innen und Eltern, Lehramtsstudierende und Referendar/innen als Mitglieder der Schulgemeinschaft einbezogen werden (vgl. Batton 2004). Auch im deutschsprachigen Raum wird im Rahmen der Schulentwicklung der Umgang mit Konflikten zum Thema gemacht (z. B. Keller 2001; Schneider 2004).

Für die meisten Interventionen gilt außerdem: die brauchbaren und haltbaren Lösungen bei Konflikten sind meist die, die von den Konfliktparteien selbst gefunden werden. Alle Lösungen, die von Dritten gefunden werden, funktionieren nur mit einem Abhängigkeitsverhältnis in einer Hierarchie (Schwarz 1995).

Die Bedeutung der Kommunikation im Konfliktgeschehen

Um die Eskalation von Konflikten zu vermeiden bzw. Konflikte möglichst positiv zu nutzen, ist die Gestaltung der Kommunikation von entscheidender Bedeutung (Schmitz/Weyrer 1995). Kommunikation ist dabei immer von den strategischen, strukturellen und kulturellen Bedingungen geprägt, unter denen sie abläuft. Nach Schmitz und Weyrer (1995) gibt es in jeder »Besprechung« einen Punkt, an dem man entscheidet, auf welche Weise man auf ein fehlendes Verständnis, eine fehlende Übereinstimmung reagiert. Die übliche Methode unter Zeit- und Handlungsdruck, ist zu konfrontieren, sich zu verteidigen, sich kämpferisch zu verhalten und überzeugend zu wirken. Dieser Weg führt fast zwangsläufig in einen Wettbewerb unterschiedlicher Perspektiven und Meinungen. Fehlendes Verstehen und Nichtübereinstimmung in der Kommunikation wird zwangsläufig immer interpretiert. Folgende Fragen können dabei eine Rolle spielen: Was wird nicht verstanden? Warum wird es nicht verstanden? Liegt dies an der Unfähigkeit des Gegenübers? Ist es als Angriff gemeint? Um hier Wirkungszusammenhänge von kollektiven Denkprozessen, individuellen Wahrnehmungen, vorhandenen Unterschieden und aktuellen Verhaltensmustern besser verstehen zu können und gestaltbar zu machen, schlagen Schmitz und Weyrer (1995) die *Dialogische Kommunikation* vor. Diese soll die konstruktive Befragung von Ideen, Annahmen und Hintergründen gestatten, ohne dass gleich eigene Positionen bezogen werden müssen.

Wie kommt es aber überhaupt erst dazu, dass Fehlinterpretationen in Konflikte münden? Ein Grund hierfür dürfte die starke Automatisierung des sprachlich-kommunikativen Handelns sein (Henninger/Mandl 2003; »Kommunikation« – »Theoretische Grundlagen« in diesem Buch). Diese umfasst die Produktion von Sprache (verbale, paraverbale und nonverbale Sprachproduktion) aber vor allem auch das Sprachverstehen (Sprachrezeption). Zu schnell ist oft der Fluss des Gesprächs, zu wichtig erscheint die Durchsetzung der eigenen Interessen oder zu stark beeinflussen Meinungen und Einstellungen das Verstehen von Äußerungen (Fiske/Neuberg 1990). So kann leicht einmal etwas falsch verstanden werden. Ungeklärte Missverständnisse können wiederum den Ablauf eines Gesprächs stören, die Verständigung erschweren und nicht selten führen sie zu Konflikten, die im ungünstigen Fall eskalieren (Henninger/Mandl 2003, S. 10).

Ein Ansatzpunkt zum Aufbau konfliktdeeskalierender Gesprächsführungskompetenz kann in Kommunikationstrainings liegen, die es ermöglichen, das automatisierte Kommunikationsverhalten zu deautomatisieren (Henninger/Mandl 2003), eigene Interpretationen von Gesprächsäußerungen zu reflektieren und gegebenenfalls zu korrigieren (Henninger/Mandl 2006; Henninger/Mandl/Law 2000). Hierdurch kann einerseits eine Sensibilität für eigene Interpretationsmuster und -tendenzen erzeugt werden, die den für Konflikteskalation so typischen Wahrnehmungsfehlern entgegenwirken kann. Andererseits können für Konfliktsituationen günstige Interperationsschemata und Verhaltensweisen geübt und wieder reautomatisiert werden.

Was wirkt in einem Konflikt entschärfend, was regt ihn an?

Hierfür ergeben sich vor allem aus der Forschung zu sozialen Dilemmata einige Anhaltspunkte. Soziale Dilemmata liegen in Situationen vor, in welchen zwei oder mehr Parteien sich zwischen den eigenen Interessen und den Interessen des Kollektivs entscheiden müssen, dem das Individuum angehört. Jede Partei kann profitieren, wenn sie der anderen schadet. Eine Entscheidung für die eigenen Interessen vermindert das Wohl der anderen. Das Problem dabei ist, wenn alle Parteien sich für die eigenen Interessen entscheiden, werden sie alle schlechter abschneiden, als wenn sie sozial verantwortlich gehandelt hätten. Daher ist auch eine Konvergenz der Interessen vorhanden, denn gegenseitige Kooperation bringt allen Parteien ein besseres Resultat ein, als ein gegenseitiges Abweichen (Pruitt 1998). Einige Befunde darüber, was bei einem Konflikt entschärfend oder anregend wirkt, wurden von Pruitt (1998) zusammengetragen und werden im Folgenden wiedergegeben.

So konnte festgestellt werden, dass die *Anreizstruktur* eine Rolle spielt. Kooperation wird wahrscheinlicher, wenn dadurch größere Vorteile entstehen oder wenn ein abweichendes Verhalten zu schlechteren Resultaten führt. Bereits Sherif (1966) konnte in seinen klassischen Studien zu Konflikten in Ferienlagern zeigen, dass *Aufgaben, die gemeinsam zu lösen* sind und Kooperation erfordern, eine vielversprechende Maßnahme darstellen, um einen Konflikt zwischen Gruppen zu deeskalieren. Hierzu muss aber die gemeinsame Aufgabe gelöst, das gemeinsame Ziel erreicht werden. Gelingt dies nicht, können sich die Einstellungen gegenüber dem früheren Kontrahenten sogar noch verschlechtern (Pruitt 1998).

Auch *soziale Werte* können die Bereitschaft zur Kooperation beeinflussen. Eine prosoziale Orientierung (Maximierung des gemeinsamen Gewinns) führt zu mehr Kooperation als eine individualistische Orientierung (Maximierung des eigenen Gewinns). Diese wiederum führt jedoch zu vergleichsweise mehr Kooperation als eine kompetitive Orientierung (besseres Ergebnis als die anderen).

Beziehungen zwischen den Parteien sind ein weiterer Faktor. Positive Beziehungen, gegenseitige Attraktion und Gefühle der Einheit regen Kooperation in sozialen Dilemmata an (Karau/Williams 1993, zitiert nach Pruitt 1998).

Auch Einflüsse eines eher *langfristigen Denkens* konnten festgestellt werden. Beinhalten soziale Dilemmata wiederholte Interaktion über eine zeitliche Periode, entwickeln die Beteiligten oftmals eine Bereitschaft für gemeinsame Kooperation. Bei kurzfristigem Denken wird eher unkooperatives Verhalten gefördert, welches erst einmal einen größeren Vorteil verspricht, unabhängig davon, wie sich die anderen Parteien verhalten. Auf lange Zeit gesehen, ergeben sich jedoch eher negative Konsequenzen für sich selbst. *Frühere Erfahrungen* könnten damit in Zusammenhang stehen. Bei früheren Gelegenheiten haben die Personen gegebenenfalls schon die Stolperfallen sozialer Dilemmata kennengelernt. Früher erlebtes gegenseitiges unkooperatives Verhalten, das zu schlechten Resultaten führte, sollte daher die Bereitschaft für künftige Kooperation fördern (Braver/Barnett 1976, zitiert nach Pruitt 1998). Kommt es jedoch zur wiederholten Auseinandersetzung mit der gleichen Gegenpartei, kann es, als Verteidigungsreaktion gegen unkooperative Handlungen der Gegenseite, auch zu einem Abfall der Kooperationsbereitschaft kommen.

Weiterhin konnte beobachtet werden, dass Personen sich an das Verhalten der Gegenseite angleichen. Auf Kooperation reagieren sie verstärkt kooperativ, auf unkooperatives Verhalten eher unkooperativ. Dabei ist ein *Matching* auf unkooperatives Verhalten wahrscheinlicher. Eine Anpassung kann schon an das lediglich erwartete Verhalten der Gegenseite erfolgen (z. B. Deutsch 1973, zitiert nach Pruitt 1998). In einigen Fällen kann es jedoch auch zur Kompensation kommen, indem unkooperatives Verhalten ausgeglichen wird. Als förderlich für die Kooperation erwies sich außerdem die sogenannte *Tit-for-tat Strategie* (wie du mir – so ich dir), bei der eine Partei auf die Kooperation einer anderen kooperativ bzw. auf unkooperatives Verhalten unkooperativ reagiert.

Soziale Normen können ebenfalls Kooperation fördern. Weitere *Formen sozialer Kontrolle* können mündliche Zugeständnisse zur Kooperation sein, die abverlangt wurden oder Versprechen bzw. Drohungen zu kooperativem/unkooperativem Verhalten. Drohungen und Strafen dürfen aber nur als letzte Auswege betrachtet werden (Pruitt 1998).

Festgestellt werden konnte weiterhin, dass die *Kommunikation* zwischen den Mitgliedern einer Gruppe in starkem Maße die Wahrscheinlichkeit erhöht, dass diese miteinander kooperieren. Außerdem gilt, je *größer die Gruppe* bzw. die *Anzahl der Parteien* in einem System, desto stärker reduziert sich die Bereitschaft zur Kooperation (vgl. Burgess/Burgess 2006). Ab mehr als acht Gruppenmitgliedern lässt sich allerdings kaum mehr eine Verschlechterung der Kooperation feststellen (Kerr 1989, zitiert nach Pruitt 1998).

Zu weniger Eskalation zwischen Gruppen kommt es, wenn eine sogenannte »*crosscutting group membership*« vorliegt, also einige Mitglieder der einen und der anderen Gruppe gleichzeitig gemeinsam Mitglieder einer dritten Gruppe sind. Einflüsse eines »Crosscuttings« konnten in einer Studie von Vanbeselaere (1991, zitiert nach Pruitt 1998) nachgewiesen werden. *Zeitdruck* führt dagegen eher zu einer negativen Wechselseitigkeit.

Interessant ist es auch, die Rolle der *Emotionen* zu betrachten. Dass diese in Konflikten eine wichtige Rolle spielen, wird kaum jemand bestreiten. Emotionale Erfahrungen definieren oftmals sogar einen Konflikt und treiben ihn voran. Zumindest sind sie integraler, wenn auch oftmals unterbewusster, Bestandteil der Konfliktdynamik. Insbesondere wenn Gefühle wie Angst, Hass oder Misstrauen dominieren, gestaltet sich eine Bewältigung des Konflikts schwierig. Da also Emotionen eine treibende Kraft hinter Konflikten sind, erscheint es nutzbringend, Konfliktinterventionsstrategien einzusetzen, die die Emotionen nicht verdrängen, sondern die emotionale Welt der Beteiligten mit berücksichtigen und versuchen, sie zu verändern (Maiese 2006). Dabei können Emotionen direkt angesprochen werden, es sind aber auch indirekte Methoden möglich, z. B. durch Rituale der Aussöhnung oder humorvollen Umgang miteinander (vgl. Maiese 2006). Dennoch sind Interventionen, die Emotionen provozieren, nicht ohne Gefahren. So können etwa unbeabsichtigt destruktive Emotionen herausgefordert werden oder die Emotionen so überwältigend werden, dass die Konfliktbearbeitung stagniert oder beendet wird.

Ausblick/Fazit

Betrachtet man Konflikte aus einer analytischen Perspektive, wird deutlich, dass die Genese, der Verlauf und die Wirkung von Konflikten nicht mit einfachen Modellen oder Erklärungsversuchen abzuhandeln ist. Vielmehr ist es lohnenswert, personelle, organisationale sowie sachbezogene Aspekte eines Konfliktes differenziert zu betrachten. Auf der Grundlage einer fundierten, die Spezifität des jeweiligen Konfliktes berücksichtigenden Analyse, lassen sich dann durchaus geeignete Konfliktbehandlungsstrategien finden. Diese können kommunikativer oder auch struktureller Art sein. Sie können durch die Konfliktakteure selbst umgesetzt, oder aber durch Personen realisiert werden, die nicht selbst in den Konflikt involviert sind. Wichtig ist es, Konflikte offen zu thematisieren, eigene Grenzen zu erkennen und, falls notwendig, rechtzeitig Hilfe hinzuzuziehen. Denn nur erkannte Probleme und Konflikte können erfolgreich behandelt werden.

Literatur

Batton, J. (2004): Commentary: Considering Conflict Resolution. Education: Next Steps for Institutionalization. In: Conflict Resolution Quarterly 22, H. 1–2, S. 269–278.

Berkel, K. (^{2}1992): Interpersonelle Konflikte. In Gaugler, E. (Hrsg.): Handwörterbuch des Personalwesens. Stuttgart: Poeschel, S. 1085–1094.

Braver, S.L./Barnett, B. (1976): Effects of modeling on cooperation in a prisoner's dilemma game. In: Journal of Personality and Social Psychology 33, S. 161–169.

Burgess, H./Burgess, G./Kaufman, S. (2007): Colloquy: The challenge of intractable conflicts: Introduction to the colloquium. In: Conflict Resolution Quarterly 24, H. 2, S. 173–176.

Burgess, H./Burgess, G. (2006): Intractability and the Frontier of the Filed. In: Conflict Resolution Quartely 24, H. 2, S. 177–185.

Burrell, N.A./Zirbel, C.S./Allen, M. (2003): Evaluating peer mediation outcomes in educational setting: A meta-analytic review. In: Conflict Resolution Quarterly 21, H. 1, S. 7–17.

Dahrendorf, R. (1959): Sozialstruktur des Betriebes. Wiesbaden: Gabler.

Deutsch, M. (1973): The resolution of conflict. New Haven, CT: Yale University Press.

Eidenmüller, H./Hacke, A. (2003): Institutionalisierung der Mediation im betrieblichen Konfliktmanagement. Alternative Verfahren der Konfliktlösung können die Kosten von Konflikten in und zwischen Unternehmen deutlich senken. In: Personalführung 36, H. 3, S. 20–29.

Fiske, S.T./Neuberg, S.E. (1990): A continuum of impression formation, from category-based to individuating processes: Influences of information an motivation on attention and interpretation. In: Zanna, M.P. (Hrsg.): Advances in experimental social psychology (Vol. 23.). San Diego, CA: Academic Press, S. 1–74.

Glasl, F. (2004): Konfliktmanagement. Ein Handbuch für Führungskräfte, Beraterinnen und Berater. Stuttgart: Verlag Freies Geistesleben.

Haynes, J.M./Haynes, G.L./Fong, L.S. (2004): Principles of Broad-Based Mediation Practice. In: Hynes, J.M./Haynes, G.L./Fong, L.S. (Hrsg.): Mediation. Positive Conflict Management. Albany: State University of New York Press. S. 1–21.

Henninger, M./Mandl, H./Law, L.-C. (2000): Training der Reflexion. In: Klauer, K.J. (Hrsg.): Kognitives Training. Göttingen: Hogrefe, S. 235–260.

Henninger, M./ Mandl, H. (2006): Training soft skills with software. Fostering reflection in the training of speech-receptive action. In: Frey, D./von Rosenstiel, L./Mandl, H. (Hrsg.): Knowledge and Action. New York: Springer, S. 53–86.

Henninger, M./ Mandl, H. (2003): Zuhören – verstehen – miteinander Reden. Ein multimediales Kommunikations- und Ausbildungskonzept. Bern: Hans Huber Verlag.

Höher, P./Höher, F. (2004): Konflikt-Management. Konflikte kompetent erkennen und lösen. Bergisch Gladbach: Edition Humanistische Psychologie.

Hoskins, M.L./Stoltz, J.-A.M. (2003): Balancing on words: Human change processes in mediation. In: Conflict Resolution Quarterly 20, H. 2, S. 331–349.

Hücker, F. (1997): Rhetorische Deeskalation. Streß- und Konfliktmanagement. Ausbildungskonzepte – Trainings. Stuttgart: Richard Boorberg Verlag.

Jones, T.S. (2004): Conflict Resolution Education: The Field, the Findings, an the Future. In: Conflict Resolution Quartely 22, H. 1–2, S. 233–267.

Karau, S.J./Williams, K.D. (1993): Social loafing: A meta-analytic review and theoretical integration. In: Journal of personality and Social Psychology 65, S. 681–706.

Keller, G. (2001): Konfliktmanagement in der Schule. Seelze-Velber: Kallmeyersche Verlagsbuchhandlung GmbH.

Kerr, N.L. (1989): Illusions of efficacy: The effects of group size on perceived efficacy in social dilemmas. In: Journal of Experimental Social Psychology 25, S. 287–313.

Kimsey, W.D./Trobaugh, S.S./McKinney, B.C./Hoole, E.R./Thelk, A.D./Davis, S.L. (2006): Seven-Phase Model of Conflict: Practical Applications for Conflict Mediators and Leaders. In: Conflict Resolution Quartely 23, H. 4, S. 487–499.

Kressel, K. (2007): The strategic Style in Mediation. In: Conflict Resolution Quarterly 24, H. 3, S. 251–283.

Maiese, M. (2006): Engaging the emotions in conflict intervention. In: Conflict Resolution Quartely 24, H. 2, S. 187–195.

McEwen, C.A. (1998): Managing Corporate Disputing: Overcoming Barriers to the Effective Use of Mediation for Reducing the Cost and Time of Ligitation. In: Ohio State Journal on Dispute Resolution 14, S. 1–27.

Montada, L./Kals, E. (^{2}2007): Mediation. Ein Lehrbuch auf psychologischer Grundlage. Weinheim: Psychologie Verlags Union.

Pesendorfer, B. (1995): Konflikt-Management als angewandte Dialektik. In: Voß, B. (Hrsg.): Kommunikations- und Verhaltenstrainings. Göttingen: Verlag für Angewandte Psychologie. S. 164–184.

Pondy, L.R. (1967): Organizational conflicts: concepts and models. In: Administrative Science Quaterly 12, S. 296–320.

Prein, H. (1982): Conflicthantering door een derde partij. Lisse: Swets & Zeitlinger.

Pruitt, D.G. (1998): Social conflict. In: Gilbert, D., Fiske, S.T., Lindzey, G. (Hrsg.): Handbook of social psychology. New York: McGraw-Hill. S. 470–503.

Rapoport, A. (1974): Conflict in man-made environment. Harmondsworth: Penguin.

Regnet, E. (^{2}2001): Konflikte in Organisationen. Göttingen: Verlag für Angewandte Psychologie.

Rüttinger, B. (1980): Konflikt und Konfliktlösen. Goch: Bratt-Institut für Neues Lernen.

Schlegel, C. (2003): Strategien des Konfliktmanagements. Coaching, Supervision und Organisationsentwicklung im Vergleich. In: Organisationsberatung, Supervision, Coaching 10, H. (3), S. 199–215.

Schmitz, C./Weyrer, M. (1995): Wer braucht schon Konflikte? Zur Notwendigkeit von Konfliktmanagement in der Unternehmensentwicklung. In: Heitger, B./Schmitz, C./Gester, P.-W. (Hrsg.): Managerie 3. Jahrbuch. Systemisches Denken und Handeln im Managemet. Heidelberg: Auer.

Schneider, K. (2004): »Peers bauen auf!«. Schulmediation an Wiener Gymnasien. In: Geißler, P. (Hrsg.): Mediation – Theorie und Praxis. Neue Beiträge zur Konfliktregelung. Gießen: Psychosozial-Verlag.

Schwarz, G. (2005): Konfliktmanagement. Konflikte erkennen, analysieren, lösen. Wiesbaden: Betriebswirtschaftlicher Verlag Dr. Th. Gabler/GWV Fachverlag GmbH.

Schwarz, G. (1995): Praxis der Konfliktintervention. In: Voß, B. (Hrsg.): Kommunikations- und Verhaltenstrainings. Göttingen: Verlag für Angewandte Psychologie. S. 184–192.

Schwertfeger, E. (2006): Konfliktcoaching und Mediation, Ergänzung oder »Konkurrenz«? In: Organisationsberatung – Supervision – Coaching 3, S. 229–238.

Sherif, M. (1966): Group conflict and cooperation. London: Routledge & Kegan Paul.

Thomas, K. (1976): Conflict and conflictmanagement. In: Dunnette, M.D. (Hrsg.): Handbook of industrial and organizational psychology. Chicago: Rand McNally.

Vanbeselaere, N. (1991): The different effects of simple and crossed categorization: A result of the category differentiation process or of differential category salience? In: Stroebe, W./Hewstone, M. (Hrsg.): European review of social psychology (Vol. 2). Chichester, England: Wiley, S. 247–279.

Wenninger, G. (1999): Konfliktmanagement. In: Graf Hoyos, C./Frey, D. (Hrsg.): Arbeits- und Organisationspsychologie. Ein Lehrbuch. Weinheim: Psychologie Verlags Union, S. 558–568.

Wiseman, V./Poitras, J. (2002): Mediation within hierarchical structure: How Can It Be Done Successfully? In: Conflict Resolution Quarterly 20, H. 1, S. 51–65.

Wood, J. (2004): Mediation styles: Subjektive description of mediators. In: Conflict Resolution Quarterly 21, H. 4, S. 437–450.

Worchel, S./Andreoli, V.A./Folger, R. (1977): Intergroup cooperation and intergroup attraction: The effect of previous interaction and outcome on combined effort. In: Journal of Experimental Social Psychology 13, S. 131–140.

5. Medienwissenschaftliche Perspektive

Manuela Glaser / Sonja Weigand / Stephan Schwan

Mediendidaktik

Digitale Bildungsangebote, wie beispielsweise das Internet oder der Computer, haben sich mittlerweile als fester Bestandteil in der Medienlandschaft der Erwachsenen- und Weiterbildung etabliert. Der gezielten Gestaltung und Verwendung von digitalen Medien kommt hierbei eine entscheidende Rolle zu, um Lernprozesse in effektiver und nachhaltiger Weise zu fördern. Als wissenschaftliche Disziplin widmet sich die Mediendidaktik der Fragestellung nach den Bedingungen eines erfolgreichen Einsatzes von Medien.

Ausgehend von einer definitorischen Bestimmung der Mediendidaktik und damit zusammenhängender zentraler Begriffe wird in diesem Beitrag zunächst die Auswahl geeigneter Medien unter Berücksichtigung diverser didaktischer Anwendungsszenarien diskutiert. Dabei liegt das Hauptaugenmerk auf neuen Lehr- und Lernszenarien, dem sogenannten E-Learning, dem im Zuge der rasanten technischen Entwicklung eine immer größere Rolle in der Erwachsenenbildung zukommt. Der zweite Teil des Beitrages ist der Evaluation mediengestützter Lehr-Lern-Umgebungen gewidmet und stellt am Beispiel von Lernplattformen gängige Bewertungsverfahren vor.

Definition und Abgrenzung

In der Erziehungs- und Bildungswissenschaft wird die Mediendidaktik üblicherweise als ein Teilgebiet der Medienpädagogik (vgl. »Medienpädagogik« in diesem Buch) verstanden und zugleich von der Medienerziehung abgegrenzt (Hüther 2005; Tulodziecki 2005). Die Mediendidaktik steht darüber hinaus in engem Bezug zu einem dritten Teilgebiet, nämlich der informations-, medien- oder kommunikationstechnischen Bildung, die die Vermittlung von Basisqualifikationen für mediendidaktisches und -erzieherisches Handeln zum Gegenstand hat (de Witt/Czerwionka 2007; Kerres 2001; Tulodziecki 1996). Abbildung 1 zeigt die Mediendidaktik in der Beziehung zur Medienpädagogik und ihren Teilgebieten.

Während die *Medienerziehung* die Hinführung des Lernenden zu einem kompetenten Umgang mit (Massen-)Medien – im Sinne einer kritischen und bewussten Mediennutzung – thematisiert, befasst sich die *Mediendidaktik* mit der Erziehung durch Medien, d. h. »den Funktionen und Wirkungen von Medien in Lehr- und Lernprozessen« mit dem Ziel der »Förderung des Lernens« (Issing 1987, S. 25). Typische Fragen, mit denen sich die Mediendidaktik beschäftigt, sind: Welche Medien eignen sich für die Erreichung bestimmter pädagogisch gerechtfertigter Zielvorstellungen? Welche

Funktionen können konkrete Medien im Bildungsprozess übernehmen? Wie können Medien als Werkzeuge in Lehr- und Lernsituationen von Lernenden genutzt werden?

In neueren Ansätzen der Mediendidaktik, auf (kognitions-)psychologischer Grundlage, steht nicht mehr der Erziehungsgedanke im Mittelpunkt, sondern die Vermittlung und der Erwerb von Wissensinhalten durch die Nutzung von digitalen Medien (z. B. Prenzel et al. 2000; Paechter 2007). Hierbei kommt der Aktivität des Lerners eine steigende Bedeutung zu (Klimsa 2002). Beispielsweise befähigen interaktive Videos den Lerner die Lernsteuerung und Lernkontrolle selbst auszuüben. Die Gestaltung und die instruktionale Einbettung solcher neuartigen Medien unter Berücksichtigung von Lernervoraussetzungen zählen zum zentralen Inhaltsbereich der Mediendidaktik aus psychologischer Sicht.

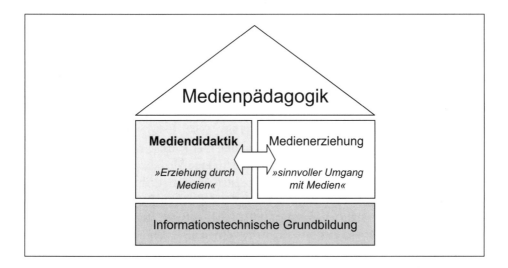

Abb. 1: *Mediendidaktik als medienpädagogische Teildisziplin*

Die Bemühungen der Mediendidaktik sind demnach auf eine Optimierung der Lehr- und Lernprozesse durch eine didaktisch geeignete Gestaltung und methodisch wirksame Verwendung (einschließlich ihrer Bewertung) von Medien gerichtet.

Der Begriff »Medium« bezieht sich hierbei auf jegliches Hilfsmittel bzw. Instrument, das didaktisch geplant zur besseren Darstellung und Vermittlung von Informationen eingesetzt wird. Neben Wandtafeln, Flipcharts und Fernsehgeräten fallen darunter auch interaktive Lernsysteme, Geräte für Videokonferenzen und das Internet. Eine ausführliche Diskussion des Medienbegriffs im didaktischen Kontext ist bei de Witt/Czerwionka (2007), Paechter (2007) sowie Tulodziecki/Herzig (2004) nachzulesen.

Besondere Beachtung in der Mediendidaktik findet derzeit das Lehren und Lernen mittels neuer Informations- und Kommunikationstechnologien, wie beispielsweise Newsgroups, Chats, Wikis und Podcasts. Die Angebote auf dem stark expandierenden Sektor der digitalen Medien schaffen völlig neue Möglichkeiten der Lernorganisation

(z. B. zeitlich-örtliche Flexibilität) und des kooperativen Lernens, was der Mediendidaktik in den letzten Jahren wieder eine größere Nachfrage und Bedeutung verschaffte. In diesem Zusammenhang sind vor allem E-Learning-Materialien und E-Learning-Umgebungen zu nennen. Hinter dem Begriff »E-Learning« verbergen sich ganz allgemein »Lernprozesse, die sich ganz oder teilweise auf das Internet (bzw. andere Computernetzwerke wie Online-Dienste oder Intranets) stützen« (Döring 2002, S. 247). Aufgrund der zunehmenden Verbreitung internetbasierter Lernsituationen wird im Nachfolgenden auf die Didaktik mediengestützter Lehr-Lern-Medien im Rahmen des E-Learning eingegangen.

Auswahl und Nutzung von digitalen Medien

Um eine den aktuellen Lehr-Lern-Zielen entsprechende Lernumgebung zu realisieren, ist eine angemessene Medienauswahl notwendig. Allerdings stellt sich aus theoretischer Sicht die grundsätzliche Frage, ob sich bestimmte Medien für bestimmte Lehrziele und Lehrmethoden besonders gut eignen bzw. ob bestimmte Medien spezifische Einflüsse auf die stattfindenden Lernprozesse haben. Diese Fragen wurde vor allem in den 1990er-Jahren zwischen Robert B. Kozma und Richard E. Clark in der »media effects debate« kontrovers diskutiert. Clark (1983, 1992, 1994) vertritt dabei die, der Medienspezifität entgegengesetzte Position, indem er kausale Medieneinflüsse kategorisch ausschließt und empirische Belege, die für eine Medienspezifität sprechen, als methodische Artefakte interpretiert. Die meisten Medienattribute würden von verschiedenen Medien geteilt, und daher seien die kognitiven Funktionen der Medien gerade *nicht* medienspezifisch. Kozma (1991, 1994) dagegen spricht sich *für* eine Medienspezifität des Lernens aus und definiert Lernen als einen aktiven, konstruktiven Prozess zwischen den Lernenden und dem Medium, bei dem Informationen extrahiert und in bestehende Wissensbestände integriert werden. Er geht dabei über behavioristisch angelegte Studien, die lediglich eine unidirektionale Beeinflussung des Wissenserwerbs durch das Medium untersuchen, hinaus und bezieht sowohl prozessorientierte Ressourcen des Mediums als auch verschiedene Lernereigenschaften und verschiedene Lernsituationen in seine Untersuchungsansätze ein. Theoretische Unterstützung findet diese Position durch die kognitive Medientheorie von Salomon (1979), durch die Multimedia-Theorie von Mayer (1997) und durch die Theorie der dualen Codierung von Paivio (1986). Für einen umfassenderen Überblick zur Kozma-Clark-Debatte sei an dieser Stelle auf Zahn (im Druck) und die dort angeführte Original-Literatur verwiesen.

Die Frage der Medienspezifität des Lernens konnte bis heute nicht abschließend geklärt werden. Allerdings konstatiert Clark, dass mit bestimmten Medien typischerweise bestimmte instruktionale Strategien verbunden sind und dass dieser Verbund von Medium und Instruktionsstrategie einen nachhaltigen Einfluss auf Lernen und Wissenserwerb hat. Damit gehen sowohl Kozma als auch Clark letztlich davon aus, dass die Wahl des Lernmediums ein entscheidender Faktor für die Gestaltung von

Lehr-Lern-Umgebungen ist. Es sollte also entsprechend den Lehrzielen und -methoden eine angemessene Medienauswahl erfolgen. Dabei spielen eine Reihe von Faktoren eine Rolle, von denen vier im Folgenden erläutert werden – nämlich die zugrunde liegenden lerntheoretischen Annahmen, die angestrebten Sozialformen des Lernens, der beabsichtigte Grad der Virtualisierung sowie die Wahl eines Lehrverfahrens entsprechend der aktuellen Lernphase im Lernzyklus.

Lerntheoretische Annahmen

Behavioristische Ansätze gehen im Wesentlichen auf B.F. Skinner zurück. Lernen wird hier als Reaktion eines Individuums auf Umweltreize verstanden, die durch operante Konditionierung gefördert werden. Dabei spielt besonders die positive Verstärkung durch Lob eine Rolle. Interne psychische Vorgänge wie kognitive und emotionale Prozesse werden ausgeklammert, falls sie sich nicht in Verhaltensänderungen manifestieren. Aus diesem Ansatz heraus entstand Ende der 1960er-Jahre die Lehrmethode des programmierten Unterrichts. Im Bereich der neuen Medien findet man diesen lerntheoretischen Hintergrund vor allem bei handelsüblicher Lernsoftware, beispielsweise in Form von »Drill-and-practice«-Programmen zum Mathematik- oder Vokabellernen.

Kognitionstheoretische Ansätze lösten mit der »Kognitiven Wende« die behavioristischen Lernansätze weitgehend ab, indem sie auch innerpsychische Vorgänge in ihre Theorien einbezogen. Im Vordergrund dieser Ansätze stehen interne Prozesse der Informationsverarbeitung wie z.B. Denken, Wahrnehmen, Interpretierung und Erinnern. Lernen wird hier als Verarbeitung objektiver externer Gegebenheiten aufgefasst, bei der komplexe mentale Modelle und Wissensstrukturen gebildet werden. Dem Lerner werden Abstraktionsvermögen und die Fähigkeit zum Problemlösen zugeschrieben. Diese Ansätze fordern eine systematische und strukturierte Darbietung der zu lernenden Inhalte, was sich in der Gestaltung einer gegenstandszentrierten Lernumgebung äußert. In dieser nimmt der Lehrende eine aktive, präsentierende, erklärende, anleitende und kontrollierende Position ein, während der Lernende aufgrund der (vermeintlich) schon optimal strukturierten Inhalte lediglich eine passiv-rezeptive Haltung innehat (Reinmann-Rothmeier/Mandl 2001). Diese systematische Gestaltung von Lernumgebungen ist auch in den Ansätzen des Instructional Design (vgl. »Instructional Design« in diesem Buch) zu finden. Digitale Medienangebote, die auf kognitionstheoretischen Ansätzen beruhen, sind typischerweise multimedial und lerneradaptiv gestaltet. Beispiele finden sich im naturwissenschaftlichen Bereich (Multimedia-Software zu Biologie oder Physik) ebenso wie in geisteswissenschaftlichen Bereichen (z.B. Geschichte oder Archäologie).

Konstruktivistische Ansätze gehen davon aus, dass der Mensch in der Interaktion mit seiner Umwelt sein Wissen konstruiert. Der Computer wird seit den 1990er-Jahren nicht mehr als quasi-intelligentes Pendant zum Menschen, sondern als Werkzeug gesehen, das der Mensch zur Wissenskonstruktion nutzt. Der kognitionstheoretische

Ansatz wird hier also durch eine aktive, selbstgesteuerte Rolle des Lerners erweitert. Dadurch und durch die Bedeutung, die dem sozialen Kontext in diesem Ansatz zukommt, treten komplexe, realistische Aufgabenstellungen in den Vordergrund. Durch die Auseinandersetzung mit authentischen Problemen soll »träges Wissen«, das lediglich für das Bestehen einer Prüfung ausreicht, aber nicht für die Lösung realer Problemsituationen angewendet werden kann, überwunden werden. Auch kooperatives und kollaboratives Lernen in Lerngemeinschaften spielt in diesen Ansätzen eine große Rolle. Eine Lernumgebung sollte demnach die Anwendungsbedingungen von Wissen berücksichtigen, also problemorientiert sein, das Arbeiten in Gruppen ermöglichen und selbstgesteuertes Lernen zulassen. Digitale Medienangebote, die auf konstruktivistischen Lernprinzipien beruhen, zeichnen sich typischerweise durch nicht lineare Lernpfade (Hypermedialität), Lernersteuerung (Interaktivität) sowie durch kommunikative Elemente aus. Beispiele sind hypertextuelle Nachschlagewerke (z. B. Wikipedia) oder Simulationsprogramme.

Sozialform des Lernens

Für die Medienwahl spielt auch die intendierte Sozialform (Einzelarbeit, Partnerarbeit, Kleingruppenarbeit, Plenum, Großgruppe) des Lernens eine wichtige Rolle. Nicht jedes Medium eignet sich für jede Sozialform. So z. B. erfordert *Einzelarbeit* kaum Austausch mit anderen Lernenden, während dies für *Gruppenarbeiten* jedoch entscheidend ist. Demnach sollte für die Lehrmethode der Gruppenarbeit ein Medium gewählt werden, das bidirektionale Kommunikation zulässt und gruppenfähig ist. Beispielsweise eignen sich Whiteboards (d. h. digitale Zeichenflächen, die kollaborativ genutzt werden) mit zusätzlichem Kommunikationswerkzeug (z. B. Chat-Software) sehr gut, um in einer Gruppe gleichzeitig eine Aufgabe zu bearbeiten bzw. an einem gemeinsamen Produkt zu arbeiten.

Auch die *Gruppengröße* spielt bei der Medienwahl eine Rolle. So sollte für dyadische Kommunikation bevorzugt auf E-Mail oder Webcams zurückgegriffen werden, während für Kleingruppen eher Software aus dem Bereich des *Computer Supported Collaborative Learning* und für Großgruppen Foren, Newsgroups, Mailinglisten, Chats oder sogar virtuelle Welten, wie z. B. Second Life, zu verwenden wären. Außerdem spielen gerade in Kommunikationssituationen *soziale Aspekte* bei der Entscheidung für ein bestimmtes Medium eine Rolle. Audiovisuelle Medien ermöglichen z. B. zusätzlich nonverbale Kommunikation, mit der vor allem interpersonale Beziehungsaspekte vermittelt werden. Dies kann jedoch in bestimmten Kontexten störend sein. Probleme treten vor allem dann auf, wenn es bei der Kommunikation zu Konfusionen zwischen der Beziehungsebene und der Inhaltsebene kommt (Watzlawick/Beavin/Jackson 2003). Daraus kann geschlussfolgert werden, dass in bestimmten Situationen ein Medium, das nonverbale Kommunikation *nicht* zulässt, geeigneter wäre, da dadurch eine bessere Konzentration auf die Inhaltsebene erfolgt und die Beziehungsebene nicht im Vordergrund steht (vgl. »Managementaufgabe Kommunikation« in diesem Buch).

Grad der Virtualisierung

Lehr-Lern-Szenarien lassen sich nach dem Grad ihrer *Virtualisierung* bestimmen (Bachmann/Haefeli/Kindt 2002; de Witt/Czerwionka 2007). Sie reichen von reinen Präsenzveranstaltungen bis hin zu ausschließlich virtuellen Lernformen. Es werden drei Gruppen unterschieden: angereicherte Szenarien, integrierte Szenarien/Blended Learning und überwiegend virtuelle Szenarien.

Bei *angereicherten Szenarien* handelt es sich um Präsenzveranstaltungen, die durch multimediale Elemente ergänzt werden. Dies können z.B. interaktive Aufgaben bzw. Übungen, elektronische Skripte, Präsentationsfolien und Visualisierungen in Form von Simulationen, Filmen oder Diagrammen sein. Bei *integrierten Szenarien* übernehmen Präsenz- und Distanzteile jeweils spezifische, aufeinander abgestimmte Aufgaben. So z.B. können die Beratung und Betreuung von Lernern sowie die Kommunikations- und Kooperationsprozesse bezüglich der Lerninhalte auf eine Online-Plattform »ausgelagert« werden, während die Vermittlung der Lerninhalte selbst durch Präsenzphasen realisiert ist. Als Distanzteile können zudem auch Evaluationen und Einheiten zum Selbststudium online erfolgen. Der Begriff des *Blended Learning* hat sich dabei erst im Jahr 2001 etabliert, während der synonyme Begriff des »Hybriden Lernens« schon länger besteht. *Überwiegend virtuelle Szenarien* können Online-Kurse, virtuelle Seminare, virtuelle Konferenzen oder virtuelle Hörsäle sein, die häufig durch Präsenzphasen zu Beginn und am Ende abgesichert werden.

Äquivalent zur Kategorisierung von Bachmann/Haefeli/Kindt (2002) nehmen andere Autor/innen ähnliche Unterscheidungen vor: Palloff/Pratt (2001, zitiert nach Schulmeister 2005a) teilen Online-Kurse in »Web Courses«, »web-enhanced Courses« und »web-centric Courses« ein. Auch Mason (1998) beschreibt dieselbe Unterscheidung mit den drei Modellen »Content & Support Model«, »Wrap Around Model« und »Integrated Model«. Schulmeister (2005b) dagegen schlägt vier Untergliederungen vor und unterteilt dabei die integrierten Szenarien nochmals in zwei Gruppen: *gleichrangige Präsenz- und Netzkomponenten* und *integrierter Einsatz von Präsenz- und Netzkomponenten*. Nach Schulmeister (2005b) haben die virtuellen Komponenten in den vier Szenarien unterschiedliche Funktionen.

In »angereicherten Szenarien« liefert die virtuelle Komponente hauptsächlich Informationen z.B. in Form von Begleitmaterialien. Sie dient als Speicher für Lernmaterialien und andere Ressourcen zur Sicherung der gemeinsamen Informationslage aller Teilnehmer/innen. In manchen Fällen besteht für die Lernenden auch die Möglichkeit, eigene Informationen auf den Server zu laden. Dadurch ist zwar ein Datenaustausch, aber keine Kommunikation im Rahmen von Lerngemeinschaften gegeben.

Dies wird in Szenarien mit »gleichrangiger Präsenz- und Netzkomponente« möglich. Die virtuelle Komponente dient hier nicht nur der Information, sondern auch der Kommunikation zwischen den Teilnehmer/innen. Sie wird hierbei nicht mehr nur in Form von Websites, sondern auch durch den Einsatz von Lernplattformen realisiert, die es den Teilnehmer/innen ermöglichen, Mitteilungen zu veröffentlichen und auf die Mitteilungen anderer zu reagieren. Es können Daten ausgetauscht und es kann an Whiteboards gearbeitet werden. In diesem Szenario wird ein Teil des Lernprozesses zeitlich unabhängig von der Präsenzveranstaltung. Die Lernenden müssen zusätzlich darauf achten, welche Kommunikations- und Lernprozesse im Netz zwischen den Präsenzveranstaltungen stattgefunden haben. Der Unterschied zu Szenarien mit »integriertem Einsatz von Präsenz- und Netzkomponenten« besteht darin, dass die Inhalte der Veranstaltung und die Kommunikation der Lernenden über die Inhalte noch getrennt sind. Dient die Kommunikation im Netz nur der Übertragung von Mitteilungen und dem Austausch von Informationen, liegt die additive Form virtuellen Lernens vor, kommt es aber zu einer Kommunikation über die Inhalte, handelt es sich um ein Szenario des »integrierten Einsatzes von Präsenz- und Netzkomponenten«. Bei einem Szenario des »integrierten Einsatzes von Präsenz- und Netzkomponenten« bietet die virtuelle Komponente neben der Kommunikation auch noch die Funktion der Kooperation. Der Großteil der Aufgaben, Arbeiten und Projekte wird innerhalb der Lernplattform erledigt und abgeliefert. Dies könnte in Form von virtuellen Räumen für Arbeitsgruppen oder virtuellen Laboren realisiert werden. In »überwiegend virtuellen Szenarien« kann es sich bei den Online-Komponenten beispielsweise um virtuelle Seminare handeln. Sie haben ebenfalls kommunikative und kooperative Funktion und können auf Websites, Lernplattformen oder mithilfe einer Groupware oder kooperativen Software durchgeführt werden.

Nach Schulmeister (2005b) sind bestimmte Inhalte für virtuelles Lernen besonders gut geeignet, beispielsweise Simulationsspiele, Planspiele, virtuelle Labore (Architektur, Mathematik, Naturwissenschaften, Medizin, Wirtschaftswissenschaften) sowie Lernprozesse, die andernfalls nur schwer realisierbar oder zu gefährlich wären (Tierversuche, Patientenanalyse). Kritischer beurteilt Schulmeister (2005b) dagegen virtuelles Lernen, wenn es von der Qualität und Unmittelbarkeit diskursiver Prozesse abhängig ist (z.B. Gesprächstraining, Beratungsprozess, Kommunikationstraining), wenn nonverbale Kommunikation eine große Rolle spielt (Gesprächstraining, Beratungsprozess, Kommunikationstraining, Fremdsprachentraining), wenn manuelle bzw. praktische Fähigkeiten beim Lernen notwendig sind (Medizin, Kunst, Chemie) und wenn direkte visuelle Anschauung wichtig ist (Medizin, Biologie, Physik). Empirische Studien zeigen allerdings, dass die Vermittlung kommunikativer und nonverbaler Kompetenzen durchaus mittels virtueller Lernformen realisiert werden kann, falls diese angemessenen gestaltet und implementiert werden. Beispielsweise haben Henninger/Mandl (2003) ein multimediales Tool für Kommunikationstrainings entwickelt, durch das netzbasiert Kompetenzen bei der Diagnose von Kommunikationsverhalten erworben werden können.

Lehrverfahren und Lernphasen

Schließlich beeinflusst auch das angestrebte Lehrverfahren bzw. die aktuelle Phase des Lernprozesses die Medienwahl – ein Punkt, der bereits von Clark (1983) hervorgehoben wurde. Bei den *Lehrverfahren* unterscheidet Einsiedler (1981) darbietende, erarbeitende und explorative Lehrverfahren.

Die *darbietenden* Lehrverfahren haben einen hohen Strukturierungsgrad und die Aufbereitung der Inhalte sowie die Gestaltung der Lehr- und Lern-Prozesse werden weitgehend vom Lehrenden bestimmt. Zu diesen Lehrverfahren gehören z. B. Vorträge, Vorlesungen, Demonstrationen, Erklärungen und Erzählungen. Sie eignen sich besonders, um in ein Themengebiet einzuführen oder Ergebnisse zusammenzufassen. Ein Problem darbietender Lehrverfahren ist, dass für die Speicherung der vielen neuen Informationen im Langzeitgedächtnis häufig keine Zeit bleibt. Dies kann jedoch durch Beispiele und kurzphasige Informationsdarstellungen kompensiert werden. Im Bereich neuer Medien wird dieses Problem dadurch gelöst, dass die Darbietung elektronisch erfolgt und somit gespeichert und beliebig oft rezipiert werden kann. Beispiele für digitale Medien sind Powerpoint-Präsentationen und Online-Vorträge.

Erarbeitende Lehrverfahren haben einen mittleren Strukturierungsgrad. Der Lehrende steht nicht mehr im Mittelpunkt, der Unterrichtsablauf ist teilweise festgelegt, teilweise offen und die Eigenaktivität der Lernenden wird dabei gefördert. Die Lehrinhalte werden im Austausch der Gedanken zwischen Lehrer und Lernenden oder Lernenden und Lernenden angeeignet. Beispiele solcher Lehrverfahren sind problembasiertes Lernen, angeleitete Praktika und Übungen. Medial kann dies durch interaktive Lernsoftware, aber auch durch Whiteboards und Kommunikationswerkzeuge realisiert sein.

Explorative Verfahren zeichnen sich im Vergleich zu den anderen beiden Kategorien durch einen noch höheren Grad an Eigenaktivität aufseiten der Lernenden aus. Der Strukturierungsgrad ist gering und die Lernenden arbeiten stärker selbstständig, extrahieren Sachstrukturen und integrieren diese in kognitive Strukturen. Für diese Art von Lehrverfahren sind bei den Lernenden bestimmte Voraussetzungen nötig. Sie müssen Probleme erkennen, Hypothesen aufstellen, Überprüfungsmöglichkeiten entwickeln sowie die Ergebnisse abstrahieren und transferieren können. Beispiele explorativer Lehrverfahren sind Projektarbeiten, Fallstudien und Planspiele. Mediale Beispiele hierfür sind Online-Planspiele, virtuelle Labore und Simulationen.

Die Kategorisierung von Einsiedler (1981) weist deutliche Parallelen zum Learning Cycle nach Mayes et al. (1994, zitiert nach Horz/Fries/Hofer 2003) auf, die eine Lehrplaneinheit in mehrere Lernphasen (Konzeptualisierung, Konstruktion, Dialog) aufgliedern, die wiederum mit verschiedenen Lehrzielen und -methoden verbunden sind. Demnach beginnt ein Lernzyklus mit der *Konzeptualisierungsphase*, in der der Lernende mit neuen Inhalten konfrontiert wird. Er orientiert sich, exploriert zunächst die Lerninhalte mit dem Ziel einer ersten Interpretation und beginnt damit, mit den neuen Inhalten gedanklich zu experimentieren. Anschließend erfolgt die *Konstruktionsphase*. Dabei werden die neuen Informationen auf der Grundlage bestehenden Wissens interpretiert und mit dem Vorwissen verknüpft. Dazu werden bestimmte Inhalte selegiert, kombiniert und klassifiziert, um sie in bestehende Wissensstrukturen zu integrieren. In der *Dialogphase* geht es darum, die gebildeten Repräsentationen stärker zu verankern, indem das Gelernte in Form von Diskussionen externalisiert wird. Durch eine reflektierte Auseinandersetzung mit den Inhalten kommt es zudem zu einer Restrukturierung des erworbenen Wissens.

Betrachtet man eine ganze Lehrveranstaltung, sollte dieser Zyklus optimalerweise mehrmals durchlaufen werden. Für die Gestaltung von Lehr-Lern-Umgebungen kann geschlussfolgert werden, dass alle Phasen des Lernzyklus z. B. durch entsprechende Lehrmethoden und Medien ausreichend gefördert werden müssen (Mayes/Fowler 1999; Mayes et al. 1994, zitiert nach Horz/Fries/Krämer 2003). In Bezug auf den Einsatz von Medien bzw. Software im Rahmen von Lernplattformen unterscheiden Mayes/Fowler (1999) zwischen drei Arten von courseware, die sich den Lernphasen zuordnen lassen: *Primary courseware soll die Konzeptualisierung unterstützen, secondary courseware* soll den Konstruktionsprozess fördern und *tertiary courseware* soll über Dialoge anderer Lerner/innen zu einer tieferen Verankerung erworbenen Wissens führen. *Primary courseware* präsentiert hauptsächlich Inhalte. Beispiele hierfür sind Programme oder CD-ROMs über diverse Themen sowohl aus dem naturwissenschaftlichen als auch geisteswissenschaftlichen Bereich. Mit *secondary courseware* ist Software gemeint, mit der der Lerner Aufgaben bearbeitet oder Produkte erstellt, z. B. Autorenwerkzeuge wie *Director* oder auch die HTML-Programmiersprache. Bei *tertiary courseware* handelt es sich um bereits von Lerner/innen produziertes Material, das durch das Erschließen und die Diskussion der Lern- und Arbeitsaufgaben entstanden ist. Beispielhaft hierfür sind Datenbases über Frequently Asked Questions (FAQ). Die einzelnen Lernphasen und ihre mediale Förderung sind in Abbildung 2 nochmals grafisch dargestellt.

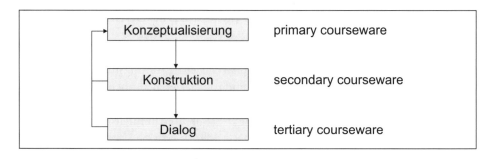

Abb. 2: Die Phasen des Lernzyklus und ihre mediale Förderung (nach Mayes/Fowler 1999)

Integrierte Lösungen: Digitale Lernplattformen

Um die unterschiedlichen Online-Elemente und die einzelnen Lernphasen zu integrieren, wurden verschiedene Lösungen in Form von Lernplattformen entwickelt. Im Folgenden werden die Komponenten und Prinzipien von Lernplattformen näher erläutert. Außerdem wird auf deren Evaluation, sowohl hinsichtlich der Auswahl einer geeigneten Lernplattform als auch in Bezug auf die Qualitätsüberprüfung nach einer ersten Einsatzphase, eingegangen.

Komponenten und Prinzipien von Lernplattformen

Lernplattformen bieten eine Art File-Server- oder Webserver-Speicherplatz an, in dem Lernmaterialien auf HTML-Seiten mithilfe von Autorenwerkzeugen arrangiert werden können. Die Lernplattformen bestehen in der Regel aus drei Elementen (Horton/Horton 2003): einer Verwaltungseinheit (*Learning Management System*), einer inhaltlichen Komponente (*Learning Content Management System*) und diversen Kommunikations- und Kollaborationswerkzeugen.

Learning Management Systeme integrieren verschiedene Kursangebote in einer Verwaltungseinheit. Die Lernenden können sich für Kurse anmelden und an ihnen teilnehmen sowie ihren Lernprozess und ihre Lernfortschritte überwachen. Sie unterstützen die Lehrenden dabei, ihr Lehrangebot zu verwalten und Nutzungsstatistiken zu erstellen.

Learning Content Management Systeme ermöglichen die Erstellung und Veröffentlichung von Inhalten. Sie erleichtern es den Lehrenden und Lernenden, Lehrinhalte und Arbeitsprodukte in Form von Mediendateien, Websites, Tests oder Lehreinheiten zu erstellen, zu verwalten und wieder zu verwenden.

Kommunikations- und Kollaborationswerkzeuge unterstützen die Lehrenden und Lernenden bei der Zusammenarbeit. Sie ermöglichen einen ortsunabhängigen Austausch von Ideen. Dieser kann mit den entsprechenden Tools verbal, nonverbal, synchron oder asynchron erfolgen. Kommunikations- und Kollaborationssoftware umfassen eine ganze Bandbreite an Formen, die von einfachen textbasierten E-Mail-Programmen bis hin zu komplexer Online-Meeting-Software reicht. Um eine vollständige kollaborative Lernumgebung zu gestalten, ist daher eine Kombination mehrerer Programme notwendig. Beispielhaft seien hier Videokonferenzsysteme und Whiteboards als Kommunikations- und Kollaborationswerkzeuge genannt.

Bekannte Beispiele für solche Lernplattformen sind die Open-Source-Plattformen ILIAS (www.ilias.uni-koeln.de; www.ilias.de) und MOODLE (www.moodle.de) sowie die kostenpflichtigen Plattformen DLS (DistanceLearningSystem; www.ets-online.de) und BLACKBOARD (www.blackboard.com). BLACKBOARD beispielsweise hat drei wichtige Funktionen: Lehre, Kommunikation und Beurteilung. Im Bereich Lehre bietet BLACKBOARD Tools zur Erstellung von Lerneinheiten und zur Inhaltserstellung, Online-Kursbücher sowie ein Tool zur Erstellung von Übungselementen an. Im Bereich Kommunikation stellt BLACKBOARD sowohl synchrone (virtuelles Klassenzimmer mit Chat) als auch asynchrone (Diskussionsplattform) Kommunikations-, Kooperations- und Kollaborationswerkzeuge zur Verfügung. Zur Beurteilung des Lernens gibt es benotete und unbenotete Tests und ein Notenbuch. Das Element »Leistungsfortschritt« liefert eine Übersicht über die Entwicklung der Teilnehmer/innen und über die Verwendungsdaten. Für einen Überblick über die verschiedenen anderen Lernplattformen wird an dieser Stelle auf Baumgartner/Häfele/Maier-Häfele (2002) und Schulmeister (2005b) verwiesen.

Lernplattformen verfügen nicht über besondere didaktische Eigenschaften. Von ihrer Grundstruktur her sind sie seriell angeordnet. Dies verführt dazu, sie auch in dieser Weise zu benutzen. Aber gerade die Nutzung und die Art des Einsatzes von Lernplattformen ist ausschlaggebend dafür, welche didaktische Orientierung eingeschlagen wird. So können den Lernplattformen keine Lerntheorien zugeordnet werden. Dies ergibt sich erst durch die Art der Nutzung. Vorteile von Lernplattformen liegen vor allem in der orts- und zeitunabhängigen Nutzung, sowie in der Auseinandersetzung der Lernenden mit neuen Technologien, die für ein selbstgesteuertes Lernen, nicht nur im Hochschulbereich, sondern auch in informellen Lernsettings und in Bezug auf das lebenslange Lernen in einer Medien- und Informationsgesellschaft von großer Bedeutung sind.

In der Praxis sieht es so aus, dass große Universitäten meist über zwei oder drei verschiedene Lernplattformen verfügen, während kleinere Institutionen in der Regel nur ein System einsetzen. Ein System ist mittlerweile Standard an solchen Einrichtungen, wobei meist nur Folien und Skripte ins Netz gestellt werden. Falls zusätzlich Chats und Videokonferenzen angeboten werden, werden diese jedoch kaum genutzt. Welche Lernplattform für eine bestimmte Institution geeignet ist, wird im folgenden Abschnitt beschrieben.

Evaluation von Lernplattformen

Im Hinblick auf die Vielfalt der am Markt angebotenen internetbasierten Lehr-Lern-Umgebungen mit unterschiedlicher Thematik, Funktionalität, Komplexität und didaktischer Qualität ist es für die Anschaffung einer E-Learning-Software erforderlich, Produkte vergleichend zu bewerten und eine begründete Entscheidung zu treffen. Des Weiteren sollte nach erfolgter Nutzung der gewählten E-Learning-Infrastruktur eine Evaluation des Medieneinsatzes durchgeführt werden. Im Nachfolgenden wird auf diese beiden Aspekte am Beispiel von Lernplattformen näher eingegangen.

Auswahlkriterien für Lernplattformen

Für die Auswahl einer Lernplattform im institutionellen Rahmen bieten sich verschiedene Evaluationsinstrumente an.

Großer Beliebtheit erfreuen sich *kriterienorientierte Anforderungskataloge*, die gängige Funktionalitäten von Lernplattformen in Form eines Kriterienrasters zusammenstellen, das als Basis für den Auswahlprozess herangezogen werden kann. Solchen Checklisten liegen unterschiedliche Gesichtspunkte zugrunde, z.B. rein technisch-formale, marketing orientierte und/oder pädagogisch-didaktische (Tulodziecki/Herzig 2004).

Schulmeister (2005b) beispielsweise nimmt eine Differenzierung in sechs Merkmals- bzw. Funktionsgruppen vor: Administration, Didaktik, Evaluation, Kommunikation, Technik und wirtschaftliche Gesichtspunkte. Für eine genaue Analyse von Lernpattformen ist eine weitere Auffächerung dieser Kategorien notwendig, was letztendlich in die Formulierung empirisch beobachtbarer Kriterien mündet. Dieser Prozess wird als Operationalisierung bezeichnet und soll am Beispiel der Kategorie »Didaktik« skizziert werden. Eine Untergliederung der Kategorie »Didaktik« führt auf der zweiten Ebene zu fünf Unterkategorien, nämlich: allgemein, Institutionelles, Werkzeuge/Tools, Curriculum Management sowie Test und Übungen. Geht man noch eine Ebene tiefer nennt Schulmeister (2005b) – hier exemplarisch für die Unterkategorie »Werkzeuge/Tools« aufgeführt – Werkzeuge für Lehrende, Werkzeuge für Studenten sowie kooperative Werkzeuge und ordnet z.B. Letzteren folgende empirisch beobachtbare Kriterien zu: Whiteboard, Kalenderfunktionen (Gruppenterminkalender), *Application Sharing* (Gemeinsamer Bildinhalt) und Foren. Die Vorteile von Kriterienkatalogen sehen Baumgartner/Häfele/Maier-Häfele (2002) vor allem in der objektiven und kostengünstigen Vorgehensweise, die auf der Abarbeitung nicht variierender Kriterienlisten durch eine oder mehrere fachkundige Personen basiert oder sogar an zentrale Stellen – aufgrund der Entkopplung von realem Lerngeschehen und Bewertung – delegiert werden kann. Andererseits können Kriterienlisten den Anspruch auf Vollständigkeit nicht gewährleisten, machen keine oder strittige Angaben zu Bewertungs- und Gewichtungsfaktoren und weisen zumeist nur eine unzureichende lerntheoretische Fundierung auf.

Des Weiteren ist es möglich, *Rezensionen*, also Artikel in Fachzeitschriften, die vor dem Hintergrund subjektiver Erfahrungen und Einschätzungen eine Software beschreiben, in den Auswahlprozess einzubeziehen (Baumgartner/Häfele/Maier-Häfele 2002). Als Nachteile sind hier die Subjektivität der Prioritätensetzung und die daran gekoppelte mangelnde Vergleichbarkeit einzelner Rezensionen zu nennen. Ähnlich wie bei Kriterienlisten ist die Durchführung jedoch als einfach und günstig zu bewerten, da unter anderem für den Auswahlprozess die Realisierung der Lernsituation in Form eines Praxistests nicht erforderlich ist.

Auch die Methode der *Peer-Evaluation* (Schulmeister 2005b), bei der Kolleg/innen in eine Evaluationskommission einbezogen werden, oder die *Konsultation von Experten* (Baumgartner/Häfele/Maier-Häfele 2002) stellen herkömmliche Vorgehen dar, haben aber den Nachteil, dass man sich aus pragmatischen Gründen auf wenige Plattformen beschränken muss.

Für welches Bewertungsverfahren man sich letztendlich auch entscheidet, grundsätzlich ist bei der Beurteilung von Bildungsmedien zu beachten, dass diese immer in Relation zum Anwendungsszenario und dem damit verbundenen Bildungsanliegen gesehen werden müssen, denn »die didaktische Qualität oder Wertigkeit eines Mediums lässt sich nicht an Merkmalen des Mediums selbst (seien sie z.B. inhaltlicher, konzeptueller oder gestalterischer Art) feststellen, sondern nur in dem kommunikativen Zusammenhang, in dem das Medium Verwendung findet« (Kerres 2001, S. 23). Dies legt nahe, dass eine differenzierte Analyse der jeweiligen Lehr-Lern-Situation erfolgen sollte, d.h. es ist notwendig, inhaltliche, methodische und organisatorische Ausgangsbedingungen zu erfassen und bei der Auswahlentscheidung zu berücksichtigen (Hüther 2005). Tabelle 1 gibt einen Überblick über einige in diesem Zusammenhang zu berücksichtigende Punkte (Dittler/Bachmann 2003; de Witt/Czerwionka 2007).

Tab. 1: **Aspekte der Analyse einer Lehr-Lern-Situation**	
Lehr-/Lernziele	Welche Lernziele sind mit dem Softwareeinsatz verbunden? (z. B. Vermittlung von deklarativem, prozeduralem oder kontextuellem Wissen)
didaktische Strategie	Welche didaktische Strategie liegt der Bildungssituation zugrunde? (z. B. Anreicherungskonzept, integratives Konzept, Konzept virtueller Lehre)
Adressaten	Mit welcher Zielgruppe ist primär zu rechnen? (z. B. soziodemografische Merkmale, Vorwissen, Lernmotivation, Lerndauer, Einstellungen und Erfahrungen)
Infrastruktur	Welche infrastrukturellen Rahmenbedingungen liegen vor? (z. B. Personal für Einrichtung/Pflege/Wartung der Tools)
Ökonomie	Wie steht es um finanzielle Ressourcen? (z. B. Open-Source-Produkt versus kommerzielles Produkt) Welche Anforderungen an die Ökonomie der Lernplattform werden gestellt? (z. B. Wiederverwendbarkeit von Lernobjekten)

Beispielsweise muss die Frage geklärt werden, wer die potenziellen Nutzer/innen der Lernplattform sind, damit die Wahl des medialen Lernangebots orientiert an wesentlichen Variablen der Zielgruppe erfolgt. Dies sei anhand zweier Beispiele veranschaulicht: Handelt es sich um Lerner/innen, die über umfassende Vorkenntnisse zu einem Lehrgegenstand verfügen, ist offenen Lernumwelten, die eine selbstgesteuerte Arbeitsweise unterstützen, den Vorzug zu geben gegenüber Plattformen, die stärker dem lehrerzentrierten Ansatz verpflichtet sind (Baumgartner/Häfele/Maier-Häfele 2002). Weiter bleibt zu prüfen, in welchem Umfang in der Zielgruppe Erfahrungen im Umgang mit Computern bestehen, um ein adäquates Lernangebot unter anderem in Bezug auf die Gestaltung der Benutzeroberfläche zu wählen. Bei vorrangig EDV-Anfänger/innen eignen sich z. B. Schaltflächen mit realitätsnaher Metapher (Kerres 2001).

Zusammenfassend ergibt sich für die Praxis der Auswahl von Lernplattformen die Notwendigkeit, neben der differenzierten Bestimmung der Funktionalitäten und der Qualität von Lernplattformen auch eine Bedarfs- und Anforderungsanalyse der jeweiligen Lehr-Lern-Situation vorzunehmen. Erst durch die Spezifikation dieser Aspekte und damit der Einbettung der Auswahlentscheidung in ein curriculares Gesamtarrangement wird es möglich, eine maximale Passung zwischen E-Learning-Angeboten und dem individuellen Anforderungsprofil zu erzielen.

Qualitätssicherung nach der Einsatzphase

Die Evaluation mediengestützter Lehrszenarien endet jedoch nicht mit einer umsichtig getroffenen Auswahl einer bestimmten Lernplattform. Nach erfolgter Implementierung, sprich der praktischen Erprobung einer Plattform in der Lehre, sollte im Rahmen einer sich anschießenden Qualitätsbeurteilung die Wirkung und der Nutzen des Lernangebots überprüft werden. Auf diese Weise lassen sich Schwachstellen im Lehrmaterial oder in der Infrastruktur erkennen und beheben. Die Qualitätsbeurteilung kann hierbei hinsichtlich verschiedener Gesichtspunkte erfolgen (Kerres 2001; Friedrich 2006), von denen einige nachfolgend ausgeführt werden.

Zunächst ist die »*Usability*« der Lernplattform zu nennen, womit »die Qualität der Interaktion eines Nutzers mit einem Produkt« (Issing 2002, S. 170) gemeint ist. Es empfiehlt sich, die Handhabbarkeit der Lernplattform in Bezug auf drei klassische Gruppen von Endanwender/innen zu betrachten: Für Techniker/innen, die den Support-Dienst übernehmen, interessiert die »Usability« von Implementation, Pflege und Wartung. Im Vergleich dazu sollten Lehrende die »Usability« für ihre Rolle als Autor/innen, Designer/innen und Moderator/innen beurteilen und Lernende nach der Nutzerfreundlichkeit der Lernplattform für die Erarbeitung von Lerninhalten befragt werden. Als Messinstrumente kommen vor allem Protokollierungssoftware (z. B. Logfiles), Videobeobachtung, Blickbewegungsregistrierung und lautes Denken infrage (Issing 2002; Fahrenkrog/Marahrens/Bittner 2002). Des Weiteren gilt zu überprüfen, ob die gewünschten *Lerneffekte* auftreten. Wurden die dargebotenen Lerninhalte verstanden und nachhaltig erlernt? Über Testformate zur Lernerfolgskontrolle im Rahmen von Plattformen informieren Kerres (2001) und Schulmeister (2005b).

Auch die persönliche *Zufriedenheit* der Lernenden mit der Plattform als Ganzem und den einzelnen Inhalts- und Kommunikationswerkzeugen liefert wertvolle Informationen im Evaluationsprozess. Für die systematische Erfassung von Akzeptanzdaten bieten sich vorrangig Fragebögen und Interviews an.

Die so gewonnenen Evaluationsergebnisse übernehmen eine zentrale Kontroll- und Entscheidungsfunktion bei der Qualitätssicherung, da auf ihrer Basis Optimierungsprozesse veranlasst werden können bzw. notfalls ein Abbruch des Plattformeinsatzes in Erwägung zu ziehen ist.

Ausblick

Die medialen Umbrüche der letzten Jahre haben auch im Bildungssektor zu einem Innovationsschub und damit verbunden zu einer deutlichen Aufwertung der Mediendidaktik geführt. Mittlerweile steht im Bildungskontext eine breite Palette digitaler Medien zur Verfügung, die durch ihre interaktiven, hypertextuellen und multimedialen Attribute, aber auch durch ihre zeitliche und räumliche Flexibilität weit über die didaktischen Möglichkeiten der klassischen Unterrichtsmedien hinausgehen. Damit ist die Chance zu einer qualitativen Optimierung sowie einer Effizienzsteigerung von Bildungsangeboten verbunden. Voraussetzung ist jedoch eine mediendidaktisch fundierte Auswahl und Zusammenstellung der Medien unter Berücksichtigung einer Vielzahl von Faktoren, von denen einige wesentliche im vorliegenden Kapitel diskutiert wurden: Angefangen bei den zugrunde liegenden lerntheoretischen Annahmen und angestrebten Sozialformen über den Grad der Virtualisierung und den Adressatenkreis bis hin zu infrastrukturellen und ökonomischen Randbedingungen.

Literatur

Bachmann, G./Dittler, M./Lehmann, T./Glatz, D./Rösel, F. (2002): Das Internetportal »LearnTechNet« der Universität Basel: Ein Online-Supportsystem für Hochschuldozierende im Rahmen der Integration von E-Learning in die Präsenzuniversität. In: Bachmann, G./Haefeli, O./Kindt, M. (Hrsg.): Campus 2002. Die Virtuelle Hochschule in der Konsolidierungsphase. Münster: Waxmann, S. 87–97.

Baumgartner, P./Häfele, H./Maier-Häfele, K. (2002): E-Learning Praxishandbuch. Auswahl von Lernplattformen. Marktübersicht – Funktionen – Fachbegriffe. Innsbruck: Studienverlag.

Clark, R.E. (1983): Reconsidering Research on Learning from Media. In: Review of Educational Research 53, S. 445–459.

Clark, R.E./Craig, T.G. (1992): Research and Theory on multimedia learning effect. In: Giardina, M. (Hrsg.): Interactive Multimedia Learning Environments: Human factors and technical considerations on design issues. Heidelberg: Springer, S. 19–30.

Clark, R.E. (1994): Media will never influence learning. In: Educational technology research and development 42, S. 21–29.

Dittler, M./Bachmann, G. (2003): Entscheidungsprozesse und Begleitmaßnahmen bei der Auswahl und Einführung von Lernplattformen – Ein Praxisbericht aus dem LearnTechNet der Universität Basel. In: Bett, K./Wedekind, J. (Hrsg.): Lernplattformen in der Praxis. Münster: Waxmann, S. 175–192.

Döring, N. (2002): Online-Lernen. In: Issing, L./Klimsa, P.: Information und Lernen mit Multimedia und Internet – Lehrbuch für Studium und Praxis. Weinheim: Beltz, Psychologische Verlags Union, S. 247–264.

Einsiedler, W. (1981): Lehrmethoden. München: Urban und Schwarzenberg.

Fahrenkrog, G./Marahrens, O./Bittner, E. (2002): Des Surfers Leid, des Surfers Freud – Web Usability und wie man sie testet. In: Informationspraxis (nfd) 53 (2), S. 73–81.

Friedrich, V. (2006): Ein Online-Handbuch zur Evaluation von E-Learning-Projekten und -Programmen. In: Seiler Schiedt, E./Kälin, S./Sengstag, C. (Hrsg.): E-Learning – alltagstaugliche Innovation? Münster: Waxmann, S. 17–26.

Horton, W./Horton, K. (2003): E-Learning Tools and Technologies. Indianapolis: Wiley.

Horz, H./Fries, S./Hofer, M. (2003): Stärken und Schwächen der Gestaltung eines kollaborativen Teleseminars zum Thema »Distance Learning«. In: Zeischrift für Medienpsychologie 15, S. 48–59.

Hüther, J. (2005). Mediendidaktik. In: Hüther, J./Schorb, B. (Hrsg.): Grundbegriffe Medienpädagogik. München: kopaed, S. 234–240.

Issing, L.J. (Hrsg.) (1987): Medienpädagogik im Informationszeitalter. Weinheim: Deutscher Studien Verlag.

Issing, L.J. (2002): Instruktions-Design für Multimedia. In: Issing, L.J./Klimsa, P. (Hrsg.): Information und Lernen mit Multimedia und Internet – Lehrbuch für Studium und Praxis. Weinheim: Beltz, Psychologische Verlags Union, S. 151–176.

Kerres, M. (2001): Multimediale und telemediale Lernumgebungen. Konzeption und Entwicklung. München: Oldenbourg Verlag.

Kozma, R.B. (1991): Learning with media. In: Review of Educational Research 61, S. 179–211.

Kozma, R.B. (1994): Will Media Influence Learning? Reframing the Debate. In: Educational Technology Research and Development 42, S. 7–19.

Mason, R. (1998): Models of Online Courses. In: Asynchronous Learning Networks (ALN) magazine 2. www.aln.org/alnweb/magazine/vol2_issue2/Masonfinal.htm (Abruf 29.1.2008).

Mayer, R. (1997): Multimedia learning: Are we asking the right questions? In: Educational Psychologist 32, S. 1–19.

Mayes, J.T./Fowler, C.J. (1999): Learning technology and usability: a framework for understanding courseware. In: Interacting with Computers 11, S. 485–497.
Paivio, A. (1986): Mental representations: A dual encoding approach. Oxford: Oxford University Press.
Reinmann-Rothmeier, G./Mandl, H. (2001): Unterrichten und Lernumgebungen gestalten. In: Krapp, A./Weidenmann, B. (Hrsg.): Pädagogische Psychologie. Ein Lehrbuch. Weinheim: Beltz, S. 606.
Salomon, G. (1979): Interaction of media, cognition and learning. San Francisco: Jossey Bass.
Schulmeister, R. (2005a): Zur Didaktik des Einsatzes von Lernplattformen. In: Franzen, M. (Hrsg.): Lernplattformen. Web-based Training 2005. Schweiz, Dübendorf: Empa-Akademie, S. 11–19.
Schulmeister, R. (2005b): Lernplattformen für das virtuelle Lernen. Evaluation und Didaktik. München: Oldenbourg-Verlag.
Tulodziecki, G. (1996): Einführung und Überblick. In: Bertelsmann-Stiftung/Heinz-Nixdorf-Stiftung (Hrsg.): Neue Medien in den Schulen, Projekte – Konzepte – Kompetenzen. Gütersloh: Verlag Bertelsmann-Stiftung, S. 11–21.
Tulodziecki, G. (2005): Zur Situation der Medienpädagogik in der Bundesrepublik Deutschland. In: MedienPädagogik 11, S. 1–44.
Tulodziecki, G./Herzig, B. (2004): Mediendidaktik. Medien in Lehr- und Lernprozessen (Band 2, Handbuch Medienpädagogik). Stuttgart: Klett-Cotta.
Watzlawick, P./Beavin J. H./Jackson, D.D. (2003): Menschliche Kommunikation. Formen, Störungen, Paradoxien. Bern: Huber.
De Witt, C./Czerwionka, T. (2007): Mediendidaktik. Bielefeld: Bertelsmann.
Zahn, C. (im Druck): Medienspezifität des Lernens. In: Krämer, N.C./Schwan, S./Unz, D./Suckfüll, M. (Hrsg.): Medienpsychologie. Schlüsselbegriffe und Konzepte. Stuttgart: Kohlhammer.

Günter Dörr

Medienpädagogik

Einleitung und Problemstellung

Um die Bedeutsamkeit der Medienpädagogik deutlich zu machen, wird in vielen Lehrbüchern (z.B. Moser 1995; Vollbrecht 2001; Winterhoff-Spurk 1986) bis in die Gegenwart auf das Hörspiel »Krieg der Welten« von Orson Welles (1938) hingewiesen. In diesem Hörspiel, das am Halloween-Abend 1938 ausgestrahlt wurde, wird in realistischer Art von einer Invasion von Marsmenschen in der Nähe von New York berichtet. Die Darstellung war offensichtlich so realistisch, dass an der Ostküste der USA eine Massenpanik ausgelöst wurde. Bis heute ist allerdings unklar, ob es diese Massenpanik wirklich gab oder ob sie ein bloßes Medienereignis war (vgl. Cantril 1973). Die Episode – ob real oder nur als Medienereignis – diente mehreren Autor/innen als Argument für die mächtigen Wirkungen, die Medien bei Rezipient/innen hervorrufen können. Um Menschen gegen solche Wirkungen zu immunisieren, sollten medienpädagogische Maßnahmen ergriffen werden.

In der PISA-Studie 2006 (wie bereits in der Vorgängerstudie PISA 2003) wurde für die 15-jährigen Schüler/innen in Deutschland festgestellt, dass sie im Vergleich zu Schüler/innen anderer OECD-Staaten nur über unterdurchschnittliche Computerkompetenz verfügen und Computer und Internet sehr eingeschränkt, d.h. vor allem für E-Mails, Spiele sowie musikbezogene Tätigkeiten nutzen (Senkbeil/Wittwer 2007, S. 301). Um das Schülerinteresse sowie die Computerkenntnisse der Jugendlichen zukünftig zu steigern, werden medienpädagogische Maßnahmen gefordert (vgl. Wild/Dörr 2006).

So unterschiedlich die Beispiele sind, in beiden Fällen werden medienpädagogische Maßnahmen gefordert, die einmal bewirken sollen, dass Menschen mit Medieneinflüssen angemessen umgehen können bzw. Medien zur Lösung von Problemen effektiver nutzen können – kurz gesagt, medienpädagogische Maßnahmen sollen Medienkompetenz vermitteln. Dabei sind die Begründungen für die geforderten Maßnahmen sehr unterschiedlich. So werden z.B. normative Annahmen angeführt, die es notwendig machen, bestimmte Maßnahmen durchzuführen. Doch auch empirische Ergebnisse können als Begründung angeführt werden, ebenso wie normative Annahmen oder empirische Ergebnisse.

Angesichts dieses sehr heterogenen Bildes soll das Fach Medienpädagogik vor dem Hintergrund der Differenzierung Klauers (1973) dargestellt werden, der die Erziehungswissenschaft unter verschiedenen Aspekten darstellt. Ziel der präskriptiven Erziehungswissenschaft ist es, Änderungswissen bereitzustellen. Voraussetzung dafür sind Entscheidungen bzw. Ergebnisse aus der normativen bzw. der deskriptiven Erziehungswissenschaft, wobei in Deutschland in der Vergangenheit die normative Erziehungswissenschaft dominierte, während die deskriptive (empirische) Erziehungswissenschaft ein bloßes Schattendasein fristete. Das änderte sich mit der Entscheidung Deutschlands, an internationalen Vergleichsstudien wie TIMSS oder PISA teilzunehmen, weshalb gegenwärtig auch die deskriptive Erziehungswissenschaft eine zunehmend bedeutsame Rolle spielt.

In diesem Beitrag wird die Disziplin »Medienpädagogik« unter dem normativen, dem deskriptiven sowie dem präskriptiven Aspekt diskutiert und es soll herausgearbeitet werden, welche medienpädagogischen Entwicklungen beobachtet werden können. An verschiedenen Beispielen wird verdeutlicht, welche Rolle die verschiedenen Aspekte bei der Planung bzw. Entwicklung bestimmter medienpädagogischer Maßnahmen spielen.

Versucht man den Bereich »Medienpädagogik« in das Berufsfeld »Medien- und Bildungsmanagement« einzubetten (vgl. »Kompetenzprofile im Medien- und Bildungsmanagement« in diesem Buch), so ist er eindeutig dem Bereich »Medien« zuzuordnen. Er ist bedeutsam für sämtliche von Hörmann genannten Tätigkeitsbereiche, also sowohl für die Entwicklung als auch die operative Durchführung und die Bewertung von bildungsbezogenen und mediengestützten Dienstleistungen. Im Bereich der Entwicklung und Erstellung mediengestützter Bildungsangebote ist die Verantwortung der Medienanbieter wie auch der Mediennutzer/innen mit zu berücksichtigen, z.B. mögliche negative Nebenwirkungen bei Nutzung von Online-Medien. Bei der Bewertung mediengestützter Bildungsangebote sollten die Interessen und Absichten der Anbieter erkannt und die Folgen für die potenziellen Nutzer/innen reflektiert werden, z.B. bei der Bewertung einer Lernumgebung, die der Metro-Konzern zu den Vorteilen der RFID-Technologie entwickelt hat (vgl. METRO-Group 2006). In diesem Sinne ist die Medienpädagogik als eine Grundlagen- bzw. Hintergrundwissenschaft für den Bereich des Medien- und Bildungsmanagements zu verstehen.

Medienpädagogik als normative Disziplin

Bis in die Gegenwart ist die in Deutschland vorherrschende Medienpädagogik im Wesentlichen eine normative Disziplin geblieben. Nicht empirische Daten bilden die Grundlage von Entscheidungen, sondern normative Setzungen von Expert/innen. Am Beispiel der Formulierung von Bildungsstandards für den Bereich Medienpädagogik formuliert Tulodziecki (2007, S. 11) das Problem sehr prägnant, dass »dies in der Regel nicht auf der Basis gründlicher empirischer Anforderungsstudien geschieht, sondern eher unter dem Anspruch, die Anforderungen mehr oder weniger intuitiv bzw. auf der Basis von Experteneinschätzungen angemessen zu erfassen«. Diese normativen Setzungen beziehen sich auch auf die Disziplin selbst. Tulodziecki (1997, S. 45) definiert Medienpädagogik als »die Gesamtheit aller pädagogisch relevanten handlungsleitenden Überlegungen mit Medienbezug einschließlich ihrer medientechnischen und medientheoretischen bzw. empirischen und normativen Grundlagen«.

Teilgebiete der Medienpädagogik

Mediendidaktik befasst sich mit der Frage wie Medien eingesetzt werden können, um Lehr-Lern-Prozesse zu optimieren. Um diese Frage beantworten zu können, ist es notwendig, die Lernwirksamkeit von Medien bzw. Medienmerkmalen zu erforschen und Theorien zum Lernen mit Medien zu entwickeln (vgl. Issing/Klimsa 2002).

Medienerziehung beschäftigt sich mit der Frage, welche bildungsrelevanten Ziele bezüglich Medien angestrebt werden sollen und wie diese Ziele in erzieherischen Kontexten erreicht werden können.

Medientechnik meint die Kenntnisse und Fertigkeiten »technischer« Natur, die als Bedingungen oder Voraussetzungen für medienpädagogisches Handeln betrachtet werden können.

Medientheorien versuchen Zusammenhänge im Medienbereich oder die gesellschaftlichen Auswirkungen verschiedener Medien zu beschreiben. In solchen Theorien wird versucht, umfassend zu erklären, wie Medien die Welt verändert haben oder wie sie diese gegenwärtig verändern. Da sich mittlerweile neben den traditionellen Medienwissenschaften Publizistik und Kommunikationswissenschaft auch eine ganze Reihe anderer Wissenschaften wie Erziehungswissenschaft, Psychologie, Soziologie, Literaturwissenschaft, Politikwissenschaft um medientheoretische Fragestellungen kümmern, existiert derzeit eine Fülle verschiedenster Theorieansätze (für einen Überblick vgl. Kloock/Spahr 1997).

Medienpädagogik in Deutschland bezog sich bis in die 1990er-Jahre im Wesentlichen auf den Bereich Medienerziehung und zwar vor allem bezüglich Kindern und Jugendlichen in Schulen und außerschulischer Jugendarbeit. Mit der rasanten Entwicklung der digitalen Technologien verschob sich der Schwerpunkt stärker in Richtung Medientechnik und Mediendidaktik.

Es lässt sich zeigen, dass mit sämtlichen informations- bzw. kommunikationstechnischen Innovationen regelmäßig verschiedene medienpädagogische Positionen vertreten werden. Ob bei der Erfindung des Films, des Radios, des Fernsehens, des Computers oder auch des Internets – für sämtliche Medien lassen sich mindestens fünf medienerzieherische Grundmuster feststellen (vgl. Svoboda 1994; Tulodziecki 1997; Spanhel 2007):

- Medienerziehung als Bewahrpädagogik
- Medienerziehung als aufklärerische Analyse und Kritik des Mediensystems
- Medienerziehung als Anleitung zum praktischen Handeln
- Medienerziehung als sozialökologische Analyse des Umgangs mit Medien
- Medienerziehung als Lernangebot

Medienerzieherische Grundmuster

Medienerziehung als Bewahrpädagogik

In Zeiten, als Medien sehr mächtige und weitreichende Einflüsse vor allem auf Kinder und Jugendliche zugeschrieben wurden, lag es nahe, dass Kinder und Jugendliche vor den vorwiegend negativen Einflüssen der Medien geschützt werden sollten. So gab es zum Beginn des 20. Jahrhunderts eine ganze Reihe von Bemühungen, Kinder, Jugendliche, aber auch Erwachsene vor den verderbenden Einflüssen des Kinos zu schützen (vgl. Schweinitz 1992). Für sämtliche »neue« Medien lässt sich diese Position belegen: Das Fernsehen z. B. – so fürchtet Postman (1983) – führt zum »Verschwinden der Kindheit«, weshalb Kinder möglichst vor seinen Einflüssen zu bewahren sind (vgl. »Pädagogisch-psychologische Grundlagen« in diesem Buch). Dass diese Position bis in die Gegenwart zu finden ist, zeigt Stoll (2001), der fordert, dass Computer aus Schulen verbannt werden sollten (vgl. von Hentig 1993). Niederschlag fanden diese bewahrpädagogischen Bemühungen nicht nur in medienerzieherischen Programmen, die Kinder und Jugendliche vor den Medien schützen sollen, sondern auch in gesetzlichen Bestimmungen zum Jugendmedienschutz (vgl. Lieven 1994; Aufenanger 2003).

Medienerziehung als aufklärerische Analyse und Kritik des Mediensystems

Medienerziehung in diesem Sinne versucht vor allem Informationen über Medien und Mediensysteme zu vermitteln. Kinder und Jugendliche sollen über Macht- und Einflussstrukturen im Medienbereich informiert werden, über die Analyse von Filmen, Fernsehsendungen oder Zeitschriften erkennen lernen, in welcher Weise verschiedene Medien versuchen, die Rezipient/innen zu manipulieren. Dahinter steckt die Annahme, dass durch Wissen über die Medien die Jugendlichen für deren Einflüsse sensibilisiert und in gewisser Weise auch gegenüber ihren negativen Einflüssen immunisiert werden. Problematisch erscheint, dass dabei vor allem kognitives Wissen erarbeitet wird, das als bloß träges Wissen (vgl. Renkl 1996) häufig nicht anwendungswirksam wird.

Medienerziehung als Anleitung zum praktischen Handeln

Als Fortentwicklung der vorigen Position können die Bemühungen gesehen werden, Kinder und Jugendliche zu eigenständigen Medienproduktionen anzuleiten. Ob dies in Form einer Schülerzeitung, eines Schülerradios, selbst produzierter Filmen oder selbst erstellter Internetseiten erfolgt, ist nachrangig. Grundlage dieser Position waren emanzipatorische Bemühungen in der Folge der kritischen Theorie (vor allem Enzensberger 1970). Enzensberger stellt fest, dass die Massenmedien (und hier vor allem das Fernsehen) durch ihre zentralen Programme die Konsument/innen zu passiven Rezipient/innen machen. Nur die Demokratisierung der Medien, indem Medien gemeinsam und demokratisch produziert werden, könnte zu einem neuen politischen Bewusstsein führen. Geradezu prophetisch klingt Enzensbergers (1970, S. 170) Forderung: »Hinweise zur Überwindung dieses Zustandes könnten netzartige Kommunikationsmodelle liefern, die auf dem Prinzip der Wechselwirkung aufgebaut sind: eine Massenzeitung, die von ihren Lesern geschrieben und verteilt wird, ein Videonetz politisch arbeitender Gruppen usw.« In den 1980er-Jahren entstand in allen Bundesländern eine ganze Reihe entsprechender Modelle sowohl im Hörfunk als auch im Fernsehen (vgl. zusammenfassend Kamp 1997). Diese offenen Kanäle kamen allerdings nie über ein Randdasein hinaus (vor allem als Folge mangelhafter Qualität), weshalb in einigen Bundesländern versucht wird, die offenen Kanäle in den letzten Jahren durch privatwirtschaftliche Angebote zu ersetzen.

Medienerziehung als sozialökologische Analyse des Umgangs mit Medien

Dieser pragmatisch orientierte Ansatz bezieht sich auf die Beobachtung und Reflexion des jeweiligen Medienumgangs bezüglich der Sozialisation der Kinder und Jugendlichen. Ziel ist es, Mediennutzungsgewohnheiten nicht normativ zu beurteilen, sondern ausgehend von beobachtbaren Medienverhalten, Kindern und Jugendlichen Hilfen anzubieten, ihr eigenes Medienverhalten zu reflektieren und eventuell auch zu rationalisieren. Dabei können Medienerlebnisse Kindern und Jugendlichen auch Hilfestellungen bieten bei der Bewältigung individueller Entwicklungsaufgaben (vgl. Rogge 1990; Bachmair 1991; Teufel 1996).

Medienerziehung als Lernangebot

Angesichts der zukünftigen beruflichen Anforderungen im Medienbereich wird in diesem Ansatz versucht, die Kenntnisse und Fertigkeiten zu vermitteln, die für die effektive Nutzung und Verwendung von Medien erforderlich sind. In diesem Zusammenhang wird häufig von Medienkompetenz als vierter Kulturtechnik gesprochen. Dass die Bewältigung dieser Aufgabe mehr erfordert, als die Entwicklung eines entsprechenden Curriculums, sondern auch die Berücksichtigung der schulischen Infrastruktur sowie der Medienkompetenz der Lehrenden wird in den vorliegenden Programmentwürfen durchaus berücksichtigt (BLK 1995; KMK 1995; Spanhel 1998). Obwohl mit der KMK-Erklärung sowie dem BLK-Orientierungsrahmen zur Medienerziehung entsprechende Beschlüsse vorliegen, wie Kindern und Jugendlichen entsprechende Medienkompetenz vermittelt werden soll, zeigen jüngste Erhebungen, dass in diesem Bereich in Deutschland derzeit noch ein erheblicher Nachholbedarf besteht (Dörr 2001a; Senkbeil/Wittwer 2007).

Medientheorien

An dieser Stelle sollen kurz zwei Medientheorien vorgestellt werden, die für die Medienpädagogik große Bedeutung gewonnen haben. Gerade diese beiden Theorien zeigen aber auch ein grundlegendes Problem ausschließlich normativer Ansätze, indem aus grundsätzlich ähnlichen Analysen diametral entgegengesetzte Schlussfolgerungen gezogen werden können. Gleichzeitig handelt es sich wohl um die derzeit populärsten Medientheoretiker Marshal McLuhan sowie Neil Postman.

Die Medientheorie von McLuhan

McLuhan sieht Medien als Erweiterungen des menschlichen Körpers, die wie Werkzeuge seine Möglichkeiten sowie seine sozialen Bezüge erweitern. In seinem Hauptwerk »Understanding media« (1965) führt er diese Überlegungen aus. Menschen werden durch die jeweils vorherrschenden Medien geprägt. McLuhan sieht die Menschheitsgeschichte in vier Phasen, die durch die jeweils vorherrschende Kommunikationsform bestimmt war bzw. ist. Dies sind die orale Stammeskultur, die literale Manuskriptkultur, die Gutenberg-Galaxis sowie das elektronische Zeitalter. Für den Wechsel zwischen den vier Zeitabschnitten ist jeweils das Auftreten eines neuen Mediums verantwortlich. Gemäß McLuhan wurden die jeweiligen Phasen durch Medienrevolutionen beendet: die Erfindung der Schrift beendete die orale Phase, die Erfindung des Buchdrucks beendete die Manuskriptkultur und die Elektrizität beendete die Gutenberg-Galaxis.

McLuhans Hauptthese besteht darin, dass die Elektrizität, angefangen mit dem Telegrafen, die Welt zu einem globalen Dorf (*global village*) hat zusammenrücken lassen, in dem jeder alles über jeden erfahren kann.

McLuhan interpretiert diese Entwicklung positiv, da technische Fortschritte den menschlichen Horizont immer mehr erweitern und damit von nicht erwünschten Medieneinflüssen befreien können.

Die Medientheorie von Postman

Postman, ein vor allem in Deutschland sehr populär gewordener Medientheoretiker, geht von ähnlichen Prämissen wie McLuhan aus. Auch er nimmt an, dass die jeweils vorherrschenden Medien die Gesellschaft beeinflussen und bestimmen. Die erste wesentliche Zäsur in der Medienentwicklung ist für Postman die Erfindung des Buchdrucks. Dies kennzeichnet für ihn den Beginn der Kindheit, weil mit der Erfindung des Buchdrucks die Voraussetzung für eine Abgrenzung zwischen Kindern und Erwachsenen geschaffen wurde. Durch die Verbreitung von gedruckten Materialien wurde die Lesefähigkeit zu einer verbreiteten Kulturtechnik, die erlernt werden musste. Damit war die grundlegende Trennung zwischen Erwachsenen und Kindern definiert: Erwachsene hatten mit ihrer Lesefähigkeit Zugang zu Informationen, die Kindern verschlossen blieben, weil sie nicht lesen können. Mit der elektronisch-optischen Revolution, die für Postman im Fernsehen kulminiert, wird diese Trennung zwischen Kindheit und Erwachsenen wieder aufgehoben. Um die Informationen des Fernsehens zu erfassen, benötigt man keine besondere Lesefähigkeit mehr und die Trennung zwischen Erwachsenen und Kindern wird dadurch aufgehoben, dass beiden Gruppen die gleichen Informationen (über das Fernsehen) zugänglich sind.

Seine Aufgabe als »Medienökologe« (so bezeichnet er sich selbst) sieht er darin, die Umweltverschmutzung durch Medien aufzudecken und gegen »KulturAIDS« (Anti-Informations-Defekt-Syndrom) anzukämpfen (vgl. Postman 1983).

So plausibel und nachvollziehbar die Überlegungen von McLuhan und Postman sind, beiden fehlt eine empirische Grundlage oder zumindest empirische Belege. Dies ist leider auch ein Merkmal vieler anderer Medientheorien (vgl. Kloock/Spahr 1997), was ihren Wert erheblich mindert.

Medienpädagogik als deskriptive Disziplin

Die Tradition der deutschen Medienpädagogik als deskriptive Disziplin ist relativ jung. Gemäß Klauer (1973) ist die Aufgabe der deskriptiven Pädagogik die Erforschung der Erziehungswirklichkeit, d. h. auf Medien bezogen die Gesamtheit der Faktoren, die auf den Umgang mit Medien Einfluss haben aber auch die Frage, welchen Einfluss Medien neben anderen Einflussfaktoren auf die Sozialisation von Menschen haben, d. h. die Entwicklung von Modellen bzw. Theorien zur Medienwirkung.

Die deskriptive Tradition in der Erziehungswissenschaft ist in anderen Ländern wie den USA, England wesentlich ausgeprägter, auch bezüglich Medien. Seit der sogenannten empirischen Wende in der Erziehungswissenschaft – nicht zuletzt als Folge der Beteiligung Deutschlands an den Bildungsvergleichsstudien TIMSS und PISA – wird auch hier mittlerweile verstärkt versucht, Daten zu erheben, die die Erziehungswirklichkeit bezogen auf Medien beleuchten können und die Grundlage für die Erstellung von Modellen bzw. Theorien sein können, welchen Einfluss Medien zusammen mit anderen Faktoren auf die Sozialisation haben.

Im nachfolgenden Kapitel »Medienwissenschaft« werden drei maßgebliche Studien zur Erfassung der Mediensituation dargestellt. Die Darstellung erfolgt aufgrund des eingeschränkten Raums nur kursorisch. Leser/innen, die an den konkreten Inhalten und Ergebnissen interessiert sind, seien an dieser Stelle auf die angegebene Literatur verwiesen.

Studien zur Erfassung der Mediensituation

JIM-Studie

Der Medienpädagogische Forschungsverbund Südwest führt seit 1998 jährlich die JIM-Studie (Jugend, Information, [Multi-]Media) durch. Dabei werden jeweils etwa 1000 Jugendliche im Alter zwischen zwölf und 19 Jahren bezüglich ihres Umgangs mit Medien befragt. Die Daten sollen »zur Erarbeitung von Strategien und Ansatzpunkten für neue Konzepte in den Bereichen Bildung, Kultur und Arbeit dienen« (MPFS o.J.a). Schwerpunkte der Befragungen bilden die Themen Freizeitaktivitäten, Themeninteressen und Informationsquellen, Mediennutzung, Fernsehpräferenzen, Medienbesitz, Computer- und Internetnutzung, Einstellungen zu Computer und Internet, Computer und Schule, Medienfunktionen, Handy und SMS sowie Medienbindung (MPFS o.J.a).

KIM-Studie

Seit 1999 führt der Medienpädagogische Forschungsverbund Südwest auch die KIM-Studie (Kinder und Medien) durch. Auch die KIM-Studie ist als Langzeitstudie angelegt, um die sich schnell verändernden Rahmenbedingungen im Medienangebot erfassen zu können. Dabei werden jeweils etwa 1200 Kinder im Alter zwischen sechs und 13 Jahren sowie deren Mütter bezüglich ihres Umgangs mit Medien befragt. Die Daten sollen »zur Erarbeitung von Strategien und Ansatzpunkten für neue Konzepte in den Bereichen Bildung, Kultur und Arbeit dienen« (MPFS o.J.b). Schwerpunkte der Befragungen bilden die Themen Freizeitaktivitäten, Themeninteressen, Medienausstattung Medienbindung, Medienfunktion, Computer- und Internetnutzung, Einstellungen zu Computer und Internet, Computerspiele, Lernprogramme, Computer und Schule, Mediennutzung im familiären Kontext, Medienfunktionen, Handy und SMS sowie Medienbindung (MPFS o.J.b).

PISA-Studie

Im Rahmen der PISA-Studie wird seit 2000 alle drei Jahre auch die Computerkompetenz erfasst, um damit internationale und in Deutschland auch nationale Vergleiche zwischen einzelnen Bundesländern zu erlauben. (vgl. Senkbeil/Drechsel 2004; Senkbeil 2005; Senkbeil/Wittwer 2007).

Weitere Studien

Gegenwärtig gibt es eine ganze Reihe weiterer Studien, die zum Teil längsschnittlich, zum Teil querschnittlich die unterschiedlichsten Fragestellungen zur Erfassung der Mediensituation untersuchen:

- Seit 1997 untersucht die ARD-ZDF-Online-Studie Veränderungen im Online-Verhalten von Kindern und Jugendlichen (ARD/ZDF 2008).
- Seit 1964 wird im Rahmen der Langzeitstudie »Massenkommunikation« im Auftrag von ARD und ZDF alle fünf Jahre eine repräsentative Stichprobe von Personen ab 14 Jahren zu ihrem allgemeinen Medienverhalten befragt (zuletzt Reitze/Ridder 2006).
- Aus den letzten Jahren liegen eine ganze Reihe von Inhaltsanalysen vor, die die Inhalte verschiedener Fernsehanbieter vergleichend untersuchen (z. B. Groebel/Gleich 1993; Krüger 1996; Früh 2001).
- Insbesondere zum Thema Medien und Gewalt existiert eine Vielzahl von Studien, die versuchen, die Wirkungen von Mediengewalt zu erfassen (vgl. zusammenfassend Kunczik/Zipfel 2006).

Entwicklung von Theorien zur Medienwirkung

Trotz einer Vielzahl von Untersuchungen ist die Theorieentwicklung im Bereich der Medienwirkungen bislang nicht sehr weit gediehen. Es liegt zwar eine Fülle einzelner Theorien zur Wirkung von Medien vor (vgl. zusammenfassend Schenk 2002), diese basieren jedoch häufig ausschließlich auf normativen Annahmen (vgl. »Kompetenzprofile im Medien- und Bildungsmanagement« in diesem Buch), sind häufig empirisch nicht hinreichend belegt oder aber so komplex (wie z. B. das dynamisch-transaktionale Modell von Schönbach und Früh 1984), dass eine empirische Prüfung kaum möglich erscheint. Auch leiden viele Modelle darunter, dass sie mehr oder weniger monokausale Zusammenhänge annehmen, die auf den ersten Blick zwar plausibel erscheinen, durch die Daten allerdings meist nicht gestützt werden. So versucht z. B. Pfeiffer (2003, S. 12) unter der Überschrift »Bunt flimmert das Verderben. Kinder und Jugendliche sehen unkontrolliert fern. Die Folgen: Sie vereinsamen. Die Schule wird zur Nebensache. Und die Gewaltbereitschaft wächst« sehr publikumswirksam, seine Überlegungen darzulegen, wie auf diese Situation reagiert werden sollte (vgl. »Pädagogisch-psychologische Grundlagen« in diesem Buch).

Ausgehend von deskriptiven Daten zur Mediennutzung, wie sie z. B. in der KIM- und JIM-Studie erhoben werden oder in anderen Studien, die Zusammenhänge zwischen verschiedenen Merkmalen von Jugendlichen sowie ihrem Medienverhalten dokumentieren (z. B. Bofinger 2001), werden Generalisierungen vorgenommen, die auf der Basis der vorliegenden Daten nicht statthaft sind. Korrelationen, also Zusammenhänge, werden einseitig kausal interpretiert: Jugendliche mit einer problematischen Mediennutzung zeigen schlechte Schulleistungen und sind sozial auffällig. Also, so die Schlussfolgerung, das Medienverhalten ist die Ursache, die schlechten Schulleistungen sowie die soziale Auffälligkeit die Folge. Diese durchaus plausible Schlussfolgerung ergibt sich jedoch nicht aus den vorliegenden Daten. Danach wäre auch der umgekehrte Schluss, dass die schlechten Schulleistungen und die soziale Auffälligkeit die Ursache und das problematische Medienverhalten die Folge ist, oder dass es eine dritte (vierte, fünfte ...) Ursache gibt, die sowohl die Schulleistung, das Sozialverhalten als auch das Medienverhalten beeinflusst. Spanhel (2006) kritisiert dieses unkritische Vorgehen und fordert, die vorliegenden Ergebnisse im Lichte eines systemtheoretischen Ansatzes zu interpretieren und daraus Modelle zu entwickeln, die der Komplexität des Sachverhaltes Rechnung tragen: »Das gezeigte Verhalten des Rezipienten ist Ergebnis des komplexen Zusammenspiels dieser psychischen und sozialen Regulationsprozesse während der Mediennutzung« (Spanhel 2006, S. 96).

Medienpädagogik als präskriptive Disziplin

»Die präskriptive Pädagogik ist eine Änderungswissenschaft. Sie erforscht nicht die Realität, sondern erforscht, was zu tun ist, um die Realität in einer vorher bestimmten Weise zu ändern« (Klauer 1973, S. 104). Präskriptionen finden sich in der Medienpädagogik viele, meistens basieren sie allerdings nicht auf empirischen Anforderungs- oder Situationsanalysen, sondern werden normativ gesetzt oder aus normativen Modellen »abgeleitet«. So entstanden eine Fülle von Aufgabenbeschreibungen für die Medienpädagogik (z.B. Baacke 1997; Tulodziecki 1997), die durchaus plausibel erscheinen, oft aber stark normativ geprägt sind und empirische Ergebnisse nur am Rande berücksichtigen (vgl. »Organisationspsychologie« in diesem Buch). Dass die Berücksichtigung empirischer Ergebnisse nicht unbedingt zu validen Schlussfolgerungen führen muss, wurde am Beispiel der Analysen von Pfeiffer gezeigt (vgl. auch »Erwachsenenbildung – Konzepte, Methoden und Perspektiven« in diesem Buch). Abschließend wird an zwei Beispielen aufgezeigt, wie aus der Verknüpfung von normativen Vorgaben mit deskriptiven Ergebnissen Präskriptionen entwickelt werden können, die im Verlauf mehrerer Evaluationszyklen zur Optimierung von Aus- bzw. Weiterbildungsprogrammen beitragen können (vgl. »Pädagogisch-psychologische Grundlagen« in diesem Buch).

Präskriptionen, die aus normativen Setzungen abgeleitet werden

Der Rückblick in Kapitel »Kompetenzprofile im Medien- und Bildungsmanagement« hat aufgezeigt, dass historisch gesehen in der Medienpädagogik unterschiedliche Schwerpunkte verfolgt wurden. Diese verschiedenen Schwerpunkte sind nicht so zu verstehen, dass eine Phase die andere abgelöst hat, sondern dahingehend, dass die medienpädagogischen Aufgaben immer umfangreicher wurden. Auch in der Gegenwart ist beispielsweise die Bewahrung von Kindern und Jugendlichen vor schädlichen Medieneinflüssen notwendig, allerdings wird dies gegenwärtig als nur eine von mehreren Aufgaben der Medienpädagogik gesehen.

Tulodziecki (1997) hat versucht, das Aufgabenspektrum der Medienpädagogik in fünf Aufgabenbereichen zusammenzufassen:

- Auswählen und Nutzen von Medienangeboten
- eigenes Gestalten und Verbreiten von Medienbeiträgen
- Verstehen und Bewerten von Mediengestaltungen
- Erkennen und Aufarbeiten von Medieneinflüssen
- Durchschauen und Beurteilen von Bedingungen der Medienproduktion und Medienverbreitung

Diese Aufgabenbereiche beziehen sich nicht auf einzelne Medien, sondern geben im Sinne von Kompetenzen an, welche Fähigkeiten ein medienkompetenter Rezipient besitzen soll. Sie sind auch nicht unabhängig voneinander, sondern es gibt durchaus Verbindungen zwischen den verschiedenen Bereichen. Um sicherzustellen, dass in der Schule diese Kompetenzen erworben werden können, müssen sich Schulen – da es ein Fach Medienpädagogik nicht gibt – ein eigenes Mediencurriculum erarbeiten, in dem sichergestellt wird, dass sowohl die verschiedenen Aufgabenbereiche als auch die verschiedenen Medien berücksichtigt werden. Wie dies aussehen kann zeigen Tulodziecki et al. (1995) beispielhaft auf (vgl. Tab. 1).

Auswählen und Nutzen von Medienangeboten

Angesichts einer täglichen Mediennutzungszeit von 600 Minuten (zum Vergleich: 1980 waren es 346 Minuten) wird deutlich, welche Rolle Medien derzeit in unserem Leben spielen (vgl. Reitze/Ridder 2006). Angesichts dieser Zahlen muss es ein medienpädagogisches Ziel sein, Kinder und Jugendliche in die Lage zu versetzen, aus dem vorhandenen Medienangebot eine sinnvolle Auswahl treffen zu können. Das beinhaltet auch die Fähigkeit, gefährliche Inhalte zu vermeiden sowie Alternativen zum Medienkonsum kennenzulernen und wahrzunehmen. Auch müssen sie Kriterien für die Bewertung von Medienangeboten erwerben, um überhaupt sinnvolle Entscheidungen treffen zu können. Den Familien bzw. den Eltern kommt hier besonders große Bedeutung zu, ist doch deren Medienverhalten der beste Prädiktor für das Medienverhalten der Kinder. Da jedoch nicht alle Familien diese Aufgabe angemessen wahrnehmen, müssen sich auch andere Institutionen wie Kindergarten und Schule dieser Aufgaben annehmen. Dabei sollte jedoch nicht verkannt werden, dass die Rolle der Schule, des Kindergartens oder auch anderer Institutionen hier nur eine ergänzende Rolle neben der häuslichen Erziehung sein kann.

Eigenes Gestalten und Verbreiten von Medienbeiträgen

Neben der eher passiven Nutzung von Medieninhalten sollten Kinder und Jugendliche auch in der Lage sein, verschiedene Medien produktiv nutzen zu können. Damit ist die Hoffnung verbunden, dass sie ihre eigenen Interessen bekunden können und für diese auch Öffentlichkeit herzustellen. Darüber hinaus wird erwartet, dass durch eigenes produktives Handeln die Produktionsprozesse bei der Medienherstellung durchschaubar werden und damit ein gewisser Schutz vor möglichen Manipulationen durch Medieninhalte möglich wird. Des Weiteren sollte durch das eigene Erstellen von Medieninhalten eine ästhetische Sensibilisierung erreicht werden.

Bezüglich Zeitungen, Filmen sowie Hörfunk hat die Eigenproduktion von Medien durchaus eine gewisse Tradition, ist aber nie über den Status von Arbeitsgemeinschaften hinaus gekommen. Die neuen digitalen Medien bieten demgegenüber die Möglichkeit einer breiteren Nutzung, sind doch die technischen und finanziellen Voraussetzungen zur Eigenproduktion wesentlich günstiger als dies bei den traditionellen Medien der Fall war (vgl. Bounin 2000).

Verstehen und Bewerten von Mediengestaltungen

Das Verstehen und die Bewertung von Mediengestaltungen sind bedeutsam sowohl für die Auswahl von Medieninhalten als auch für die eigene Gestaltung von Medienbeiträgen. Es geht darum, Codierungsarten, Gestaltungstechniken oder auch Ablaufstrukturen verschiedener Mediensysteme zu reflektieren und zu erkennen, welche Wirkungen damit erreicht werden können. Für jüngere Kinder ist es beispielsweise von großer Bedeutung, den Unterschied zwischen fiktionalen und realen Medieninhalten oder zwischen Programm und Werbung zu erkennen, für Jugendliche ist es sicher hilfreich, die gemeinsame Struktur vieler Daily Soaps zu erkennen oder auch die Strategien zu durchschauen, wie Werbung geschlechts- und altersspezifisch versucht, ihre Zielgruppe anzusprechen (vgl. Anritter/Nagy/Schmidt 2000; Quitzsch/Pretz o. J.).

Erkennen und Aufarbeiten von Medieneinflüssen

Kinder und Jugendliche müssen lernen, mit den medienvermittelten Emotionen und Vorstellungen umgehen zu können. Gerade audiovisuelle Medien können in besonderem Maße emotionale Reaktionen bei den Rezipient/innen auslösen (vgl. Sturm/Holzheuser/Helmreich 1978). Um die emotionalen Wirkungen von Medieninhalten jedoch aufarbeiten zu können, ist es zunächst notwendig, die eigene Betroffenheit als Folge eines Medienerlebnisses ausdrücken zu können (vgl. Rogge 1990; Teufel 1996). Auch müssen Medienerfahrungen in Bezug zu realen Gegebenheiten gesetzt werden. Die Polizei wird beispielsweise in den Medien deutlich anders erfahren, als dies der Realität entspricht. Auch das Ausmaß an Gewalt, das in den Medien gezeigt wird, entspricht in keiner Weise dem Ausmaß an Gewalt in der Realität (vgl. Kunczik/Zipfel 2006). Neben diesen vor allem negativen Medieneinflüssen sind auch eventuelle positive Auswirkungen der Medien, z.B. auf prosoziales Verhalten oder den Abbau von Stereotypen, zu beachten (vgl. Winterhoff-Spurk 1999).

Durchschauen und Beurteilen von Bedingungen der Medienproduktion und Medienverbreitung

Ein selbstbestimmter und kritischer Medienumgang setzt Kenntnisse und das Verstehen von Bedingungen der Medienproduktion und der Medienverbreitung voraus. Dazu gehört die Kenntnis ökonomischer Aspekte, z.B. im Vergleich öffentlich-rechtlicher und privater Programmanbieter, die Situation des Kinder- und Jugendmedienschutzes im Zusammenhang mit verschiedenen Medien (vgl. Aufenanger 2003) oder auch Fragen des Urheberrechts insbesondere bei digitalen Medien (vgl. Bertelsmann Stiftung 2000). Von Kenntnissen in diesem und in anderen Bereichen erhofft man sich, dass Rezipient/innen sowohl die Einflussmöglichkeiten der Medien auf sich selbst als auch die eigenen Einflussmöglichkeiten auf das Mediensystem realistischer einschätzen können.

Fazit

So plausibel diese Aufgabenbereiche erscheinen – ob die Umsetzung bei Kindern und Jugendlichen zur Steigerung der Medienkompetenz führt, bleibt offen, weil bislang die Wirksamkeit der behaupteten Aufgabenbereiche nicht vollständig geprüft wurde. Dieses Problem stellt sich vielen präskriptiven Modellen, doch setzt sich mittlerweile auch in Deutschland die Einsicht durch, dass normativ entwickelte Curricula einer empirischen Validierung bedürfen (vgl. Tulodziecki 2007, S. 17), wofür auch erste Beispiele vorliegen (z.B. Tulodziecki/Möller/Doelker, zit. in Tulodziecki 2007, S. 17).

Präskriptionen, die aus normativen Setzungen und deskriptiven Ergebnissen abgeleitet werden

Im Beitrag »Erwachsenenbildung – Konzepte, Methoden und Perspektiven« wurde bereits aufgezeigt, wie Pfeiffer zwar deskriptive Daten verwendet, diese aber einseitig interpretiert (vgl. auch Mößle et al. 2006). Ähnlich argumentiert Spitzer (2006) zur Untermauerung seiner Forderungen, wie den ungünstigen Auswirkungen der Bildschirmmedien erfolgreich begegnet werden kann.

Ein gelungenes Beispiel für die Verknüpfung von normativen Setzungen und empirischen Ergebnissen bietet Hörmann (in diesem Band), die die empiriegestützte Entwicklung eines Studienganges beschreibt. Im Rahmen einer mehrstufigen Delphi-Studie werden Expert/innen aus dem Bereich Medien- und Bildungsmanagement zu möglichen Inhalten eines Studienganges befragt und schließlich wird versucht, diese empirisch erhobenen Empfehlungen mit den Forderungen der Auftraggeber/innen des Studiengangs in Einklang zu bringen.

Ein weiteres Beispiel für die Verknüpfung von normativen Setzungen und empirischen Ergebnissen ist das Lehrerweiterbildungsprogramm MECI (»Medienkompetenz für Lehrer/innen im Einsatz von Computer und Internet im Unterricht«). Die

Entwicklung des Programms orientierte sich an einem allgemeinen Modell des didaktischen Designs in Anlehnung an Seel (1999) sowie an Ergebnissen der Weiterbildungsforschung (vgl. Dörr 1999). Ausgangspunkt war eine Bedarfsermittlung in Form einer Befragung von Lehrer/innen verschiedener Schulen. Dass der Weiterbildungsbedarf nach wie vor besonders in den Basiskompetenzen sehr groß ist, bestätigt die Befragung an allen Schulen, die am Projekt MECI teilnahmen. Hier offenbarte sich ein Fortbildungsbedarf in nahezu allen Bereichen der Computernutzung (vgl. Dörr/Wild 2007). Allgemeines Ziel der Weiterbildung ist die Weiterentwicklung der eigenen Medienkompetenz, damit neue Medien sowie Angebote im Internet für die Unterrichtsvorbereitung genutzt werden können und im Unterricht didaktisch umgesetzt werden können. Gegenstand des Projektes war die Entwicklung einer Fortbildungs-Alternative für Pädagog/innen im Bereich Computer und Internet, die die Schwächen vieler herkömmlicher Weiterbildungen vermeiden soll (vgl. Dörr 2001b). Nicht zuletzt deshalb wendet sich die Weiterbildung nicht an Einzelpersonen aus verschiedenen Schulen, sondern gezielt an Kollegien einer Schule. Ziele im Einzelnen:

- Stärkung der Akzeptanz und Kompetenz in Bezug auf den Einsatz neuer Medien
- Nutzung moderner Informations- und Kommunikationssysteme bei den Lehrer/innen der beteiligten Schulen.
- Beherrschung von Einsatzmöglichkeiten des Computers im Unterricht
- Erweiterung der didaktischen Kompetenz bezüglich der Einbeziehung von Computer und Internet in den Unterricht
- Erarbeitung und Erprobung von pädagogischen, didaktisch-methodischen Ausbildungskonzeptionen zur Nutzung moderner Medien in Grund-, Haupt- und Realschulen
- didaktische Beratung und weitere Begleitung nach Abschluss der Fortbildungsmaßnahme über eine Internetplattform
- Entwicklung und Etablierung neuer Formen des Lehrens und Lernens durch Einbeziehung von Computer und Internet, die selbstgesteuertes Lernen und kooperative Arbeitsverfahren unterstützen
- Unterstützung der Schulen beim Einsatz neuer Technologien im Unterricht

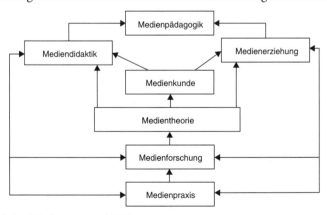

Abb.1: Inhaltliche Gliederung von MECI

MECI umfasst ein Angebot von 35 verschiedenen Fortbildungsmodulen. Die inhaltliche Gliederung zeigt Abbildung 1.

Jedes Modul ist auf die unmittelbare Anwendung im Unterricht hin konzipiert, d. h. als Fortbildungsgegenstand dient eine mithilfe des Computers zu erstellende und im Unterrichtsalltag mögliche Anwendung. Ziel ist einerseits die Fähigkeit, verschiedene Computeranwendungen und Programme nutzen zu können, vor allem aber die fachdidaktische Umsetzung der Möglichkeiten von Computer und Internet im Unterricht. Zudem wird angestrebt, Schulentwicklungsprozesse zu initiieren, insbeson-

Tab. 1: **Inhalte von MECI**

	Erkennen und Aufarbeiten von Medieneinflüssen	Verstehen und Bewerten von Medienbotschaften	Auswählen und Nutzen von Medienbotschaften	Eigenes Gestalten und Verbreiten von Medien	Analyse und Kritik von Medien und Einflussnahme
1/2	Aufarbeiten von medienbeeinflussten Gefühlen: *Gruselprojekt*	Unterscheiden verschiedener Darstellungsformen: *Märchenprojekt*	Mediennutzung zur Unterhaltung: *Freizeitgestaltung*	Gestalten einer eigenen Fotodokumentation: *Verkehrsprojekt*	
3/4	Aufarbeiten von medienbeeinflussten Vorstellungen: *Polizeiprojekt*	Unterscheiden verschiedener Absichten bzw. Kategorien: *Stadtprojekt*	Mediennutzung zur Information und zum Lernen: *Singvögel*		Analyse und Kritik von Bildergeschichten: *Comics*
5/6		Unterscheiden verschiedener Gestaltungstechniken: *Werbeprospekt*	Mediennutzung zum Spielen: *Konfliktfälle bei Computerspielen*	Gestaltung eines eigenen Hörmagazins: *Klassenradio*	Analyse und Kritik von Fernsehunterhaltung: *Vorabendserien*
7/8	Aufarbeiten von medienbeeinflussten Verhaltensorientierungen: *Konfliktverhalten*	Unterscheiden verschiedener Gestaltungsarten: *Mediale Variationen*		Gestalten einer eigenen Zeitung mithilfe des Computers: *Schülerzeitung*	Analyse und Kritik von Musik angeboten: *Videoclips*
9/10	Erkennen von Einflüssen auf das Alltagsgeschehen: *Fragebogenaktion*		Nutzung zur Problemlösung und Entscheidungsfindung: *Computersimulation*	Gestalten eines eigenen Films: *Videoprojekt*	Analyse und Kritik von Computeranwendungen: *Computerklassen*
11/12			Nutzung für neue Kommunikationsformen: *Konferenzprojekt*	Gestalten eines eigenen Computerprogramms: *Zukunftsentwicklungen*	Analyse und Kritik von politischen Informationen: *Nachrichten und Magazine*

dere die stärkere Zusammenarbeit innerhalb des Kollegiums. Besonderer Wert wird deshalb auf die Arbeit in Tandems, sowohl in den Präsenzveranstaltungen als auch in der Zeit zwischen den Fortbildungsnachmittagen, gelegt, damit die Lehrpersonen sich gegenseitig unterstützen können und arbeitsteilig und fächerverbindend mit gemeinsam erstellten Arbeitsblättern, Vorlagen und anderen Materialien den Einsatz des Mediums Computer im Unterricht erproben.

Die Bausteine in MECI sind je nach Schwierigkeitsgrad in Basis-/Grundmodule (GM) und Aufbaumodule (AM) unterteilt. Pro Jahr und Schule stehen zehn Fortbildungstermine an. Zwei integrierte Werkstatttermine (WM) ermöglichen die Festigung und Vertiefung von Inhalten mit zusätzlichem Übungsbedarf.

Dem jeweiligen Kollegium steht es frei, welche Bausteine in welcher Reihenfolge gebucht werden. Die Voraussetzung für die Teilnahme an einem Baustein ist jeweils in der Beschreibung erwähnt. So wird gewährleistet, dass unterschiedlichen Voraussetzungen der Lehrkräfte Rechnung getragen wird: Jede Lehrkraft kann an den Modulen teilnehmen, dessen Voraussetzungen sie erfüllt; sind Lehrkräfte auf höherem Niveau, können sie später einsteigen.

Die Fortbildung findet im Computerraum der jeweiligen Schule statt, sodass den Teilnehmer/innen die Hard- und Software schon im Lernprozess zur Verfügung steht, die sie später mit ihren Schüler/innen im Unterricht einsetzen werden. Die zeitliche Abfolge wird in Absprache mit der Schulleitung so festgelegt, dass die Präsenzveranstaltungen in etwa vierwöchigen Abständen durchgeführt werden können.

Die Weiterbildung findet über den Zeitraum mindestens eines gesamten Schuljahres unterrichtsbegleitend statt und kann bei Bedarf verlängert werden. Die langfristige Ausrichtung soll gewährleisten, dass erlernte Inhalte parallel zur Weiterbildung unmittelbar von den Lehrkräften angewendet werden können. Ein Fortbildungsnachmittag von insgesamt vier Stunden umfasst jeweils eine Einstiegsphase für Fragen zu Fortbildungsinhalten oder Problemen bei der Erstellung von Unterrichtsanwendungen; daran schließt sich das Fortbildungsmodul mit Lern- und Übungsphasen an, um im Anschluss mit Vorausschau und Planung der Anwendung im Unterricht zu schließen.

Um in den Anwendungsphasen zwischen den Präsenzveranstaltungen Unterstützung und Kommunikation zu gewährleisten, steht den Teilnehmer/innen die Internetplattform MECI (www.ph-weingarten.de/meci) zur Verfügung. Hier kann über das Internet auf die von den Fortbildner/innen bereitgestellten Materialien sowie die von den beteiligten Lehrer/innen erstellten Unterrichtsmaterialien jederzeit orts- und zeitunabhängig zugegriffen werden.

Alle Teilnehmer/innen erhalten in jeder Fortbildungsveranstaltung Arbeitsaufträge um die vermittelten Inhalte im Rahmen der Unterrichtsvorbereitung oder im Unterricht selbst umzusetzen. Für die Ergebnisse stehen für jedes Fach bzw. jeden Fächerverbund Ordner zur Verfügung, wo die gefertigten Materialien, Arbeitsblätter und Unterrichtsanwendungen sortiert nach Klassenstufen allen Teilnehmer/innen zur Verfügung gestellt werden.

Vor jeder Veranstaltung wird ein Handout über den Fortbildungsbaustein auf der Plattform zum Download bereitgestellt, sodass dieses in der Präsenzphase zur Verfügung steht. Die Handouts spiegeln den Fortbildungablauf, um einen hohen Wiedererkennungswert (durch Screenshots als Hilfe) bei der Erledigung der zu jedem Baustein gehörenden »Hausaufgabe« zu gewährleisten. Außerdem können die Teilnehmer/innen während der Fortbildung Notizen zu aufkommenden Fragen und zu Hinweisen im Handout anbringen.

Jeder Schule steht zusätzlich ein eigener Bereich für schulbezogene Dateien wie Handouts zu beispielsweise den ausgewählten Bausteinen, Terminen, Fotos und geschützten Daten der Teilnehmer/innen zur Verfügung, der nur von den angemeldeten Mitgliedern der eigenen Schule eingesehen und genutzt werden kann.

Unterstützung erhalten die Teilnehmer/innen auf einem für alle Schulen gemeinsamen Forum für Fragen und Antworten zu Fortbildungsinhalten, sowie jederzeit durch E-Mail-Kontakt zu den Fortbildner/innen. Anfragen werden möglichst zeitnah durch die Fortbildungslehrkräfte (in der Regel innerhalb von 48 Stunden), im Forum auch durch teilnehmende Lehrkräfte beantwortet.

Nach erfolgreicher Evaluation der Lernumgebung MECI (vgl. Dörr/Wild 2007) wurde sie im Rahmen der allgemeinen Lehrerweiterbildung implementiert und wird derzeit gemeinsam von der Pädagogischen Hochschule Weingarten und dem Regierungspräsidium Tübingen Schulen als Weiterbildung angeboten.

Literatur

Antritter, W./Nagy, C./Schmidt, G. (2000): Große Gefühle: Bilder, Musik und Sprache im Film. Donauwörth: Auer.

ARD/ZDF (2008): Die ARD-ZDF-Onlinestudie. www.ard-zdf-onlinestudie.de (Abruf 20.6.2008).

Aufenanger, S. (2003): Neues Jugendmedienschutzgesetz – alle Probleme gelöst? Computer + Unterricht 13,(50), S. 52/53.

Baacke, D. (1997): Medienpädagogik. Grundlagen der Medienkommunikation. Tübingen: Niemeyer.

Bachmair, B. (1991): Fernseherlebnisse sind längst Primärerlebnisse. Über die symbolische Verarbeitung von Fernseherlebnissen in der Grundschule. In: Bundeszentrale für politische Bildung (Hrsg.): Kinderfernsehen – Fernsehkinder. Bonn: Bundeszentrale für politische Bildung, S. 213–221.

Bertelsmann Stiftung (2000): Internetverantwortung an Schulen. Gütersloh: Bertelsmann Stiftung. www.bertelsmann-stiftung.de/bst/de/media/leitfaden.pdf (Abruf 20.6.2005).

BLK – Bund-Länder-Kommission für Bildungsplanung und Forschungsförderung (Hrsg.) (1995): Medienerziehung in der Schule – Orientierungsrahmen (Materialien zur Bildungsplanung und zur Forschungsförderung, Heft 44). Bonn: BLK.

Bofinger, J. (2001): Schüler – Freizeit – Medien. München: Kopäd.

Bounin, I. (2000): Faszination digitales Radio – Radioproduktionen im Unterricht. Donauwörth: Auer.

Cantril, A.H. (1973): Die Invasion vom Mars. In: Prokop, D. (Hrsg.): Massenkommunikationsforschung 2: Konsumtion. Frankfurt a.M.: Fischer, S. 198–212.

Dörr, G. (2001a): Didaktische Möglichkeiten des Internets. In: Busch, R./Ballier, R./Pacher, S. (Hrsg.): Schule, Netze und Computer. Neuwied: Luchterhand, S. 1–23.

Dörr, G. (2001b): Schule der Zukunft unter dem Einfluss der Informations- und Kommunikationstechnologien. Anforderungen an eine Schule der Zukunft. Beitrag zur virtuellen Konferenz »Strategien für die Netzwerkgesellschaft« vom 7.–23.3.2001. www.edupolis.de/konferenz2001/texte/forum4_referententext3.php (Abruf 20.1.2003).

Dörr, G. (1999): Das didaktische Design multimedialer Lernumgebungen in der betrieblichen Weiterbildung. Unterrichtswissenschaft, 27(1), S. 61–77.

Dörr, G. (1997): Fernsehen und Lernen – Attraktiv und wirksam? München: Oldenbourg.

Dörr, G./Wild, S. (2007): Abschlussbericht des Projektes »Medienkompetenz im Einsatz von Computer und Internet im Unterricht für Lehrer und Lehrerinnen in Grund-, Haupt- und Realschulen (MECI)«. Weingarten.

Enzensberger, H.M. (1970): Baukasten zu einer Theorie der Medien. Kursbuch (20), S. 159–186.

Früh, W. (2001): Gewaltpotentiale des Fernsehangebots. Programmangebot und zielgruppenspezifische Interpretation. Wiesbaden: Westdeutscher Verlag.

Ganz, A./Reinmann, G. (2006): »Intel® Lehren für die Zukunft – online trainieren und gemeinsam lernen«: Zwischenergebnisse der Evaluation (Arbeitsbericht Nr. 13). Augsburg: Universität Augsburg, Medienpädagogik. medienpaedagogik.phil.uni-augsburg.de/downloads/arbeitsberichte/Arbeitsbericht13.pdf (Abruf 3.7.2007).

Groebel, J./Gleich, U. (1993): Gewaltprofil des deutschen Fernsehprogramms Eine Analyse des Angebots privater und öffentlich-rechtlicher Sender. Opladen: Leske + Budrich.

Issing, L.J./Klimsa, P. (^{3}2002) (Hrsg.): Information und Lernen mit Multimedia. Weinheim: Psychologie-Verlags-Union.

Kamp, U. (Hrsg.) (1997): Handbuch Medien: Offene Kanäle. Bonn: Bundeszentrale für politische Bildung.

Klauer, K.J. (1973): Revision des Erziehungsbegriffs. Düsseldorf: Schwann.

Kloock, D./Spahr, A. (1997): Medientheorien – Eine Einführung. München: Fink.

KMK – Sekretariat der Ständigen Konferenz der Kultusminister der Länder der Bundesrepublik Deutschland (Hrsg.) (1995): Medienpädagogik in der Schule – Erklärung der Kultusministerkonferenz vom 12. Mai 1995 mit Übersicht über wichtige medienpädagogische Aktivitäten in den Ländern (Veröffentlichungen der Kultusministerkonferenz). Bonn: KMK.

Krüger, U.M. (1996): Gewalt in von Kindern genutzten Fernsehsendungen. Media Perspektiven (3), S. 114–133.

Kunczik, M./Zipfel, A. (^{5}2006): Gewalt und Medien. Köln: Böhlau.

Lieven, J. (1994): Jugendschutz und Medienkontrolle seit den 50er Jahren. In: Hiegemann, S./Svoboda, W.H. (Hrsg.): Handbuch der Medienpädagogik. Opladen: Leske + Budrich, S. 167–182.

McLuhan, M. (1965): Understanding media: The extension of man. New York: Mc Graw-Hill.

METRO Group (2006): Handelswelten Didaktik. Düsseldorf: METRO.

Mößle, T./Kleinmann, M./Rehbein, F./Pfeiffer, C. (2006): Mediennutzung, Schulerfolg, Jugendgewalt und die Krise der Jugend. Zeitschrift für Jugendkriminalrecht und Jugendhilfe 3. www.kfn.de/versions/kfn/assets/zjj.pdf (Abruf 20.6.2008).

MPFS (o.J.a): JIM-Studie. www.mpfs.de/index.php?id=11 (Abruf 20.6.2008).

MPFS (o.J.b): KIM-Studie. /www.mpfs.de/index.php?id=10 (Abruf 20.6.2008).

Moser, H. (1995) : Einführung in die Medienpädagogik. Opladen: Leske + Budrich.

Pfeiffer, C. (2003): Bunt flimmert das Verderben. DIE ZEIT Nr. 39 (18.9.2003), S. 12.

Postman, N. (1983): Das Verschwinden der Kindheit. Frankfurt a.M.: Fischer.

Reitze, H./Ridder, C.M. (Hrsg.) (2006): Massenkommunikation VII. Baden-Baden: Nomos.

Quitzsch, S./Pretz, E. (o.J.): Bildersprache und Werbedesign. Donauwörth: Auer.

Reitze, H./Ridder, C.M. (Hrsg.) (2006): Massenkommunikation VII. Baden-Baden: Nomos.

Renkl, A. (1996): Träges Wissen: Wenn Erlerntes nicht genutzt wird. Psychologische Rundschau, 47, S. 78–92.

Rogge, J.U. (1990): Kinder können fernsehen. Reinbek: Rowohlt.

Schenk, M. (^{2}2002). Medienwirkungsforschung. Tübingen: Mohr.

Schönbach, K./Früh, W. (1984): Der dynamisch-transaktionale Ansatz II: Konsequenzen. Rundfunk und Fernsehen, 32, S. 314–329.
Schweinitz, J. (Hrsg.) (1992): Prolog vor dem Film. Nachdenken über ein neues Medium 1909–1914. Leipzig: Reclam.
Seel, N.M. (1999): Instruktionsdesign – Modelle und Anwendungen. Unterrichtswissenschaft, 27, S. 2–11.
Senkbeil, M. (2005): Die schulische Computernutzung in den Ländern und ihre Wirkungen. In: Prenzel, M./Baumert, J./Blum, W./Lehmann, R./Leutner, D./Neubrand, M./Pekrun, R./Rolff, H.G./Rost, J./Schiefele, U. (Hrsg.): PISA 2003. Der zweite Vergleich der Länder in Deutschland – Was wissen und können Jugendliche? Münster: Waxmann, S. 157–167.
Senkbeil, M./Drechsel, B. (2004): Vertrautheit mit dem Computer. In: Prenzel, M./Artelt, C./Baumert, J./Blum, W./Hammann, M./Klieme, E./Pekrun, R. (Hrsg.): PISA 2003. Der Bildungsstand der Jugendlichen in Deutschland – Ergebnisse des zweiten internationalen Vergleichs. Münster: Waxmann, S. 177–190.
Senkbeil, M./Wittwer, J. (2007): Die Computervertrautheit von Jugendlichen und Wirkungen der Computernutzung auf den fachlichen Kompetenzerwerb. In: Prenzel, M./Artelt, C./Baumert, J./Blum, W./Hammann, M./Klieme, E./Pekrun, R. (Hrsg.): PISA 2006. Die Ergebnisse der dritten internationalen Vergleichsstudie. Münster: Waxmann, S. 277–307.
Spanhel, D. (2006): Medienerziehung. Stuttgart: Klett-Cotta.
Spanhel, D. (1998): Integrative Medienerziehung. Ein Curriculum für die Hauptschule. Donauwörth: Auer.
Spitzer, M. (2005): Vorsicht Bildschirm! Elektronische Medien, Gehirnentwicklung, Gesundheit und Gesellschaft. Stuttgart: Deutscher Taschenbuch Verlag.
Stoll, C. (2001): LogOut. Warum Computer nichts im Klassenzimmer zu suchen haben und andere High-Tech-Ketzereien. Frankfurt a.M.: Fischer.
Sturm, H./Holzheuer, K./Helmreich, R. (1978): Emotionale Wirkungen des Fernsehens – Jugendliche als Rezipienten. München: Verlag Dokumentation.
Svoboda, W.H. (1994): Medienpädagogik. Konzeptionen, Problemhorizonte und Aufgabenfelder. In: Hiegemann, S./Svoboda, W.H. (Hrsg.): Handbuch der Medienpädagogik. Opladen: Leske + Budrich, S. 11–24.
Teufel, F.J. (1996): Mit Schülern Filme erleben. Rezeptions- und erlebnisorientierte Annäherung an Medienfragen. In: Stipp-Hagemann, K. (Hrsg.): Fernseh- und Radiowelt für Kinder und Jugendliche. Villingen-Schwennigen: Neckar-Verlag, S. 107–122.
Tulodziecki, G. (2007): Medienbildung – Welche Kompetenzen Schülerinnen und Schüler im Medienbereich erwerben und welche Standards sie erreichen sollen. In: Winkel, J. (Hrsg.): Standards in der Medienbildung. Paderborn: PLAZ, S. 9–33.
Tulodziecki, G. (^{3}1997). Medien in Erziehung und Bildung. Bad Heilbrunn: Klinkhardt.
Tulodziecki, G./Schlingmann, A./Mose, K./Mütze, C./Herzig, B./Tulodziecki-Hauf, A. (1995): Handlungsorientierte Medienpädagogik in Beispielen. Bad Heilbrunn: Klinkhardt.
Vollbrecht, R. (2001): Einführung in die Medienpädagogik. Weinheim und Basel: Beltz.
von Hentig, H. (1993): Die Schule neu denken. München: Hanser.
Wild, S./Dörr, G. (2006): Lehrerweiterbildung in virtuellen Kontexten – Einsatz einer Lernplattform zur Vermittlung von Medienkompetenz in der Lehrer-Weiterbildung. In: Arnold, R./Lermen, M. (Hrsg.): Didaktik des eLearning. Baltmannsweiler: Schneider, S. 213–227.
Winterhoff-Spurk, P. (1999): Medienpsychologie. Stuttgart: Kohlhammer.
Winterhoff-Spurk, P. (1986): Fernsehen. Psychologische Befunde zur Medienwirkung. Bern: Huber.

Anja Hartung / Wolfgang Reißmann

Medienwissenschaft

Einleitung

Medien sind ein wesentlicher Bestandteil moderner Gesellschaften. Als Agenturen von Unterhaltung und Wissen, aber auch als Träger und Impulsgeber öffentlicher Diskurse haben sie heute stärker denn je Anteil an der Ausgestaltung und Prägung kultureller und gesellschaftlicher Entwicklungsprozesse. Ihre Omnipräsenz und Relevanz im Alltag der Menschen macht ihre wissenschaftliche Erfassung, Einordnung und Analyse notwendig. Doch obgleich medienwissenschaftliche Fragestellungen in der akademischen Auseinandersetzung stetig an Bedeutung gewinnen, hat sich eine klar definierte Medienwissenschaft »als Einzeldisziplin mit fest umrissenen Inhalten, Methoden und Aufgaben« (Rusch 2002, S. 7) bislang nicht konstituieren können. Vielmehr beschäftigt sich eine Vielzahl etablierter Disziplinen wie Rechts-, Wirtschafts-, Politik- und Geschichtswissenschaft, Psychologie, Soziologie und Pädagogik aus unterschiedlichen Perspektiven mit unterschiedlichen Fragestellungen und unter Anwendung verschiedenartiger Methoden mit den Medien. Für diese gilt, dass Medien qua ihres Selbstverständnisses zwar nicht im Zentrum der Analyse stehen, wohl aber ein wichtiger Teilaspekt in der Beantwortung der sich stellenden Fragen sind (z.B. als Bestandteil von Ontogenese und Sozialisation aus einer erziehungswissenschaftlichen Perspektive oder als Seismograph in der politikwissenschaftlichen Analyse von Prozessen der öffentlichen Meinungsbildung).

Im Folgenden sollen auf der Grundlage einer kursorischen Darstellung der historischen Genese des medienwissenschaftlichen Forschungsfeldes zentrale Grundbegriffe und Arbeitsfelder sowie die hier dominierenden Fragestellungen und Methoden konturiert werden. Hinzuweisen ist indes darauf, dass diese Darstellung lediglich als eine Anregung zur weiteren Lektüre und vertieften Auseinandersetzung zu verstehen ist, welche die interdisziplinär geführten Diskurse und Ansätze der Medienwissenschaft nur in ihren Grundzügen zu umreißen, nicht aber in ihrer Komplexität zu erfassen vermag.

Konzeptionen von Medienwissenschaft

Medienwissenschaftliche Fragestellungen wurden diskutiert, lange bevor es eine spezifische, dem Gegenstand zugedachte Fachdisziplin gab und lange bevor Medien im Sinne ihrer heute vorherrschenden begrifflichen Operationalisierung in den Blick genommen wurden (Leschke 2003, S. 9). Als spezifische Fachrichtung ist die Medienwissenschaft zunächst einzuordnen in eine sprach-, geistes- und kulturwissenschaftliche Tradition. In groben Konturen kennzeichnen zwei voneinander zu unterscheidende disziplinäre Stränge ihr Forschungsfeld, die *Publizistikwissenschaft* auf der einen sowie die *literaturwissenschaftliche Medienwissenschaft* auf der anderen Seite. Im Prozess ihrer Etablierung und Ausdifferenzierung haben sich die Perspektiven, Fragestellungen, und Methoden der Medienwissenschaft allerdings zunehmend erweitert, sodass diese heute als eine transdisziplinäre Wissenschaft zu verstehen ist.

Die Entwicklung der publizistikwissenschaftlichen Medienwissenschaft hat in Deutschland ihren Ausgangspunkt in der Zeitungswissenschaft, die sich insbesondere mit der Gründung des Leipziger »Instituts für Zeitungskunde« im Jahr 1916 durch den Nationalökonomen Karl Bücher etabliert und in den 1930er-Jahren unter Emil Dovifat an der Friedrich-Wilhelms-Universität in Berlin unter Einbezug von Film und Rundfunk als Publizistikwissenschaft erweitert hat. Die wissenschaftliche Analyse dieser ersten Jahre war geprägt durch eine primär hermeneutisch-interpretierende Herangehensweise. Im Mittelpunkt standen inhaltsanalytische Arbeiten, von welchen Rückschlüsse auf die Einstellungen und das Verhalten der Rezipient/innen gezogen wurden. In den 1960er-Jahren wandelte sich die Publizistikwissenschaft zu einer stärker empirisch arbeitenden Sozialwissenschaft. Von maßgeblichem Einfluss auf diesen Prozess der Versozialwissenschaftlichung war die Arbeit Gerhard Maletzkes, der in seiner Publikation »Psychologie der Massenkommunikation« (1963) an den US-amerikanischen Forschungsstand anknüpfte und die psychologisch-sozialen Aspekte der Massenkommunikation als zentrale Elemente von Kommunikation in den Blick nahm.

Für die Entfaltung der literaturwissenschaftlichen Medienwissenschaft waren insbesondere die aus den Reformbewegungen an deutschen Universitäten resultierenden Veränderungen des Wissenschaftsgefüges von Bedeutung. In den 1960er- und 1970er-Jahren stellten Wissenschaftler/innen der geisteswissenschaftlichen Disziplinen zunehmend das Selbstverständnis ihrer Fächer infrage und forderten Alternativen zu den herrschenden Strukturen des Wissenschaftsbetriebes. Neben dem Vorwurf an die Literaturwissenschaft, sich ohne ein kritisches Bewusstsein ihres Gegenstandes zu bemächtigen, wurde insbesondere den bis dahin gebräuchlichen Methoden und theoretischen Hintergrundannahmen widersprochen (»Positivismusstreit«). Ein Resultat dieser Auseinandersetzungen war die Öffnung literaturwissenschaftlicher Analyse für sozialwissenschaftliche und empirische Forschungsansätze. Hiervon versprach man sich nicht zuletzt einen Anschluss an die wissenschaftlichen Diskurse der Kulturwissenschaften Soziologie und Psychologie, die neben der Linguistik zu den Leitdisziplinen der literaturwissenschaftlichen Erneuerung avancierten (Viehoff 2002, S. 17).

Die in den folgenden Jahren sich vollziehende interdisziplinäre Erweiterung der Literaturwissenschaft führte zugleich zu einer Ausdifferenzierung des Literaturbegriffs, der insbesondere mit Blick auf die mediale Bedingtheit literarischer Kommunikation diskutiert wurde. Auch Literaturverfilmungen und Fernsehsendungen wurden nunmehr zum Gegenstandsbereich der Literaturwissenschaft erklärt. Zugleich fand die zuvor dominierende Fokussierung auf die Ästhetik des literarischen Produktes eine Ergänzung um dessen Deutung durch das handelnde Subjekt, den Rezipienten, was folgerichtig eine Berücksichtigung der Erkenntnisse und Methoden auch der Publizistikwissenschaft, Mediensoziologie und Kommunikationswissenschaft erforderlich machte (programmatisch hierfür Schanze 1974). Vor diesem Hintergrund entwickelte sich die Medienwissenschaft seit Beginn der 1980er-Jahre immer »stärker als eigenständiger Argumentationszusammenhang jenseits der klassischen Fragestellungen, Problemlösungen, Fachsprachenregelungen und vor allem auch der Publikationsorte der Literaturwissenschaft« (Viehoff 2002, S. 31).

Charakteristisch und für das Verständnis der Disziplin durchaus erschwerend ist, dass die genannten Entwicklungen nicht getrennt voneinander zu sehen, sondern erst in ihrer Interdependenz zu verstehen sind. Ein weiteres Kennzeichen medienwissenschaftlicher Arbeit ist das Zusammenwirken von gesellschaftlich-politischen und wissenschaftlich-analytischen Entscheidungs- und Problemlösungsprozessen (Weingart 2001). Zum einen resultieren die Themenschwerpunkte und Fragestellungen der Medienwissenschaft häufig aus den sich in der gesellschaftlichen Praxis stellenden Problemlagen. Zum anderen sind die über medienwissenschaftliche Forschungszusammenhänge generierten Wissensbestände Grundlage der Arbeit in verschiedenen Handlungsfeldern. Auf den Bereich des Medien- und Bildungsmanagements bezogen erfordert etwa die Konzeption multimedialer Lernanwendungen (Stichwort *E-Learning*) sowohl ein spezifisches Wissen um die ästhetische Beschaffenheit der Medien und ihrer Angebote (z. B. hinsichtlich ihrer Darstellungsmittel- und formen) als auch um die Voraussetzungen und Erwartungen der Subjekte.

Grundbegriffe: Medium, Medien und Medialität

Es gehört zu einer Einführung in die Medienwissenschaft, vorab die mannigfachen alltäglichen und wissenschaftlichen Auslegungen des Medienbegriffs zu erörtern (z. B. Faulstich 2004, S. 19 ff.). Darauf soll hier angesichts des nur begrenzt zur Verfügung stehenden Raumes verzichtet werden. Tatsache ist jedoch, dass der Medienbegriff im Alltagsgebrauch, in der Medienpraxis wie auch in der Wissenschaft und ihren Disziplinen, heterogen und in den unterschiedlichsten Kontexten verwendet wird (Hickethier 2003, S. 18). Einige grundlegende Differenzierungen werden in den folgenden Ausführungen vorgestellt.

Medium

Der Begriff »Medium« bedeutet seiner lateinischen Herkunft nach »Mitte«, »Mittelpunkt« bzw. »in der Mitte befindlich« und umfasst in einer philosophisch-abstrakten Bestimmung zunächst die ebenso basalen wie weitläufigen Bedeutungen »Mittel« und »Vermittler«. Es ist ersichtlich, dass der Medienbegriff in dieser Grundbedeutung auf vielfältige Phänomene und Objektbereiche angewandt werden kann und damit ohne weitere Präzisierung unscharf und vage bleibt. Deshalb ist es für jede wissenschaftliche Beschäftigung mit Medien zentral, dass der jeweilige Verwendungskontext und -zusammenhang des Medienbegriffs ersichtlich wird.

Medien

Begriffsgeschichtlich haben sich Ende der 1960er-Jahre »Medium« und »Medien« als Bezeichnungen für die »technisch apparativen Medien« (Hickethier 2003, S. 20) wie Film, Hörfunk, Fernsehen und später Computer etabliert. Im Gegensatz zum Globalbegriff »Medium« ist die Verwendung des »Pluraletantum« (Leschke 2003, S. 10) ein Produkt des 20. Jahrhunderts und konturiert in Abgrenzung zum ersteren das eigentliche Gegenstandsfeld der kommunikations- und medienwissenschaftlichen Auseinandersetzung. Diese reicht weit über die technische Dimension der Apparaturen sowie Übertragungs- und Vermittlungswege hinaus und thematisiert Medien in ihren Zusammenhängen mit individueller und gesellschaftlicher Kommunikation. Denkbar wären mindestens die nachstehenden Bezugsebenen einer begrifflichen Operationalisierung. Medien sind …

- in *materieller Hinsicht* Geräte (z.B. Telefon, Radiogerät, Computer), die auf spezifischen Kommunikationskanälen bzw. technischen Infrastrukturen basieren (z.B. Rundfunk, Internet).
- in *symbolischer Hinsicht* Codes und Zeichensysteme (z.B. Sprache, Gestik, Musik, bildliche Darstellung).
- in *institutioneller Hinsicht* Organisationen, die Medienangebote und Medieninhalte produzieren und verbreiten.
- in *funktionaler Hinsicht* in einem kommunikativen und gesellschaftlichen Kontext zu sehen (z.B. Massenmedien als gesellschaftliches Phänomen oder Unterrichtsmedien als pädagogische Instrumente).

Die genannten Bezugsebenen lassen bereits erkennen, dass hier unterschiedliche Klassifikationssysteme möglich sind und je nach zugrunde liegenden Kriterien Medien verschieden sortiert und gereiht werden können. Eine erste zentrale Differenzierung eröffnet sich mit Blick auf die institutionelle Verankerung von Medien. Hickethier (2003) unterscheidet hier *informelle* und *formelle Medien*. Während er informelle Medien als »natürliche Verständigungssysteme« (S. 20) kennzeichnet (Sprache und andere menschliche Ausdrucksformen), sieht er die Existenz formeller Medien wie Presse, Rundfunk und Kino in Abhängigkeit zu den sie bedingenden gesellschaftlichen, politischen und ökonomischen Organisationen und Institutionen (z.B. Rundfunkveranstalter, Internetprovider).

Eine zweite grundlegende Differenzierung ermöglicht die Einteilung von Medien entlang ihrer Gebundenheit an Technik. Prägend ist in diesem Kontext bis heute die Unterscheidung in *primäre*, *sekundäre* und *tertiäre Medien* (z.B. Pross 1972).

- *Primäre Medien* sind solche Medien, die weder in der Produktion noch auf der Seite des Empfängers technischer Produktions- bzw. Empfangsgeräte bedürfen. Damit subsumiert diese Kategorie ebenso wie die der informellen Medien sämtliche natürliche Verständigungssysteme.
- *Sekundäre Medien* sind solche Medien, die auf der Seite der Produktion, nicht aber auf der Seite des Empfängers ein Gerät als Träger erfordern (z. B. Plakat, Zeitung, Buch).
- *Tertiäre Medien* bedürfen sowohl auf der Seite der Produktion als auch auf der Seite des Empfängers technischer Geräte (z. B. Telefon, Hörfunk, Fernsehen).

In der neueren Literatur wird dieses Ordnungsschema ergänzt um die Kategorie *quartärer Medien* (Faßler 1997), die der zunehmenden Digitalisierung und Vernetzung der Kommunikation mittels Computern und Online-Verbindung Rechnung tragen soll. Betont werden hiermit qualitative Veränderungen wie die (partiell) Auflösung klassisch-dichotomer Vorstellungen von Sender und Empfänger sowie die Tendenz zu technischer Konvergenz und Hybridisierung, d. h. einem zunehmenden Verschmelzen der visuellen und audiovisuellen Einzelmedien. Die Folgen der Digitalisierung und Vernetzung sind in ihrer Bedeutung kaum zu überschätzen und verändern den Blickwinkel auf Medien und Kommunikation. Bis dato war der Diskurs über Medien in erster Linie verbunden mit Ansätzen der Massenkommunikation und Massenmedien – die zwar keinesfalls bedeutungslos geworden sind, nunmehr aber allenfalls Teilbereiche mediatisierter Kommunikation abbilden bzw. zu modifizieren und zu ergänzen sind.

Medialität

Im Unterschied zum Begriff des Mediums bzw. der Medien richtet sich der Begriff »Medialität« weniger auf die materiellen und institutionellen Implikationen der Medien, sondern auf ihre ästhetischen Eigenschaften und Charakteristika. In ihm spiegelt sich deutlich die Herkunft der Medienwissenschaft aus Literatur- und Kunstwissenschaft wider. In einer allgemeinen Bestimmung können unter Medialität diejenigen kulturell und historisch bedingten Spezifika verstanden werden, die Medien gleichsam unabhängig von ihren Inhalten prägen. Als grundlegende Dimensionen von Medialität sind zunächst Oralität (die sich z. B. in bestimmten Formen der mündlichen Erinnerung manifestiert) sowie Literalität (z. B. textspezifische Erzählweisen, Dramaturgien) zu nennen. Die mit ihnen einhergehenden ästhetischen Eigenschaften entfalten sich in je spezifischen Ausprägungen in Medien wie der Presse oder dem Hörfunk. Während die Medialität hier ausschließlich auf den auditiven bzw. visuellen Wahrnehmungskanal beschränkt bleibt, sind Film und Fernsehen durch die Verquickung auditiver, literaler und visueller Elemente (z. B. Kameraeinstellungen) gekennzeichnet. In ihrer Medialität zeigen sich damit zwischen den Medien Schnittflächen, medienspezifisch sind jedoch die je einzigartigen Eigenschaftskonstellationen.

Exponiert diskutiert wird derzeit die Medialität internetbasierter Medienangebote. In technischer Hinsicht ermöglichen Multimedia-PC, Internet und Hypertext das Ineinandergreifen und die Kombination unterschiedlichster Ausdrucksformen. Zahlreiche Webangebote offerieren ihren Nutzerinnen zudem eine neue Qualität von Interaktivität und Partizipation (z. B. in virtuellen Gemeinschaften, Foren, Newsgroups). Die globale und weitestgehend zeit- und ortsunabhängige Verfügbarkeit von Informationen und Medienanwendungen ist ein weiteres Wesensmerkmal internetbasierter Medienangebote. Nicht zuletzt vor dem Hintergrund dieser Potenziale (Web 2.0) beschäftigen sich Medienpädagoginnen und Bildungsforscherinnen intensiv mit dem Bildungswert des Kulturraumes Internet (Schorb/Brüggen/Dommaschk 2007; von Gross/Marotzki/Sander 2007).

Arbeitsfelder der Medienwissenschaft

Medienhistoriografie

Die Medienhistoriografie sucht auf die Medien bezogene Entwicklungsprozesse, ihre Ursachen und Auswirkungen zu beschreiben und zu erklären. Im Mittelpunkt dieser Betrachtung stehen gegenwärtig – angesichts der vergleichsweise jungen Historie des Internets – noch die sekundären und tertiären Medien, die als Träger von Bedeutungen und Agenturen gesellschaftlicher Entwicklungen für die wissenschaftliche Auseinandersetzung von besonderem Interesse sind. Mit Blick auf das Spektrum medialer Erscheinungsformen entsteht hier Mediengeschichte etwa als Pressegeschichte (z. B. Stöber 2005), als Filmgeschichte (Faulstich 2005), als Radiogeschichte (Hagen 2005) oder als Fernsehgeschichte (z. B. Abramson 2002; Hickethier 1998). Generell gilt auch für diesen Arbeitsbereich der Medienwissenschaft, dass die Perspektiven, aus der die Historie der Medien in den Blick genommen werden, wie auch die Fragestellungen, die die jeweilige Rekonstruktion leiten, äußerst disparat sind. Seit den 1970er-Jahren wird um die Bestimmung der Erkenntnisgegenstände sowie die Methodik, Theorie und Systematik von Kommunikations- und Mediengeschichte eine rege Diskussion in den unterschiedlichsten Wissenschaftsdisziplinen geführt. Exemplarisch hierfür steht das »Archiv für Mediengeschichte« an der Bauhaus-Universität Weimar, das als Fachperiodikum die Entwicklung medienhistorischer Forschung auf einer übergreifenden Ebene erschließt, reflektiert und diskutiert.

Nicht zuletzt der hier geführte Diskurs veranschaulicht die Vielfalt und Vielschichtigkeit historischer Abhandlungen. Entsprechend finden sich verschiedene Modelle der Mediengeschichtsschreibung, die sich auf mindestens zwei Ebenen unterscheiden lassen:

Mediengeschichtsschreibung als Beschreibung von Medienentwicklungen in Phasenmodellen

Verbreitet ist die Rekonstruktion der Mediengeschichte als Darstellung von Phasenmodellen, die die historische Genese und Relevanz unterschiedlicher Medien im Kontext von Kultur und Gesellschaft beschreiben. Bekannte mediengenealogische Darstellungen stammen von Harold A. Innis (1947), der in seinem fünfstufigen Modell insbesondere die Einflüsse von Medien auf die Entstehung von Wissensmonopolen und deren Institutionalisierung beschreibt, Vilém Flusser (1985), der von einem fünfstufigen Modell ausgeht, das den Prozess der sukzessiven Entfernung des Menschen vom Dinghaften in ein »Universum der technischen Bilder« skizziert, Marshall McLuhan (1962), der in seiner Arbeit »The Gutenberg Galaxy« vier menschheitsgeschichtliche Epochen unterscheidet, die jeweils durch die Einführung eines neuen Mediums abgelöst und für eine bestimmte Zeit von diesem dominiert werden, Walter Jackson Ong (1982), der in seinem Werk »Oralität und Literalität« mit der Erfindung der Schrift eine grundlegende Umstrukturierung menschlicher Denkweisen verbunden sieht.

Der Ausgangspunkt vorhandener Darstellungen wird in der Regel in der Entwicklung der mündlichen Sprache markiert, die zunächst allein über die Vermittlung und Tradierung von Wissen entschied (*orale Kultur*). Eine gezielte Speicherung von Wissen und Information wurde um 3500 v. Chr. mit der Erfindung der Schrift (*Literalität*) möglich. Indes schaffte erst die *Erfindung des Buchdrucks* in der frühen Neuzeit mit der technischen Textreproduktion die Voraussetzungen für ihre massenweise Verbreitung. Maßgeblich mit dem Erscheinen erster Zeitungen im frühen 17. Jahrhundert war die Entstehung der Kultur der *Printmedien* verbunden, die zu einer Institutionalisierung von Medien führte. Erweitert wurde das so entstandene frühe Mediensystem im späten 19. und frühen 20. Jahrhundert zum einen um Tonträgermedien und Hörfunk (*akustische Medien*), die neue Formen der Oralität prägten. Zum anderen entstand mit der Erfindung der Fotografie im Jahr 1826 eine Kultur der *visuellen Medien*, die sich mit dem Erfolg des Kinos in der ersten Hälfte sowie der Verbreitung des Fernsehens (*audiovisuelle Medien*) in der zweiten Hälfte des 20. Jahrhunderts fortsetzte. In die Gegenwart führt schließlich die Etablierung der *digitalen Medien*, die vor allem mit der Verbreitung von PCs in den 1980er-Jahren und des Internets in den 1990er-Jahren eine Speicherung, Vermittlung und Konvergenz verschiedenartiger Medienangebote ermöglicht. Diese neuerliche Umbruchphase wird auch als elektronisches Zeitalter oder mit dem Eponym »Turing-Galaxis« (Coy 1995) bezeichnet.

Mediengeschichtsschreibung entlang von Kommunikationsprozessen

Ein anderes verbreitetes Strukturierungskonzept geht von Modellen medialer Kommunikation aus und nimmt die hier benannten Protagonisten bzw. Instanzen in den Blick (Hickethier 2003, S. 353). Mediengeschichte wird diesem Schema folgend in vier

Dimensionen geschrieben. Mediengeschichte als *Institutionsgeschichte* widmet sich dem Prozess der Entstehung unterschiedlicher Medieninstitutionen (z. B. die Defa, die ARD) und den ihre Arbeit moderierenden ökonomischen, politischen und gesellschaftlichen Kontextbedingungen. Mediengeschichte als *Technikgeschichte* konzentriert sich auf die materiell-apparative Dimension der Medien. Mediengeschichte als *Programm- und Produktgeschichte* setzt sich mit den Angeboten der Medien im Ganzen (z. B. der Programmgeschichte des Fernsehens) auseinander oder fokussiert einzelne Aspekte etwa unterschiedliche Genres oder auch spezifische Sendungen. Mediengeschichte als *Rezeptionsgeschichte* geht von der Perspektive derjenigen aus, die Medien in Gebrauch nehmen, den Medienrezipienten. In diesem noch jungen Forschungsbereich liegen bislang wenige Arbeiten vor. Die älteste und bislang umfassendste Forschungstradition weist hier die Geschichte des Lesens auf (Engelsing 1974; Manguel 1998). Darüber hinaus finden sich Versuche, die Geschichte des Radiohörens (Riedel 1999; Marßolek/von Saldern 1999) oder auch des Fernsehens (Hickethier 1994) zu rekonstruieren.

Seit Mitte der 1990er-Jahre versteht sich Mediengeschichtsschreibung deutlich stärker als eine *Geschichte der öffentlichen Kommunikation*. So ist das Konzept der Öffentlichkeit ein zentraler Ausgangs- und Bezugspunkt prominenter medienhistoriografischer Aufsätze (z. B. Führer/Hickethier/Schildt 2001), die aus dieser Perspektive die Interdependenz von Angeboten und Institutionen, Technik und Rezeption wie auch die wechselseitige Vermittlung von Gesellschaft und Medien systematisch zu erforschen suchen.

Medientheorie

Eine Theorie bezeichnet im Allgemeinen ein komplexes und in sich widerspruchsfreies System von Aussagen zur Erklärung bestimmter Phänomene und Tatsachen. Sie stellt Sinnzusammenhänge her und sucht relevante Konstituenten, Kontexte sowie Bedeutungen und Funktionen abzubilden. Folgerichtig sind Medientheorien als Aussagesysteme zu verstehen, die die Entwicklung und Konstitution der Medien wie auch ihre Funktionen und Bedeutungen für die Subjekte und die Gesellschaft erklären (vgl. Krotz/Hepp/Winter 2008). Gleichwohl ist anzumerken, dass unter dem Begriff der Medientheorie mitunter Ansätze subsumiert werden, die diesem Status nicht gerecht werden, dennoch aber folgenreich für den theoretischen Diskurs um Medien waren. Ausdruck einer bereits frühen Beschäftigung mit Medien sind das viel zitierte »Höhlengleichnis« des griechischen Philosophen Platon (Politeia, ca. 370 v. Chr.) wie auch dessen Schriftkritik (Phaidros).

Spätestens im 20. Jahrhundert avanciert die Medientheorie infolge der Ausweitung und Ausdifferenzierung des Mediensystems und dem mit ihm verbundenen zunehmenden Einfluss von Medien auf die Weltwahrnehmung des Individuums und die Konstitution der Gesellschaft zu einem eigenständigen Arbeits- und Forschungsfeld. Dabei ist anzumerken, dass es *die* universale, allumfassende Medientheorie nicht gibt (wenn auch viele mit universalem Anspruch antreten). Verschiedene Autoren haben den Versuch unternommen, einen Überblick über die bestehenden Medientheorien zu geben und diese zu klassifizieren (z.B. Faulstich 1991; Kloock/Spahr 2007; Leschke 2003). Die jeweils als relevant erachtete Perspektive und das gewählte Ordnungsschema führen indes zu sehr unterschiedlichen und selektiven Darstellungen, die mitunter durchaus widersprüchlich und miteinander unvereinbar sind (vgl. Grampp/Seifert 2004). Diese Divergenzen sind zum einen auf die je spezifische Gegenstandskonstitution und Bestimmung von »Medienwissenschaft« als sozialwissenschaftliches, kulturwissenschaftliches oder auch historisches Arbeitsfeld zurückzuführen. Zum anderen spiegelt sich in der Rekonstruktion des medientheoretischen Feldes die Multiperspektivität der Disziplin wider.

Einige Darstellungen beschränken sich darauf, Medientheorien ausgewählter Autoren vorzustellen und zu diskutieren (so z.B. Kloock/Spahr 2007). Andere setzen sich zum Ziel, die Unterschiede und Gemeinsamkeiten der Medientheorien herauszuarbeiten und gruppieren die Ansätze vor diesem Hintergrund strukturell und/oder genealogisch. Stark vereinfachend ist zunächst festzustellen, dass die Zusammenhänge zwischen Medien und Gesellschaft einerseits in einem deterministisch-technizistischen Verhältnis konturiert werden können (»die Technik und ihre Folgen«), andererseits eher funktionalistisch-sozial in dem Sinne, dass Medien stärker in ihren interdependenten Wechselverhältnissen mit kulturellen Entwicklungsprozessen und sozialen und gesellschaftlichen Kontexten verortet werden (siehe auch Mediengeschichte). Als erste Orientierung im Feld der Medientheorien soll im Folgenden das eher sozialwissenschaftlich orientierte Ordnungsschema von Faulstich (1991) vorgestellt werden. Er unterscheidet Medientheorien als Einzelmedientheorien, kommunikationstheoretische Medientheorien, gesellschaftskritische Medientheorien und systemtheoretische Medientheorien.

Einzelmedientheorien konzentrieren sich (wie der Begriff bereits nahe legt) auf Einzelmedien, deren spezifische Medialität sie in den Blick nehmen. Vor allem im 20. Jahrhundert entstanden diese retrospektiv oder parallel zur Entwicklung der Medien: der Fotografie, dem Radio, dem Film und dem Fernsehen. Zugleich führten die massenmediale Ausdifferenzierung und ihre theoretische Reflexion zu einem neu erwachenden Interesse an historisch älteren Medien, wie der Oralität, der Schrift oder dem Buchdruck. Einflussreiche Ansätze sind im Bereich des Films beispielsweise die Ausführungen von Sergei M. Eisenstein (1929), im Bereich des Hörfunks die Arbeiten von Bertolt Brecht (1932) und Rudolf Arnheim (1936) oder im Bereich des Computers von Hartmut Winkler (1997)

Kommunikationstheoretische Medientheorien betrachten Medien als Teil des Kommunikationsprozesses. Generell gilt, dass sich die Ausformung und Ausdifferenzierung dieser Theorien als eine Entwicklung von einem Medienzentrismus hin zu einer weiteren, die vielfältigen (auch interpersonalen) Instanzen der Kommunikation integrierenden Perspektive beschreiben lässt. In Anlehnung an Bonfadelli (2004) lassen sich verallgemeinernd drei Phasen der Modellbildung unterscheiden. Kennzeichnend für die Anfänge kommunikationswissenschaftlicher Arbeiten war ein einfaches, dem

Behaviorismus entlehntes Medienwirkungsmodell, demzufolge Medien das Verhalten eines als Masse isolierter Menschen gedachten Publikums homogen beeinflussen (»Stimulus Response«-Modell). Die Ergebnisse früherer empirischer Studien relativierten diese Auffassung und veranschaulichten spätestens ab den 1950er- und 1960er-Jahren die Variabilität von Medienkommunikationsprozessen. Dabei wurde insbesondere die Bedeutung sozialer Normen, Bezugsgruppen und sozial geprägter Vorstellungen für die Ausprägung von Einstellungen hervorgehoben (z. B. S-O-R- oder »Two-Step-Flow«-Modell). Ab den 1970er-Jahren vollzog sich schließlich eine endgültige Abkehr von der Vorstellung eines der Omnipotenz der Medien »ausgelieferten«, passiven Rezipienten. Im Mittelpunkt von Konzepten wie etwa dem »Uses and Gratifications-Approach« steht ein prinzipiell aktiver Rezipient, dessen Handeln von Erwartungen und Bedürfnissen moderiert ist. Diese konstruktive Übergangsphase führt bis in die Gegenwart, in der eine Vielzahl unterschiedlicher Modelle die am Prozess der Mediennutzung beteiligten Elemente wie auch ihr Zusammenwirken weiter zu spezifizieren suchen (z. B. »dynamisch-transaktionaler Ansatz«).

Gesellschaftskritische Medientheorien verorten Medien in einer erweiterten Perspektive in einem übergreifenden Kontext von Gesellschaft und Kultur. Medien und ihre Inhalte werden in dieser Perspektive in ihrem Zusammenhang mit politisch-ökonomischen beziehungsweise gesellschaftlich-materiellen Kräften und Bedingungen reflektiert. Zu unterscheiden sind hier einerseits gesellschaftskritische und nicht selten kulturpessimistische Ansätze, die vor allem die Risiken und Gefahren der Medien und ihrer sozialen Bedeutung betonen sowie andererseits emanzipatorische Ansätze, die hieran anknüpfend den Gebrauch von Medien als Ausdrucks- und Partizipationsinstrumente fordern. Klassische Thematiken der gesellschafts- und kulturkritischen Theoriebildung beschäftigen sich in der Problematisierung von Macht- und Herrschaftsverhältnissen und dem Verlust authentischer Erfahrung sowie in gegenwärtigen Diskursen auch die mediale Konstitution von Geschlechterkonstellationen.

Walter Benjamin sieht in seinen Ausführungen in »Das Kunstwerk im Zeitalter seiner technischen Reproduzierbarkeit« (1936) die Auswirkungen einer massenhaften Reproduktion von Kunst zuvorderst im Verlust von Originalität, Dignität und Authentizität. Theodor W. Adorno und Max Horkheimer betrachten in ihrer 1944 entstandenen »Dialektik der Aufklärung« Medien als Bestandteil der Kulturindustrie und charakterisieren diese als Instanzen einer Stabilisierung gesellschaftlicher Machtverhältnisse. Jean Baudrillard (1972) beschreibt in seiner Simulationstheorie eine durch die Medien geschaffene Wirklichkeit, die er als Realität aus zweiter Hand kennzeichnet und deren Totalität und Verschleierung des Wahrhaften er kritisiert. Emanzipatorische Ansätze hingegen unterstreichen die Möglichkeit und Notwendigkeit gesellschaftlicher Veränderungen. So forderte Bertolt Brecht in seiner »Rede über die Funktion des Rundfunks« bereits 1932 die Transformation des Mediums von einem Distributionsapparat in einen Kommunikationsapparat. Hans Magnus Enzensberger (1970) versteht die elektronischen Medien als wesentliche Bestandteile der Bewusstseins-Industrie. Eine Überwindung dieser Missverhältnisse sieht er indes im emanzipatorischen Mediengebrauch, der (passive) *Empfänger* zu (aktiven) *Sendern* werden lasse.

Systemtheoretische Medientheorien basieren auf einem weiten Medienbegriff und sehen in diesem nicht primär einen technischen Kommunikations-, sondern einen Handlungsbegriff. Talcott Parsons (1980) entwickelte eine Theorie gesellschaftlicher Interaktionsmedien und unterscheidet darin die Medien Geld (wirtschaftliches System), Macht (politisches System), Einfluss (System sozialer Integration) und Wertbindung (System der kulturellen Reproduktion). In einem ebenso umfassenden Verständnis charakterisiert Niklas Luhmann Wahrheit, Liebe, Kunst und Glaube als Kommunikationsmedien. In seinem Werk »Die Realität der Massenmedien« (1995) fasst er Letztere als eigenständiges System auf, dessen Funktionen in der gesellschaftlichen Selbstbeschreibung, der Beobachtung der Umwelt sowie der Konstruktion von Realität zu finden sind.

Diese knappe Darstellung vermag es keinesfalls, die Hintergründe sowie die Diskurse und die Kritik an den singulären Theorieentwürfen darzustellen. Es sollte jedoch deutlich geworden sein, dass Medientheorien mit heterogenen Ansprüchen auftreten. So argumentieren systemtheoretische Medientheorien, anders als gesellschaftskritische Theorien, weniger normativ und, anders als kommunikationstheoretische Medientheorien, fokussieren sie auf abstrakte und globale Zusammenhänge. Kommunikationstheoretische Modelle wiederum nehmen stärker die sozialpsychologischen Implikationen in den Blick.

Medienanalyse

Das dritte zentrale medienwissenschaftliche Arbeitsfeld ist die Medienanalyse, die sowohl die empirische Basis für die Mediengeschichtsschreibung und Medientheorie bildet als auch deren allgemeine Aussagen prüft (vgl. Hickethier 2003, S. 332). In einem engen Verständnis zielt die Medienanalyse in erster Linie auf die wissenschaftliche Untersuchung der Medieninhalte und -angebote, in einem weiter gefassten Begriffsverständnis schließt sie entlang eines einfachen Strukturmodells medialer Kommunikation jedoch mindestens auch die Instanz der Medienproduktion wie auch die Rezeption der Medien und ihrer Angebote ein.

Medienproduktion

Die Medienproduktionsforschung richtet ihren Blick auf die Bedingungen, Strukturen und Prozesse der Medienproduktion. Im Mittelpunkt stehen hier die Kommunikator/innen, d. h. diejenigen, die an der Herstellung medialer Produkte und Inhalte maßgeblich beteiligt sind. Ein eigenständiger Arbeitsbereich hat sich mit der Journalismusforschung etabliert, die sich mit dem beruflichen Selbstverständnis von Journalist/innen beschäftigt und die Bedingungen deren Arbeit (z.B. Arbeitsroutinen, -abläufe, Organisationsstrukturen, Qualitätskriterien) zu eruieren sucht (vgl. Kübler 2005). Aus der Perspektive von Medien- und Bildungsmanagement sei hier auf die

Nachrichtenwertforschung hingewiesen, die Kriterien für die Wahrscheinlichkeit bestimmt, dass ein Ereignis tatsächlich zur medial verbreiteten *Nachricht* wird. Methodisch dominieren in der Kommunikatorforschung Verfahren der quantitativen Befragung. Da jedoch Einstellungen und mithin subjektive Theorien und Relevanzsysteme von Kommunikatoren wesentliche Gegenstandsbereiche der Kommunikatorforschung sind, bieten sich ebenso qualitative Erhebungs- und Auswertungsverfahren an. Desiderate zeigen sich in der Kommunikator- und Produktionsforschung vor allem im nicht journalistischen Bereich; Kommunikator/innen wie Regisseur/innen, Autor/innen oder Musikredakteur/innen fanden bislang nur wenig und nicht systematisch Beachtung. Zudem ergeben sich aus der Digitalisierung und Vernetzung auch für dieses Forschungsfeld neue Herausforderungen, da mit PC und Internet eine jede Person Kommunikator werden und mediale Produkte unbegrenzt und weltweit verbreiten kann (vgl. Kübler 2005, S. 182).

Medieninhalte

Ein weiterer Arbeitsschwerpunkt der empirischen Medienwissenschaft ist die Analyse der Medienangebote selbst. In ihrer literaturwissenschaftlichen Tradition wendet sie sich hier vor allem den fiktionalen und unterhaltenden Formen in den Medien zu, während in der publizistisch orientierten Auseinandersetzung die Analyse journalistischer Darstellungsformen dominiert. Gemeinsam ist diesen Untersuchungen in methodologischer Hinsicht der Rückgriff auf inhaltsanalytische Verfahren. Die Inhaltsanalyse ist eines der ältesten systematischen Instrumente kommunikations- und medienwissenschaftlicher Disziplinen und bezog sich in ihren Anfängen auf die Analyse schriftlicher Pressetexte. Mit dem Aufkommen jeweils neuer Medien wurde diese Grundvariante erweitert und es formierten sich medienspezifische Analyseverfahren, die als Gegenstandsbereiche dramaturgische und ästhetische Gestaltungsmittel der Medien Hörfunk, Film, Fernsehen und des Internets integrierten. Zugleich ist zu konstatieren, dass nicht alle Medien gleichermaßen wissenschaftliche Aufmerksamkeit erlangen. So liegen unzählige Untersuchungen im Bereich der Film- und Fernsehanalyse vor, was sich nicht zuletzt in den zahlreichen Einführungswerken spiegelt (vgl. Faulstich 2002; Hickethier 2007; Korte 2003). Ungeachtet des großen Interesses, das derzeit den onlinebasierten Medienofferten entgegengebracht wird, ist ihre wissenschaftliche Analyse noch weitestgehend in einer Phase der Entwicklung und Erprobung adäquater methodischer Instrumentarien zu sehen. Exemplarisch für den Versuch die durch gänzlich andersartige Strukturen gekennzeichnete Online-Sphäre zu erfassen, steht das von Winfried Marotzki entwickelte Strukturmodell zur Community-Analyse (Marotzki 2003).

In ihrer Anlage und ihrem Erkenntnisinteresse variieren Medienanalysen erheblich. Unter dem Begriff sind zunächst alle regelgeleiteten und transparenten Verfahrensweisen zu subsumieren, in denen mittels eines im Untersuchungsprozess deduktiv und/oder induktiv erarbeiteten Kategorienschemas spezifische Merkmale von

Medienprodukten (systematisch) erfasst werden sollen. Grundsätzlich sind hierbei sowohl messend-quantifizierende als auch hermeneutisch-qualitative Zugänge möglich. Die Wahl eines geeigneten Analyseverfahrens richtet sich nach dem zu untersuchenden Gegenstandsbereich und dem Erkenntnisinteresse.

Das hierbei mögliche Spektrum verdeutlicht sich mit Blick auf die von Hickethier (2003) unterschiedenen Analysekonzepte (S. 341 ff.): *Formale Medienanalysen* beschränken sich auf die Beschreibung der Medienprodukte in ihrer inhaltlichen und ästhetischen Gestaltung. *Hermeneutische Medienanalysen* gehen über die Ebene der Deskription hinaus. In ihrer Betrachtung kultureller Bedeutungsdimensionen stellen sie beispielsweise biografische, historische, genrespezifische oder werksgeschichtliche Sinnzusammenhänge her. *Ideologiekritische* und *feministische Medienanalysen* fokussieren das Ineinandergreifen von Macht, Gesellschaft und Medien und analysieren vor diesem Hintergrund Medienprodukte in erster Linie als Träger von Macht- und Herrschaftsverhältnissen, die es sichtbar zu machen gilt. *Dekonstruktivistische Medienanalysen* betonen hingegen die Ambivalenzen in Medienprodukten und haben zum Ziel, über die Darstellung der in einem Medienprodukt enthaltenen Divergenzen die heterogenen Argumentations- und Diskurslinien zu offenbaren.

Medienrezipient/innen

Der dritte Schwerpunkt der Medienanalyse richtet den Blick auf die Seite all jener, die Medien in Gebrauch nehmen und fragt nach den Bedeutungen, Funktionen und mithin Wirkungen der Mediennutzung. Die wissenschaftliche Auseinandersetzung mit diesen Problemkomplexen hat ihre Wurzeln in der ersten Hälfte des 20. Jahrhunderts in der Thematisierung mediensoziologischer Zusammenhänge (z.B. Weber 1911) und fand ihre Fortsetzung seit den 1920er-Jahren in der zunehmend an Kontur gewinnenden Publizistikwissenschaft. Ihre Genese ist eng verbunden mit der Entstehung und Ausweitung der Massenmedien, deren Untersuchung seit jeher auch ein Spiegel politischer und ökonomischer Interessen ist.

Frühe Beispiele einer Orientierung (auch) an Aspekten der Rezeption von Massenmedien finden sich im Umfeld der soziologischen Chicagoer Schule, die der Zeitung als Medium der Großstadt eine zentrale alltägliche Bedeutung beimaß (Ayaß 2006, S. 49 ff.). Obgleich diese frühen Arbeiten bereits außerordentlich offene Forschungsszenarien aufwiesen (ethnografische Studien), war die Perspektive in der Erforschung von Rezeptionsprozessen lange Zeit eher eng und eindimensional. Insbesondere die frühe Wahl- und Propagandaforschung konzentrierte sich in ihrer Untersuchung des Einflusses der Medien(-nutzung) auf Einstellungen und Verhaltensweisen (Persuasion) zunächst stark auf eine Analyse medialer Angebote, von deren Ergebnissen ausgehend weitreichende Schlüsse gezogen wurden. Als Wendepunkt wird in der Literatur häufig eine Studie des Soziologen Paul Felix Lazarsfeld angeführt (»The People's Choice«, 1944), die den Einfluss der Massenmedien im US-amerikanischen Präsidentschaftswahlkampf (1940) untersuchte, hier einen eher geringen Einfluss (*minimal effects*) ausmachte und auf die Bedeutung intervenierender Variablen wie persönliche Beziehungen und soziale Normen verwies. Seit Mitte der 1970er-Jahre wurde die Fragestellung »Was machen die Medien mit den Menschen?« programmatisch abgelöst durch die Frage »Was machen die Menschen mit den Medien?« (Katz/Foulkes 1962). Die Vorstellung vom aktiven Rezipienten, dessen Handeln ein zielgerichtetes, sinnhaftes und soziales ist, rückte in den Vordergrund einschlägiger Untersuchungen, die sich insbesondere mit den mit Medien verbundenen Gratifikationen auseinandersetzen. Wenn auch diese Perspektive auf Rezeptionsprozesse schon längst vor dieser Zeit existierte (z. B. in den 1930er-Jahren im Umfeld der Forschung des »Office of Radio Research« um Paul Felix Lazarsfeld), war der von Elihu Katz, Jay G. Blumler und Michael Gurevitch 1974 veröffentlichte Aufsatz »Utilization of Mass Communication by the Individual« paradigmatisch.

Mit Blick auf die gegenwärtige Analyse von Prozessen der Medienrezeption lassen sich zahlreiche Ansätze anführen, die entsprechend der disziplinär und theoretisch begründeten Forschungsperspektive different modellieren und je unterschiedliche Aspekte medialer Kommunikationsprozesse fokussieren. Diese reichen von einer Betrachtung der Motive und Bedürfnisse, die der Medienzuwendung zugrunde liegen (z. B. Medienselektionsforschung), der Prozesse der Medienzuwendung selbst (Medienrezeptions- und -nutzungsforschung) bis hin zu der weiter gefassten Frage der Relevanz der Medien als Orientierungsquelle und Ressource in Sozialisationsprozessen (z. B. Medienaneignungsforschung). Ebenso vielfältig zeigt sich das Spektrum der methodologischen und methodischen Zugänge, die von quantitativen über qualitative bis hin zu Multimethoden-, Longitudinal- und Mehrebenendesigns reichen. In diesem Zusammenhang ist ein verstärktes Interesse an den in Deutschland lange Zeit eher mit Zurückhaltung begegneten ethnomethodologischen Untersuchungsszenarien (z. B. Video- oder Online-Ethnografie) zu beobachten.

Die Wissenschaft der Medien in der Praxis der Wissenschaft

Angesichts der weiter fortschreitenden Durchdringung des alltäglichen Lebensvollzugs, von Kunst und Kultur, Bildung, Wirtschaft und Politik, wird das Wissen um Medien stärker denn je eine Grundlage unterschiedlichster (und nicht nur genuin medienwissenschaftlicher) Fragestellungen sein. Auf institutioneller Ebene schlägt sich dies etwa in der zunehmenden Integration medienwissenschaftlicher Schwerpunkte in den traditionellen Fächerkanon nieder, so etwa in der »Deutschen Gesellschaft für Erziehungswissenschaft« (DGfE) als »Sektion Medien- und Umweltpädagogik«; in der Deutschen Gesellschaft für Psychologie (DGPs) als Fachgruppe »Medienpsychologie«; in der Deutschen Gesellschaft für Soziologie (DGS) als Sektion »Medien- und Kommunikationssoziologie« und in der Deutschen Gesellschaft für Recht und Informatik e.V. (DGRI) als »Fachausschuss Telekommunikations- und Medienrecht«. Auch für die Medienwissenschaft selbst, als eine sich noch formierende Disziplin, ist damit mindestens die Notwendigkeit einer erweiterten Perspektive verbunden, die über ihre traditionelle disziplinäre Fokussierung die Komplexität sowohl der ästhetischen Verfasstheit medialer Offerten als auch ihrer gesellschaftlichen, sozialen und individuellen Relevanz zu berücksichtigen sucht. Die Verzahnung der zu Beginn dieser Ausführungen vorgestellten Traditionen und Positionen im Feld der Medienwissenschaft verdeutlicht schließlich auch die Gestalt der hiesigen Ausbildungslandschaft. Hier mehren sich Fachbereiche und Studiengänge, die qua Curriculum eine Kombination beider Perspektiven ermöglichen, so z.B. der Masterstudiengang »Interdisziplinäre Medienwissenschaft« an der Universität Bielefeld, der Fachbereich »Medien und Kommunikationswissenschaft« an der Universität Fribourg oder das »Institut für Kommunikations- und Medienwissenschaft« an der Universität Leipzig. Ein wichtiger Bezugspunkt der (medien-)wissenschaftlichen Gemeinschaft ist die bereits seit 1985 bestehende »Gesellschaft für Medienwissenschaft« (bis Ende 2000 »Gesellschaft für Film- und Fernsehwissenschaft«), welche die interdisziplinäre Verschränkung ihrer Arbeit explizit als Zielperspektive ihrer Arbeit formuliert: »Die Diskussion in der GfM gibt ästhetischen, historischen, soziologischen, psychologischen und kommunikationstheoretischen Ansätzen in gleicher Weise Raum. Sie fördert eine produktive Auseinandersetzung und tritt einer Verabsolutierung der Einzelansätze entgegen« (Beschreibung des Selbstverständnisses auf der Homepage der Gesellschaft).

Literatur

Abramson, A. (2002): Die Geschichte des Fernsehens. München: Fink.
Arnheim, R. (1936/1979): Rundfunk als Hörkunst. München/Wien: Suhrkamp.
Ayaß, R. (2006): Zur Geschichte der qualitativen Methoden in der Medienforschung: Spuren und Klassiker. In: Ayaß, R./Bergmann, J. (Hrsg.): Qualitative Methoden der Medienforschung. Reinbek bei Hamburg: Rowohlt, S. 42–71.
Baudrillard, J. (1972/1978): Requiem für die Medien. In: Baudrillard, J. (Hrsg.): Kool Killer und der Aufstand der Zeichen. Berlin: Merve.
Benjamin, W. (1936/2006): Das Kunstwerk im Zeitalter seiner technischen Reproduzierbarkeit. Frankfurt a.M.: Suhrkamp.
Bonfadelli, H. (2004): Medienwirkungsforschung I. Grundlagen und Perspektiven. Konstanz: UVK.
Brecht, B. (1932/1967): Der Rundfunk als Kommunikationsapparat. Rede über die Funktion des Rundfunks. In: Gesammelte Schriften, Bd. 18. Frankfurt a.M.: Suhrkamp, S. 117–134.
Coy, W. (1995): Die Turing-Galaxis. Computer als Medien. In: Dencker, K.P. (Hrsg.): Weltbilder Bildwelten. Computergestützte Visionen. Hamburg: Hans-Bredow-Institut für Rundfunk und Fernsehen, S. 48–54.
Eisenstein, S.M. (1929/2006): Jenseits der Einstellung. Schriften zur Filmtheorie. Frankfurt a.M.: Suhrkamp.
Engelsing, R. (1974): Der Bürger als Leser. Lesergeschichte in Deutschland. 1500-1800. Stuttgart: Metzler.
Enzensberger, H.M. (1970): Baukasten zu einer Theorie der Medien. In: Kursbuch 20, S. 159–186.
Faßler, M. (1997): Was ist Kommunikation? München: Fink.
Faulstich, W. (2005): Filmgeschichte. München: Fink.
Faulstich, W. (2004): Medienwissenschaft. München: Fink.
Faulstich, W. (2002): Grundkurs Filmanalyse. München: Fink.

Faulstich, W. (1991): Medientheorien. Einführung und Überblick. Göttingen: Vandenhoeck & Ruprecht.

Flusser, V. (1985/2000): Ins Universum der technischen Bilder. Berlin: Vice Versa.

Führer, K.C./Hickethier, K./Schildt, A. (2001): Öffentlichkeit, Medien, Geschichte. Konzepte der modernen Öffentlichkeit und Zugänge zu ihrer Erforschung. In: Archiv für Sozialgeschichte, 41. Jg., S. 1–38.

Gesellschaft für Medienwissenschaft (GfM): Darstellung des Selbstverständnisses der GfM. www.gfmedienwissenschaft.de (Abruf Juni 2008).

Grampp, S./Seifert, J. (2004): Die Ordnungen der Medientheorien. Eine Einführung in die Einführungsliteratur. In: Rezensionsforum literaturkritik.de, Nr. 10, Oktober 2004. www.literaturkritik.de (Abruf Juni 2008).

Hagen, W. (2005): Das Radio. Zur Geschichte und Theorie des Hörfunks – Deutschland/USA. München: Fink.

Hickethier, K. (2007): Film- und Fernsehanalyse. 4., aktualisierte und erw. Aufl. Stuttgart: Metzler.

Hickethier, K. (2003): Einführung in die Medienwissenschaft. Stuttgart, Weimar: Metzler.

Hickethier, K. (1998): Geschichte des deutschen Fernsehens. Stuttgart, Weimar: Metzler.

Hickethier, K. (1994): Zwischen Einschalten und Ausschalten. Fernsehgeschichte als Geschichte des Zuschauens. In: Faulstich, W. (Hrsg.): Vom »Autor« zum Nutzer. Handlungsrollen im Fernsehen. München: Fink, S. 237–306.

Horkheimer, M./Adorno, T.W. (1944/2004): Dialektik der Aufklärung. Philosophische Fragmente. Frankfurt a.M.: Fischer.

Innis, H.A. (1947/1997): Die Eule der Minerva. In: Barck, K. (Hrsg.): Harold A. Innis – Kreuzwege der Kommunikation. Ausgewählte Texte. Wien, New York: Springer.

Katz, E./Foulkes, D. (1962): On the Use of the Mass Media as »Escape«. Clarification of a Concept. In: Public Opinion Quarterly, Vol. 26, S. 377–388.

Katz, E./Blumler, J.G./Gurevitch, M. (1974): Utilization of Mass Communication by the Individual. In: Blumer, J.G./Katz, E. (Hrsg.): The Uses of Mass Communications. Beverly Hills: Sage, S. 19–34.

Kloock, D./Spahr, A. (³2007): Medientheorien. Eine Einführung. Paderborn/München: Fink.

Korte, H. (³2003): Einführung in die Systematische Filmanalyse. Tübingen: ESB.

Krotz, F./Hepp, A./Winter, C. (2008): Einleitung. Theorien der Kommunikations- und Medienwissenschaft. In: Winter, C./Hepp, A./Krotz, F. (Hrsg.): Theorien der Kommunikations- und Medienwissenschaft. Wiesbaden: VS Verlag für Sozialwissenschaften, S. 9–25.

Kübler, H.-D. (2005): Medienproduktionsforschung. In: Mikos, L./Wegener, C. (Hrsg.): Qualitative Medienforschung. Ein Handbuch. Konstanz: UVK, S. 181–192.

Lazarsfeld, P.F./Berelson, B.R./Gaudet, H. (1944/1948): The People's Choice. How the voter makes up his mind in a presidential campaign. New York: Columbia University Press.

Leschke, R. (2003): Einführung in die Medientheorie. München: Fink.

Luhmann, N. (1995): Die Realität der Massenmedien. Opladen: Westdeutscher Verlag.

Maletzke, G. (1963): Psychologie der Massenkommunikation. Theorie und Systematik. Hamburg: Verl. Hans Bredow-Institut.

Manguel, A. (1998): Eine Geschichte des Lesens. Darmstadt: Wissenschaftliche Buchgesellschaft.

Marotzki, W. (2003): Online-Ethnologie. Wege und Ergebnisse zur Forschung im Kulturraum Internet. In: Jahrbuch der Medienpädagogik. Opladen: Leske + Budrich.

Marßoleck, I./von Saldern, A. (Hrsg.) (1999): Radiozeiten. Herrschaft, Alltag, Gesellschaft (1924–1960) Potsdam: Verl. für Berlin-Brandenburg.

McLuhan, M. (1962/1995): Die Gutenberg-Galaxis. Das Ende des Buchzeitalters Bonn u.a.: Addison-Wesley.

Ong, W.J. (1982/1987): Oralität und Literalität. Die Technologisierung des Wortes. Opladen: Westdeutscher Verlag.

Parsons, T. (1980): Zur Theorie der sozialen Interaktionsmedien. Opladen: Westdeutscher Verlag.

Platon (ca. 370 v. Chr./2005): Politeia. Herausgegeben von Otfried Höffe. Buch VII Berlin: Akademie-Verlag.
Platon (ca. 370 v. Chr./1997): Phaidros. Übersetzung und Kommentar. Herausgegeben von Ernst Heitsch. Göttingen: Vandenhoeck und Ruprecht.
Pross, H. (1972): Medienforschung. Film, Funk, Presse, Fernsehen. Darmstadt: Habel.
Riedel, H. (1999): Lieber Rundfunk ... 75 Jahre Hörergeschichte(n). Berlin: Vistas.
Rusch, G. (2002): Vorwort. In: Rusch, G. (Hrsg.): Einführung in die Medienwissenschaft. Konzeptionen, Theorien, Methoden, Anwendungen. Wiesbaden: Westdeutscher Verlag, S. 7–9.
Schanze, H. (1974): Medienkunde für Literaturwissenschaftler. Einführung und Bibliographie. München: Fink.
Schorb, B./Brüggen, N./Dommaschk, A. (2007): Mit eLearning zu Medienkompetenz. Modelle für Curriculumgestaltung, Didaktik und Kooperation. München: kopaed.
Stöber, R. (2005): Deutsche Pressegeschichte. Von den Anfängen bis zur Gegenwart. Konstanz: UVK.
Viehoff, R. (2002): Von der Literaturwissenschaft. Oder: vom Text- über das Literatursystem zum Mediensystem. In: Rusch, G. (Hrsg.): Einführung in die Medienwissenschaft. Konzeptionen, Theorien, Methoden, Anwendungen. Wiesbaden: Westdeutscher Verlag, S. 10–35.
von Gross, F./Marotzki, W./Sander, U. (Hrsg.) (2007): Internet – Bildung – Gemeinschaft. Wiesbaden: VS Verlag für Sozialwissenschaft.
Weber, M. (1911/1969): Zu einer Soziologie des Zeitungswesens. In: Schriften der Deutschen Gesellschaft für Soziologie. Serie 1, Band 1, Tübingen. (Verhandlungen des Ersten Deutschen Soziologentages in Frankfurt 1910). Frankfurt a.M.: Sauer und Auvermann, S. 39–62.
Weingart, P. (2001): Die Stunde der Wahrheit? Zum Verhältnis der Wissenschaft zu Politik, Wirtschaft und Medien in der Wissensgesellschaft. Weilerswist: Velbrück.
Winkler, H. (1997): Docuverse. Zur Medientheorie der Computer. München: Boer.

6. Informatik im Medien- und Bildungsmanagement

Andreas Urra / Oliver Deussen

Informatik im Medien- und Bildungsmanagement – Programmiersprachen

Einleitung

Je nach Tätigkeitsfeld im Medien- und Bildungsmanagement kann man mit unterschiedlichen Aspekten von Programmierung in Berührung kommen. Ziel dieses Kapitels soll es sein, dem Leser einen Überblick zu verschaffen, wo diese Berührungspunkte liegen und wie sie im Gesamtfeld von Medien- und Bildungsmanagement und damit auch im Bereich des E-Learnings zu verorten sind. Begriffe wie »Java«, »serverseitiges Scripting« und »AJAX« fallen an vielen Stellen im Berufsumfeld des Medien- und Bildungsmangements, das Kapitel soll dem Leser Grundkenntnisse vermitteln und bei der Einschätzung helfen, in welchem Rahmen sich mögliche Aufgabenstellungen bewegen können. Es werden keine Kenntnisse über Programmierung von Anwendungen oder Webinhalten vorausgesetzt.

Programmierung an sich ist ein unscharfer Begriff. Ziel beim Verfassen eines Programms ist es prinzipiell, den Computer Aufgaben nach den eigenen Wünschen und Anweisungen erledigen zu lassen. Auch wenn auf den Bereich E-Learning eingegrenzt, können dies sehr unterschiedliche Aufgaben sein. Beispielsweise können in *Microsoft Word* Arbeitsschritte als Makro aufgezeichnet werden. Wird dieses Makro in einem Editor nachbearbeitet, so beschäftigt man sich bereits mit der Programmierung. In diesem Fall richten sich die Anweisungen nicht primär an den Rechner, sondern an die Rechneranwendung *Word*. Üblicherweise bezeichnet man mit »Programmierungen« aber eher das Erstellen von Anwendungen. Eine Anwendung mittels (Makro-) Anweisungen zu steuern wird dagegen eher als »Scripten« bezeichnet.

Für die weiteren Ausführungen in diesem Aufsatz fokussieren wir den Terminus »Programmieren« auf E-Learning-Anwendungen. Damit betrachten wir sowohl Lernanwendungen nach Art des Computer Based Trainings (CBT), die am heimischen Computer ausgeführt werden können, als auch des Web Based Trainings (WBT), bei denen eine Lernanwendung im Firmen-, Hochschul- oder weltweiten Netzwerk läuft und der lokale Rechner lediglich den Zugriff darauf ermöglicht. Seitens der Programmierung sind in diesem Kontext sowohl Sprachen und Werkzeuge von Interesse, mit denen lokale Anwendungen erstellt werden, als auch solche, wie sie bei der Entwicklung von netzbasierten Anwendungen zum Einsatz kommen.

Anwendungen und Programmierung

Damit die im Folgenden zu besprechenden Programmiersprachen, -werkzeuge und verwandten Techniken besser eingeordnet werden können, soll zunächst ein Überblick über verschiedene Anwendungsgattungen gegeben werden. Dabei wird jeweils beleuchtet, wo Programmierbedarf besteht und welcher Natur dieser ist.

Lernprogramme, CBT

Darunter versteht man eigenständige Anwendungen, die meist lokal auf dem eigenen Computer laufen und mithilfe derer Lernende sich Wissen aneignen können. Typische Vertreter sind Sprachlernprogramme und Software zum Vertiefen und Üben von Mathematik, Physik, Chemie oder anderen Fächern. Zunehmend greifen diese Programme auch auf das Internet zu, aber meist nur, um ergänzende Daten und Aktualisierungen abzurufen. Im Wesentlichen kann man mit ihnen jedoch selbstständig und unabhängig lernen, was allgemein als ein entscheidender Vorteil gegenüber anderen Lernformen angesehen wird.

Lernspiele können in dieselbe Kategorie eingeteilt werden, da hier aus programmiertechnischer Sicht kein wesentlicher Unterschied besteht. Allerdings sind dem Erfindungsreichtum der Entwickler/innen im Gegensatz zu schematisierten Lernanwendungen hier eher wenig Grenzen gesetzt. Einheiten wie Vokabeltraining können beispielsweise mit Puzzles und Geschicklichkeitseinlagen gemischt werden.

Für die Entwicklung solcher Anwendungen empfehlen sich sogenannte Autorentools, die viele hilfreiche Funktionen bereits mitbringen und so den Entwicklungsprozess merklich beschleunigen. Natürlich kann man auch alles von Grund selbst erstellen, was sich aber angesichts der Komplexität moderner Lernprogramme nicht empfiehlt. Programmiersprachen wie C++ und Java sind ebenso mächtig wie komplex, daher ist es gleichermaßen mühsam wie unnötig, alle notwendigen Aspekte wie grafische und akustische Ausgaben selbst zu programmieren. Genau dies bieten daher die sogenannten Autorentools bereits an und erlauben damit die Konzentration auf wesentlichere Dinge. Adobe Director, Adobe Flash, Toolbook und iShell sind Beispiele für solche Autorentools.

Simulationen

Simulationen laufen typischerweise wie auch Lernprogramme auf dem lokalen Rechner. Prinzipiell können hier ebenfalls Autorentools eingesetzt werden. Je nach Art und Komplexität der Simulation wird jedoch viel Anpassungsaufwand notwendig sein. In Flash beispielsweise können mit der eingebauten Programmiersprache *ActionScript* auch aufwendige Berechnungen angestellt werden, in Director gibt es die Sprache *Lingo*. Da komplexe Simulationen jedoch selten aus vorgefertigten Bausteinen zusammengesetzt werden können, ist viel eigene Programmierung vonnöten. Hinzu kommt, dass Autorentools eher auf Funktionsmächtigkeit als auf Geschwindigkeit hin optimiert sind. Damit ist es kaum möglich, aufwendige Simulationen mit Echtzeit-Anspruch umzusetzen. Komplexe Berechnungen und Darstellungen in 3D-Grafik wird man daher eher mit den »großen« Programmiersprachen wie *C++* und *Java* umsetzen. Für wissenschaftliche Simulationen, wie Strömungsvisualisierung und Ähnliches, kann man auch auf Pakete wie Matlab und Mathematica zurückgreifen, die auch programmierbar sind und mittlerweile umfangreiche Unterstützung bei der Erstellung von grafischen Benutzeroberflächen und Interaktion bieten. Anwendungen dieser Art verfügen in der Regel über eine eigene Programmier-, bzw. Skriptsprache.

Internetbasiertes E-Learning

Besonders in Bezug auf internetbasiertes Lernen, sei es mit Web Based Trainings (WBT), Online-Lernplattformen oder kollaborativen Lernumgebungen (CSCW) ist zu unterscheiden, ob man ein vorhandenes System nutzt und für eigene Zwecke anpasst, oder ob man ein solches System entwickeln möchte. Im ersten Fall wird es hauptsächlich um Konfigurationen und gegebenenfalls Erweiterungen gehen. Dabei greift man meist auf Werkzeuge der entsprechenden Systeme zurück, mit denen man sich vertraut machen muss. Im aufwendigeren Fall einer tatsächlichen Erweiterung – um beispielsweise eine Programm-Komponente hinzuzufügen – gibt es mehrere Möglichkeiten. Falls das System eine eigene Sprache mitliefert, gestaltet sich dies meist einfacher, da solche Sprachen in der Regel speziell angepasst sind, und mit wenigen Anweisungen komplexe Wirkungen erzielt werden können. Falls keine solche Sprache vorhanden ist, muss meist »richtig« programmiert werden. Beispielsweise beruht die Lernplattform ILIAS auf der Skriptsprache *PHP*. Um Zusatzkomponenten zu entwickeln, muss man einerseits mit der Sprache *PHP* vertraut sein. Andererseits ist es nötig, das dem Programm-Code zugrunde liegende Konzept bzw. die Struktur zu verstehen, um den eigenen Code korrekt integrieren zu können. Hierfür werden typischerweise Schnittstellen definiert und dokumentiert. In jedem Fall hilfreich ist es, über echte Programmiererfahrung zu verfügen, um effizient und korrekt vorzugehen.

Wer mit webbasierten Inhalten zu tun hat, wird früher oder später nahezu zwangsweise mit Web-Technologien konfrontiert. Vieles kann zwar mit freien oder kommerziellen Tools erstellt und verwaltet werden, ohne dass man je mit einem Webserver, Kommunikationsprotokollen und Webseiten-Code in Berührung kommt. Doch gerade in der Gestaltung neuer Inhalte, Plattformen oder gar Werkzeuge für Lehren und Lernen wird irgendwann der Punkt kommen, an dem man, bildlich gesprochen, die Haube öffnen und selbst Hand anlegen muss.

Im Laufe dieses Beitrages soll versucht werden, dem Leser zumindest einen Überblick zu verschaffen, sodass er mit Entwickler/innen effektiv kommunizieren kann, realistische Vorstellungen von Machbarkeit erhält und Hinweise erhält, wo er sich weiter informieren kann.

Arten von Programmierung

Nach dem bisher Gesagten kann man eine Reihe verschiedener Arten von Programmierung unterscheiden:
- Klassisches Programmieren mit Sprachen wie *C++*, *C#* (*C-Sharp* genannt) und Java, d. h. Entwicklung von Grund auf, mit nahezu uneingeschränkten Möglichkeiten, aber auch entsprechendem Aufwand.
- Programmieren innerhalb von Anwendungen mittels eingebauter Programmiersprachen, z. B. *VBScript* für MS Office Anwendungen. Diese Sprachen werden als Skriptsprachen bezeichnet.
- Erstellung von Webseiten, z. B. mit HTML und CSS. Hierbei handelt es sich weder um Programmier- noch um Skriptsprachen, sondern um Auszeichnungssprachen, also eigentlich Formatierungshilfen, die Dokumente in einer bestimmten Form erscheinen lassen. In diesem Zusammenhang wird auch nicht von »Programmieren« gesprochen.
- Experimentelle Programmiersprachen für den Einsatz im Unterricht. Damit können Lernende ohne großen Einarbeitungsaufwand einfache Ideen umsetzen, Probleme lösen und Visualisierungen erstellen. Beispiele: *Logo, Processing*.

Programmiersprachen und Skriptsprachen

Unterschiede zwischen echten Programmiersprachen und Skriptsprachen verschwinden zunehmend. Typisch für Programmiersprachen ist, dass der Code in einer Entwicklungsumgebung (IDE – Integrated Development Environment) erstellt wird. Der Programm-Code ist für Menschen lesbar und wird dann von einem Compiler in Maschinen-Code übersetzt, der vom Computer ausgeführt werden kann. Dieser Übersetzungsschritt heißt Kompilierung, und am Ende entsteht eine ausführbare Programmdatei – auf Windows-Systemen oft mit der Endung .exe (für executable: ausführbar).

Ein Vorteil dieser Übersetzung ist, dass das Programm direkt vom Rechner verstanden wird und damit maximal schnell ausgeführt werden kann. Ein Nachteil ist, dass bei jeder Änderung am Code alles neu übersetzt werden muss. Bei komplexen Programmsystemen kann das sehr aufwendig sein. Außerdem sind Programmiersprachen ihrer Natur nach allgemein gehalten, sodass alle Arten von Aufgaben formuliert werden können. Daher kommt es vor, dass selbst für relativ einfache Aufgaben, wie etwa dem Zeichnen einer Linie auf dem Bildschirm, viel Programm-Code geschrieben werden muss.

Skriptsprachen hingegen sind meist spezieller Natur. Nicht zuletzt weil viele deshalb erfunden wurden, um die Benutzung von Programmen zu vereinfachen. Beispielsweise können mit der Sprache *Python* Anwendungen wie Gimp (eine Bildbearbeitungssoftware) und OpenOffice (eine freie Alternative zu Microsoft Office) gesteuert werden. So ist es möglich, selbst neue Bildbearbeitungswerkzeuge oder Textautomatisierungen zu erstellen. Weitere bekannte Skriptsprachen sind *Tcl* (Tool

Command Language), *VBScript* und *JScript* (zur Steuerung des Windows-Betriebssystems), *VBA* (Visual Basic for Applications) und nicht zuletzt *JavaScript*, das unter anderem im Webbrowser ausgeführt werden kann und noch näher behandelt wird. Skriptsprachen sind damit eher aufgabenorientiert, sodass sich viele Aufgaben mit deutlich weniger Programm-Code umsetzen lassen als in Programmiersprachen. Dies macht den Code, den sogenannten Quelltext, überschaubarer und leichter lesbar. Außerdem sind Skriptsprachen meist leichter zu erlernen.

Typisch für Skriptsprachen ist, dass der Quelltext nicht kompiliert wird, d.h. der Code bleibt für den Menschen lesbar, es wird keine separate ausführbare Datei erzeugt. Da der Computer diesen Code nicht unmittelbar ausführen kann (er kann nur Maschinen-Code ausführen), kommt ein anderer Mechanismus zum Tragen: der Interpreter. Dies ist ein Programm, welches im Hintergrund läuft und gleich einem Dolmetscher den Quelltext für den Computer übersetzt. Im Fall von *JavaScript* leistet dies der Browser, z.B. Firefox. Dieser Vorgang verlangsamt natürlich die Programmausführung, weshalb Skripte typischerweise merklich langsamer ausgeführt werden als kompilierte Programme. Aber auch der Geschwindigkeitsunterschied schrumpft zunehmend. Beschleunigung ist zum einen möglich durch eine sogenannte Vorkompilierung, bei der der Quelltext in einem Zwischenschritt in sogenannten Bytecode übersetzt wird. Dieser ist zwar jetzt weder vom Menschen direkt lesbar noch vom Computer, aber der Interpreter kann wesentlich schneller arbeiten. Sinnvoll ist dieser Schritt, da der Bytecode relativ schnell erzeugt werden kann und weil er, wie beispielsweise bei *Java*, systemunabhängig ist. Echte Kompilierung muss nämlich für jedes Betriebssystem individuell durchgeführt werden, je nachdem, ob das Programm auf einem Apple Macintosh, einem Windows-PC oder einem Linux-Rechner ausgeführt wird. Der Bytecode kann hingegen auf allen Systemen ausgeführt werden, wenn ein Interpreter vorhanden ist (im Falle von *JavaScript* also ein Browser).

Damit nähern sich Programmiersprachen und Skriptsprachen sowohl von der Geschwindigkeit als auch von ihrer Mächtigkeit immer mehr an; die Grenzen schwinden zunehmend.

Skriptsprachen für das WWW

Ein grundsätzliches Unterscheidungskriterium von Skriptsprachen in Bezug auf das Internet ist, an welcher Stelle das Skript bzw. das daraus resultierende Programm ausgeführt wird. Um beim Beispiel *JavaScript* zu bleiben: Hier wurde schon erwähnt, dass es vom Browser ausgeführt wird. Das Skript liegt dabei zusammen mit der zugehörigen Webseite zentral auf einem Server und wird von den Benutzer/innen auf ihren PC in ihren Browser geladen und dort lokal ausgeführt.

Dies hat eine Reihe von Konsequenzen: Wurde für eine in der Lehre eingesetzte Webseite eine Simulation geschrieben, die komplexe Berechnungen durchführt, so entstünde, wenn nun eine große Anzahl von Benutzer/innen diese Seite gleichzeitig lädt und bedient, ein entsprechend großer Rechenaufwand. Würde das Skript auf dem Server ausgeführt werden, würde dieser mit zunehmender Benutzerzahl immer mehr ausgelastet und die Simulation langsamer, bis der Server überlastet wäre und nicht mehr reagierte, oder keine neuen Benutzer/innen mehr zuließe.

Durch die dezentrale Ausführung hingegen wird auch der Rechenaufwand verteilt, und der Server bleibt unbehelligt. Ein Nachteil der dezentralen Ausführung ist, dass die Laufgeschwindigkeit des Programms unmittelbar an die Leistung der jeweiligen Maschine gekoppelt ist und damit individuell verschieden. D. h. wenn jemand mit einem leistungsarmen Rechner auf eine solche Seite zugreifen wollte, wäre er im Nachteil. Andere Skriptsprachen, die ebenfalls lokal auf dem Rechner des Benutzers ausgeführt werden, sind *VBScript* und *JScript*, die jedoch nur mit dem MS Internet Explorer zusammenarbeiten. Eine wesentliche Einschränkung bei der Verwendung von clientseitigen (d. h. lokal ausgeführten) Skriptsprachen ist ferner, dass aus Sicherheitsgründen mit dem Programm kein Zugriff auf die Festplatte des Rechners möglich ist. Es können also keine Daten vom Benutzerrechner gelesen oder dort gespeichert werden. Im Falle einer Simulation könnten Simulationsergebnisse also nicht ohne Weiteres festgehalten werden. Dies ist aus Sicherheitsgründen unerlässlich und kann nur über andere Behelfswege realisiert werden.

Die einzige Ausnahme stellen die sogenannten Cookies dar, mit denen es dem Webseiten-Programmierer möglich ist, in eingeschränkter Weise Daten auf dem Client-Rechner zu speichern. Solche HTTP-Cookies, auch Browser-Cookies genannt, werden für den Benutzer unsichtbar zwischen Browser und Server ausgetauscht und in einem bestimmten Verzeichnis des Webbrowsers abgespeichert. Der Benutzer kann aber immer die Annahme solcher Cookies verweigern oder bereits gespeicherte löschen. Für den Programmierer stellt dies somit keine Option dar, verlässlich Daten zu hinterlegen. Daneben gibt es Flash-Cookies, die von Adobes Flash Player angelegt werden und sich ein wenig anders verhalten. In ihrer Bedeutung für den Webseiten-Entwickler gleichen sie aber im Wesentlichen den HTTP-Cookies.

Grundsätzlich davon zu unterscheiden sind die serverseitigen Skriptsprachen. Diese laufen auf dem Webserver und haben weitreichendere Möglichkeiten für den Programmierer bezüglich der Datenzugriffe und der Speicherung von Daten. Typische Vertreter sind *PHP*, *Python*, *Ruby* und *Perl*, es gibt aber auch zahlreiche weitere. Server Side Includes (SSI) sind einfache Skriptbefehle, die im Webseiten-Code eingebettet sind, und beim Aufruf der Seite ausgeführt werden. Sie können den Inhalt einer Datei oder die Ausgabe eines aufgerufenen Programms, z. B. eines anderen Skriptes, dynamisch in die Webseite einfügen. Serverseitige Skripte werden häufig eingesetzt, um Teile bis hin zu ganzen Webseiten dynamisch zu generieren. D. h. die Webseiten liegen nicht mehr fertig als HTML-Code vor, der auf Anfrage des Browsers vom Webserver geladen wird. Stattdessen erzeugen die so geskripteten Programme auf dem Server bei einer Browseranfrage den Webseiten-Code im Augenblick des Zugriffes.

Als anschaulicher Vergleich könnte das Improvisationstheater herangezogen werden. Hier kann je nach Bedarf auf die augenblickliche Situation eingegangen werden und (je nach Können der Darsteller/innen) wirkt es für den Zuschauer wie perfekt einstudiert. Analog kann der Webserver auf Benutzereingaben reagieren, oder auf gespeicherte Daten, die er über den Benutzer vorliegen hat. Beispielsweise kann beim Online-Lernen auf Vorwissen des Benutzers eingegangen werden und die weitere Auswahl von Lernmodulen angepasst werden.

Programmiersprachen für E-Learning

Bei der Auswahl von Programmiersprachen und internetbezogenen Sprachen, die wir für die weitere Betrachtung berücksichtigen wollen, orientieren wir uns an diversen Studien- und Lehrgängen aus dem Bereich »Digitale Medien, Medieninformatik und Online-Medien« wie sie an den Hochschulen Bremen, Darmstadt, Trier, Ulm und Furtwangen angeboten werden. Diese Studiengänge sind typischerweise nach Kategorien strukturiert wie:
- Grundlagen der Informatik
- Softwaretechnik oder Software-Engineering
- Webtechnologien, Webanwendungen, Webprogrammierung, Webdesign
- Datenbanken
- IT-Systeme, Rechnernetze, Betriebssysteme

Grundlagen der Informatik umfassen dabei Basiskonzepte der Programmierung wie Variablen, Konstanten, Kontrollstrukturen, Funktionen und Ähnliches. Diese Konzepte sind auch zum Verständnis einfacher gehaltener Skriptsprachen unumgänglich. Wir werden weiter unten die wichtigsten Begriffe erläutern. Auf weiterführende Konzepte können wir hier nicht eingehen.

Softwaretechnik und -Engineering befasst sich damit, wie bei der Entwicklung umfangreicher Projekte vorgegangen werden soll. Aufgabenstellungen müssen erkannt und so formuliert werden, dass sie gezielt in Programmform gebracht werden können. Die Entwicklung ist so zu strukturieren, dass als Team daran gearbeitet werden kann, ohne gegenseitig in Konflikt, z. B. in Form von Abhängigkeiten und Wartezeiten, zu geraten. Lastenheft, Pflichtenheft und Aufwandschätzung sind Begriffe, die hier zu verorten sind. Hierauf werden wir nicht weiter eingehen.

Webtechnologien umfassen sowohl Netzwerktechnologien wie Transportprotokolle, mit denen Anwendungen auf verschiedenen Rechnern (z. B. Client und Server) untereinander kommunizieren können. Auch Sprachen für die Erstellung von Hypertext und Webseiten (wie HTML, XML) genauso wie client- und serverseitige Scriptsprachen gehören hierher. Hierauf wollen wir das Hauptaugenmerk legen.

Datenbanken spielen inzwischen auch für Webanwendungen eine essenzielle Rolle. Gerade im E-Learning sind sie nahezu unverzichtbar, da sie es ermöglichen, große Datenbestände handhabbar zu machen. Benutzerverwaltung und Content Management wären so gut wie unmöglich ohne zugrunde liegende Datenbanken. Wir wollen sie daher wenigstens am Rande erwähnen.

IT-Systeme und Betriebssysteme werden in diesem Rahmen nicht weiter betrachtet.

Programmiersprachen für computerbasierte Lernanwendungen

Grundlegende Programmierkonzepte

Da die Grenzen zwischen Programmier- und Skriptsprachen schwinden, sind auch viele der zugrunde liegenden Konzepte dieselben. Diese sollen an dieser Stelle zumindest kurz angerissen werden. Programmieren bedeutet, dem Computer zu befehlen, was er zu tun hat. Tief im Kern verstehen Computer leider nur Nullen und Einsen, die zu bedeutungsvolleren Einheiten, rudimentären Worten, Sätzen und schließlich Programmen zusammengefasst werden. Glücklicherweise wurden im Laufe der Jahre immer ausgefeiltere Programmierwerkzeuge und Programmiersprachen entwickelt, die dem Programmierer eine wesentlich intuitivere und damit effizientere Arbeitsweise ermöglichen. Programmiersprachen sind vielleicht der wichtigste Schlüssel zum Programmieren, denn sie bilden, wie beim Menschen auch, die Schnittstelle zwischen dem Befehlenden (Programmierer) und dem Ausführenden (Computer). Zwar bedeutet dies bei Weitem nicht eine natürliche Kommunikation zwischen beiden, aber es lassen sich Formulierungen analog zu »wenn der Benutzer hier klickt, dann mache folgendes« formulieren.

Wesentlich an der Art und Weise der Befehlserteilung sind die zugrunde liegenden Programmierparadigmen. Beim »Imperativen Programmieren« wird ein Programm als direkte Abfolge von Befehlen formuliert. Außerdem gibt es Sprungbefehle und Wiederholungsanweisungen. Damit lassen sich zwar einfache Abläufe realisieren, doch beispielsweise ein ganzes Betriebssystem wie Windows wäre nahezu undenkbar zu programmieren. Bei der »Prozeduralen« und »Strukturierten Programmierung« ist es möglich, sogenannte Prozeduren (auch Methoden oder Funktionen genannt) zu formulieren. Damit lassen sich ganze Programmteile zusammenfassen und als einzelner Befehl ansprechen. Kochen ist ein beliebtes Analogon zur Veranschaulichung: Durch eine einfache Abfolge von Befehlen lässt sich beispielsweise gut beschreiben, wie einzelne Beilagen zuzubereiten sind. Für jede Beilage gäbe es eine separate Liste mit detaillierten Schritt-für-Schritt-Anweisungen: eine Prozedur. Bedingte Verzweigungen könnten lauten: »Wenn die Gäste gerne scharf essen, dann verwende Peperoni statt Pfeffer« (hier handelt es sich um eine sogenannte If-then-Klausel). Wiederholungs-Anweisungen (sogenannte »Schleifen«) kämen beispielsweise beim Kartoffelschälen zum Einsatz: »Für jede Kartoffel gehe wie folgt vor …« Anstatt achtmal zu beschreiben wie eine Kartoffel geschält wird, fasst man die Anweisungen in einen Schleifen-Block zusammen und lässt diesen achtmal ausführen (For-each-Schleifen).

Um nun das gesamte Gericht als Programm darzustellen, würde man für jeden Bestandteil die Einzelschritte in eine eigene Prozedur verpacken, sodass man als Kern nur noch die Prozedur-Aufrufe auflistet: z. B. »1. schäle Kartoffeln, 2. bereite die Soße zu«. Damit wird die Anleitung deutlich strukturierter und übersichtlicher.

Die »Objektorientierte Programmierung« bedient sich des Paradigmas der strukturierten Programmierung und baut dieses weiter aus. Dies ist mit zunehmender Komplexität der Anwendungen notwendig geworden. »Objektorientierung« ist eines der am weitesten verbreiteten Programmierparadigmen und bezieht sich auf eine grundlegende Art den Code zu strukturieren und auch die Bahnen, in denen man als Programmierer denkt. Nehmen wir als Beispiel eine Lernanwendung mit einer typischen Benutzeroberfläche, bestehend aus einzelnen Fenstern mit Textfeldern, Buttons, Bildern und Drag and Drop-Elementen. Gemäß dem bisherigen Ansatz müsste in einer sich immer wiederholenden Schleife geprüft werden, ob es eine Benutzereingabe gab, welches Element der Benutzer angeklickt hat und dann entschieden werden, was zu tun ist. Das zugehörige Programm würde schnell unübersichtlich. Erst recht, wenn Elemente zusätzlich eingebaut, modifiziert oder entfernt werden müssten, wäre der Aufwand enorm. Bei der »Objektorientierten Programmierung« ändert sich die Sicht auf eine Aufgabenstellung dahingehend, dass allen nun alle Bestandteile der Anwendung als eigenes Objekt mit individuellen Eigenschaften und Fähigkeiten aufgefasst werden. Objekte können auch in Kategorien, sogenannten Klassen, und Unterkategorien zusammengefasst werden. Beispielsweise kann man die Klasse »Button« definieren. Für alle Objekte dieser Klasse kann man festlegen, dass sie angeklickt werden können, und dass sie auf eine bestimmte Art darauf reagieren sollen. Unterkategorien könnten sein: Buttons mit Text und Buttons mit Bildern. Beide sind sich dahingehend gleich, dass sie angeklickt werden können und reagieren müssen. Unterschiede gibt es in der Art, wie sie dargestellt werden. Für den Programmierer besteht der Vorteil hier darin, dass er vieles zusammenfassen kann. So beschreibt er die Verhaltensweise von Buttons nur ein einziges Mal und muss nur den Teil, der die Darstellung betrifft, für unterschiedliche Varianten individuell programmieren.

Die elementarsten Begriffe, die im Zusammenhang mit »Objektorientierter Programmierung« immer auftauchen, sind *Klassen, Objekte, Eigenschaften* und *Methoden*. Diese spielen auch bei der Programmierung von Webseiten bzw. Skripten für Webseiten eine wichtige Rolle, wie später aufgezeigt wird.

Formulierung von Aufgaben und Abläufen – UML (Unified Modeling Language)

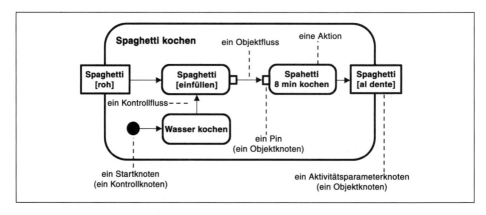

Abb. 1: Spaghetti-Kochen in UML-Notation

Die Unified Modeling Language ist ein mächtiges Werkzeug wenn es darum geht, sich Problemstellungen für die Umsetzung in ein Programm zu veranschaulichen und zu Papier zu bringen. Diese Sprache arbeitet mit fest definierten Symbolen und Verbindungen, um Abläufe, Anwendungsfälle, Interaktionen, Klassen und deren Komponenten zu beschreiben. Sie ist sehr mächtig und nicht nur für die Programmierung ein Gewinn und daher zur Aneignung empfohlen.

Grafische Benutzeroberflächen (GUI) und ereignisbasierte Programmierung

Unter einer grafischen Benutzeroberfläche (*Graphical User Interface*, GUI) versteht man das, was heutzutage wie selbstverständlich als Bedienungskonzept eines Computers erscheint: Fenster, Dialoge, Buttons und Interaktion mittels Mauszeiger und Tasten. Dies begann jedoch erst mit der Verbreitung von Betriebssystemen wie *Windows* und *MacOS*. Davor gab es die sogenannte Kommandozeile, in der Befehle per Tastatur formuliert wurden. Grafische Benutzeroberflächen sind aber auch erst per objektorientierter Programmierung handhabbar geworden. Eine weitere wichtige Technik ist die ereignisbasierte (*event-driven*) Programmierung: Beispielsweise löst ein Mausklick ein Ereignis aus, auf das im Programm-Code reagiert werden kann. Man kann herausfinden, worauf der Benutzer geklickt hat, z. B. einen Button, und kann dann von diesem Button-Objekt die passende Prozedur bzw. Methode aufrufen, die für die Behandlung eines Mausklicks geschrieben wurde.

Dieses Konzept findet sich überall dort wieder, wo auf Benutzereingaben reagiert werden muss, sei es auf interaktiven Webseiten, die mit *JavaScript* angereichert wurden, Lernanwendungen, die mit Autorentools wie *Director* oder *iShell* erstellt wurden oder bei in Webseiten eingebetteten Flash-Anwendungen.

Bei der Erstellung einer GUI sind sogenannte GUI-Builder hilfreich, Editoren, mit denen man Fenster und Inhalte relativ intuitiv zusammenbauen kann. Im Falle von *C++* oder *C#* gibt es die in MS Visual Studio eingebauten Tools. *Java* unterstützt die Entwicklung von GUIs von Haus aus mit den AWT- und Swing-Klassen. Freie Alternativen existieren ebenfalls. Starke Verbreitung findet das plattformübergreifende Anwendungsentwicklungs-Framework *Qt* des Unternehmens Trolltech[1]. Es ist teilweise frei und teilweise kommerziell erhältlich und sowohl für die Programmierung mit *C++* als auch mit *Java* ausgelegt. Solche Frameworks sind derart mächtig in ihrem Funktionsumfang, dass sie bei der Entwicklung von Anwendungen in erheblichem Maße Zeit und Aufwand einsparen und damit die Ausgaben mehr als wettmachen.

Datenbanken

Datenbanken, genauer Datenbanksysteme, sind heute ein nahezu unverzichtbarer Bestandteil von Anwendungen geworden, bei denen große Mengen von Informationen

---

1 Zurzeit Windows, Mac, Linux, Embedded Linux und Windows CE.

verwaltet werden müssen, sei es bei der Speicherung, Pflege oder dem Zugriff auf große Datenmengen. Beispielsweise müssen oftmals Benutzerdaten gespeichert und aktualisiert werden, oder aber Lerninhalte und die Beziehung zwischen Benutzern und Inhalten, z. B. die Lernhistorie.

Grundsätzlich zu unterscheiden ist zwischen der *Datenbank selbst*, die die Daten verwaltet und dafür Sorge trägt, wie die Daten physikalisch auf dem Speichermedium hinterlegt sind und dem *Zugriff* auf die Daten per Programmiersprache. Denn Datenbank und Programmiersprache existieren unabhängig voneinander. Dafür gibt es fest vorgeschriebene Schnittstellen, über die die Datenbank per Programmiersprache angesprochen werden können. Für Java gibt es beispielsweise JDBC (Java Database Connectivity), für Windows ODBC (Open Database Connectivity). Auch mit Scriptsprachen ist es möglich, Datenbanken anzusprechen, was für die Erstellung von dynamischen, nicht statischen Webseiten von elementarer Wichtigkeit ist.

Bekannte kommerzielle Datenbanken stammen von Oracle, IBM und Microsoft (SQL Server). Freie Open Source-Datenbanken haben seit der Jahrtausendwende merklich an Popularität gewonnen und liegen vielen kommerziellen Anwendungen zugrunde. Bekannte Vertreter sind MySQL und PostgreSQL.

In diesem Zusammenhang spricht man bei Datenbanken vor allem von sogenannten relationalen Datenbanksystemen (DBS). Das Attribut »relational« bezieht sich auf die Art und Weise, wie die Daten verwaltet werden – in Tabellen, die untereinander in komplexen Beziehungen stehen können. Für die Analyse, Konzeption und Optimierung von großen Datenbankanwendungen wird oft die relationale Algebra herangezogen.

Ein DBS soll aber nicht nur Daten speichern, es soll sie vor allem auch schnell verfügbar machen. Man denke nur an Internet-Suchmaschinen wie *Google*, die riesige Datenmengen in Bruchteilen von Sekunden durchsuchen und ordnen müssen. Hierfür stellen die DBS eine eigene Sprache zur Verfügung, die »Structured Query Language« (SQL). Über sogenannte SELECT- und JOIN-Anweisungen kann man einfache bis komplexe Anfragen über mehrere Tabellen hinweg formulieren und das Ergebnis in gewünschter Weise formatieren bzw. ordnen lassen.

Eine alternative Methode, um Daten so abzuspeichern, dass man sie nach eigenen Kriterien durchsuchen, filtern und ordnen kann, stellt die Auszeichnungssprache *XML* (Extensible Markup Language) dar. Dies ist eine verallgemeinerte Variante der bekannten Hypertext Markup Language (HTML).

Programmierung für internetbasierte Anwendungen

Bei internetbasierten Anwendungen treffen Programmier- und Auszeichnungssprachen, aber auch server- und clientseitiges Scripting aufeinander. Tatsächlich sind so viele Technologien involviert, dass sie an dieser Stelle gar nicht aufgeführt werden können. Die im Folgenden beschriebenen Sprachen und Technologien sind daher nur exemplarisch und knapp aufgeführt.

Grundlagen des Internets

Der populärste Irrtum im Zusammenhang von WWW und Internet soll gleich zu Beginn klargestellt werden: Das World Wide Web (WWW) ist nicht das Internet. Zumindest nicht ganz. Es ist ein Teil des Internets. Innerhalb des Internets, der weltweiten Vernetzung aller Computer, ist dass WWW eine Anwendung, die auf vielen Servern läuft, bzw. eine Art und Weise, wie die beteiligten Computer Informationen austauschen. E-Mail und FTP sind weitere und gleichberechtigte Anwendungen, die das Internet zum Datenaustausch nutzen. Nur eben auf andere Art.

Hypertext und Hypermedia

Dies ist der vielleicht wichtigste Grundbaustein des WWW: »Hypertext«. Im Prinzip ist das WWW ein einziger großer Hypertext. Das Grundprinzip ist, Texte bzw. Informationen gegenseitig aufeinander verweisen zu lassen. Dazu sind zwei Elemente unverzichtbar: Zum einen braucht jedes Dokument eine weltweit eindeutige Bezeichnung, eine Adresse, die *URL* (*Uniform Resource Locator*). Zum anderen braucht ein Text eine Möglichkeit, auf ein anderes Dokument zu verweisen: Verknüpfungen bzw. Links.

Das WWW ist eigentlich mehr Hypermedia als Hypertext, da nicht mehr allein mit Text auf Text, sondern auch mit Text auf Bilder, mit Bildern auf andere Bilder oder Ton- und Filmdokumente verwiesen werden kann. Damit Dokumente im Browser nicht nur als monotone Aneinanderreihung von Buchstaben angezeigt werden, braucht es zusätzlich eine Methodik, den Text für die Ausgabe zu formatieren oder wenigstens so zu kennzeichnen, dass andere ihn formatiert anzeigen können. Dies geschieht durch Auszeichnungssprachen (*Markup Languages*).

Die Idee dafür gab es bereits im Buchdruck, wo dem Setzer, der die zum Text passenden Lettern zusammensetzte, mitgeteilt werden musste, was als Überschrift oder was als Zitat zu setzen war. So konnte der Setzer große oder kleine, fette oder normale Lettern auswählen und die Textausrichtung anpassen. Genau dies (und einiges mehr) geschieht jetzt im Browser. Einen Eindruck davon kann man erhalten, wenn man beim Browser einmal die Option »Quelltext anzeigen« auswählt (Firefox: STRG+U). Es finden sich unzählige Markierungen, eben das Markup, die einzelne Absätze oder Worte, Überschriften, Verknüpfungen und anderes kennzeichnen. Im WWW verwendet man hierfür die Auszeichnungssprache *HTML* (*Hypertext Markup Language*). Wie bereits erwähnt, handelt es sich nicht um eine Programmiersprache im eigentlichen Sinne, da sich keine Befehle, Verzweigungen, Schleifen und Interaktionen programmieren lassen, sondern nur Auszeichnungen für den Text bzw. multimediale Inhalte. HTML wurde ursprünglich für den Austausch wissenschaftlicher Arbeiten entwickelt. Tim Berners-Lee formulierte die erste Version 1989 am CERN in Genf.[2] Entsprechend

---

2 Information Management: A Proposal, Tim Berners-Lee, 1989 (www.w3.org/History/1989/proposal.html).

lag der Schwerpunkt auch auf der semantischen Auszeichnung des Textes, um etwa Tabellen, Absätze, Zitate, Überschriften, Bilder, Aufzählungen und Quellenverweise anzugeben.

Webstandards

Mit zunehmender Verbreitung des WWW gewannen auch die Browserprogramme an Bedeutung, allen voran der Microsoft Internet-Explorer, Netscape Navigator, später Mozilla Firefox, Safari auf MacOS, Konqueror unter Linux, Opera (plattformübergreifend). Jeder Browser hatte und hat auch heute noch prinzipiell dieselbe Aufgabe: Ein HTML-Dokument laden, interpretieren und optisch ansprechend anzeigen. Dabei ist gemäß der ursprünglichen Idee von HTML nirgends vorgegeben, welche Schriftarten zu verwenden sind, wie genau Überschriften unterschiedlicher Ordnung zu formatieren sind und dergleichen mehr. Da bald nicht mehr nur wissenschaftliche Texte ausgetauscht wurden, sondern sich auch Unternehmen mit fest definiertem *Corporate Design* im Web präsentierten, mussten zusätzliche Möglichkeiten geschaffen werden, um das Layout zu beeinflussen. In der Zeit der sogenannten Browser-Kriege wetteiferten die verschiedenen Hersteller mit mehr oder weniger leistungsfähigen Befehlserweiterungen, die allerdings nur das hauseigene Produkt verstand. Diese Entwicklung war vor allem für die Webprogrammierer unbequem, da keine allgemeingültigen Webseiten mehr erstellt werden konnten, sondern immer berücksichtigt werden musste, auf welchem Browser eine Seite jeweils angezeigt werden sollte.

Im Jahr 1994 wurde daher das World Wide Web Consortium[3] (W3C) gegründet, mit dem Begründer Tim Berners-Lee als Vorsitzendem. Ziel dieses Konsortiums ist es, Standards für WWW-bezogene Techniken festzulegen. Da das W3C jedoch keine zwischenstaatlich anerkannte Organisation ist und damit auch nicht berechtigt, gleich der ISO offizielle Standards festzulegen, handelt es sich nur um De-facto-Standards, sogenannte W3C-Empfehlungen. Außer HTML widmet es sich beispielsweise auch der Standardisierung von XML, CSS und SVG. HTML hat heute die Version 4.01 erreicht und wird nicht mehr weiterentwickelt, da es von XHTML (Extensible Markup Language) abgelöst werden soll. Die Einhaltung solcher Standards erleichtert die Entwicklung von allgemeingültigen Webdokumenten erheblich. Leider gibt es bis heute zum Teil deutliche Unterschiede im Verhalten der verschiedenen Browser, wobei viele auf unbeabsichtigte Fehler in der Software zurückzuführen sind. Um zu prüfen, ob ein HTML-Dokument den vom W3C verfassten Standards genügt, gibt es sogenannte Validatoren bzw. *Markup Validation Services* (validator.w3.org). Dort kann ein Dokument angegeben und auf Gültigkeit geprüft werden.

Die Einhaltung der offiziellen Standards ist nicht zuletzt ein wichtiger Schritt in Richtung barrierefreies Netz. Das Ziel des barrierefreien Netzes ist es, die Nutzung des Internets grundsätzlich allen Menschen gleichermaßen zu ermöglichen, vor allem in Hinblick auf etwaige Einschränkungen wie Beeinträchtigung der Sehfähigkeit oder

---

3 www.w3.org

der motorischen Fähigkeiten und des Gehöres. Als Beispiel seien Bilder angeführt, die von Blinden nicht betrachtet werden können. Mithilfe von standardkonformer semantischer Auszeichnung im Quelltext kann ein beschreibender Text zum Bild ergänzt werden. Ein Screenreader, der die Webseite vorliest oder ein Braille-Lesegerät kann in diesem Fall den Text wiedergeben.

Die Auszeichnungssprache HTML

Das Grundprinzip eines HTML-Dokumentes ist die Anreicherung des Textes mit semantischen Informationen. Das bedeutet, es werden Meta-Informationen in das Dokument integriert, die Auskunft über den Inhalt geben. Dabei können sich die Angaben auf das gesamte Dokument aber auch nur auf Teile bis hin zu einzelnen Buchstaben oder Bildern beziehen. Das HTML-Dokument selbst besteht aus reinem Text, der prinzipiell mit einem einfachen Texteditor erstellt werden kann, denn die Formatierung (Unterstreichung, Kursivschrift) übernimmt später der Browser. Ein standardkonformes HTML-Dokument ist wie folgt aufgebaut:
1. Dokumenttyp-Deklaration
2. HTML-Kopf (Head)
3. HTML-Körper (Body)

Die Dokumenttyp-Deklaration gibt dem Browser Auskunft, in welcher Sprache bzw. Sprachversion und -variante das Dokument verfasst ist. Dies vermeidet Missverständnisse und Anzeigefehler. Der HTML-Kopf enthält Informationen über das Dokument als Ganzes, beispielsweise den Seitentitel, der auch in der Titelleiste des Browserfensters oder als Text eines Lesezeichens auf dieser Seite angezeigt wird. Mit Meta-Angaben kann das Dokument weiter angereichert werden, z. B. um es für Suchmaschinen zu optimieren, die das Dokument damit besser klassifizieren und indexieren können. Der HTML-Körper schließlich umfasst den eigentlichen Seiteninhalt, also das, was letztlich im Browserfenster angezeigt wird. Folgendes Beispiel zeigt ein Grundgerüst für ein HTML-Dokument gemäß der Standard-Version 4.01:

```
<!DOCTYPE HTML PUBLIC „-//W3C//DTD HTML 4.01
Transitional//EN">
<html>
<head>
<meta http-equiv=„content-type" content=„text/html;
charset=windows-1250">
<title>Dieser Text erscheint in der Titelleiste des
Browsers</title>
</head>
<body>
Dieser Text erscheint im eigentlichen Browserfenster.
</body>
</html>
```

Hierbei wird auch ein weiteres Grundprinzip von HTML deutlich: der Tag. Tags heißen Befehle zur Markierung bzw. Auszeichnung der Inhalte. Es gibt immer einen Anfangs- und einen Endtag, die den zu beschreibenden Inhalt umschließen. So markiert beispielsweise `<p>` …. `</p>` einen Absatz (Paragraf). Der Endtag unterscheidet sich von seinem Gegenspieler immer durch den Schrägstrich »/«. Tags können durch Attribute angereichert werden. So wird ein Link wie folgt notiert: `<a href=„http://www.w3.org">Link-Text</a>`. Mit dem Attribut »href« wird angegeben, worauf der Link verweist (sichtbar in der Statusleiste des Browsers), der Text zwischen beiden Tags ist der, der im Browser tatsächlich angezeigt wird und angeklickt werden kann.

XHTML

Wie bereits erwähnt, ist es ein Problem von HTML, dass viele Browserhersteller starken Einfluss auf die Sprache hatten und diese damit nicht wirklich auf einem sauberen Konzept fußen konnte. Die *Extensible Markup Language* XML hingegen hat sehr strenge Regeln zur Auszeichnung von Inhalten, ist allerdings nicht auf Webseiten beschränkt, sondern für alle Arten von Informationen gedacht. Daher wurde HTML vom W3C quasi einem Reinigungsvorgang unterzogen und mithilfe der Sprache XML neu formuliert. Das Ergebnis ist XHTML[4], die *Extensible Hypertext Markup Language*. Sie gehorcht den strengen Regeln von XML und ist damit leichter maschinell les- und interpretierbar. Beispielsweise muss gemäß XML jeder Tag von einem End-Tag abgeschlossen werden, der durch ein »/« gekennzeichnet ist.

Weitere Regeln betreffen Groß- und Kleinschreibung, sodass Tags in XHTML immer klein geschrieben werden müssen, oder die Notation von Attributen, die nun immer in Anführungszeichen notiert sein müssen (wie im vorangegangenen Link-Beispiel). Momentan existiert XHTML in den Versionen 1.0 und 1.1. Die Version 2.0 ist in Arbeit und wird sich endgültig aller nichtkonformen Regeln von HTML entledigt haben.

XML

Im Gegensatz zu HTML und XHTML dient XML[5] nicht zur inhaltlichen Beschreibung von Webseiten sondern allgemein für Daten aller Art. Mit XML wird die Grundidee, Daten und ihre Repräsentation getrennt voneinander zu handhaben konsequent verfolgt. Ein großer Vorteil dieser Art Daten zu speichern ist, dass sie für den Menschen lesbar bleiben. Mithilfe von Grammatiken – sogenannten XML-Schemata oder Dokumenttypdefinitionen (DTD) – können eigene Tags und Attribute definiert wer-

---

4 www.w3.org/TR/xhtml11/
5 www.w3.org/XML/

den. Dies macht die Sprache ideal für die Speicherung von Informationen wie Benutzerdaten, Programmkonfigurationen und Ähnlichem, insbesondere dann, wenn der Umfang zu klein für den Einsatz einer Datenbank ist. Dank der strikten Regeln kann XML relativ leicht maschinell gelesen und interpretiert werden (durch ein *Parser* genanntes Programm), wenn es alle diese Regeln einhält. In diesem Fall spricht man von einem *wohlgeformten* XML-Dokument. Eine einfache XML-Datei für die Speicherung einer Benutzerliste könnte wie folgt aussehen:

```
        <?xml version=„1.0" encoding=„ISO-8859-1"
        standalone=„yes"?>
<userliste>
        <user>
         <name>Berners-Lee</name>
         <vorname>Tim</vorname>
        </user>
        <user>
         <name>Mustermann</name>
         <vorname>Max</vorname>
        </user>
</userliste>
```

Wie bereits angesprochen, dient XML nicht der Darstellung im Webbrowser. Mithilfe von Transformationssprachen ist es jedoch möglich, eine XML-Datei mittels Transformationsanweisungen in ein anderes Dokument zu überführen. Dies muss nicht notwendigerweise wieder ein XML-Dokument sein. Es ist beispielsweise möglich und üblich, per Transformationssprache aus einer XML-Datei eine XHTML-Datei zu erzeugen, die dann im Webbrowser angezeigt werden kann. Verbreitete Transformationssprachen sind *XSLT* (*Extensible Style Sheet Language Transformations*) und *DSSSL* (*Document Style Semantics and Specification Language*).

CSS

Bezüglich der Trennung von Inhalt und Darstellung bei HTML, XHTML und XML haben wir bisher nur die Daten- bzw. Inhaltsseite betrachtet. Die Darstellung, Layout und Formatierung basieren hierbei auf getrennt formulierten Regeln, sogenannten Stylesheets. Im Falle von HTML und XHTML heißen sie *Cascading Style Sheets*[6] *(CSS)*. Bei XML findet die Extensible Stylesheet Language[7] (XSL) Verwendung. Wir beschränken uns an dieser Stelle auf *CSS*.

Mit CSS lassen sich Regeln für die Formatierung des in einer (X)HTML-Datei befindlichen Quelltextes formulieren. Es ist möglich, Angaben zu Schriftart, -größe, -stil, -farbe, -ausrichtung und vielem mehr zu machen. Detailliert ist dies beispiels-

---

6   www.w3.org/Style/CSS/
7   www.w3.org/Style/XSL/

weise auf den Seiten von Selfhtml.org[8] beschrieben. Das Muster für die Regeln ist einfach aufgebaut: Zuerst gibt man an, auf welches Element (z. B. ein bestimmter Tag wie <p>) man sich bezieht. Dann notiert man die Eigenschaft, die man beschreiben will (z. B. Schriftart), und schließlich folgt der Wert, den man dieser Eigenschaft zuweisen will (z. B. »Arial«). Eine einfache Regel könnte z. B. lauten:

`h1 { font-family: Arial; }`

Dies weist den Browser an, alle Überschriften erster Ordnung in der Schriftart Arial anzuzeigen. Ein sehr nützliches Konzept bei CSS ist die *Kaskadierung*, für die das »C« im Namen steht: Je nachdem wo und wie Regeln definiert werden, können sie sich gegenseitig überdecken bzw. ergänzen. Die Faustregel für die Priorität von Regeln lautet: spezifisch vor allgemein. Bezogen auf den »Ort der Regelnotierung« regeln heißt, je näher die Regel am Ort ihrer Anwendung steht, umso höher ist ihre Priorität. Drei verschiedene Orte für die Notation sind möglich: 1. im betroffenen Tag selbst (höchste Priorität), 2. im Kopfbereich der (X)HTML-Datei und 3. in einer separaten Datei, auf die im Kopfbereich verwiesen wird (niedrigste Priorität).

Im ersten Fall hat die Notation eine abgewandelte Form und bedient sich des »style«-Attributes, z. B. `<p style=„font-family:Arial;">Dieser Text erscheint in Arial-Schrift</p>`. Dieses Prinzip der Kaskadierung gestattet es, allgemeine Regeln mit Gültigkeit über viele Dokumente hinweg in einer oder mehreren CSS-Dateien zu formulieren und damit viel Schreib- und Datenaufwand einzusparen. Schließlich müssen ja auch die CSS-Dateien im Internet übertragen werden.

Einen großen weiteren Vorteil hat diese Kaskadierung: Soll die Formatierung an einer Stelle von der allgemeinen Regel abweichen, so braucht nur dieses eine Dokument angepasst zu werden. Externe CSS-Dateien lassen sich im (X)HTML-Quelltext über das Linktag im Kopfbereich der Datei einbinden: `<link rel=»stylesheet« type=»text/css« href=»name_der_datei.css«>`. Will man CSS-Regeln im Kopfbereich der Datei angeben, so umgibt man die Regeln lediglich mit einem Styletag: `<style type=„text/css"> ... </style>`.

Die Möglichkeiten der Formatierung mit CSS und die Art und Weise, Regeln zu formulieren, sind sehr weitreichend und füllen eigene Bücher. Um einen Eindruck der Mächtigkeit von CSS zu bekommen, sei ein Besuch der Internetseite www.csszengarden.com empfohlen. Dort wird ein immer gleicher XHTML-Quelltext durch unterschiedliche CSS-Dateien formatiert.

Dynamisches HTML (DHTML), JavaScript und DOM

Dynamisches HTML (DHTML) bezeichnet Webseiten, die nicht nur statische Inhalte aufweisen, sondern mit erweiterter Funktionalität ausgestattet sind. Diese reichen von einfachen Animationseffekten bis hin zu ganzen Anwendungen. DHTML geht hierbei

---

[8] de.selfhtml.org/

über die oben beschriebene Webseitenerstellung hinaus und setzt Programmierkenntnisse voraus. Im Wesentlichen sind es drei Elemente, die DHTML auszeichnen:
- (X)HTML als Grundgerüst der Webseite und für alle statischen Inhalte
- eine clientseitige Skriptsprache wie *JavaScript*, die im Browser ausgeführt wird
- eine Schnittstelle mit der die Skriptsprache auf das (X)HTML-Dokument zugreifen und es manipulieren kann, z. B. DOM

Besonderes Merkmal ist die Aufhebung des statischen Prinzips, wie es mit (X)HTML unweigerlich verbunden ist, vergleichbar einem Buch, das zwar Verweise auf andere Seiten haben kann, aber in seinem tatsächlichen Inhalt doch starr bleibt. Mit DHTML ist es nun möglich, Programm-Codes wie etwa *JavaScript* in den Seitenquelltext einzubetten, der damit vom Browser zusammen mit dem (X)HTML geladen wird. Dabei handelt es sich um ein clientseitiges Skript, welches vom Browser ausgeführt wird und auch nur die Inhalte der lokal heruntergeladenen Seitenkopie manipuliert. Die Originaldaten auf dem Server bleiben unangetastet. In dieser Hinsicht ist *dynamisches (X)HTML* nicht mit *dynamischen Webseiten* gleichzusetzen. Letztere bezeichnen Seiten, die serverseitig manipuliert werden, d. h. nicht jeder Benutzer bekommt grundsätzlich denselben Seitenquelltext, auch wenn er dieselbe Adresse im Browser aufgerufen hat. Serverseitiges Scripting lässt sich beispielsweise mit PHP realisieren. Beide Techniken werden jedoch gerne miteinander kombiniert und können vollwertige interaktive Anwendungen realisieren, die ohne Notwendigkeit zur Installation im Browser laufen.

Analog zu CSS gibt es drei Möglichkeiten den Programm-Code in der Webseite unterzubringen: 1. direkt in einem (X)HTML-Tag, 2. im Kopfbereich der (X)HTML-Datei und 3. in einer separaten Datei, die im Kopf-Bereich der (X)HTML-Datei referenziert wird. Letzteres gestattet es, einen einmal geschriebenen Programm-Code immer wieder zu verwenden und bedeutet damit erhebliche Arbeitsersparnis. Die Angabe zum Einbinden einer separaten JavaScript-Datei (immer mit der Endung .js) lautet:

```
<script type=„text/javascript" src=„dateiname.js"></script>
```

In der JavaScript-Datei steht dann kein (X)HTML mehr, sondern einzig der Programm-Code. *JavaScript* im Zusammenhang mit der Schnittstelle DOM ist objektorientiert. So werden die Inhalte einer Webseite, aber auch der Browser, also Objekte mit Eigenschaften und Methoden, aufgefasst, die gezielt angesprochen werden können. Hinzu kommt die bereits erwähnte ereignisbasierte Programmierung, wie sie bei grafischen Benutzeroberflächen üblich ist. So ist es beispielsweise möglich, einen Button, der in einem Webseitenformular eingebettet ist, so zu manipulieren, dass er eine selbst geschriebene Funktion in der .js-Datei aufruft, die wiederum den Inhalt eines Textfeldes ändert. Dabei könnten auch die Inhalte anderer Elemente wie Textfelder, Listen, Auswahlboxen, usw. berücksichtigt werden und somit Formularauswertungen direkt im Browser vornehmen. In der .js-Datei wäre also eine Funktion die in etwa so aussehen könnte:

```
function euroInDollar() {
      var betrag = document.waehrungsformular.euros.value
* document.waehrungsformular.kurs.value;
      alert("Der Betrag entspricht " + betrag + " Dol-
lar.");}
```

In der (X)HTML-Datei wäre zusätzlich ein Formular mit dem Namen »waehrungsformular« definiert, das wiederum zwei Textfelder enthielte, eines für den Betrag in Euro, und eines mit dem Wechselkurs. Schließlich gäbe es noch den Button, der auf einen Mausklick hin die Funktion aufruft.

```
<form name="waehrungsformular" action="">
      <input type="text" name="euros" />
      <input type="text" name="kurs" />
      <input type="button" value="Dollar-Betrag anzeigen"
      onclick="euroInDollar()" />
</form>
```

Ein Merkmal der objektorientierten Programmierung ist die Punkt-Notation, mit der Zugehörigkeiten notiert werden. So ist »document« ein feststehender Begriff in *JavaScript*, der sich auf die Webseite selbst bezieht. Die Notation »`document.waehrungsformular`« bezieht sich damit auf das Element in der aktuellen Webseite, das den Namen »waehrungsformular« trägt. Bei dieser Namensgebung ist man frei und muss sich nur an gewisse Grundregeln halten. Mit »`value`« beziehen wir uns schließlich auf den Inhalt des Textfeldes mit dem Namen »euros«. Dies zeigt nur einen sehr kleinen Bereich der Möglichkeiten von DHTML auf und soll hier lediglich einen ungefähren Eindruck des Prinzips geben.

AJAX

Der Gedanke des dynamischen (X)HTML wird durch das Konzept von *AJAX* noch einen großen Schritt weiter in Richtung interaktive Webanwendung getragen. Das Akronym *AJAX* steht für »Asynchronous JavaScript and XML« und wurde als eigenständiger Begriff durch einen Aufsatz von Jesse James Garrett im Februar 2005 geprägt.[9] Es handelt sich um ein Zusammenwirken mehrerer bekannter Technologien, die im Zuge des Web 2.0 oft zum Einsatz kommen und an sich gar nicht neuartig waren. Garretts Verdienst war es, das Gesamtkonzept aufzuzeigen, klarzustellen und einen einzelnen (medienwirksamen) Begriff dafür zu prägen. Das wirklich Besondere bei *AJAX* ist, dass Seiten nicht als Ganzes geladen werden müssen, sondern sukzessive Daten nachgeladen werden können, ohne jedes Mal die Seite komplett neu zu laden. Für den Benutzer wirkt die damit realisierte Anwendung wesentlich integrierter, flüssiger und so, als ob sie gänzlich lokal auf seinem Rechner ausgeführt würde. Beispiele

---

9   www.adaptivepath.com/publications/essays/archives/000385.php

für solche Anwendungen sind Online-Textverarbeitungen, Social Software wie *Flickr*, *Del.icio.us* und, vielleicht am populärsten, Landkarten wie *Google Maps*.

Hier wird das Prinzip deutlich: Man kann den Kartenausschnitt interaktiv auf der gesamten Welt bewegen, ohne dass die Seite jemals neu geladen werden muss. Offensichtlich ist es heute nicht möglich, alle relevanten Daten auf einmal auf den lokalen Rechner zu übertragen. Durch *AJAX* scheint es jedoch so zu sein.

Es herrscht keine eindeutige Definition darüber, was genau *AJAX* bedeutet. Charakteristische Merkmale von AJAX-Anwendungen sind jedoch sicherlich:
- ein grafisches Benutzer-Interface
- DOM als Schnittstelle zum Webdokument
- XML als zugrunde liegendes Datenformat
- XMLHttpRequest als die zentrale Methode, Daten nachzuladen
- *JavaScript* als clientseitige Programmiersprache

So mächtig der Verbund dieser Technologien ist, so komplex ist auch ihre Verwendung. Es benötigt einiges an Vorwissen und Einarbeitungszeit, um AJAX-Anwendungen zu erstellen.

Serverseitiges Skripting, PHP, Perl

Bisher haben wir nur clientseitiges Scripting betrachtet. Serverseitiges Scripting existierte schon lange vor AJAX und wurde bereits früh eingesetzt, um Webanwendungen zu realisieren, die nicht allein im Browser des Benutzers ablaufen können. Bekannte Beispiele für serverseitige Skriptsprachen sind PHP[10] und Perl[11]. Das rekursive Akronym PHP steht für PHP: Hypertext Preprocessor und wird hier beispielhaft herangezogen. Es handelt sich um eine *Open Source Software*, die seit 1995 existiert und sich durch leichte Erlernbarkeit, große Mächtigkeit und eine weite Verbreitung auszeichnet. Sie ist modular aufgebaut, sodass sie weltweit von Programmierern erweitert werden kann.

Der Begriff Präprozessor kennzeichnet dabei ein Hauptmerkmal von PHP. Die Webseiten werden bei Aufruf durch den Browser nicht direkt heruntergeladen, sondern erst durch eine Software, eben den Präprozessor, interpretiert und verarbeitet. Als Ergebnis erzeugt der Präprozessor reinen (X)HTML-Code, der vom Browser wie gewohnt angezeigt werden kann. Anstatt .html-Dateien referenziert man also .php-Dateien, wie aus der Adresszeile des Browsers ersichtlich, bekommt aber (X)HTML geliefert. Da PHP über eine hervorragende Datenbankanbindung, vor allem zu MySQL, verfügt, lassen sich damit leicht datenintensive dynamische Webseiten erzeugen. So ist es kein Zufall, dass viele *Web Content Management Systeme* (CMS) mit der Verbreitung von PHP buchstäblich aus dem Boden sprossen. Mit solchen CMS lassen sich ganze Webauftritte per Editor zusammenstellen und pflegen.

---
10 de.php.net/
11 www.perl.org/

Prinzipiell kann eine PHP-Datei genauso aussehen wie eine (X)HTML-Datei. Zusätzlich ist es jedoch möglich, *Skript*befehle einzubauen, die der Präprozessor bearbeitet, bevor der fertige (X)HTML-Quelltext an den Browser geliefert wird. Damit ist es möglich, Seitenteile aus- oder einzublenden oder gar völlig neu zu generieren. Die *Skript*-Befehle werden über den Tag `<?php ... ?>` in die Seite integriert. Anstelle der drei Punkte steht der Programm-Code.

Serverseitiges *Scripting* hat den Vorteil, dass der Programmierer die Plattform kennt und kontrollieren kann, auf der die Skripte laufen. Beim clientseitigen Scripting kann hingegen nie von festen Voraussetzungen ausgegangen werden. Außerdem gibt der Programmierer seinen Code und damit sein Wissen nicht zwangsläufig preis, da der Quelltext ja nie an die Benutzer/innen übertragen wird. Die gesamte Anwendung bleibt für den Anwender eine sogenannte *Black Box*. Beim clientseitigen Scripting kann der versierte Benutzer den Code einsehen, kopieren und für eigene Zwecke verwenden. Ein bereits angesprochener Nachteil ist, dass die Rechenlast einzig auf dem Server erzeugt wird, und somit bei steigender Benutzerzahl ebenfalls ansteigt.

Der Präprozessor ist eine Anwendung, die mit dem Webserver zusammenarbeitet oder auch Teil des Webservers ist. Beliebte Konfigurationen sind die sogenannten LAMP- und WAMP-Umgebungen. Die Abkürzungen stehen für Serverrechner, auf denen im Falle von LAMP das Betriebssystem Linux installiert ist und als Webserver-Software der Apache HTTP Server[12] läuft. Als Datenbanksystem kommt MySQL zum Einsatz und das PHP-Modul muss im Server integriert sein. Bei WAMP unterscheidet sich lediglich das Betriebssystem, hier wird Windows eingesetzt. Erwähnenswert ist auch das Projekt XAMPP[13], das die Kombination aus http Server, PHP und MySQL auf unterschiedlichen Plattformen verfügbar macht und sich durch eine sehr einfache Installation auszeichnet.

Im Zusammenhang mit serverseitigem Scripting fällt oft die Bezeichnung *CGI*. Die Abkürzung steht für *Common Gateway Interface* und stellt die Schnittstelle dar, über die der Interpreter bzw. Präprozessor der Skriptsprache mit dem HTTP-Server zusammenarbeitet.

Programmiersprachen für den Einsatz in der Lehre

Neben den Programmiersprachen die für die Entwicklung von eigenständigen, lokalen oder internetbasierten Anwendungen zum Einsatz kommen, existieren auch solche, die hauptsächlich zum Experimentieren, Spielen und Lernen konzipiert wurden. Beispielhaft seien folgende drei bzw. vier aufgeführt.

Eine der ältesten und bekanntesten ist die Sprache *Logo*, die von Seymour Papert in den 1960er-Jahren am Massachusetts Institute of Technology (MIT) speziell für Kinder entwickelt wurde. Damit sollte das logische und strukturierte Denken geför-

---

12 httpd.apache.org/
13 www.apachefriends.org/de/xampp.html

dert und trainiert werden. Der bekannteste Aspekt von *Logo* ist *Turtlegraphics*. Damit konnten per Code-Anweisungen virtuelle Schildkröten über den Bildschirm dirigiert werden, die verschiedenfarbige Linien hinter sich herziehen konnten. Damit ließen sich einfache Zeichnungen bis hin zu komplexen Mustern generieren. Mitchel Resnik entwickelte mit *StarLogo* eine Erweiterung, bei der unzählige Objekte – Ameisen oder Termiten statt Schildkröten – gleichzeitig agieren konnten.

Im Gegensatz zu Logo, adressiert die Sprache *Processing*[14] eine reifere Zielgruppe. Auch sie richtet sich nicht an professionelle Programmierer, sondern an alle, die ohne tiefergehende Programmierkenntnisse Visualisierungen per Programm-Code erzeugen wollen, beispielsweise Wissenschaftler/innen, Studierende, aber auch Künstler/innen. Die Sprache wurde von Ben Fry und Casey Reas ebenfalls am MIT entwickelt.

Für Kinder und Jugendliche ab acht Jahren wurde, wiederum am MIT, im Rahmen der Lifelong Kindergarten Group, die visuelle Programmiersprache *Scratch*[15] entwickelt. Unter anderem ist auch Mitchel Resnick daran beteiligt. Der Name bezeichnet sowohl die Programmiersprache selbst, als auch die zugehörige Entwicklungsumgebung. Das Projekt findet zunehmend Verbreitung und wird auch bereits in deutschen und schweizerischen Schulen experimentell eingesetzt. Mit der Sprache soll besonders kreatives Denken, klares Kommunizieren, systematisches Analysieren, effektives Zusammenarbeiten und Ähnliches gefördert werden.

Werkzeuge für die Erstellung von Lernanwendungen

Autorensysteme

Für Entwickler/innen von Lernanwendungen ist es letztlich gar nicht nötig, gleichzeitig professioneller Programmierer zu sein. Spezielle integrierte Entwicklungsumgebungen, die schon genannten Autorensysteme, nehmen viel Arbeit ab und unterstützen drehbuchorientiertes Vorgehen sowie die Wiederverwendung von bereits erstellten Inhalten. Der Schwerpunkt liegt dabei eher auf dem Gestaltung und der Konzeption der Anwendung. Multimediale Inhalte werden unterstützt und leichter handhabbar gemacht. Zwar verfügen viele Autorentools über eigene Skriptsprachen, doch ist es oftmals gar nicht notwendig, auch nur eine einzelne Zeile Code zu schreiben, wenn nicht spezielle, ungewöhnliche oder komplexe Aufgaben realisiert werden sollen. Bekannte Beispiele von Autorensystemen sind Adobe Director[16], Adobe Flash[17], Toolbook[18] und iShell[19].

---

14 www.processing.org/
15 scratch.mit.edu/
16 www.adobe.com/de/products/director/
17 www.adobe.com/de/products/flash/
18 www.toolbook.com/
19 www.tribalmedia.com/

Unter Verwendung dieser Werkzeuge lassen sich sowohl Lernanwendungen im Stil von CBTs aber auch internetbasierte Anwendungen erzeugen. Autorensysteme unterscheiden sich unter anderem in der verwendeten Metapher bzw. dem Grundkonzept. So wird bei Director die Bühnen-Metapher herangezogen, und die verschiedenen Interaktionsobjekte stellen Akteure dar. Bei Flash hingegen ist die Zeitleiste das zentrale Element, und damit die Nähe zu einem in Szenen unterteilbaren Film ausgeprägter. Die Systeme lassen sich aber auch verwenden, um Beiträge bzw. Materialien für andere Lernanwendungen zu generieren, seien es angereicherte Texte, Bilder, Animationen oder kleinere Einzelanwendungen wie Simulationen, die in einem anderen Kurs Verwendung finden können.

Für die variable Wiederverwendung und Verbreitung der erzeugten Inhalte in Bezug auf andere Lernumgebungen, Lernplattformen und Kurssysteme ist es wünschenswert, dass Autorensysteme offizielle Standards für Lernobjekte unterstützen (z. B. LOM, SCORM, AICC). Lerninhalte bzw. -objekte, die nach diesen Standards gekennzeichnet sind, können in Datenbanken verwaltet und zwischen verschiedenen Plattformen ausgetauscht werden.

Beschreibung von Lernobjekten, Standards

Prinzipiell brauchen Lerninhalte wie Texte, Bilder und dergleichen nicht an die Produkte bestimmter Hersteller gebunden zu sein. Schließlich bleibt ein Text inhaltlich unverändert, ob er nun in einer Anwendung X oder auf einer Lernplattform Y angezeigt wird. Um die Voraussetzungen für Austauschbarkeit und Wiederverwendbarkeit zu schaffen, wurden Beschreibungsstandards eingeführt, die Lerninhalte bzw. Lernobjekte mit Meta-Daten versehen, welche Auskunft über den Inhalt geben. Solche Informationen können sich auf notwendiges Vorwissen, die Zielgruppe, verwendete Sprache aber auch angestrebte Lernziele beziehen.

Verschiedene Institutionen haben unterschiedliche Standards eingeführt. Eine der ältesten Konventionen ist die auf der World Wide Web-Konferenz von 1994 gegründete *Dublin Core Metadata Initiative*[20] *(DCMI)*. Der Dublin Core Standard empfiehlt 15 Kernfelder (*core elements*), die sich in technische, inhaltliche, rechtliche, relationale und zeitliche Daten gliedern. Technische Angaben umfassen z. B. eine eindeutige Identifikation (*identifier*) wie eine ISBN oder eine URL, eine Formatangabe, einen Dokumenttyp und Ähnliches. Das *Aviation Industry CBT Committee*[21] *(AICC)* hat die sogenannten Computer Managed Instruction (CMI) *Richtlinien* verfasst. Das *IMS Global Learning Consortium* hat mehrere freie De-facto-Standards beigesteuert, wie IMS Metadata, IMS Content Packaging, IMS Question & Test Interoperability (IMS QTI). Das IEEE hat 2002 den offenen *Learning Object Metadata*[22] *(LOM)* Standard verab-

---

20 dublincore.org/
21 www.aicc.org/
22 ltsc.ieee.org/wg12/

schiedet. Schließlich bemüht sich die Advanced Distributed Learning Initiative mit dem *Sharable Content Object Reference Model* (SCORM)[23] darum, die Arbeiten der vorher genannten und noch weiteren Institutionen zu vereinen. SCORM teilt sich in vier Bereiche: Overview, Content Aggregation Model, Run-Time Environment und Sequencing and Navigation.

Anhand dieser Meta-Daten lassen sich die Lernobjekte in Content-Katalogen, Learning Content Management Systemen (LCMS) und Learning Management Systemen (LMS) einbinden und verwalten.

Lernplattformen, Learning Management Systeme und Learning Content Management Systeme

Lernplattformen, Learning Management Systeme (LMS) und Learning Content Management Systeme (LCMS) verfügen zwar meist auch über Editoren für die Erstellung von Lerninhalten, gehen jedoch in ihrer Funktionalität weit darüber hinaus. Learning Management Systeme erfüllen hierbei meist eine Reihe von Aufgaben in folgenden Bereichen:

Bildungsprozesse organisieren

Mithilfe von LMS lassen sich ganze Lernprozesse abbilden, Lehrpläne und Curricula erstellen. Lerninhalte und Objekte wie Web Based Trainings, Tests und Feedback-Formulare lassen sich zu Kursen zusammenstellen. Eine Benutzerverwaltung von Lernenden, aber auch Lehrer/innen und Tutor/innen unterstützt dabei die Bildung von Lerngemeinschaften bzw. Communities. Module für verschiedene Formen von Kommunikation lassen sich zu Infrastrukturen zusammensetzen, die beispielsweise Chats, Foren, Wikis und virtuelle Klassenräume umfassen können. Zusätzlich lassen sich Workflow- und Benachrichtigungsprozesse abbilden.

Ein Veranstaltungsmanagement wiederum gestattet es, Kurse und Lehrveranstaltungen zu größeren Bildungsmaßnahmen, Bildungsprogrammen und ganzen Studiengängen zu kombinieren.

Lerninhalte verwalten: Learning Content Management

Die Verwaltung von Lerninhalten und -objekten spielt ebenfalls eine zentrale Rolle. Ein Learning Content Management System (LCMS) unterstützt nicht nur die Pflege, Suche und Administration von Lernobjekten, sondern idealerweise auch Aspekte wie Zugriffsregelung und Rechteverwaltung. Beispielsweise gibt es bei kommerziellen In-

---

[23] www.adlnet.gov/

halten verschiedene Lizenzmodelle, und der Zugriff auf die Inhalte ist mitunter unmittelbar mit Kosten verbunden. Die Erstellung von Inhalten kann ebenfalls diesem Bereich zugeordnet werden.

Learning Organisation Management

Benutzermanagement, Gruppenmanagement aber auch Rechte- und Lizenzmanagement fallen in diesen Bereich. In größeren Organisationen sollen bestimmte inhaltliche Bereiche z. B. nur für bestimmte Benutzergruppen freigeschaltet werden. Manche Benutzergruppen sind für Verwaltungsaufgaben innerhalb der Plattform autorisiert, andere werden als Autoren tätig und eine weitere Gruppe darf vielleicht nur als Lernende auf der Plattform agieren.

Beispiele für Lernplattformen

Bekannte freie, webbasierte Lernplattformen sind z. B. das Open Source Course Management System Moodle[24] sowie das LMS ILIAS[25], welches ursprünglich an der Universität Köln entwickelt wurde und nun durch verschiedene Hochschulen und Unternehmen weiter vorangetrieben wird. Beide sind international verbreitet. Kommerzielle Lernplattformen sind beispielsweise Blackboard Academic Suite[26], das inzwischen die Plattform WebCT assimiliert hat sowie CLIX[27] von IMC. Diese kommerziellen Plattformen richten sich sowohl an Unternehmen als auch an Universitäten.

Homepagegeneratoren, Lehrerportale

Für kleinere Projekte, einzelne Kurse und einzelne Lehrende, die das Internet als unterstützendes Medium einsetzen wollen, sind solche Systeme oftmals überdimensioniert. Vieles lässt sich auch mit einfacheren Mitteln erzeugen, die nicht selten frei verfügbar sind.

lo-net2

Für bundesdeutsche Schulen und andere Bildungseinrichtungen wurde von Lehrer-Online[28] eine Arbeitsumgebung im Internet ins Leben gerufen, in der von der Schul-

---

24 moodle.org/
25 www.ilias.de/
26 www.blackboard.com/products/Academic_Suite/index
27 www.im-c.de/de/produkte/clix/clix-enterprise/
28 www.lehrer-online.de/

organisation bis zur Arbeit in virtuellen Arbeitsräumen zahlreiche Aufgaben abgebildet werden können. Zielsetzung von lo-net[29] ist die Förderung von internetgestütztem kooperativen Arbeiten unter Einbezug von außerschulischen Partnern, Eltern oder Ausbildungsunternehmen.

Primolo

An Grundschullehrer/innen und Grundschulklassen ist die Plattform Primolo[30] gerichtet. Hierbei handelt es sich im Wesentlichen um einen Homepage-Generator, bei dem Lehrer/innen und Grundschüler/innen gemeinsam eine Webpräsenz erstellen können. Publikation und Bekanntmachung der Seite gestalten sich sehr einfach, sodass die Motivation der Kinder nach Möglichkeit nicht gebremst wird.

Content Management Systeme (CMS)

Für allgemeine Webpräsenzen, die nicht an spezielle Organisationen oder Benutzergruppen gerichtet sind, aber regelmäßig gewartet und aktualisiert und von mehreren Autor/innen gepflegt werden, empfiehlt sich der Einsatz eines *Content Management Systems* (CMS). Einmal installiert, erfolgt der Aufbau des Webauftrittes und die Erstellung einzelner Seiten mitunter ohne jedes Wissen über (X)HTML und verwandte Techniken.

Ein verbreitetes Beispiel für Open-Source CMS ist Typo3[31], das sich über Plugins in seiner Funktionalität einfach erweitern lässt, z.B. um Nachrichten, Shop-Systeme und Diskussionsforen. Das CMS Drupal[32], setzt seinen Schwerpunkt auf Social Software und die Bildung von Communities mit Weblogs und Foren. Ein weiteres großes CMS, das wie die beiden anderen ebenfalls auf PHP basiert, ist Joomla!. Es ging aus Mambo, einem anderen CMS hervor, mit der Zielsetzung, ein einfach zu bedienendes CMS zu realisieren, das leicht zu erlernen und trotzdem reich an Funktionalität ist. Es sollte auch technisch weniger versierten Benutzer/innen ermöglichen, schnell Erfolge zu erzielen.

---

29 www.lo-net2.de
30 www.primolo.de
31 typo3.org/
32 drupal.org/

Links/Quellen

E-Learning

Kerres, M. (2001): Multimediale und telemediale Lernumgebungen. Konzeption und Entwicklung. München: Oldenbourg.
Herczeg, M. (2006): Einführung in die Medieninformatik. München: Oldenbourg.

Webseitenerstellung und Webstandards

www.w3.org/
www.w3.org/html/
www.validator.w3.org/
www.w3.org/XML/
de.selfhtml.org/
www.lingo4u.de/article/checklist

Programmierung und Scripting

Ruby: www.ruby-lang.org/de, www.rubyonrails.org, www.rubyonrails.de
Python: www.python.org
Perl: www.perl.org
Stark, T./Krüger, G. (^{5}2007): Handbuch der Java-Programmierung. Addison-Wesley. Kostenlos im Web einsehbar (ehemals »Go To Java 2«): www.javabuch.de.
Stroustrup, B. (2000): Die C++-Programmiersprache. Addison-Wesley.
Meyers, S. (2000): Effektiv C++ Programmieren – 55 Möglichkeiten, Ihre Programme und Entwürfe zu verbessern. Addison-Wesley.
JavaScript: de.selfhtml.org/
Garrett, J.J. (2005): Ajax: A New Approach to Web Applications. Adaptive Path: www.adaptivepath.com/ideas/essays/archives/000385.php (letzter Aufruf 18.2.2005).
Processing: www.processing.org/

Entwicklungsserver und Webserver

Apache HTTP Server: httpd.apache.org/
XAMPP: www.apachefriends.org/de/xampp.html
Microsoft Windows Server 2008: www.microsoft.com/windowsserver2008/en/us/default.aspx

Entwicklungsumgebungen (IDE)

Eclipse: www.eclipse.org/
Jbuilder, Borland: www.borland.com/de/products/jbuilder/
FlexBuilder: www.adobe.com/products/flex/
MSVisualStudio Express: www.microsoft.com/germany/Express/
QT, Trolltech: www.trolltech.com/products/qt

Autorensysteme

Adobe Director: www.adobe.com/de/products/director/
Adobe Flash: www.adobe.com/de/products/flash/
Toolbook: www.toolbook.com/
iShell, Tribalmedia: www.tribalmedia.com/

Internet für die Lehre

www.primolo.de
www.lehrer-online.de
www.lo-net2.de

Hochschulen für Digitale Medien

Hochschule Darmstadt: www.h-da.de
Hochschule Bremen: www.hs-bremen.de/internet/de
Hochschule Furtwangen: www.hs-furtwangen.de
Fachhochschule Trier: www.fh-trier.de
W3L Web Life Long Learning: www.w3l.de/w3l

LMS

CLIX, IMS: www.im-c.de
Blackboard: www.blackboard.com/us/index.bbb
ILIAS: www.ilias.de/
Moodle: www.moodle.org/

CMS

Typo3: www.typo3.org/
Drupal: drupal.org/
Joomla!: www.joomla.de

Lernstandards

AICC: www.aicc.org/
Dublin Core: www.dublincore.org/
LOM: www.ltsc.ieee.org/wg12/
SCORM: www.adlnet.gov/

Rainer Hammwöhner / Christian Wolff

Gesellschaftliche und interdisziplinäre Aspekte der Informatik

Einleitung

Methoden und Techniken der Informatik durchdringen mittlerweile nahezu sämtliche Sphären der westlichen Industriegesellschaften (Wellman/Haythornthwaite 2002). Sowohl betriebliche Abläufe als auch der private Alltag sind in hohem Maße durch die Nutzung von Informations- und Planungssystemen und computerbasierten Netzwerk- und Kommunikationstechnologien bestimmt. Kognitionswissenschaftler/innen bemühen Modelle der theoretischen Informatik (universelle Turingmaschinen) zur Beschreibung kognitiver Prozesse (Johnson-Laird 1983), Genetiker/innen und Immunolog/innen (Tarakanov/Skormin/Sokolova 2003) greifen in ihrer Modellbildung auf informationstheoretische Konzepte zurück (Roederer 2005), Physiker entwickeln eine Wissenschaftssprache, welche die Interaktion der grundlegenden Bausteine der Welt als Berechnungen erfasst (von Baeyer 2005). Umgekehrt wird auch die Informatik von Ergebnissen anderer Disziplinen nachhaltig beeinflusst.

Zu nennen wären neue Berechnungsmodelle im Neuro- (Churchland/Sejnowski 1994) oder Quantencomputing (Nielsen/Chuan 2000). Gemeinsam ist diesen, zum Teil disparaten, wissenschaftlichen und gesellschaftlichen Entwicklungen, dass einem verallgemeinerten Informationsbegriff eine große heuristische Kraft zugesprochen wird. Aus wissenschaftstheoretischer Sicht wird diese Fokussierung auf Information als erklärender Größe teils heftig kritisiert, teils als zukunftsweisend vorangetrieben. Janich etwa spricht informationstheoretischen Modellen der Genetik jegliche eigenständige Erklärungsfähigkeit ab (Janich 2006) – während andererseits Floridi die Forderung nach einer eigenständigen Informationsphilosophie (Floridi 2003) erhebt. Diese sehr weit gespannte Debatte kann an dieser Stelle nicht nachvollzogen werden. Vielmehr soll hier eine Konzentration auf die Fragestellungen im Zusammenhang mit der Produktion, Distribution und Rezeption von Information erfolgen, welche die Gesellschaft, die sich derzeit als Informations- oder Wissensgesellschaft (Bittlingmayer/Bauer 2006; Kübler 2005; Kuhlen 2004) begreift, systematisch unter normativen Gesichtspunkten diskutiert. Im Zentrum des Interesses steht im Folgenden nicht der Computer als Berechnungswerkzeug, sondern das Computernetzwerk als Medium zur Erarbeitung und Vermittlung von Wissen und Information. Dabei wird zunächst auf den Bereich ethischer Aspekte im Umgang mit Information und Informationstechnologie fokussiert (Abschnitt 2). Abschnitt 3 stellt unterschiedliche Motivationen informationsethischer Positionen vor. Ausgehend von informationsethischen Prämissen erörtert Abschnitt 4 den praktischen und pädagogisch relevanten Aspekt der Informationskompetenz und zeigt in Abschnitt 5 neue Herausforderungen auf, die sich aus den weit verbreiteten Social-Software-Anwendungen ergeben.

Informationsethik, Medienethik, Netzethik, Computerethik – ein Abgrenzungsproblem?

Eine intensive Debatte über die *richtige* Entwicklung in Wissenschaft und Technik hat in den letzten Jahren zur Etablierung zahlreicher angewandter oder Bereichsethiken geführt. Während ein großer Teil der oben angedeuteten Entwicklungen im Rahmen von angewandten Ethiken (vgl. Düwell/Hübenthal/Werner 2006, S. 243–302) *außerhalb* der Informatik zu behandeln sind – zu nennen sind hier Bioethik oder eine allgemeine Technikethik (Fischer 2004) –, wird der engere fachliche Kontext von Bereichsethiken wie Informations- oder Computerethik fokussiert, die Überschneidungsbereiche mit einer schon länger eingeführten Medienethik aufweisen. Im Folgenden werden diese Bereichsethiken kurz vorgestellt und gegen die Informationsethik abgegrenzt, um dann (Abschnitt 3) auf zentrale informationsethische Fragestellungen und Argumentationen eingehen zu können.

Ziel angewandter Ethiken oder Bereichsethiken (Ulrich 2006) ist ein eingeschränktes Fach- oder Spezialgebiet, in dem ein Bedarf an ethischer Orientierung in fachlichen, gesellschaftlichen oder politischen Fragen entstanden ist. Die Vorgehensweise in der Erarbeitung angewandter Ethiken liegt nicht, wie die Bezeichnung suggeriert, in der Anwendung vorformulierter, abstrakter ethischer Prinzipien, sondern schließt die theoretische Reflexion auf Grundbegriffe und gegebenenfalls ihre Neubewertung ein, indem praktische Orientierung erzielt werden soll. Da die Formulierung dieser Ethiken zumeist aus dem Fachgebiet motiviert ist, entsteht eine Vielzahl von Bereichsethiken, die nicht in einer klaren Systematik voneinander abgegrenzt sind. So weisen die Bio-, Gen- und Medizinethik Überschneidungen auf. Auch ethische Fragen, die den Umgang mit Information betreffen, werden von Ethiken erfasst. Es gibt Publikationen zur Informationsethik, Medienethik, Netzethik und Computerethik. Im Folgenden sollen die jeweiligen Ethikansätze kurz vorgestellt werden, sodass Unterschiede in der Methodik aber auch im Gegenstandsbereich hervorgehoben werden.

Medienethik

Als die am besten etablierte unter den hier vorzustellenden Ethiken kann die Medienethik angesehen werden. Greis etwa weist auf zwei große Wellen medienethischer Publikationen gegen Ende des 19. Jahrhunderts und in den 1920er-Jahren hin (Greis 2003a, S. 3), die mit der Institutionalisierung der Presse und mit dem Ausbau der journalistischen Ausbildung zusammenhingen. Medienethik ist somit, wie auch Koziol pointiert feststellt (Koziol 2003, S. 19), an das Prinzip der Öffentlichkeit und damit an die Massenmedien gebunden. Eine Herausforderung an die Medienethik stellt das Internet dar, das Aspekte von Öffentlichkeit und Privatheit, von Nah- und Fernkommunikation in völlig neuer Weise konfiguriert (Greis 2003b).

Hinsichtlich der Methodik sind sehr unterschiedliche Ansprüche an eine Medienethik anzutreffen. Während Wiegerling – durchaus in Einklang mit der Durchführung medienethischer Studien – Medienethik primär als deskriptive Ethik versteht (Wiegerling 1998, S. 1), kritisiert Leschke eine theoriearme und philosophieferne Medienethik (Leschke 2001, S. 27 ff. und S. 110 f.), die zur Rechtfertigung des Bestehenden herhalten müsse. In einem Durchgang durch ethiktheoretische Ansätze kommt er allerdings zu dem Schluss, dass der Versuch, Normen aus Ethiktheorien zu begründen, zwangsläufig zu Aporien führe. Eine Medienethik sei deshalb unter Verzicht eines Normen setzenden Anspruchs als Meta-Ethik zu begreifen, welche den Zusammenhang von historischen Situationen – z. B. Machtkonstellationen, soziale Gegebenheiten – und Normensystemen zu rekonstruieren vermag.

Die Themenbereiche der Medienethik lassen sich in einer Matrix gliedern, die jeweils die Zuordnung zu den Einzelmedien – Zeitung, Film, Fernsehen, Internet –, die Einordnung in Phasen des Produktions- und Rezeptionsprozesses – Produktion, Distribution und Rezeption – sowie die Einflussgrößen gesellschaftlicher Prozesse – Markt, Politik – erfasst. Konkrete Fragestellungen der Medienethik etwa betreffen die Rolle und Wirkung von Gewalt im Fernsehen, die politische und wirtschaftliche Unabhängigkeit des Berichterstatters oder die Sorgfaltspflichten des Rechercheurs. In dem Maße, wie auf derartige Fragen, entweder aus konkreten Problemlösungen heraus oder aufgrund theoretischer Erwägungen, Lösungen gefunden werden, schlagen sie sich in Form von Regeln einer Berufsethik nieder, die in einem »Code of Ethics« kodifiziert werden können. Solche Regelsammlungen, die häufig von Berufsverbänden oder Interessengruppen zusammengestellt und verwaltet werden (bekanntes Beispiel: Pressekodex des deutschen Presserates [Deutscher Presserat 2006]), existieren im Gegenstandsbereich aller hier zu diskutierenden Bereichsethiken. In den Medienberufen, deren professionelles Wirken in den letzten Jahren wiederholt Gegenstand kritischer Auseinandersetzungen war, sind sie allerdings sehr detailliert ausgearbeitet. Als Leitfaden für ein angemessenes Verhalten im Beruf kann ihnen eine verhaltensobjektivierende Funktion nicht abgesprochen werden. Ersetzt der Hinweis auf die Regeln des »Code of Ethics« aber die Debatte über angemessenes moralisches Verhalten, so nehmen diese genau die viel kritisierte oben schon angesprochene Alibifunktion ein, welche die Bereichsethik insgesamt zu diskreditieren droht.

Computerethik

Als ein Gründungstext der Computerethik kann Joseph Weizenbaums »Die Macht der Computer und die Ohnmacht der Vernunft« angesehen werden (Weizenbaum 1978). Weizenbaums Kritik richtet sich gegen eine instrumentelle Vernunft, die den Computer, das neue Universalwerkzeug, in Anwendungszusammenhänge stellt, die der Verfasser als inhuman ansieht, die somit zu einer entmenschlichten Gesellschaft führen müssten. Hervorzuheben sind hier alle Anwendungen, die einen empathischen, menschlichen Zugang durch einen instrumentellen ersetzen sollen, etwa in der Therapie von psychischen Problemen (Weizenbaum 1978, S. 351).

Nach Weizenbaum kann eine Computerethik also als eine spezifische Technikethik (Fischer 2004, S. 179) begriffen werden. Diese Einordnung wird auch durch die von Moor vorgeschlagene Definition des Begriffs Computerethik gestützt (Moor 1985). Während aber Weizenbaum die Frage der Chancen und Risiken von Computertechnik generell aufwirft und primär an den Möglichkeiten der damals neuen Technologie orientiert ist, nehmen spätere Autor/innen (Johnson 2004) eine Systematisierung vor, die auch für andere Bereichsethiken von Bedeutung ist. Sie unterscheiden beispielsweise Fragen der Privatheit von Daten, der Computerkriminalität (z.B. Datendiebstahl), der Verbindlichkeit von Handlungen in anonymen Datennetzen. An derartigen Systematiken ist auch der für die Informatik entwickelte »Code of Ethics« (Bynum 2001; Berleur/d'Udekem 1996; Gesellschaft für Informatik 2004) orientiert, der jedoch häufig eher allgemeine Fragen des Wohlverhaltens in den Vordergrund stellt. Winograd und Flores (1986) greifen Weizenbaums Kritik an der Substitution menschlicher Leistungen durch Computer auf, wie sie Ziel des performanzorientierten Zweiges der Erforschung »künstlicher Intelligenz« ist. Computer sind für sie nicht Kommunikationspartner, sondern Kommunikationsmedien. Dieser Aspekt der Nutzung von Computern erhält eine zunehmende Bedeutung mit dem Aufkommen der neuen digitalen Medien, insbesondere des Internets, sodass es hier unter der Bezeichnung »Netz-Ethik« zur Entwicklung einer eigenen Bereichsethik gekommen ist. Insgesamt sind die inhaltlichen und methodischen Verbindungen zwischen Informations- und Computerethik eng (Tavani 2002).

Netzethik/Cyberethik

Die Kommunikationsformen, die durch die neuen Kommunikationsprotokolle des Internets ermöglicht wurden, brachten zwangsläufig ein verändertes Verhalten ihrer Teilnehmer/innen hervor. Als Ergebnis selbstregulierender Prozesse entstanden Verhaltensregeln (z.B. Netiquette, Chatiquette), durch die sich die meisten Nutzer/innen gebunden fühlen. Diese befinden sich aber zumeist auf der Ebene einfacher, nach den Anforderungen des jeweiligen Internetdienstes (z.B. E-Mail, Chat) ausgeformter Benimmregeln, die noch weitgehend ohne moralischen Gehalt sind. Der neue Stil der Interaktion kann aber auch dazu führen, dass die Nutzer/innen traditionelle Werte neu gewichten. Diese Veränderungen zu erheben, war ein erster, deskriptiver Schritt auf dem Weg zu einer Ethik des Netzes.

Dabei kann sich die Aufmerksamkeit zunächst auf Prozesse des Informationsaustauschs konzentrieren (Schwenk 2002) und untersuchen, ob die Einschätzungen hinsichtlich Wahrhaftigkeit oder Sorgfaltspflicht Änderungen unterworfen sind, wie sich der Zugang zur Information für die Nutzer/innen verändert und ob hier Gerechtigkeitsprinzipien außer Kraft gesetzt sind (*digital divide,* Wagner/Pischner/Haisken-

DeNew 2002). Darüber hinaus sind aber auch weitergehende Möglichkeiten der neuen Kommunikationsformen zu berücksichtigen, wie etwa das Spiel mit virtuellen und künstlichen Persönlichkeiten (Turkle 1998). Tavani zeigt am Beispiel des Cyber-Stalking, dass in diesem Zusammenhang auch neue Gefahren entstehen (Tavani/ Grodzinsky 2002). Die virtuelle Umwelt ermöglicht dem Stalker erheblich erweiterte Möglichkeiten in völliger Anonymität über große Distanzen zu operieren. Für die virtuelle Umwelt entsteht eine neue Verantwortung gegenüber potenziellen Opfern.

Informationsethik

Rainer Kuhlen definiert Informationsethik als »Ethik in elektronischen, durch den Umgang mit Wissen und Information bestimmten Räumen« (Kuhlen 2004, S. 9), während Capurro diese wie folgt auffasst: »Als deskriptive Theorie beschreibt sie die verschiedenen Strukturen und Machtverhältnisse, die das Informationsverhalten in verschiedenen Kulturen und Epochen bestimmen« (Capurro 2004). Kuhlen bindet die Informationsethik, im Gegensatz zu Capurro, also an bestimmte Medien der Informations- und Wissensvermittlung. Hinsichtlich des Kanons der durch eine Informationsethik zu erfassenden Probleme sind sich die beiden Autoren jedoch weitgehend einig: Datenschutz, freier Zugang zu Information, digitale Spaltung, Bewahrung des Wissens und kultureller Vielfalt. Methodisch ist zwischen beiden Ansätzen ein Unterschied festzustellen. Während Capurro primär einen deskriptiven Ansatz verfolgt – es gilt also zunächst, die bestehenden Verhältnisse zu klären –, ist Kuhlens Informationsethik einem deontologischen Ansatz in der Tradition der Diskursethik verpflichtet, wie er ähnlich auch von Hamelink vertreten wird (Hamelink 2000). Die von Floridi entwickelte Informationsethik zeichnet sich im Vergleich durch eine starke Pointierung wertethischer Gesichtspunkte aus. Reichtum und Integrität der *infosphere* werden von Floridi als vormoralisch gesicherte Werte angesehen, auf denen sich eine Ethik aufbauen lässt. Dem Konzept der *infosphere* liegt dabei ein Informationsbegriff zugrunde, der im Prinzip jegliche Phänomene subsumieren kann: »All processes, operations, changes, actions and events« can be treated as information processes« (Floridi 1999).

Die vorangestellten Kurzdarstellungen der Medien-, Computer- und Netzethik zeigten jeweils eine Kombination von spezifischen Fragestellungen und gemeinsamen übergreifenden Problematiken. Erstere betreffen spezifische Eigenschaften der eingesetzten Medien sowie den an der Kommunikation beteiligten Adressatenkreis. Es überwiegen aber die Gemeinsamkeiten, die Fragen nach Privatheit, gerechtem Zugang zu Wissen, Rechten am geistigen Eigentum oder die Frage nach den sozialen Implikationen eines Eingriffs in die Struktur des etablierten Mediensystems. Informationsethik lässt sich nunmehr als eine weitere derartige angewandte Ethik begreifen, die ihren Schwerpunkt im professionellen Informationssektor, etwa der Fachinformation (Wiegerling 1998, S. 2), hätte. Die von Capurro und Kuhlen und mehr noch Floridi vertretene Informationsethik verfolgt jedoch einen thematisch umfassenderen Anspruch. Die schon erwähnten Überschneidungen der hier relevanten Bereichsethiken motivierten Versuche, diese zu hierarchisieren. Sowohl Schwenk (Schwenk 2002, S. 19) als auch Greis (Greis 2003b) sehen die Netzethik als einen speziellen Anwendungsbereich der Medienethik. Wiegerling wiederum sieht die Medienethik als ein Teilgebiet einer allgemeinen Informationsethik (Wiegerling 1998, S. 1). Eine ähnliche Position nimmt auch Capurro ein (Capurro 2004). Beiden Vorschlägen ist gemeinsam, dass sie den Aspekt der Informationsvermittlung als fundamental gegenüber dem jeweiligen Medieneinsatz annehmen. Für Floridi ist der Begriff der Information und der *infosphere* so zentral, dass er eine Informationsethik darauf aufbaut, deren Erklärungsanspruch weit über die engeren Fragen der hier diskutierten Bereichsethiken hinausgeht (Floridi 1999).

Zur Begründung informationsethischer Positionen

Der Versuch einer philosophischen Fundierung der Ethik wurde lange als nicht sehr vielversprechend angesehen (Düwell 2006). Im Folgenden soll kurz angedeutet werden, welche Rolle der Informationsbegriff in solchen Fundierungsversuchen spielen kann, um damit die Zentrierung um den Informationsbegriff als eine Stärke der Informationsethik hervorzuheben.

Die Diskursethik (Habermas 1991) stellt einen besonders in Deutschland einflussreichen Versuch dar, eine Ethik in der Tradition Kants auf absolute Vernunftgründe aufzubauen. Die Diskursethik beruht zunächst darauf, dass die Teilnahme an jeglichem Diskurs die *Anerkennung des Moralprinzips* voraussetzt, wenn die Diskursteilnehmer/innen nicht in performativen Selbstwiderspruch geraten wollen. Ohne die grundsätzliche Voraussetzung der Wahrhaftigkeit der Diskursteilnehmer z.B. ist die Teilnahme am Diskurs ohne Sinn. In einem zweiten Schritt wird das *Verfahren der moralischen Argumentation* als Instrument der ethischen Entscheidung eingeführt. Es gilt grundsätzlich, dass alle moralischen Fragen durch Konsensfindung in einem realen Diskurs so zu lösen sind, dass die Folgen des Konsens für alle Beteiligten akzeptabel sind. An den moralischen Diskurs sind hinsichtlich der Form Bedingungen zu knüpfen. Etwa sollen alle von einer Entscheidung Betroffenen die gleichen Chancen haben, ihre Intentionen zu artikulieren. Auch dürfen keine asymmetrischen Machtkonstellationen vorliegen. Offensichtlich sind diese Gleichheitsannahmen Idealvorstellungen, denen man sich in einem realen Diskurs nur annähern kann. Es wird aber auch deutlich, dass diese Forderungen nur erfüllt werden können, wenn alle am Diskurs Beteiligten ihre Argumentation gleichermaßen durch Information zur Sache untermauern können, bzw. wenn jede zur Sache beitragende Information von den Teilnehmer/innen des Diskurses erfragt werden kann. Der Diskursethik sind somit gewisse minimale Informationsfreiheitsrechte eingeschrieben.

Zu ähnlichen Konsequenzen führt das von Alan Gewirth formulierte, handlungstheoretisch begründete *Principle of Generic Consistency* (Gewirth 1978). Dieses Prinzip bindet die Handlungsrechte an die zur Erlangung von Handlungsmöglichkeit erforderlichen Mittel oder Güter. Zu den basalen Handlungsvoraussetzungen gehört nach Gewirth die Informiertheit des Handelnden. Die notwendig erforderliche Information betrifft Kontext und Folgen der Handlung, ist aber, um grundsätzliche und nicht nur aktuelle Handlungsfähigkeit zu ermöglichen, im Sinne einer allgemeinen Bildung auszuweiten. Somit sind elementare Informationsfreiheitsrechte begründet. Der freie Zugang zu Information findet jedoch schon auf dieser fundamentalen Ebene der Debatte dort Grenzen, wo es um Information über Personen geht. Information über Personen oder Kollektive gefährden dann die Grundlagen des hier vorgestellten ethischen Modells, wenn die Person aufgrund des Wissens Dritter in ihrem Verhalten kalkulierbar wird. Eine solche Person ist aufgrund ihrer weitgehenden Beeinflussbarkeit nicht mehr ein gleich gewichtiges Mitglied eines moralischen Diskurses. Ihr ist zudem eine wichtige Voraussetzung autonomen Handelns entzogen. Somit ist auch hier eine Fundierung in beiden Modellen gegeben.

Es zeigt sich also, dass zentrale informationsethische Rechte unmittelbar in traditionellen ethischen Modellen begründet sind. Ihre Reichweite im Vergleich zu konkurrierenden Rechten ist jedoch noch näher zu bestimmen. Dies erweist sich insofern als sehr kompliziertes Unterfangen, als moralische Intuitionen hier aufgrund der Komplexität und Plastizität der neuen Informations- und Kommunikationstechnologien an ihre Grenzen stoßen. Im Folgenden soll kurz auf Aspekte der moralischen Argumentation im Zusammenhang mit der Wahrung der Privatsphäre und der angemessenen Versorgung mit Information eingegangen werden. Scanlan zeigt an einem konkreten Beispiel – PKW-Zulassungsdaten waren in Oregon im Internet publiziert worden –, welche Probleme die moralische Einschätzung von Datenschutzverletzungen im Einzelfall aufwirft (Scanlan 2001). Die weitreichenden technischen Möglichkeiten, die sich heute zur Auswertung z. B. von Daten aus dem Internet bieten, lassen insbesondere den Ansatz von McArthur, der auf einen Common Sense hinsichtlich des von einem Informations- oder Kommunikationsdienst zu erwartenden Schutzes der Privatsphäre verweist (McArthur 2001), als problematisch erscheinen. Moderne Verfahren des Web Data Mining z. B. können eine erhebliche Gefährdung der Privatsphäre mit sich bringen (van Wel/Royakkers 2004), indem etwa statistische aufbereitete Gruppenprofile trotz ihrer Anonymisierung gut abgesicherte Abschätzungen des zu erwartenden Nutzerverhaltens erlauben. Für den Nutzer ist diese Form der Auswertung der von ihm bereitgestellten oder erzeugten Daten zumeist nicht nachvollziehbar (Tavani 1999). Man denke an folgende Szenarien:

- Kevin X diskutiert eifrig im Netzforum der Selbsthilfegruppe für an Multipler Sklerose oder einer Sucht Erkrankte mit. Als Folge wird ihm ein Vertrag mit einer Krankenkasse kommentarlos verweigert.
- Ein kirchlicher Sozialdienst benutzt die gleichen Daten, um sich mit spezifischen Hilfsangeboten an Betroffene zu wenden.
- Auswertungen des Kaufverhaltens einer beliebigen Bevölkerungsgruppe haben ergeben, dass diese bereit ist, 10 Prozent mehr für eine Dienstleistung auszugeben. Sie wird ihr deshalb grundsätzlich zum erhöhten Preis angeboten.

- Durch Zusammenführung von Daten aus elektronischem Zahlungsverkehr und Produktkennzeichnung durch RFID-Tags ist allein aufgrund der Kennzeichnung z. B. der Schuhe das Kauf- und Bewegungsverhalten von Kevin X im Detail nachvollziehbar (Lockton/Rosenberg 2005).
- Der in den Overall eingearbeitete Computer des Wachmanns Kevin X ermöglicht ihm Zugang zu den ihm zugeteilten Räumen und sorgt für eine optimale Abstimmung der Patrouillen des gesamten Wachpersonals (Viseu 2003).
- Eine weitere Komplikation entsteht dadurch, dass zahlreiche Moralvorstellungen aus dem Bereich der Informationsethik kulturspezifisch sind und deshalb in einem globalen Informations- und Kommunikationsnetz nur eine fragile Gültigkeit beanspruchen können. Capurro zeigt dies im Vergleich von japanischen und westlichen Auffassungen zur Privatsphäre (Capurro 2005).

Die Frage nach dem angemessenen Zugang zu Information wirft ethische Probleme auf mehreren Ebenen auf. Zunächst ist zu klären, ob die erforderliche Infrastruktur vorhanden ist, um die Versorgung mit Informations- und Kommunikationsdiensten zu leisten, ob die angebotenen Dienstleistungen für die potenziellen Adressat/innen finanzierbar sind und ob Letztere über die Kompetenz verfügen, relevante Information zu finden und in ihrer Glaubwürdigkeit einzuschätzen. Betrifft ein Ungleichgewicht im Zugang zu Informations- und Kommunikationsressourcen systematisch ganze Bevölkerungsgruppen oder Weltgegenden, so spricht man von *digital divide* oder *digital gap*. Ungleichgewichte auf diesem makroskopischen Niveau, für deren Analyse noch ein eigenes Instrumentarium zu entwickeln ist (Hacker/Maso 2003), betreffen ganze Volkswirtschaften und erfordern supranationale Maßnahmen (McSorley 2003). Hier überlappen die Gegenstandsbereiche von Informationsethik und Sozialethik bzw. politischer Ethik (Fischer 2006).

Informationelle Autonomie, d. h. die Verfügbarkeit von Information für jede handelnde Person, ist, wie schon ausgeführt, in der Informationsethik gut fundiert. Daraus folgt jedoch nicht notwendig die Forderung, Information müsse grundsätzlich kostenfrei erhältlich sein. Da Gebühren für Information notwendig zu einer Ungleichheit in der Nutzung führen, sind sie – etwa vor den Gleichheitsbedingungen der Diskursethik – begründungsbedürftig. Dazu bieten sich mehrere Argumentationslinien an (Himma 2008). Unstrittig dürfte sein, dass z. B. unmittelbare Produktionskosten – Digitalisierung – anfallen und zu vergüten sind. Strittig ist, ob Autor/innen Eigentumsrechte an ihren geistigen Werken zukommen. Die Verwendung traditioneller Eigentumsbegriffe erweist sich insofern als problematisch, als Information als Ressource prinzipiell keiner Nutzungsbeschränkung unterliegt. Sie wird durch Konsum nicht verbraucht, kann sogar von beliebig vielen Personen gleichzeitig rezipiert werden. Aus konsequenzialistischer Perspektive lässt sich die Gewährung von Autorenrechten als notwendig für die Wahrung wissenschaftlicher und künstlerischer Kreativität motivieren. Zusätzlich kann man auch auf den von den Autor/innen in ihre Werke investierten Aufwand hinweisen, der gewisse Verfügungsrechte rechtfertige. Diese Argumente geben jedoch noch keinen Hinweis auf die Reichweite dieser Autorenrechte. Eine Leitschnur können hier die von Rawls formulierte Gerechtigkeitsgrundsätze sein: »1. Jedermann soll gleiches Recht auf das umfangreichste System gleicher Grundfreiheiten haben, das mit dem gleichen System für alle anderen verträglich ist. 2. Soziale und wirtschaftliche Ungleichheiten sind so zu gestalten, dass (a) vernünftigerweise zu erwarten ist, dass sie zu jedermanns Vorteil dienen, und (b) sie mit Positionen und Ämtern verbunden sind, die jedem offen stehen« (Rawls 1979, S. 81). Diese Grundsätze ermöglichen die Gewährung weitgehender Autorenrechte, wenn sie den Zugang zu Information für jedermann verbessern. Das von Rawls entwickelte Gerechtigkeitsmodell dient auch als Grundlage für die Analyse weiterer informationsethischer Fragestellungen (Britz 2008).

Erst die digitale Distribution von Information ließ ein Problem möglicher Überversorgung mit Information entstehen. Die millionenfache Versendung von Werbemail (Spam) führt zu einer Überlastung des Kommunikationssystems und kann deshalb vergleichsweise leicht abgelehnt werden, selbst wenn von den Versendern das Recht auf freie Meinungsäußerung in Anspruch genommen wird (Spinello 1999). Es entsteht jedoch auch das Problem einer Überbelastung durch angemessene Information, die zu einem *informational overload* führt (Toffler 1970; Himma 2007). Diese Situation verlangt dem Nutzer eine erweiterte Informationskompetenz ab (Brody 2008), deren Erwerb Teil des regulären Bildungsprozesses werden muss. Doch auch neue Unterrichtsformen – etwa die Distanzlehre via Internet – weisen spezifische Probleme auf – etwa der Anonymisierung –, die schon frühzeitig Gegenstand informationsethischer Reflexion geworden sind (Dreyfus 1999).

Informationskompetenz

Die angesprochene Zunahme der Interaktion mit Information macht die Notwendigkeit kompetenten Umgangs mit Information als nicht mehr nur auf den Bildungsbereich beschränkte Schlüsselqualifikation deutlich. Die Notwendigkeit zur Etablierung bestimmter Niveaus an Informationskompetenz lässt sich unschwer aus informationsethischen Prämissen der Überwindung des *digital divide* oder dem freien Zugang zu Information herleiten. Der amerikanischen Analogiebildung der »Information Literacy« (Eisenberg/Lowe/Spitzer 2004) spezifischer bildungsbezogener Fertigkeit steht im deutschsprachigen Bereich die Begriffsbildung »Informationskompetenz« gegenüber (Dannenberg 2005). Unter Informationskompetenz werden alle Fähigkeiten gesammelt, die für »zielführenden« Umgang mit Information erforderlich sind. Der weitverbreitete Bericht zur Informationskompetenz, den die American Library Association (ALA) 1989 vorgelegt hat, definiert Informationskompetenz wie folgt: »To be information literate, a person must be able to recognize when information is needed and have the ability to locate, evaluate, and use effectively the needed information« (ALA 1989).

Die Informationskompetenz steht dabei in enger Beziehung zu anderen Schlüsselqualifikationen, die teils vorauszusetzen sind (Lesekompetenz, elementare IT-Kompetenz), teils andere Interaktionsbereiche betreffen (Medienkompetenz als Fähigkeit, in unterschiedlichen Medien repräsentierte Information adäquat zu behandeln (Bawden 2001)).[33] Weitere Teilkompetenzen kultureller, kommunikativer und sprachlicher Natur tragen ebenfalls zur Informationskompetenz bei (Hochholzer/Wolff 2005). Als Kern der Informationskompetenz werden die folgenden »big skills« angesehen, wie sie die ALA in ihren Informationskompetenz-Standards definiert hat (Homann 2002, S. 627):

»Der informationskompetente Student
1. bestimmt Art und Umfang der benötigten Informationen.
2. verschafft sich effizienten und effektiven Zugang zu den benötigten Informationen.
3. evaluiert Informationen und seine Quellen kritisch und integriert die ausgewählten Informationen in sein Wissen und sein Wertsystem.
4. nützt Informationen effektiv sowohl als Individuum als auch als Gruppenmitglied, um ein bestimmtes Ziel zu erreichen.
5. versteht viele der ökonomischen, rechtlichen und sozialen Streitfragen, die mit der Nutzung von Informationen zusammenhängen, und er hat Zugang und nutzt die Informationen in einer ethischen und legalen Weise.«[34]

Diese Teilkompetenzen lassen sich zu einem zyklischen Modell zusammenfassen, das alle Interaktionen mit Information und Informationssystemen vom anfänglichen Informationsbedürfnis bis zur abschließenden Handlungsrelevanz von Information und gegebenenfalls sich anschließenden weiteren Informationsbedürfnissen umfasst. Im Bildungsbereich, insbesondere an den Hochschulen, ist der Bedarf nach verbesserter Informationskompetenz erkannt worden; groß angelegte empirische Untersuchungen haben erhebliche Defizite der Informationskompetenz sowohl der Studierenden als auch der Dozent/innen aufgedeckt (Klatt et al. 2001). Um dem abzuhelfen, bieten vor allem Hochschulbibliotheken vielfältige Schulungsangebote an, und teilweise sind Ausbildungsprogramme zur Informationskompetenz auch Teil regulärer Studiengänge geworden (Iki 2006; Wolff 2007). Neuere amerikanische Bildungsstandards übertragen Konzepte der Informationskompetenz auch auf den schulischen Bereich. So weist die American Association of School Librarians (AASL) in ihrem Standard für den »Lerner des 21. Jahrhunderts« auf die gestiegene Komplexität des Umgangs mit Information und die sich erhöhenden Anforderungen an die Informa-

---

33 Vgl. dazu Gruner 2003, S. 8 »Speziell von Pädagogen und Informationstechnologen wird Information Literacy gelegentlich mit Medienkompetenz übersetzt. Die Inhalte ähneln sich, sind jedoch nicht identisch. Informationskompetenz ermöglicht den Bezug zu persönlichen Problemen und deren Lösung, wohingegen Medienkompetenz verschiedene Medien und deren effizienten Umgang in den Mittelpunkt stellt.«
34 In etwas abgewandelter Form ist in der Literatur auch von den »six big skills« die Rede: Task definition, Information seeking strategies, Location and access, Use of information, Synthesis, Evaluation, vgl. Eisenberg/Berkowitz 1990; Homann 2000 und die dem Thema gewidmete Website www.big6.com/ (Zugriff Juli 2008).

tionskompetenz hin: »The definition of information literacy has become more complex as resources and technologies have changed. Information literacy has progressed from the simple definition of using reference resources to find information. Multiple literacies, including digital, visual, textual, and technological, have now joined information literacy as crucial skills for this century« (American Association of School Librarians 2007, S. 3).

Im Kontext der *National Educational Technology Standards (NETS•S) and Performance Indicators for Students* (International Society for Technology in Education ISTE 2007) wird nicht nur »information fluency« gefordert, sondern der Bezug zu Information und Informationstechnologie durchzeigt praktisch alle Anforderungsbereiche des Standards, und andere:

- »Students use digital media and environments to communicate and work collaboratively.«
- »Students use critical thinking skills to plan and conduct research, manage projects, solve problems, and make informed decisions using appropriate digital tools and resources.«
- »Students demonstrate a sound understanding of technology concepts, systems, and operations« (alle Zitate: International Society for Technology in Education ISTE 2007).

Die Dringlichkeit verbesserter Informationskompetenz soll abschließend mit Blick auf die gewachsene Bedeutung sozialer Medien betrachtet werden.

Soziale Medien: Gläserner Mensch oder mediale Freiheitsutopie?

Die weitgehende Durchdringung nicht nur der beruflichen, sondern auch der öffentlichen und privaten Sphäre mit Informationstechnologie führt zu der aufeinander bezogenen Entwicklung des »Verschwindens des Computers« (Streitz/Nixon 2005) bei gleichzeitiger »Allgegenwart« der Informations- und Kommunikationstechnologie (*pervasive computing, ubiquitous computing*). Im Ergebnis kommt es zu einer »Informatisierung des Alltags« (Bakardjieva 2005; Mattern 2007; Wolff 2006). Die Auswirkungen der Allgegenwärtigkeit von Informationstechnologie auf die Gesellschaft und die damit verbundenen Folgen für Informationsethik und -kompetenz lassen sich klar am Beispiel des Erfolgs sozialer Medien diskutieren: Vor dem Hintergrund für jedermann verfügbarer Datennetze (Internet) und der über sie realisierten Netze hat sich mit der »social-software-Bewegung« (Bächle 2006) ein Nutzungsmodell elektronischer Medien etabliert, das mittlerweile nicht nur für einen Großteil der Nutzung des WWW verantwortlich ist, sondern auch neue und vor allem kooperative und kollaborative Kommunikations- und Wissensproduktionsformen etabliert hat. Dabei steht weniger *technische* Innovation im Vordergrund, sondern die *innovative Nutzung* der bestehenden Infrastruktur des Word Wide Web und dessen Weiterentwicklung zum Web 2.0. Folgt man aktuellen Nutzungsdaten, wie sie die *Informationsgemein-*

schaft zur Feststellung der Verbreitung von Werbeträgern e.V. (IVW) regelmäßig für Print- wie Online-Medien vorlegt, so haben Community-Plattformen eine prominente Position errungen: Unter den zehn Websites mit den meisten Seitenaufrufen der IVW-geprüften Angebote sind im Juni 2008 (Quelle: Aktuelle IVW-Ausweisung auf der Website der IVW, *http://ivwonline.de/ausweisung2/search/ausweisung.php*) mit *SchülerVz* und *StudiVz* noch vor *T-Online* nicht nur die beiden Spitzenreiter Community-Plattformen, es finden sich unter den ersten zehn noch zwei weitere social software-Websites (*Lokalisten.de*, [Platz 5] *MyVideo.de* [Platz 8]). Der Spitzenreiter *schülerVz* kann dabei etwa 125 Millionen Besuche *(visits)* und mehr als sechs Milliarden einzelne Seitenaufrufe *(page impressions)* auf seiner Website vorweisen. Zu den wichtigsten Formen sozialer Software (Möller 2005) zählen dabei

- *Foren* (ursprünglich *bulletin board systems*), die der dialogischen und in der Regel textorientierten Kommunikation dienen,
- *Wikis*, die für die gemeinsame Text- und Medienproduktion verwendet werden (mit der Online-Enzyklopädie Wikipedia als prominentestem und erfolgreichstem Beispiel),
- *Blogs* (kurz für *Weblogs*, also Web-Tagebücher), die für individuelle Online-Meinungsäußerung und der Kommentierung der Meinungen anderer eingesetzt werden,
- *Netzwerkplattformen* wie *SchülerVz, StudiVz, Facebook* oder *Xing*, die vor allem für den persönlichen Kontaktaufbau und die Pflege von Kontakten in unterschiedlichen Sphären (schulischer, universitärer, geschäftlicher Kontext) gedacht sind,
- Plattformen für die *kooperative Informations- und Medienerschließung* mithilfe von Tags wie *Flickr* (Bilder), *Del.icio.us* (Bookmarks), *Upcoming.org* (Ereignisse) oder *Connotea* (wissenschaftliche Literatur) (vgl. Golder/Huberman 2006; Kipp/Campbell 2006).

Mit dem Erfolg kooperativer Ansätze und der Bereitschaft vieler Millionen Benutzer/innen, eigene Inhalte zu erzeugen und anderen verfügbar zu machen, scheinen traditionelle Medientheorien wie etwa Bertold Brechts *Radiotheorie* (Brecht 1992) oder Hans Magnus Enzensbergers egalitärer Ansatz eines *Baukastens zu einer Theorie der Medien* (Enzensberger 1970) Wirklichkeit geworden zu sein, da – wenigstens in den hoch entwickelten Gesellschaften »diesseits« des *digital divide* (Kizza 2003; Wagner et al. 2002) – jeder ohne große Hürden mit eigenen Gedanken und Inhalten an die Öffentlichkeit treten kann und Chancen hat, gehört/gelesen/gesehen zu werden. In der Praxis spielt ein egalitärer, libertärer oder gar sozialistisch-freiheitlicher Mediengebrauch im Sinne Brechts oder Enzensbergers bei der thematischen Universalität des *user generated content* bestenfalls eine untergeordnete Rolle. Gleichzeitig befinden sich Ansätze zur systematischen und integrierten Nutzung der digitalen Medien in der politischen Öffentlichkeit und in den politischen Willensbildungsprozessen (*E-Participation, E-Voting, E-Democracy*) trotz vielfältiger webbasierter Publikations- und Diskussionsplattformen noch am Anfang (Arevalo/Fernandez/Cerda 2006). Zu den problematischen Aspekten der vielfältigen Möglichkeiten des Web 2.0 zählen – als

Kehrseite der Entfaltungsmöglichkeiten im digitalen Medium – das mangelnde Datenschutzbewusstsein vieler Nutzer/innen, unklare Vorstellungen über rechtliche Möglichkeiten und Grenzen zulässiger Kommunikation oder unklare Vorstellungen von Sichtbarkeit und Persistenz von im Web veröffentlichten Daten.

Ausblick

Digitale *Medien* werden in noch weiter zunehmender Weise unseren Alltag bestimmen. Schon jetzt ist klar, dass in wenigen Jahren unser Wissen, unsere Erfahrungen und Erinnerungen im Wesentlichen digital repräsentiert sein werden (Czerwinski et al. 2006). Die Kompetenz im Umgang mit Information umfasst damit nicht nur Aspekte der Informationserschließung oder der Kommunikation mit Dritten, sondern auch unmittelbar auf das Individuum bezogene Organisation und Bewahrung von Information. Während aber Ausbildungskonzepte für Informationskompetenz bisher kaum den professionellen oder gar im engeren Sinn bibliothekarischen Kontext verlassen haben, wird durch das Web 2.0 deutlich, dass auf der Basis akzeptierter informationsethischer Prämissen der Gesellschaft auf diesem Feld eine große Herausforderung sehr allgemeiner Natur entstanden ist.

Literatur

American Association of School Librarians (2007): Standards for the 21st Century Learner. Verfügbar unter www.ala.org/ala/aasl/aaslproftools/learningstandards/AASL_Learning_Standards_2007.pdf (Abruf 24.7.2008).

American Library Association Presidential Committee on Information Litracy (ALA) (1989): Final report. Chicago: American Library Association.

Arevalo, G./Fernandez, E./Cerda, J.M. d. l. (2006): The state of e-Government and e-Participation in European Regions. Paper presented at the Proceedings of the International Multi-Conference on Computing in the Global Information Technology.

Bächle, M. (2006): Social software. In: Informatik-Spektrum 29, H. 2, S. 121–124.

Bakardjieva, M. (2005): Internet Society. The Internet in Everyday Life. London/Thousand Oaks, CA/New Dehli: Sage Publications.

Bawden, D. (2001): Information and digital literacies: a review of concepts. In: Journal of Documentation 57, H. 2, S. 218–259.

Berleur, J./d'Udekem-Gevers, M. (1996): Codes of Ethics within IFIP and Other Computer Societies. In: Berleur, J./Brunnstein, K. (Hrsg.): Ethics of Computing: Codes, Spaces for Discussion and Law. London Chapman & Hall, S. 3–41.

Bittlingmayer, U.H./Bauer, U. (Hrsg.) (2006): Die »Wissensgesellschaft«; Mythos, Ideologie oder Realität? Wiesbaden: VS Verlag für Sozialwissenschaften/GWV Fachverlag GmbH.

Brecht, B. (1992): Der Rundfunk als Kommunikationsapparat. Rede über die Funktion des Rundfunks [1932]. In: Hecht, W./Knof, J./Mittenzwei, W./Müller, K.-D. (Hrsg.): Bertold Brecht. Werke. Große Berliner und Frankfurter Ausgabe. Bd. 21: Schriften I. Frankfurt/Berlin: Suhrkamp-Verlag/Aufbau-Verlag, S. 552–557.

Britz, J.J. (2008): Making the Global Information Society Good: A Social Justice Perspective on the Ethical Dimensions of the Global Information Society. In: Journal of the American Society of Information Science and Technology 59, H. 7, S. 1171–1183.

Brody, R. (2008): The Problem of Information Naïveté. In: Journal of the American Society of Information Science and Technology 59, H. 7, S. 1124–1127.
Bynum, T. (2001): Computer Ethics: Basic Concepts and Historical Overview. In: Standford Encyclopedia of Philosophy. plato.stanford.edu/entries/ethics-computer/ (Abruf 21.7.2008).
Capurro, R. (2005): Privacy. An Intercultural Perspective. In: Ethics and Information Technology 7, S. 37–47.
Capurro, R. (2004): Informationsethik, eine Standortbestimmung. In: International Review of Information Ethics 1, S. 4–10.
Churchland, P.S./Sejnowski, T.J. (1994): The Computational Brain. Cambridge, Mass: MIT Press.
Czerwinski, M./Gage, D.W./Gemmell, J./Marshall, C.C./Pérez-Quiñonesis, M.A./Skeels, M.M./Catarci, T. (2006): Digital memories in an era of ubiquitous computing and abundant storage. In: Communications of the ACM 49, H. 1, S. 44–50.
Dannenberg, D. (2005): Zur Förderung von Informationskompetenz in Deutschland. In: Arbido: offizielle monatliche Revue der Vereinigung Schweizerischer Archivare (VSA), des Verbands der Bibliotheken und der Bibliothekarinnen, Bilibothekare der Schweiz (BBS), der Schweizerischen Vereinigung für Dokumentation (SVD) 5.
Deutscher Presserat (2006): Publizistische Grundsätze (Pressekodex). Richtlinien für die publizistische Arbeit nach den Empfehlungen des Deutschen Presserats (Electronic Version). Verfügbar unter www.presserat.de/uploads/media/Novellierter_Pressekodex.pdf (Abruf 24.7.2008).
Dreyfus, H.L. (1999): Anonymity versus Commitment: The Dangers of Education on the Internet. In: Ethics and Information Technology 1, S. 15–21.
Düwell, M. (2006): Handlungsreflexive Moralbegründung. In: Düwell, M./Hübenthal, C./Werner, M.H. (Hrsg.): Handbuch Ethik. Stuttgart/Weimar: Metzler Verlag, S. 152–162.
Düwell, M./Hübenthal, C./Werner, M.H. (Hrsg.) (2006): Handbuch Ethik. Stuttgart/Weimar: Metzler Verlag.
Eisenberg, M.B./Berkowitz, R. (1990): Information problem solving: The Big Six skills approach to library & information skills instruction. Norwood/N.J.: Ablex.
Eisenberg, M.B./Lowe, C.A./Spitzer, K.L. (2004): Information literacy: essential skills for the information age. 2. Auflage. Westport, Conn: Libraries Unlimited.
Enzensberger, H.M. (1970): Baukasten zu einer Theorie der Medien. In: Kursbuch 20, S. 159–186.
Fischer, P. (2006): Politische Ethik. München: W. Fink, UTB.
Fischer, P. (2004): Philosophie der Technik. München: W. Fink, UTB.
Floridi, L. (2003): Two Approaches to the Philosophy of Information. In: Minds and Machines 13, H. 4, S. 459–469.
Floridi, L. (1999): Information Ethics: On the Philosophical Foundation of Computer Ethics. In: Ethics and Information Technology 1, S. 37–56.
Gesellschaft für Informatik (2004): Ethische Leitlinien (Electronic Version). Verfügbar unter www.gi-ev.de/fileadmin/redaktion/Ethische_Leitlinien/Ethische_Leitlinien.pdf (Abruf 24.7.2008).
Gewirth, A. (1978): Reason and Morality. Chicago, London: The University of Chicago Press.
Golder, S./Huberman, B.A. (2006): Usage patterns of collaborative tagging systems. In: Journal of Information Science 32, S. 198–208.
Greis, A. (2003a): Die immarenten Struktures medialer Kommunikation als Fokus medienethischer Anstrengungen. In: Greis, A./Hunold, G./Koziol, K. (Hrsg.): Mediaethik. Tübingen/Basel: A. Francke [UTB 2370], S. 3–18.
Greis, A. (2003b): Internet. Ein Medienbereich zwischen vielfältigen kommunikativen Ausdrucksmöglichkeiten: zwischen Mündlichkeit und Schriftlichkeit, zwischen Nahkommunikation und Feinkommunikation. In: Greis, A./Hunold, G. Koziol, K. (Hrsg.): Mediaethik. Tübingen/Basel: A. Francke[UTB 2370], S. 19–36.
Gruner, S. (2003): Vermittlung von Informationskompetenz für angehende Ingenieure: Grundlagen, Bedingungen und Planung einer informationsdidaktischen Schulungsveranstaltung am Beispiel der SLUB Dresden. Unveröffentlichte Diplomarbeit, Fachhochschule Potsdam, Potsdam.

Habermas, J. (1991): Erläuterungen zur Diskursethik. Frankfurt a.M.: Suhrkamp.
Hacker, K.L./Maso, S.M. (2003): Ethical Gaps in Studies of the Digital Divide. In: Ethics and Information Technology 5, S. 99–115.
Hamelink, C.J. (2000): The Ethics of Cyberspace. London: Sage Publications.
Himma, K.E. (2008): The Justification of Intellectual Property: Contemporary Philosphical Disputes. In: Journal of the American Society of Information Science and Technology 59, H. 7, S. 1143–1161.
Himma, K.E. (2007): The Concept of Informational Overload: A Preliminary Step in Understanding the Nature of a Harmful Information-Related Condition. In: Ethics and Information Technology 9, S. 259–272.
Hochholzer, R./Wolff, C. (2005): Informationskompetenz – status quo und Desiderate für die Forschung. Regensburg: Universität Regensburg, Institut für Germanistik und Institut für Medien-, Informations- und Kulturwissenschaft.
Homann, B. (2002): Standards der Informationskompetenz – Eine Übersetzung der amerikanischen Standards der ACRL als argumentative Hilfe zur Realisierung der »Teaching Library«. In: Bibliotheksdienst 36, H. 5, S. 625–637.
Homann, B. (2000): Das Dynamische Modell der Informationskompetenz (DYMIK) als Grundlage für bibliothekarische Schulungen. In: Knorz, G./Kuhlen, R. (Hrsg.): Informationskompetenz – Basiskompetenz in der Informationsgesellschaft. Proceedings des 7. Internationalen Symposiums für Informationswissenschaft (ISI 2000), Darmstadt, 8.–10. November 2000. Konstanz: UVK, S. 195–206.
Iki, N. (2006): Die Regensburger Studieneinheit »Informationskompetenz (information literacy)« (INK) – eine Kooperation von Bibliothek und Universität. In: Bibliotheksdienst 40, H. 5, S. 619–624.
International Society for Technology in Education (ISTE) (2007): National Educational Technology Standards (NETS•S) and Performance Indicators for Students. Washington/DC: International Society for Technology in Education (ISTE).
Janich, P. (2006): Was ist Information? Frankfurt a.M.: Suhrkamp.
Johnson, D. (2004): Computer Ethics. In: The Blackwell Guide to the Philosophy of Computing and Information. Blackwell Publishing, S. 65–75.
Johnson-Laird, P.N. (1983): Mental Models. Cambridge: Cambridge University Press.
Kipp, M.E.I./Campbell, D.G. (2006): Patterns and Inconsistencies in Collaborative Tagging Systems: An Examination of Tagging Practices. Paper presented at the Proceedings of the 2006 Annual Meeting of the American Society for Information Science and Technology.
Kizza, J.M. (^{2}2003): Ethical and Social Issues in the Information Age. New York: Springer.
Klatt, R./Avriilidis, K./Kleinsimlinghaus, K./Feldmann, M. (2001): Nutzung elektronischer wissenschaftlicher Information in der Hochschulausbildung – Barrieren und Potenziale der innovativen Mediennutzung im Lernalltag der Hochschulen. Dortmund.
Koziol, K. (2003): Öffentlichkeit als hermenentisches Prinzip medienethischer Reflexion. In: Greis, A./Hunold, G./Koziol, K. (Hrsg.): Medienethik. Tübingen/Basel: A. Franche [UTB 2370], S. 19–36.
Kübler, H.-D. (2005): Mythos Wissensgesellschaft; Gesellschaftlicher Wandel zwischen Information, Medien und Wissen. Eine Einführung. Wiesbaden: VS Verlag für Sozialwissenschaften/GWV Fachverlage GmbH.
Kuhlen, R. (2004): Informationsethik. Umgang mit Wissen und Information in elektronischen Räumen. Konstanz: UVK.
Leschke, R. (2001): Einführung in die Medienethik. München: W. Fink [UTB 2250].
Lockton, V./Rosenberg, R.S. (2005): Privacy. RFID: The Next Serious Threat to Privacy. In: Ethics and Information Technology 7, S. 221–231.
Mattern, F. (2007): Die Informatisierung des Alltags: Leben in smarten Umgebungen. Berlin: Springer.

McArthur, R.L. (2001): Reasonable Expectations of Privacy. In: Ethics and Information Technology 3, S. 123–128.
McSorley, K. (2003): The Secular Salvation Story of the Digital Divide. In: Ethics and Information Technology 5, S. 75–87.
Möller, E. (2005): Die heimliche Medienrevolution. Wie Weblogs, Wikis und freie Software die Welt verändern. Hannover: Heise.
Nielsen, M.A./Chuang, I.L. (2000): Quantum Computation and Quantum Information. Cambridge: Cambridge University Press.
Rawls, J. (1979): Eine Theorie der Gerechtigkeit. Frankfurt a.M.: Suhrkamp.
Roederer, J.G. (2005): Information and its Role in Nature. Berlin: Springer.
Scanlan, M. (2001): Information Privacy and Moral Values. In: Ethics and Information Technology 3, S. 3–13.
Schwenk, J. (2002): Cyberethik. München: Reinhard Fischer.
Spinello, R.A. (1999): Ethical Reflection on the Problem of Spam. In: Ethics and Information Technology 1, S. 185–191.
Streitz, N./Nixon, P. (2005): The dissappearing computer. In: Communications of the ACM 48, H. 3, S. 32–35.
Tarakanov, A.O./Skormin, V.A./Sokolova, S.P. (2003): Immunocomputing. Principles and Applications. New York: Springer.
Tavani, H.T. (2002): The uniqueness debate in computer ethics. What exactly is at issue, and why does it matter? In: Ethics and Information Technology 4, S. 37–54.
Tavani, H.T. (1999): Information Privacy, Date Mining, and the Internet. In: Ethics and Information Technology 1, S. 137–145.
Tavani, H.T./Grodzinsky, F.S. (2002): Cyberstalking, Personal Privacy, and Moral Responsibility. In: Ethics and Information Technology 4, S. 123–132.
Toffler, A. (1970): Future shock. Köln/Genf: Orbit Publications.
Turkle, S. (1998): Leben im Netz. Identität in Zeiten des Internet. Reinbek: Rowohlt.
Ulrich, P. (2006): Angewandte oder bereichsspezifische Ethik. In: Düwell, M./Hübenthal, C./Werner, M.H. (Hrsg.) Handbuch Ethik. Stuttgart/Weimar: Metzler Verlag, S. 243–302.
Van Wel, L./Royakkers, L. (2004): Ethical Issues in Web Data Mining. In: Ethics and Information Technology 6, S. 129–140.
Viseu, A. (2003): Simulation and Augmentation: Issues of Wearable Computers. In: Ethics and Information Technology 5, S. 17–26.
von Baeyer, H.C. (2005): Das informative Universum. München: C.H. Beck.
Wagner, G.G./Pischner, R./Haisken-DeNew, J.P. (2002): The Changing Digital Divide in Germany. In: Wellman, B./Haythornthwaite, C. (Hrsg.): The Internet in Everyday Life. Malden, MA/ Oxford/Carlton: Blackwell Publishing, S. 164–185.
Weizenbaum, J. (1978): Die Macht der Computer und die Ohnmacht der Vernunft. Frankfurt a.M.: Suhrkamp.
Wellman, B./Haythornthwaite, C. (Hrsg.) (2002): The Internet in Everyday Life. Malden, MA/ Oxford/Carlton: Blackwell Publishing.
Wiegerling, K. (1998): Medienethik. Stuttgart/Weimar: Metzler Verlag.
Winograd, T./Flores, F. (1986): Understanding Computers and Cognition. A New Foundation for Design. Norwood, NJ: Ablex.
Wolff, C. (2007): Informationskompetenz als Studienfach?! Eine curriculare Zusammenarbeit von Universitätsbibliothek und Fachdisziplinen. In: Oßwald, A./Stempfhuber, M./Wolff, C. (Hrsg.): Open Innovation – neue Perspektiven im Kontext von Information und Wissen? Proc. 10. Internationales Symposium für Informationswissenschaft. Konstanz: UVK, S. 343–349.
Wolff, C. (2006): Information Retrieval is for Everybody – Beobachtungen und Thesen. In: Schaaf, M./ Althoff, K.-D. (Hrsg.): Lernen, Wissensentdeckung und Adaptivität – LWA/Workshop Information Retrieval der GI – FGIR 2006. Hildesheim: Universität Hildesheim, S. 102–107.

7. Betriebswirtschaftliches Basiswissen

Verena Mayer / Stephanie Starke / Susanne Weber

Unternehmerische Grundlagen – Unternehmensformen und Geschäftsmodelle

Einleitung und Problemstellung

Die gesellschaftlichen und wirtschaftlichen Strukturen unterliegen einem anhaltenden und massiven strukturellen Wandel (Buttler 1992, S. 163–182; Baethge/Buss/Lanfer 2003, S. 19; Achtenhagen/Lempert 2000, S. 11; Picot/Reichwald/Wigand 2003, S. 2–5). Die Entwicklung neuartiger Informations- und Kommunikationstechnologien (IUK), auf Basis der vielfältigen technischen Möglichkeiten des Internets wie beispielsweise Wikis oder Podcasts, verändern die Kommunikation, Informationsnutzung und die Zusammenarbeit der Menschen innerhalb und zwischen Unternehmen (Picot/Neuburger 2006, S. 121–122; Picot/Löwer 2003, S. 271–272). Des Weiteren ist ein Wandel weg von der Industrie- hin zu einer Informations- und Wissensgesellschaft beobachtbar (Buttler 1992, S. 164; Beck 2006, S. 51–64; Hopfenbeck 2002, S. 79), der individuellem und organisationalem Wissen den Status einer strategischen Ressource und eines Wettbewerbsfaktors zukommen lässt (Al-Laham 2003, S. 131/132). Beides lässt sich unter dem Begriff »Digital Economy« (Tapscott 1996, S. 43) fassen. Verstärkt wird diese Entwicklung durch eine weitere grundlegende Veränderung: Der Weltmarkt wird durch Globalisierung und Internationalisierung dereguliert und liberaler. Weltweit sind die Menschen durch neue Medien, wie die neuartigen IUK auch bezeichnet werden, vernetzt und können unabhängig von Zeit und Ort kommunizieren sowie Geschäfte tätigen. Die Wettbewerbsbedingungen für die Unternehmen werden dadurch tiefgreifend verändert (Picot/Dietl/Franck 2005, S. 2–12). Strategische Entscheidungen, die den Erfolg eines Unternehmens beeinflussen, müssen angesichts der veränderten Rahmenbedingungen überdacht werden. Dabei muss das Potenzial neuer Medien für das Geschäftsmodell, den Kern eines Unternehmens, identifiziert und darauf aufbauend die angemessene Rechtsform gewählt werden.

Doch nicht nur die Rahmenbedingungen für die Unternehmen, sondern auch das Qualifikationsanforderungsprofil für alle Arbeitnehmer/innen haben sich verändert. In einer solchen Gesellschaft ist die schnelle Umstellung auf die unsicheren und sich ständig verändernden Umweltbedingungen elementar (Erpenbeck/Scharnhorst 2006, S. 83). Nicht mehr rein fachliche Qualifikationen allein sind gefragt, sondern Kompetenzen im Wissensmanagement, Flexibilität, kommunikative Kompetenzen und die Bereitschaft zum lebenslangen und selbstgesteuerten Lernen sind notwendig (Baethge/Buss/Lanfer 2003, S. 29; Achtenhagen/Lempert 2000). Aufgrund der zunehmenden Bedeutung und wachsenden Integration neuer Medien in das berufliche und auch private Leben gehört zu einer solchen umfassenden Handlungsfähigkeit vor allem Medienkompetenz (Kübler 2003, S. 27). Hier setzt eine wirtschaftspädagogische Perspektive an, die sich mit der Entwicklung der individuellen Handlungsfähigkeit innerhalb des ökonomischen Kontextes und hier vor allem mit Entwicklungsmöglichkeiten von Medienkompetenz auseinandersetzt.

Aktuelle wissenschaftliche Diskussion

Erfolgsfaktoren eines Unternehmens

Zahlreiche Studien versuchen, die Erfolgskriterien für Unternehmen zu identifizieren und im Sinne einer Handlungsempfehlung »Grundsätze einer erfolgreichen Unternehmensführung« (Hopfenbeck 2002, S. 677; Gruber 2000, S. 5) bereitzustellen. Hopfenbeck (2002) bezieht sich exemplarisch auf die Systematisierung von Rehkugler (1989), der vier Faktorengruppen unterscheidet, die auf den Unternehmenserfolg einwirken (Hopfenbeck 2002, S. 678):
- Eigenschaften: z. B. Unternehmenskultur, Motivation der Mitarbeiter/innen
- Instrumente: z. B. Planungs- und Kontroll-System
- Strukturgrößen: z. B. Branche, Unternehmensgröße
- Betriebliches Umfeld: z. B. Steuer-, Rechtssystem

Die Unternehmensform bzw. Rechtsform eines Unternehmens zählt hierbei als ein Erfolgsfaktor zur Gruppe der Strukturgrößen. Das Geschäftsmodell lässt sich nicht eindeutig einordnen, da hierunter verschiedene Faktoren zusammengefasst werden können.

Neue Medien unter einer betriebswirtschaftlichen Perspektive

Neue Medien sind angesichts der Globalisierungs- und Wettbewerbstendenzen für unternehmerische Aktivitäten heute von weitreichender Bedeutung und nicht mehr wegzudenken. Unternehmen lassen sich in der Wissensgesellschaft ohne Einsatz der neuen Medien nicht mehr angemessen und erfolgreich organisieren und führen, sodass sich hieraus die Notwendigkeit ableitet, betriebswirtschaftliche Überlegungen im Hinblick auf die Definition und den Einsatz von Medien zu präzisieren.

Der klassische Medienbegriff ist sehr weit gefächert und lässt sich je nach Disziplin unterschiedlich charakterisieren. Der *kulturphänomenologische Medienbegriff* bezeichnet das Medium als einen materiellen Zeichenträger, wonach grundsätzlich jedes Zeichen, ein Denkmal, ein Straßenverkehrszeichen oder sogar die Sprache als Medium angesehen wird. Im Gegensatz dazu konzentriert sich der *publizistisch-kommunikationswissenschaftliche Medienbegriff* auf die sogenannten Massenmedien (z. B. Buch, Presse, Rundfunk, Film; Issing 1988, S. 19) sowie die technischen Medien und die Telekommunikationsmedien (Hoffmann 2003, S. 17). Unter Medien werden dann alle technischen Formen der Kommunikation und der Informationsspeicherung verstanden, wie z. B. Printmedien, visuelle Medien, auditive Medien und audiovisuelle Medien. Im pädagogischen Kontext wird jedoch eher der *pädagogisch-didaktische Medienbegriff* verwendet, der alle Objekte, die Lehr- und Lernzwecken dienen, zusammenfasst (Weidenmann 2006, S. 425). Darunter fallen beispielsweise die Tafel, das Buch, der Film oder sonstige didaktische Werk- und Gestaltungsvariablen. Dieser Medienbegriff schließt den Bereich der *technischen Medien* ein, da die verschiedenen Unterrichtsmedien didaktisch in den Lehr-Lern-Prozess eingegliedert werden, um systematisch die pädagogischen Zielvorstellungen zu erreichen. Darüber hinaus existiert der *kultur- und sozialpädagogische Medienbegriff*, der auch kreative Ausdrucksformen wie Tanz, Theater, Musik und Ähnliches als Medien bezeichnet und die drei vorher genannten Aspekte über Medien integriert (Hoffmann 2003, S. 15).

Die oben beschriebene Entwicklung der IUK führt zur Etablierung der heutigen »neuen Medien«. Auf *heute* deswegen bezogen, da jeder Zeitspanne bzw. Epoche bestimmte neue Medien zugeordnet werden können. Ratzke (1982) bezeichnet »alle die Verfahren und Mittel (Medien), die mithilfe neuer oder erneuerter Technologien neuartige, also in dieser Art bisher nicht gebräuchliche Formen von Informationserfassung und Informationsbearbeitung, Informationsspeicherung, Informationsübermittlung und Informationsabruf ermöglichen, als neue Medien« (Ratzke 1982, S. 16). Die heutigen neuen Medien stellen Informationsträger dar, die als Basis digitale IUK besitzen (Stähler 2001, S. 107; Tenorth/Tippelt 2007; S. 494). Sie basieren in der Regel auf dem World Wide Web (WWW) bzw. dem Internet.

Dabei ist das *klassische* Internet vom *neuen* Internet, das unter dem Schlagwort Web 2.0 subsumiert werden kann (Wiedemann 2007, S. 200), abzugrenzen. Der Begriff Web 2.0 steht für eine Sammlung von neuen Internettechnologien und -anwendungen, vor allem aber für ein neues Verständnis und eine veränderte Wahrnehmung der Internetnutzer/innen (Hippner 2006, S. 6). Diese haben ein neues Selbstverständnis entwickelt, sie sind intensiv in die Gestaltung der Inhalte einbezogen, vernetzen sich und generieren Informationen (Gehrke/Gräßer 2007, S. 11/12; Wirtz 2008, S. 86; Haas/Trump/Gerhards/Klingler 2007, S. 215). Man spricht beim Web 2.0 auch von einem *Read-and-Write-Web* oder *Mitmachnetz* (Alby 2007, S. 17). Durch möglichst einfach zu bedienende Anwendungen (Usability) kann eine Vielzahl von Nutzer/innen teilnehmen, was wiederum zu entsprechenden Netzwerkeffekten führt (Koch/Richter 2007, S. 3–4).

Social Software steht in einem engen Zusammenhang zum Web 2.0. Darunter können »diejenigen onlinebasierten Anwendungen [zusammengefasst werden], die das Informations-, Identitäts- und Beziehungsmanagement in den (Teil-)Öffentlichkeiten hypertextueller und sozialer Netzwerke unterstützen« (Schmidt 2006, S. 37). Es handelt sich um eine Teilmenge der Web 2.0-Anwendungen (Raabe 2007, S. 49; Hippner 2006, S. 6). Das Potenzial von Applikationen innerhalb Social Software liegt darin, dass »menschliche Kommunikation, Interaktion und Zusammenarbeit auf Basis sozialer Netzwerke« (Przepiorka 2006, S. 13) ermöglicht wird. Es zählt somit weniger die einzelne Information, als die Struktur bzw. das Netzwerk, das sich aus der Verknüpfung der Informationen ergibt (Hippner/Wilde 2005, S. 441). Die technologische Basis stellen RSS, AJAX und Web-Service-APIs dar (vgl. zur technischen Perspektive Maurice 2007 und Kap. 6 in diesem Buch).

Die Hauptanwendungen im Bereich Social Software stellen Weblogs und Wikis dar (Guretzky 2004, S. 4). Auf sie beziehen sich die nachfolgenden Überlegungen bezüglich der Integration neuer Medien. Ein *Weblog* stellt »eine häufig aktualisierte Webseite [dar], auf der Inhalte jeglicher Art in chronologisch absteigender Form angezeigt werden« (Przepiorka 2006, S. 14). Es handelt sich um leicht zu erstellende und leicht zu erneuernde Webseiten, die es einem oder mehreren Autor/innen (Blogger) erlauben, Informationen zu jeder Zeit im Internet zu veröffentlichen (Richardson 2006, S. 8). Auch mit *Wikis* können sehr einfach eigene Inhalte im Netz produziert werden. »A wiki is a collaborative Webspace where anyone can add content and anyone can edit content that has already been published. In schools, teachers and students have begun using password protected wikis to create their own textbooks and resource sites« (Richardson 2006, S. 8).

Geschäftsmodelle

Die Einheit »Geschäftsmodell« wird häufig als Analyseinstrument von Unternehmen eingesetzt (Stähler 2001, S. 4). Hinter jedem Unternehmen steht bei näherer Betrachtung ein bestimmtes Geschäftsmodell. Allerdings bedarf es hier im ersten Schritt einer genaueren Begriffsbestimmung, bevor die Auswirkung der neuen IUK auf ein Geschäftsmodell als Analyseeinheit erfolgen kann.

Begriffsverständnis Geschäftsmodell

Der Begriff »Geschäftsmodell« wurde mit der »New Economy« populär. Es existiert in Theorie und Praxis eine Vielzahl von Definitionen und Abgrenzungsversuchen für Geschäftsmodelle, die oft auch als »Business Models« bezeichnet werden (Stähler 2001, S. 40–52; Schoegel 2001, S. 7–29; Rentmeister/Klein 2003; Hass 2002, S. 91–94). Trotz der anhaltenden Diskussion in der wissenschaftlichen Literatur seit den 1970er-Jahren besteht kein einheitliches Verständnis über Geschäftsmodelle (Leimeister/Bantleon/Krcmar 2007, S. 2). Den meisten Ansätzen/Konzepten ist gemeinsam, dass ein Geschäftsmodell festlegt, wie ein bestimmtes Unternehmen zu Einnahmen kommt, um zu bestehen (Rappa 2000). Diese Begriffsdefinition scheint allerdings zu unspezifisch.

Eine detaillierte und zudem die am weitesten verbreitete Definition liefert Timmers (1998). Nach ihm stellt ein »Geschäftsmodell die Architektur für Produkt-, Service- und Informationsflüsse dar, einschließlich der Rollenbeschreibung der verschiedenen Akteure und deren Gewinn und Leistung sowie der Beschreibung der Einnahmequellen« (Timmers 1998, S. 4). Grundsätzlich dienen Geschäftsmodelle also der

»Aggregation wesentlicher, relevanter Aspekte aus den betriebswirtschaftlichen Teildisziplinen, um hierdurch zu einem einfachen, komprimierten Überblick der Geschäftsaktivitäten in Modellform zu gelangen« (Wirtz 2001, S. 211). Die folgende Tabelle (vgl. Tab. 1) gibt einen Überblick über ausgewählte Konzepte.

Tab. 1: **Ausgewählte Definitionen/Komponenten eines Geschäftsmodells**

Autoren	Elemente bzw. Dimensionen des Geschäftsmodells
Schögel et al. (1999)	– Aufgaben, Aktivitäten, Prozesse, Strukturen
Hamel (2000)	– Customer Interface – Core Strategy – Strategic Resources – Value Network – Wealth Potential
Stähle (2001)	– Value Proposition: Nutzenstiftung durch das Unternehmen – Architektur der Wertschöpfung: Art/Konfiguration der Leistung – Ertragsmodell: Quellen der Einnahmen
Alt/Zimmermann (2001)	– Mission: Goals, vision, value proposition – Structure: Actors and governance, focus (regional, industry) – Process: Customer orientation, coordination mechanism – Revenues: Source of revenues, business logic – Legal Issues: Legal requirements and constraints – Technology: Technical requirements and constraints
Knyphausen-Aufseß/ Zollenkop (2007)	– Produkt-/Marktkombination und Transaktionsbeziehungen – Durchführung/Konfiguration von Wertschöpfungsaktivitäten – Ertragsmechanik/Erlösmodell – Kundennutzen – Haltbarkeit von Wettbewerbsvorteilen
Wirtz (2000)	– Markt – Beschaffung – Leistungserstellung – Leistungsangebot – Distribution – Kapital
Hedmann/Kalling (2003)	– Market (customers, competition, suppliers) – Offering (price, physical component, service component) – Resources (human, physical, organisational) – Activities and Organisation (e.g. value chain) – Management Process

Unter einer betriebswirtschaftlichen Perspektive dient ein Geschäftsmodell als Basis für die strategische Unternehmensführung. Geldgeber/innen können die Erfolgsaussichten und die Sinnhaftigkeit einer Investition anhand der strukturierten Darstellung des Geschäftskonzeptes fundierter bewerten (Knyphausen-Aufseß/Zollenkop 2007, S. 585). Aus informationstechnischer Sicht dient es zur Identifikation von Einsatzmöglichkeiten neuer Medien.

Neue Medien als Teil des Geschäftsmodells

Durch die Entstehung von Web 2.0-Anwendungen im Rahmen der sich rasant entwickelnden IUK-Technologien wurden in der Vergangenheit und werden auch zukünftig neue Wertschöpfungsarchitekturen und somit neue Geschäftsmodelle möglich (Rentmeister/Klein 2003, S. 68; Knyphausen-Aufseß/Zollenkop 2007, S. 585). Verbindet man neue Medien und Geschäftsprozesse, so befindet man sich im Bereich des Electronic-Business (E-Business). Nach Gegenüberstellung verschiedener ausgewählter Ansätze bzw. Perspektiven des Begriffes E-Business postuliert Wirtz (2001) eine weitgefasste Definition und versteht unter »Electronic-Business [...] die Anbahnung sowie die teilweise respektive vollständige Unterstützung, Abwicklung und Aufrechterhaltung von Leistungsaustauschprozessen mittels elektronischer Netze« (Wirtz 2001, S. 34). Es handelt sich hierbei also um automatisierbare Geschäftsprozesse eines Unternehmens mithilfe von IUK. Neue Medien können aber auch Teil des Geschäftsmodells werden. In jedem Fall wird der Frage nachgegangen, wie neue Medien dazu beitragen können, dass ein Unternehmen erfolgreich(er) und effizient(er) sein kann.

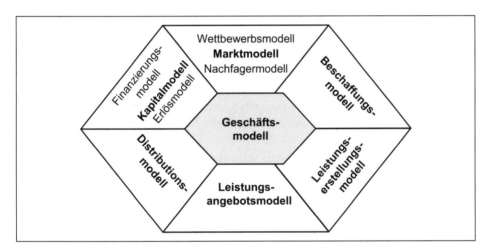

Abb. 1: Dimensionen eines Geschäftsmodells nach Wirtz (2001, S. 211)

Grundsätzlich hat die Nutzung von Internettechnologien auf die Wertschöpfung eines Unternehmens einen positiven Einfluss (Kurbel/Szulim/Teuteberg 1999, S. 78). Durch die orts- und zeitunabhängige Verfügbarkeit des Internets können Kosten reduziert und logistische Prozesse effizienter gestaltet werden (Alpar 1998, S. 171–251). Bei der Analyse von Integrationsmöglichkeiten neuer Medien ist es jedoch sinnvoll, sich auf das Geschäftsmodell-Verständnis von Wirtz (2001) zu stützen, da hier die verschiedenen Bereiche der Geschäftsaktivitäten innerhalb eines Unternehmens am deutlichsten abgebildet werden (vgl. Abb. 1).

Innerhalb des *Marktmodells* werden die Akteure und Märkte beschrieben, denen ein Unternehmen gegenübersteht (Wirtz 2001, S. 211). Das sind zum einen die Wettbewerber/innen und zum anderen die Nachfrager/innen. Um Produkte und Dienstleistungen gezielt am Markt absetzen zu können, ist die Identifizierung der Nachfragerbedürfnisse und die Klassifizierung in Markt- bzw. Kundensegmente notwendig. Die Kunden können unterschieden werden in Geschäftskunden (Geschäftsmodelle im Business to Business kurz B2B) und Privatkunden (Geschäftsmodelle im Business to Consumer kurz B2C). Weiter müssen die konkurrierenden Unternehmen im Wettbewerbsumfeld identifiziert und analysiert werden. Das *Beschaffungsmodell* bildet die gegenüberliegende Seite der Wertschöpfungskette ab, nämlich die Lieferanten des Unternehmens und das Verhältnis zu ihnen sowie die Beschaffungswege. Im Rahmen des *Leistungserstellungsmodells* werden die Prozesse abgebildet, in denen unter Einsatz von Ressourcen in Form von Gütern und Dienstleistungen die Leistungen erstellt werden, die am Markt abgesetzt werden. Die Entscheidung, welche Leistungen/Produkte welchen Kunden- bzw. Nachfragergruppen angeboten werden, wird im *Leistungsangebotsmodell* abgebildet. Das *Distributionsmodell* beschäftigt sich mit Art und Zeitpunkt des Transports und der Darbietung der Leistungen/Produkte. Zum *Kapitalmodell* zählen zum einen die Quellen, aus denen die Unternehmenstätigkeit finanziert wird (Finanzierungsmodell), und zum anderen, wie die Erlöse gestaltet sind (Erlösmodell) (Wirtz 2001, S. 211–215). Unternehmen können anhand dieser sechs Dimensionen gegeneinander abgegrenzt werden.

Zusammengefasst wird durch die Geschäftsmodellbildung ein Überblick über die Geschäftsaktivitäten eines Unternehmens auf einer aggregierten Ebene geliefert (Wirtz 2001, S. 211). Um aber den konkreten Einsatz von neuen Medien zu analysieren, ist eine genauere Betrachtung der Aktivitäten bzw. Geschäftsprozesse innerhalb eines Unternehmens notwendig.

Als weiteres Strukturierungsschema wird daher ergänzend die Wertschöpfungskette nach Porter (1985, 2002) zur Analyse herangezogen. Er stellt diese Aktivitäten aus einer strategischen Perspektive entlang der Wertschöpfung dar, um Wettbewerbsvorteile identifizieren und Prozesse analysieren zu können. Porter (2001) unterscheidet hierbei die primären Aktivitäten *Eingangslogistik, Operationen, Ausgangslogistik, Kundendienst* sowie *Marketing/Vertrieb* und die unterstützenden Aktivitäten *Unternehmensinfrastruktur, Human Resource Management, Technologieentwicklung* sowie *Einkauf/Beschaffung*, welche die primären Aktivitäten integrativ unterstützen. Mithilfe dieses Modells können die Geschäftsprozesse als Analysetool genutzt werden, um zu identifizieren, wo und in welcher Form neue Medien innerhalb der Unternehmen genutzt werden, um die Wertschöpfung zu steigern. Kurbel et al. (1999) und Porter (2002) haben genau dieses bezogen auf das Internet getan und die Anwendungsmöglichkeiten des Internets innerhalb der Geschäftsprozesse aufgelistet (Kurbel/Szulim/Teuteberg 1999; Porter 2002). In der folgenden Tabelle (vgl. Tab. 2) wird der Versuch unternommen, die Geschäftsprozesse nach Porter den Dimensionen des Geschäftsmodells nach Wirtz zuzuordnen. In einer weiteren Spalte finden sich die Anwendungsmöglichkeiten des Internets entsprechend der einzelnen Prozesse.

Tab. 2: **Möglichkeiten des Internet-Einsatzes innerhalb eines Geschäftsmodells**

Geschäftsmodell nach Wirtz (2000)	Geschäftsprozesse nach Porter (1999)	Internet in Geschäftsprozessen nach Kurbel et al. (1999), Porter (2002)
Kapitalmodell (K)		
Marktmodell (M)	Marketing/Vertrieb	Online-Werbung, -Marktforschung, -Preisfindung, -Bestellung, Multimediale Verkaufsförderung, Erfolgskontrolle, Elektronischer Produktkatalog, Produktkonfiguration, Elektronischer Einkaufskorb, Produkt- und Preisinformationen
Distributionsmodell (D)		
Beschaffungsmodell (B)	Eingangslogistik	Ordermonitoring, Online-Preiskalkulation, -Zahlungsabwicklung, -Überprüfung von Lagerbeständen, -Lieferanten-/Transporteurauswahl, Automatisierte E-Mail-Benachrichtigung der Lieferanten
	Einkauf/Beschaffung	
Leistungserstellungsmodell (LE)	Operationen	Videoconferencing, Telearbeit bzw. Telecomputing, Online-Eingreifen in Produktionsprozesse, Online-Produktionsdesign
Leistungsangebotsmodell (LA)	Ausgangslogistik	Statusinformationen, Online-Bonitätsprüfung, -Zahlung, -Tracking, -Auslieferung, Software-Download
	Kundendienst	E-Mail-Benachrichtigung, Ferndiagnose und -wartung von Software, Diskussionsforen, Chatrooms, Online-Beratung, -Updating
	Unternehmensinfrastruktur	Austausch von Informationen mit Lieferanten und Mitarbeitern, Telearbeit, Telecomputing
	Human Resource Management	Stellenausschreibungen, -börsen, Online-Bewerbung, Tele-Teaching, Internet-TV
	Technologieentwicklung	Austausch von Entwicklungsdaten (Allianzen, Diskussionsforen), Kundenkommentare zu Produkten, PDM

Basierend auf dem Internet können nun Social Software-Anwendungen in die Geschäftsprozesse integriert werden. Social Software-Anwendungen unterstützen grundsätzlich drei verschiedene Zieldimensionen: Beziehungsaufbau/-pflege, Publikation/Verteilung von Informationen sowie Kommunikation (Hippner 2006, S. 8/9). Wikis und Weblogs lassen sich in die beiden letztgenannten Zieldimensionen einordnen. Bezogen auf ein Geschäftsmodell liefern die Anwendungen somit ein Potenzial in allen Bereichen, in denen Kommunikation zwischen den Stakeholdern (Arbeitnehmer/innen, Kund/innen, Konkurrent/innen, Kapital- und Kreditgeber/innen, Lieferant/innen) sowie für den Informationsfluss von Bedeutung ist. Weblogs werden im Folgenden exemplarisch herausgegriffen (als weiterführende Literatur zum Einsatz von Wikis sei auf die Darstellungen von Komus/Wauch 2008 verwiesen). Der Einsatz von

Weblogs wird in Unternehmen stark diskutiert. Die Meinungen, unter welchen Gesichtspunkten der Einsatz von Weblogs positive Auswirkungen auf den Unternehmenserfolg hat, gehen dabei auseinander (vgl. unter anderem Picot/Fischer 2006; Schwarzer/Sarstedt/Baumgartner 2007).

Weblogs, die von Unternehmen unterhalten werden und in denen die Mitarbeiter/innen aus dem und über das Unternehmen berichten, werden als Corporate Blogs bezeichnet (Röttger/Zielmann 2006, S. 32/33). Sie können für alle Internetnutzer/innen zugänglich oder auf die Mitarbeiter/innen selbst beschränkt sein. Intern werden Corporate Blogs im Rahmen von Projekt- und Wissensmanagement-Tools eingesetzt (Schmidt 2008, S. 127). Zerfaß und Boelter (2005) unterscheiden verschiedene Arten von Corporate Blogs: *Knowledge-Blogs, Service-Blogs, Campaining-Blogs, CEO-Blogs, Produkt-/Marken-Blogs, Kollaborations-/Projekt-Blogs, Customer-/Voter-Relationship-Blogs, Krisen-Blogs* (Zerfaß/Boelter 2005, S. 127). Sie liefern eine ausführliche Darstellung anhand konkreter Praxisbeispiele. Im Rahmen einer Zählung der Corporate Blogs vom 21. Mai 2007 auf Basis der Blog-Suchmaschine »Technorati« (technorati.com) sind in Deutschland 622 Corporate Blogs erfasst worden (www.top100-business-blogs.de). Immer mehr Unternehmen nutzen Corporate Blogs mit all ihren Vor- und Nachteilen (Röttger/Zielmann 2006, S. 43/44), um Informationen zu transportieren. In folgender Tabelle (vgl. Tab. 3) sind beispielhaft verschiedene Corporate Blogs angeführt.

Tab. 3: Beispiele zu Corporate Blogs

Unternehmen	Blog-Adresse	Zweck des Blogs
Daimler AG	blog.daimler.de/	Private und interne Themen von Mitarbeiter/innen der Daimler AG
Klett-Cotta Verlag	blog.klett-cotta.de/	Informationen zum Verlagsprogramm werden veröffentlicht; die Nutzer/innen können diese dann kommentieren
O2 Germany	blog.o2online.de/cebit2007/	Mitarbeiter/innen stellen ihre Erlebnisse auf der CEBIT dar
Kelterei Walther	www.walthers.de/blogs/	Es werden Einblicke in das Unternehmen gewährt; der Blog ist in den Internetauftritt integriert
General Motors	fastlane.gmblogs.com/	Produktbeschreibungen, allgemeine Informationen zum Automobilmarkt werden zur Verfügung gestellt

Neben der Unterstützung der Geschäftsprozesse durch neue Medien innerhalb eines Geschäftsmodells verändern sich zunehmend auch die Produkte und Dienstleistungen. Je nach Digitalisierbarkeit lassen sich neue Medien mehr oder minder als direkter Teil eines Geschäftsmodells betrachten (Wirtz/Ullrich 2008, S. 22–25). Für klassische Medienunternehmen, deren Kerngeschäft bisher in der Erstellung und Distribution von Presse-, Rundfunk-, Film-, Musik- oder Online-Inhalten lag, ergeben sich völlig neuartige Wertschöpfungsketten (Kilian/Hass/Walsh 2008, S. 10; vgl. dazu auch die Beiträge in Werner/Schikora 2007 oder Hass 2002). Der Kunde kreiert die Inhalte zunehmend selbst und wird selbst Teil der Wertschöpfung. Die Medienunternehmen müssen hierfür verstärkt die notwendigen Plattformen bieten. Blömke, Braun und Clement (2008) stellen die Integration des Kunden in die Wertschöpfungskette anschaulich am Beispiel des Buchmarktes dar.

Unternehmensformen

Begriff und Arten von Unternehmensformen

Auf das Geschäftsmodell eines Unternehmens muss die Wahl der Unternehmensform abgestimmt werden. Das Themengebiet der Unternehmens- bzw. Rechtsformen wird zwar in der Rechtswissenschaft verortet, wird aber aufgrund des Einflusses der Rechtsnormen auf ökonomische Entscheidungen auch im Rahmen der »Allgemeinen Betriebswirtschaft« diskutiert (Wöhe/Döring 2002, S. 265). Die Unternehmensform »stellt die rechtliche Organisation, den rechtlichen Rahmen oder das Rechtskleid eines Unternehmens« (Bea/Dichtl/Schweitzer 2004, S. 354) dar. Innerhalb der Rechtsform werden die internen und externen Rechtsbeziehungen zu den Stakeholdern geregelt (Theisen 2007, S. 151).

Für deutsche Unternehmen existiert ein Katalog von nationalen Rechtsformen auf Basis verschiedener Gesetze, aus denen unter bestimmten Voraussetzungen frei gewählt werden kann. Die Wahl der rechtlichen Ausgestaltung eines Unternehmens stellt sowohl bei der Gründung (konstitutive Entscheidung) als auch während des gesamten Bestehens (laufende Anpassungsentscheidung) eine elementare Entscheidung dar, die in Abhängigkeit vieler Determinanten getroffen werden muss. Denn damit verbunden sind weitgreifende rechtliche, steuerliche und wirtschaftliche Folgen (Bullinger/Warnecke/Westkämper 2003, S. 205; Wöhe/Döring 2002, S. 267). Für die Rechtsformwahl steht eine Vielzahl von Kriterien zur Verfügung, anhand derer je nach Unternehmensziel oder individuellen Präferenzen der Eigentümer/innen bzw. Entscheidungsträger/innen innerhalb des Unternehmens eine Entscheidung getroffen werden kann. In der Literatur werden folgende Entscheidungskriterien schwerpunktmäßig thematisiert: *Haftung, Leitungsbefugnis, Finanzierungsmöglichkeiten, Gewinn- und Verlustbeteiligung, Rechnungslegung und Publizitätspflicht, Steuerbelastung, Gesellschafterwechsel, Mitbestimmung* (Bullinger/Warnecke/Westkämper 2003, S. 205–227; Neus 2005, S. 146–156; Wöhe/Döring 2002, S. 269; Hopfenbeck 2002, S. 176; Schierenbeck 2003, S. 28–33). Anhand dieser Kriterien können die verschiedenen Arten von Rechtsformen analysiert werden. Die am weitesten verbreiteten Rechtsformen sind in folgender Übersicht dargestellt (vgl. Abb. 2). Weitere Abgrenzungen und Rechtsformen finden sich beispielsweise in Schierenbeck (2003, S. 25) und Hopfenbeck (2002, S. 199).

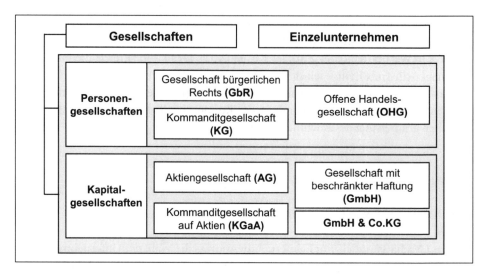

Abb. 2: Weit verbreitete Unternehmensformen

Die Verbreitung der verschiedenen Unternehmensformen lässt sich auf Basis der amtlichen Umsatzsteuerstatistik schätzen: 70 Prozent (2,2 Millionen) der steuerpflichtigen Unternehmen waren im Jahr 2006 Einzelunternehmen. 15 Prozent (455000 Unternehmen) wurden als Gesellschaft mit beschränkter Haftung (GmbH) geführt. Der Anteil an Aktiengesellschaften (AG) lag bei nur 0,6 Prozent. Auf Letztere entfielen allerdings 19 Prozent aller Umsätze im Jahr 2006 (Statistisches Bundesamt 2008). Neus (2005) führt detaillierte Zahlen über die quantitative Bedeutung der Rechtsformen für das Jahr 2003 auf (Neus 2005, S. 155). Entsprechend seiner Studien stellen AGs die durchschnittlich größten Unternehmen gemessen an der Zahl der Beschäftigten und dem Umsatz dar. Aus einem Zeitreihenvergleich geht hervor, dass eine Entwicklung weg von Rechtsformen mit unbeschränkter Haftung (Einzelunternehmen, OHG) hin zu haftungsbeschränkten Formen (GmbH, AG) stattfindet (Neus 2005, S. 155).

Betrachtet man die oben aufgeführten Rechtsformen anhand der verschiedenen Entscheidungskriterien (z. B. bei Schierenbeck 2003, S. 30/31 oder Hierl/Huber 2008, S. 279–305), wird sichtbar, dass es die beste Rechtsform per se nicht gibt. Jede Form hat ihre spezifischen Vor- und Nachteile und muss entsprechend der individuellen Zielsetzung und der Motive des Unternehmers gewählt werden (Bullinger/Warnecke/Westkämper 2003, S. 213; Bea/Dichtl/Schweitzer 2004, S. 359). Dazu ist es hilfreich, ein Bewertungsschema zu Hilfe zu nehmen, wie es Bullinger/Warecker/Westkämper (2003, S. 214) vorschlagen (vgl. Abb. 3). Jedes der oben genannten Entscheidungskriterien kann dahingehend bewertet werden, welche Rechtsform es nicht (1), überwiegend nicht (2), teilweise (3), überwiegend (4) oder voll (5) erfüllt. Für eine detaillierte Analyse der Vor- und Nachteile der spezifischen Rechtsformen können die Ausführungen von Hierl und Huber (2008) zurate gezogen werden, in denen sowohl steuerliche Aspekte gemäß der vergangenen Steuerrechtsreformen als auch allgemein rechtliche Regelungen diskutiert werden (Hierl/Huber 2008).

Auswahlkriterien	Eignungsgrad der Rechtsformalternative				
	1	2	3	4	5
Haftungsbeschränkung	OHG	GbR	KG, KGaA	GmbH	AG
Leistungsbefugnis Eigner	AG	GmbH	GbR	KG, KGaA	OHG
Einschränkung der Mitbestimmung	AG	GmbH	KGaA		KG, OHG, GbR
Vermeidung Rechnungslegungsvorschriften	AG, GmbH, KGaA		OHG, KG		
Möglichkeit der Finanzierung bei hohem Bedarf	OHG, GbR		KG	GmbH	AG

Abb. 3: Bewertung einzelner Rechtsformen (Bullinger/Warnecke/Westkämper 2003, S. 214)

Unternehmensformen im Rahmen der Internationalisierung

Durch die zunehmende Internationalisierung und die damit verbundene Ausweitung der unternehmerischen Tätigkeiten auf internationale Zusammenschlüsse, Kooperationen und Niederlassungen sollten Rechtsformen anderer Länder ebenfalls in die Analyse einfließen. Die englische Rechtsform »Limited Company« (Ltd.) (Informationen zur Rechtsform z. B. bei Fritz/Hermann 2008) ist beispielsweise seit der Rechtsprechung des Europäischen Gerichtshofes (EuGH) im Jahr 2003 eine anerkannte und viel diskutierte Rechtsform in Deutschland (Theisen 2007, S. 151).

Die Europäische Union schafft darüber hinaus innerhalb des Europäischen Binnenmarktes EU-weite Rechtsformen, um so wirtschaftliche Aktivitäten und Abstimmungsprozesse zu erleichtern. Es gibt mittlerweile eine Europäische Aktiengesellschaft (Societas Europaea, SE; ausführlich beschrieben z. B. in Theisen/Wenz 2005) und eine Europäische Genossenschaft (Societas Cooperativa Europaea, SCE; ausführlich beschrieben z. B. in Korts 2007). Über die Einführung einer weiteren Europäischen Aktiengesellschaft (Société Privée Européenne, SPE; ausführlich beschrieben z. B. in Schröder 2006) findet eine Diskussion statt (Theisen 2007, S. 151).

Unternehmensformen bei Geschäftsmodellen mit neuen Medien

Es lässt sich kein direkter Zusammenhang, wohl aber eine mittelbare Verbindung zwischen der Integration neuer Medien in die Unternehmen und der Wahl der Rechtsform feststellen. Zum einen verschiebt sich aufgrund neuer Medien und der damit korrespondierenden Geschäftsmodelle und -prozesse möglicherweise die Bewertung der Entscheidungskriterien wie z. B. der Haftung. Neue Medien basieren auf dem Internet, und sie sind charakterisiert durch die Offenheit und die Integration der Nutzer/innen. Durch die Vereinfachung der Informationsnutzung und -bereitstellung ist vor allem das Urheberrecht betroffen, bei dessen Verletzung gegebenenfalls hohe Schadensersatzforderungen auf das Unternehmen zukommen können (Gehrke/ Gräßer 2007, S. 31/32). Stellt diese Gefahr ein hohes Risiko dar, ist zu überlegen, eine Unternehmensform mit beschränkter Haftung zu wählen. Zum anderen verliert die physische Anwesenheit von Mitarbeiter/innen, Vertragspartner/innen und Kooperationspartner/innen angesichts der neuen IUK-Möglichkeiten sowie zunehmender »intangible assets« (virtueller Produkte und Dienstleistungen) an Bedeutung. In Verbindung mit der Deregulierung des Marktes im Zuge der Globalisierung können Standortentscheidungen neu überdacht und internationales Terrain mit den entsprechenden Rechtsformen in Betracht gezogen werden. Hieraus ergeben sich neue Gestaltungsmöglichkeiten der Besteuerung und der Gewinnverteilung.

Medienkompetenz als Antwort auf die mediale Herausforderung

Im Wandel der Wettbewerbsbedingungen spielen der Mensch beziehungsweise die Human-Ressourcen eine entscheidende Rolle. Der selbstständige, verantwortungsbewusste und kreative Mitarbeiter wird zum entscheidenden Erfolgsfaktor (Picot/Reichwald/Wigand 2003, S. 455). Auch die Integration neuer Medien innerhalb der Geschäftsmodelle von Unternehmen kann nicht ohne die entsprechende Kompetenz im verantwortlichen Umgang mit den Medien und in Societas Europaea, ihrer Handhabung durch die Mitarbeiter/innen und Manager/innen vonstatten gehen. Die rein technische Beherrschung der neuen Medien mit ihren Technologien im Sinne einer *Computer Literacy* greift demnach zu kurz (Groeben 2002b, S. 160). Eine umfassende Medienkompetenz sollte Ziel auch der betrieblichen beziehungsweise beruflichen Bildung sein. Medienkompetenz wird zur Schlüsselqualifikation und bekommt den Stellenwert einer vierten Kulturtechnik (Aufenanger 2003, S. 161; Gapski 2006, S. 14; Groebel 2003, S. 349; Kübler 2003, S. 31; Schulz-Zander/Tulodziecki 2002, S. 322).

So oft Medienkompetenz in der aktuellen wissenschaftlichen, politischen, rechtlichen oder wirtschaftlichen Diskussion thematisiert wird, so unterschiedlich ist doch das Verständnis des Begriffes (Sutter/Charlton 2002, S. 129; Groeben 2002a, S. 11–17; Gapski 2001, S. 13–19). Gapski (2001) identifizierte mehr als 100 verschiedene Definitionen (Gapski 2001, S. 253–293). Bei einem so mehrdeutigen Begriff wie Medienkompetenz sollte eine Positionierung innerhalb einer Perspektive erfolgen, die nach den eigenen Zwecken der Analyse charakterisiert ist (Sutter/Charlton 2002, S. 129). In diesem Beitrag steht die Entwicklung von Medienkompetenz von Mitarbeiter/innen im Unternehmen im Fokus, sodass der Begriff aus einer wirtschaftspädagogischen Perspektive beleuchtet und aus einer betriebswirtschaftlichen Perspektive kontextualisiert wird. Kübler (1999) unterscheidet vier verschiedene Dimensionen der Medienkompetenz, die im Folgenden kurz skizziert werden (Kübler 1999, S. 27).

- *kognitive Fähigkeiten:*
  Kenntnisse über Strukturen, Organisationsformen und Funktionsweisen, wie z. B. Programme, Inhalte der Medien und Dramaturgien.
- *analytische und evaluative Fähigkeiten:*
  Befähigung, Medien bzw. ihre Inhalte auf vielfältige Kriterien hin einzuschätzen und zu beurteilen (z. B. Tendenz, Richtigkeit, Wahrhaftigkeit, Seriosität, professionelle Machart, Redlichkeit gegenüber Adressat/innen).
- *sozial-reflexive Fähigkeiten:*
  Individuelle Nutzungsweisen, Gewohnheiten, Verlockungen und Kompensationen an sich selbst und bei anderen beobachten und bewusst machen, um sie gegebenenfalls nach Maßgabe akzeptierter Zielkriterien – unter Berücksichtigung moralischer und emotionaler Aspekte – korrigieren zu können.
- *handlungsorientierte Fähigkeiten:*
  z. B. Beherrschen des Umgangs und der Verwendung neuer Informations- und Kommunikationstechniken und die Fähigkeit zu einer kritischen Analyse der Bedingungen und Gefahren bei der Verwendung dieser Technologien.

Diese Medienkompetenz gilt es nun, unter Beachtung aktueller didaktischer und lehrlerntheoretischer Aspekte, bei den Mitarbeiter/innen zu entwickeln. (Einen Überblick über Theorien und empirische Befunde zu den Grundlagen erfolgreichen Lernens und Lehrens liefern z. B. Hasselhorn/Gold 2006). Zur Vermeidung »trägen Wissens« (Gerstenmaier/Mandl 2000, S. 290) sollte Lernen im eigentlichen Problemkontext, d.h. anhand des tatsächlichen Einsatzes neuer Medien am Arbeitsplatz, ermöglicht werden (Sonntag/Stegmaier 2007, S. 12). Hierfür eignet sich beispielsweise der Ansatz des *Cognitive Apprenticeship* (Brown/Collins/Duguid 1989; Collins/Brown/Newman 1989), in dem verschiedene Methoden als Unterstützung der Lehr-Lern-Prozesse im Sinne einer Experten-Novizen-Beziehung beschrieben werden, oder das Konzept des Coachings (Backhausen/Thommen 2004). Unabhängig von der Art und Weise, in welcher Form Medienkompetenz entwickelt werden soll, ist es unabdingbar, dass die Lehrenden selbst über Medienkompetenz verfügen (Dörr/Strittmatter 2002, S. 35).

Im hier diskutierten betriebswirtschaftlichen Kontext stellt Medienkompetenz eine zentrale Basis für die kreative Gestaltung ökonomischer Handlungen dar, wie z. B. der Entwicklung von Geschäftsideen, der Erstellung von Geschäftsmodellen sowie der Auswahl einer adäquaten Unternehmensform.

Ausblick und Fazit

In diesem Beitrag wurde gezeigt, dass der Einsatz neuer Medien innerhalb von Unternehmen zunimmt. Geschäftsprozesse können durch deren Einbezug effektiver und effizienter gestaltet werden, oder neue Medien werden selbst Teil des Geschäftsmodells. Die erhofften Vorteile durch neue Medien stellen sich aber nur dann ein, wenn sowohl Führungskräfte als auch Mitarbeiter/innen medienkompetent handeln können. Das Thema Medienkompetenz müsste daher einen zentralen Stellenwert auf der Agenda lebenslangen Lernens einnehmen. Innerhalb von Lehr-Lern-Arrangements versprechen Web 2.0-Applikationen wie Wikis oder Podcasts vielfältige Einsatzmöglichkeiten und Potenziale (Erpenbeck/Sauter 2007; Richardson 2006; Dittler/Kindt/Schwarz 2007), indem sie durch die offene Struktur der Informationssysteme ermöglichen, in der Gruppe erfolgreich Wissen zu generieren und zu verteilen (Danowski/Jannson/Voß 2007, S. 17). Neue Medien stellen dabei aber keine Selbstläufer dar, sondern müssen didaktisch sinnvoll und zielgerichtet eingesetzt werden (Achtenhagen 2003, S. 90; Kerres 2001, S. 85; Kerres 2003, S. 31–32).

Literatur

Achtenhagen, F. (2003): Lerntheorien und Medieneinsatz. Bedingungen und Möglichkeiten einer Steigerung des Lernerfolgs. In: Keil-Slawik, R./Kerres, M. (Hrsg.): Wirkungen und Wirksamkeit neuer Medien in der Bildung. Education Quality Forum 2002. Münster: Waxmann, S. 85–114.

Achtenhagen, F./Lempert, W. (Hrsg.) (2000): Lebenslanges Lernen im Beruf – seine Grundlegung im Kindes- und Jugendalter. Erziehungstheorie und Bildungsforschung. Opladen: Leske + Budrich.

Alby, T. (2007): Web 2.0. Konzepte, Anwendungen, Technologien. München: Hanser.

Al-Laham, A. (2003): Organisationales Wissensmanagement. Eine strategische Perspektive. München: Vahlen.

Alpar, P. (^{2}1998): Kommerzielle Nutzung des Internets. Unterstützung von Marketing, Produktion, Logistik und Querschnittsfunktionen durch Internet, Intranet und kommerzielle Online-Dienste. Berlin: Springer.

Aufenanger, S. (2003): Lernen mit neuen Medien. In: Keil-Slawik, R./Kerres, M. (Hrsg.): Wirkungen und Wirksamkeit neuer Medien in der Bildung. Education Quality Forum 2002. Münster: Waxmann, S. 161–172.

Backhausen, W./Thommen, J.-P. (^{2}2004): Coaching. Durch systemisches Denken zu innovativer Personalentwicklung. Wiesbaden: Gabler.

Baethge, M./Buss, K.-P./Lanfer, C. (2003): Konzeptionelle Grundlagen für einen Nationalen Bildungsbericht: Berufliche Bildung und Weiterbildung Lebenslanges Lernen. Berlin: Bundesministerium für Bildung und Forschung.

Bea, F.X./Dichtl, E./Schweitzer, M. (^{9}2004): Allgemeine Betriebswirtschaftslehre. Band 1: Grundfragen. Stuttgart: Lucius & Lucius.

Beck, U. (2006): Power in the global age. A new global political economy. Cambridge: Polity.

Blömke, E./Braun, A./Clement, M. (2008): Kundenintegration in die Wertschöpfung am Beispiel des Buchmarktes. In: Hass, B.H./Kilian, T./Walsh, G. (Hrsg.): Web 2.0. Neue Perspektiven für Marketing und Medien. Berlin, Heidelberg: Springer-Verlag, S. 289–303.

Brown, J.S./Collins, A./Duguid, P. (1989): Situated Cognition and the culture of learning. In: Educational Researcher, 18, H. 1, S. 32–42.

Bullinger, H.-J./Warnecke, H.J./Westkämper, E. (^{2}2003): Neue Organisationsformen im Unternehmen. Ein Handbuch für das moderne Management. Berlin: Springer.

Buttler, F. (1992): Tätigkeitslandschaft bis 2010. In: Achtenhagen, F./John, E.G. (Hrsg.): Mehrdimensionale Lehr-Lern-Arrangements. Innovationen in der kaufmännischen Aus- und Weiterbildung. Wiesbaden: Gabler, S. 162–182.

Collins, A./Brown, J.S./Newman, S.E. (1989): Cognitive Apprenticeship. Teaching the crafts of reading, writing and mathematics. In: Resnick, L.B. (Hrsg.): Knowing, learning and instruction. Hillsdale, NJ: L. Erlbaum, S. 453–494.

Danowski, P./Jannson, K./Voß, J. (2007): Wikipedia als offenes Wissenssystem. In: Dittler, U./Kindt, M./Schwarz, C. (Hrsg.): Online-Communities als soziale Systeme. Wikis, Weblogs und Social Software im E-Learning. Münster: Waxmann, S. 17–26.

Dittler, U./Kindt, M./Schwarz, C. (Hrsg.) (2007): Online-Communities als soziale Systeme. Wikis, Weblogs und Social Software im E-Learning. Münster: Waxmann.

Dörr, G./Strittmatter, P. (^{3}2002): Multimedia aus pädagogischer Sicht. In: Issing, L.J./Klimsa, P. (Hrsg.): Information und Lernen mit Multimedia und Internet. Lehrbuch für Studium und Praxis. Weinheim: Beltz PVU, S. 29–44.

Erpenbeck, J./Sauter, W. (2007): Kompetenzentwicklung im Netz. New Blended Learning mit Web 2.0. Köln: Luchterhand/Kluwer.

Erpenbeck, J./Scharnhorst, A. (2006): Modellierung von Kompetenzen im Licht der Selbstorganisation. In: Meynhardt, T./Brunner, E.J. (Hrsg.): Selbstorganisation managen. Beiträge zur Synergetik der Organisation. Münster, New York, München, Berlin: Waxmann, S. 83–104.

Fritz, D.F./Hermann, O. (2008): Die Private Limited Company in Deutschland. Münster: ZAP-Verlag.

Gapski, H. (2006): Medienkompetenz messen? Eine Annäherung über verwandte Kompetenzfelder. In: Gapski, H. (Hrsg.): Medienkompetenzen messen? Verfahren und Reflexionen zur Erfassung von Schlüsselkompetenzen. Düsseldorf: kopaed, S. 13–28.

Gapski, H. (2001): Medienkompetenz. Eine Bestandsaufnahme und Vorüberlegungen zu einem systemtheoretischen Rahmenkonzept. Dissertation, Universität GH Essen. Essen.

Gehrke, G./Gräßer, L. (2007): Neues Web, neue Kompetenz? In: Gehrke, G. (Hrsg.): Schriftenreihe Medienkompetenz des Landes Nordrhein-Westfalen. Web 2.0 – Schlagwort oder Megatrend? Fakten, Analysen, Prognosen. Düsseldorf: kopaed-Verl, S. 11–36.

Gerstenmaier, J./Mandl, H. (2000): Wissensanwendung im Handlungskontext. Die Bedeutung intentionaler und funktionaler Perspektiven für den Zusammenhang von Wissen und Handeln. In: Mandl, H./Gerstenmaier, J. (Hrsg.): Die Kluft zwischen Wissen und Handeln. Empirische und theoretische Lösungsansätze. Göttingen: Hogrefe, S. 289–321.

Groebel, J. (2003): Schlüsselqualifikation Medienkompetenz. In: Klumpp, D. (Hrsg.): Next generation information society? Notwendigkeit einer Neuorientierung. Mössingen-Talheim: Talheimer, S. 349–361.

Groeben, N. (2002a): Anforderungen an die theoretische Konzeptualisierung von Medienkompetenz. In: Groeben, N./Hurrelmann, B. (Hrsg.): Medienkompetenz. Voraussetzungen, Dimensionen, Funktionen. Weinheim: Juventa, S. 11–22.

Groeben, N. (2002b): Dimensionen der Medienkompetenz. Deskriptive und normative Aspekte. In: Groeben, N./Hurrelmann, B. (Hrsg.): Medienkompetenz. Voraussetzungen, Dimensionen, Funktionen. Weinheim: Juventa, S. 160–197.

Gruber, M. (2000): Der Wandel von Erfolgsfaktoren mittelständischer Unternehmen. Wiesbaden: Dt. Univ.-Verl.

Haas, S./Trump, T./Gerhards, M./Klingler, W. (2007): Web 2.0 Nutzung und Nutzertypen. In: Media Perspektiven, H. 4, S. 215–222.

Hass, B.H. (2002): Geschäftsmodelle von Medienunternehmen. Ökonomische Grundlagen und Veränderungen durch neue Informations- und Kommunikationstechnik. Dissertation, LMU, München.

Hasselhorn, M./Gold, A. (2006): Pädagogische Psychologie. Erfolgreiches Lernen und Lehren. Stuttgart: Kohlhammer.

Hierl, S./Huber, S. (2008): Rechtsformen und Rechtsformwahl. Recht, Steuern, Beratung. Wiesbaden: Gabler.

Hippner, H. (2006): Bedeutung, Anwendungen und Einsatzpotenziale von Social Software. In: HMD Praxis der Wirtschaftsinformatik, H. 252, S. 6–16.

Hippner, H./Wilde, T. (2005): Social Software. In: Wirtschaftsinformatik, 47, H. 6, S. 441–444.

Hoffmann, B. (2003): Medienpädagogik. Eine Einführung in Theorie und Praxis. Paderborn: Schöningh.

Hopfenbeck, W. (2002): Allgemeine Betriebswirtschafts- und Managementlehre. Das Unternehmen im Spannungsfeld zwischen ökonomischen, sozialen und ökologischen Interessen. 14. Auflage. München: Redline Wirtschaft.

Issing, L.J. (^{2}1988): Medienpädagogik und ihre Aspekte. In: Issing, L.J./Baacke, D. (Hrsg.): Medienpädagogik im Informationszeitalter. Weinheim: Dt. Studien Verl., S. 19–23.

Kerres, M. (2003): Wirkungen und Wirksamkeit neuer Medien in der Bildung. In: Keil-Slawik, R./Kerres, M. (Hrsg.): Wirkungen und Wirksamkeit neuer Medien in der Bildung. Education Quality Forum 2002. Münster: Waxmann, S. 31–44.

Kerres, M. (^{2}2001): Multimediale und telemediale Lernumgebungen. Konzeption und Entwicklung. München: Oldenbourg.

Kilian, T./Hass, B.H./Walsh, G. (2008): Grundlagen des Web 2.0. In: Hass, B.H./Kilian, T./Walsh, G. (Hrsg.): Web 2.0. Neue Perspektiven für Marketing und Medien. Berlin, Heidelberg: Springer-Verlag, S. 3–21.

Knyphausen-Aufseß, D./Zollenkop, M. (^{6}2007): Geschäftsmodelle. In: Köhler, R./Küpper, H.U./Pfingsten, A. (Hrsg.): Handwörterbuch der Betriebswirtschaft (HWB). Stuttgart: Schäffer-Poeschel, S. 583–891.

Koch, M./Richter, A. (2007): Enterprise 2.0. Planung, Einführung und erfolgreicher Einsatz von Social Software in Unternehmen. München: Oldenbourg.

Komus, A./Wauch, F. (2008): Wikimanagement. Was Unternehmen von Social Software und Web 2.0 lernen können. München: Oldenbourg.

Korts, P. (2007): Die Europäische Genossenschaft. Societas Cooperativa Europaea (SCE). Frankfurt a.M.: Verlag Recht und Wirtschaft.

Kübler, H.-D. (2003): PISA auch für die Medienpädagogik. Warum empirische Studien zur Medienkompetenz Not tun. In: Bachmair, B./Diepold, P./ de Witt, C. (Hrsg.): Jahrbuch Medienpädagogik. Opladen: Leske + Budrich, S. 27–49.

Kübler, H.-D. (1999): Medienkompetenz – Dimensionen eines Schlagwortes. In: Schell, F./Stolzenberg, E./Theunert, H. (Hrsg.): Medienkompetenz. Grundlagen und pädagogisches Handeln. München: KoPäd-Verl., S. 25–47.

Kurbel, K./Szulim, D./Teuteberg, F. (1999): Internet-Unterstützung entlang der Porter'schen Wertschöpfungskette – innovative Anwendungen und empirische Befunde. In: HMD Praxis der Wirtschaftsinformatik, H. 207, S. 78–94.

Leimeister, J.M./Bantleon, A./Krcmar, H. (2007): Geschäftsmodell virtuelle Community. Eine Analyse bestehender Communities. In: Meißner, K./Engelien, M. (Hrsg.): Virtuelle Organisation und Neue Medien 2007. Dresden: TUDpress, S. 1–41.

Maurice, F. (2007): Web 2.0 Praxis. AJAX, Newsfeeds, Blogs, Microformats. München: Markt+Technik.

Neus, W. (^{4}2005): Einführung in die Betriebswirtschaftslehre aus institutionenökonomischer Sicht. Tübingen: Mohr Siebeck.

Picot, A./Dietl, H./Franck, E. (^{4}2005): Organisation. Eine ökonomische Perspektive. Stuttgart: Schäffer-Poeschel.

Picot, A./Fischer, T. (Hrsg.) (2006): Weblogs professionell. Grundlagen, Konzepte und Praxis im unternehmerischen Umfeld. Heidelberg: Dpunkt.

Picot, A./Löwer, U. (2003): Zukunftsstudien zu Technologietrends 2013. In: Klumpp, D. (Hrsg.): Next generation information society? Notwendigkeit einer Neuorientierung. Mössingen-Talheim: Talheimer, S. 264–275.

Picot, A./ Neuburger, R. (2006): Internet-Ökonomie. In: Altmeppen, K.-D./Karmasin, M. (Hrsg.): Anwendungsfelder der Medienökonomie. Wiesbaden: VS Verlag für Sozialwissenschaften, S. 121–143.

Picot, A./Reichwald, R./Wigand, R.T. (⁵2003): Die grenzenlose Unternehmung. Information, Organisation und Management. Wiesbaden: Gabler.

Porter, M.E. (2001): Strategy and the Internet. In: Harvard Business Review, 79, H. 3, S. 63–78.

Porter, M.E. (1985): Michael Porter, Competitive Advantage: Creating and Sustaining Superior Performance, New York.

Przepiorka, S. (2006): Weblogs, Wikis und die dritte Dimension. In: Picot, A./Fischer, T. (Hrsg.): Weblogs professionell. Grundlagen, Konzepte und Praxis im unternehmerischen Umfeld. Heidelberg: Dpunkt, S. 13–27.

Raabe, A. (2007): Social Software im Unternehmen. Wikis und Weblogs für Wissensmanagement und Kommunikation. Saarbrücken: VDM Verlag Dr. Müller.

Rappa, M. (2000): Business Models on the Web. www.digitalenterprise.org/models/models.html (Abruf 14.7.2008).

Ratzke, D. (²1982): Handbuch der neuen Medien: Information und Kommunikation, Fernsehen und Hörfunk, Presse und Audiovision, heute und morgen. Stuttgart: Deutsche Verlags-Anstalt.

Rentmeister, J./Klein, S. (2003): Geschäftsmodelle – ein Modebegriff in der Waagschale. In: Zeitschrift für Betriebswirtschaft, Zusatzheft 1, S. 17–30.

Richardson, W. (2006): Blogs, wikis, podcasts, and other powerful web tools for classrooms. Thousand Oaks, Calif.: Corwin Press.

Röttger, U./Zielmann, S. (2006): Weblogs - unentbehrlich oder überschätzt für das Kommunikationsmanagement von Organisationen? In: Picot, A./Fischer, T. (Hrsg.): Weblogs professionell. Grundlagen, Konzepte und Praxis im unternehmerischen Umfeld. Heidelberg: Dpunkt, S. 31–50.

Schierenbeck, H. (¹⁶2003): Grundzüge der Betriebswirtschaftslehre. München, Wien: Oldenbourg.

Schmidt, J. (2008): Weblogs in Unternehmen. In: Hass, B.H./Kilian, T./Walsh, G. (Hrsg.): Web 2.0. Neue Perspektiven für Marketing und Medien. Berlin, Heidelberg: Springer-Verlag, S. 121–135.

Schmidt, J. (2006): Social Software: Onlinegestütztes Informations-, Identitäts- und Beziehungsmanagement. In: Forschungsjournal NSB, 19, H. 2, S. 37–47.

Schoegel, K. (2001): Geschäftsmodelle. Konstrukt-Bezugsrahmen-Management. München: FGM-Verlag.

Schröder, N. (2006): Perspektiven der Europäisierung des GmbH-Rechts und der Europäischen Privatgesellschaft vor dem Hintergrund der Europäischen Aktiengesellschaft. Frankfurt a.M.: Lang.

Schulz-Zander, R./Tulodziecki, G. (³2002): Multimedia und Internet – neue Aufgaben für Schule und Lehrerbildung. In: Issing, L.J./Klimsa, P. (Hrsg.): Information und Lernen mit Multimedia und Internet. Lehrbuch für Studium und Praxis. Weinheim: Beltz PVU, S. 317–332.

Schwarzer, P./Sarstedt, M./Baumgartner, A. (2007): Corporate Blogs als Marketinginstrument. Nutzungsverhalten deutscher Unternehmen. Saarbrücken: VDM Verlag Dr. Müller.

Sonntag, K./Stegmaier, R. (2007): Arbeitsorientiertes Lernen. Zur Psychologie der Integration von Lernen und Arbeit. Kohlhammer Standards Psychologie. Stuttgart: Kohlhammer.

Stähler, P. (2001): Geschäftsmodelle in der digitalen Ökonomie. Merkmale, Strategien und Auswirkungen. Lohmar, Köln: Eul.

Statistisches Bundesamt. Umsatzsteuerstatistik 2006: 419 Unternehmen sind Umsatzmilliardäre. 2008. www.destatis.de/jetspeed/portal/cms/Sites/destatis/Internet/DE/Presse/pm/2008/02/PD08__066 __733,templateId=renderPrint.psml (Abruf 21.7.2008).

Sutter, T./Charlton, M. (2002): Medienkompetenz – einige Anmerkungen zum Kompetenzbegriff. In: Groeben, N./Hurrelmann, B. (Hrsg.): Medienkompetenz. Voraussetzungen, Dimensionen, Funktionen. Weinheim: Juventa, S. 129–147.

Tapscott, D. (1996): The digital economy. Promise and peril in the age of networked intelligence. New York, NY: McGraw-Hill.

Tenorth, H.-E./Tippelt, R. (Hrsg.) (2007): Beltz Lexikon Pädagogik. Weinheim: Beltz.

Theisen, M.R. (^{3}2007): Rechtsformen und Corporate Governance. In: Busse von Colbe, W./Coenenberg, A.G./Kajüter, P./Linnhoff, U./Pellens, B. (Hrsg.): Betriebswirtschaft für Führungskräfte. Eine Einführung für Ingenieure, Naturwissenschaftler, Juristen und Geisteswissenschaftler. Stuttgart: Schäffer-Poeschel, S. 151–176.

Theisen, M.R./Wenz, M. (^{2}2005): Die Europäische Aktiengesellschaft. Recht, Steuern und Betriebswirtschaft der Societas Europaea (SE). Stuttgart: Schäffer-Poeschel.

Timmers, P. (1998): Business Modells for Electronic Markets. In: Electronic Markets, 8, H. 2, S. 3–8.

Weidenmann, B. (^{5}2006): Lernen mit Medien. In: Krapp, A./Weidenmann, B. (Hrsg.): Pädagogische Psychologie. Weinheim: Beltz, S. 423–476.

Werner, C./Schikora, C. (Hrsg.) (2007): Handbuch Medienmanagement. Geschäftsmodelle im TV, Hörfunk, Print und Internet. München: Utz.

Wiedemann, R. (2007): Geschäftsmodelle im Web 2.0. In: Werner, C./Schikora, C. (Hrsg.): Handbuch Medienmanagement. Geschäftsmodelle im TV, Hörfunk, Print und Internet. München: Utz, S. 200–215.

Wirtz, B.W. (2008): Deutschland online – Unser Leben im Netz. Bonn: Deutsche Telekom AG.

Wirtz, B.W. (^{2}2001): Electronic Business. Wiesbaden: Gabler.

Wirtz, B.W./Ullrich, S. (2008): Geschäftsmodelle im Web 2.0 – Erscheinungsformen, Ausgestaltung und Erfolgsfaktoren. In: HMD Praxis der Wirtschaftsinformatik, H. 261, S. 20–31.

Wöhe, G./Döring, U. (^{21}2002): Einführung in die allgemeine Betriebswirtschaftslehre. München: Vahlen.

Zerfaß, A./Boelter, D. (2005): Die neuen Meinungsmacher. Weblogs als Herausforderung für Kampagnen, Marketing, PR und Medien. Graz: Nausner.

Peter Neumann / Lutz von Rosenstiel

Marketingpsychologie

Einleitung und Problemstellung

Für Anbieter von Zigaretten, Süßigkeiten oder Fernreisen ist es eine Selbstverständlichkeit, vom Kunden her zu denken und sich zu fragen, ob das eigene Angebot den Bedürfnissen (der Kauf*bereitschaft*) und den ökonomischen Möglichkeiten (der Kauf*fähigkeit*) potenzieller Nachfrager/innen entspricht bzw. mit welchen Maßnahmen (z. B. durch Werbung bzw. eine entsprechende Gestaltung des Angebots oder des Preises) man die notwendige Kaufbereitschaft und -fähigkeit herstellen kann. Es gibt aber viele Bereiche, in denen dieses Denken vom Markt her keineswegs selbstverständlich ist. So gehen die Hersteller hochwertiger technischer Produkte häufig davon aus, dass allein die Innovativität und konstruktive Überlegenheit des eigenen Angebots (das – man spricht von *over-engineering* – mehr kann, als der Kunde wünscht) genügt, um bei Kund/innen anzukommen. Auch Anbieter/innen »weltverbessernder« Ideen finden es nicht selten unwürdig, ihre Ideen mithilfe von Marketingmaßnahmen an die Frau oder den Mann zu bringen. In diesem Sinne kann man vermuten, dass Institutionen, die unter dem Einsatz verschiedenster Medien Bildungsgüter anbieten, zwar viel Engagement in die qualitative Gestaltung ihrer Produkte investieren, sich jedoch kaum fragen, wie man dafür die potenziellen Nachfrager/innen auch tatsächlich gewinnt. Gerade in der Medien- und Bildungsbranche wird bisher häufig noch wenig vom Markt her gedacht. Erst in jüngster Zeit lässt sich etwa bei Verlagen die Tendenz beobachten, dass die Lektorate nicht nur die literarische Qualität der eingegangenen Manuskripte prüfen, sondern sich auch fragen, wer unter welchen Bedingungen bereit ist, das Buch auch zu kaufen (Gieser 2006).

Wie hat sich nun die Auffassung von Marketing im Laufe der Zeit entwickelt? Marketing wurde zunächst mit *Verkaufen* gleichgesetzt, dann um den Aspekt der *Werbung* erweitert und schließlich in einen umfassenden *Marketingmix* überführt, der klassischerweise vier absatzpolitische Instrumente umfasst: die Gestaltung
- des Angebots
- des Vertriebs
- der Marktkommunikation
- des Preises

Da diese Gestaltungen durch ein Unternehmen stets von der Zielgruppe her gedacht werden, führt dies im neuesten Verständnis des Marketings letztendlich zu einer *marktorientierten Unternehmensführung* (Homburg/Krohmer 2007).

Insbesondere mit dem Blick auf nicht materielle Güter, von denen man primär im Bildungsbereich ausgehen kann, wird in diesem Kapitel nicht von deren *Absatz*, sondern von ihrer *Verbreitung* gesprochen, die es durch die *verbreitungspolitischen Instrumente des Marketingmix* zu fördern gilt.

Im Folgenden wird aus marketingpsychologischer Sicht gezeigt, von welchen Grundgedanken die Manager/innen im Medien- und Bildungsbereich ausgehen sollten, welche Methoden dabei zum Einsatz kommen können, welche Maßnahmen man konkret ergreifen kann und an welchen Beispielen sich dies verdeutlichen lässt. Ergänzend sei gesagt, dass dieses Marketingdenken eine innerorganisatorische Institutionalisierung benötigt, also entsprechend qualifizierte Personen, die es auszuwählen und zu entwickeln gilt und die dann im Team unter ganz spezifischen organisationalen Rahmenbedingungen ihren angemessen gestalteten Aufgaben nachgehen. Was hier zu bedenken ist, findet sich im Beitrag »Organisationspsychologie« dieses Bandes.

Stand des Wissens

Marketing ist ein interdisziplinärer Begriff. Man kann sich ihm z. B. aus der Perspektive der Betriebswirtschaftslehre, der Wirtschaftsgeschichte, der Soziologie, der Rechtswissenschaft, der Politik, der Ethik nähern, aber selbstverständlich auch aus der Sicht der Psychologie.

Seit den ersten Studien von Scott (1908) zur Wirkung der Größe von Anzeigen, den programmatischen Arbeiten von Münsterberg (1912) zur Angewandten Psychologie und den frühen Experimenten von Lysinski (1919) zur Schaufenstergestaltung sprach man zunächst von einer *Psychologie der Reklame*, später von *Werbepsychologie* (von Rosenstiel 1969), danach von *Marktpsychologie* (von Rosenstiel/Neumann 2002) und daneben auch von *Marketingpsychologie* (Neumann 2003a). Der letztgenannte Begriff akzentuiert ein ganz bestimmtes Teilgebiet der umfassender zu verstehenden Marktpsychologie: die Beeinflussung von Nachfrager/innen durch das Marketinginstrumentarium der Anbieter. Hat man vor Augen, dass die Psychologie die Wissenschaft vom menschlichen Erleben und Verhalten ist, so beschäftigt sich die Marketingpsychologie mit den Erlebens- und Verhaltensreaktionen von Nachfrager/innen auf die verbreitungspolitischen Maßnahmen der Anbieter. Entsprechend lässt sich die Marketingpsychologie in eine Psychologie des *Angebots*, des *Vertriebs*, der *Marktkommunikation* und des *Preises* ausdifferenzieren.

Marketing aus verhaltenswissenschaftlicher Sicht

Letztlich besteht das Ziel des Marketings darin, die potenziellen Kund/innen zu beeinflussen. Kund/innen sollen das Angebot wahrnehmen, positiv bewerten, es im Gedächtnis speichern, es zu besitzen bzw. zu nutzen wünschen und es schließlich kaufen und verwenden. Es geht also darum, auf das Erleben und Verhalten der möglichen Kunden einzuwirken. Dies setzt voraus, dass man ein adäquates Modell dieses Prozesses und somit ein realistisches von empirischer Forschung begründetes Menschenbild hat. Dies ist aber häufig nicht der Fall. So dominiert implizit oder gar explizit in den Wirtschaftswissenschaften noch immer der *Homo oeconomicus*, der ja auch die Grundlage des klassischen Marktmodells (Smith 1759) ist. Der Homo oeconomicus ist ein Mensch, der

»1. völlig zweckrational handelt,
2. Gewinn- bzw. Nutzenmaximierung anstrebt,
3. mit ›Markttransparenz‹ und vollkommener Voraussicht in wirtschaftlichen Dingen begabt,
4. sofort, völlig, normal auf Datenänderungen reagiert...« (Bongard 1965, S. 23).

Psychologische Forschungen zeigen eindeutig, dass Konsument/innen individuell meist nicht so agieren. Und selbst auf der aggregierten Ebene, auf der sich ja individuelle Abweichungen auszugleichen pflegen, wurden die Grundannahmen des Homo-oeconomicus-Modells falsifiziert (Katona 1960). So ist z. B. die Annahme der klassischen volkswirtschaftlichen Konsumtheorie, dass der Konsum allein vom Einkommen abhängt, nicht zutreffend, da hier unter anderem auch zukunftsgerichtete Erwartungen, etwa wirtschaftlicher Optimismus oder Pessimismus, als ergänzende Determinanten wirken.

Aber auch das Menschenbild des Verbraucherschutzes (Zimpel 1972; Neumann 1976) ist bei vielen Vertreter/innen – zumindest implizit – durch die Vorstellung geprägt, dass der Mensch souverän handelt und rational entscheidet, wobei freilich diese Souveränität und Rationalität durch die Marketingmaßnahmen der Anbieter gefährdet sei und der Verbraucher davor geschützt werden müsse. Dabei zeigt die aktuelle empirische Forschung nur allzu deutlich, wie problematisch die These von der Willensfreiheit sein kann (Prinz 1996; Pöppel 2006) und dass die Annahme einer rationalen Entscheidung lediglich die Rationalisierung einer nicht bewussten, zumindest einer nicht reflektierten Handlungspräferenz ist.

Wir wollen im Folgenden von einem Menschenbild ausgehen, das die empirischen Forschungsergebnisse der Psychologie berücksichtigt, wobei wir diese in einer gewissen Einengung auf das Marketing beziehen. Diese Überlegungen lassen sich visualisieren, wie es Abbildung 1 zeigt. Selbstverständlich handelt es sich hier nur um ein Modell, das die Wirklichkeit stark vereinfacht darstellt und nur zur Beantwortung ganz bestimmter Fragen geeignet ist. So zeigt etwa der Globus, ein Modell der Erde, sehr gut die Verteilung von Wasser und Land, ist jedoch nahezu nutzlos, wenn man nach Bodenschätzen sucht.

Wie Abbildung 1 verdeutlicht, beeinflussen die verbreitungspolitischen Maßnahmen des Marketingmix nicht unmittelbar das Verhalten (z. B. den Gang zu einem Bildungsanbieter), sondern wirken auf das, was sich *im* Menschen, im *Erleben* der Zielperson, abspielt. Die Beachtung der Außenreize, die dadurch ausgelöste allgemeine Aktivierung, die Wahrnehmung/Anmutung und kognitive Verarbeitung der Außenreize, die spezifische Aktivierung vorhandener Motive durch die Reize, aber auch die sich durch Lernen von Wissensinhalten, Gefühlen oder Motiven herausbildenden Einstellungen bzw. Images mit ihren kognitiven, emotionalen und motivationalen Komponenten sind hier die wichtigsten Prozesse. Die individuellen Unterschiede der erlebnismäßigen Verarbeitung der Informationen aus dem Marketingmix sind dafür verantwortlich, dass gleiche Maßnahmen bei verschiedenen Zielpersonen sehr unterschiedliche Wirkungen haben können.

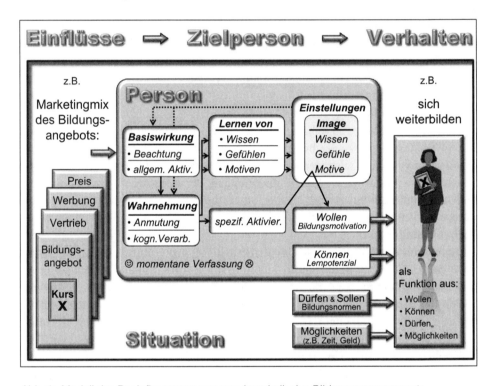

Abb. 1: Modell des Beeinflussungsprozesses innerhalb des Bildungsmanagements

Um bei den Nachfrager/innen die gewünschte Wirkung zu haben, müssen die verbreitungspolitischen Maßnahmen auf das Erleben und Verhalten der jeweiligen Zielgruppe *zugeschnitten* sein, also so gestaltet werden, dass sie den Kund/innen dort »abholen«, wo er steht, um ihn zielorientiert beeinflussen zu können. Dazu empfiehlt es sich, die Erlebnisprozesse in der Person und deren Verhalten durch geeignete marktpsychologische Methoden valide zu erfassen und mit den aus dieser psychologischen Marktforschung gewonnenen Daten den Marketingmix, nämlich das Angebot, dessen materiellen und immateriellen Preis, seinen Vertriebsweg und die Marktkommunikation, zielgruppenspezifisch zu gestalten.

Was bedeutet dieses allgemeine Modell nun mit Blick auf das Marketing im Medien- und Bildungsmanagement?

Die Instrumente des Marketingmix eines Bildungsangebots (ein bestimmter Fortbildungskurs, sein Vertrieb über das Internet, der hierfür geforderte Preis oder die dafür geschaltete Werbung), die sich ja außerhalb der Person befinden, müssen – damit eine Wirkung überhaupt möglich ist – *beachtet* werden und zu einer allgemeinen *psychophysischen Aktivierung* führen. Dadurch wird die *Wahrnehmung* beeinflusst, innerhalb derer es zu *Anmutungs-* und *kognitiven Verarbeitungsprozessen* kommt: Man erlebt beispielsweise den Kurs spontan als angenehm oder unangenehm und kann seine Inhalte mehr oder weniger gut verstehen. Das auf diese Weise im sensorischen System Registrierte soll aber längerfristig wirken, es muss gelernt, also im *Gedächtnis gespeichert* werden. Dabei ist nicht nur an das *Wissen* zu denken, sondern auch an die *Gefühle* und die zu vermittelnden *Motive*. Aus den so gelernten Inhalten resultiert dann das *Image* (des Bildungsanbieters bzw. dessen Angebots), das die psychologische Grundlagenforschung als das *Insgesamt der Einstellungen* (gegenüber dem Bildungsanbieter bzw. dessen Angebot) bezeichnet. Durch die Wahrnehmungsprozesse kann aber auch eine *spezifische*, direkt auf das Angebot gerichtete *Aktivierung* bewirkt werden, die zum »Wollen«, im konkreten Fall also zu einer *Weiterbildungsmotivation* führt. Die soeben skizzierten Vorgänge werden natürlich von der *momentanen Verfassung* der Person entscheidend beeinflusst: z. B. von ihrer Fitness, ihrer Stimmung oder ihrer aktuellen Gesundheitslage. Ob das *Wollen* zur erfolgreichen Handlung, z. B. zu einem Abschlusszertifikat, führt, hängt aber auch vom *persönlichen Können* ab, in unserem Fall vom *Lernpotenzial*, das für die Nutzung des Bildungsangebots erforderlich ist, und schließlich auch von Bedingungen, die außerhalb der Person liegen. Hier ist an das *Dürfen und Sollen* zu denken (z. B. an die im Unternehmen oder in der Gesellschaft geltenden formellen oder informellen Weiterbildungsnormen) sowie an die *Möglichkeiten einer Person* (ob sie beispielsweise für eine Bildungsmaßnahme das nötige Geld und die notwendige Zeit hat oder ob das Angebot für sie aus anderen Gründen (un)erreichbar ist, z. B. aufgrund formaler Hürden oder spezieller Aufnahmeprüfungen.

Marketingpsychologie als anwendungsorientierte Forschung und wissenschaftlich begründetes Handeln in der Praxis

Wie bereits im Beitrag »Organisationspsychologie« (vgl. Kap. 3 in diesem Buch) gezeigt, wird in einer Vielzahl anwendungsorientierter Wissenschaften zwischen einer zunächst *zweckfreien Grundlagenforschung*, einer auf den konkreten Nutzen gerichteten *anwendungsorientierten Forschung* sowie einem durch die Wissenschaft fundierten *praktischen Handeln* unterschieden. Man denke z. B. an die Anatomie und Physiologie, die darauf aufbauende Medizin und das professionelle Handeln praktizierender Ärzte oder an die Naturwissenschaften oder die Ingenieurwissenschaften. In ganz ähnlicher Weise finden wir auch in der Psychologie die weithin akzeptierte Ausdifferenzierung in eine

- *Theoretische Psychologie*, innerhalb derer eine auf reine Erkenntnis gerichtete Grundlagenwissenschaft betrieben wird.

- *Angewandte Psychologie*, in der eine zweckorientierte und damit von Nützlichkeitsgedanken ausgehende Forschung verfolgt wird.
- *Praktische Psychologie*, die wissenschaftlich fundiert ohne Forschungsabsicht die Fragen eines individuellen oder institutionellen Auftraggebers beantwortet und die den Kern der Erwerbsarbeit von Psycholog/innen darstellt.

Die Marketingpsychologie ist als Forschungsdisziplin Teil der Angewandten Psychologie, während sie als Praktische Psychologie die professionelle Grundlage von Marktpsycholog/innen bzw. marktpsychologisch arbeitenden Expert/innen darstellt. Damit steht in beiden Fällen der Gedanke der Nützlichkeit im Zentrum, der gerade bei der Marketingpsychologie ein viel diskutiertes Problem ist. Die Frage »Nützlich für wen?« stellt sich im Spannungsfeld vielfältiger Interessen mit besonderer Vehemenz: Man denke nur an die unterschiedlichen Intentionen der Anbieter/innen, Nachfrager/innen, Verbraucher-, Tier- und Naturschützer/innen, Politiker/innen, Ärzt/innen, Umweltaktivist/innen oder Anwält/innen kommender Generationen. Da Marketingmaßnahmen daraufhin konzipiert sind, besonders aufzufallen, eignen sie sich denkbar gut als Brennpunkt öffentlicher kontroverser Diskussionen. So werden nicht selten Marktpsycholog/innen, die bei der Gestaltung einer originellen Werbung mitgewirkt haben, für die künstlerisch-ästhetische Leistung geehrt, auf der anderen Seite aber als Teil eines Systems gesellschaftlicher Verschwendung oder gar als »geheime Verführer« (vgl. Packard 1957) verteufelt – auch wenn die berühmt-berüchtigte sogenannte *Vicary-Studie* zur Wirkung unterschwelliger Werbeimpulse (»Eat Popcorn« bzw. »Drink Cola«), die diesen zweifelhaften Ruf begründet hat, nie stattgefunden hat (Weir 1984). Bei diesen Diskussionen stellen sich sowohl für das Fach als auch für die einzelnen Psycholog/innen ethische Herausforderungen, die wohl kaum mit einem Entweder-Oder, sondern nur mit jeweils neuem Abwägen in einer konkreten Situation (vgl. Schuler 1980) beantwortet werden können.

Felder, Arbeitsprozesse und Praxisbeispiele in der Marketingpsychologie

Innerhalb einer anwendungsorientierten Forschung lässt sich – wie bereits im Beitrag »Organisationspsychologie« (vgl. Kap. 3 in diesem Buch) angesprochen – die Vorgehensweise recht schlüssig in fünf Schritten darstellen:
1. Feststellen des *Ist-Zustandes* (Diagnose)
2. Definition des *Ziel-* oder *Soll-Zustandes*
3. Entwickeln oder Bereitstellen von *Veränderungswissen*
4. Eingreifendes Handeln auf der Basis des Veränderungswissens (*Intervention*)
5. Vergleich des neuen Ist-Zustandes mit dem Soll-Zustand (*Evaluation*)

Es ist dabei offensichtlich,
- dass man für die Diagnose und die Evaluation wissenschaftlich begründete Operationalisierungen und Messmethoden erarbeiten und einsetzen muss und

- das Veränderungswissen der wissenschaftlichen Theorie und darauf aufbauend der Überprüfung von Ursache-Wirkungs-Verknüpfungen bedarf und
- dass die Intervention letztlich die wissenschaftlich begründete Praxis darstellt,
- während die Festlegung eines Ziel- oder Soll-Zustandes in normativer Weise erfolgt, also nicht das Ergebnis empirischer Forschung sein kann (vgl. den Beitrag »Organisationspsychologie«, S. 74).

Tab. 1: **Klassifikation marketingpsychologischer Arbeitsgebiete mit Beispielen**

Schritt \ Teilbereich	Angebot	Vertrieb	Kommunikation	Preis
Feststellen des Ist-Zustandes (Diagnose)	Test eines Moduls innerhalb des Blended Learning auf Verständlichkeit, bei dem z. B. 85 % der Befragten 90 % der Lerninhalte verstanden haben	Überprüfung, über welche Kanäle das Modul den Nachfragern angeboten wird	Analyse der Werbemittel und ihrer Streuung in verschiedenen Medien	Analyse, welche (in)direkten, (im)materiellen Kosten durch Nutzung des Moduls bei der Zielgruppe entstehen
Definition des Soll-Zustandes	95 % der Zielgruppe sollen 95 % der Inhalte des Moduls verstehen	Vertrieb eines Moduls flächendeckend, leicht erreichbar für die Zielgruppe	Erhöhung der Bekanntheit und Attraktivität des beworbenen Moduls bei der Zielgruppe	Alle Mitglieder der Zielgruppe können sich das Modul leisten
Entwicklung oder Bereitstellen von Veränderungswissen	Empirische Untersuchungen zu den didaktischen und inhaltlichen Bedingungen der Verständlichkeit	Analyse der Mediennutzung der Zielgruppe	Auswertung des bestehenden Wissens zur Werbewirkung und Mediennutzung	Auswertung der Forschung z. B. unter dem Aspekt oberer und unterer Preisschwellen und der Wirkung von Preisdifferenzen
Eingreifendes Handeln durch Marketingmix-Maßnahmen (Intervention)	Umgestaltung des Moduls nach den aus dem Forschungsstand abgeleiteten Empfehlungen	Ausweitung der Vertriebskanäle, z. B. Vertrieb flächendeckend über Volkshochschulen	Neugestaltung der Werbung und Optimierung der Auswahl der Träger der Werbebotschaft	Preisgestaltung im Sinne der Analyseergebnisse
Vergleich des neuen Ist- mit dem Soll-Zustand (Evaluation)	Erneuter Test des Moduls auf seine Verständlichkeit: 94 % der Teilnehmer verstehen 96 % aller Inhalte	Überprüfung, ob jetzt alle Personen der Zielgruppe erreicht werden	Erneute Analyse der Werbemittel und ihrer Streuung in verschiedenen Medien	Überprüfung der Preisgestaltung sowie der Akzeptanz des Preises bei der Zielgruppe

Auf welche konkreten inhaltlichen Felder bezieht sich nun der soeben skizzierte fünfstufige Prozess? Aus den fünf Schritten wissenschaftlichen Handelns und den oben vorgestellten Handlungsfeldern der vier verbreitungspolitischen Maßnahmen lässt sich eine Matrix entwickeln, die Tabelle 1 zeigt.

Gerade in der Marketingpsychologie und in der Kooperation mit Marketingexpert/innen mit wirtschaftswissenschaftlicher Ausbildung wird deutlich, dass sich das, was wir Wirklichkeit nennen, auf verschiedenen Ebenen verstehen lässt (Metzger 2001; Neumann 2003a). So ist es für den Wirtschaftswissenschaftler üblich, an eine Wirklichkeitsebene zu denken, die vom Erleben Einzelner unabhängig ist und sich durch Expert/innen in relativ objektiver Weise bestimmen lässt. Entsprechend werden die vier verschiedenen verbreitungspolitischen Instrumente auch jeweils voneinander getrennt dargestellt und analysiert. Für den Psychologen, der sich vor allem mit der erlebten, der phänomenalen Welt auseinandersetzt, verschmelzen jedoch diese äußerlich separaten Maßnahmen im Erleben der Nachfrager/innen häufig zu einer Ganzheit. So wird z. B. ein objektiv unverändertes Angebot jeweils anders erlebt, wenn es über verschiedene Vertriebswege in den Markt gebracht wird, wenn es mit unterschiedlichen werblichen Argumenten angepriesen oder zu verschiedenen Preisen angeboten wird (von Rosenstiel/Neumann 2002; Kroeber-Riel/Weinberg 2003; Neumann 2003b). Im Zentrum des Interesses steht dabei in aller Regel selbstverständlich das Angebot, das durch Variation der drei übrigen verbreitungspolitischen Maßnahmen, insbesondere der Werbung, in spezifischer Weise positioniert werden soll. In diesem Sinne hat die Aussage von Hans Domizlaff, dem Vater der Markentechnik und -führung, noch heute Gültigkeit: »Sagt der Verbraucher: ›Die Reklame ist gut‹, dann war die Reklame schlecht. Sagt der Verbraucher: ›Die Ware ist gut‹, dann war die Reklame gut« (Domizlaff 1929). Entsprechend ist es in der Marketingpsychologie schwer und manchmal sogar unmöglich, isolierte Aussagen zur psychologischen Wirkung der vier verbreitungspolitischen Instrumente auf den Nachfrager zu formulieren. Trotzdem soll dies hier – im Sinne einer akzentuierenden Argumentation – versucht werden, wobei wir jeweils in Kästchen einige Beispiele aus der Praxis des Medien- und Bildungsmanagements integrieren.

Angebot

Innerhalb der Marktwirtschaft ist es für jede anbietende Organisation von zentraler Bedeutung, dass die Kunden ihre Produkte akzeptieren, unabhängig davon, ob sie objektiv, nach den von Expert/innen gesetzten Kriterien, gut oder schlecht sind. Dabei geht man in der Marketingpsychologie auf zweierlei Weise vor.
- Man kann zum einen prüfen, wie das ganz konkrete Angebot in einer Phase des Besitzes oder des Gebrauchs von den Konsumenten erlebt und bewertet wird. Man spricht hier von *psychologischen Produkt- bzw. Angebotstests*.
- Zum anderen kann man sich auf die Ebene des bloß Vorgestellten, des *Images*, begeben und mit geeigneten Methoden (Neumann/von Rosenstiel 2007) untersu-

chen, wie das Angebot auf der kognitiven, der evaluativen und der konativen Ebene erlebt wird. Dabei zeigt sich nicht selten, dass die Ergebnisse dieser *Imageanalyse* von denen des psychologischen Produkttests deutlich abweichen.

Sowohl der Produkttest als auch die Imageanalyse sind Verfahrensweisen der Situationsdiagnostik. Sie sagen isoliert nichts über den Ziel- oder Soll-Zustand aus. Dieser kann in der Marketingpsychologie durchaus unternehmenspolitisch und somit normativ (z. B. im Sinne eines Soll-Images) festgeschrieben werden, er kann aber auch empirisch bei den Konsument/innen erfasst werden, etwa mit der Frage: »Wie sollte Ihrer Meinung nach XY sein?« Freilich ist es dann wieder eine politisch-normative Frage, ob die mit der Entscheidungsmacht ausgestatteten Personen in der Organisation das von ihren Kund/innen Gewünschte auch als Soll akzeptieren oder aber bewusst davon abweichen. So zeigt sich beispielsweise, dass das Design eines neuen Pkw-Modells, das im »Kliniktest« von den künftigen Nutzer/innen als sehr schön empfunden worden ist, bewusst in Richtung einer leichten Disharmonie modifiziert wird: Die Scheinwerfer werden übertrieben markant, die Kühleröffnung überdimensional oder die Kofferraumhaube unkonventionell designt. Weiß man doch, dass Formen, die spontan sehr gut gefallen, nicht selten nach kurzer Zeit langweilig erscheinen, während zunächst irritierende Bestandteile der Form von den Nachfrager/innen subjektiv *harmonisiert* (Spiegel 1961) werden, was dann dazu führt, dass die ganze Form wesentlich länger gefällt.

Schon dieses Beispiel zeigt, dass es sowohl marktpsychologische Forschungsergebnisse als auch in der Praxis gewonnenes Erfahrungswissen gibt, die dabei helfen, die Akzeptanz eines Angebotes bei der Zielgruppe zu erhöhen. Dabei sind die aus diesem Wissen abzuleitenden Empfehlungen von Angebotsgruppe zu Angebotsgruppe im Detail höchst differenziert. Man weiß z. B., dass das Warten bei Produkten oder Dienstleistungen für Nachfrager/innen lästig und aversiv ist, hinsichtlich der Wartezeit jedoch höchst unterschiedliche Anspruchsniveaus bestehen: So wird man am PC schon nach zwei Sekunden nervös, während man beim Lift im Hotel, an der Kasse des Supermarkts, bei der Essensbestellung im Dreisternerestaurant oder gar im Wartezimmer eines berühmten Facharztes weit längere Wartezeiten akzeptiert (Nerdinger 1994). Durch Gestaltung peripherer Merkmale des Angebots oder seiner Umgebung lässt sich die Toleranz beim Warten deutlich steigern, z. B. durch Spiegel neben den Lifttüren des Hotels oder durch Auslage von Zeitschriften im Wartezimmer des Arztes. In welchem Maße ganz generell durch die Modifikation peripherer Merkmale das Erleben intrinsischer Angebotsfaktoren gezielt modifiziert werden kann, zeigen Forschungsergebnisse zur sogenannten *Irradiation* (Spiegel 1970; von Rosenstiel/Neumann 2002; Neumann im Druck a). So schmeckt z. B. ein Wein schlechter, wenn er mit Kronkorken verschlossen ist, als wenn ihn ein traditioneller Naturkorken verstöpselt; Autos mit einer schwachen Rückholfeder des Gaspedals beschleunigen »gefühlt« besser; die Qualität eines Anzugs wird bei einem höheren Preis als hochwertiger wahrgenommen; das Parfüm einer renommierten Marke wirkt attraktiver als derselbe Duft unmarkiert. Selbstverständlich muss sich die Verbesserung eines Angebots nicht auf dessen periphere Merkmale beschränken, sondern kann auch zentrale intrinsische Merkmale betreffen: So können – um bei unseren Beispielen zu bleiben – der Wein sorgfältiger angebaut, die Motorleistung des Pkw tatsächlich erhöht, der Anzug aus hochwertigerem Stoff geschneidert oder das Parfüm aus wohlriechenderen Essenzen komponiert werden.

Mit unmittelbar nach solchen Modifikationen angesetzten Angebotstests oder zeitlich deutlich später durchgeführten Imageanalysen lässt sich dann evaluieren, ob die einzelnen Maßnahmen erfolgreich waren und ob sich das Produkterleben dem gewünschten Soll angenähert hat.

> Auch bei Optimierung von Bildungsangeboten gehen die Anbieter bei der Vermarktung ganz verschiedene Wege. Sehr häufig wird nach einer in vivo oder virtuell angebotenen Lehrveranstaltung danach gefragt, ob und in welchen Kategorien das Angebot gefallen hat, ob man glaubt, das Gebotene künftig praktisch nutzen zu können oder ob man es an gute Freunde weiterempfehlen wird. Nicht selten wird dabei auf die Methode der kritischen Ereignisse (Flanagan 1954) zurückgegriffen und erhoben, was als besonders gut und was als besonders schlecht erlebt worden ist und was man (gegebenenfalls wie) verändern würde.
> Man muss sich hier aber nicht auf subjektive Bewertungen (Kirkpatrick 1987) beschränken, sondern kann mit einem angemessenen Untersuchungsdesign
> – den Lernfortschritt mit Leistungstests registrieren.
> – das Verhalten während der Veranstaltung beobachten.
> – den Transfer in die Praxis dadurch erfassen, dass man im Zuge einer 360°-Beurteilung (Neuberger 2000; vgl. »Organisationspsychologie«) analysiert, wie andere Personen (z. B. am Arbeitsplatz) etwaige Verhaltensänderungen einstufen und zu welchen objektivierten Ergebnissen diese Verhaltensänderungen führen.
> Die verschiedenartigen Daten können dann Grundlage dafür sein, die künftigen Lehr- und Lernmodule gezielt zu verbessern, indem man beispielsweise die Inhalte modifiziert oder andere Medien nutzt.

Vertriebsweg

Nur selten wird man bestimmte Vertriebswege um ihrer selbst wählen, sondern danach entscheiden, welcher Weg am kostengünstigsten ist und – das ist hier das Zentrale – die Akzeptanz des Angebotes am effektivsten erhöht. Die Ergebnisse lassen sich dabei vielfach im Sinne der Irradiation interpretieren. So wird z. B. Räucherlachs, der in einem renommierten Feinkostgeschäft erworben worden ist, besser munden als das gleiche Produkt unter einem anderen Markennamen aus dem Supermarkt. Der nach mühseliger Anreise und Terminabsprache beim Winzer gekaufte Wein wird süffiger schmecken als derselbe über den Versandhandel bezogene (vorausgesetzt, man weiß nicht, dass die jeweiligen Produkte identisch sind). Dabei ist es offensichtlich, dass der Vertriebsweg und das Image des Angebots miteinander in Harmonie stehen sollten; ist es doch eine naheliegende Hypothese, dass ein alltäglicher Ketchup kaum in das Sortiment eines Feinkostgeschäfts und persischer Kaviar kaum in einen Supermarkt passt.

> Innerhalb des Medien- und Bildungsmanagements lassen sich bei einer entsprechenden Sichtweise die Medien durchaus als Vertriebsweg interpretieren. So kann ein gleicher Inhalt, z. B. Wirtschaftsenglisch, durch verschiedene Medien angeboten werden, etwa durch einen qualifizierten Sprachlehrer in einer Präsenzveranstaltung, durch Lehrbriefe oder Bücher, mit einer Sprach-CD, über eine DVD, die das verbal Ausgeführte durch Bilder illustriert, durch das Bildungsfernsehen, über das Internet und natürlich durch eine Kombination geeigneter Medien.
> In vergleichenden Studien lässt sich nun an verschiedenen Kriterien (vgl. z. B. Kirkpatrick 1987) überprüfen, welcher dieser Wege der Wissensdistribution besonders geeignet ist. Die Ergebnisse allerdings darf man auf keinen Fall generalisieren, denn aktuelle Meta-Analysen (Arthur/Benett/Edens/Bell 2003) zeigen, dass die Lernerfolge je nach Lerninhalt, Merkmalen der lernenden Gruppe und Kriterien des Lernerfolgs höchst unterschiedlich sind.

Marktkommunikation

Die Marktkommunikation über ein Angebot erfolgt nicht nur, aber auch über die Werbung, wobei es hier die unterschiedlichsten Formen gibt, von der Verkaufs- bis zur Imagewerbung reichen. Dabei ist die Werbung selbst ein so sichtbares gesellschaftliches Phänomen, dass nicht wenige die Werbepsychologie mit der Marketingpsychologie gleichsetzen. Tatsächlich beschäftigt sich die Marketingpsychologie vor allem mit Werbemittelanalysen, Werbeerfolgsprognosen und den daraus resultierenden Empfehlungen zur Werbegestaltung, sodass hierzu in der Literatur – von populärwissenschaftlichen Darstellungen bis zu angesehenen Fachzeitschriften – ein breiter Fundus an Wissen vorliegt (Koeppler 2000; von Rosenstiel/Neumann 2002; Kroeber-Riel/Esch 2004).

Für den Laien möglicherweise überraschend, bei der Entscheidung zwischen verschiedenen Werbestrategien aber wichtig ist der Umstand, dass das subjektive Gefallen bzw. der künstlerische Wert der Werbung wenig über ihren Erfolg – gemessen an ihrer eigentlichen Zielsetzung – aussagt. Der Erfolg kann hier sehr unterschiedlich operationalisiert werden, wobei vielfach zwischen einem ökonomischen und einem außerökonomischen Erfolg differenziert wird. Detaillierte Kriterien dieses Erfolgs lassen sich aus Abbildung 1 ableiten. So könnte man innerhalb der *außerökonomischen* Kriterien z. B. zwischen einem Beachtungs-, einem Aktivierungs-, einem Wahrnehmungs-, einem Lern- oder einem Imageerfolg unterscheiden und auf der *ökonomischen* Seite den Verkaufserfolg nennen.

In der Marketingpsychologie gibt es eine Vielzahl von z. T. häufig eingesetzter und bewährter qualitativer und quantitativer Methoden (vgl. Spiegel 1970; Neumann/von Rosenstiel 2007; Neumann im Druck b), um diesen Erfolg zu messen und daraus gegebenenfalls Hinweise für die Gestaltung der künftigen Werbung abzuleiten. Dabei gilt wiederum der schon einmal angesprochene Grundsatz, dass das beste Kriterium für die Güte und den Erfolg der Werbung darin liegt, dass das Angebot im gewünschten Sinne erlebt und schließlich auch gekauft und genutzt wird.

> Der Markt für Bildungsangebote ist in jüngster Zeit deutlich konkurrenzintensiver geworden. In vielen Unternehmen wurden die Personalentwicklungsabteilungen zu Profitcentern, die ihre Angebote auch außerhalb des Unternehmens zu vermarkten suchen und sich innerhalb des Unternehmens gegen externe Konkurrenten durchsetzen müssen.
>
> Die meisten Universitäten und Fachhochschulen bieten inzwischen nicht nur Veranstaltungen für ihre »normalen« Studierenden an, sondern auch – zum Teil gegen erhebliche Gebühren – Fort- und Weiterbildungsmodule für interessierte Personen mit bereits abgeschlossener akademischer oder nicht akademischer Ausbildung. Auch viele Unternehmensberatungen oder andere Freiberufler/innen »mischen« äußerst aktiv auf dem Bildungsmarkt mit, der dadurch noch die besondere Dynamik erfährt, dass mit dem Vordringen des Englischen als *Lingua franca* auch ausländische Anbieter/innen auf dem deutschsprachigen Markt aktiv werden. Es gilt also, zielgruppenspezifisch anders und besser zu sein als die Mitbewerber/innen und sich entsprechend auf dem Markt zu positionieren. Hierzu können selbstverständlich alle verbreitungspolitischen Instrumente beitragen, die Werbung aber in besonderem Maße. Die Alternativen sind vielfältig und reichen von der herkömmlichen Print-, Funk- und Fernsehwerbung über das Internet bis hin zu verschiedensten Formen des Direktmarketings. Dieses kann z. B. darin bestehen, dass
>
> - Universitäten ihren Alumnis in Broschüren neu entwickelte Weiterbildungsmodule nahebringen.
> - Teilnehmer/innen oder Absolvent/innen des Programms durch das Versprechen materieller oder immaterieller Vorteile dazu motiviert werden, weitere Teilnehmer/innen anzuwerben.
> - Anbieter/innen auf der Basis einer aktuellen Adressdatenbank all jene anschreiben, die vor Kurzem einen bestimmten Studiengang abgeschlossen haben, eine Position in einer bestimmten Branche angenommen oder ihren Job verloren haben, um ihnen eine auf ihre derzeitige Situation genau zugeschnittene Bildungsmaßnahme anzubieten.
>
> Der Fantasie sind hier kaum Grenzen gesetzt. Welche werbliche Maßnahme bei welchem Bildungsangebot und welcher Zielgruppe die wirksamste ist, kann nur die empirische Forschung zeigen. Es ist kaum möglich, hier generalisierungsfähige Ratschläge zu geben.

Preis

In der Volkswirtschaftslehre heißt es, dass die Preise den Gang der Wirtschaft regeln (von Zwiedineck-Südenhorst 1932). Und entsprechend ist die *Preis-Absatz-Funktion* auch das Herzstück der klassischen Nationalökonomie. Ihre simple Aussage, dass die Nachfrage nach einem Gut in dem Maße steigt, wie sein Preis sinkt, ist durch vielfältige Forschungen der Marketingpsychologie erschüttert worden. Diese Untersuchungen lassen sich letztlich auf den Nenner bringen, dass sich im Erleben von Nachfrager/innen das Angebot und der Preis schwer voneinander trennen lassen. Am deutlichsten wird dies in der viel diskutierten Beziehung zwischen der wahrgenommenen Qualität eines Angebots und dessen wahrgenommenem Preis, was ja auch in der Alltagsweisheit »Was nichts kostet, ist nichts wert« seinen Ausdruck findet.

Freilich darf man die Beziehung zwischen *Preis und Qualität* nicht allzu einfach sehen. Der Preis ist eine *Schlüsselinformation* neben anderen. Er gewinnt nur dann an erheblichem Gewicht, wenn andere Schlüsselinformationen, wie z. B. der Markenname, das Urteil der Stiftung Warentest oder das Image des Absatzweges, nicht bekannt sind. Außerdem ist der Effekt selbstverständlich nur bei solchen Angeboten zu erwarten, bei denen die Nachfrager/innen Qualitätsunterschiede vermuten. In diesem Sinne tritt der Effekt beispielsweise bei Wein deutlich stärker auf als bei Benzin. Außerdem spielt es eine Rolle, ob die Nachfrager/innen die Kompetenz haben, die Qualität des Angebots unabhängig vom Preis abzuschätzen. So wird z. B. eine Hausfrau, die sich mit Textilien auskennt, mit Freude ein hochwertiges Kostüm zu einem günstigen Preis als Schnäppchen wählen, während ihr auf diesem Gebiet inkompetenter Mann »zur Sicherheit« den teuren, aber möglicherweise keineswegs besseren Anzug kauft. Der Preis beeinflusst allerdings nicht nur im Sinne der Preis-Absatz-Funktion oder als Qualitätsindikator das Kaufverhalten, sondern kann auch im Sinne des *Veblen-Effekts* (Veblen 1899) Status vermitteln. Man entscheidet sich gelegentlich für ein teures Produkt, obwohl man um dessen Qualitätsmängel weiß, nur um damit gesellschaftliches Ansehen zu gewinnen.

Wichtig für die Kaufentscheidungen sind aber auch obere und untere *Preisschwellen*, die sich oft dynamisch entwickeln und jeweils neu empirisch ermittelt werden müssen: *Unterhalb* einer bestimmten Preisschwelle trauen Nachfrager/innen dem Produkt nicht mehr (Qualitätsmängel, Hehlerware, Auslaufmodelle?). *Oberhalb* des bestimmten Preises wird die Forderung des Anbieters als unangemessen oder gar unverschämt empfunden.

> Es dürfte kaum ein Zweifel daran bestehen, dass Weiterbildungswillige überzeugt davon sind, dass die Qualität von Bildungsangeboten stark streut. Doch meist fehlen ihnen belastbare Kriterien dafür, die Qualität beurteilen zu können. Zwar versuchen sozial akzeptierte Institutionen, wie z. B. die Stiftung Warentest, hier Abhilfe zu schaffen, doch ist der vielfältige Bildungsmarkt weitgehend intransparent. Einigen Anbieter/innen gelingt es zwar aufgrund ihrer renommierten »Marke« (z. B. »St. Gallen«), eine hohe Qualitätsvermutung zu sichern, doch sind Interessent/innen nicht selten allein auf den Preis als Indikator für die Qualität z. B. eines MBA-Programms angewiesen. Dies ist fraglos ein unbefriedigender Zustand, dem man in jüngerer Zeit versucht, durch verschiedene sichtbare Qualitätsindikatoren, Zertifizierungen oder Seminartests im Wirtschafts- oder Bildungsteil angesehener Zeitschriften oder Zeitungen entgegenzuwirken.

Methoden

Wie die Beispiele zeigen, benötigt man Messvorschriften und Messverfahren für die Ist-Diagnose, die Entwicklung empirisch fundierten Veränderungswissens und für die Evaluation. Im folgenden Abschnitt soll skizziert werden, wie man hier in den Sozial- und Verhaltenswissenschaften und damit auch in der Marketingpsychologie vorgeht. Das hier Ausgeführte gilt sinngemäß auch für die Organisationspsychologie (vgl. Beitrag »Organisationspsychologie« in diesem Buch).

Die Marketingpsychologie versteht sich als empirische Wissenschaft und verwendet grundsätzlich all jene Methoden, die innerhalb der empirischen Sozial- und Ver-

haltensforschung beschrieben werden. Die dabei eingesetzten Verfahren werden unterschieden in:
- Feld-Forschung (*field-research*) versus Schreibtisch-Forschung (*desk-research*)
Bei Feldstudien werden an geeigneten Stichproben oder Grundgesamtheiten die interessierenden Informationen erhoben, während beim *desk-research* bereits vorliegende Daten »am Schreibtisch« unter veränderter Perspektive erneut verarbeitet und interpretiert werden.
- *Ökonomische* versus *psychologische* Marktforschung
Bei der ökonomischen Markforschung geht es primär um harte, meist quantifizierbare Daten (z. B. *Wer* kauft *wann, was, wie viel?*), während in der psychologischen – häufig in qualitativer Weise – das *Warum* dieser Verhaltensweisen erkundet wird.
- *Querschnitt-* versus *Längsschnitt*untersuchungen
Bei der Querschnittanalyse werden zu *einem* Zeitpunkt vielschichtige marketingrelevante Daten erhoben, um z. B. Personen, Zielgruppen (die beispielsweise auf dem Land bzw. in der Stadt leben) oder Meinungsgegenstände (z. B. das Image des VW-Golfs und das seiner Mitbewerber) miteinander zu vergleichen. Beim Längsschnitt hingegen werden zu *verschiedenen* Zeitpunkten *gleiche* Personen zum *gleichen* Gegenstand befragt, um so Entwicklungen (etwa den Schwund des Ansehens bestimmter Politiker oder die Veränderungen des Wertes einer bestimmten Marke) im Verlaufe der Zeit zu erkennen, zu dokumentieren und unter verschiedenen Bedingungen zu analysieren.

Selbstverständlich lässt sich *Marktforschung* nach einer Vielzahl von Kriterien differenzieren. Die wichtigsten davon sind in Tabelle 2 aufgelistet (vgl. Hüttner/Schwarting 2002; Neumann 2003a, 2006, im Druck b; Neumann/von Rosenstiel 2007).

Obwohl die verschiedenen Klassifikationsaspekte logisch relativ unabhängig voneinander sind, schließen sich einige von ihnen in der Praxis nahezu aus. Hierfür ein Beispiel: Psychologische Marktforschung sollte für die untersuchte Person möglichst undurchschaubar sein, um Effekte der sozialen Erwünschtheit oder der für das Alltagserleben unrepräsentativen Aufmerksamkeitszentrierung auf den untersuchten Gegenstand zu vermeiden. Durch entsprechende Versuchsanordnungen kann erreicht werden, dass die Versuchsperson nicht weiß, um welches Untersuchungsobjekt es geht, mit welchem Ziel der Versuch durchgeführt wird, worin die konkrete, von ihr geforderte Aufgabenstellung besteht oder ob sie sich überhaupt in einer Versuchssituation befindet. Allerdings lässt sich eine solche weitgehende Undurchschaubarkeit beim Einsatz apparativer Methoden im Labor kaum realisieren. Werden z. B. ein Tachistoskop, eine apparative Blickregistrierung oder Geräte zur Erfassung physiologischer Indikatoren eingesetzt, ist das dabei erfassbare Verhalten der Versuchspersonen für alltägliche Wahl- und Konsumsituationen eher unrepräsentativ. Dies ist für den Forscher nicht selten eine Konfliktsituation. Nicht wenige arbeiten, um »wissenschaftlich auf der Höhe der Zeit« zu sein, bevorzugt mit hohem technischen Aufwand im

Labor und vergessen dabei, dass sie mit weniger objektiven Verfahren, wie etwa dem qualitativen Interview, zu deutlich valideren Befunden kommen (Neumann 2003b, S. 146 ff.).

Tab. 2: **Dimensionen empirischer Marktforschungsstudien**

Aspekt	Alternativen
Herkunft der Fragestellung	einzelwirtschaftlich ⇔ gesamtwirtschaftlich
	»wertfreie« ⇔ interessengebundene Forschung
Herkunft der Daten	field-research ⇔ desk-research
Art der Indikatoren	ökonomische ⇔ psychologische Marktforschung
zeitliche Erstreckung	Querschnitt- ⇔ Längsschnittuntersuchungen
Zahl der Themen	Ein-Thema- ⇔ Mehr-Themen-Studien
Strategie	unsystematisch ⇔ systematisch ⇔ Quasi-Experiment ⇔ Experiment
Ort	Labor ⇔ Feld
Durchschaubarkeit	offen ⇔ nicht durchschaubar ⇔ quasi-biotisch ⇔ (voll-)biotisch
Aktivität	Introspektion ⇔ Befragung ⇔ Verhaltensbeobachtung ⇔ Analyse von Verhaltensergebnissen ⇔ Messung physiologischer Reaktionen
psychologischer Untersuchungsgegenstand	Informationsaufnahme ⇔ Lernprozesse ⇔ Einstellungsbildung ⇔ Aktivierung ⇔ Entscheidung ⇔ Verhalten/Handlung
untersuchte Personen	Grundgesamtheit ⇔ Stichprobe
	Anbieter ⇔ Nachfrager ⇔ Funktionäre
untersuchter (Teil-)Markt	differenziert nach Region, Zeit und Angebot (Produkt, Dienstleistung oder Idee)

Ausblick

In Anlehnung an das berühmte Wort, dass der Krieg eine viel zu ernste Angelegenheit sei, um ihn den Generälen zu überlassen, wird vielfach – zumindest implizit – davon ausgegangen, dass Bildung eine zu seriöse Maßnahme sei, um sie durch Marketingmaßnahmen zu »entweihen«. Eine solche Annahme verrät eine bedenkliche Unkenntnis über das, was Marketing eigentlich ist, nämlich mehr als eine reißerische und unglaubwürdige Werbung. Sieht man angesichts eines sich ständig beschleunigenden Wandels auf nahezu allen Gebieten das lebenslange Lernen als eine für die Gesamtgesellschaft und für den Einzelnen unabdingbare Notwendigkeit, dann gilt es, ein Medien- und Bildungsmanagement zu betreiben, das auch auf die Marketingpsychologie zurückgreift. Bildungsangebote müssen zielgruppenadäquat konzipiert und kommuniziert werden, und zwar zu Preisen, die akzeptabel und erschwinglich sind. Letztlich heißt dies, dass auch Bildungseinrichtungen eine marktorientierte Unternehmensführung benötigen, was nicht bedeuten darf, dass solche Bildungsgüter, die im gesellschaftlichen Wertesystem hoch angesiedelt sind, dafür geopfert werden dürfen.

Literatur

Arthur, W. jr./Benett, W. jr./Edens, P.S./Bell, S.T. (2003): Effectiveness of training in organizations. A meta-analysis of design and evaluation features. Journal of Applied Psychology, 88, S. 234–245.

Bongard, W. (1965): Nationalökonomie, wohin? Realtypen des wirtschaftlichen Verhaltens. Opladen: Westdeutscher Verlag.

Domizlaff, H. (1929): Typische Denkfehler der Reklamekritik. Hamburg: Verlag für Industrie-Kultur.

Flanagan, J.C. (1954): The critical incident techniques. Psychological Bulletin, 51, S. 327–358.

Gieser, S. (2006): Markt- und Werbepsychologie im modernen Sachbuchmarketing. Eine Studie über theoretische Anwendungsmöglichkeiten und den praktischen Einsatz von markt- und werbepsychologischen Erkenntnissen bei der Vermarktung von Sachbuchreihen in Deutschland und Großbritannien. (Dissertation). München: Ludwig-Maximilians-Universität.

Homburg, C./Krohmer, H. (^{6}2007): Marketing. In: Köhler, R./ Kübber, H.-U./Pfingsten, A. (Hrsg.): Handwörterbuch der Betriebswirtschaft. Stuttgart: Schäffer-Poeschel, S. 1130–1143.

Hüttner, M./Schwarting, U. (^{7}2002): Grundzüge der Marktforschung. München: Oldenbourg.

Katona, G. (1960): Das Verhalten der Verbraucher und Unternehmer. Tübingen: Mohr.

Kirkpatrick, D. (1987): Evaluation of training. In: Craig, R.L. (Hrsg.): Training and development handbook. A guide to human resource development. New York: McGraw-Hill, S. 301–319.

Koeppler, K. (2000): Strategien erfolgreicher Kommunikation. München: Oldenbourg.

Kroeber-Riel, W./Esch, F.-R. (^{6}2004): Strategie und Technik der Werbung. Stuttgart: Kohlhammer.

Kroeber-Riel, W./Weinberg, P. (^{8}2003): Konsumentenverhalten. München: Vahlen.

Lysinski, E. (1919): Zur Psychologie der Schaufensterreklame. Zeitschrift für Handelswissenschaften und Handelspraxis, 12, S. 6–19.

Metzger, W. (^{6}2001): Psychologie. Wien: Krammer.

Münsterberg, H. (1912): Psychologie und Wirtschaftsleben. Ein Beitrag zur angewandten Experimental-Psychologie. Leipzig: Barth.

Nerdinger, F.W. (1994): Zur Psychologie der Dienstleistung. Theoretische und empirische Studien zu einem wirtschaftspsychologischen Forschungsgebiet. Stuttgart: Schäffer-Poeschel.

Neuberger, O. (2000): Das 360°-Feedback. München/Mehring: Rainer Hampp.

Neumann, L.F. (1976): Werden wir manipuliert? Sozialpsychologische Aspekte der Verbraucheraufklärung. Das Parlament, 26, S. 3.

Neumann, P. (im Druck a): Praxis der Markt- und Werbepsychologie. Bern: Hans Huber.

Neumann, P. (im Druck b): Praxis der psychologischen Marktforschung. Bern: Hans Huber.

Neumann, P. (2006): Markt- und Werbepsychologie Band 3. Marktforschung im Team – vom Briefing bis zur Präsentation. Gräfelfing: Fachverlag Wirtschaftspsychologie.

Neumann, P. (^{3}2003a): Markt- und Werbepsychologie Band 1. Grundlagen. Gräfelfing: Fachverlag Wirtschaftspsychologie.

Neumann, P. (^{2}2003b): Markt- und Werbepsychologie Band 2. Praxis. Gräfelfing: Fachverlag Wirtschaftspsychologie.

Neumann, P./ von Rosenstiel, L. (2007): Methoden der Marktpsychologie. In: von Rosenstiel, L./ Frey, D. (Hrsg.): Enzyklopädie der Psychologie. Wirtschafts-, Organisations- und Arbeitspsychologie. Band 5. Marktpsychologie. Göttingen: Hogrefe, S. 27–111.

Packard, V. (1957): Die geheimen Verführer. Düsseldorf: Econ.

Pöppel, E. (2006): Der Rahmen. Ein Blick des Gehirns auf unser Ich. München: Carl Hauser.

Prinz, W. (1996): Freiheit oder Wissenschaft? In: von Cranach, M./Foppa, K. (Hrsg.): Freiheit des Entscheidens und Handelns. Heidelberg: Asanger, S. 86–103.
Schuler, H. (1980): Ethische Probleme psychologischer Forschung. Göttingen: Hogrefe.
Scott, W.T. (1908): The psychology of advertising. Boston: Small, Maynard & Co.
Smith, A. (1759/1966): A theory of moral sentiment. New York: Augustus M. Kelly Publishers.
Spiegel, B. (1970): Werbepsychologische Untersuchungsmethoden. Berlin: Duncker & Humblot.
Spiegel, B. (1961): Die Struktur der Meinungsverteilung im sozialen Feld. Das psychologische Marktmodell. Bern: Huber.
Veblen, T. (1899): The theory of leisure class. New York: Kelley.
von Rosenstiel, L. (1969): Psychologie der Werbung. Rosenheim: Komar.
von Rosenstiel, L./Neumann, P. (2002): Marktpsychologie. Ein Handbuch für Studium und Praxis. Darmstadt: Primus.
von Zwiedineck-Südenhorst, O. (1932): Allgemeine Volkswirtschaftslehre. Berlin: Duncker & Humblot.
Weir, W. (1984): Another look at subliminal »facts«. Advertising Age vom 15.10.1984, S. 46.
Zimpel, G. (1972): Selbstbestimmung oder Akklamation. Politische Teilnahme in der bürgerlichen Demokratietheorie. Stuttgart: Enke Ferdinand.

8. Politisches und juristisches Basiswissen

Gerhard Vowe

Medien in Politik und Gesellschaft

Kein Ereignis hat die Welt der Gegenwart stärker geprägt als der 11. September 2001. Dieses Ereignis wirft ein Schlaglicht auf das Verhältnis von Medien und Politik. Darin zeichnet sich scharf ab, wie Medien und politische Akteur/innen einander beeinflussen: wie sie einander beobachten, wie sie einander benutzen und wie sie einander beschränken. So hat die Welt durch die Medienaugen nicht nur die Anschläge selbst *beobachten* können, sondern auch, wie politische Akteur/innen darauf reagierten. Und umgekehrt konnten Politiker/innen über die Medien beobachten, wie sich die öffentliche Meinung überall in der Welt zu den Anschlägen bildete und veränderte. Politische Akteur/innen verschiedenster Art haben rund um diesen 11. September 2001 die Medien zu *benutzen* versucht, um ihre jeweiligen politischen Ziele zu erreichen. Die Anschläge selbst zielten darauf, unauslöschliche Bilder in die Köpfe der Menschheit zu brennen. Ein gewichtiger Teil der Gegenmaßnahmen zielte darauf, diesen Bildern andere Bilder entgegenzusetzen – bis hin zu Bildern der Demütigung des Feindes. Dies geschieht im Wissen, dass Medien politisch etwas bewirken – im Denken, Wollen und Tun der Menschen. Umgekehrt benutzten die Medien die politischen Akteur/innen, wenn sie aus deren Kampf und Streit den Stoff destillieren, der die Menschen berührt und erregt. Und schließlich wurde in der Folge des 11. September deutlich, wie die beiden Seiten einander *beschränken*: Die US-Regierung setzte feste Regeln, wie die Medien aus den Kriegen in Afghanistan und im Irak zu berichten hatten. Andererseits machen die Medien den politischen Akteur/innen strikte Vorgaben, was Nachrichtenwert hat und was nicht, wer glaubwürdig ist und wer nicht, wann der richtige Zeitpunkt für eine Inszenierung ist und welche Dramaturgie sie haben muss.

An Ereignissen wie dem 11. September wird deutlich, wie vielschichtig, dynamisch und folgenreich das Verhältnis von Medien und Politik (geworden) ist. Unter Medien werden im Folgenden *Massenmedien* verstanden, das sind sozio-kulturelle Systeme, die Raum und Zeit übergreifende öffentliche Kommunikation und damit gesellschaftliche Selbstbeobachtung ermöglichen. Massenmedien unterscheiden sich darin, auf welcher technologischen und semiotischen Basis sie operieren, welche Erwartungsmuster mit ihnen verbunden werden und in welcher Organisationsform sie fungieren (Jarren/Sarcinelli/Saxer 1998). Massenmedien bieten organisierten *Kommunikatoren* die Möglichkeit, ein prinzipiell unbegrenztes, verstreutes Publikum zu erreichen, um damit z. B. ökonomische oder publizistische Ziele zu erreichen; umgekehrt erlauben sie den Mitgliedern des *Publikums*, zwischen zeitlich, räumlich, sachlich und sozial differenzierten Kommunikationsangeboten zu wählen und auf diese Weise ihre jeweiligen Kommunikationsbedürfnisse zu befriedigen, z. B. sich einen Überblick darüber zu verschaffen, was bei allen anderen Mitgliedern des Publikums als bekannt vorauszusetzen ist. In der über Massenmedien vermittelten öffentlichen Kommunikation hat das Publikum nur begrenzte Möglichkeiten der Rückkopplung.

Die *Entwicklung der Massenmedien* ist dadurch gekennzeichnet, dass das Verhältnis zwischen Aufwand und Leistung sich in großen Sprüngen verändert (Stöber 2003). Vom gedruckten Buch und periodischen Druckschriften über Massenpresse, Tonträger, Film, Hörfunk und Fernsehen bis zu WWW und UMTS – mit den jeweils neuen Medien wird ein immer größeres Publikum in öffentliche Kommunikation einbezogen. In diesen Entwicklungsschüben verknüpfen sich technische Umwälzungen mit Veränderungen in den Zeichensystemen und in den sozialen Beziehungen. So kann die Mediengeschichte auch als ein komplexer Prozess der sozialen Differenzierung gelesen werden – mit der Herausbildung von funktional und hierarchisch gegliederten Organisationen (z. B. Redaktionen), der Professionalisierung von kommunikativen Rollen (z. B. Pressesprecher/innen) und der Verwissenschaftlichung von Tätigkeiten (z. B. Marktforschung). In dieser Entwicklung verschwindet kein Medium; vielmehr verändern sie ihr funktionales Profil, wie mit dem Hörfunk, aber auch mit der Steintafel illustriert werden könnte.

Unter *politischem Aspekt* ist zwar das ganze Spektrum der Kommunikation relevant, auch die vielfältigen Formen unvermittelter Kommunikation – vom informellen Briefing bis zur formellen Verhandlung. Besonderes Augenmerk aber gilt gemeinhin der über Massenmedien vermittelten öffentlichen Kommunikation und dabei der Presse und dem Rundfunk, denen eine besonders starke politische Wirkung unterstellt wird. Deshalb wird im Folgenden das Spannungsfeld von Massenmedien und Politik fokussiert.

Will man dieses Spannungsfeld systematisch aufklären, so muss man sich zunächst einmal darüber klar werden, wer in diesem Spannungsfeld agiert. Man kann die grundlegende *Akteurskonstellation* der politischen Kommunikation als ein Dreieck

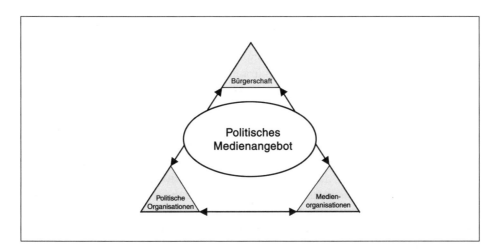

Abb. 1: Akteurskonstellation der politischen Kommunikation

darstellen, das aus politischen Organisationen, Medienorganisationen und der Bürgerschaft gebildet wird (McNair 2003; Jarren/Donges 2006). Aus deren Kooperation und Konflikt entsteht das politische Medienangebot, das uns tagtäglich in Form der politischen Teile z. B. der Tageszeitungen, Zeitschriften, Hörfunk- und Fernsehprogramme, Internetinformationsdiensten, Portalen gegenübertritt.

Politische Organisationen wie Parteien, Verbände, staatliche Instanzen, internationale Organisationen und NGOs (Non-Governmental Organizations) konkurrieren um Macht und öffentliche Aufmerksamkeit. Sie nutzen die Möglichkeiten der politischen Kommunikation, um in dieser Konkurrenz Vorteile zu gewinnen. *Medienorganisationen* wie Agenturen, Verlage, Fernsehsender oder Online-Anbieter konkurrieren um Anteile auf den verschiedenen Medienmärkten und nutzen ihrerseits die politische Kommunikation, um Vorteile zu gewinnen, die es ihnen erlauben, ihren Gewinn oder ihr Budget zu maximieren. Die *Bürger/innen* sind daran interessiert, mit möglichst geringem Aufwand möglichst großen Einfluss auf politische Entscheidungen zu nehmen und nutzen deshalb die Möglichkeiten politischer Kommunikation. Alle diese Akteur/innen sind bei der Verfolgung ihrer Interessen aufeinander angewiesen. Politische Kommunikationsbeziehungen kommen dann zustande und bleiben stabil, wenn in ihnen Güter getauscht werden können, die ein anderer nicht hat, aber braucht: Publizität gegen Information, Aufmerksamkeit gegen Nachrichten, Unterstützung gegen Interessenvertretung. Diese Akteurskonstellation ist überaus dynamisch: Es drängen neue Organisationen in den Vordergrund, andere werden dadurch in den Hintergrund geschoben. Die Erwartungen des Publikums entwickeln sich, auch die Tauschrelationen sind nicht starr. Technische und ökonomische Rahmenbedingungen ändern sich, sodass z. B. den etablierten Medienorganisationen neue Konkurrenten erwachsen, bis hin zu Bürger/innen, die bei Gelegenheit in eine halbprofessionelle Kommunikatorenrolle wechseln können, z. B. als Blogger oder als »Handy-Reporter«.

Aus dieser Interaktion ergibt sich der politisch relevante Teil des *Medienangebots*. Analysen der Inhalte und der Formen zeigen große Unterschiede zwischen Medien und zwischen Nationen, z. B. im Hinblick auf den politischen Anteil, die Gewichtung von Themen, die politische Positionierung, die Berücksichtigung von Akteur/innen, die sprachliche Gestaltung, die Visualisierung und auf viele weitere Dimensionen (Bonfadelli 2002). Diese intermedialen und internationalen Unterschiede verschieben sich in der Zeit, sodass es nicht nur Unterschiede, sondern auch Veränderungen im Medienangebot zu erklären gilt (Bruns/Marcinkowski 1997). Immer wieder werden von der medienkritischen Publizistik folgende Tendenzen genannt und zumeist beklagt: Negativismus, Alarmismus und Beschleunigung (Politik werde heute schlechter, schriller und hektischer dargestellt als früher), Entpolitisierung und Entertainisierung (Politik nehme an Bedeutung im Medienangebot ab und werde wenn, dann nur noch in ihrer unterhaltsamen Seite dargestellt), Visualisierung und Personalisierung (Politik werde auf die bildlich darstellbaren und personell zurechenbaren Elemente reduziert) und Individualisierung (politische Information werde von einem Gemeinschaftsgut zu einem Angebot für spezifische Zielgruppen).

Das Akteursdreieck bietet drei grundsätzlich verschiedene *Erklärungsansätze* für die Unterschiede und Veränderungen. Zum einen können Erklärungen am Winkel der Politik ansetzen. Ursächliche Faktoren sind dann die *Kommunikationsstrategien der politischen Akteur/innen*, z. B. das politische Marketing der Parteien oder die Public-Relations-Kampagnen von Verbänden. Dadurch würden Themen gesetzt und Interpretationsrahmen (»frames«) vermittelt. Am prägnantesten wurde dies in der »Determinierungsthese« gefasst, derzufolge politische Organisationen den Journalismus steuern (Baerns 1991). Die politischen Organisationen bestimmen Themen und Timing der Berichterstattung zumindest im Routinefalle. Dafür sorgt nicht nur der stete Strom an Pressemitteilungen und Pressekonferenzen, sondern auch die Inszenierung von »Events« (»Pseudo-Ereignissen«) und die Skandalisierung, also die öffentliche Thematisierung von Verfehlungen des politischen Gegners (Kepplinger 1992).

Andere Ansätze setzen am Winkel der *Medienorganisationen* an. Ursächliche Faktoren sind dann vor allem die Nachrichtenwertfaktoren, also professionelle Kriterien, nach denen Meldungen auf ihren Nachrichtenwert hin für die Publikation ausgewählt werden (z. B. Überraschung oder Konflikt): Je stärker eine politische Nachricht auf diesen Faktoren lädt, desto größer ist die Wahrscheinlichkeit, in der Berichterstattung bevorzugt zu werden (Schulz 1990). Ein anderer Ansatz knüpft an der Vorreiterrolle von Leitmedien an, die anderen Medien Themen und Deutung vorgeben. In Deutschland sind dies z. B. die »Süddeutsche Zeitung«, die »Frankfurter Allgemeine Zeitung« und »Der Spiegel« (Eilders/Neidhardt/Pfetsch2004).

Schließlich können Erklärungen auch bei den *Bürger/innen* ansetzen. Dann ist deren Nachfragestruktur in sachlicher, sozialer und zeitlicher Hinsicht dafür verantwortlich, wie viel »Politik« in den einzelnen Medien enthalten ist und wie sie von diesen Medien präsentiert wird. *Auch die Veränderungen im publizistisch relevanten Medienangebot wird in dieser Sichtweise durch die Veränderungen in der Nachfrage durch die Bürger/innen erklärt* (Hasebrink 2003).

Dieses Medienangebot zeitigt Wirkungen, und zwar in mehrfacher Hinsicht und auf mehreren Ebenen (Schenk 2002; Schulz 2008). Die Kardinalfrage stellt sich auf der *Mikroebene,* also im Hinblick auf individuelle Wirkungen: In welchem Maße sind Veränderungen im politischen Denken, Wollen und Tun der einzelnen Bürger/innen auf die Medienangebote zurückzuführen? So ist etwa durch Befragungen festzustellen, dass Bürger/innen den Parteien skeptischer als früher begegnen oder dass viele sehr viel später entscheiden, ob sie an einer Wahl teilnehmen und wenn ja, welche Partei sie wählen. Inwieweit sind dafür Medieneinflüsse verantwortlich? Die Forschung hat in der Antwort darauf eine Fülle spezieller theoretischer Ansätze entwickelt, die sich bislang in unterschiedlichem Ausmaß empirisch bewährt haben. Die Lage in diesem zentralen Feld der Forschung zur politischen Kommunikation ist ausgesprochen unübersichtlich. Zum einen variiert der Zeithorizont der Wirkungsuntersuchungen: Das Spektrum reicht von unmittelbaren Effekten bis zu historischen Veränderungen. Zum anderen variiert, welche Aspekte des Rezipienten als Variablen bevorzugt modelliert werden: Das Spektrum reicht von den Kognitionen (z. B. Kenntnisse des politischen Systems) über die Emotionen (z. B. Sympathie für einen Politiker) und Handlungen (z. B. Teilnahme an Unterschriftensammlungen) bis zur sozialen Einbindung (z. B. Zugehörigkeit zu Bürgerinitiativen). Zum dritten variiert der Status, den man dem einzelnen Bürger zurechnet: Wird er eher als Objekt von Medieneinflüssen gesehen (Medienwirkungsansatz) oder eher als Subjekt, das sich die politischen Medieninhalte aneignet (Mediennutzungsansatz)? Das Spektrum reicht dabei von dezidierten Wirkungsansätzen (z. B. »Agenda-Setting«) über Ansätze, in denen die Aktivität des einzelnen Rezipienten betont wird (z. B. »Kognitive Schemata«), bis zu Ansätzen, die das soziale Umfeld des Rezipienten einbeziehen (z. B. »Schweigespirale«). Die heterogene Forschungslage deutet auf komplexe Wechselwirkungen hin. Den ambitioniertesten Versuch, dies zu modellieren, stellt der Ansatz der »dynamischen Transaktion« dar, mit dem eine Synthese von Nutzung und Wirkung, von Kognition und Motivation, von Kommunikator und Rezipient versucht wird und dies dann empirisch geprüft wird (Früh 1994). Für den Bereich der Wahlen ist der Einfluss der Medien auf individueller Ebene nachgewiesen (Brettschneider 2005). Er nimmt an Bedeutung in dem Maße zu, wie andere Faktoren an Gewicht für die Wahlentscheidung verlieren, so z. B. Sozialstruktur und Parteibindung (»Dealignment«; Dalton 1984). Der Medieneinfluss läuft dabei über verschiedene Kanäle, z. B. über die Setzung von Themen, bei denen den Parteien unterschiedliche Kompetenz zugeschrieben wird, über die Darstellung von Kandidat/innen, denen die Bürger/innen unterschiedliche Qualitäten zuschreiben, oder über die Einschätzung der voraussichtlichen Entscheidungen der anderen Wähler/innen, also über die Chancen der verschiedenen Parteien. Selbstverständlich lassen sich auch außerhalb von Wahlen politische Medienwirkungen feststellen, z. B. bei der Positionierung in politischen Streitfragen oder bei der langfristigen Veränderung grundlegender politischer Einstellungen wie der Zufriedenheit mit der Demokratie.

Richtet man den Blick nicht auf individuelle Wirkungen, sondern auf die *Mesoebene*, also auf Veränderungen der politischen Organisationen, so ist zu fragen: In welchem Maße sind Veränderungen in politischen Organisationen auf die Medienangebote zurückzuführen? Sind für den Bedeutungszuwachs von NGOs in den internationalen Beziehungen Medieneinflüsse verantwortlich? Können Unterschiede in den Strategien von Tarifverbänden mit dem Verweis auf Medien erklärt werden? Dies ist bislang deutlich weniger von der Forschung durchdrungen. Es gibt aber deutliche Hinweise darauf, dass politische Organisationen sich stärker als früher auf die Erfordernisse der medialen Kommunikation ausrichten und sich dies in Organisationsstruktur und Budgetaufteilung niederschlägt. Dies betrifft nicht nur Parteien und Verbände; auch z. B. die militärischen Organisationen reagieren auf das höhere Gewicht der Medien in der politischen Auseinandersetzung mit einem Ausbau ihrer Kommunikationsabteilungen (im Überblick: Vowe/Dohle 2007; Donges 2008).

Und schließlich ist nach Wirkungen auf der *Makroebene* zu fragen, nach medienbedingten Veränderungen der generellen Struktur des politischen Systems: Sind grundlegende Verschiebungen der Gewichte im politischen System auf Medienangebote zurückzuführen? In der Antwort darauf sind weitreichende Thesen formuliert worden, z. B. dass die »Mediendemokratie« die Parteiendemokratie abgelöst habe

(Alemann 2002), oder dass sich ein neuer Herrschaftstyp der »Mediokratie« oder der »Videocracy« herausgebildet habe (Meyer 2001). Diese Vermutungen sind durchaus erfahrungsgesättigt; einige Indikatoren deuten darauf hin, dass herkömmliche Machtträger wie Parteien und Verbände im Vergleich zu den Medienorganisationen an politischem Einfluss verlieren. Daraus erwachsen Probleme für das eingespielte System von »checks and balances« (Sarcinelli 2005).

Allerdings sind die Aktivitäten der Medienorganisationen in ein enges Korsett von *medienpolitischen Regeln* gezwängt. Diese Rahmenvorgaben werden in der ständigen Auseinandersetzung zwischen politischen Organisationen und Medienorganisationen weiterentwickelt. Es findet ein Wechselspiel von politischer Ordnung und Ausdehnung des Spielraumes für Medienorganisationen statt (vgl. z.B. Norris 2000). Das Spannungsfeld von Medien und Politik wird durch geografische, kulturelle und ökonomische Faktoren beeinflusst – und nicht zuletzt durch (Medien-)Politik, also durch Entscheidungen mit kollektiver Bindungskraft (Parsons 1969) im Hinblick auf öffentliche Kommunikation. Von besonderer Bedeutung sind Subjekt, Modus und Objekt dieser Entscheidungen – im Folgenden charakterisiert als medienpolitische Akteure, Strategien und Ansatzpunkte (Vowe 2003).

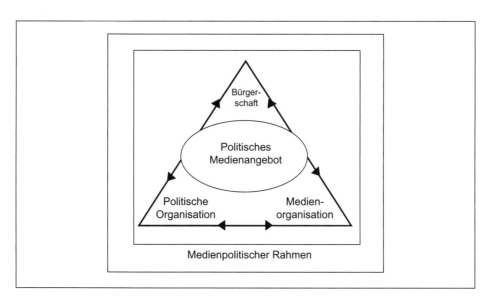

Abb.2: Medienpolitischer Rahmen für die politische Kommunikation

Medienpolitische Akteure versuchen, die kommunikativen Beziehungen zu steuern, und zwar zum einen deren publizistische Dimension, also mit Blick auf die Bildung öffentlicher Meinung. Zudem nehmen sie Einfluss auf die ökonomische Dimension der Massenkommunikation, also auf das Verhältnis von Aufwand und Ertrag, z.B. durch Festlegung von Finanzierungsweisen. Die medienpolitischen Akteure lassen sich folglich danach unterscheiden, ob sie eher *publizistisch* oder eher *ökonomisch* motiviert und orientiert sind. So ist eine Partei an Medienpolitik deshalb interessiert, weil sie dadurch Einfluss auf die Bedingungen für die Bildung öffentlicher Meinung nehmen kann; die ökonomischen Momente nimmt sie nur als Mittel zum (publizistischen) Zweck. Ein Medienkonzern hingegen ist deshalb an Medienpolitik interessiert, weil er damit Einfluss auf die Verwertungsbedingungen nehmen kann; die publizistischen Momente dienen ihm nur als Mittel zum (ökonomischen) Zweck. Dazwischen haben sich zahlreiche Mischformen ausgeprägt. So hat eine Journalistengewerkschaft die Balance von publizistischen und ökonomischen Interessen zu finden. Aus der Interaktion aller dieser eigennützigen Akteure ergeben sich positive und negative Effekte im Hinblick auf das Gemeinwohl in kommunikativer Hinsicht. Zwar gewinnen die ökonomisch orientierten medienpolitischen Akteure an Boden (Donges 2007), aber noch wird Medienpolitik von den publizistisch interessierten Akteuren dominiert – von Parteien, Verbänden und staatlichen Instanzen. Eine besondere Bedeutung für die deutsche Rundfunkpolitik kommt dem Bundesverfassungsgericht zu, das mit einer Reihe grundlegender Entscheidungen die Rundfunklandschaft in Deutschland geprägt hat. Wachsenden Einfluss hat die EU gewonnen, die mit der Fernsehrichtlinie 1987 den Rahmen für nationale Rundfunkpolitik abgesteckt hat (Fechner 2007).

Die Akteure bevorzugen zwei *Strategien*, um die Bedingungen öffentlicher Kommunikationen zu beeinflussen. Die eine Strategie stützt sich auf *distributive Instrumente*: Medienpolitisch erwünschte Leistungen werden gefördert (z. B. durch Subventionen), unerwünschte erschwert (z. B. durch höhere Steuersätze). Man setzt An- und Abreize mit Blick auf publizistische und/oder ökonomische Interessen. Die andere Strategie stützt sich auf *regulative Instrumente*: Es werden von autorisierter Position aus Regeln gesetzt, nach denen die Teilnehmer an der öffentlichen Kommunikation verfahren sollen. Durch Gebote und Verbote werden die Spielräume abgesteckt und die Bedingungen des Spiels festgelegt. In der Medienpolitik Deutschlands liegt das Schwergewicht auf der regulativen Strategie. Durch ihren privilegierten Zugang zu den Möglichkeiten hoheitlicher Regulierung sind die Parteien in der Vorhand – sie können ihre publizistischen Interessen auf diese Weise durchsetzen.

Medienpolitische Regulierung kann sich auf drei unterschiedliche Ansatzpunkte beziehen: Teilnahme an, Inhalte von und Verfahren bei öffentlicher Kommunikation. Hier zeigen sich nicht nur für Deutschland erhebliche Unterschiede zwischen den Medien (Schütz 1999; Hans-Bredow-Institut 2004; Vowe/Opitz/Dohle 2008).

Die Teilnahme an der *Presse*kommunikation ist in liberal-demokratischen Staaten unbeschränkt: Zeitungsleser/innen werden nicht registriert oder müssen gar eine Genehmigung dafür einholen. Ebenso wenig ist eine Lizenz als Anbieter erforderlich. Aber auch bei der Förderung hält sich die Pressepolitik meist zurück: Gefördert wird der Zutritt zum Zeitungsmarkt in Deutschland lediglich durch einen verminderten Mehrwertsteuersatz bei Vertriebserlösen, während z. B. österreichische Zeitungsverlage lange Zeit erhebliche Subventionen bekamen.

Anders in der *Rundfunk*kommunikation: Hier ist in den meisten Staaten um die Teilnahme ein enges Netz an Vorschriften gewoben. Die deutschen Bundesländer haben zum Teil einzeln, zum Teil gemeinsam eine gesetzliche Grundlage geschaffen, in denen der territoriale Zuschnitt, die Aufgaben und die interne Struktur der öffentlich-rechtlichen Anstalten festgelegt wurden. Vor allem sind dadurch Aufgaben und Zusammensetzung des Rundfunkrats definiert worden – des Aufsichtsgremiums, dem Vertreter von Verbänden, Parteien und staatlichen Instanzen angehören. Die privaten Rundfunkanbieter werden in einem gesetzlich geregelten Frequenzvergabeverfahren ausgewählt. Vor allem dafür sind die Landesmedienanstalten gegründet worden – öffentlich-rechtliche Instanzen auf Landesebene, die durch korporativ beschickte Gremien kontrolliert werden. Auch die Teilnahme als Rezipient wird einer Bedingung unterzogen: Alle Rundfunkrezipient/innen sind in Deutschland einer Gebührenpflicht unterworfen und werden dafür bei einer gemeinsamen Einrichtung der Rundfunkanstalten registriert. Die Teilhabe wird auch für bestimmte Inhalte reguliert: So haben aufgrund von europarechtlichen Vorgaben diejenigen, die Übertragungsrechte an Großereignissen (z.B. an der Fußball-WM) besitzen, dafür zu sorgen, dass bestimmte Inhalte von allen empfangen werden können, nicht nur von den Pay-TV-Abonnent/innen.

Die Teilhabe am *WWW* ist hingegen grundsätzlich unbeschränkt. Allerdings wurden zwischen den Anbietern von Mobilkommunikationsdiensten auf UMTS-Basis in Deutschland erstmals Lizenzen versteigert – mit weitreichenden ökonomischen Folgen. Das marktführende Telekommunikationsunternehmen ist gesetzlich verpflichtet, einen Universaldienst zu gewährleisten und damit Zugänge zur Telekommunikation zu schaffen, selbst wenn sich dies im Einzelfalle nicht rechnet. Dies soll eine möglichst breite Teilnahme an der Online-Kommunikation gewährleisten. Umstritten ist, in welchem Maße öffentlich-rechtliche Rundfunkanbieter sich im WWW mit Informationsangeboten engagieren dürfen, da dies immer auch eine – durch Gebühren finanzierte – Konkurrenz für private Netzanbieter darstellt.

Hinzu treten in allen Marktwirtschaften Regulierungen, mit denen der *Wettbewerb* zwischen privaten Anbietern auf allen Medienmärkten aufrechterhalten und damit ein Mindestmaß an publizistischer Vielfalt garantiert werden soll. Von entscheidender Bedeutung für die rasche Durchsetzung des WWW war die Liberalisierung des Telekommunikationsmarktes, die zu scharfer Konkurrenz der Anbieter und sinkenden Kosten geführt hat. Außerdem greifen im Online-Bereich die generellen wirtschaftsrechtlichen Wettbewerbsvorschriften. Diese bieten in Deutschland nicht die Möglichkeit, analog zu den Verfahren in den USA, gegen die Vormachtstellung von Microsoft auf dem Markt für Browser vorzugehen. Für den deutschen Pressebereich gelten verschärfte wettbewerbsrechtliche Vorschriften. Fusionen werden bei einer wesentlich geringer angesetzten Marge als in anderen Branchen auf ihre Folgen für den Wettbewerb vom Bundeskartellamt geprüft und gegebenenfalls untersagt. Damit wurde Mitte der 1970er-Jahre die Konzentrationswelle im Zeitungsbereich abgebremst. Für den Rundfunkbereich sind eigene Konzentrationsregeln geschaffen worden. Sie sehen vor, dass kein Rundfunkanbieter mit allen seinen Sendern mehr als 30 Prozent Marktanteil erreichen darf. Dadurch ist das Duopol aus »RTL-Group« und »ProSiebenSAT.1 Media-AG« rechtlich abgesichert worden. Im Zusammenhang mit dem digitalen Fernsehen ist darauf geachtet worden, dass nicht ein einzelner Anbieter durch spezifische, rechtlich abgesicherte Hard- und Softwarelösungen alle Konkurrenten ausschalten kann (z.B. über Decoder oder elektronische Programmführer), sondern der Zugang für alle Anbieter-Interessent/innen offen bleibt.

Für den *Nachrichtenagenturbereich* hat man in Deutschland ebenfalls Regelungen gefunden, die den Zugriff z.B. eines einzelnen Verlagshauses auf diese publizistische Schlüsselstellung verhindern. Auch der Zugang zum *Journalistenberuf* ist nicht durch standesrechtliche Vorschriften beschränkt.

Den Kern der Regelungen für die Inhalte bilden *medienübergreifende Verbote*, mit denen die öffentliche Ordnung, die Jugend und die persönliche Ehre geschützt werden sollen. So darf weder in der Presse noch im Rundfunk oder im WWW folgenlos zum bewaffneten Aufstand aufgerufen oder eine ehrverletzende Aussage über den politischen Gegner verbreitet werden. Zwar hat die EU für Angleichungen der Regelungen gesorgt, aber dennoch variieren sie von Staat zu Staat, z.B. ob nationalsozialistische Symbole öffentlich gezeigt werden dürfen.

Der Presse und dem Rundfunk wird in Deutschland explizit eine *öffentliche Aufgabe* zugewiesen, nämlich die Bildung öffentlicher Meinung zu ermöglichen. Daraus folgt unter anderem: Journalist/innen werden bei der Informationsversorgung aus amtlichen Quellen bevorzugt; sie müssen nur in genau geregelten Ausnahmefällen ihre Informationsquellen gegenüber Strafverfolgungsbehörden offenlegen. Im Gegenzug bedeutet das aber auch: Sie unterliegen einer Sorgfaltspflicht, dürfen also keine Aussagen ungeprüft verbreiten. Dies gilt auch für die journalistischen Angebote im Internet (»Mediendienste«).

Der öffentlich-rechtliche und – stark abgeschwächt – auch der private Rundfunk haben zudem die Aufgabe der *Grundversorgung*. Sie sollen flächendeckend mit einer Mischung aus aktueller Information, Bildung und Unterhaltung die Bevölkerung versorgen. Beim öffentlich-rechtlichen Rundfunk ist dies mit einem gesetzlich vorgeschriebenen »Programmauftrag« weiter konkretisiert: Gefordert sind regionale Information, ein vorbildliches kulturelles Niveau und Programmelemente, an denen auch Minderheiten interessiert sind.

Außerdem gelten etliche Regeln für die *Werbung*, zum Teil mit indirekten publizistischen Folgen: Der Umfang der Werbezeiten im privaten und vor allem im öffentlich-rechtlichen Rundfunk ist auch deshalb beschränkt, um die Presse ökonomisch zu schützen und damit publizistisch zu sichern.

Im Vordergrund der Regeln für die Verfahren der öffentlichen Kommunikation steht der Datenschutz, dem im digitalen Fernsehen und in der Online-Kommunikation verstärkte Aufmerksamkeit gewidmet wird. An Bedeutung hat der Urheberrechtsschutz gewonnen, der im Musik-, Film- und Softwarebereich durch das Internet enormen Belastungen ausgesetzt ist. Von besonderer Bedeutung ist in diesem Zusammenhang die Standardisierung. Unter Einbeziehung aller Beteiligten wurde mit der »Multimedia-Home-Plattform« (MHP) eine einheitliche Schnittstelle geschaffen, die für verschiedene digitale Medien offen ist und keinen potenziellen Anbieter diskriminiert. Weitere Beispiele sind die Festlegungen von Standards für Datenkompression (z.B. MPEG 4) und für die Adressenvergabe im Internet (ICANN). Alle diese Regelungen haben auch unmittelbare oder mittelbare Auswirkungen auf das Spannungsfeld von Medien und Politik.

So wie der öffentlichen Kommunikation ein politisches Gerüst an Regeln vorgegeben wird, so steht die Regulierung selbst wiederum in einem Rahmen: die Regulierung wird reguliert. Diese Grundregeln sind in zumeist langwierigen politischen Auseinandersetzungen entstanden, sichern dann aber politische Stabilität, da sie der unmittelbaren Disposition der politischen Akteur/innen entzogen sind. Das wichtigste Moment dieses Ordnungsrahmens für die Medienpolitik bilden die *Kommunikationsfreiheiten* – verfassungsmäßig verbriefte Rechte auf Meinungs-, Informations- und Medienfreiheit. In Deutschland wird das »Grundrecht auf Freiheit der Medien« nicht nur als ein Abwehrrecht gegenüber dem Staat gesehen, sondern als eine Verpflichtung des Staates, die freie Bildung öffentlicher Meinung zu garantieren. Mit dieser publizistischen Verpflichtung wurde durch das Bundesverfassungsgericht das besonders dichte Regulierungsnetz für den Rundfunk begründet.

Ein zweites Moment des Ordnungsrahmens ist die Verteilung der *Kompetenzen* zwischen den Regulierungsakteuren. Dabei ist für Deutschland die Verteilung der Entscheidungsbefugnisse auf Bund (z. B. Bundesnetzagentur mit der Regulierungsbefugnis für Telekommunikationsnetze), Länder (z. B. Landesmedienanstalten), EU (z. B. Wettbewerbskommissar) und nicht staatliche Akteure (z. B. Presserat als Selbstregulierungseinrichtung der Presse) von Belang. Durch den kooperativen Föderalismus müssen sich, insbesondere in der Rundfunkpolitik, die beiden großen Parteien immer wieder auf Kompromisse einigen. Schließlich sind auch die *Prozeduren* der Regulierung geregelt. Vor allem sichert die Rechtsförmigkeit der Regulierung den beteiligten Akteur/innen in bestimmten Phasen des Entscheidungsprozesses unterschiedliche Möglichkeiten der Einflussnahme. Auch dadurch wird Konsens gesichert.

Den Hintergrund für diese Grundregeln bilden die basalen kulturellen Orientierungsmuster, denn auch Verfassungsnormen müssen in den Wertorientierungen der Bürger/innen eines Landes verankert sein. Neben den politischen Leitwerten wie Freiheit, Gleichheit, Sicherheit bildet das vorherrschende Medienbild die tragende kognitive Grundlage bei allen Akteur/innen. Dadurch ist die politische Gestaltung des Mediensystems in die politische Kultur eingebettet.

Der wissenschaftliche Blick auf die Welt als einem Spannungsfeld von Medien und Politik ermöglicht belastbare Deutungen und Erklärungen für die tief greifenden Veränderungen in der Politik. Daran kann ein aufgeklärtes politisches und mediales Handeln anschließen. Sicherlich ist dieser Blick nur einer unter mehreren möglichen wissenschaftlichen Sichtweisen. Andere Disziplinen versuchen relevante politische Phänomene z. B. aus den Erfordernissen der Sachprobleme zu erklären (z. B. des demografischen Wandels) oder aus der jeweiligen Konstellation der politischen Akteure (z. B. aus einer Hegemonialstruktur), ohne dabei die Medien an zentraler Stelle einzubeziehen. Die Vielfalt möglicher Perspektiven ist eine Voraussetzung fruchtbarer Forschung. Empirische Forschung ermöglicht aber auch ein intersubjektiv gültiges Urteil darüber, welche Perspektive zu einem bestimmten Zeitpunkt eine bessere Sicht auf die Welt und ein umsichtigeres Handeln ermöglicht.

Literatur

Baerns, B. (²1991): Öffentlichkeitsarbeit oder Journalismus? Köln: Verlag Wissenschaft und Politik.
Bentele, G./Brosius, H.-B./Jarren, O. (Hrsg.) (2003): Öffentliche Kommunikation. Handbuch Kommunikations- und Medienwissenschaft. Wiesbaden: Westdeutscher Verlag.
Bonfadelli, H. (2002): Medieninhaltsforschung. Grundlagen, Methoden, Anwendungen. Konstanz: UVK-Verlagsgesellschaft.
Brettschneider, F. (2005): Massenmedien und Wählerverhalten. In: Falter, J.W./Schoen, H. (Hrsg.): Handbuch Wahlforschung. Wiesbaden: VS-Verlag, S. 473–500.
Breunig, Christian (Red.) (2007): Basisdaten. Daten zur Mediensituation in Deutschland 2007. Frankfurt a.M.: Media Perspektiven.
Bruns, T./Marcinkowski, F. (1997): Politische Information im Fernsehen. Eine Längsschnitt-Studie zur Veränderung der Politikvermittlung in Nachrichten und politischen Informationssendungen. Opladen: Leske + Budrich.
Dalton, R.J. (1984): Cognitive Mobilization and Partisan Dealignment in Advanced Industrial Democracies. In: The Journal of Politics 46, H. 1, S. 264–284.
Donges, P. (2008): Medialisierung politischer Organisationen. Parteien in der Mediengesellschaft. Wiesbaden: VS-Verlag.
Donges, P. (Hrsg.) (2007): Von der Medienpolitik zur Media Governance. Köln: Herbert von Halem.
Eilders, C./Neidhardt, F./Pfetsch, B. (2004): Die Stimme der Medien. Pressekommentare und politische Öffentlichkeit in der Bundesrepublik. Wiesbaden: VS-Verlag.
Fechner, F. (⁸2007): Medienrecht. Tübingen: Mohr Siebeck.
Früh, W. (1994): Realitätsvermittlung durch Massenmedien: die permanente Transformation der Wirklichkeit. Opladen: Westdeutscher Verlag.
Hans-Bredow-Institut für Medienforschung (Hrsg.) (2004): Internationales Handbuch Medien 2004/2005. Baden-Baden: Nomos Verlagsgesellschaft.
Hasebrink, U. (2003): Nutzungsforschung. In: Bentele, G./Brosius, H.-B./Jarren, O. (Hrsg.): Öffentliche Kommunikation. Handbuch Kommunikations- und Medienwissenschaft. Wiesbaden: Westdeutscher Verlag, S. 101–127.
Jarren, O./Donges, P. (²2006): Politische Kommunikation in der Mediengesellschaft. Wiesbaden: VS-Verlag.
Jarren, O./Sarcinelli, U./Saxer, U. (Hrsg.) (1998): Politische Kommunikation in der demokratischen Gesellschaft: Ein Handbuch mit Lexikonteil. Opladen, Wiesbaden: Westdeutscher Verlag.
Kepplinger, H.M. (1992): Ereignismanagement. Wirklichkeit und Massenmedien. Zürich: Edition Interfrom.
McNair, B. (³2003): An Introduction to Political Communication. London: Routledge.
Meyer, T. (2001): Mediokratie. Die Kolonialisierung der Politik durch die Medien. Frankfurt a.M.: Suhrkamp.
Norris, P. (2000): A Virtuous Circle: Political Communications in Postindustrial Societies. Cambridge/New York/Oakleigh u.a.: Cambridge University Press.
Parsons, T. (1969): Politics and Social Structure. New York: Praeger
Sarcinelli, U. (2005): Politische Kommunikation in Deutschland. Zur Politikvermittlung im demokratischen System. Wiesbaden: VS-Verlag.
Schenk, M. (²2002): Medienwirkungsforschung. Tübingen: Mohr Siebeck.
Schulz, W. (²2008): Politische Kommunikation. Theoretische Ansätze und Ergebnisse empirischer Forschung. Wiesbaden: VS-Verlag.
Schulz, W. (1990): Die Konstruktion von Realität in den Nachrichtenmedien. Analyse der aktuellen Berichterstattung. Freiburg u.a.: Alber.
Schütz, W.J. (Hrsg.) (1999): Medienpolitik: Dokumentation der Kommunikationspolitik in der Bundesrepublik Deutschland von 1945–1990. Konstanz: UVK-Medien.

Stöber, R. (2003): Mediengeschichte. Die Evolution »neuer« Medien von Gutenberg bis Gates. Eine Einführung. Wiesbaden: Westdeutscher Verlag.
von Alemann, U. (Hrsg.) (2002): Parteien in der Mediendemokratie. Wiesbaden: Westdeutscher Verlag.
Vowe, G. (2003): Medienpolitik: Regulierung der medialen öffentlichen Kommunikation. In: Bentele, G./Brosius, H.-B./Jarren, O. (Hrsg.): Öffentliche Kommunikation. Handbuch Kommunikations- und Medienwissenschaft. Wiesbaden: Westdeutscher Verlag, S. 210–227.
Vowe, G./Dohle, M. (2007): Politische Kommunikation im Umbruch. Neue Forschung zu Akteuren, Medieninhalten und Wirkungen. In: Politische Vierteljahresschrift 48, H. 2, S. 338–359.
Vowe, G./Opitz, S./Dohle, M. (2008): Medienpolitische Weichenstellungen – Rückblick und Vorausschau. In: Medien und Kommunikationswissenschaft, H. 2, S. 159–185.

Joachim Löffler

Juristische Felder im Medienmanagement

Der Beitrag gibt einen Überblick über die wichtigsten juristischen Aufgabenfelder des Medien- und Bildungsmanagements. Die Schwerpunkte der Darstellung orientieren sich dabei an der praktischen Bedeutung der einzelnen Rechtsmaterien für eine Tätigkeit in diesem Berufsfeld.

Einführung: Die Bedeutung von Compliance im Medien- und Bildungsmanagement

Die geltende Rechtsordnung stellt den Bezugsrahmen zur Verfügung, in dem sich alle Geschäftsprozesse und Entscheidungen der Unternehmensführung ebenso wie des Medien- und Bildungsmanagements abspielen. Die Kenntnis dieser Rahmenbedingungen ist für alle Bereiche des Medien- und Bildungsmanagements wichtig, für Führungskräfte gehört sie zur unerlässlichen Fachkompetenz.

In der neueren betriebswirtschaftlichen Fachliteratur hat sich für die Einhaltung von gesetzlichen Regelungen und Richtlinien, aber auch von freiwilligen Kodizes und Verhaltensregeln (Beispiele: Deutscher Corporate Governance Codex, Business Conduct Guidelines zahlreicher Unternehmen) der Begriff »Compliance« etabliert. *Compliance* nimmt heutzutage eine Schlüsselstellung im Rahmen der Führung von Unternehmen und Organisationen ein. Die Sicherstellung von Compliance muss durch organisatorische Maßnahmen und die Schaffung klarer Verantwortlichkeiten und Kompetenzen unterstützt werden (Hauschka 2007, S. 12).

Ein aktuelles Beispiel für mangelhafte Compliance ist der Korruptionsskandal um den deutschen Weltkonzern SIEMENS. Den verantwortlichen Manager/innen wird vorgeworfen, unter Umgehung gesetzlicher und sonstiger Regelungen, zahlreiche Personen bestochen zu haben, um Aufträge für das Unternehmen zu akquirieren (Herr 2008). Der neu berufene Vorstandsvorsitzende *Peter Löscher* hat als eine seiner ersten organisatorischen Maßnahmen ein neues zentrales Vorstandsressort für die Bereiche Compliance und Recht geschaffen, das den aktuellen Skandal aufarbeiten und zukünftige Regelverletzungen verhindern soll (US-Justiziar wird Compliance-Chef 2008). Ein ähnliches Beispiel aus der Welt der Non-Profit-Organisationen ist der Skandal um die Geschäftsführung des Kinderhilfswerks UNICEF, wo es angeblich ebenfalls zu massiven Regelverstößen gekommen sein soll (Part 2007). Auch wenn sich ein strafbares Verhalten der Verantwortlichen am Ende nicht nachweisen lässt, bleibt der gewaltige Imageschaden der durch solche Regelverstöße entstehen kann.

Auch auf einer viel weniger spektakulären Ebene können rechtliche Regelverletzungen zu gravierenden Nachteilen für betroffene Unternehmen und Organisationen, aber auch für die Handelnden persönlich führen: Unter Missachtung von Compliance konzipierte Marketingkonzepte und Werbemaßnahmen können zu teuren Abmahnungen durch Konkurrenten oder zu noch kostspieligeren Wettbewerbsprozessen führen. Seminare oder Events können aufgrund mangelhaft formulierter Verträge oder allgemeiner Geschäftsbedingungen (AGB) in einem wirtschaftlichen Fiasko für den Veranstalter enden. Aber auch im Bereich des Human Ressource Management (HRM) sind die rechtlichen Anforderungen an die richtige Unternehmensführung deutlich verschärft worden: Das 2006 in Kraft getretene Allgemeine Gleichbehandlungsgesetz (AGG) knüpft an diskriminierende Verhaltensweisen im Bereich der Personalführung, insbesondere bei der Gewinnung, Führung, Beförderung und Freisetzung von Mitarbeiter/innen gravierende wirtschaftliche Konsequenzen. Dabei rückt auch die persönliche Haftung und Verantwortung leitender Mitarbeiter/innen für Managementfehler und Compliance-Verstöße zunehmend in den Mittelpunkt des wissenschaftlichen und praktischen Interesses (Jahn 2008).

Für eine Tätigkeit im Berufsfeld Medien- und Bildungsmanagement ist daher der Erwerb von Kompetenzen in einigen zentralen juristischen Materien unerlässlich. Dies sind

- Medienrecht im engeren Sinne, insbesondere
  - verfassungsrechtliche Grundlagen der Medienordnung
  - Presserecht
  - Rundfunkrecht
  - Internetrecht und Telemediengesetz
- Medienrecht im weiteren Sinne, insbesondere
  - Urheberrecht
  - Datenschutz im Internet
  - Wettbewerbsrecht der Medien
  - Medienspezifisches Wirtschaftsrecht
  - Arbeitsrecht der Medien

Im Folgenden wird zunächst der Begriff »Medienrecht« erläutert und präzisiert. Anschließend soll jeweils ein kurzer Abriss der hier genannten Kompetenzfelder gegeben werden.

Begriff »Medienrecht«

»Medienrecht« ist der natürliche Komplementärbegriff des Medienmanagements auf juristischer Ebene. Der Terminus »Medienrecht« findet in der einschlägigen Literatur allerdings erst seit Mitte der 1980er-Jahre überhaupt Verwendung – ist also nur wenig älter als der Ausdruck »Medien- bzw. Bildungsmanagement«. Das Medienrecht hat sich erst relativ spät aus dem Recht der einzelnen Medien (Presserecht, Rundfunkrecht, Filmrecht, Telekommunikationsrecht, Internetrecht) zu einer eigenständigen und übergreifenden Rechtsdisziplin entwickelt. Den entscheidenden Anstoß für diese Entwicklung gab vor allem das Aufkommen neuer Verbreitungstechniken (Kabel-, Satellitenübertragung, DAB, Bildschirmtext, Internet, sogenannte »Neue Medien«). Nahezu zeitgleich wurde das bis dahin bestehende Monopol der öffentlich-rechtlichen Rundfunkanstalten teilweise gelockert und es wurden (erstmals) auch private Rundfunkanbieter zugelassen. Das Aufkommen des sogenannten »Multimedia-Zeitalters« in den 1990er-Jahren hat auch für das Medienrecht einen »Quantensprung« oder »Paradigmenwechsel« bedeutet.

Inzwischen hat sich das Medienrecht als interdisziplinäre »Gemengelage« unterschiedlichster Materien zu einem Rechtsgebiet von durchaus beachtlicher Eigenständigkeit etabliert. Es ist zwar versucht worden, den Begriff »Medienrecht« unmittelbar vom Phänomen der Massenkommunikation her zu definieren, dieser Ansatz hat sich aber bisher nur eingeschränkt als fruchtbar erwiesen (Tonnemacher 1996). Medienrecht wird daher heute überwiegend als Oberbegriff für eine unter pragmatischen Gesichtspunkten vorgenommene Zusammenstellung jeweils gesondert konzipierter Rechtsgebiete aufgefasst.

Die medienspezifischen Regelungen (Landespressegesetze, Rundfunkgesetze, Rundfunkstaatsverträge, Telemediagesetz, Telekommunikationsgesetz) bilden dabei das sogenannte Medienrecht im engeren Sinne. Zum *Medienrecht im weiteren Sinne* gehören angrenzende Rechtsgebiete mit konkretem Medienbezug, insbesondere das Wettbewerbsrecht, das Urheber- und Verlagsrecht, der Datenschutz im Internet das medienspezifische Arbeitsrecht und Teile des Wirtschaftsrechts. Innerhalb des Medienrechts im engeren Sinne dominiert in der Praxis nach wie vor das Presserecht, weil es mit seiner bis auf die Erfindung der Buchdruckerkunst zurückgehenden Geschichte die längste Tradition und Erfahrung aufweist. Das Rundfunkrecht ist ebenso wie das Internetrecht ursprünglich auf der Basis des Presserechts entwickelt worden. Auch heute noch gehen von presserechtlichen Entwicklungen erhebliche Ausstrahlungswirkungen auf die übrigen Gebiete des Medienrechts aus.

Medienrecht im engeren Sinne

Verfassungsrechtliche Grundlagen der Medienordnung

Die geltende Rechtsordnung stellt keineswegs nur einschränkende Regeln für die Medien und das Medien- und Bildungsmanagement auf, sie schafft auch geschützte (Rechts-)Positionen und Freiräume, in denen sich wirtschaftliche und andere Aktivitäten im Bereich der Medien überhaupt erst sinnvoll entfalten können. Diese verfassungsrechtlichen Vorgaben sind gerade für das Verständnis des Medienrechts von zentraler Bedeutung.

So verbürgt Artikel 5 Absatz 1 Satz 1 Grundgesetz das Recht, die eigene Meinung in Wort, Schrift und Bild frei zu äußern und zu verbreiten und sich aus allgemein zugänglichen Quellen ungehindert zu unterrichten (Meinungs- und Informationsfreiheit). Dieses zentrale Mediengrundrecht umfasst umgekehrt auch die Freiheit, die eigene Meinung nicht preisgeben zu müssen oder keine ungewollten Informationen (z. B. Werbeprospekte im Briefkasten) erhalten zu wollen. Geschützt wird dabei keineswegs nur die politische Meinungsäußerung. Wie das Bundesverfassungsgericht erst jüngst klargestellt hat, kann sich auch Wirtschaftswerbung auf das Grundrecht der Meinungsfreiheit berufen (Beschluss vom 11. März 2003 – I BvR 426/02). Deshalb konnte die bekannte BENETTON-Werbung mit schockierenden Bildern von Kinderarbeit, HIV-Positiven, Mafia-Opfern und ähnlichen realistischen Motiven, nicht als Verstoß gegen das Gesetz gegen unlauteren Wettbewerb (UWG) unterbunden werden (Fechner 2006, S. 16). Weite Teile der zivilgerichtlichen Rechtsprechung hatten dies wegen der Gefahr einer unlauteren Beeinflussung der Verbraucher mit unsachlichen Mitteln (sogenannter Kundenfang) noch anders gesehen (Bundesgerichtshof, Urteil vom 6. Dezember 2001 – I ZR 284/00).

Die Verbürgung der Presse- und Rundfunkfreiheit durch Art. 5 Abs. 1 Satz 2 Grundgesetz gewinnt ihre enorme praktische Dimension dadurch, dass sie nicht nur als Abwehrrecht gegen staatliche Eingriffe (»Zensurverbot«) interpretiert wird. Das Grundrecht der Pressefreiheit gewährleistet vielmehr »die institutionelle Eigenständigkeit der Presse von der Beschaffung der Information bis zur Verbreitung der Nachricht« (Petersen 2005, S. 25). Die Gewährleistung der freien Presse umfasst auch die sogenannte Unterhaltungspresse und den für die wirtschaftliche Existenz der Presse unverzichtbaren Anzeigenteil (Löffler 2006a, S. 1104).

Aus der Rundfunkfreiheit schließlich folgt nicht nur die Befugnis, im gesetzlichen Rahmen auch privaten Rundfunk zu veranstalten. Nach der Rechtsprechung resultiert daraus auch die Verpflichtung des öffentlich-rechtlichen Rundfunks, eine *Grundversorgung* der Bürger/innen mit relevanten Informationen zu gewährleisten (Schüller 2007, S. 416). Aus dieser verfassungsrechtlichen Aufgabe wiederum wird ein Finanzierungsanspruch des öffentlich-rechtlichen Rundfunks gegen den Staat (Stichwort: Rundfunkgebühren) abgeleitet. Die Reichweite der Grundversorgung und des Finanzierungsanspruchs sind dabei in ihren Einzelheiten keineswegs geklärt, wie der jüngste Streit über die Befugnis der öffentlich-rechtlichen Rundfunkanstalten, Informationsangebote auch über das Internet zu verbreiten, wieder einmal sehr deutlich zeigt (Der GEZ-finanzierte Web-Angriff von ARD und ZDF 2008).

Presserecht

Der weite Begriff der »Presse« umfasst sämtliche Druckwerke. Dazu gehören alle »körperhaften Massenvervielfältigungen geistigen Sinngehalts«, insbesondere die gesamte Buchpresse, Zeitungen, Zeitschriften, aber auch Plakate, Handzettel, Flyer, Geschäftsberichte, Vorlesungsverzeichnisse, Schallplatten, CDs, DVDs sowie alle anderen materiellen Text-, Bild- und Tonträger (Bullinger 2006, S. 3). Das Presserecht im engeren Sinne fällt in die Gesetzgebungskompetenz der Bundesländer, sodass verschiedene Landespressegesetze existieren, die viele inhaltliche Gemeinsamkeiten, aber auch erhebliche Unterschiede aufweisen.

Zu den praktisch wichtigen Regelungen der Landespressegesetze gehört zunächst der gesetzliche Informationsanspruch der Presse (z. B. § 4 LPG = Landespressegesetz Baden-Württemberg): Behörden sind demnach verpflichtet, den Vertreter/innen der Presse die der Erfüllung ihrer öffentlichen Aufgabe dienenden Auskünfte zu erteilen. Auf diese Bestimmung kann beispielsweise im Einzelfall auch ein gerichtlich durchsetzbarer Anspruch von Medienunternehmen auf die regelmäßige Belieferung mit ministeriellen Pressemitteilungen gestützt werden (Löffler 1986).

Für die Verantwortung und Haftung der Presse und ihrer Mitarbeiter/innen sind die Regelungen der Landespressegesetze über die Sorgfaltspflicht von herausragender Bedeutung (z. B. § 6 LPG Baden-Württemberg). Die Rechtsprechung hat die *journalistische Sorgfaltspflicht der Presse* in zahlreichen Einzelfällen präzisiert und ausgestaltet. Sie umfasst insbesondere die Wahrung der Persönlichkeitsrechte und der Intimsphäre, aber auch journalistisch-handwerklich geprägte Anforderungen, beispielsweise die Prüfungspflicht, die Verdachtsberichterstattung und die vorherige Anhörung Betroffener. Um eine nähere Konkretisierung dieses journalistischen Sorgfaltsmaßstabs bemüht sich auch der *Deutsche Presserat* als freiwillige Selbstkontrolleinrichtung der Presse. Der Deutsche Presserat hat mit dem *Pressekodex* und den *Richtlinien für die publizistische Arbeit* Compliance-Regeln erarbeitet, die zwar keine Gesetzeskraft besitzen, deren Beachtung aber »state oft the art« des journalistischen Handwerks ist (Löffler 2006b, S. 1088).

Eine wichtige Besonderheit des Medien- und Presserechts ist auch der aus dem Grundsatz der Waffengleichheit abgeleitete *Gegendarstellungsanspruch* (z. B. § 11 LPG Baden-Württemberg). Wer durch eine in einem periodischen Druckwerk aufgestellte Tatsachenbehauptung betroffen ist, kann den (kostenlosen) Abdruck einer Gegendarstellung verlangen. Diese Gegendarstellung muss an gleichartiger und gleichwertiger Stelle platziert werden – zur Not auch auf der Titelseite der Zeitschrift, wenn der Ausgangsartikel dort abgedruckt oder angekündigt war. Der Gegendarstellungsanspruch besteht aber nur gegenüber Tatsachenbehauptungen, nicht bei Werturteilen und Meinungsäußerungen, wobei die Abgrenzung im Einzelfall durchaus schwierig sein kann. Die Verpflichtung zum Abdruck der Gegendarstellung besteht grundsätzlich ohne Rücksicht auf deren Wahrheitsgehalt. Nur »offensichtlich unwahre Gegendarstellungen« müssen nicht abgedruckt werden (Sedelmeier 2006, S. 643).

Zu den praktisch wichtigen Regelungsgegenständen des Presserechts gehört auch die *Impressumpflicht* (vgl. § 8 LPG): Jedes Druckwerk muss Name oder Firma und Anschrift des Druckers und des Verlegers, beim Selbstverlag des Verfassers oder des Herausgebers nennen. Die presserechtliche Verantwortlichkeit für das Druckwerk muss also stets klargestellt werden. Der Verstoß gegen die Impressumpflicht ist je nach Inhalt des Druckwerks strafbar, zumindest aber eine mit Bußgeld bedrohte Ordnungswidrigkeit.

Rundfunkrecht

Das Rundfunkrecht ist seiner Natur nach überwiegend Rundfunkorganisationsrecht, setzt sich also mit Organisation, Finanzierung, Aufsicht von öffentlich-rechtlichen und privaten Rundfunkveranstaltern auseinander. Diese Themengebiete sind für die Zielgruppe dieses Beitrags ohne näheres Interesse. Die Rundfunkstaatsverträge und meisten Landesmediengesetze enthalten jedoch auch Regelungen über die journalistische Sorgfaltspflicht und den Gegendarstellungsanspruch bei öffentlich-rechtlichen und privaten Rundfunkveranstaltern, die den für die Presse geltenden Regelungen inhaltlich weitgehend entsprechen (Zorn 2007, S. 391). Hierin zeigt sich erneut, dass das historisch gewachsene Presserecht die »Mutter des Medienrechts« in Deutschland ist.

Internetrecht

Mit dem am 1. März 2007 in Kraft getretenen Telemediengesetz (TMG) liegt erstmals eine bundesgesetzliche Regelung vor, die den Versuch unternimmt, die praktisch wichtigsten Regelungsgegenstände des Internetrechts zusammenzufassen. Zuvor waren diese Regelungen über eine Vielzahl von Einzelgesetzen verstreut. »Telemedien« im Sinne des neuen Gesetzes sind insbesondere sämtliche Informationsangebote im Internet und anderen Netzen mit Ausnahme des Rundfunks, des Live-Streaming und anderer rundfunknaher Formate. Telemedien in diesem Sinne sind daher beispielsweise die Webauftritte, Homepages von Unternehmen, Organisationen, Vereinen, Bürgerinitiativen, Parteien, aber auch von Privatpersonen – also nahezu sämtliche Inhalte im Internet. Der Begriff »Telemedien« dient in der Praxis vor allem der Abgrenzung von den traditionellen Medien »Presse« und »Rundfunk«.

Für Telemedien gilt nach Paragraf 5 TMG eine weitreichende Verpflichtung zur *Anbieterkennzeichnung* (ähnlich der Impressumpflicht für Druckwerke), soweit es sich um »geschäftsmäßige, in der Regel gegen Entgelt angebotene Telemedien« handelt. Von dieser Impressumpflicht für das Internet ist die Firmenpräsenz eines internationalen Konzerns genauso betroffen wie die berufliche Homepage eines Steuerberaters, Mediendesigners, Seminaranbieters oder Heilpraktikers. Gefordert werden neben Name, Anschrift und anderem auch die Steuernummer, die Handelsregisternummer, eine eventuell vorhandene Aufsichtsbehörde sowie »Angaben zur schnellen elektronischen Kontaktaufnahme und unmittelbaren Kommunikation«, insbesondere also die E-Mail-Adresse. Ob zusätzlich die Angabe eine Telefon- oder Telefaxnummer angegeben werden muss, hat die Rechtsprechung noch nicht endgültig geklärt (Füllig 2005). Da die Verletzung der Impressumpflicht zugleich einen Verstoß gegen Paragraf 4 Nr. 8 des Gesetzes gegen den unlauteren Wettbewerb darstellen kann, hat sie schon zu zahlreichen Abmahnungen durch Konkurrenten, Verbände, Verbraucherschutzvereine und zu einigen gerichtlichen Auseinandersetzungen geführt. Bei der Gestaltung des Webauftritts ist also für Unternehmen, Organisationen wie für Privatpersonen äußerste Sorgfalt geboten. Soweit es sich um kommerzielle Kommunikation handelt (das wird bei entgeltlich angebotenen Telemedien naturgemäß meistens der Fall sein), müssen zusätzliche Informationspflichten nach Paragraf 6 TMG erfüllt werden, insbesondere hinsichtlich Rabattgewährung und Ankündigung von Preisausschreiben. Dienstanbieter, die weder kommerzielle noch ausschließlich persönliche oder familiäre, sondern beispielsweise kulturelle, wissenschaftliche, soziale, politische oder sonstige Zwecke verfolgen, müssen eine abgemagerte Impressumpflicht nach Paragraf 55 Rundfunkstaatsvertrag erfüllen. Sie sind verpflichtet, Namen und Anschrift sowie bei juristischen Personen auch Namen und Anschrift des Vertretungsberechtigten anzugeben. Die Erfüllung dieser abgemagerten Impressumpflicht wird aus Sicherheitsgründen auch für Webauftritte empfohlen, die primär persönlichen oder familiären Zwecken dienen (Ott 2007, S. 356).

Handelt es sich um Telemedien mit journalistisch-redaktionell gestalteten Angeboten, in denen insbesondere vollständig oder teilweise Inhalte periodischer Druckerzeugnisse in Text oder Bild wiedergegeben werden (Beispiel: Online-Auftritt von Tageszeitungen, Zeitschriften, Nachrichtenagenturen), muss zusätzlich zu den Angaben nach den Paragrafen 5 und 6 TMG ein presserechtlich Verantwortlicher mit Angabe des Namens und der Anschrift benannt werden, wie dies auch in den Landespressegesetzen für die herkömmlichen Printmedien gefordert wird. Die Regelung der Anbieterkennzeichnung ist sehr kompliziert. Leider ist auch die Regelung über *Verantwortlichkeit für Inhalte im Internet* nicht wesentlich transparenter ausgestaltet worden. Das Telemediengesetz unterscheidet zunächst zwischen eigenen und fremden Informationen. Für *eigene Informationen* trägt jeder Anbieter nach Paragraf 7 Absatz 1 TMG grundsätzlich die volle rechtliche Verantwortung. Eigene Informationen sind dabei nicht nur selbst verfasste Angebote, sondern auch alle von Dritten (Mitarbeiter/innen, Werbeagentur, Webdesigner/innen, Werbetexter/innen) im Auftrag des Anbieters gestalteten Inhalte.

Für *fremde Informationen* besteht nach Paragraf 10 TMG hingegen nur eine eingeschränkte Verantwortung. Fremde Informationen sind beispielsweise die Beiträge Dritter in einem vom Anbieter eröffneten Forum, Weblog, Anzeigenmärkte, Angebote auf einer Internetplattform, Einträge im Gästebuch. Für fremde Informationen besteht nur eine stark eingeschränkte Verantwortung. Der Diensteanbieter haftet für diese fremden Inhalte grundsätzlich nicht, es sei denn, er hatte von Anfang an positive Kenntnis von der Rechtswidrigkeit bei ihm eingestellter fremder Informationen oder erlangt dieses Wissen später und unternimmt keine zumutbaren Anstrengungen, um möglichen Rechtsverletzungen Dritter zu begegnen. Anbieter von Foren oder Gästebüchern sind daher beispielsweise für beleidigende Beiträge fremder Nutzer/innen ebenso wenig verantwortlich wie Internetauktionshäuser (Beispiel: »eBay«) für Marken- oder Urheberrechtsverletzungen der Käufer oder Verkäufer (Leible/Sosnitza 2007, S. 3324). Erlangen die Diensteanbieter aber (z. B. durch Hinweise Dritter) Kenntnis von der Rechtwidrigkeit der bei ihnen veröffentlichten Inhalte, müssen sie unverzüglich tätig werden, sonst trifft sie nach Paragraf 10 TMG auch die rechtliche Verantwortung für diese a priori fremden und ihnen nicht zuzurechnenden Inhalte.

Wie weit die Handlungspflichten der Diensteanbieter gehen, um Rechtsverletzungen durch Dritte auszuschließen, ist umstritten. Die Rechtsprechung verlangt von Anbieter/innen fremder Informationen bereits im Vorfeld die Erfüllung zumutbarer Prüfungspflichten und bei Hinweisen auf Rechtsverletzungen unverzügliches Einschreiten sowie zumutbare Sicherheitsvorkehrungen für Wiederholungsfälle (Bundesgerichtshof, Urteil vom 19. April 2007 – I ZR 35/04). So kann von einer Internethandelsplattform (»*eBay*«) beispielsweise nicht erwartet werden, dass sie die Identität jedes Nutzers vorher im sogenannten Postident-Verfahren oder durch Vorlage des Personalausweises überprüft (Bundesgerichtshof, Urteil vom 10. April 2008 – I ZR 227/05). Das Angebot gefälschter Markenware unter Bezeichnungen wie »Nachahmung«, »Fälschung«, »Replika«, »Imitat« kann aber durch relativ einfache technische Mittel (geeignetes Suchprogramm) ebenso verhindert werden wie der wiederholte Missbrauch einer fremden Identität durch unbekannte Dritte (Leible/Sosnitza 2007, S. 3324).

Eine Verantwortung für a priori fremde Inhalte, zu denen auch sogenannte *Hyperlinks* gehören, besteht ferner dann, wenn der Diensteanbieter sich diese fremden Aussagen zu eigen macht (Bundesgerichtshof, Urteil vom 1. April 2004 – I ZR 317/01). Wer lediglich einen Hyperlink auf ein fremdes Angebot setzt, ist dafür also grundsätzlich nicht verantwortlich. Wer aber durch Kommentare, Hinweise, die Gestaltung der Homepage oder sonstiges schlüssiges Verhalten zu erkennen gibt, dass ihm die verlinkten rechtswidrigen Inhalte wohl bekannt sind, dem nützt auch der verbreitete Disclaimer nichts: »Für Hyperlinks auf andere Seiten wird keine Verantwortung übernommen«. Derartige Versuche, die Haftung für fremde Inhalte generell auszuschließen sind letzten Endes ähnlich nutzlos wie das bekannte Baustellenschild: »Eltern haften für ihre Kinder«!

Für Diensteanbieter, die lediglich den technischen Netzzugang vermitteln – sogenannte *Internetprovider* – enthält Paragraf 8 TMG eine sehr weitreichende Haftungsprivilegierung. Internetprovider haften grundsätzlich nicht für eventuelle Rechtsverletzungen, die in den Kommunikationsnetzen begangen werden, zu denen sie den technischen Zugang vermitteln.

Medienrecht im weiteren Sinne

Urheberrechte im digitalen Zeitalter

Technische Innovationen (z. B. CD-, DVD-Brenner, MP3-Player), die preiswerte digitale Kopien ermöglichen, und das Internet stellen das Urheberrecht vor neue Herausforderungen. Der massenhafte Missbrauch digitalisierter, urheberrechtlich geschützter Inhalte war noch nie so leicht und ist, insbesondere unter Jugendlichen, teilweise eine Modeerscheinung geworden. Es existieren zahlreiche florierende Internet-Tauschbörsen für Musik, Videoclips oder auch ganze Kinofilme, aber ebenso für Seminar-, Diplomarbeiten, Dissertationen sowie zahllose Foren, Weblogs, Benutzergruppen, in denen Lizenzcodes für illegal erworbene Software mehr oder weniger offen gehandelt werden. In fast allen Fällen handelt es sich bei den dort gehandelten oder getauschten digitalen »Warenpaketen« um urheberrechtlich geschützte Inhalte, deren Vervielfältigung und Verbreitung nur mit Einwilligung des oder der Rechteinhaber zulässig ist (§§ 16, 17 Urheberrechtsgesetz).

Dass Bücher, Software, Filme, Musikdateien, Fotografien oder auch Diplomarbeiten, Gedichte und Songtexte urheberrechtlich geschützt sind, ist weithin bekannt. Noch nicht bis zum letzten Nutzer des Internets herumgesprochen hat sich aber, dass auch Stadtpläne, Satellitenfotos, Gebrauchsgrafiken, Tabellen, Karikaturen, Urlaubs-Schnappschüsse, Bedienungsanleitungen, allgemeine Geschäftsbedingungen zumindest als sogenannte »kleine Münze des Urheberrechts« nach Paragraf 2 Absatz 1 Nr. 7 Urheberrechtsgesetzschutz genießen (können). Die unerlaubte Nutzung derartiger digitalisierter Urheberrechte kann schmerzhafte, weil teure Unterlassungs-, Beseitigungs-, Auskunfts- und Schadensersatzansprüche nach sich ziehen und ist in vielen Fällen darüber hinaus auch noch nach den Paragrafen 106 ff. Urheberrechtsgesetz strafbar.

Vor allem die Musikindustrie, die beträchtliche Umsatzeinbußen durch die neuen Verbreitungsformen hinnehmen muss, hat den Kampf gegen die sogenannte Musikpiraterie mit allen ihr zur Verfügung stehenden Mitteln aufgenommen und verfolgt auch Bagatellfälle unnachgiebig auf zivil- und auf strafrechtlichem Wege (Otto 2008). Das am 11. April 2008 vom Bundestag verabschiedete »Gesetz zur Verbesserung der Durchsetzung von Rechten des geistigen Eigentums« wird es den Inhaber/innen der Urheberrechte künftig ermöglichen, auch ohne Einschaltung der Staatsanwaltschaft noch leichter als bisher an die persönlichen Daten von illegalen Nutzer/innen heranzukommen – zumindest bei Rechtsverletzungen in gewerblichem Ausmaß (BMJ-Pressemitteilung 2008). Die vom Bundestag bereits vorher beschlossene sogenannte *Vorratsdatenspeicherung* nach den Paragrafen 113a, b Telekommunikationsgesetz darf nach einem Beschluss des Bundesverfassungsgerichts allerdings vorläufig nur zur Verfolgung von Straftaten von erheblicher Bedeutung genutzt werden (BVerfG Pressemitteilung 2008).

Die Ermittlung von notorischen Urheberrechtsverletzer/innen war und ist den Strafverfolgungsbehörden aber auch ohne die vom Bundesverfassungsgericht auf Eis gelegte Vorratsdatenspeicherung in vielen Fällen über die sogenannte IP-Adresse möglich, durch die sich jeder Rechner im Internet identifiziert (Beck/Kreißig 2007). Privatpersonen und Unternehmen, deren Urheberrechte im Internet verletzt wurden, können nach einer Strafanzeige über ein Akteneinsichtsgesuch bei den Strafverfolgungsbehörden ebenfalls an diese Daten herankommen und sie für die Geltendmachung zivilrechtlicher Ansprüche auf Unterlassung, Beseitigung und Schadensersatz verwenden.

Datenschutz im Internet

Auch für datenschutzrechtliche Belange hat das Internet eine neue Situation geschaffen. Noch nie war es so einfach, das Konsum- und Surfverhalten der Internetnutzer/innen zu erforschen. »Data Mining«, »Data Warehousing« und »personalisierte Nutzungsprofile« sind ungeachtet ihrer rechtlichen Fragwürdigkeit zu unverzichtbaren Instrumenten des Online-Marketings und des Informationsmanagements geworden (Tillmanns 2003).

Diensteanbieter dürfen personenbezogene Daten von Internetnutzer/innen nur erheben, soweit das Telemediengesetz dies zulässt oder der Nutzer eingewilligt hat. Ferner müssen die Anbieter den Nutzer zu Beginn des Nutzungsvorgangs über Art, Umfang und Zwecke der Erhebung sowie über die Verarbeitung seiner Daten informieren (§ 13 Abs. 1 TMG). Anonymisierte Nutzungsprofile dürfen für Zwecke der Marktforschung, Werbung und Angebotsverbesserung erstellt werden, soweit der Nutzer nicht ausdrücklich widerspricht. Die Zusammenführung dieser Nutzungsprofile mit Bestandsdaten über den Träger des Pseudonyms ist jedoch untersagt (§ 15 Abs. 3 TMG). Allerdings werden an der Effektivität des Datenschutzes im Internet zunehmend Zweifel geäußert, auch weil die Durchsetzung deutscher bzw. europäischer Standards gegenüber Anbietern aus dem nicht europäischen Ausland kaum möglich erscheint (Hoeren 2008). Die intensive kommerzielle Nutzung der Mitgliederdaten durch das studentische Portal »StudiVZ« hat jüngst massive öffentliche Proteste ausgelöst (Wieschowski 2007).

Wettbewerbsrecht der Medien

Das Telemediengesetz definiert den Begriff der Werbung durch die »kommerzielle Kommunikation« (vgl. § 2 Nr. 5 TMG). Diese unterliegt in Deutschland den Grenzen des neugefassten Gesetzes gegen den unlauteren Wettbewerb (UWG) vom 3. Juli 2004. Das UWG verbietet unlautere Werbemaßnahmen, wie beispielsweise die unsachliche Beeinflussung von Kund/innen durch Angst oder andere Emotionen, die Behinderung und Herabsetzung von Mitbewerber/innen, die Rufausbeutung, oder die Ausnutzung der Unerfahrenheit (§§ 3, 4 UWG). Vergleichende Werbung, die bis zum Jahr 2000 in Deutschland verboten war, ist nunmehr grundsätzlich erlaubt, muss sich aber nach Paragraf 6 Absatz 2 UWG an zahlreiche inhaltliche Vorgaben halten: Sie darf sich insbesondere nur auf Waren oder Dienstleistungen für den gleichen Bedarf oder die gleiche Zweckbestimmung beziehen und die verglichenen Eigenschaften müssen objektiv, nachprüfbar, relevant und typisch sein.

Ein besonderes medienspezifisches Werbeverbot enthält Paragraf 4 Nr. 3 UWG. Danach darf der Werbecharakter von Wettbewerbshandlungen nicht »verschleiert« werden. Dieses Verbot trifft zunächst die sogenannte *redaktionelle Werbung*, die dadurch gekennzeichnet ist, dass Werbemaßnahmen als neutrale redaktionelle Veröffentlichung getarnt werden. Das Gebot der Trennung von Werbung und Anzeigenteil ist auch in den Landespressegesetzen verankert (vgl. § 10 Landespressegesetz Baden-Württemberg). Bezahlte oder bestellte Artikel sind daher wettbewerbswidrig. Unlauter ist auch die Schleichwerbung in Form des *Product Placement*, bei der Produkte ohne künstlerische Notwendigkeit und gegen Entgelt in die Handlung eines Films oder einer Fernsehsendung integriert werden. Auch im Rundfunk ist Schleichwerbung nach Paragraf 7 Absatz 6 Rundfunkstaatsvertrag ausdrücklich untersagt. Der unbedachte und offensichtliche Verstoß gegen das Verbot der Schleichwerbung hat erst jüngst eine bekannte Fernsehmoderatorin den Job gekostet (»ZDF schmeißt Kiewel raus«, 2008).

Auf europäischer Ebene ist eine Lockerung des Verbots der Schleichwerbung in Filmen, Fernsehserien und Sportsendungen in Sicht. Hiernach muss die Tatsache, dass entgeltliches *Product Placement* erfolgt aber zu Beginn der Sendung, am Ende und auch nach jeder Werbepause angekündigt werden. Ob die deutschen öffentlich-rechtlichen und privaten Rundfunkveranstalter von dieser problematischen Erleichterung Gebrauch machen können und wollen, ist derzeit noch nicht absehbar (Kreile 2007).

Bei der E-Mail- und Telefonwerbung gegenüber privaten Verbraucher/innen (sogenannter B2C-Bereich) gilt seit 2004 eine strenge Opt-in-Lösung: Telefonanrufe und Mails ohne vorherige Einwilligung des Empfängers sind stets wettbewerbswidrig. Für unverlangte Werbe-E-Mails gilt dieses strikte Verbot auch im Geschäft mit gewerblichen Kund/innen (B2B-Bereich), lediglich das Verbot der Telefonwerbung ist insoweit etwas gelockert (vgl. § 7 Abs. 2 UWG). Allerdings ist festzustellen, dass die erwähnten Verbote zunehmend durch Anrufe aus dem Ausland und anonyme Werbe-Mails (»SPAM«) umgangen werden. Ein effektiver Rechtsschutz gegen diese Praktiken ist leider in der Praxis nur sehr schwer möglich.

Medienspezifisches Wirtschaftsrecht

Das medienspezifische Zivil- und Wirtschaftsrecht umfasst zahlreiche Rechtsgebiete, die für Medienunternehmen relevant sind und beinhaltet daher beispielsweise so unterschiedliche und umfangreiche Materien wie Teile des Bürgerlichen Rechts, das Handels- und Gesellschaftsrecht, das Wettbewerbs-, Marken-, Patent-, Geschmacksmuster- und Gebrauchsmusterrecht. Hier können nur ganz wenige, für das Medienmanagement praktisch besonders bedeutsame Themen angesprochen werden.

Anbahnung, Gestaltung und Abschluss vertraglicher Beziehungen einschließlich der Verhandlungsführung gehören ohnehin zu den Kernaufgaben des Managements. Nicht nur für »normale« Wirtschaftsunternehmen, auch im Bereich des Medien- und Bildungsmanagements ist die Frage des Vertragsschlusses und der Einbeziehung von allgemeinen Geschäftsbedingungen von besonderer Bedeutung. Der Gesetzgeber hat hierfür in Paragraf 305 Absatz 2 BGB relativ hohe Anforderungen aufgestellt, die beispielsweise bei einem Vertragsschluss per Telefon in der Praxis kaum zu erfüllen sind, weil der Verwender dem Verbraucher hier nicht in zumutbarer Weise Kenntnis vom Inhalt der AGB verschaffen kann.

Beim Abschluss von Verträgen im Bereich des E-Commerce – also insbesondere via E-Mail, Online-Formular, Benutzer-Account – sind die gesetzlichen Anforderungen durch eine sinnvolle Ausgestaltung der Geschäftsprozesse jedoch erheblich leichter zu erfüllen als bei nahezu allen anderen Vertriebsformen. Es muss lediglich durch ein entsprechendes Webdesign sichergestellt werden, dass Kund/innen den entscheidenden Mausklick zur Auslösung einer Bestellung erst dann vornehmen können, wenn sie zuvor die Kenntnisnahme und Geltung der AGB des Diensteanbieters ausdrücklich und nachweisbar bestätigt haben (z.B. durch Anklicken einer entsprechenden Formularbox). Der gerichtsfesten Dokumentation und Archivierung derartiger Geschäftsprozesse innerhalb des Unternehmens kommt dabei große Bedeutung zu.

Soweit im Bereich des Medien- und Bildungsmanagements Verträge mit Verbraucher/innen im Wege des Fernabsatzes geschlossen werden – also per Brief, Online, Telefax, E-Mail oder Telefon – hat der Verbraucher nach den Paragrafen 312d Absatz 1, 355 Absatz 1 BGB ein zweiwöchiges Widerrufs- oder Rückgaberecht. Dies ist weithin bekannt. Weniger verbreitet ist aber die Kenntnis darüber, dass die gesetzliche Widerrufsfrist nur dann zu laufen beginnt, wenn der Verbraucher zuvor ordnungsgemäß über sein Widerrufsrecht belehrt wurde. Und an dieser Belehrung bzw. deren Nachweis scheitern viele Anbieter, obwohl dafür ein amtliches Muster existiert. Konsequenz ist, dass der Verbraucher nach Paragraf 355 Absatz 3 BGB sein Widerrufsrecht auch noch nach Jahr und Tag ausüben und einen gekauften Gegenstand einfach zurückgeben kann.

Arbeitsrecht im Medienbereich

Vertiefte arbeitsrechtliche Kenntnisse gehören zu den fachlichen Schlüssel-Qualifikationen jeder Führungskraft, die Personalverantwortung übernimmt – und sei es auch nur für einen einzigen Mitarbeiter. Diese Aussage gilt gerade auch im Bereich des Medien- und Bildungsmanagements, weil die dort zumeist anzutreffende Vielfalt an Beschäftigungsverhältnissen zwischen Beamt/innen, tarifgebundenen Mitarbeiter/innen, nicht organisierten Arbeitnehmer/innen und freien Mitarbeiter/innen besondere Probleme aufwirft. Hier kann nur kurz auf einige aktuelle und besonders interessante Themenkomplexe eingegangen werden:

Eine wichtige arbeitsrechtliche Besonderheit von Medienunternehmen ist der *Tendenzschutz*, der die Mitbestimmungsrechte des Betriebsrats bei der Einstellung, Versetzung und Entlassung von Tendenzträger/innen – das sind Redakteur/innen ebenso wie Volontäre – bei Presseunternehmen, Rundfunkveranstaltern und anderen Medienunternehmen limitiert (vgl. § 118 Abs. 1 Nr. 2 Betriebsverfassungsgesetz). Dieser Tendenzschutz, der es dem Verleger ermöglichen soll, die Grundhaltung (»Tendenz«) eines Medienunternehmens festzulegen, erklärt sich unmittelbar aus der eingangs dieses Beitrags dargestellten verfassungsrechtlichen Basis des Medienrechts (Schaffeld 2007, S. 527).

Von ganz erheblicher praktischer Bedeutung ist das 2006 in Kraft getretene Allgemeine Gleichbehandlungsgesetz (AGG). Dabei ist weniger spektakulär, dass dieses neue Gesetz die Diskriminierung von Mitarbeiter/innen wegen ihres Geschlechts, Alters, ihrer sexuellen Identität, ethnischen Herkunft, Rasse, Weltanschauung oder Religion verbietet. Genau betrachtet war das auch vor dem AGG schon nicht erlaubt. Die besondere praktische Dimension des AGG ergibt sich vielmehr daraus, dass Unternehmen und Organisationen, sofern Arbeitnehmer/innen oder Bewerber/innen auch nur tatsächliche Anhaltspunkte (»Indizien«) für eine Benachteiligung behaupten können, beweisen müssen, dass nicht diskriminiert wurde (vgl. § 22 AGG). Das ist nur dann möglich, wenn Arbeitgeber Bewerbungs- und Beförderungsprozesse in einem bisher nicht gekannten Ausmaß an aktenkundigen Kriterien orientieren und dies auch gerichtsfest dokumentieren und archivieren. Der Einfluss des AGG wird zu großen Veränderungen bei der Personalbeschaffung und im Bewerbungsmanagement führen.

Befremden löst häufig die Tatsache aus, dass durch das AGG zwar eine Ungleichbehandlung aus den erwähnten Aspekten verboten ist, dass aber eine Diskriminierung aus anderen Gründen durch das AGG nicht untersagt wird. Überspitzt ausgedrückt darf zwar niemand wegen des Geschlechts oder Alters, wohl aber deswegen diskriminiert werden, weil er beispielsweise Raucher, Nichtschwimmer, Golfspieler, Piercing-Träger, Gymnasiast, Bayern-München-Fan oder auch nur Schwabe ist. Auch der Personalchef, der einen Bewerber mit der schlichten Argumentation ablehnt: »Mir passt Ihre Nase nicht«, verstößt damit jedenfalls nicht gegen das AGG (je nach den konkreten Umständen aber gegen das Persönlichkeitsrecht). Die praktischen Auswirkungen des AGG werden die Unternehmen, Organisationen, Gerichte und auch die Medien noch lange Zeit beschäftigen.

Fazit

Das Berufsfeld Medien- und Bildungsmanagement berührt eine Vielzahl unterschiedlicher juristischer Themenbereiche, die letztlich das gesamte rechtliche Instrumentarium der herkömmlichen Unternehmensführung umfassen, teilweise aber aufgrund medienspezifischer Besonderheiten und Anforderungen noch darüber hinausgehen. Die Vermittlung entsprechender Kompetenzen während des Studiums ist daher erforderlich. Der vorliegende Beitrag sollte hierzu nur einen kurzen Überblick geben und einige »Appetizer« für die vertiefte Beschäftigung mit ausgewählten Themenkomplexen anbieten.

Literatur

Beck, S./Kreißig, W. (2007): Tauschbörsen-Nutzer im Fadenkreuz der Strafverfolgungsbehörden. In: Neue Zeitschrift für Strafrecht, Heft 6/2007, S. 304–308.
BMJ – Bundesministerium der Justiz (2008): Pressemitteilung vom 11. April 2008, www.bmj.de/enid/0,0/Pressestelle/Pressemitteilungen_58.html (Abruf 29.4.2008).
Bullinger, M. (^{5}2006): Einleitung. In: Löffler, M./Sedelmeier, K./Burckhardt, E. (Hrsg.): Presserecht, München: Verlag C.H. Beck, S. 1–34.
BVerfG Bundesverfassungsgericht (2008): Pressemitteilung Nr. 37/2008 vom 19. März 2008, www.bundesverfassungsgericht.de/pressemitteilungen/bvg08-037.html (Abruf 29.4.2008).

Der GEZ-finanzierte Web-Angriff von ARD und ZDF (2008): www.welt.de/fernsehen/article1934345/ (Abruf 30.4.2008).

Fechner, F. (⁷2006): Medienrecht, Tübingen: Mohr Siebeck.

Fülling, M. (2005): Die Telefonnummer als Pflichtangabe der Anbieterkennzeichnung nach §6 TDG? MultiMedia und Recht – Zeitschrift für Informations-, Telekommunikations- und Medienrecht 2005 – Heft 9, S.V.

Hauschka, C. (2007): Einführung. In: Hauschka, C. (Hrsg.): Corporate Compliance. München: Verlag C.H. Beck, S. 2–25.

Herr, J. (2008): Siemens erreichen die langen Schatten der Vergangenheit. In: Frankfurter Allgemeine Zeitung, 26. April 2008, S. 17.

Hoeren, T. (2008): 10 Jahre MMR – eine subjektive Rückschau. In: MultiMedia und Recht – Zeitschrift für Informations-, Telekommunikations- und Medienrecht 2008, Heft 1, S. 3–8.

Jahn, J. (2008): Vorstandsmitglieder tragen für alles eine Restverantwortung. In: Frankfurter Allgemeine Zeitung, 26. April 2008, S. 17.

Kreile, J. (2007): Medienspezifisches Werberecht. In: Dörr, D./Kreile, J./Cole, M. (Hrsg.): Handbuch Medienrecht. Frankfurt a.M.: Verlag Recht und Wirtschaft, S. 312–328.

Leible, S./Sosnitza, O. (2007): Haftung von Internetauktionshäusern – reloaded. In: Neue Juristische Wochenschrift 2007, Heft 46, S. 3324–3326.

Löffler, J. (1986): Zum Anspruch einer Fachzeitschrift auf Belieferung mit ministeriellen Pressemitteilungen – Anmerkung zum Urteil des Verwaltungsgerichts Stuttgart vom 18. Oktober 1985. In: Archiv für Presserecht, S. 92–95.

Löffler, J. (⁵2006a): Das Recht der Anzeige. In: Löffler, M./Sedelmeier, K./Burckhardt, E. (Hrsg.): Presserecht. München: Verlag C.H. Beck, S. 1097–1218.

Löffler, J. (⁵2006b): Standesrecht der Presse, Presse-Selbst-Kontrolle, Deutscher Presserat. In: Löffler, M./Sedelmeier, K./Burckhardt, E. (Hrsg.): Presserecht. München: Verlag C.H. Beck, S. 1079–1096.

Ott, S. (2007): Impressumspflicht für Webseiten – Die Neuregelungen nach § 5 TMG, § 55 RStV. In: MultiMedia und Recht – Zeitschrift für Informations-, Telekommunikations- und Medienrecht 2007, H. 6, S. 354–357.

Otto, P. (2008): Keine Herausgabe von Nutzerdaten durch Provider bei Bagatellfällen in Tauschbörsen, www.e-recht24.de/news/urheberrecht/582.html (Abruf 29.4.2008).

Part, C. (2007); Ein Herz für Berater, www.zeit.de/online/2007/52/unicef-skandal (Abruf 30.4.2008).

Petersen, J. (²2005): Medienrecht. München: Verlag C.H. Beck.

Schüller, V. (2007): Rundfunkfreiheit. In: Dörr, D./Kreile, J./Cole, M. (Hrsg.): Handbuch Medienrecht, Frankfurt a.M. Verlag Recht und Wirtschaft, S. 413–420.

Sedelmeier, K. (⁵2006): Kommentierung zu § 11 LPG. In: Löffler, M./Sedelmeier, K./Burckhardt, E. (Hrsg.): Presserecht. München: Verlag C.H. Beck, S. 615–721.

Schaffeld, B. (⁴2007): Tendenzschutz. In: Schiwy, P./Schütz, W./Dörr, D. (Hrsg.): Medienrecht. Köln: Carl Heymanns Verlag, S. 525–531.

Tillmanns, C. (2003): Data Mining zur Unterstützung betrieblicher Entscheidungsprozesse. Dissertation, Universität Dortmund.

Tonnemacher, J. (1996): Kommunikationspolitik in Deutschland. Konstanz: Verlag UTB.

US-Justiziar wird Compliance-Chef (2008): www.manager-magazin.de/unternehmen/artikel/0,2828,506563,00.html (Abruf 28.4.2008).

Wieschowski, S. (2007): Studenten demonstrieren gegen das SchnüffelVZ, www.spiegel.de/netzwelt/web/0,1518,523906,00.html (Abruf 30.4.2008).

Zorn, N. (2007): Ansprüche und Rechtsschutzmöglichkeiten. In: Dörr, D./Kreile, J./Cole, M. (Hrsg.): Handbuch Medienrecht. Frankfurt a.M.: Verlag Recht und Wirtschaft, S. 371–395.

ZDF schmeißt Kiewel raus (2008): www.focus.de/kultur/medien/tv-schleichwerbung_aid_230490.html (Abruf 29. April 2008).

9. Mediengestaltung

Helmut M. Niegemann

Instructional Design

Problemstellung

Bei der Konzeption und Entwicklung jedes Kurses, jeder Konzeption von Lehrmaterialien bzw. Lehrmedien ist eine Vielzahl von Entscheidungen zu treffen, die für die Lerneffektivität relevant sein können. Woran kann man sich bei diesen Entscheidungen orientieren? Wie können gravierende Fehler vermieden werden? Praktiker/innen, die vor entsprechende Aufgaben gestellt sind, greifen zunächst häufig zu Lehrbüchern der Didaktik – die sie dann rasch enttäuscht zur Seite legen: Die traditionelle, aus der pädagogischen Philosophie entstandene deutschsprachige Didaktik (bzw. Methodik) liefert kaum brauchbare Hilfen zur Beantwortung der praktischen Entscheidungsfragen. »Methodik« bzw. »Technologie« galten (und gelten) vielen Vertreter/innen der geisteswissenschaftlichen Pädagogik nicht als wissenschaftswürdig.

Die negative Einstellung gegenüber »technologischen« Ansätzen zur Lösung praktischer Probleme ist spezifisch für den deutschsprachigen Bereich, wo sich seit fast einhundert Jahren Pädagogik und Psychologie neben- und auseinanderentwickelt haben. In den USA, in den meisten anderen englischsprachigen Ländern und auch in den Niederlanden, gab es diese Trennung nicht oder zumindest nicht in dieser Rigidität. Dort entwickelte sich die Bildungstechnologie (*educational technology, instructional technology*) als eigenständige Teildisziplin, wobei »Technologie« für eine angewandte Wissenschaft steht und nicht auf die Anwendung von (Medien-)Technik beschränkt ist.

»Instructional Design« (ID) steht für die systematische Planung und Konzeption von Lernbedingungen und Lernangeboten. Als wissenschaftlich-technologische Disziplin versucht ID Antworten zu liefern auf Fragen der Art: Wie kann es Personen mit bestimmten Merkmalen (internen Lernvoraussetzungen) ermöglicht oder erleichtert werden, unter gegebenen Rahmenbedingungen auf effiziente Weise bestimmte Kompetenzen dauerhaft und transferwirksam zu erwerben? Welche Merkmale einer Lernumgebung fördern oder behindern den Wissenserwerb?

Stand der Wissenschaft

Ursprünge des Instructional Design

Instruktionsdesign (Instructional Design, ID) hat sich seit den späten 1950er-Jahren in Nordamerika und später in den übrigen englischsprachigen Ländern, aber auch in den Niederlanden, Belgien und Finnland als wissenschaftlich-technologische Teildisziplin der Pädagogischen Psychologie bzw. der empirischen Erziehungswissenschaft entwickelt. Die Grundidee war stets die systematische und vor allem die differenzierte Anwendung pädagogisch-psychologischer Prinzipien bei der Konzeption von Lerngelegenheiten bzw. Lernumgebungen.

»Instruktion« bezeichnet jedes systematische Arrangement von Umgebungsbedingungen, das geeignet ist, Kompetenzen zu fördern (vgl. Resnick 1987, S. 51). »Instruktion« ist damit, anders als im Deutschen bekannt, deutlich weiter gefasst als »Unterricht« oder »Lehre«. Dem 2002 verstorbenen Robert M. Gagné, dem unbestrittenen Vater der Idee des Instructional Designs, ging es in erster Linie um die Ablösung von der Vorstellung der »richtigen Lehrmethode« durch eine Konzeption, die versucht, für unterschiedliche Kategorien von Lernaufgaben sowie unterschiedliche Lernvoraussetzungen und Rahmenbedingungen die jeweils (relativ) bestgeeignete Lernumgebung zu finden (Gagné/Briggs/Wager 1988). Offensichtlich ist die Proklamation der »einen richtigen« Lernumgebung bis heute virulent. Anfang der 1990er-Jahre wurden konstruktivistische Lernumgebungen mit missionarischem Eifer propagiert, später sahen einige in offenen Lernumgebungen die Lösung. Diese Konzepte sind keineswegs generell ungeeignet, sie sind lediglich nicht generell geeignet.

Dass Lernprozesse stochastischen Gesetzmäßigkeiten unterliegen, wird von keinem wissenschaftlich arbeitenden Psychologen bezweifelt. Gleichzeitig ist klar, dass die Funktionszusammenhänge zwischen den Variablen externer und interner (individueller) Lernvoraussetzungen hoch komplex sind und ökologisch valide empirische Befunde in vielen Fällen fehlen. Deshalb aber auf eine Fundierung der Konzeption von Lernumgebungen durch Befunde der Kognitionswissenschaften und der Psychologie zu verzichten, käme dem Verzicht auf Befunde aus Biologie, Chemie und Physik in der praktischen Medizin gleich.

Es gibt klare empirische Befunde aus systematisch kontrollierten und in der Regel replizierten Untersuchungen, die zeigen, dass z. B.

- beim Begriffslernen die Anzahl, Art und Zusammenstellung von Positiv- und Negativbeispielen des zu lernenden Begriffs die Qualität des Lernergebnisses beeinflussen und eine optimale Strategie für die Präsentation von Beispielen existiert (Tennyson/Park 1980).
- die gleichzeitige Präsentation von gesprochenem und geschriebenem Text zur Erläuterung eines Sachverhalts, der durch eine Animation veranschaulicht wird, im Durchschnitt schlechtere Lernergebnisse zur Folge hat, als lediglich gesprochener Text (Mayer 2001).

- das Zugrundelegen einer individuellen Bezugsnormorientierung bei Rückmeldungen die Lernmotivation von Schüler/innen im Vergleich zur üblichen sozialen Bezugsnormorientierung im Mittel deutlich steigert (Mischo/Rheinberg 1995; Rheinberg/Vollmeyer/Rollett 2000).
- Bilder, Animationen oder Geschichten, die nicht zur Erklärung der intendierten Sachverhalte beitragen, sondern lediglich »irgendwie motivieren« sollen, das Behalten und Verstehen des Lehrstoffs eher behindern als fördern (Mayer 2001).
- die Platzierung erklärender Texte innerhalb des Abbildes eines technischen oder biologischen Gegenstandes im Durchschnitt zu deutlich besseren Lernerfolgen führt als die Platzierung außerhalb der Grafik (daneben, darunter, auf der vorgehenden oder der folgenden Seite), auch wenn letztere Variante meist als ästhetisch besser gilt und daher intuitiv vorgezogen wird (Sweller 1999).

Wenn nun weder falsifizierende Daten noch theoretisch wohl begründete Annahmen existieren, die diese Aussagen relativieren, scheint es vernünftig, die entsprechenden Prinzipien in Empfehlungen für die didaktische Konzeption umzumünzen und bis auf Weiteres anzuwenden. Die Gültigkeit der deskriptiven Aussagen aus der Grundlagenforschung ersetzt dabei jedoch nicht die empirische Prüfung der Effektivität der »technologischen Regeln«. Solange dies nicht geschehen ist, handelt es sich lediglich um begründete hypothetische Annahmen.

Instructional Design-Theorien bzw. -Modelle bestehen aus technologischen Aussagen, die beanspruchen, durch deskriptive, stochastisch-gesetzesmäßige Aussagen (meist aus der psychologischen Forschung) fundiert zu sein. Die wissenschaftstheoretische Diskussion zur Anwendung nomothetischer bzw. gesetzesähnlicher stochastischer Aussagen kann hier nicht in angemessenem Umfang wiedergegeben werden. Wissenschaftstheoretisch interessierte Leser/innen seien daher verwiesen auf die Beiträge von Bunge (1998), Herrmann (1994) und speziell für die Erziehungswissenschaft auf die Beiträge in Krapp/Heiland (1981) sowie das Werk von Alisch (1995). Ohne Rekurs auf diese und andere einschlägige Arbeiten ist eine seriöse wissenschaftstheoretische Bewertung technologischer Theorieansätze in der Pädagogischen Psychologie und in der Erziehungswissenschaft kaum möglich. Die Behauptung, man könne aus nomothetischen Gesetzmäßigkeiten keine technologischen Hypothesen begründen, ist abwegig. Auch hier trägt die Analogie zur Medizin: Wahrscheinlich resultieren viele neue Ideen für Pharmaka und Therapiepläne aus der biologischen und chemischen angewandten Grundlagenforschung.

Die Wirksamkeit der »technologisch transformierten« Aussagen muss aber stets eigenen empirischen Überprüfungen standhalten: Wenn z. B. ein Krankheitssymptom nachweislich auf dem Mangel an einem bestimmten Hormon (z. B. DHEA) beruht, so folgt daraus nicht unbedingt, dass die richtige Therapie darin besteht, einfach dieses Hormon zuzuführen. Man wird aber auf der Basis des grundlagenwissenschaftlichen Wissens eine Vorgehensweise suchen, die geeignet ist, die Effekte des Hormonmangels mit möglichst geringen Nebenwirkungen auszugleichen.

Die theoretische Orientierung an der Psychologie als Grundlagenwissenschaft bleibt auch bei neueren Forschungsstrategien wie den »Design-Experimenten« oder dem »Integrierten Forschungsparadigma« (Fischer/Bouillion/Mandl/Gomez 2003) erhalten. Diskutiert wird seit einigen Jahren, wie die Forschung organisiert werden kann, damit sich psychologische Laborforschung und empirisch-pädagogische Feldforschung optimal ergänzen.

Für die Einordnung von Instruktionsdesign-Modellen bzw. zur Zuordnung der Empfehlungen innerhalb von ID-Modellen scheint die Unterscheidung »inhaltlich-technologischer« und »operativ-technologischer« Aussagen wichtig.

Inhaltlich-technologische Aussagen geben unter anderem an, wie etwas beschaffen sein muss oder was getan werden muss, wenn eine bestimmte Wirkung bezweckt wird. Operativ-technologische Aussagen bzw. Theorien oder Modelle beziehen sich auf die Effizienz der Vorgehensweise in der Entwurfsphase.

Im Bereich der Planung und Konzeption von Lernumgebungen sind es insbesondere »Instructional Systems Design«-Modelle, die seit Mitte der 1960er-Jahre verwendet werden (Gustafson/Branch 2002). Kern ist eine systematische Koordination der Entwicklungsphasen Analyse, Design (Konzeption), Entwicklung im engeren Sinne (Development), Implementierung sowie Evaluation (ADDIE), wobei die Evaluation sowohl formativ als auch summativ erfolgt. Vielleicht wäre es zweckmäßig, Evaluation heute durch »Qualitätssicherung« als umfassenderen Begriff zu ersetzen.

Design (Konzeption) bezieht sich auf alle Situationen, in denen eine Entscheidung zur Gestaltung oder Vorgehensweise erforderlich ist. Die Lösung jedes Designproblems umfasst dabei zweckmäßigerweise folgende Schritte (vgl. Simon 1996):
- Suche nach alternativen Möglichkeiten
- Analyse jeder Lösungsalternative hinsichtlich Kosten, Nutzen, Konsequenzen (Seiteneffekte)
- Festlegung einer geeigneten Entscheidungsprozedur
- Entscheidung für eine bestimmte Alternative und Realisierung
- Analyse der Effektivität der realisierten Alternative

Andere Modelle geben Empfehlungen, wie der Designprozess zu handhaben ist, z.B. durch die sukzessive Durchführung von Bedarfsanalyse, Wissensanalyse, Adressaten- und Kontextanalyse, die anschließende Definition von Zielen, die Entwicklung von Evaluationsinstrumenten und die Berücksichtigung der Beziehungen zwischen den Resultaten der durchgeführten Analysen und den weiteren Ebenen der Designentscheidungen.

Die Betonung der Differenzierung didaktischer Entscheidungen nach Merkmalen der Aufgabenstellung wie auch der hohe Stellenwert der Lernvoraussetzungen (Berücksichtigung des erforderlichen Vorwissens, erforderlicher Fähigkeiten), erfordert zwingend eine systematische und stets aufwendige Wissens- bzw. Aufgabenanalyse – ein Erfordernis, das in der Praxis viel zu oft missachtet wird. Im Folgenden werden einige Instruktionsdesign-Modelle skizziert.

Modelle des Instructional Designs: Das Urmodell

Im »Urmodell« des Instruktionsdesigns von Gagné sind beide Arten technologischer Theorien vereinigt: Die Grundprinzipien des Instruktionsdesigns nach Gagné/Briggs/Wagner (1987) sind einerseits die Sicherung der Lernvoraussetzungen für die jeweils folgenden Lehrinhalte und andererseits die Differenzierung der didaktischen Prozesse nach unterschiedlichen Lehrzielkategorien.

»Lernvoraussetzungen« steht hier insbesondere für das Wissen, das notwendigerweise bereits erworben sein muss, um einen neuen Lehrinhalt erlernen zu können: So ist z. B. die Kenntnis der Addition und der Subtraktion erforderlich, um die Multiplikation und die Divison zu erlernen. Das Verstehen einer Problemlösestrategie erfordert die Kenntnis bestimmter Regeln oder Prinzipien.

Von einem bestimmten Lehrziel aus rückwärts gehend, lässt sich eine Hierarchie von Lernvoraussetzungen konstruieren, wobei jede noch nicht beherrschte Lernvoraussetzung selbst ein Lehrziel darstellt, das zwingend vor dem übergeordneten Lehrziel vermittelt werden muss (Lehrzielhierarchie). Eine solche Vorgehensweise erfordert eine Kategorisierung der zu erwerbenden Fähigkeiten.

Gagné (1985) unterschied fünf Lehrzielkategorien: Sprachlich repräsentiertes Wissen, kognitive Fähigkeiten, kognitive Strategien (mit fünf Unterkategorien), Einstellungen und motorische Fähigkeiten (vgl. Abb. 1).

Zu Beginn jeder Planung und Entwicklung von Lernumgebungen müssen die zu vermittelnden Fähigkeiten anhand dieser Kategorien analysiert werden, da die Art der empfohlenen Vorgehensweise (Lehrschritte) je nach Kategorie variiert.

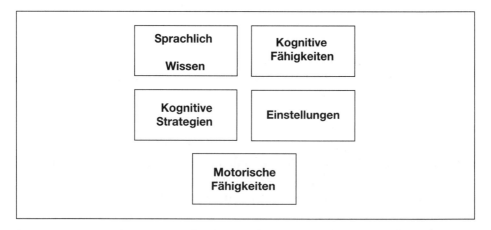

Abb. 1: Fünf Lehrzielkategorien nach Gagné/Briggs/Wager (1988)

Entsprechend den Phasen eines Lernprozesses unterschieden Gagné (1985) bzw. Gagné/Briggs/Wager (1988) eine spezifische Abfolge von »events of instruction« (Lehrereignisse), im Folgenden als »Lehrschritte« bezeichnet (Abb. 2). Diese Lehrschritte werden je nach Lehrzielkategorie unterschiedlich gestaltet.

Für Gagné repräsentieren diese Lehrschritte die inneren und äußeren Lernbedingungen, die erforderlich sind, um sich die verschiedenen Arten erlernbarer Fähigkeiten anzueignen. Eine für die Praxis wichtige Weiterentwicklung des Modells publizierten Dick und Carey (1996).

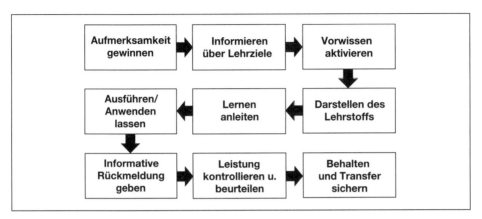

Abb. 2: Die neun Lehrschritte nach Gagné/Briggs/Wager (1988)

Hinsichtlich der Annahme zur Lernhierarchie hat sich mittlerweile gezeigt, dass eine ausschließlich hierarchisch orientierte Sequenzierung des Lehrstoffs nicht immer optimal ist (Case 1978; Sander 1986).

Weitere Modelle der ersten Generation

In den 1970er-Jahren wurde eine Reihe von Instruktionsdesign-Modellen entwickelt, von denen die meisten heute lediglich historische Bedeutung haben. Auf eine Darstellung kann daher hier verzichtet werden.

Viele Modelle hatten nicht den gesamten Designprozess im Visier, sondern zielten auf bestimmte Teilaspekte: die Sequenzierung der Inhalte, das Lehren von Begriffen, das Vermitteln von Regeln und Ähnlichem.

Bis heute bedeutsam ist das ARCS-Modell von J. Keller mit systematischen Empfehlungen zur Motivierung Lernender, auf das später noch eingegangen wird.

Eine ausführliche Zusammenstellung der Theorien und Modelle der ersten Generation des Instructional Designs bietet ein Sammelband von Reigeluth (1983). Eine interessante Ergänzung dazu ist ein Sammelband des gleichen Autors, in dem ein Teil der Autor/innen des ersten Bandes gebeten wurde, zu einem vorgegebenen, für alle gleichen Thema (Lichtbrechung, Prismen) jeweils einen Unterrichtsentwurf auf der Basis ihres Modells zu entwickeln (Reigeluth 1987). 1999 veröffentlichte Reigeluth unter gleichem Haupttitel einen Sammelband, in dem neben den älteren ID-Modellen auch die neueren ID-Modelle der zweiten Generation dargestellt sind (Reigeluth 1999).

Zweite Generation und »situationistische Modelle«

Kritik am Instructional Design

Ende der 1980er-Jahre gerieten die bis dahin entwickelten Instruktionsdesign-Modelle unter Kritik. Die wichtigsten Vorwürfe betreffen (a) eine zu hohe Rigidität der Empfehlungen, welche die didaktische Kreativität der Autor/innen einschränke und (b) die Förderung der Produktion »trägen Wissens«.

Gegen den ersten Kritikpunkt kann eingewandt werden, dass niemand gezwungen ist, die Modelle quasi wörtlich umzusetzen. Auch eine Kombination der Elemente unterschiedlicher Modelle war stets möglich.

Schwerwiegender war der zweite Vorwurf. Tatsächlich empfahlen die seinerzeit vorliegenden Modelle nahezu ausschließlich Formen direkter Instruktion und sahen Formen des kooperativen Lernens nicht vor. Wissen, das abstrahiert dargeboten wird, kann von den Lernenden oft nicht ohne Weiteres beim Lösen von Problemen angewendet werden, es handelt sich um »träges Wissen« (Renkl 1994); oft wird gar nicht erkannt, dass man grundsätzlich über einschlägiges Wissen verfügt.

In der Folgezeit wurden neue didaktische Modelle entwickelt, die auf selbstständiges Entdecken, Aktivitäten der Lernenden, unmittelbare Rückmeldung, multiperspektivische Sichtweisen und kooperatives bzw. kollaboratives Lernen abzielten.

Andererseits wurden aber auch einige der älteren Modelle revidiert. Da es sich bei diesen Modellen oft um »lokale Modelle« handelt, die lediglich bestimmte Aspekte des Instruktionsdesigns thematisieren, sind Kombinationen von Modellkomponenten möglich. Außerdem gibt es gute Gründe, Modelle direkter Instruktion unter geeigneten Bedingungen weiterhin einzusetzen. Es lohnt sich daher, sich auch mit einigen der älteren Modelle vertraut zu machen.

Ein Rahmenmodell: Das DO-ID-Modell

Systematische Konzeption (Design) – in der Architektur beim Entwurf eines Hauses, im Software-Engineering beim Entwurf eines Anwenderprogramms, in der Medizin bei der Zusammenstellung eines Therapieprogramms und im Instruktionsdesign bei der Planung und Entwicklung von Lernumgebungen – kann stets als eine strukturierte Abfolge von Entscheidungen beschrieben werden: Ausgehend von allgemeinen strategischen Entscheidungen (z. B. für ein textdominiertes Format) folgen solche auf jeweils niedrigeren Ebenen (etwa für eine bestimmte Form der Textgestaltung). Auf übergeordneten Ebenen getroffene Entscheidungen schränken dabei den Spielraum auf niedrigeren Ebenen ein. Dennoch handelt es sich in der Praxis nur selten um einen streng hierarchisch-linearen Prozess: Nicht alle Wechselbeziehungen zwischen den unterschiedlichen Entscheidungsfolgen sind bereits bekannt, sodass es zu Entscheidungskonflikten kommen kann, die gelegentlich zur Revision zuvor getroffener Entscheidungen führen können.

Idealerweise sollte sich jede Entscheidung an wissenschaftlich fundierten Kriterien orientieren. Voraussetzung dafür wären belastbare psychologisch-didaktische Prinzipien, die jeweils auf replizierten empirischen Befunden beruhen. Derartige Prinzipien gibt es allerdings erst in wenigen Teilbereichen. Oft existieren nur einzelne Studien, deren Ergebnisse einer Designentscheidung mit gebotener Vorsicht zugrunde gelegt werden können. Nicht selten kann man sich lediglich an einem theoretischen Modell bzw. an Hypothesen orientieren, die aus der psychologischen Grundlagenforschung hergeleitet wurden, ohne dass die Effizienz des technologischen Prinzips bereits empirisch nachgewiesen wurde.

Es sollte dann zumindest plausibel sein, dass die Orientierung an Kriterien, deren Evidenz noch nicht empirisch bestätigt ist, mit höherer Wahrscheinlichkeit zum Erfolg führt, als die Orientierung an alternativen Kriterien (»best guess«). Akzeptiert man diese Sichtweise, muss es ein Ziel einer technologischen Wissenschaft des Instruktionsdesigns sein, ein Modell zu entwickeln, das (a) die Art der Entscheidung beschreibt, die bei der Konzeption multimedialer Lernumgebungen zu treffen ist, (b) diesen die jeweils möglichen Entscheidungsalternativen zuordnet, (c) deren je nach Kontextbedingungen unterschiedlichen Folgen einschließlich der »Kosten« bzw. Nebenwirkungen beschreibt, und (d) kenntlich macht, inwieweit jede Entscheidungsalternative Evidenz beanspruchen kann.

Ein derartiges Modell hätte über die präskriptive Funktion hinaus den Vorteil, dass Widersprüche und Forschungslücken deutlich würden. Es repräsentierte zudem eine technologische Theorie didaktischer Konzeption. Auf dem Weg zu einem solchen Modell haben Niegemann et al. (2008) ein Rahmenmodell vorgeschlagen, das in der Lage sein soll, die wichtigsten Instruktionsdesign-Entscheidungen speziell für multimediales Lernen zu strukturieren. Wegen der Fokussierung auf Designentscheidungen, nennen wir es »Entscheidungsorientiertes Instruktionsdesign-Modell« (Decision Oriented Instructional Design Model: DO-ID) (Abb. 3). Prinzipiell ist das Modell jedoch nicht auf die Konzeption multimedialer Lernumgebungen beschränkt. Es wird im Folgenden kurz beschrieben. Der gesamte Designprozess sollte von Beginn an eingebettet sein in ein umfassendes Konzept der Qualitätssicherung. Dazu ist der Einsatz von Methoden und Vorgehensweisen aus dem Projektmanagement zu empfehlen (RKW 2004). Neben der übergreifenden Projektplanung beginnt der Prozess des Planens und Entwerfens mit der generellen Zielbestimmung des Produkts (Kurs, multimediale Lernumgebung) und dessen erwünschte Auswirkungen: Was soll mit dem Lernangebot erreicht werden? Gibt es strategische Vorabentscheidungen seitens des Auftraggebers, z. B. zu den einzusetzenden Medien?

Analysen

Bevor weitere Entscheidungen getroffen werden, stehen sorgfältige Analysen der gesamten Rahmenbedingungen an: Worin besteht das zu lösende Problem? In welchem Kontext wird das ID-Projekt durchgeführt? Welche Kosten fallen voraussichtlich an?

Welche Mittel stehen zur Verfügung? Wer sind die Adressat/innen? Welcher Art ist das zu vermittelnde Wissen? Welche Aufgaben sollen die Adressat/innen nach dem Absolvieren des Programms bewältigen können (Ghanbari/Schott 2007)? Welche Kompetenzen müssen vermittelt werden? Am Ende der Analysen sollten klare Aussagen über die Zielgruppe (Adressat/innen) und die zu vermittelnden Lehrziele stehen, und es sollte zumindest ein Budgetrahmen vereinbart sein.

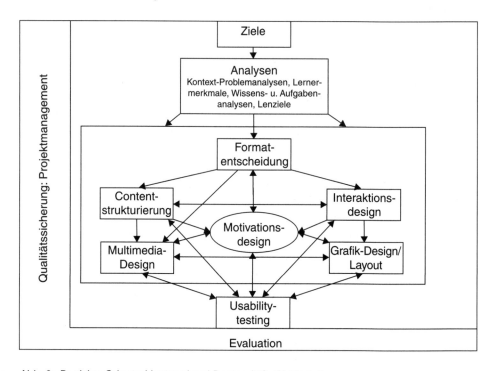

Abb. 3: Decision Oriented Instructional Design (DO-ID) Modell

Entscheidungsfelder

Das DO-ID-Modell unterscheidet sechs Entscheidungsfelder, in denen zum Teil mehrstufig Designentscheidungen zu treffen sind. Diese Entscheidungen sind keineswegs immer unabhängig voneinander, und sie können auch nicht sukzessive so getroffen werden, wie dies im Text linear beschrieben ist.

Die Entscheidungsfelder umfassen:

1. Formatentscheidungen, d.h. typische Strukturen von Lernangeboten, wie z.B. »E-Kompendium« (lehrbuchähnliche Darbietung von Texten und Bildern auf dem Bildschirm, verbunden mit Selbsttests und Lernhilfen), »fallbasiertes Lernen« (z.B. in der medizinischen Aus- und Fortbildung die Darbietung von Krankheitsfällen anhand von Videos oder animierten Patient/innen mit der Möglichkeit für die Lernenden, eine Anamnese durchzuführen, diagnostische Daten zu erheben,

eine Diagnose zu stellen und eventuell einen Therapieplan zu entwickeln, »Hardwaretraining« (Erklärung der Funktion eines Geräts und Einüben der Handhabung durch Simulation wesentlicher Funktionen anhand relevanter Aufgabenstellungen).
2. Entscheidungen zur Strukturierung des Lehrstoffs (Content): unter anderem Auswahl, Segmentierung (Bildung von Einheiten, Abschnitten), Sequenzierung sowie die Wahl zwischen induktivem oder deduktivem Vorgehen.
3. Entscheidungen, welche die Auswahl, Kombination und Gestaltung der Medien, d. h. der anzusprechenden Sinneskanäle (Modi) und der zu verwendenden Symbolsysteme (Codes) betreffen: z. B. schriftliche oder gesprochene Texte, Abbilder und Grafiken, Animationen, Musik, Video (Multimediadesign). Dieser Problemkreis wird seit nahezu 20 Jahren sehr intensiv unter dem Aspekt der Belastungen des Arbeitsgedächtnisses (»cognitive load«) erforscht. Die experimentellen Befunde lieferten eine Reihe von Prinzipien für das multimediale Lernen (Mayer 2005).
4. Designentscheidungen, die der Förderung und Aufrechterhaltung der Motivation der Lernenden dienen. Hier kann z. B. auf die Empfehlungen des ARCS-Modells von Keller zurückgegriffen werden (Domagk/Niegemann 2007), eine Erweiterung dieses Modells fokussiert emotionale Aspekte.
5. Entscheidungen, auf welche Art Lernende und Lehrende bzw. Lernende und ein technisches System sich wechselseitig aktiv beeinflussen: (Interaktionsdesign) (vgl. Niegemann et al. 2008). Dazu gehören insbesondere auch die Konzeption von Lernaufgaben, Fragemöglichkeiten für die Lernenden und nicht zuletzt Formen des Feedback (Narciss 2006).
6. Das Layout und Details der grafischen Gestaltung, die Berücksichtigung softwareergonomischer Aspekte und die Beachtung rechtlicher und ethischer Normen (Rechte, Barrierefreiheit, Unterlassung von Diskriminierungen und Ähnlichem) (Galitz 2007).

Kriterien

Die entscheidende Frage innerhalb jedes Feldes ist: Anhand welcher Kriterien können die anstehenden Entscheidungen jeweils rational getroffen werden?

Aus den Ergebnissen der Analysen alleine lassen sich direkt noch keine Kriterien herleiten. Zusätzlich benötigt werden Aussagen, die Verbindungen herstellen zwischen den Lehrzielen und den gegebenen Rahmenbedingungen einerseits und geeigneten Entscheidungsalternativen andererseits. Diesen Aussagen sollten idealerweise theoretisch fundierte Annahmen über kognitive Strukturen und mentale Operationen zugrunde liegen, die (a) mit einer gewissen Wahrscheinlichkeit durch die Art der Informationsdarbietung und die angeregten Lerneraktivitäten in Gang gesetzt werden und (b) ebenfalls mit einer gewissen Wahrscheinlichkeit Wissensstrukturen generieren, die den Zielvorstellungen nahe kommen.

Empfehlungen, Didaktische Entwurfsmuster

Der Versuch, die bereits angesprochenen Probleme der Formulierung technologischer Aussagen zu lösen, führte in den letzten Jahren zu Vorschlägen, in Anlehnung an die Idee der »design patterns« (Entwurfsmuster) aus der Architektur und dem Software-Engineering »didaktische Entwurfsmuster« (DEM, »pedagogical design patterns«) zu konzipieren (Goodyear/Retalis 2008). Es handelt sich dabei um strukturierte Aussagen über Prinzipien, die bei der Konzeption von Lernangeboten aus guten Gründen beachtet werden sollten. Dabei sollte jeweils auch explizit angegeben werden, ob und gegebenenfalls welche empirischen Befunde das Muster stützen (»Evidenzstatus«). Ähnliche Ansätze, die sich auf den Bereich der Content-Strukturierung beziehen, finden sich bei Oser (Oser/Baeriswyl 2001) sowie im ID-Lehrbuch von Smith/Ragan (2005) und Niegemann et al. (2008).

4C/ID: Ein aktuelles ID-Modell für komplexe Kompetenzvermittlung

Ein umfassendes ID-Modell für die Konzeption und Entwicklung komplexer kognitiver Kompetenzen hat van Merriënboer unter der Bezeichnung »Four-Component«-ID-Modell (4C/ID) vor etwa zehn Jahren vorgestellt (van Merriënboer 1997) und seither kontinuierlich weiterentwickelt. Das Modell ist empirisch gut untersucht und hat sich in der Praxis bewährt (van Merriënboer 2007; van Merriënboer/Kirschner 2007). Im Mittelpunkt dieses Modells stehen nach entsprechenden Wissens- und Aufgabenanalysen unterschiedliche Arten von Lernaufgaben (wiederkehrende/Routineaufgaben, Nicht-Routineaufgaben, ganzheitliche Aufgaben) und deren Entwicklung sowie die Beziehungen zwischen verschiedenen Arten von Lernaufgaben untereinander und zu dem erforderlichen Wissen.

Problembeispiel

Für die Kliniken der Xund & Hait AG soll das auf multimediale Bildungsangebote spezialisierte Unternehmen von Lisa N. eine Lerneinheit zum Thema »Handhygiene« für die Ausbildung von Krankenschwestern und -pflegern neu konzipieren und entwickeln. Im Gespräch mit der Ausbildungsabteilung wird das Budget vereinbart und es werden Ansprechpartner vermittelt, die für fachliche Fragen zur Verfügung stehen. Die wichtigsten Aspekte der generellen Zielsetzung sind in diesem Fall recht klar definiert. Mit ihren Mitarbeiterinnen beginnt Lisa nun die erforderlichen *Analysen*. Der Kontext des Design- und Entwicklungsauftrags sowie der verfügbare finanzielle Rahmen stehen bereits weitgehend fest und bedürfen keiner weiteren Analysen.

Die Analyse der Personmerkmale der Zielgruppe ist hier ebenfalls eher einfach, denn die Bildungsvoraussetzungen der Adressat/innen sind durch die Anforderungen der Ausbildungsordnung festgelegt.

Deutlich aufwendiger ist die Wissens- und Aufgabenanalyse. Mithilfe von Lehrbüchern und -materialien, welche Lehrende der Pflegeschule zur Verfügung stellen, wird eine vorläufige Auswahl der relevanten Lehrinhalte getroffen. Diese wird mit den Fachexpert/innen des Auftraggebers besprochen und leicht modifiziert. Um die Zusammenhänge zwischen den Lehrinhalten deutlich zu machen, wird der Lehrstoff in Form einer »concept map« dargestellt; wichtige Beziehungen zwischen den Begriffen werden benannt. Anschließend werden Aufgaben identifiziert und analysiert im Hinblick darauf, ob es sich um wiederkehrende Routineaufgaben handelt (z. B. Handdesinfektion nach jedem Kontakt mit einem Patienten) oder Aufgaben, die nur unter bestimmten Bedingungen auftreten (Handdesinfektion nach Kontakt mit Körperflüssigkeiten). Der genaue Ablauf der Aufgabe wird jeweils beschrieben und anhand dieser Beschreibung unter Beobachtung eines Experten von einer Testperson ausgeführt. Ferner wird ermittelt, welche deklarativen Lehrinhalte für die Ausführung jeder Aufgabe vorausgesetzt werden müssen.

Auf der Grundlage dieser Analysen werden – wiederum in Absprache mit den Fachexpert/innen – die *Lehrziele* bestimmt, einschließlich der Angaben, ob und gegebenenfalls welche Fehler bzw. Fehlerraten noch akzeptabel erscheinen.

Basierend auf den Ergebnissen der Analysen und der Zielvorgaben wird nun zunächst das bestgeeignete *Format* ausgewählt: Wegen des knappen Budgets und der insgesamt eher einfachen Struktur des Lehrstoffs (viele relativ unabhängig voneinander erlernbare Prinzipien und Prozeduren relativ geringer Schwierigkeit) entscheidet sich Lisa für das Format »E-Kompendium« mit einzelnen Videosequenzen zur Demonstration von Prozeduren.

Eine multimediale Lerneinheit nach dem Format »E-Kompendium« kann inhaltlich sowohl deduktiv als auch induktiv strukturiert werden. Da die Einheit eher Überblickscharakter hat und wegen der bereits erwähnten relativen Einfachheit entscheidet Lisa sich für eine deduktive Lehrstrategie. Im Einzelnen wird für die Teileinheiten auf die Entwurfsmuster »Faktenwissen« und »Prozeduren lernen« zurückgegriffen.

Bei der Segmentierung orientiert man sich an jeweils abgeschlossenen Handlungseinheiten und bei der Sequenzierung an dem linear-sukzessiven Muster.

Hinsichtlich der *multimedialen Gestaltung* sollten viele Bilder und eine Reihe von kurzen Videofilmen verwendet werden. Hier wird insbesondere auf Redundanzprinzip und Modalitätsprinzip geachtet. Gemäß dem Personalisierungsprinzip werden die gesprochenen und auch die geschriebenen Texte in einem persönlich wirkenden Stil verfasst.

Intensiv diskutiert wird die Frage, welche Art von *Interaktionen* bei diesem Lehrstoff den Lernerfolg fördern könnte. Neben zumindest einem kurzen Selbsttest mit informativer Rückmeldung nach jedem Abschnitt werden Fragemöglichkeiten konzipiert: Die Lernenden können aus einer Reihe vorgegebener Fragen (zusammengestellt mithilfe erfahrener Dozentinnen) auswählen und erhalten dann eine Antwort. Schließlich sollen einige Videoszenen als Selbsttestaufgaben fungieren und feststellen, ob die Lernenden gegenüber Verletzungen von Regeln der Handhygiene sensibilisiert sind: Die kurzen Filme zeigen Abläufe in einer Klinik, bei denen gelegentlich Regeln der Handhygiene verletzt werden. Die Lernenden haben jeweils die Aufgabe dies zu erkennen (Mausklick) und anzugeben, welche Verhaltensweise falsch ist.

Zur Förderung der *Lernmotivation*, zumindest aber zur Vermeidung von Demotivation, wird auf das ARCS-Modell zurückgegriffen: Zu Beginn wird durch Beispiele für die Folgen mangelhafter Befolgung von Hygieneregeln die Aufmerksamkeit der Lernenden gewonnen und gleichzeitig die Relevanz des Lehrstoffs fokussiert. Selbsttestangebote mit informativer Rückmeldung sollen die Erfolgszuversicht der Lernenden fördern.

Beim *Layout* wird darauf geachtet, dass grundlegende Regeln der Softwareergonomie nicht verletzt werden und die Navigation so einfach konzipiert ist, dass keine unnötige Belastung des Arbeitsgedächtnisses zu erwarten ist.

Vor der Präsentation des Entwurfs beim Auftraggeber wird der Prototyp des Lernprogramms einem *Usabilitytest* unterworfen, dessen Ergebnis zu einigen kleineren Modifikationen bei der Navigation des Programms führt.

Zusammenfassung und Ausblick

Instructional Design ist eine anwendungsbezogene (technologische) Teildisziplin der Bildungspsychologie, die sich seit über 50 Jahren vor allem in den englischsprachigen Ländern entwickelt hat. Im deutschsprachigen Raum ist die Disziplin noch immer weithin unbekannt. Das Interesse an Instructional Design als Domäne hat jedoch in den letzten Jahren rasch zugenommen. Neben der Konzeption multimedialer Lernangebote ist auch die Entwicklung von Anleitungen und Hilfen zur Handhabung verschiedener Produkte (Technische Kommunikation) ein interessantes Anwendungsgebiet.

Literatur

Alisch, L.-M. (1995): Grundlagenanalyse der Pädagogik als strenge praktische Wissenschaft. Berlin: Duncker & Humblot.
Bunge, M. (1998): Philosophy of Science: From Problem to Theory (Vol. 1). New Brunswick, London. Springer Verlag.
Case, R. (1978): A developmentally based theory and technology of instruction. Review of Educational Research, 48, S. 439–463.
Dick, W./Carey, L. (1996): The systematic design of instruction. New York: HarperCollins/College Publishers.
Domagk, S./Niegemann, H.M. (2007): Motivationsdesign im Hochschulunterricht. In: Zumbach, J./ Mandl, H. (Hrsg.): Fallbuch Pädagogische Psychologie. Göttingen: Hogrefe, S. 205–211.
Fischer, F./Bouillion, L./Mandl, H./Gomez, L. (2003): Scientific principles in Pasteur's quadrant: integrating goals of understandig and use in learning environments research. In: Wasson, B./ Ludvigsen, S./Hoppe, U. (Hrsg.): Designing for change in networked learning environments. Dordrecht: Kluwer, S. 493–502.
Gagné, R.M. (^{4}1985). The conditions of learning and theory of instruction. New York: Holt, Rinehart & Winston.

Gagné, R.M./Briggs, L.J./Wager, W.W. (^{3}1988): Principles of instructional design. New York: Holt, Rinehart & Winston.

Gagné, R.M./Briggs, L.J./Wagner, W.W. (^{3}1987): Principles of instructional design. New York: Holt, Rinehart & Winston.

Galitz, W.O. (^{3}2007): The essential guide to user interface design. An introduction to GUI design principles and techniques. Indianapolis, IN: Wiley Publishing.

Ghanbari, S.A./Schott, F. (2007): Instruktionsdesign für die Schule. In: Zumbach, J./Mandl, H. (Hrsg.): Pädagogische Psychologie in Theorie und Praxis. Göttingen: Hogrefe, S. 33–40.

Goodyear, P./Retalis, S. (Hrsg.) (2008): E-Learning, design patterns and pattern languages. Rotterdam, Taipei: Sense Publishers.

Gustafson, K.L./Branch, R.M. (2002): What is instructional design? In: Reiser, R.A./Dempsey, J.V. (Hrsg.): Trends and issues in instructional design and technology. Upper Saddle River, NJ/Columbus, OH: Merrill/Prentice Hall, S. 16–25.

Herrmann, T. (1994): Forschungsprogramme. In: Herrmann, T./Tack, W.H. (Hrsg.): Enzyklopädie der Psychologie. Themenbereich B, Serie I, Bd. I: Methodologische Grundlagen der Psychologie. Göttingen: Hogrefe, S. 225–294.

Krapp, A./Heiland, A. (Hrsg.) (1981): Theorieanwendung und rationales Handeln (Vol. 4). Braunschweig: TU Braunschweig.

Mayer, R.E. (2001): Multimedia learning. Cambridge: Cambridge University Press.

Mayer, R.E. (Hrsg.) (2005): The Cambridge Handbook of Multimedia Learning. Cambridge, New York: Cambridge University Press.

Mischo, C./Rheinberg, F. (1995): Erziehungsziele von Lehrern und individuelle Bezugsnormen der Leistungsbewertung. Zeitschrift für Pädagogische Psychologie, 9(3/4), S. 139–151.

Narciss, S. (2006): Informatives tutorielles Feedback. Münster: Waxmann.

Niegemann, H.M./Domagk, S./Hessel, S./Hein, A./Zobel, A./Hupfer, M. (2008): Kompendium multimediales Lernen. Heidelberg: Springer.

Oser, F./Baeriswyl, F.J. (^{4}2001): Choreographies of Teaching: Bridging Instruction to Learning. In: Richardson, V. (Hrsg.): Handbook of Research on Teaching. Washington, DC: American Educational Research Association, S. 1031–1065.

Reigeluth, C.M. (Hrsg.) (1983): Instructional-design theories and models: An overview of their current status. Hillsdale, NJ: L. Erlbaum.

Reigeluth, C.M. (Hrsg.) (1987): Instructional theories in action. Hillsdale, NJ: Erlbaum.

Renkl, A. (1994): Träges Wissen: Die »unerklärliche« Kluft zwischen Wissen und Handeln. Forschungsbericht, S. 41.

Resnick, L.B. (1987): Task analysis in instructional design: Some cases from mathematics. In: Klahr, D. (Hrsg.): Cognition and instruction. Hillsdale, NJ: Erlbaum, S. 51–80.

Rheinberg, F./Vollmeyer, R./Rollett, W. (2000): Motivation and action in self-regulated learning. In: Boekaerts, M./Pintrich, P.R./Zeidner, M. (Hrsg.): Handbook of self-regulation. San Diego, San Francisco, New York: Academic Press, S. 503–529.

RKW (2004): Projektmanagement-Fachmann. Rationalisierungs-Kuratorium der Deutschen Wirtschaft e.V. Gesellschaft für Projektmanagement INTERNET Deutschland e.V.: RKW-Verlag.

Sander, E. (1986): Lernhierarchien und kognitive Lernförderung. Göttingen/Toronto/Zürich: Hogrefe.

Simon, H.A. (^{3}1996): The sciences of the artificial. Cambridge, Mass.: The MIT Press.

Smith, P.L./Ragan, T.J. (^{3}2005): Instructional design. Hoboken, NJ: Wiley/Jossey-Bass.

Sweller, J. (1999): Instructional design in technical areas. Camberwell, Vic: ACER Press.

Tennyson, R.D./Park, O.-C. (1980): The teaching of concepts. A review of instructional design research literature. Review of Educational Research, 50(1), S. 55–70.

van Merriënboer, J.J.G. (1997): Training complex cognitive skills. A four-component instructional design model for technical training. Englewood Cliffs, NJ: Educational Technology Publications.

van Merriënboer, J.J.G. (^{2}2007): Alternate models of instructional design: Holistic design approaches and complex learning. In: Reiser, R.A./Dempsey, J.V. (Hrsg.): Trends and issues in instructional design and technology. Upper Saddle River, NJ/Columbus, OH: Pearson/Merrill Prentice Hall, S. 72–81.

van Merriënboer, J.J.G./Kirschner, P.A. (2007): Ten steps to complex learning. A systemtic approach to four-component instructional design. Mahwah, NJ: L. Erlbaum Publishers.

10. Organisations- und Personalentwicklung

Katharina Ebner / Thomas Lang-von Wins

Organisationsentwicklung

Die Frage nach dem Sinn und Zweck von Organisation bezieht sich nur auf den ersten Blick auf formale und im Kern betriebswirtschaftliche Zielsetzungen im Sinne eines Unternehmens. Tatsächlich aber sind die damit zusammenhängenden Fragen sehr alt und gehören zu den zentralen Themen der Menschheit. Sie sind in verschiedenen Abwandlungen konstituierend für die Definition mehrerer Wissenschaftsdisziplinen (z. B. der Philosophie, Politologie, Soziologie oder des Völkerrechts), und beziehen sich unter anderem darauf, einen Ausgleich zwischen den rationalen und nicht rationalen Elementen des menschlichen Verhaltens zu finden (Etzioni 1970). Organisationsentwicklung kann auch in dieser grundsätzlichen Weise verstanden werden; dennoch wird sie im folgenden Beitrag pragmatisch auf die Anwendung in zeitbegrenzten zweckrationalen Organisationen bezogen.

Definition von Organisationsentwicklung

Im engeren Sinne können Organisationen als zweckrationale Gebilde aufgefasst werden, d. h. als Strukturen, die im Hinblick auf das Verfolgen bestimmter Ziele gegründet worden sind. Die grundlegenden Ziele einer Organisation können sich auf so unterschiedliche Bereiche wie Profitstreben, Wohlfahrt, Vertreten von Mitgliederinteressen oder viele andere mehr beziehen. Der eigentliche Gründungsanlass für Organisationen liegt in der Notwendigkeit, Abläufe formal festzulegen und dadurch häufig auftretende Aufgaben zu vereinfachen. Der Grad dieser Regulierung ist unterschiedlich stark und bildet eine wesentliche Einflussgröße für den Ablauf der Organisationsentwicklung und für die damit verbundenen Möglichkeiten. In Zusammenhang dazu stehen verschiedene zentrale Merkmale von Organisationen wie z. B. das Ausmaß der Aufgabenteilung oder der hierarchischen Untergliederung, die selbst zum Thema von Organisationsentwicklungsmaßnahmen werden können.

Die Antwort auf die Frage, wie sich Organisationen entwickeln, bezieht sich im betriebswirtschaftlichen Verständnis vor allem auf das »Wachsen« einer Organisation – von ihrer Gründung bis zu einer stabilen und behaupteten Position auf dem von ihr bedienten Markt – über die Fusion mit anderen Organisationen bis zu ihrer Schließung. Diese recht grobe Einteilung von Organisationsentwicklung bezieht sich vor allem auf unterschiedliche »Lebensstadien« eines Unternehmens, wobei der Blick von außen dominiert: konstatiert wird eine vor allem außerhalb der Organisation spürbare Veränderung. Organisationsentwicklung – wie sie aus professioneller Sicht im Rahmen wirtschaftspsychologischer Ansätze verstanden wird – bezieht sich dagegen auf eine geplante und zielgerichtete Veränderung der Organisation von innen her. Im Mittelpunkt steht also nicht eine passive Form der Veränderung, wie sie z. B. durch die Veränderung der Märkte eintreten würde, sondern das aktive Gestalten und Initiieren des Wandels in Organisationen. Das dahinter stehende Ziel einer bewegungsfähigen und aus sich selbst heraus handlungsfähigen Struktur spiegelt sich in einer Grundmetapher der Organisationsentwicklung wieder: Die Organisation wird begriffen als ein lebendiger Organismus, der dadurch lebensfähig bleibt, dass er sich in einem intensiven Austausch mit seiner Umwelt befindet. Die Veränderung von innen her bezieht sich nicht nur auf strategische Entscheidungen des Managements, sondern betrifft in einer konsequenten Weiterführung der Metapher vom lebenden Organismus alle Ebenen der Organisation. Die Bereiche der Organisationsstrategie und der Organisationsentwicklung überlappen zwar in einigen Punkten, sind aber doch im Wesentlichen unterschiedlich. Überlappungen ergeben sich z. B. dadurch, dass die Entscheidung über eine Organisationsentwicklungsmaßnahme oder die Umsetzung der dadurch angestoßenen weiteren Schritte in der Regel vom Management getroffen wird. Der deutlichste Unterschied zeigt sich darin, dass der Prozess der Organisationsentwicklung inhaltlich ergebnisoffen ist und das Management damit auf die Rolle des unterstützenden Initiators beschränkt wird. Aus diesem Blickwinkel ist Organisationsentwicklung der Versuch, in der hierarchischen Struktur einer Organisation ein (zeitbegrenztes) Fenster für die demokratischen Prinzipien der Partizipation und Mitverantwortung zu öffnen, wobei der zielgerichtete und geplante Problemlösungsprozess als Anlass für die Organisationsentwicklung eindeutig im Vordergrund steht.

Der von von Rosenstiel (2000) formulierte Kern unterschiedlicher Definitionen der Organisationsentwicklung im psychologischen Sprachgebrauch umfasst folgende Charakteristika:

- Organisationsentwicklung ist immer eine Veränderungsstrategie die aus dem Gesamtsystem der Organisation heraus verstanden werden muss.
- Sie vollzieht sich unter aktiver Mitwirkung der Betroffenen, ist immer geplant, und ihre Zielsetzung ist die Steigerung der Leistungsfähigkeit der Organisation und die Entfaltung des einzelnen Organisationsmitgliedes.

Innerhalb der englischsprachigen Forschung werden mehrere Begrifflichkeiten zur Benennung von geplanten Veränderungen in Organisationen verwendet: »organizational development«, »organizational transformation« oder »organizational change«. Wie die Begrifflichkeiten und die Merkmale für Organisationsentwicklung entstanden sind, was sie bedeuten und was in der Praxis der Organisationsentwicklung beachtet werden muss, um den Erfolg der geplanten Entwicklung zu unterstützen, soll im Folgenden anhand eines kurzen Abrisses über die Geschichte der organisatorischen Veränderungen erläutert werden.

Geschichte der Organisationsentwicklung

Umfassende geplante Veränderungen von Organisationen wurden erstmals dokumentiert von Frederic W. Taylor, einem amerikanischen Ingenieur, der elaborierte Untersuchungen zur Effektivität von Arbeitsabläufen (Zeit- und Bewegungsstudien in Produktionsstraßen) durchführte, und im Anschluss daran Veränderungen an diesen Arbeitsabläufen vornahm, um so die Effizienz des Systems zu steigern – und zwar über die Steigerung der Leistung des einzelnen Arbeiters. Sein Prinzip des »scientific management«, das trotz starker Kritik auch heute noch Anwendung findet, sieht eine Art von organisationsweiter Veränderung vor, die geradezu als Gegenentwurf zu Humanisierung und Partizipation bezeichnet werden kann: Im »scientific management« dominiert die auf externen Kriterien beruhende Rationalisierung von Arbeitsabläufen, die die Anpassung der Arbeitnehmer/innen an einen durch das System begründeten »one best way« vorsieht. Entscheidungen über die Einführung von Veränderungen wurden gänzlich ohne Einbeziehung der Mitarbeiter/innen getroffen und von der Leitungsebene aus dirigiert. Ziel der Veränderung im Unternehmen war die Sicherung des Fortbestands des Unternehmens durch Gewinnmaximierung. Taylors Entwurf der Organisationsveränderung hat die modernen, an humanistischen Kriterien ausgerichteten, organisationspsychologischen Ansätze wesentlich beeinflusst.

Ab den 1930er-Jahren wurden als Reaktion auf die Folgen des Taylorismus (z.B. Abbau des Qualifikationsniveaus des Einzelnen und Entfremdung des Arbeiters vom Arbeitsprodukt durch die extreme Arbeitsteilung, Ermüdung der Mitarbeiter/innen durch Leistungs- und Taktsteigerung) neue Perspektiven entwickelt, die den Mitarbeiter stärker in den Mittelpunkt rückten (Neuberger 1989). Kennzeichnend dafür ist die von Lipmann (1932) gestellte Frage, wie eine »Bestgestaltung« der Arbeit aus Sicht des Arbeitnehmers aussehen könnte: Der Mitarbeiter wurde nicht mehr länger als homo oeconomicus, sondern als soziales Wesen angesehen, das als Mitglied einer Gruppe seine sozialen Bedürfnisse befriedigen möchte. Am Anfang dieser neuen Denkansätze stand eine Forschergruppe um Mayo, Röthlisberger und Dickson, die auf einer Betriebsstätte der Western Electric Company im amerikanischen Hawthorne Experimente durchführten, die zeigten, dass eine höhere Produktivität der Arbeiter/innen dann erreicht wurde, wenn die Mitarbeiter/innen nicht isoliert, sondern in Gruppen zusammen arbeiteten. Mayo und Kollegen schlussfolgerten, dass die Berücksichtigung der (sozialen) Bedürfnisse der Menschen in Betrieben in den Mittelpunkt der Unternehmensveränderung gerückt werden müsste, um langfristig deren Leistungsfähigkeit zu sichern. Die Human-Relations-Bewegung dominierte die geplanten Entwicklungen von Organisationen bis in die 1950er-Jahre hinein. Vor allem das Tavistock Institute of Human Relations machte sich zu jener Zeit stark für dieses Menschenbild und initiierte ganzheitliche Organisationsentwicklungen, die den Gesamtbetrieb statt isolierter Strukturen oder Prozesse betrachtete.

Als Begründer der Organisationsentwicklung nach heutigem Verständnis gilt Kurt Lewin. Er war es, der mit seiner Methode der Aktionsforschung 1963 einen neuen Zugang für die Erforschung von Veränderungen im organisationalen Kontext formulierte. Das Vorgehen der Aktionsforschung, die zu einem Synonym für die Organisationsentwicklung geworden ist, besteht darin, einen (nicht notwendigerweise) begrenzten Prozess anzustoßen, in dem auf der Grundlage wissenschaftlich-empirischer Standards Daten im und über das System erhoben und mittels einer formalen Ergebnisrückmeldung in das System zurückgegeben werden. Durch die darauf basierende Einleitung entsprechender Veränderungsmaßnahmen kann so – zumindest der Theorie nach – ein Prozess organisationalen Lernens eingeleitet werden. Die Absicht Lewins war es, durch diesen Ansatz Veränderungen zu initiieren, die zur Humanisierung der Arbeit beitragen. Dieser Zielsetzung stellt Lewin den Aspekt der Nützlichkeit der Veränderungen für das Unternehmen zur Seite. Beide Aspekte sind nicht notwendig aufeinander bezogen – eine Effizienzsteigerung muss sich nicht unmittelbar aus den Humanisierungsbestrebungen ergeben. Mit dem zweiten Aspekt verbunden ist die Erhöhung der Bereitschaft in der Organisation, weitere Veränderungen und Innovationen umzusetzen (Gebert 1974). Im Sinne der Aktionsforschung nämlich sollte nicht nur das einmalige Anstoßen einer Veränderung in Richtung besserer Arbeitsbedingungen und höherer Effizienz das Ziel von Organisationsentwicklungsprojekten sein, sondern vor allem die Institutionalisierung des Wandels über eine längerfristige Begleitung von Veränderungsprozessen, um über ein bewusstes Nachsteuern eine gute Qualität der Veränderung zu gewährleisten. Innerhalb des geplanten Veränderungsprozesses geben externe Berater auf Grundlage ihres Experten- und Erfahrungswissens dem Unternehmen Rückmeldung und greifen, wenn nötig, ein. Bei der Aktionsforschung ist es charakteristisch, dass der Forscher selbst Bestandteil seiner Veränderungen ist, und die Veränderung zuerst (zeitlich) und primär am Menschen ansetzt. Lewin sah jederzeit eine Partizipation der Betroffenen vor und beschrieb Interventionsmaßnahmen wie beispielsweise das Laboratoriums-Training. Lewin konnte bei seinen Arbeiten mit Organisationen gewisse Gesetzmäßigkeiten beobachten, die innerhalb einer Organisation, die eine Veränderung durchlebt, zu beobachten sind. Sein daraufhin formuliertes Phasenmodell der Organisationsveränderung ist bis heute ein sehr beliebtes Handwerkszeug für Organisationsentwickler und wird später ausführlich dargestellt.

In den 1980er-Jahren trat eine Perspektive in den Vordergrund, die eher betriebswirtschaftlich motiviert war und zuweilen sehr radikale Veränderungen ohne Partizipation der Mitarbeiter/innen vorsah: Ein dieser Perspektive zugeordnetes Konzept der Veränderung einer Organisation zur Erfolgssteigerung und Kostenreduzierung ist das sogenannte Business Reengineering, an dem die gängigsten Merkmale dieser Veränderungsperspektive beispielhaft dargestellt werden können: Radikale Konzepte der Veränderung sind immer dann notwendig, wenn die eher »weiche« Organisationsentwicklung an ihre Grenzen stößt, weil beispielsweise das Überleben eines Unternehmens stark bedroht ist – dann kann es Erfolg versprechend sein, den Gegenentwurf zur Organisationsentwicklung heranzuziehen. Die Organisation wird dabei innerhalb eines von der Unternehmensspitze verantworteten und geschlossenen Prozesses umfassend verändert; die Veränderung kann bis zu einer völligen Neukonzeption des

Unternehmens gehen. Dieser völlige Neubeginn ergibt sich beispielsweise aus der radikalen Fokussierung des Unternehmens auf seine Kernkompetenzen und der daraus abgeleiteten Umgestaltung aller Strukturen und Prozesse in der Organisation mit dem Ziel der Effizienzsteigerung. Beim *Business Reengineering* und verwandten Konzepten handelt es sich weniger um ein theoretisches Konzept der organisationalen Veränderung, sondern eher um eine Zusammenfassung auffälliger Ähnlichkeiten von Praxisfällen zu einem einzelnen, verbindlichen Begriff. Andere Beispiele für radikalere Konzepte des geplanten organisatorischen Wandels sind das *Total Quality Management* oder das *Lean Management*. Diese Konzepte gehören einer eher wirtschafts- und ingenieurswissenschaftlich geprägten Perspektive der Veränderung an, die unter dem Begriff des *Change Managements* bekannt ist. Das *Change Management* ist in erster Linie auf die Kosteneinsparung und die Beschleunigung von Geschäftsprozessen gerichtet und vernachlässigt die in der Organisationsentwicklung zumindest gleich gewichteten Humanisierungsziele (von Rosenstiel 2000).

Charakteristika der Organisationsentwicklung

Geplante Veränderungsprozesse von Organisationen wissenschaftlich zu untersuchen ist nicht neu. Der hier gegebene kurze Abriss der Geschichte der Arbeits- und Organisationspsychologie verweist aber bereits auf einige Merkmale, die die aktuell gültige Definition von Organisationsentwicklung auszeichnen: z. B. wird die Veränderung der Organisation im Idealfall als Abfolge von klar voneinander getrennten Phasen gesehen (Dimension Ablauf). Die Realität aber weicht vom prototypischen phasischen Ablauf meist ab: während der Auftragsklärung schon laufen erste Vorarbeiten für die Datenerhebung, während der Auswertung der gewonnenen Informationen aus dem Unternehmen werden für Teilprobleme bereits Interventionen entwickelt, während der Arbeit im Feld (d. h. an den Veränderungen) werden bereits abgeschlossene Maßnahmen evaluiert und für die Zukunft relevante Aspekte diskutiert. Dies muss die Güte des Organisationsentwicklungsprojektes aber nicht beeinträchtigen, sondern entspricht der Realität langwieriger und komplexer Vorhaben. Der Zeitansatz für ein organisationsweites Projekt muss in Abhängigkeit von der Tragweite der geplanten Veränderungen gewählt werden: Werden ganze Strukturen geändert oder lediglich arbeitsplatzspezifische Weiterentwicklungen durchgeführt? In jedem Fall aber bedeutet Organisationsentwicklung, ein Projekt mit begrenzter Dauer zu initiieren: Sie kann abhängig sein von den Anforderungen und Zielen oder wird aus dem lebend-organismischen Verhalten einer Organisation im Prozess kontinuierlich neu definiert (Dimension – Zeitansatz).

Organisationsentwicklung sollte in der Durchführung – also z. B. in den Gruppen, die sich mit Entwicklungsmöglichkeiten befassen – möglichst hierarchiefrei gehandhabt werden (Dimension Hierarchie); allerdings benötigt sie zu ihrer Initiierung und um den Prozess der Entwicklung am Laufen zu halten, die unbedingte Unterstützung durch die Unternehmensspitze (Dimension Ursprung). Die Veränderungsbestrebungen tangieren aber in keinem Fall ausschließlich die Führungsspitze oder ausschließlich die Basis der Organisation: Eine umfassende, organisationsweite Entwicklung bedeutet, Veränderungen bei allen Mitgliedern, in allen Arbeitsteams und -einheiten und auf allen Ebenen aufzuhängen (Dimension Strategie). Um mögliche Widerstände der Mitglieder einer Organisation gegenüber Veränderungen zu minimieren, muss nicht nur eine transparente Kommunikation über die Veränderungspläne und -prozesse vorherrschen, sondern es müssen den Mitarbeiter/innen Möglichkeiten zur Mitbestimmung eingeräumt werden, die unterschiedliche Formen annehmen können: im einfachsten Fall ist dies die Transparenz in der Kommunikation, die unabdingbare Grundlage von Organisationsentwicklungsprozessen ist. Der Partizipationsgrad lässt sich fortführen über eine Beratschlagung bis hin zu einem Vetorecht gegenüber dem mit der Entwicklung betrauten Entscheidungs- und Expertengremium (Dimension Partizipation). Das Erfahrungswissen der Mitarbeiter/innen ist eine überaus wichtige und valide Quelle für Entscheidungen über Abweichungen vom etablierten Organisationsplan oder über Veränderungen einzelner Tätigkeiten, man sollte daher versuchen, ein Höchstmaß an Partizipation innerhalb einer festen Struktur zu gewähren.

Die Natur der Veränderung innerhalb einer Organisationsentwicklung zeichnet sich durch ein Nebeneinander von reedukativen wie auch rationalen Elementen aus. Durch die Einsicht der Organisationsmitglieder in die Notwendigkeit der Veränderung wird eine bewusste Verhaltensveränderung wahrscheinlicher, da die handlungsleitenden Werte des Individuums berührt wurden (Dimension System). Beispielsweise erkennen Mitarbeiter/innen unter Umständen, dass ihr eigener Arbeitsplatz gefährdet ist, was den Wert »Sicherheit« aktiviert, und sehen durch die Veränderung ihres Unternehmens die Chance auf Gesundung der Organisation und somit die Chance, ihren Arbeitsplatz zu behalten. Die Organisation wird im Idealfall durch den gesamten Prozess der Veränderung hindurch von externen Expert/innen begleitet (Dimension Begleitung). Grundlage dieser Begleitung ist die Objektivität von organisationsexternen Expert/innen (»Change Agents«), die eine wichtige Voraussetzung für die Akzeptanz durch alle Organisationsmitglieder ist. Darüber hinaus ist es für externe Begleiter/innen leichter, Widerstände aufzugreifen und zu thematisieren als für das involvierte Management. »Change Agents« nehmen sehr spezielle Funktionen ein und dürfen für eine Erfolg versprechende Organisationsentwicklung nicht fehlen.

Zusammenfassend kann jeder Prozess einer (psychologischen) Organisationsentwicklung charakterisiert werden durch seine Reichweite, die ganz grundlegende Veränderungen in der Gesamtorganisation vorsieht, durch seine Geplantheit, die systematisch umgesetzt wird, und auch durch seine Natur, die eine zyklische und rekursive Abfolge von Veränderungsphasen vorsieht. Obwohl in den vergangenen Jahren und Jahrzehnten für organisationale Veränderungen vor allem galt, die partizipativen Strategien zugunsten von Kostenersparnis und Leistungssteigerung hinten an zu stellen, erlebt die eher weiche Organisationsentwicklung als Gesamtkonzept für Veränderungen seit kurzer Zeit wieder eine deutliche Renaissance (Elke 2007).

Modelle der Organisationsentwicklung

Der Prozess einer geplanten Veränderung in Organisationen kann modellhaft abgebildet werden. Vor allem Lewins Phasenmodell erklärt die Prozesse der Organisationsentwicklung einfach und auf einer bildhaft-abstrakten Ebene gut nachvollziehbar – auch wenn die lineare Abfolge von so prototypischen und scheinbar klar definierten Veränderungsphasen der Komplexität einer Organisation, ihrer Umgebung und ihren Veränderungen nicht entsprechen kann (Higgs und Rowland 2005). Lewin (1951) benennt drei Phasen der Veränderung: in der ersten Phase des »unfreezing« werden stabile oder stabilisierte Abläufe und Strukturen »aufgetaut« und somit in ihrer Festigkeit gestört – damit entsteht Raum für Verschiebungen und Abweichungen vom Herkömmlichen. Die darauf folgende zweite Phase des »moving« steht ganz im Zeichen der geplanten, systematischen und zielorientierten Veränderung, die dann über das »refreezing«, der dritten Phase, wieder stabilisiert wird, um für die Zukunft generalisierte Prozesse und Strukturen zu gewährleisten. Modernere Change Management-Schulen bauen häufig auf dem Lewinschen Modell auf und erweitern es um andere, aus der Komplexität des Wandels herrührende Faktoren (z.B. Weick 1995; Jaworski/Scharmer 2000).

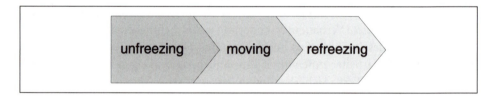

Abb. 1: Klassisches Drei-Phasen-Modell der Veränderung nach Lewin (1951)

1974 formulierte Gebert ein Modell der Organisationsentwicklung, das dem Praktiker ebenfalls als nachvollziehbares Handwerkszeug für die erfolgreiche Projektplanung dienen kann: Nach Gebert steht in diesem (phasischen) Prozess die Orientierung am vorliegenden Ist-Zustand an erster Stelle (1). Nach der grundlegenden Orientierungsphase fordert Gebert (2) das Einbeziehen der Organisationsmitglieder in den Veränderungsprozess. Nach der (3) Spezifizierung und Konkretisierung der Veränderungsabsichten und -pläne wird die (4) Führungsebene in den Veränderungsprozess einbezogen und deren Unterstützung für die geplante Veränderung eingeholt, sodass (5) nach Beschluss über die Maßnahmen, die umgesetzt werden sollen, und (6) der Festlegung des Zeitpunkts der Intervention (7) die Stabilisierung der gewählten Maßnahmen im Veränderungsprozess der Organisation verfolgt werden kann.

Im deutschen Sprachraum ebenfalls sehr bekannt ist das Ablaufmodell Kotters, der 1995 aus einer eher betriebswirtschaftlichen statt psychologisch-reedukativen Perspektive heraus die Veränderungen in Organisationen modellhaft abzubilden versuchte. Er formulierte dafür acht Stufen eines Veränderungsprozesses, und wies darauf hin, dass auf jeder dieser acht Stufen ein charakteristischer Fehler unterlaufen kann, der den Erfolg der Unternehmung gefährdet (Mento/Jones/Dirndorfer 2002).

Abb. 2: Kotters acht Stufen zur Transformation einer Organisation (Kotter 1995)

Folgende Stufen von Transformationen im Unternehmen schlägt Kotter (1995) vor: Zunächst soll (1) ein Verständnis für die Notwendigkeit der Veränderung hergestellt werden, indem externe Umweltgegebenheiten mit realen und potenziellen Chancen und Risiken für die Organisation verbunden und von den Mitgliedern assoziiert werden können. Danach sollte (2) eine mächtige Koalition von Personen gebildet oder installiert werden, die die Notwendigkeit für die Veränderung verstehen und bereits unterstützen, da sie andere dazu motivieren können, die Veränderungen ebenfalls zu tragen. In einem nächsten Schritt sollte dann (3) eine gemeinsame und tragfähige Vision der Zukunft kreiert und Strategien exploriert werden, wie diese Vision erreicht werden könnte. Diese Vision sollte dann (4) über alle verfügbaren Kanäle kommuniziert werden; das »neue« Verhalten der Organisationsmitglieder sollte zeitgleich dazu schon modellhaft im Unternehmen vorgelebt werden von denjenigen, die als treibende Kräfte identifiziert und demnach in die Unterstützerkoalition aufgenommen worden sind. Erst dann werden (5) andere dazu bemächtigt und befähigt, im Sinne der Vision zu agieren und damit Strukturen, Systeme, Regularien und Prozesse zu verändern und dabei auftretende mögliche Hindernisse zu überwinden. Besonders wichtig ist es, (6) kurzfristige Erfolge zu erzielen und diese ad hoc in der Organisation sichtbar zu machen: Mitarbeiter/innen, die die neuen Verhaltensweisen gezeigt und damit diese kurzfristigen Erfolge ermöglicht haben, sollen öffentlich anerkannt und belohnt werden für ihr Engagement im Veränderungsprozess. (7) Die schon umgesetzten Veränderungen sollen dann konsolidiert werden, und Strukturen und Prozesse, die noch der Vision widersprechen, sollten mit noch größerer Aufmerksamkeit angegriffen und verändert werden. In einem letzten Schritt werden (8) die neuen Strukturen und Prozesse institutionalisiert, indem die Verbindung zwischen den neuen Verhaltensweisen und dem (übergeordneten) Erfolg des Unternehmens aufgezeigt werden.

Andere Modelle von geplanten Veränderungen in Organisationen über einzelne Phasen oder Stufen können bei Jick (1991), Judson (1991), Galpin (1996) oder Armenakis et al. (1999) nachgelesen werden.

Die Abfolge der einzelnen Veränderungsschritte ist in Phasenmodellen also zumindest theoretisch vorgegeben. Der Ansatzpunkt der Veränderung innerhalb solcher Modelle hingegen ist nicht starr; innerhalb der Forschungstradition stehen sich sogar zwei mögliche Ansatzpunkte für Veränderungen gegenüber: der personale und der strukturale Ansatz. Innerhalb des personalen Ansatzes wird der einzelne Mitarbeiter als Ankerpunkt der Veränderungsmaßnahme angesehen. Der Schwerpunkt der Intervention liegt beim Individuum und seinen Beziehungen. Der strukturale Ansatz hingegen legt den Schwerpunkt der Veränderung auf die Struktur der Organisation. Veränderungen sollen dabei über eine Modifikation des Organisationsplanes erreicht werden. In der Realität wird aber meist eine Veränderungsstrategie gewählt, die als Ansatzpunkte sowohl den Mensch als auch die Struktur simultan bedient und sich dabei auf dem Kontinuum zwischen den zwei Extremperspektiven bewegt. Die Literatur zeigt auch, dass Interventionen in Organisationen dann den größten Effekt haben, wenn an Mensch und Struktur gleichermaßen angesetzt wird (von Rosenstiel 2000). Auch wenn in der Organisationspsychologie der Schwerpunkt einer Intervention oft auf der individuellen Ebene verortet wird, kann eine organisationsweite Entwicklung ohne eine parallele Veränderung von Strukturen und Abläufen kaum Erfolg haben. Es bietet sich deswegen für den Praktiker immer eine Kombination aus verschiedenen Interventionsmethoden an, die sowohl Mensch als auch System verändern. Die Kombination beider Ansatzpunkte bringt die besten Ergebnisse.

Erfolgsfaktoren für Projekte der Organisationsentwicklung

Eine tiefgreifende und nachhaltige Veränderung kann sich aus der Sicht der psychologischen Organisationsentwicklung – im Gegensatz zu eher schnelllebigen und radikaleren Veränderungen wie beispielsweise dem *Business Reengineering* – nur dann etablieren, wenn einige wesentliche Grundvoraussetzungen und Prozessmerkmale berücksichtigt werden. Ausgewählte wichtige Grundvoraussetzungen für erfolgreiche Organisationsentwicklungsprojekte sind im Folgenden in Form von Aussagen dargestellt: anhand der kurzen Checkliste lässt sich überprüfen, ob diese Erfolgsfaktoren im aktuellen Fall positiv beantwortet werden können.

- Ein Bewusstsein für die Notwendigkeit, externe Spezialist/innen zu einem frühen Zeitpunkt in die Planung und Durchführung mit einzubeziehen, ist im Topmanagement/beim Auftraggeber vorhanden.
- Die Akzeptanz des Projektteams über alle Ebenen des Unternehmens hinweg ist sichergestellt.
- Die Unterstützung und die Beteiligung des mittleren Managements bei der Initiierung und der Implementierung von Veränderungsmaßnahmen sind verabredet.
- Die transparente Gestaltung des Prozesses innerhalb des Unternehmens wird berücksichtigt: der Aufbau entsprechender Informationskanäle (z. B. über das Intranet) ist möglich.
- Die Ausprägung der Veränderungskompetenz bei den Betroffenen determiniert Geschwindigkeit, Methodik und Kommunikation der Veränderung (setzt ein Bewusstsein für und die Kenntnis der Veränderungskompetenzen im Unternehmen voraus).
- Die Unterstützung und die Beteiligung der Betroffenen bei der Definition der Veränderungsbedarfe und der damit verbundenen Entwicklungsschritte ist möglich.

Der Erfolg eines Veränderungsprojektes hängt darüber hinaus von weiteren Faktoren ab. Evaluationen von Praxisfällen zeigen, dass folgende Punkte die Wahrscheinlichkeit akzeptierter und nachhaltiger Veränderungen teilweise deutlich erhöhen: zum einen gebietet der Leitsatz der Partizipation, dass die Planung des Wandels im Klienten-System selbst vonstatten gehen muss: Nicht externe Berater/innen oder Spezialist/innen aus der Organisation entwerfen innerhalb einer Klausur die Zielvisionen, sondern die Betroffenen selbst – die Mitglieder der Organisation also – sollen innerhalb der Ziel- und Maßnahmenfindung als Partner verstanden und involviert werden. Wird diese Integration der Betroffenen in die Planung und Umsetzung der Veränderungen ignoriert, ist der Erfolg der Unternehmung deutlich gefährdet.

Ein ebenfalls wichtiger Erfolgsfaktor ist auch die Unterstützung durch die Organisationsleitung, die unbedingt in den Prozess mit involviert werden muss. Die Zustimmung des Topmanagements zur Veränderung ist elementar. Die Organisationsleitung muss als Modell fungieren und die neuen Zielverhaltensweisen für alle ihnen untergeordneten Mitglieder des Unternehmens sichtbar ausüben.

Falls im Zuge des Umbaus auch arbeitsplatzspezifische Veränderungen durchgeführt oder falls aufgrund von Umstrukturierungen neue Qualifikationsprofile von Mitarbeiter/innen nötig werden, bietet die Organisation ihren Mitarbeiter/innen im Idealfall speziell dafür konzipierte Weiterbildungen an. Diese sollten während der Zeit des Wandels nicht von betriebsinternen Trainer/innen angeboten werden. Ähnlich dem Status der »Change Agents« bekommen Trainer/innen von außerhalb der Organisation nämlich eine neutralere und somit glaubwürdigere Position von den betroffenen Mitarbeiter/innen attribuiert, was letztlich den Erfolg (z. B. die Nachhaltigkeit) der Maßnahme positiv beeinflussen kann. Positiv beeinflusst wird eine OE-Maßnahme ebenfalls durch eine darauf abgestimmte ganzheitliche Personalentwicklung, die statt fragmentierter Einzelangebote für nur wenige Mitarbeiter ein fundiertes und zielgruppenspezifisches Maßnahmenprogramm vorsieht.

Trotz der Tatsache, dass viele den Erfolg unterstützende Faktoren benannt werden können, die der Praktiker bei der Einführung eines Organisationsentwicklungprozesses im Unternehmen bedenken kann, ist es noch immer selbstverständlich, dass ein so komplexes und weitreichendes Vorhaben wie die Veränderung einer gesamten Organisation niemals allein von diesen Faktoren abhängen kann. Vielmehr bleibt sie, aufgrund zahlreicher miteinander vernetzter Faktoren, immer eine einzigartige Aufgabe, die einen nicht zur Gänze planbaren Ausgang hat.

Wie planbar ist der organisationale Wandel?

Ein dem Großteil der Publikationen der 1990er-Jahre gemeinsames Resümee ist: Die Dynamiken einer Veränderung in einer so komplexen Umgebung wie einer Organisation machen den Ausgang einer Organisationsentwicklung stets zu einem unvorhersehbaren Zielzustand in der Zukunft. Zahlreiche Faktoren können dafür verantwortlich sein, dass die geplanten Prozesse vom Plan abweichen. Burke-Litwin entwickelte 1992 als Hilfestellung für die Begleiter/innen eines organisationalen Veränderungsprozesses einen 150 Punkte umfassenden Fragebogen, der einen Hinweis darauf geben sollte, welchen Faktoren besondere Aufmerksamkeit gewidmet werden sollte, um den Erfolg der Veränderung zu unterstützen (Armenakis/Bedeian 1999). Zahlreiche Kräfte aus dem Inneren der Organisation, aber auch Einflüsse von außerhalb der Organisation wirken also offensichtlich auf die Veränderungsprozesse ein; beispielhafte Einflüsse sind staatliche Regulationen, denen das Unternehmen unterworfen ist, oder die aktuellen Marktbedingungen, in denen das Unternehmen operiert.

Faktoren, die aus dem Inneren der Organisation selbst den Veränderungsprozess beeinflussen, sind ebenso vielfältig wie externe Einflüsse; der mächtigste Einflussfaktor aber sind die Mitarbeiter/innen selbst: der Widerstand der Mitarbeiter/innen gegenüber den Veränderungen kann das Vorankommen im Veränderungsprozess nicht nur erschweren, sondern völlig zum Erliegen bringen (Elving 2005). Zahlreiche Modelle beschäftigen sich mit Widerstand gegenüber Veränderungen und schlagen Wege vor, wie der Widerstand der Betroffenen reduziert werden kann (z. B. Schabracq/Cooper 1998). Ein im deutschen Sprachraum weit verbreitetes Modell von Streich (1997) berücksichtigt den Widerstand der Mitarbeiter/innen als »natürliche Variable im Veränderungsprozess« und weist gleichzeitig darauf hin, dass die verschiedenen Phasen der Veränderung bei den Mitarbeiter/innen von bestimmten Eindrücken und Beurteilungen ihrer Kompetenz, dieser Veränderung auch begegnen zu können, begleitet werden.

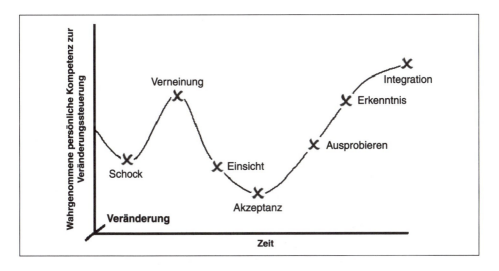

Abb. 3: *Verlauf eines Veränderungsprozesses nach Streich (1997)*

Die Reaktion auf eine Veränderung im Unternehmen wird in diesem Modell phasisch aufgefasst: die wahrgenommene Kompetenz, der Veränderung begegnen zu können, geht von einem gering ausgeprägten Niveau der Veränderungskompetenz (Schock) zu Beginn recht schnell zu einem relativ hohen Niveau über, auf dem der Mitarbeiter die Mitwirkung an der Veränderung ablehnt (Verneinung). Eine immer größer werdende Einsicht in die Notwendigkeit und die Funktionalität der Veränderungen (Einsicht) aber, lässt die bei sich wahrgenommene Kompetenz der Veränderung zu begegnen schnell wieder auf ein Minimum absinken, auf dem sich dann aber eine Akzeptanz für die Veränderungen einstellen wird. Aus diesem Tal heraus bildet sich über Ausprobieren und der sich einstellenden Erkenntnis ein immer stärker ausgeprägtes Kompetenzerleben, das in der siebten und letzten Phase des Modells mit der Integration der neuen Denk- und Verhaltensweisen ein Maximum im Kompetenzerleben erreicht.

Auf diesem Maximum an wahrgenommener Kompetenz können der einzelne Mitarbeiter und später dann auch das gesamte Unternehmen wieder effektiv handeln. Aus diesem Modell von Streich ergeben sich für die Praxis einige wertvolle Hinweise auf Anknüpfungspunkte: Die enge Verbindung zwischen der Kommunikation gegenüber den Mitarbeiter/innen, deren Akzeptanz der Veränderungsnotwendigkeit und weiterer positiver Konsequenzen als Reaktion auf Partizipation am Prozess, ist an zahlreichen Stellen belegt; Sagie und Koslowski beispielsweise (1994) weisen eine Verbindung zwischen der partizipativen Einbindung der Mitarbeiter/innen in strategische Entscheidungen und deren Arbeitszufriedenheit sowie Effektivität nach. Lines (2004) kommt zu dem Schluss, dass ein partizipatives Zusammenarbeiten der Mitglieder einer Organisation zu einem höheren Commitment führt und den Widerstand gegenüber Veränderungsbestrebungen reduziert. Kim und Mauborgne (1998) zeigten darüber hinaus, dass unter partizipativen Bedingungen qualitativ bessere Entscheidungen getroffen werden. Theoriemodellen wie dem von Streich Aufmerksamkeit zu widmen, kann für Praktiker/innen also durchaus nützlich sein, denn zwischen 40 Prozent und 70 Prozent aller geplanten Veränderungsprojekte scheitern (Balogun/Hailey 2004; Elke 2007). Es ist deswegen unabdingbar zu wissen, welche Faktoren zum Erfolg einer im Unternehmen geplanten Veränderung beitragen können, und welche Faktoren den Erfolg ernsthaft gefährden. Dieses Wissen versuchen die mit Organisationsentwicklung betrauten Wissenschaftler/innen aus der Praxis in die Theorie zu tragen. Althauser (2006) fasst als These zusammen, dass die Erfahrungen, die Praktiker/innen machen, die Theorie der Organisationsentwicklung befruchten kann und muss – es wird in Zukunft deswegen immer wichtiger werden, die Erfahrungen aus Unternehmen in die Wissenschaft zu tragen. Das folgende Fallbeispiel zeigt anschaulich, welche Maßnahmen in der Realität ergriffen werden können, um unter Einbeziehung der Mitarbeiter/innen einen langfristigen und nachhaltigen Veränderungsprozess im Unternehmen anzustoßen und zu etablieren.

Ein Fallbeispiel

In einem mittelständischen Unternehmen, das in den vergangenen Jahren im Rahmen einiger Fusionen deutlich gewachsen war, entschloss sich die Geschäftsführung dazu, eine Organisationsentwicklung einzuleiten. Zwar wäre bereits die formale Entwicklung des Unternehmens durch die vorangegangenen Fusionierungen mit anderen Unternehmen ein hinreichender Anlass für eine Maßnahme des gesteuerten Wandels gewesen, doch der unmittelbare Anlass für die Geschäftsführung, sich für eine Organisationsentwicklung zu entscheiden, war der Eindruck, dass die Mitarbeiter/innen mit verschiedenen Rahmenbedingungen ihrer Arbeit unzufrieden waren. Im Gespräch mit einem externen Berater wurde zunächst festgelegt, dass die Organisationsentwicklung mit einer Mitarbeiterbefragung beginnen sollte. Im Gespräch waren zunächst auch ähnliche Konzepte wie moderierte Feedback-Workshops oder eine betriebswirtschaftlichen Kriterien folgende Organisationsdiagnose.

Im Rahmen einer kleinen Projektgruppe, in der neben einem externen Berater Vertreter/innen der verschiedenen Abteilungen und des Betriebsrates beteiligt waren, wurde ein Konzept für eine Mitarbeiterbefragung erarbeitet und mit der Geschäftsführung abgestimmt. Obwohl in dem Fragebogen einige Punkte enthalten waren, die ein kritisches Urteil über die Geschäftsführung befürchten ließen, wurde ihm die Zustimmung erteilt und ein Terminfenster für Durchführung und Auswertung der Befragung sowie für die Ergebnispräsentation festgelegt. Die Mitarbeiter/innen wurden in einer Mitarbeiterversammlung über das Vorhaben informiert und um rege Beteiligung gebeten. In der gleichen Versammlung wurde auch der externe Berater vorgestellt, der die Befragung sowie die Auswertung durchführen sollte, das genaue Vorgehen vorstellte und Stellung zu auftauchenden Fragen nahm. Eine zu diesem Zeitpunkt und bei dieser Art von Vorgehen häufig auftauchende Frage bezieht sich auf die Gewährleistung der Anonymität der Befragung, die unter allen Umständen gesichert werden muss und auch durch die Art der Auswertung nicht gefährdet werden darf.

Der Fragebogen wurde innerhalb des firmeninternen Computernetzes in einem Zeitraum von 14 Tagen zum Ausdruck zur Verfügung gestellt und sollte anschließend an das externe Institut weitergeschickt werden. Die Beteiligung an der Befragung lag mit einer Quote von annähernd 90 Prozent der gesamten Mitarbeiter/innen ausgesprochen hoch, was einerseits auf eine hohe Glaubwürdigkeit des Veränderungsansatzes bei den Mitarbeiter/innen und andererseits auf ein deutliches Interesse der Mitarbeiter/innen an Veränderungen schließen ließ.

Nach drei Wochen fand im Rahmen einer weiteren Mitarbeiterversammlung die Präsentation der Ergebnisse statt, die kurz zuvor der Geschäftsführung im Überblick präsentiert worden waren. Aus den Ergebnissen ließen sich einige sehr konkrete Bedarfe ableiten, die sich unter anderem auf die Führungskultur im Haus und auf bereichsspezifische Themen bezogen. Im Anschluss an die Mitarbeiterversammlung formierten sich bereits erste Arbeitskreise, die sich mit Unterstützung externer Berater/innen und Moderator/innen vertiefend mit den identifizierten Schlüsselthemen befassten und konkrete Empfehlungen erarbeiteten. Im Hinblick auf die Thematik der Führung im Unternehmen wurde beschlossen, einen kaskadenartigen Feedback-Prozess in Gang zu setzen, der sich auf alle Führungskräfte und ihre Mitarbeiter/innen bezog und der an der Unternehmensspitze begann. Da in einem solchen Prozess einerseits die Offenheit der Mitarbeiter/innen wesentlich für die inhaltliche Reichhaltigkeit ist, andererseits aber die Gefahr besteht, dass die Vorgesetzten Sanktionen gegen Mitarbeiter/innen ergreifen, die sich kritisch über sie äußern, wurde beschlossen, die Mitarbeiter/innen zu schützen. Dies geschah, indem auch hier zunächst mit standardisierten Bögen anonyme Feedbacks von ihnen eingeholt wurden, die dann im Rahmen eines von einem externen Berater moderierten Workshops mit der Führungskraft diskutiert wurden. Im Anschluss an den Workshop wurde von dem Berater in Zusammenarbeit mit der Führungskraft ein terminierter Entwicklungsplan erarbeitet, der die wesentlichen Rückmeldungen aufgriff und in konkrete und handhabbare Aufgaben übersetzte.

Es wurde vereinbart, zu einem festgesetzten Zeitpunkt eine erneute Mitarbeiterbefragung durchzuführen, in der die festgestellten Veränderungsbedarfe im Mittelpunkt stehen sollten. Daneben sollte ausreichend Raum für eine Erfassung etwaiger neuer Entwicklungsnotwendigkeiten zur Verfügung stehen. Dazu wurde nach einem Zeitraum von knapp eineinhalb Jahren wiederum eine Steuerungsgruppe gebildet, die den bestehenden Fragebogen anpasste und ergänzte. In der folgenden Mitarbeiterbefragung zeigten sich markante Verbesserungen in den bearbeiteten Themenfeldern, wobei die Fortschritte in den kritischen Fragen der Führung kontrovers beurteilt wurden. In Abstimmung mit der Geschäftsführung wurde den Führungskräften des Unternehmens daraufhin das Angebot eines gezielten Einzelcoachings unterbreitet und vereinbart, über weitere Möglichkeiten der Unterstützung nachzudenken.

Literatur

Althauser, U. (2006): Organisationsentwicklung international. Themen, Trends und Perspektiven. In: Gruppendynamik und Organisationsberatung, 37 (1), S. 117–126.

Armenakis, A.A./ Bedeian, A.G. (1999): Organizational Change: A Review of Theory and Research in the 1990s. In: Journal of Management, 25, 3, S. 293–315.

Balogun, J./Hope Hailey, V.H. (^{2}2004): Exploring Strategic Change. Harlow: Prentice-Hall.

Elke, G. (2007): Veränderung von Organisationen – Organisationsentwicklung. In: Schule, H./Sonntag, K. (Hrsg.): Handbuch der Arbeits- und Organisationspsychologie. Göttingen: Hogrefe, S. 752–759.

Elving, W.J.L. (2005): The role of communication in organizational change. In: Corporate Communications, Band 10 (2), S. 129–138.

Etzioni, A. (1970): A sociological reader on complex organizations (second edition). London: Holt, Rinehart & Winston.

Galpin, T.J. (1996): The Human Side of Change: A Practical Guide to Organization Redesign. San Francisco, CA: Jossey-Bass Publishers.

Gebert, D. (1974): Organisationsentwicklung. Stuttgart: Kohlhammer.

Guldin, A. (2004): Veränderung von Organisationen. In: Roth, E. (Hrsg.): Enzyklopädie der Psychologie, Themenbereich D, Serie III, Bd. 4 Organisationspsychologie. Göttingen: Hogrefe, S. 701–772.

Higgs, M./Rowland, D. (2005): All Changes Great and Small: Exploring Approaches to Change and its Leadership. Journal of Change Management, Band 5, Nr. 2, S. 121–151.

Jaworski, J./Scharmer, C.O. (2000): Leading in the Digital Economy: Sensing and Seizing Emerging Opportunities. Executive Summary. December 2000. www.dialogonleadership.org/LeadingDigital Econoomy.html (Abruf 27.7.08).

Jick, T. (1991): Implementing change. Publishing Division. 9–491–114. Harvard Business School.

Judson, A.S. (1991): Changing Behaviour in Organization: Minimizing Resistance to Change. Cambridge, MA: Basil Blackwell.

Kim, W.C./Mauborgne, R. (1998): Procedural Justice, Strategie Decision Making, and the Knowledge Economy. In: Strategie Management Journal, Heft 19, S. 323–338.

Kotter, J.P. (1995): Leading Change: Why Transformation Efforts Fail. In: Harvard Business Review, March-April 1995, S. 59–67.

Lewin, K. (1951): Field Theory in Social Science. In: Cartwright, D. (Hrsg.): Selected Theoretical Papers. New York: Harper & Row.

Lines, R. (2004): Influence of participation in strategic change: resistance, organizational commitment and change goal achievement. In: Journal of Change Management. Band 4 (3), S. 193–215.

Lipmann, O. (1932): Lehrbuch der Arbeitswissenschaft. Jena: Gustav Fischer.

Mento, A.J./Jones, R.M./ Dirndorfer, W. (2002): A change management process: Grounded in both theory and practice. In: Journal of Change Management, Band 3, 1, S. 45–59.

Neuberger, O. (1989): Organisationstheorien. In: Roth, E. (Hrsg.): Enzyklopädie der Psychologie, Themenbereich D, Serie III, Bd. 4 Organisationspsychologie. Göttingen: Hogrefe, S. 205–250.

Sagie, A./Koslowski, M. (1994). Organizational attitudes and behaviors as a function of participation in strategic and tactical change decisions: An application of path-goal theory. Journal of Organizational Behavior, S. 37–47.

Schabracq, M.J./Cooper, C.L. (1998): Toward a phenomenological framework for the study of work and organizational stress. In: Human Relations, Heft 51, S. 625–648.

Streich, R. (1997): Veränderungsprozessmanagement. In: Reiß, M./von Rosenstiel, L./Lanz, A. (Hrsg.): Change Management. Stuttgart: Schäffer-Poeschel-Verlag, S. 237–254.

von Rosenstiel L. (^{4}2000): Grundlagen der Organisationspsychologie. Stuttgart: Schäffer-Poeschel.

Weick, K.E. (1995): Der Prozess des Organisierens. Frankfurt a.M.: Suhrkamp.

Karlheinz Sonntag / Sonja Bausch / Ralf Stegmaier

Personalauswahl und Personalentwicklung

Personalauswahl und -entwicklung im Human-Resource-Management

Vor allem in größeren Unternehmen verbindet eine komplexe Software heute das gesamte Spektrum des Personalmanagements. Dadurch sind Teilbereiche wie E-Recruiting, Auswahl und Platzierung, Durchführung von Assessments, Weiterbildung und Training, aber auch Talentpool-Management und Laufbahnplanung miteinander vernetzt. In die Gesamtstruktur eines HR-Managementsystems können aber auch die Gehaltsplanung, Abrechnung oder Projektplanung integriert werden. Hierdurch wird eine zentrale Bearbeitung nahezu aller HR-Bereiche möglich, was eine Straffung und Kostenoptimierung der Personalprozesse ermöglicht. Internet, standardisierte E-Mails, Checklisten oder Planungstools sind bei der Kommunikation, Organisation und Vernetzung von Personalauswahl und Personalentwicklung kaum noch wegzudenken. In diesem Kapitel werden Ansätze der Personalauswahl und -entwicklung angesprochen und die Aufgabenfelder E-Recruiting, E-Assessment und E-Learning beschrieben, in denen der Einfluss neuer Medien sehr weitreichend ist, während andere Bereiche davon weniger berührt werden.

E-Recruiting

Erfolgreiche Personalauswahl kann daran gemessen werden, dass der künftige Berufserfolg eines Kandidaten im Auswahlprozess gut vorhergesagt wird, was eine langfristige und zufriedenstellende Beschäftigung ermöglicht. Bei der Rekrutierung und Auswahl kommt es deshalb nicht darauf an, irgendwelche, sondern gezielt die »richtigen« Bewerber/innen anzusprechen, auszuwählen, einzustellen, langfristig zu entwickeln und im Unternehmen zu halten. Eine Komponente, die dem eigentlichen Auswahlprozess zeitlich vorangeht, ist das Personalmarketing. Werden diese Prozesse über das Internet vermittelt, spricht man von E-Recruiting.

Bewerbung über eine Firmen-Karriereseite

Nahezu alle großen, aber auch zunehmend mittelständische und kleine Unternehmen, verfügen heute über eigene Internetseiten, auf denen vakante Stellen ausgeschrieben werden. Dies ermöglicht eine gezielte Platzierung von Informationen und erleichtert den Erstkontakt zwischen Stellenanbieter und Bewerber. Bei der Nutzung neuer Medien ist der einfache Versand von Bewerbungsunterlagen von einer komplexen und formularbasierten Job-Recherche im Internet zu unterscheiden. Vor allem große Firmen bevorzugen formularbasierte Bewerbungen, da der Kandidat hier alle Informationen selbst im gewünschten Format in den Talentpool eingibt (Weitzel/König/Eckhardt/Laumer 2008). Zur Bewertung von firmeneigenen Internetauftritten unterscheiden Moser, Zempel und Göritz (2003) Inhalt, Handling, Layout und Interaktion der Website und finden einen signifikanten Zusammenhang zwischen der Unternehmensgröße, gemessen an der Zahl der Mitarbeiter, und den vorab genannten Kriterien. Unternehmen wie SAP, Siemens oder Lufthansa belegen die vordersten Ränge der Auswertung. Obwohl sich das Bild in den letzten Jahren zugunsten kleiner und mittelständischer Unternehmen verändert hat, dürften Bekanntheitsgrad, professionelles Personalmarketing und großes Stellenvolumen nach wie vor große Unternehmen im Wettbewerb um Talente begünstigen (Moser et al. 2003).

Bewerbung über eine Internet-Jobbörse

Überregionale Stellenbörsen bieten im Internet weitreichende und stark genutzte Plattformen. Eine aktive Stellen-Recherche beginnt mit dem Einpflegen des vollständigen Bewerberprofils mit Lebenslauf, Qualifikationen und Präferenzen in die Seiten einer Jobbörse. Dem steht eine elektronische Stellenanzeige gegenüber, die Tätigkeitsmerkmale, gewünschtes Anforderungsprofil und wesentliche Informationen über den Arbeitgeber enthält. Mittels Suchmaschinen und Filterfunktionen folgt ein automatischer Datenabgleich zwischen hinterlegten Kandidatenprofilen und dem Stellen-Anforderungsprofil. Liegt ein gewisser Grad an Übereinstimmung vor, entsteht ein »Match«: Der Kandidat erhält eine Information über die Stellenausschreibung, und dem Anbieter werden Informationen des potenziellen Kandidaten übermittelt. Ob sich Angebot und Nachfrage begegnen, hängt jedoch maßgeblich von dem Bekanntheits- und Nutzungsgrad der Website sowie von der Präzision der Datensteuerung zwischen Anforderungs- und Kandidatenprofil ab. Ein breites Spektrum aktiver und qualifizierter Bewerber und ein genaues, aber nicht zu eng gefasstes Anforderungsprofil ermöglichen letztlich den Erfolg des E-Recruitings (vgl. Konradt/Sarges 2003; Moser et al. 2003).

Qualität und Reichweite der E-Recruiting-Kanäle

Ein Bewerber misst die Qualität von Internet-Jobbörsen meist daran, ob er die passende Stelle darin findet und ein positiver Kontakt zustande kommt. Auch die Güte der Internet-Jobbörsen kann nach Inhalt, Handling, Layout und Interaktion beurteilt werden, da dies auf die Anzahl erfolgreicher Stellensuchen wirkt.

Im Vergleich der Jobbörsen werden zusätzlich quantitative Merkmale wie Reichweite und Besucherfrequentierung ausgewertet. Das sogenannte »Alexa-Ranking 4«

ermittelt die Besucherhäufigkeit und ordnet jeder Webseite einen weltweiten Ranglistenplatz zu. Ein vorderer Rangplatz signalisiert eine höhere Besucherfrequentierung (»Web Traffic«), womit sich die Werbefläche einer Stellenvakanz vergrößert. Das Messverfahren gibt im Vergleich zweier Internetseiten mit ähnlicher Zielgruppe damit wertvolle Informationen (Crosswater 2008). Da Jobbörsen mit einer eigenen Domain oder vernetzt als Subdomain eines Medienportals existieren können, sind Ranglistenwerte jedoch nur im Zusammenhang interpretierbar.

Bekannte Anbieter sind »jobpilot.de«, »monster.de«, »stepstone.de«, aber auch »FAZjob.net«, »Stellenanzeigen.de« oder »meinestadt.de«. Internet-Jobbörsen wie »placement24.com« oder »Ingenieur24.de« nutzen dagegen Nischen und werben gezielt um bestimmte Berufsgruppen oder Fach- und Führungskräfte.

Zur Größenordnung des E-Recruitings liefern aktuelle Statistiken beeindruckende Zahlen: Allein im Januar 2008 wurden in den Top-100 Jobbörsen in Deutschland gesamt 3,1 Millionen Stellenanzeigen veröffentlicht, wobei Anzeigen durch Vernetzung in mehreren Börsen gleichzeitig erscheinen können (Crosswater 2008). Die jährlich veröffentlichte Studie »Recruiting Trends 2008« der Universitäten Frankfurt und Bamberg und der Firma Monster gibt Aufschluss über aktuelle Nutzungstrends: Wie Abbildung 1 zeigt, geben die befragten Top-1000 Unternehmen in Deutschland an, bereits 88,8 Prozent der offenen Stellen auf ihren eigenen Webseiten und mehr als zwei Drittel in Internet-Stellenbörsen zu inserieren. Printmedien werden dagegen nur noch für 27,3 Prozent aller Stellenveröffentlichungen genutzt.

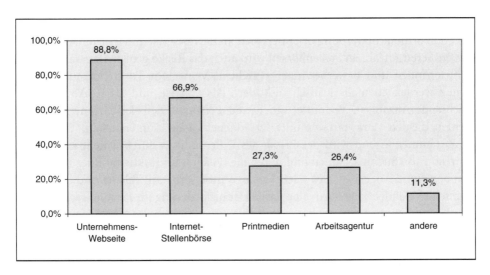

Abb. 1: *Anteile der in verschiedenen Recruiting-Kanälen veröffentlichten Vakanzen (aus Weitzel/König/Eckhardt/Laumer 2008, S. 21)*

Laut der Studie bevorzugen 50 Prozent der befragten Großunternehmen generell elektronische Bewerbungen. Vor allem die leicht zu verarbeitende »Formularbewerbung« wird von Großunternehmen bevorzugt, da Medienbrüche und manueller Aufwand minimal sind. Bei einer Rücklaufquote von 16 Prozent und einem Fokus auf Großunternehmen sind die Ergebnisse jedoch nur bedingt generalisierbar.

Vor- und Nachteile von E-Recruiting

Vergleicht man E-Recruiting mit herkömmlichen Bewerbungswegen zeigen sich verschiedene Vor- und Nachteile. Neben einer informativen Darstellung im Web sprechen vor allem die Schnelligkeit und Kosteneffizienz sowohl auf der Unternehmer- als auch auf der Bewerberseite für das E-Recruiting. Während eine aufwendige Bewerbungsmappe, Material- und Portokosten bisher für Arbeitssuchende eine Hemmschwelle darstellten, ist die elektronische Bewerbung immer wieder einsetzbar. Für Unternehmen entfällt bei elektronischen Bewerbungen die Verpflichtung, Unterlagen zurückzusenden. Außerdem bewirken überregionale Suchmöglichkeiten und die Arbeitsmarkttransparenz zusätzliche Wettbewerbsmöglichkeiten für Unternehmen und Bewerber/innen.

Kritische Faktoren des E-Recruitings sind z.B. die »Bewerberflut«: Kostengünstig verschickte Unterlagen bewirken ein drastisch erhöhtes Bewerbervolumen und die Quantität geht allgemein zulasten der Qualität im Bewerbungs- und Auswahlprozess. Dies hat auch auf den Wettbewerb um rare Talente Auswirkungen. Formularbasierte Kandidatenprofile erfordern das Kategorisieren der Lebenslaufdaten, woraus sich Stellen- und Bewerber-Übereinstimmungen ableiten. Weniger geradlinige Lebensläufe und interessante Details lassen sich aber nur schwer abbilden und eine standardisierte Formularbewerbung orientiert sich an harten »Matching-Kriterien«. Mit einer größeren Anzahl an Stellenbörsen wird auch das Risiko größer, dass sich Stellenanbieter/innen und Bewerber/innen verfehlen. Mangelnde Diskretion und Datenschutz werden ebenfalls kritisch diskutiert. Als Chance und als Risiko kann die wachsende Anzahl an Vermittler/innen und Personal-Dienstleister/innen beurteilt werden, die den Markt mit sehr unterschiedlicher Qualität unterstützen.

Zusammenfassend wird der Erfolg des E-Recruitings durch Datenbankqualität, Präzision von Suchmaschinen und durch die Qualität und Aktivität ihrer Nutzer/innen bestimmt. Angesichts des wachsenden Wettbewerbs um Talente und des demografischen Wandels liegt darin eine große Herausforderung für Personalverantwortliche, Bewerber/innen und Personalvermittler/innen im Internet.

E-Assessments

Klassische Zugänge in der Personalauswahl

Aufgrund ökonomischer Erwägungen verlaufen Personalauswahlprozesse in der Regel in mehreren Auswahlstufen, in denen jeweils über Arbeitsplatzangebot, Verbleib im Bewerberpool oder Ablehnung entschieden wird. Die einzelnen Auswahlprozesse stützen sich dabei auf Erkenntnisse und Methoden der psychologischen Berufseignungsdiagnostik, die IT-unterstützt durchgeführt werden kann. Elektronische Medien werden aber vor allem in frühen Phasen der Personalauswahl zur Vorauswahl genutzt.

Personalauswahl bedeutet nicht einfach die Suche nach »den Besten«, sondern nach der optimalen Passung zwischen Personen und Tätigkeiten. Die psychologische Eignungsdiagnostik wirkt hier unterstützend.

Unter Berufseignungsdiagnostik verstehen Schuler und Höft (2006, S. 102) »die Methodologie der Entwicklung, Prüfung und Anwendung psychologischer Verfahren zur eignungsbezogenen Erfolgsprognose und Entscheidungshilfe im beruflichen Kontext«. Drei grundlegende Ansätze zur Prognose der späteren Berufseignung und ihre Methoden werden unterschieden:

1. Der *biografische Ansatz* geht davon aus, dass künftiges Verhalten aus vergangenem Verhalten ermittelt werden kann. Vor allem Lebenslaufdaten oder Fragen nach bisherigem Verhalten sollten daher eine Prognose des künftigen Berufserfolgs ermöglichen.
2. Der *Eigenschafts- oder Konstruktansatz* nimmt an, dass dem Verhalten einer Person relativ stabile persönliche Konstrukte, wie Intelligenz, Offenheit für neue Erfahrungen oder Gewissenhaftigkeit zugrunde liegen. Eigenschaften werden typischerweise mit psychologischen Tests gemessen.
3. Der *Simulationsansatz* strebt an, Verhalten zu messen, dass zur erfolgreichen Ausführung der Tätigkeit am späteren Arbeitsplatz notwendig ist. Zur Messung eignen sich Arbeitsproben, die in konkreter Probearbeitszeit, Assessment-Center-Übungen oder mittels Fragen nach künftigem Verhalten in spezifischen Situationen gewonnen werden.

Bei guter Vorbereitung, Durchführung und Auswertung sind alle drei Ansätze und ihre Methoden valide und liefern wertvolle Informationen zur Prognose des künftigen Berufserfolges. Wie theoretische Untersuchungen belegen, enthält jeder Ansatz zusätzliche Informationen gegenüber den beiden anderen Ansätzen (inkrementelle Validität). In der Praxis werden deshalb heute oft verschiedene Verfahren kombiniert oder in mehreren Bewerbungsrunden nacheinander angewendet (vgl. Schuler/Höft 2006).

Biografischer Ansatz

Die Analyse von Bewerbungsunterlagen, Referenzen, biografischen Fragebögen oder Interviewdaten verfolgt die Logik, aus bisherigem Verhalten auf künftiges zu schließen. Obwohl die Methode nur begrenzt den Einsatz technologischer Mittel zulässt, bieten Interviewleitfäden und Checklisten eine stärkere Standardisierung und schnellere Verarbeitung. Auch traditionelle Bewerbungen werden oftmals mittels Checklisten auf formale Aspekte, Anschreiben, Abschlüsse, Auslandserfahrung oder Berufspraxis geprüft, benotet und in eine Rangreihe gebracht. Eine verbreitete Unterteilung in A-, B- und C-Kandidat/innen stellt für Topkandidaten die zügige Verarbeitung der Bewerbung sicher, weist dem Mittelfeld eine interne Wartelistenposition zu und schlägt die Ablehnung schwacher Kandidat/innen vor. Eine ähnliche Standardisierung, Punktevergabe und Gewichtung ist bei nahezu allen Bewerbungsprozessen möglich.

Eine Methode der Eignungsdiagnostik, die einen hohen Grad der Strukturierung mit der Individualität eines Gesprächs verbindet, ist das Multimodale Interview (MMI) von Schuler (1992). Es enthält die acht Elemente Gesprächsbeginn, Selbstvorstellung des Bewerbers, Fragen zur Berufs- und Organisationswahl, freier Gesprächsteil und offene Fragen, biografische Fragen zu beruflichen Situationen, realistische Tätigkeitsinformation (»Job Preview«), situative Fragen zu kritischen Berufsereignissen sowie den Gesprächsabschluss. Das Interview kombiniert die drei eignungsdiagnostischen Ansätze, und die strukturierte Gesprächsführung ermöglicht eine systematische Informationsgewinnung und Dokumentation. Während einige Elemente dem natürlichen Gesprächsverlauf und der Bewerberinformation dienen, lassen andere eine Bewertung auf verhaltensverankerten Skalen zu. Gemittelte und gewichtete Einzelwerte führen so zu einer numerischen Gesamtbeurteilung der Kandidaten. Die eigentliche Diagnostik erfolgt damit manuell, sie wird jedoch IT-gestützt verarbeitet.

Das Multimodale Interview ist hinsichtlich seiner Vorhersagekraft für späteren Berufserfolg klassischen Einstellungsinterviews sowie Intelligenztests überlegen, die prädiktive Validität wurde in verschiedenen Einzelstudien zwischen $r = .30$ und $r = .50$ errechnet (Schuler/Marcus 2006).

Konstruktansatz

Der Ansatz geht von persönlichen Konstrukten aus, die zeitlich relativ stabil sind und dem gezeigten Verhalten zugrunde liegen. Dies ermöglicht den Schluss von vergangenem auf zukünftiges, erfolgreiches Verhalten mittels Tests.

Als Beispiel hierfür kann der Intelligenztest IST-2000-R (Amthauer/Brocke/Liepmann/Beauducel 2001) genannt werden, der als Paper-Pencil-Version und als PC-Test erhältlich ist. Er misst Teilbereiche kognitiver Fähigkeiten, wie z.B. verbale, figural-räumliche oder rechnerische Intelligenz, schlussfolgerndes Denken sowie verschiedene Wissensbereiche. In vielen kognitiven Fähigkeitstests werden Teilbereiche zu einem Faktor »g« der allgemeinen Intelligenz zusammengefasst und relativ zu einer Vergleichsgruppe beurteilt. Oft liegt aber vorab ein sogenannter »Cut-Off-Wert« fest, der ein Minimum angibt, das Kandidaten erreichen sollten, um im Bewerbungsprozess zu bleiben. Obwohl einzelne Bereiche der Intelligenz unterschiedlich relevant für verschiedene Berufe sein können, legen neuere Meta-Analysen nahe, dass der g-Faktor eine starke Vorhersagekraft für späteren Berufserfolg hat. Dieser Zusammenhang wird maßgeblich durch das Berufsbild moderiert ($r = .24$ bis $.67$) und ist für sehr komplexe Aufgaben am höchsten (vgl. Schuler/Höft 2006).

Ein weiteres Beispiel des Eigenschafts- oder Konstruktansatzes ist das Bochumer Inventar zur berufsbezogenen Persönlichkeitsbeschreibung, BIP (Hossiep/Paschen 2003). Das Instrument ist speziell zur Anwendungen im Personalmanagement entwickelt worden und misst persönliche Eignungsvoraussetzungen wie berufliche Orientierung, Arbeitsverhalten, soziale Kompetenzen oder psychische Konstitution. Eine PC-Version und die automatische Reporterstellung ermöglichen die elektronische Verarbeitung. Untersuchungen zur Validität haben substanzielle Zusammenhänge der BIP-Skalen mit Merkmalen beruflichen Erfolges und beruflicher Zufriedenheit gezeigt (r = .41 bis .49) (Hossiep/Paschen 2003).

Beide Instrumente können eine hohe Bewerberanzahl kanalisieren oder reduzieren und werden innerhalb der Personalprozesse IT-gestützt verwendet.

Simulationsansatz

Präsenz-Assessment

Unter einer Arbeitsprobe ist eine Aufgabe zu verstehen, die das beruflich relevante Verhalten als Stichprobe abbildet. Da sich eine Simulationsaufgabe an den erfolgskritischen Anforderungen der späteren Tätigkeit orientieren soll, kann sie neben der Bewerberauswahl auch zur direkten Leistungsmessung im Beruf herangezogen werden und ist damit inhaltlich valide (vgl. Görlich 2007).

Eine prototypische Sammlung von Arbeitsproben stellt das Assessment-Center (AC) dar, bei dem einige Kandidat/innen in mehreren Übungen bezüglich verschiedener Verhaltensdimensionen durch mehrere Beobachter/innen eingeschätzt werden. Hiermit werden, ähnlich dem Multimodalen Interview (Schuler 1992), systematische Messfehler reduziert.

Die Vorbereitung, Durchführung und Nachbereitung eines ACs umfasst mehrere Phasen. Der umfangreichen Planung folgt die Konstruktion der Übungen. Nach einer Analyse erfolgskritischer Situationen werden dahinterliegende, abstrakte Verhaltensdimensionen in konkret beobachtbarem Verhalten beschrieben. In den Übungen erfassen Beobachter/innen das Verhalten strukturiert und beurteilen die Kandidat/innen nach jeder einzelnen Übung auf jeder Verhaltensdimension. Anschließend werden die Werte über alle Beobachter/innen gemittelt und dem Anforderungsprofil gegenübergestellt. In der Beobachterkonferenz eines Auswahl-ACs leiten sich daraus abschließende Einstellungs- oder Ablehnungsempfehlungen ab, während das Entwicklungs-AC Stärken und Lernfelder ermittelt, aus denen sich Personalentwicklungsmaßnahmen ableiten.

Für die Nutzung von ACs spricht die getrennte Beobachtung und Bewertung und eine relativ große Unabhängigkeit von der Beurteilung des Einzelnen. Auch kann man einen Kandidaten in kurzer Zeit in relativ verschiedenen berufsrelevanten Situationen erleben. Die komplexe Konstruktion, Durchführung und Interpretation lassen jedoch Raum für Fehler. Die Validität von ACs wird immer wieder kontrovers diskutiert:

Sackett und Dreher (1982) konnten zeigen, dass – entgegen der Theorie – der Zusammenhang aller Dimensionen innerhalb einer Übung je Kandidat oft größer ist als der Zusammenhang einer Dimension über alle Übungen hinweg (mangelnde Diskriminanz, geringe Konvergenz). Mögliche Gründe dafür könnten die geringe Expertise und Objektivität der Beobachter/innen, Mängel in der Erfassung von Anforderungen und Verhaltensmerkmalen, aber auch spezifische Testeffekte der Teilnehmer/innen sein.

Aktuelle Untersuchungen zeigen, dass sich das AC trotz seiner Nachteile vor allem für Fach- und Führungskräfte etabliert hat und hier eine relativ gute Akzeptanz erfährt (vgl. Höft/Funke 2006). In den letzten Jahren wurden ACs modifiziert und weiterentwickelt. In eintägigen Einzel-ACs werden beispielsweise kognitive Leistungstests, Videosimulationsübungen und verschiedene Rollenspielübungen mit einem Kandidaten und mehreren Rollenspieler/innen umgesetzt. In diesen AC-Formen sind neue Medien stärker eingebunden. Sie steigern damit den Informationsgewinn bei einer höheren Durchführungsökonomie.

Online-Assessment-Center

Das Online-Assessment-Center (E-Assessment) ist ein innovatives und stark IT-gestütztes Auswahlinstrument, das vor allem zur frühen Bewerberauswahl gut eingesetzt werden kann. Innerhalb des Verfahrens können interaktiv Fragen, Simulationen und Planspiele kombiniert und nachfolgende Aufgaben und Stufen entsprechend der Kandidatenantwort gesteuert werden. Durch eine personalisierte Registrierung des Kandidaten können Interaktionen und Ergebnisse analysiert, zugeordnet und zur Personalauswahl genutzt werden.

Neben stark interaktiven Varianten werden mit dem Begriff E-Assessment aber auch Persönlichkeitsfragebögen verbunden, die im Internet ausgefüllt oder per E-Mail versandt werden können. Sie können jeweils Hinweise auf Persönlichkeitseigenschaften, soziale Kompetenz, Leistungsmotivation oder Intelligenz eines Bewerbers geben. Aber auch biografische Informationen und Fragen zu Verhalten in erfolgskritischen Situationen sind üblich. Das Verfahren – soweit man von *einem* Verfahren sprechen kann – enthält damit Elemente des biografischen-, Eigenschafts- und Simulationsansatzes. Da die Antworten elektronisch vorliegen, ist eine lückenlose und kostengünstige Verarbeitung der Daten ohne Medienbruch möglich. Einer neueren Studie (Weitzel et al. 2008) folgend nutzen erst 7,6 Prozent der befragten Firmen E-Assessments, mehr als die Hälfte der Großunternehmen sehen hierin aber eine Methode, die sie sich in Zukunft zur Bewerbervorauswahl in ihrem Unternehmen vorstellen können. Darin zeigen sich die Potenziale, die sich für IT-gestützte Verfahren in der Personalauswahl künftig bieten.

Online-Tests haben jedoch ihre Grenzen. Sie können individuelle Gespräche und Beratungen ergänzen, aber nicht ersetzen. Ein persönlicher Eindruck und die Empfehlung eines erfahrenen Personalentwicklers oder Psychologen sind damit nicht zu ersetzen. Auch kann nicht unbedingt vorausgesetzt werden, dass Paper-Pencil- und PC-Testvariante das Gleiche messen. Früher gefundene, große Unterschiede werden für neuere Tests jedoch kaum noch bestätigt. Umgebungsfaktoren, Systemqualität und -stabilität sowie die mögliche Fälschbarkeit bei Internet-ACs können die Vergleichbarkeit von Ergebnissen ebenfalls reduzieren (vgl. Hertel/Konradt/Orlikowski 2003).

E-Learning in der Personalentwicklung

Personalentwicklung zielt darauf, Aneignung von Wissen, Veränderung von Verhalten und Persönlichkeitsentwicklung von Mitarbeiter/innen zu fördern, damit diese den Anforderungen ihrer Arbeit gerecht werden und sich beruflich entwickeln können (Sonntag 2006a). Formen, Methoden und Techniken der Personalentwicklung wurden in verschiedenen Überblicksarbeiten systematisiert. So werden beispielsweise wissensorientierte und verhaltensorientierte Verfahren (vgl. Sonntag/Stegmaier 2006) der Personalentwicklung unterschieden.

Der zunehmende Einsatz computergestützter Formen des Lernens in der Personalentwicklung drückt das wachsende Interesse am Thema E-Learning aus (vgl. Konradt 2007; Schaper/Konradt 2004; Schaper/Sonntag/Baumgart 2003). Allerdings kann keinesfalls eine generelle Überlegenheit des E-Learnings gegenüber traditionellen Lernformen angenommen werden. So profitieren beispielsweise vor allem Lernende mit einer hohen Selbstwirksamkeit und einer starken Leistungszielorientierung von elektronisch vermittelten Lernformen (Brown 2001).

E-Learning bezeichnet unterschiedliche Formen des computergestützten Lernens. Der Lernende kann sich hierbei entweder alleine mit einer multimedialen Lernanwendung beschäftigen oder sich durch Medien der Telekommunikation wie beispielsweise E-Mail oder Videokonferenz mit anderen austauschen. Unternehmen versprechen sich durch den Einsatz von E-Learning, Kosten der Personalentwicklung zu reduzieren, das Lernen stärker bezogen auf Inhalte, Ziele, Tempo oder Zeitpunkt zu individualisieren und durch Medien praxisnäher zu gestalten (Konradt 2007). Allerdings darf nicht übersehen werden, dass erhebliche Kosten damit verbunden sind, Lernanwendungen zu entwickeln, Medien zu produzieren und eine geeignete technische Infrastruktur im Unternehmen aufzubauen.

Schaper und Konradt (2004) unterscheiden netzbasierte, nicht netzbasierte Formen des E-Learnings sowie hybride Lernformen (Blended-Learning). Zu den netzbasierten Formen zählen die Autoren Online-Teachings, Online-Tutorials sowie kooperative Lernszenarien, zu den nicht netzbasierten tutorielle Lernprogramme, Hypertext- bzw. Hypermediasysteme und simulative Lernumgebungen. Beim Blended-Learning wird E-Learning mit traditionellen Formen des Lernens (z. B. Präsenzveranstaltungen) kombiniert.

Netzbasierte Formen des E-Learnings

Online-Teaching

Beim Online-Teaching werden Vorträge oder Diskussionen von Expert/innen auf Video aufgezeichnet und zum Abruf auf Servern abgelegt. Weitere Medien wie Grafiken, Texte oder Animationen, können die mündliche Darbietung der Expert/innen ergänzen (Seufert/Back/Häusler 2001). Beim einfachen Online-Teaching sind die Lernenden eher rezeptiv und lernen, sich in einem neuen Thema zu orientieren. Es gibt allerdings auch Formen, die um interaktive Elemente erweitert sind, sodass die Lernenden Fragen stellen, Themen diskutieren oder neue Inhalte praktisch einüben können (Hesse/Friedrich 2001).

Online-Tutorials

Online-Tutorials ähneln den nicht netzbasierten tutoriellen Lernprogrammen. Durch die Netzanbindung kann die tutorielle Unterstützung bei Online-Tutorials jedoch zusätzlich in Form von Audio- oder Videokonferenzen oder per E-Mail erfolgen. Diese Form des Lernens kombiniert Vorteile eines selbstgesteuerten Lernens mit bedarfsgerechter Unterstützung bei auftretenden Fragen und Problemen (Seufert et al. 2001). Eine spezifische Anwendung stellt das Online-Mentoring dar (vgl. Ensher/Heun/Blanchard 2002), bei dem eine erfahrene Person eine weniger erfahrene bei beruflichen und karrierebezogenen Herausforderungen unterstützt.

Kooperative Lernszenarien im Netz

Wenn es um das Lernen einer Gruppe und die gemeinsame Bearbeitung einer komplexeren Aufgabe geht, bieten sich kooperative Lernszenarien im Netz als Form des E-Learnings an. Bei der einfachen Form der Online-Diskussionen werden Lerninhalte gemeinsam von Lernenden diskutiert. In einem virtuellen Lernprojekt arbeitet eine Projektgruppe über eine längere Zeit zusammen, um ein bestimmtes Lernziel zu erreichen. Üblicherweise sind virtuelle Lernprojekte in ein Curriculum eingebunden und werden durch einen Dozenten unterstützt. Neben gruppenbezogenen Formen der Kommunikation wird auch der dyadische Austausch sowie die Interaktion mit dem Dozenten ermöglicht (Schaper/Konradt 2004). Evaluationen kooperativer Lernformen im Netz haben einige Herausforderungen identifiziert (vgl. Kreijns/Kirschner/Jochems 2003). So vermissen Teilnehmer/innen beispielsweise bei asynchronen Medien wie Diskussionsforen Informationen aus Stimme und Mimik, wie sie soziale Interaktionen face-to-face begleiten.

Nicht netzbasierte Formen des E-Learning

Trainingssysteme

Trainingssysteme dienen in erster Linie zur Vertiefung und Verfestigung von bereits vorhandenem oder leicht erlernbarem Wissen. Lernen erfolgt als Wiederholen und Memorieren. Sie sind noch stark an Prinzipien des programmierten Unterrichts ausgerichtet, da sie dem Lerner nur wenig Einfluss auf den Programmablauf zugestehen und meist nur aus einfachen Frage-Antwort-Rückmeldungs-Sequenzen bestehen. Anwendungsbeispiele liegen in Form von Grammatik- und Rechentrainern oder Lernprogrammen zur Vorbereitung auf berufliche Prüfungen (vgl. Euler 1992) vor.

Tutorielle Systeme

Tutorielle Systeme zielen neben der Stoffvermittlung auch auf die Überprüfung und individuell abgestimmte Förderung des Lernerfolgs ab. Die Steuerung liegt dabei sowohl beim System als auch beim Lerner, wobei das Programm die Fortschritte des Anwenders überwacht. »Intelligente« tutorielle Systeme (ITS) besitzen dazu eine Diagnosekomponente, die ein Modell der kognitiven Prozesse des Lerners aufbaut, fortlaufend ausdifferenziert und auf dieser Grundlage die individuellen Schwächen des Lernenden erkennt und bei der Instruktion berücksichtigt (Goldstein/Ford 2002). Lernen wird so zum interaktionalen und konstruktiven Prozess.

Hypertext- oder Hypermediasysteme

Typische lernergesteuerte Systeme sind Hypertext- oder Hypermediasysteme. Der Grundgedanke solcher Systeme besteht darin, den Inhalt eines Gegenstandsbereichs in einzelne Informationseinheiten aufzugliedern und in Netzwerkform als Knoten und Verbindungen zu repräsentieren (vgl. Tergan 1995). Im Unterschied zu linearen Bearbeitungswegen durch ein Informationsmedium wird durch Hypertextsysteme ein flexibler Zugriff auf beliebige Informationsknoten in beliebiger Reihenfolge möglich. Lernen findet als explorativer Prozess statt. Vorteile gegenüber dem Lernen mit herkömmlichen Texten liegen vor allem in einer schnellen Informationssuche in umfangreichen Informationsbeständen. Anwendungen von lernergesteuerten Systemen im Beruf sind vielfältig (vgl. Issing/Klimsa 2002). Ein Beispiel ist ein Lernprogramm zur Förderung von Verkaufsfähigkeiten in einem Warenhaus (Zumbach 2002).

Computergestützte Simulationen

Eine Simulation ist die Beschreibung eines bestimmten Ausschnitts der Realität, deren Elemente und Relationen ein Lerner explorieren und/oder kontrollieren soll (vgl. Jacobs/Dempsey 1993). Simulationen erlauben somit insbesondere »entdeckendes

Lernen« und unterstützen den Aufbau mentaler Modelle. Der Einsatz von Simulationen bietet sich immer dann an, wenn bestimmte Abläufe, die trainiert werden sollen, in der Realität mit Risiken und Gefahren verbunden sind oder bei Fehlhandlungen zu kosten- und zeitintensiven Ausfällen des Systems führen. Der Einsatz von Simulationen sollte durch flankierende Maßnahmen wie die Präsentation eines effektiven Modells im Umgang mit der Simulation, die Nachbereitung der Erfahrungen und Möglichkeiten für Coaching und Feedback begleitet werden (vgl. Tannenbaum/ Yukl 1992). Die Einsatzfelder von Simulationen zu Trainingszwecken sind vielfältig. Auch zum spielerischen Erlernen von Kooperationsverhalten wird der Einsatz von Simulationen erforscht (vgl. Toben 2005).

Anwendungsbeispiel: Vermittlung von Störungsdiagnosekompetenz durch eine computergestützte Simulation

Die Lernumgebung »Diagnose-KIT« soll Problemlösefähigkeiten fördern und eignet sich zur Vermittlung von Störungsdiagnosekompetenzen für Instandhaltungspersonal. Den Kern des CBTs bildet die authentische Simulation einer teilautomatisierten Fertigungsanlage mit 20 Störungsdiagnoseaufgaben, wobei jede Aufgabe genau eine Störung enthält, wie sie im laufenden Betrieb auftreten könnte (Schaper/Sonntag/ Zink/Spenke 2000). In Diagnose-KIT sollen die Lernenden in der Rolle von Instandhalter/innen Fehler durch Prüfoperationen eingrenzen, diagnostizieren und beheben, indem sie defekte Bauteile austauschen oder justieren. Zur Bewältigung der Diagnoseaufgaben navigieren die Benutzer/innen mithilfe einer virtuellen Instandhalterfigur durch einen zweidimensionalen Aufriss des realen Anlagenaufbaus.

Nachdem die Instandhalterfigur die angewählte Anlagenkomponente erreicht hat, lassen sich durch Anklicken detaillierte Ansichten von Anlagenkomponenten und Bauteilen aufrufen. Bei der Interaktion mit dem Lernprogramm können sich die Lernenden wie in der Realität mit Anlagenplänen über technische Gegebenheiten orientieren, Strom- und Druckmessungen durchführen, den Operandenstatus der SPS-Steuerung abfragen und manuell in die Anlagensteuerung eingreifen. Die Anlagenpläne sind eine digitalisierte Abbildung der originalen Pläne und in einem »Ordner« organisiert, der den Zugriff über entsprechende Register ermöglicht.

Um den Transfer der computerbasierten Lernumgebung »Diagnose-KIT« weiter zu optimieren, wurden Prinzipien der kognitiven Modellierung, Transferanker sowie adaptive tutorielle Hilfen in die Lernumgebung integriert (Hochholdinger/Schaper/ Sonntag 2007).

Kognitive Modellierung

In der Lernumgebung setzen sechs digitalisierte Videos Prinzipien der kognitiven Modellierung um. Darin erklären erfahrene Instandhalter/innen, welche Ziele sie verfolgen, welches Vorgehen sie gewählt haben, und erläutern ihre Handlungen sowie

Schlussfolgerungen aus Messergebnissen. Die Videos entsprechen sechs Störungen in der Simulation und werden im Training zum ersten Mal nach der ungeleiteten Bearbeitung einer Störung präsentiert.

Transferanker

Der Einsatz von Transferankern stammt aus dem konstruktivistischen Ansatz der *Anchored Instruction* als einer Form problembasierten Lernens (Michael/Klee/Bransford/Warren 1993). Das »Verankern« zusätzlicher Anwendung soll subjektive Anwendungsbereiche erweitern. Zu diesem Zweck wurden in der Lernumgebung Transferanker für zwei weitere Fertigungsanlagen implementiert, um die Anwendung von Diagnosestrategien in einem anderen technischen System zu veranschaulichen. Die Transferanker werden jeweils nach den Simulationsaufgaben aus einem Störungsbereich bearbeitet. Sie bestehen aus einem computergestützten Einführungstutorial für zwei Fertigungsanlagen und digitalisierten Videos, welche die Störungsdiagnose veranschaulichen. Der erste Teil eines jeden Videos enthält eine Bestandsaufnahme des Störungsbildes durch den Experten, der zweite zeigt die erfolgreiche Diagnose. Beide Teile werden anhand strukturierender Fragen zunächst individuell vertieft. Anschließend werden die Antworten in einem kollaborativen Setting gesammelt und diskutiert.

Adaptive tutorielle Hilfen

Mit den adaptiven tutoriellen Hilfen werden mehrere Elemente des *Cognitive Apprenticeship* (vgl. Collins/Brown/Newman 1989) realisiert: Coaching, Scaffolding und Fading/Exploration. Die Hilfen werden systemgesteuert je nach Lernverhalten erzeugt. Die Zuweisung von situativen Hinweisen zu bestimmten Benutzerereignissen erfolgte auf der Basis der Analysen von Instandhalter/innen bei der Störungsdiagnose. Anhand dieser Beobachtungen wurden ungünstige Diagnosehandlungen operationalisiert und festgelegt, ab welcher Häufigkeit des Auftretens sie als ungünstig einzustufen sind. Zu diesen Verhaltensweisen wurden Tipps formuliert, um sie entsprechend zu ändern, also z. B. Hinweise auf wichtige Diagnosemöglichkeiten oder auf eine generelle Richtung der Störungssuche, die in Dialogboxen erscheinen. Die Hinweise sind gestuft in allgemeine und spezielle Hinweise. Ob diese Hilfen tatsächlich erscheinen, hängt vom Benutzerverhalten ab.

Die Ergebnisse mehrerer Studien belegen, dass durch die Kombination der computergestützten Simulation Diagnose-KIT mit den beschriebenen Elementen kognitive Modellierung, adaptive tutorielle Hilfen sowie Transferanker die Erfolgsrate bezogen auf Aufgaben mit unterschiedlichen Transferabständen deutlich verbessert werden kann (Hochholdinger et al. 2007; Sonntag/Schaper/Hochholdinger/Zink 2004).

Blended-Learning

Beim Blended-Learning wird das E-Learning mit traditionelleren Lernformen wie beispielsweise Präsenzveranstaltungen oder persönlichem Coaching kombiniert (Kerres 2002). So kann E-Learning eingesetzt werden, um Teilnehmer/innen auf Präsenzveranstaltungen vorzubereiten (z. B. durch die Vermittlung von Wissen) oder den Transfer nach einer Präsenzmaßnahme zu unterstützen (z. B. Austausch mit Dozent/innen oder Teilnehmer/innen der Präsenzveranstaltung). Die Entscheidung über die richtige Kombination der Lernformen beim Blended-Learning hängt unter anderem von den Kompetenzen der Lernenden sowie finanziellen Vorgaben ab.

Anwendungsbeispiel: Blended-Learning mit Simulationen für das Crew Resource Management

Teamleistungen sind insbesondere im Flugverkehr und im medizinischen Bereich gefordert. *Crew Resource Management Training* (CRM-Training) hat daher die Förderung von fachlich-inhaltlichen und teambezogenen Kompetenzen bei Flugzeug- und Bodenpersonal oder Teams im Operationssaal zum Inhalt, um menschliche Fehlleistungen und Unfälle zu reduzieren, den Umgang mit Gefahren zu optimieren und die Koordination im Team zu verbessern (vgl. Helmreich/Merrit/Wilhelm 1999). Hierzu werden methodische Elemente wie Simulatoreinsatz, kognitive Modellierung, Feedback sowie die gezielte Nachbesprechung und Diskussion von Vorgehensweisen anhand von Videoaufzeichnungen (Debriefing und Probing) miteinander kombiniert. Es handelt sich somit um ein typisches Beispiel für Blended-Learning.

Der Simulatoreinsatz ist hierbei besonders zentral. Sowohl im Luftfahrtbereich als auch im Kontext der Medizin kommen High-Fidelity-Simulatoren zum Einsatz, die erlauben eine Situation möglichst realitätsnah abzubilden. Salas, Rhodenizer und Bowers (2000) entwickelten entsprechende Designs für CRM-Trainings und weisen die Förderung von Teamkompetenzen im Cockpit nach. Positive Effekte auf die Einstellungen von Pilot/innen bezüglich unfallrelevanter Verhaltensweisen (vgl. Helmreich et al. 1999) sowie auf verbesserte Kommunikation und Teamkoordination (vgl. Leedom/Simon 1995) sind ebenfalls nachgewiesen. In einer Meta-Analyse identifizierten Salas, Burke, Bowers und Wilson (2001) positive Effekte von CRM-Training auf verschiedenen Evaluationsebenen.

Auch im Bereich des Zwischenfallmanagements bei der Narkoseführung (Anesthesia Crisis Resource Managment – ACRM) kommen Simulatoren zum Einsatz. Trainingsbezogene Verbesserungen sind unter anderem bezüglich der Einstellungen gegenüber Führung, Planung und Kommunikation (Schaper/Schmitz/Grube/Dieckman/Grat 2002), der Fähigkeiten zum Krisenmanagement (Weller/Wilson/Robinson 2003) und der Qualität der Entscheidungsfindung (Berkenstandt/Ziv/Barsuk/Levine/Cohen/Vardi 2003) belegt.

Im Heidelberger Anästhesie- und Notfall-Simulationszentrum (HANS) der medizinischen Fakultät wurde im Rahmen eines eineinhalbtägigen Simulatortrainings geübt, wie man effektiv mit kritischen Zwischenfällen bei der Narkoseführung umgeht (vgl. für eine ausführliche Darstellung Schaper/Schmitz/Graf/Grube 2003).

Die Evaluation des simulatorgestützten ACRM-Trainings zeigte anhand von Veränderungen von Einstellungs- und Fähigkeitsaspekten deutlich, dass der Nutzen eines Simulatoreinsatzes durch die Vermittlung von ACRM-Prinzipien (»Übernimm die Führung«, »Kommuniziere effektiv«), systematische Bedarfsanalysen, eine gezielte Moderation des Debriefings, die Unterstützung des Lerntransfers sowie die gezielte Förderung der Trainingsmotivation gesteigert werden kann (Bayer 2003).

Fazit

Der Einsatz innovativer Informations- und Kommunikationstechniken, anspruchsvoller Software und neuer Medien im Feld des HR-Managements, konkret der Personalauswahl und -entwicklung, ist vielfältig und dürfte sich in Zukunft weiter ausbreiten. Gleichzeitig ist aber mit zunehmender Virtualisierung, Abstrahierung und Simulation die Gefahr einer Entfernung von der arbeits- und organisationalen Realität und authentischen beruflichen Handelns und Entscheidens erheblich.

Um diesen Realitätsverlust beim Einsatz computerbasierter HR-Tools zu vermeiden, sind aufwendige Entwicklungs- und Forschungsarbeiten notwendig. So müssen z. B. für den eignungsdiagnostischen Bereich vermehrt aufgaben- und anforderungsanalytische Methoden eingesetzt werden, die in der Lage sind, sogenannte »real life tasks« (Sonntag 1997, 2006a) inhaltsvalide abzubilden. Sie bilden die Grundlage für computergestützte Assessment-Center oder Arbeitsproben. Für computergestützte Interventionen sind entsprechende Lernumgebungen zu präferieren, deren didaktisch-methodische Ausgestaltung ein hohes Transferpotenzial beinhaltet. Theorien und Methoden des »Arbeitsorientierten Lernens« (Sonntag/Stegmaier 2007) sind hier angezeigt. Außerdem sind Organisationen gefordert, die geeignete technische Infrastruktur aufzubauen, damit z. B. die Möglichkeiten des E-Learnings auch angemessen benutzt werden können. Des Weiteren werden an die Lehrenden und Lernenden bei computergestützten Lernumgebungen hohe Anforderungen gestellt. Von den Lernenden werden eine starke Lernmotivation, ausgeprägte Medien- und Kommunikationskompetenz sowie die Fähigkeit, Lernprozesse selbst zu steuern, erwartet. Aber auch an die Lehrenden werden hohe Anforderungen gestellt (vgl. Busch/Mayer 2002). Je nach Ausprägung des E-Learnings sind die Lehrenden z. B. in der Rolle des Vermittlers von Wissen, des Beraters oder des Moderators von kooperativen Lernprozessen zu sehen. Sie müssen darüber hinaus Lernmaterial mediengerecht gestalten und sequenzieren.

Insgesamt ist festzustellen, dass für die Entwicklung und Erprobung computergestützter HR-Tools für die Personalauswahl und -entwicklung in hohem Maße eine interdisziplinäre Zusammenarbeit zwischen Arbeits- und Organisationspsycholog/innen, Instruktionspsycholog/innen, Informatiker/innen und Medienexpert/innen unabdingbar ist.

Literatur

Amthauer, R./Brocke, B./Liepmann, D./Beauducel, A. (2001): Intelligenz-Struktur-Test 2000 R (IST-2000 R). Göttingen: Hogrefe.

Bayer, Y. (2003): Vermittlung und Evaluation von Prinzipien des Anesthesia Crisis Resource Management im Rahmen eines Full Scale Simulatortrainings. Unveröffentlichte Diplomarbeit an der Universität Heidelberg.

Berkenstadt, H./Ziv, A./Barsuk, D./Levine, I./Cohen, A./Vardi, A. (2003): The use of advanced simulation in the training of anesthesiologists to treat chemical warfare casualities. Anesthesia & Analgesia, 96, S. 1739–1742.

Brown, K.G. (2001): Using computers to deliver training: Which employees learn and why? Personnel Psychology, 54, S. 271–296.

Busch, F./Mayer, T.B. (2002): Der Online-Coach. Wie Trainer virtuelles Lernen optimal fördern können. Weinheim: Beltz.

Collins, A./Brown, J.S./Newman, S.E. (1989): Cognitive Apprenticeship. Teaching the crafts of reading, writing, and mathematics. In: Resnick, L.B. (Hrsg.): Knowing, learning and instruction. Hillsdale, NJ: Erlbaum. S. 453–494.

Crosswater: Job Guide TOP-100 Jobbörsen nach Anzahl Stellenanzeigen. www.crosswater-job-guide.com/php_jobmarkt_Anzeigen/Rangliste_nach_Anzahl_Stellenanzeigen_list.php. (Abruf 19.2.2008).

Ensher, E.A./Heun, C./Blanchard, A. (2002): Online mentoring and computer-mediated communication: New directions in research. Journal of Vocational Behavior, 63, S. 264–288.

Euler, D. (1992): Didaktik des computergestützten Lernens: Praktische Gestaltung und theoretische Grundlagen. Nürnberg: Bildung und Wissen.

Görlich, Y. (2007): Arbeitsproben. In: Schuler, H./Sonntag, K. (Hrsg.): Arbeits- und Organisationspsychologie. Handbuch der Psychologie. Göttingen: Hogrefe, S. 470–482.

Goldstein, I.L./Ford, J.K. (^{4}2002): Training in organizations: Needs assessment, development, and evaluation. Belmont, CA, US: Wadsworth/Thomson Learning.

Hertel, G./Konradt, U./Orlikowski, B. (2003): In: Konradt, U./Sarges, W. (Hrsg.): E-Recruitment und E-Assessment. Göttingen: Hogrefe.

Hesse, F.W./Friedrich, H.F. (Hrsg.) (2001): Partizipation und Interaktion im virtuellen Seminar. Münster: Waxmann.

Hochholdinger, S./Schaper, N./Sonntag, K. (2007): Formative Evaluation einer situierten E-Learning-Umgebung in der betrieblichen Bildung. Zeitschrift für Medienpsychologie, 19, S. 105–115.

Höft, S./Funke, U. (^{2}2006): Simulationsorientierte Verfahren in der Personalauswahl. In: Schuler, H. (Hrsg.): Lehrbuch der Personalpsychologie. Göttingen: Hogrefe, S. 145–187.

Hossiep, R./Paschen, M. (^{2}2003): Bochumer Inventar zur berufsbezogenen Persönlichkeitsbeschreibung, BIP. Göttingen: Hogrefe.

Helmreich, R./Merrit, A./Wilhelm, J. (1999): The evolution of crew resource management training in commercial aviation. The International Journal of Aviation Psychology, 9, S. 19–32.

Issing, L.J./Klisma, P. (^{3}2002): Information und Lernen mit Multimedia. Weinheim: Beltz.

Jacobs, J./Dempsey, J.V. (1993): Simulation and gaming: fidelity, feedback and motivation. In: Dempsey, J.V./Salas, G.F. (Hrsg.): Interactive instruction and feedback. Englewood Cliffs, NJ: Educational Technology, S. 197–229.

Kerres, M. (2002): Online- und Präsenzelemente in Lernarrangements kombinieren. In: Hohenstein, A./Wilbers, K. (Hsrg.): Handbuch E-Learning. Expertenwissen aus Wissenschaft und Praxis. Köln: Deutscher Wirtschaftsdienst. Kap 4.5, S. 1–19.

Konradt, U./Sarges, W. (2003): E-Recruitment und E-Assessment. Göttingen: Hogrefe.

Konradt, U. (2007): E-Learning. In: Schuler, H./Sonntag, K. (Hrsg.): Arbeits- und Organisationspsychologie. Handbuch der Psychologie. Göttingen: Hogrefe, S. 641–647.

Kreijns, K./Kirschner, P.A./Jochems, W. (2003): Identifying the pitfalls for social interaction in computer-supported collaborative learning environments: A review of the research. Computers in Human Behavior, 19, S. 335–353.

Leedom, D./Simon, R. (1995): Improving team coordination. A case for behavioural-based military training. Military Psychology, 7, S. 109–122.

Moser, K./Zempel, J./Göritz, A. (2003): Personalmarketing im Internet: Ziele, Strategien, Praktiken und Erfahrungen. In: Konradt, U./Sarges, W. (Hrsg.): E-Recruitment und E-Assessment. Göttingen: Hogrefe, S. 19–36.

Michael, A.L./Klee, T./Bransford, J.D./Warren, S.F. (1993): The transition from theory to therapy: Test of two instructional methods. Applied Cognitive Psychology, 7, S. 139–153.

Sackett, P.R./Dreher, G.F. (1982): Constructs and assessment center dimensions: Some troubling empirical findings. Journal of Applied Psychology, 67, S. 401–410.

Salas, E./Burke, C./Bowers, C./Wilson, K. (2001): Team training in the skies: Does crew resource management (CRM) work? Human Factors, 43, S. 641–674.

Salas, E./Rhodenizer, L./Bowers, C. (2000): The design and delivery of crew resource management training: Exploiting available resources. Human Factors, 42, S. 490–511.

Schaper, N./Konradt, U. (2004): Personalentwicklung mit E-Learning. In: Hertel, G./Konradt, U. (Hrsg.): Electronic Human Resource Management – Personalarbeit unter Einsatz des Inter- und Intranet. Göttingen: Hogrefe, S. 274–293.

Schaper, N./Schmitz, A./Grube, C./Dieckmann, P./Graf, B. (2002): Design and evaluation of simulator-training in Anaesthesia Crisis Resource Management (ACRM). In: de Waard, D./ Brookhuis, K./Moraal, J./Toffeti, A. (Hrsg.): Human factors in transportation, communication, health and the workplace. Maastricht: Shaker Publishing, S. 421–434.

Schaper, N./Sonntag, K./Baumgart, C. (2003): Ziele und Strategien von Personalentwicklung mit computer- und netzbasierten Medien. In: Konradt, U./Sarges, W. (Hrsg.): E-Recruitement und E-Assessment. Göttingen: Hogrefe, S. 55–81.

Schaper, N./Sonntag, K./Zink, T./Spenke, H. (2000): Authentizität und kognitive Modellierung als Gestaltungsprinzipien eines Diagnose-CBT. Zeitschrift für Arbeits- und Organisationspsychologie, 44, S. 209–220.

Schuler, H. (^{3}2000): Psychologische Personalauswahl. Einführung in die Berufseignungsdiagnostik. Göttingen: Hogrefe.

Schuler, H. (1992): Das multimodale Einstellungsinterview. In: Diagnostica, 38, S. 281–300.

Schuler, H./Höft, S. (^{2}2006): Konstruktorientierte Verfahren in der Personalauswahl. In: Schuler, H. (Hrsg.): Lehrbuch der Personalpsychologie. Göttingen: Hogrefe, S. 101–144.

Schuler, H./Marcus, B. (^{2}2006): Biographieorientierte Verfahren der Personalauswahl. In: Schuler, H. (Hrsg.): Lehrbuch der Personalpsychologie. Göttingen: Hogrefe, S. 189–229.

Seufert, S./Back, A./Häusler, M. (2001): E-Learning – Weiterbildung im Internet. Das »Plato-Cookbook« für internetbasiertes Lernen. Kilchberg: Smart Books.

Sonntag, K. (1997): Real life tasks and authentic contents in learning as a potential for transfer. Commentary on »Dilemmas in training for transfer and retention« by Beryl Hesketh. Applied Psychology, 46, S. 344–349.

Sonntag, K. (^{3}2006): Personalentwicklung – ein Feld psychologischer Forschung und Gestaltung. In: Sonntag, K. (Hrsg.): Personalentwicklung in Organisationen. Göttingen: Hogrefe, S. 17–35.

Sonntag, K. (^{3}2006a): Ermittlung tätigkeitsbezogener Merkmale: Qualifikationsanforderungen und Voraussetzungen menschlicher Aufgabenbewältigung. In: Sonntag, K. (Hrsg.): Personalentwicklung in Organisationen. Göttingen: Hogrefe, S. 206–234.

Sonntag, K./Schaper, N. (^{2}2006): Wissensorientierte Verfahren der Personalentwicklung. In: Schuler, H. (Hrsg.): Lehrbuch der Personalpsychologie. Göttingen: Hogrefe, S. 255–280.

Sonntag, K./Schaper, N./Hochholdinger, S./Zink, T. (2004): Verbesserung des Transfers bei computergestütztem Diagnosetraining durch konstruktivistische Instruktionsgestaltung. Arbeitsbericht zum DFG-Forschungsprojekt So-224/5–3. Heidelberg: Psychologisches Institut.

Sonntag, K./Stegmaier, R. (2007): Arbeitsorientiertes Lernen – Zur Psychologie der Integration von Arbeit und Lernen. Stuttgart: Kohlhammer.

Sonntag, K./Stegmaier, R. (2006): Verhaltensorientierte Verfahren der Personalentwicklung. In: Schuler, H. (Hrsg.): Lehrbuch der Personalpsychologie. Göttingen: Hogrefe, S. 281–304.

Tannenbaum, S.L./Yukl, G. (1992): Training and development in organizations. Annual Review of Psychology, 35, S. 399–441.

Tergan, O.-S. (1995): Hypertext und Hypermedia: Konzeption, Lernmöglichkeit, Lernprobleme. In: Issing, L.J./Klisma, P. (Hrsg.): Information und Lernen mit Multimedia. Weinheim: Psychologie Verlagsunion, S. 123–138.

Toben, K.-D./Schwesig, M. (2005): Developing a Web Enabled Gaming Approach to Mediate Performance Skills in Interorganizational Learning and Collaboration to Engineers. In: Zülch, G./Jagdev, H.S./Stock, P. (Hrsg.): Integrating Human Aspects in Production Management. New York: Springer, S. 319–331.

Weitzel, T./König, W./Eckhardt, A./Laumer, S. (2008): Recruiting Trends 2008. Eine empirische Untersuchung der Top-1.000-Unternehmen in Deutschland sowie der Top-300-Unternehmen aus den Branchen Energieversorgung, Gesundheit und Wellness sowie Informationstechnologie. Centre of Human Resources Information Systems, CHRIS, Johann-Wolfgang-Goethe-Universität Frankfurt am Main und Otto-Friedrich-Universität Bamberg.

Weller, J./Wilson, L./Robinson, B. (2003): Survey of change in practice following simulation-based training in crisis management. Anaesthesia, 58, S. 471–479.

Zumbach, J. (2002): Goal-Based Scenarios. In: Scheffer, U./Hesse, F.W. (Hrsg.): E-Learning. Die Revolution des Lernens gewinnbringend einsetzen. Stuttgart: Klett Cotta, S. 67–82.

11. Qualitätsmanagement und Forschungsmethoden

Michael Henninger

Qualitätsmanagement am Beispiel von Hochschulen

Der vorliegende Aufsatz verfolgt das Ziel, Qualitätsmanagement im Bildungssektor kritisch zu diskutieren und auf spezifische Problemlagen dieses, für quantitative Verfahren recht sensiblen Bereichs, einzugehen. Die Darlegung fokussiert dabei das Geschehen an Hochschulen, also einer Institution, die einerseits dem Qualitätsgedanken verbunden ist, andererseits aber durch die dieser Institution zugeschriebene Freiheit in Forschung und Lehre ein schönes Testfeld für die Implementation von Qualitätsmanagement im Bildungsbereich darstellt.

»In sämtlichen Bereichen gesellschaftlicher, und also auch pädagogischer Praxis gehört Qualität zu den wichtigsten Gestaltungs- und Regulationsprinzipien« (Heid 2000, S. 41). Folgt man diesem Zitat, erstaunt es wenig, dass staatliche Träger, wie beispielsweise das Land Baden-Württemberg, ihren Hochschulen für die nahe Zukunft die Einführung von Qualitätsmanagement insofern vorschreiben, als dass Hochschulen ohne die systematische Planung und Organisation von Qualität, also Qualitätsmanagement, sich keine Hoffnungen mehr auf weitergehende finanzielle Unterstützung des Landes machen können. Auf den ersten Blick scheint es eher verwunderlich, warum sich so wichtige Bildungsinstitutionen wie Hochschulen des Themas Qualität so lange so wenig angenommen haben, wie dies bislang zu beobachten war. Erst »[…] Mitte der Neunzigerjahre [etablierten sich] die klassische Lehrevaluation und mit wenigen Jahren Verzögerung die Akkreditierung von Studiengängen. Mit der 1998 erfolgten Novellierung des Hochschulrahmengesetzes (HRG) und nachfolgend der Landeshochschulgesetze wurde Qualitätssicherung in der Lehre unter Einbeziehung der Studierenden eine gesetzliche Verpflichtung der Hochschulen« (Ebel-Gabriel 2004, S. 9). Wie so oft lohnt es sich aber auch hier, einen zweiten oder gar dritten Blick auf das Thema »Qualität« und deren Thematisierung in Bildungsinstitutionen zu werfen und nicht vorschnell den Hochschulen das Etikett einer verstaubten, nicht leistungsorientierten Organisationsform zu verleihen. Ziel des vorliegenden Textes ist es, die zentralen Begriffe von Qualitätsmanagement, Chancen und Möglichkeiten aber auch Probleme und Limitationen von Qualitätsmanagement zu skizzieren.

Begriffsklärungen

Qualität an Hochschulen ist ein »multidimensionales Phänomen« (Hopbach 2005, S. 10), das von den jeweiligen Konzepten und Zielen abhängig ist. Qualität gewinnt »seine inhaltliche Aussage erst im Verwendungszusammenhang« (Reese 2005, S. 30).

Donabedian (1980) unterscheidet Qualität in Struktur-, Prozess- und Ergebnisqualität (vgl. Adaption Dubs 1999; Gerlach 2001) und unterstützt damit eine Operationalisierung der Qualitätsdiskussion. Auf das Bildungswesen bezogen werden unter diesen Dimensionen folgende Aspekte verstanden (vgl. Reese 2005; Schmidt 2005):

- *Strukturqualität* beschreibt alle Rahmenbedingungen einer Einrichtung, hier der Hochschule, die für den Studienbetrieb verantwortlich sind: beispielsweise Zahl und Ausbildung der Mitarbeiter/innen, Infrastruktur, Ausstattung, Räumlichkeiten, Studienpläne, Studienorganisation, Verantwortlichkeiten.
- *Prozessqualität* umfasst dynamisch zu gestaltende Prozesse, hier insbesondere die Gesamtheit der Lehr- und Lernprozesse an der Hochschule. Darunter sind beispielsweise instruktionale Methoden, Gesprächsführung, Protokollierung von Prozessen, Kooperation mit Kolleg/innen zu verstehen.
- *Ergebnisqualität* dokumentiert die »Differenz zwischen Eingangszustand und Ausgangszustand« (Reese 2005, S. 31) an der Hochschule – also Forschungs- und Studienleistungen oder auch die Qualität von Dienstleistungen der Verwaltung. Neben objektiven Kriterien wie Publikationen, können hier aber auch subjektive Kriterien wie beispielsweise Zufriedenheit zur Beurteilung dieser Dimension herangezogen werden.

Diese drei Dimensionen sind nicht unabhängig voneinander zu betrachten, sondern beeinflussen sich gegenseitig. Alle Bemühungen einer Organisation, die Qualität zu verbessern und zu erhalten, werden als *Qualitätsmanagement* bezeichnet (Definitionen vgl. z. B. DIN EN ISO 9000:2000).

Um Qualität zu managen, muss jedoch allen Beteiligten bekannt sein, was darunter zu verstehen ist (Lippert 2005). So ist *Transparenz* und *Wissensmanagement* bezüglich der zu erreichenden Ziele oder der vereinbarten Standards bezüglich Strukturen und Prozessen ein wesentlicher Faktor des Qualitätsmanagements (Schenker-Wicki 2005; Kamiske et al. 1997). Schauber et al. (1997) definieren nach der DIN ISO 8402 Qualitätsmanagement als »alle Tätigkeiten der Gesamtführungsaufgabe, welche die Qualitätspolitik, Ziele und Verantwortung festlegen sowie diese durch Mittel wie Qualitätsplanung, Qualitätslenkung, Qualitätssicherung und Qualitätsverbesserung im Rahmen des Qualitätsmanagementsystems verwirklichen« (Schauber et al. 1997, S. 26).

Die permanente Verbesserung der Qualität – eines der zentralen Ziele von Qualitätsmanagement – ist vor allem dadurch zu erreichen, dass alle am Prozess der Leistungsentstehung beteiligten Personen *Qualitätsverantwortung* besitzen (partizipatives Moment des Qualitätsmanagements). Damit die Qualitätsverantwortung auch ausgeübt werden kann, ist es notwendig, dass die beteiligten Personen Wissen darüber besitzen, welche Leistungen in der Organisation entstehen, wie Leistung erbracht werden kann und wer welchen Anteil an der *Leistungserbringung* hat. Im Gegensatz zu Produktionsbetrieben oder weitergefasst dem Beschäftigungssystem (Heid 2000) ist bei Institutionen, deren zentrale Aufgabenstellung Bildung ist – also beispielsweise Schulen, Hochschulen und Universitäten – bereits die Klärung dieser elementaren

Grundlagen von Qualitätsmanagement keineswegs trivial. Zwar existieren durchaus *Leistungsindikatoren* in den Bereichen Forschung, Lehre und Dienstleistung. Diese sind für Qualitätsmanagement aber weder differenziert genug – beispielsweise dokumentieren Auslastungszahlen von Fächern nur einen kleinen Anteil dessen, was im Bereich Lehre an Leistung erbracht wird – noch bilden sie prozessbezogene Aspekte ab. Publikationserfolge, Antragstellungen, gutachterliche Tätigkeiten, alles Indikatoren, die die Leistungsfähigkeit des akademischen Teils von Hochschulen dokumentieren, fokussieren Ergebnisse, gleichsam die Produkte von Tätigkeit, nicht deren Entstehungsprozess. Zweifelsohne ist die Erfassung der sogenannten *Produktqualität* relevant. Damit Problemlösungen nicht immer wieder neu generiert werden müssen oder als optimal geltende Abläufe beibehalten werden können, gehört zu einem erfolgreichen Qualitätsmanagement auch eine möglichst umfassende Dokumentation der *Prozessqualität*. Diese umfasst beispielsweise auch die Verschriftlichung von Arbeitsanweisungen oder im Falle von E-Learning auch die Dokumentation von Programmierleitlinien.

Als Möglichkeit, die Komplexität der Leistungserbringung an Schulen oder Hochschulen abzubilden, kann versucht werden, in der Hochschule sogenannte »*Kundenbeziehungen*« zu beschreiben, d. h. wechselseitige Abhängigkeiten im Sinne von Leistungsangeboten und Leistungsnachfragen zu dokumentieren (vgl. Timmermann 1996; Weibel 1997). Ausgewogene Kundenbeziehungen werden dann postuliert, wenn die Nachfrage im Sinne des Kunden zufriedenstellend befriedigt und aus der Perspektive des Leistungserbringers das Leistungsangebot angemessen entlohnt wird. Mit Blick auf *Bildungsinstitutionen* ist nach Heid (2000) zu klären, »[...] wer als Kunde in Betracht kommt, welche Erwartungen dieser Kunden als relevant und legitim wahrgenommen und akzeptiert werden, und wie mit unvereinbaren oder gar widersprüchlichen Erwartungen umgegangen werden soll« (Heid 2000, S. 48).

Übertragen auf eine Hochschule gilt es also zu entscheiden, ob beispielsweise der akademische Bereich Kunde des Verwaltungssektors einer Hochschule ist und wie – bei konsensueller Zustimmung dieser Rollendefinition – die Entlohnung des Leistungsanbieters gestaltet und die Zufriedenheit der Kund/innen gemessen werden soll. Aber auch die Entscheidung darüber, was berechtigte oder weniger berechtigte Erwartungshaltungen sind, muss getroffen werden, ist doch das Verhältnis von Erwartung und erlebter Erwartungsbestätigung der zentrale Prädiktor für *Zufriedenheit* (Henninger 2003). Herrscht keine Einigkeit darüber, ob die Erwartungen an den Leistungserbringer angemessen sind, ist auch die noch so präzise Erfassung der Kundenzufriedenheit kein geeignetes Mittel, den Leistungserbringer zu einer möglichst hohen Qualität zu motivieren, weil dieser mögliche Qualitätsdefizite nicht auf eigene Schwächen, sondern vielmehr auf vermeintlich überzogene Erwartungen des Leistungsnehmers zurückführt.

Die Frage, wie *Leistungsbeziehungen* – oder betriebswirtschaftlich ausgedrückt Werttreiberketten – beschrieben und zum Gegenstand von Qualitätsmanagement gemacht werden können, wurde im Beschäftigungssystem außerhalb von Hochschulen mit Entwicklungen auf der operativen Ebene wie der *Balanced Scorecard* (BSC) oder strategischen Ansätzen wie *Total Quality Management* (TQM) oder *Value Based Management* (VBM) beantwortet. Vereinfacht ausgedrückt werden bei der BSC in einem diskursiven[35] Prozess beteiligter Unternehmenshierarchien Ursache-Wirkungs-Beziehungen bei der Leistungserbringung erstellt. TQM als auch VBM sind strategieorientierte Interventionen der Unternehmensleitung, um Qualität als zentrales Moment des Unternehmenserfolges in einer Organisation zu etablieren. Zu beachten ist, dass auch bei diesen betriebswirtschaftlichen Herangehensweisen die Findung tragfähiger Indikatoren für »innerbetriebliche« Leistungserbringung eine fragile Angelegenheit ist, die prozessbegleitender Kommunikations- und Trainingsmaßnahmen bedarf (Weber/Schäffer 2000, S. 133).

Dass die Findung konsensuell tragfähiger Beschreibungen von *Leistungsketten* an Hochschulen fern jeglicher Trivialität sind, dürfte allein die oberflächliche Betrachtung der Zusammenarbeit der akademischen und verwaltungsbezogenen Teile von Hochschulen verdeutlichen. Vermutlich leuchtet jedem Betrachter unmittelbar ein, dass eine schlecht organisierte Verwaltung der Leistungsfähigkeit – was immer das auch im Detail sein mag – einer Hochschule abträglich ist. Wenn beispielsweise die Beschaffung dringend benötigter Forschungsgeräte so lange dauert, dass eine wichtige Studie verspätet durchgeführt und damit der wissenschaftliche Erfolg gefährdet wird, wird dies – zumindest vom akademischen Teil – als defizitäre Qualität der Arbeit der Verwaltung gebrandmarkt. Leistungsfähigkeit scheint hier unmittelbar erkenn- und damit auch bewertbar. Die Leistungen der Wissenschaftler/innen und Lehrenden hingegen sind ihrerseits für die Verwaltungsmitarbeiter weit weniger unmittelbar erkennbar. Ob Einzelne oder gar das Kollektiv des akademischen Teils nun erfolgreich oder weniger erfolgreich sind, schlägt sich nicht unmittelbar auf den *Arbeitsprozess* oder das *Arbeitsergebnis* von Verwaltungsmitarbeiter/innen nieder – obgleich der Erfolg oder vor allem der Misserfolg des akademischen Teils sehr weitreichende Konsequenzen, bis hin zur Schließung von Hochschulen, nach sich ziehen kann. Die fehlende Spürbarkeit der akademischen Qualität hat zur Folge, dass die Leistungsbeziehungen als sehr einseitig wahrgenommen werden. Die eine Partei (Verwaltung) bleibt gleichsam chronisch unterbezahlt – eine Folge nicht existierender »Zahlungen« für erbrachte Leistungen – und die andere Seite (Forschung und Lehre) sieht die Früchte ihrer Arbeit, beispielsweise die Reputation der Organisation, nicht entsprechend gewürdigt. Ziel einer *strategischen Qualitätsmanagementinitiative* muss es also sein, beispielsweise durch die Einführung der BSC für die Transparenz von Leistungsbeziehungen zu sorgen und einen konsensuellen Begriff von Qualität zu finden.

---

35 Die Erstellung einer BSC kann induktiv oder auch deduktiv erfolgen. Entscheidend für den Erfolg der BSC ist deren Akzeptanz in der Organisation.

Qualitätsnormensystem ISO 9000 ff./DIN ISO EN 9000:2000[36]

Gerade im Bildungsbereich findet das Qualitätsnormensystem der ISO (International Organization for Standardization) eine breite Anwendung. Ursprünglich aus dem Produktionsbereich stammend, wird der ISO-Zertifizierung auch im Dienstleistungsbereich eine wichtige Rolle zugestanden. Die ISO dient als Orientierung zum Aufbau und zur Bewertung eines Qualitätsmanagementsystems und hat den formalen Charakter einer Norm. Die ISO liefert damit keine inhaltlichen Vorgaben, wie beispielsweise ein Lernangebot einer Hochschule beschaffen sein muss, um als qualitativ hochwertig zu gelten. Vielmehr gibt die ISO Bereiche vor, die die Beschreibung von qualitätssichernden Aspekten ermöglichen.

Die Qualitätsbereiche der ISO 9000

Die Qualität eines Lernangebots oder einer Dienstleistung ist aus der Perspektive des Qualitätsmanagements nicht nur eine Frage der jeweiligen »Produkteigenschaften«. Vielmehr wird der gesamte Prozess bzw. der Kontext betrachtet, in dem Leistung entsteht. Im Grunde wird die Organisation beleuchtet, die sich für die Herstellung der Leistung verantwortlich zeichnet. Im Rahmen einer ISO-Zertifizierung wird die Aufbau- und Ablauforganisation zur Darstellung gebracht, indem sie die für eine Hochschule charakteristischen Schlüsselprozesse definiert. Diese können die Hochschulleitung, die Verwaltung oder den akademischen Bereich (Forschung und Lehre) betreffen. Von Einzelpersonen oder Arbeitsgruppen werden die definierten Prozesse gemäß den 20 Qualitätselementen der ISO-Norm analysiert und dokumentiert. Diese Analyse und Dokumentation wird von Verfahrens- und Arbeitsanweisungen in der ISO unterstützt. Vor allem die Festschreibung von Organisationen und deren Abläufen in Form von Dokumenten ist für die Beteiligten einer ISO-Zertifizierung häufig neu und nicht immer sofort eingängig. Im Grunde wird eine Organisation durchleuchtet und ein qualitätsbezogenes »Röntgenbild« hergestellt. Dies geschieht nicht einmalig, sondern wird üblicherweise in bestimmten Abständen wiederholt – typischerweise alle drei Jahre.

Die Zielsetzung der ISO-Norm besteht also darin, Abläufe transparent zu machen, um die Voraussetzung zu schaffen, Abweichungen von der »Norm« zu erkennen und zu korrigieren. *Die ISO 9000 ist somit ein Hilfsmittel zur Klärung von Prozessen.* Eine permanente Verbesserung der Arbeitsabläufe war nicht das direkte Ziel der ISO-Norm, vielmehr das Setzen von Standards und das Kontrollieren des Erreichten. Die inhaltliche Ausgestaltung von Standards bleibt in der Verantwortung der Organisation (z. B. die Formulierung von Leitlinien zur Gestaltung von E-Learning-Angeboten

---

[36] Die Informationen zu ISO oder EFQM sind weitgehend einer Publikation des Autors (Henniger 2003, S. 203 ff.) entnommen und wurden partiell an die Themenlage des vorliegenden Aufsatzes angepasst.

oder die Entwicklung von Standards in der Lehrerbildung). Die ISO zwingt allerdings durch ihre Verfahrensvorgaben, z. B. Ablaufdiagramme, die Mitglieder einer Organisation dazu, sich solche Leitlinien zu erarbeiten.

Als Folge der fehlenden Orientierung an einem kontinuierlichen Verbesserungsprozess als auch vor dem Hintergrund der Konkurrenzsituation im Bereich der Qualitätssysteme – z. B. durch das EFQM – wurde die noch bis Ende 2003 gültige ISO 9000 ff. modifiziert. Die ab 2000 Gültigkeit[37] besitzende DIN ISO EN 9000:2000[38] weist einige Veränderungen in der Ausgestaltung als auch der grundsätzlichen Zielsetzung auf: Die Kundensicht nimmt nun einen zentralen Stellenwert auch in der ISO-Norm ein. Zusammenhängende Tätigkeiten und Aufgaben werden als Prozesse abgebildet (z. B. die Entwicklung eines Curriculums und dessen Umsetzung in ein E-Learning-Angebot); die Sicherstellung einer ständigen Verbesserung von Prozessen und Produkten ist nun auch in der ISO-Norm ein zentrales Ziel.

Die acht Handlungsgrundsätze der ISO 9000:2000

Eine der wesentlichen Zielsetzungen bei der Weiterentwicklung der ISO war es, sich sozusagen eine »Philosophie« des Qualitätsmanagements zuzulegen. Bislang war die ISO eher ein technisch zu handhabendes Instrumentarium und übte – im Vergleich zum EFQM – Zurückhaltung in der Formulierung von grundsätzlichen Überlegungen zum Qualitätsmanagement. Dies ist nun bei der ISO 9000:2000 nicht mehr der Fall. Hier werden acht Handlungsgrundsätze formuliert, die Richtungen vorgeben, in die sich ein modernes Qualitätsmanagement entwickeln soll. Letztlich sollen alle Handlungsgrundsätze oder -prinzipien zu einer Verbesserung der organisatorischen Leistungsfähigkeit beitragen. Im Einzelnen sind dies:

- Prinzip 1 – Kundenorientierung: Organisationen hängen von ihren Kund/innen ab und sollten daher gegenwärtige und zukünftige Erfordernisse der Kund/innen verstehen, deren Anforderungen erfüllen und danach streben, deren Erwartungen zu übertreffen.[39]
- Prinzip 2 – Führung: Führungskräfte schaffen die Übereinstimmung von Zweck und Ausrichtung der Organisationen. Sie sollten das interne Umfeld, in dem sich Personen voll und ganz für die Erreichung der Ziele der Organisation einsetzen können, schaffen und erhalten.
- Prinzip 3 – Einbeziehung der Personen: Auf allen Ebenen machen Personen das Wesen einer Organisation aus, und ihre vollständige Einbeziehung ermöglicht die Nutzung von deren Fähigkeiten für die Organisation.

---

37 Damit existierten bis Ende 2003 zwei gültige ISO-Normen: die ISO 9000 ff. und die DIN EN ISO 9000:2000.
38 Erläuterung der Abkürzungen: DIN: Deutsches Institut für Normung; EN: Europäische Norm; ISO: International Organization for Standardization; die internationale Bezeichnung verzichtet auf DIN und EN.
39 Zur Problematik des Konstruktes »Kundenbeziehung« vgl. den Abschnitt »Begriffsklärungen«.

- Prinzip 4 – prozessorientierter Ansatz: Ein erwünschtes Ergebnis lässt sich effizienter erreichen, wenn Tätigkeiten und dazugehörige Ressourcen als Prozess geleitet und gelenkt werden.
- Prinzip 5 – systemorientierter Management-Ansatz: Erkennen, Verstehen, Leiten und Lenken von miteinander in Wechselbeziehung stehenden Prozessen als System – sie tragen zur Wirksamkeit und Effizienz der Organisation beim Erreichen ihrer Ziele bei.
- Prinzip 6 – ständige Verbesserung: Die ständige Verbesserung der Gesamtleistung der Organisation stellt ein permanentes Ziel der Organisation dar.
- Prinzip 7 – sachbezogener Ansatz zur Entscheidungsfindung: Wirksame Entscheidungen beruhen auf der Analyse von Daten und Informationen.
- Prinzip 8 – Lieferantenbeziehungen zum gegenseitigen Nutzen: Eine Organisation und ihre Lieferanten sind voneinander abhängig. Beziehungen zum gegenseitigen Nutzen erhöhen die Wertschöpfungsfähigkeit beider Seiten.

EFQM – European Foundation for Quality Management

Neben der ISO-Norm bzw. -Zertifizierung ist das *EFQM-Modell* sicher eines der bekanntesten Qualitätssysteme. EFQM stellt den Versuch dar, das eher als Vision zu verstehende *Total Quality Management* in einen handhabbaren Rahmen zu setzen. Der Kerngedanke des EFQM ist der Vergleich mit anderen Organisationen (Benchmarking). Im Vergleich zur bereits vorgestellten ISO 9000 betont die EFQM-Zertifizierung weniger die reine Dokumentation von Prozessen als die kontinuierliche Verbesserung derselben. Obgleich die Selbstevaluation entlang des EFQM auch mit einem Zertifikat geadelt wird, ist das Qualitätsmanagement im Sinne des EFQM weniger ein externer Zertifizierungsmechanismus im Sinne des ISO-QM-Prozesses als vielmehr eine interne organisationale Maßnahme. Erst wenn sich die Organisation für einen Award bewirbt, kommen externe Assessor/innen hinzu. EFQM wird außerdem nicht kommerziell vertrieben. Vielmehr wird die Zertifizierung durch Mitglieder – sogenannte Assessor/innen – der zu zertifizierenden Organisation selbst realisiert.

Die »*European Foundation for Quality Management*« ist eine europäische Stiftung, deren Vollmitglieder kommerzielle Unternehmen, Regierungsstellen und andere öffentliche Dienstleistungsorganisationen sind. Universitäten, Arbeitgeberverbände oder auch Qualitätsverbände können assoziierte Mitglieder werden. Die EFQM veranstaltet jährlich den *European Quality Award*, der gleichsam als Messlatte für die Qualität einer Organisation fungiert. Jedes Unternehmen der EFQM strebt danach, sich im Vergleich mit anderen kontinuierlich zu verbessern. Um am jährlichen Wettbewerb teilnehmen zu können, ist es notwendig, das von der EFQM entwickelte Qualitätssystem einzusetzen, den vorhandenen Ist-Zustand einer Organisation ganzheitlich zu erfassen und zu optimieren.

Die neun Faktoren des EFQM-Modells

Zur Erfassung des Ist-Zustandes stellt die EFQM ein Modell für *Business Excellence* zur Verfügung, welches insgesamt neun Faktoren enthält, die ein erfolgreiches Unternehmen ausmachen. Fünf Faktoren beschreiben dabei die sogenannten *Befähiger-Kriterien*, d.h. die Kriterien, die erfassen, wie ein Ergebnis erzielt wurde. Die *Ergebnisse* selbst werden durch vier weitere Kriterien beschrieben (vgl. Abb. 1).

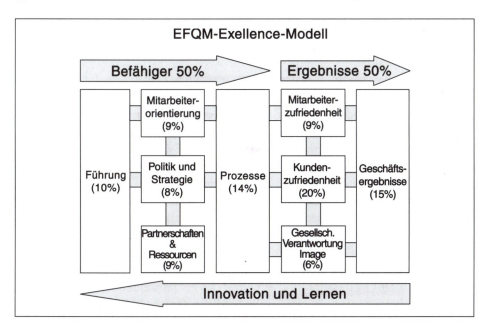

Abb. 1: EFQM-Excellence-Model ® EFQM (aus Henninger 2003, S. 249)

Die Pfeile oben und unten am Modell drücken eine Art Regelkreis aus. Damit ist gemeint, dass die unter die Rubrik »Befähiger« subsumierten Faktoren zu einem Ergebnis führen. Die Ergebnisse lassen sich auffächern in die »Zufriedenheitsbereiche Mitarbeiter/innen und Kund/innen« als auch in die »Außenwirkung des Unternehmens«. Die Geschäftsergebnisse stehen gleichsam am Ende der Verwertungskette dessen, was durch die »Befähiger« bzw. die Ergebnisursachen bewirkt wurde. Der Pfeil Innovation und Lernen drückt aus, dass ein Unternehmen nicht nur in eine Richtung ausgerichtet ist, d.h. ergebnisorientiert ist, sondern als Kreislauf fungiert, bei dem *Innovation* und *Lernen* die Existenz einer Unternehmung permanent begleiten. Es könnte der Eindruck entstehen, Innovation habe eine rückgerichtete Wirkung. Von den Autor/innen des Modells ist dies jedoch nicht so gemeint, vielmehr symbolisieren die Pfeile die *Zirkularität von Qualitätsmanagement*.

Die Umsetzung des EFQM-Qualitätssystems geschieht im ersten Schritt dadurch, dass die neun Faktoren sowie deren Unterkriterien für das Unternehmen spezifiziert und interpretiert werden. Es wird also beispielsweise geklärt, was in dem zu evaluierenden Unternehmen unter Mitarbeiterorientierung verstanden wird bzw. welche Zielsetzungen diesbezüglich existieren. Auf der Grundlage der inhaltlichen Beschreibungen der Einflussfaktoren des Business-Excellence-Modells werden Indikatoren bestimmt und Messgrößen bzw. Messinstrumente entwickelt. Diese können beispielsweise *Evaluationsfragebogen* sein, die die Mitarbeiterorientierung im Rahmen einer Befragung erfassen. Gerade die Entwicklung geeigneter Datenerhebungsverfahren ist innerhalb des EFQM-Modells ein sehr aufwendiger und zugleich wichtiger Schritt. Hier wird auch die Verschränkung von Evaluation und Qualitätsmanagement besonders transparent, ist doch die Entwicklung valider Fragebogen eine der Domänen der Evaluationsforschung.

Nach der Entwicklung der *Datenerhebungsverfahren* (Fragebogen, Interviewleitfäden, Leitfäden zur Analyse von Dokumenten) für die einzelnen Entwicklungsbereiche wird, dem EFQM-Modell folgend, die Analyse der Ist-Situation durchgeführt. Dies wird von speziell geschulten Mitarbeiter/innen der zu evaluierenden Organisation selbst durchgeführt, den sogenannten Assessor/innen. Dass beim EFQM die Selbstbewertung bzw. die Selbstevaluation einen weitaus höheren Stellenwert besitzt als beispielsweise bei der ISO-Zertifizierung, liegt an der Wurzel des EFQM-Modells, dem *Total-Quality-Management-Konzept* (TQM). Dort wird die völlige Verinnerlichung des Qualitätsgedankens in der Organisation als zentrales Erfolgsmoment gesehen. Nur der Wille und die Fähigkeit einer Organisation, sich permanent zu verbessern, sorgen nach den Ideen des TQM für eine hohe Qualität. Eine solche *kontinuierliche Verbesserung* geschieht am besten durch die Mitarbeiter/innen selbst, weil nur diese permanent in der Organisation sind. Im Sinne des EFQM werden Kundenzufriedenheit, Mitarbeiterzufriedenheit und gesellschaftliche Verantwortung durch eine Führung erzielt, welche die Politik und Strategie, eine geeignete Mitarbeiterorientierung sowie das Management der Ressourcen und Prozesse vorantreibt, was letztendlich zu exzellenten Geschäftsergebnissen führt.

Auf der Grundlage der Selbstevaluation erhält die Organisation Hinweise, wo Verbesserungspotenziale liegen. Dieses Potenzial wird numerisch ausgedrückt, als Abweichung vom optimalen Wert. Insgesamt können bei der Selbstbewertung – als auch bei der Teilnahme am Qualitätswettbewerb – 1000 Punkte erworben werden. Nach der Abbildung wären dann für die Mitarbeiterorientierung 90 Punkte erzielbar. Dieser Punktwert ließe sich nun bei der Konstruktion eines Fragebogens als Maximalwert umsetzen und die Befragung zeigt dann präzise an, inwieweit die Organisation das vorgegebene Ziel erreicht hat.

Die Selbstevaluation kann nun insofern in eine Fremdevaluation transformiert werden, als die zu evaluierende Organisation die Ergebnisse der Selbstbewertung im Rahmen des *European Quality Award* zur externen Bewertung vorlegt. Diese wird durch ein Team externer Assessor/innen im Rahmen einer mehrtägigen Prüfung im Unternehmen durchgeführt, die die Einschätzung des vorher bewerteten Berichts korrigieren und präzisieren soll. Durch die Teilnahme am Award erhält die Organisation eine präzise schriftliche Auskunft darüber, wo sie hinsichtlich der Qualität im

Vergleich zu anderen Unternehmen steht. Auch hier liefern die Prozentzahlen der Zielerreichung in den neun Unterbereichen wichtige Informationen. Darüber hinaus schafft das EFQM-Modell durch die fest vorgegebenen Unterkriterien und die darin enthaltenen Interpretationen betriebswirtschaftlicher Kriterien sowie anhand von Kennzahlen eine gewisse Normierung und Orientierung.

Bewertung standardisierter Qualitätsmanagementsysteme

Bei Betrachtung oder gar der Abarbeitung von Zertifizierungshandbüchern (ISO) oder Qualitätssystemen (EFQM) darf nie außer Acht gelassen werden, dass Qualität »[…] *keine beobachtbare Eigenschaft oder Beschaffenheit eines Objektes, sondern das Resultat einer Bewertung der Beschaffenheit eines Objektes ist*[40]« (Heid 2000, S. 41). Damit bringt Heid in Erinnerung, dass die Qualitätsbestimmung immer eine *subjektive Entscheidung* ist. Dies gilt auch dann, wenn unter Expert/innen Einigkeit darüber herrscht, was nun charakteristisch für die Qualität ist. Auch die vonseiten der organisationalen Leitung mögliche *programmatische Setzung* dessen, was als »gut« oder »richtig« oder »von hoher Qualität« sei und sich in programmatischen Vorgaben häufig durch Formulierungen wie »selbstverständlich« oder »es kann doch nicht sein« erkennbar macht, ist für ein funktionales, d. h. konsensuell getragenes Qualitätsmanagement *untauglich*.

Gerade die *vermeintliche Objektivität* standardisierter Zertifizierungen lässt die Frage nach dem »[…] Subjekt der Definition und Durchsetzung praxisrelevanter Qualitätskriterien« (Heid 2000, S. 47) so wichtig werden. Es ist keineswegs so, dass einzelne Qualitätskriterien frei von *individuellen Interessen* sind oder eine standardisierte Vorgehensweise in der Qualitätsdokumentation verhindern würde, Interessen und Anliegen einzelner Gruppen oder Individuen zu missachten. Der Qualitätsbegriff, dessen inhaltliche Dimensionen – die Kriterien – und deren Anwendung muss vielmehr zum Gegenstand intersubjektiver, interdisziplinärer und *hierarchieübergreifender Diskurse* werden. Damit soll die Verfolgung individueller oder auch hierarchisch bedingter Interessen nicht grundsätzlich abgelehnt werden. Es bedarf aber eines *Legitimationsprozesses* bzw. eines Verfahrens »[…] nicht nur der Bestimmung und Sicherung von Qualität, sondern auch der Entwicklung und Begründung von Qualitätsgesichtspunkten und Qualitätsstandards« (Heid 2000, S. 47).

Die Ausführungen zeigen, dass Qualitätsmanagement sehr viel mehr ist, als das Ausweiten von Evaluationsmaßnahmen oder das Optimieren innerbetrieblicher Abläufe. Vielmehr ist Qualitätsmanagement – nicht nur, aber insbesondere im kulturellen Umfeld von Hochschulen – eine Initiative, die auf die grundsätzliche Veränderung der Organisation abzielt. Neben dem Primat der Qualitätssicherung und -verbesserung beinhaltet ein *funktionales Qualitätsmanagement* den *Diskurs über Qualität, Zusammenarbeit* und *Kommunikation* innerhalb einer Organisation. Das wesentliche

---

[40] Kursivsetzung im Original.

Erfolgsmerkmal ist die *Akzeptanz* im operativen Bereich als Folge einer *diskursiven Auseinandersetzung* mit dem Qualitätsmanagement (Weber/Schäffer 2000). Nur wenn durch diskursive Klärungen der Qualitätsbegriff und die Zusammenhänge der Leistungserbringung von jeder Person des Systems mitgetragen werden, kann das Qualitätsmanagement dazu beitragen, das Potenzial der Organisation zu nutzen und zu erweitern. *Kommunikation*, *Diskurs*, *Transparenz* und *gegenseitige Wertschätzung* sind also die Ingredienzien, die ein erfolgreiches Qualitätsmanagement ausmachen.

Das erfolgreiche Zusammenwirken dieser Aspekte kann am Beispiel des Führungsinstrumentes »Zielvereinbarung« verdeutlicht werden. Im Kontext von Qualitätsmanagement dienen Zielvereinbarungen dazu, konsensuelle Vereinbarungen darüber zu treffen, welche Leistungen in welchem Zeitfenster und unter Nutzung definierter Ressourcen erbracht werden sollen. Mit der Formulierung solcher Zielvereinbarungen geht im positiven Fall die kommunikative Auseinandersetzung mit dem Qualitätsbegriff und den Qualitätskriterien im Rahmen eines explizit gemachten Qualitätsmanagements einher. Ohne kommunikative Vorbereitung und die damit verbundene Transparenz der strategischen und operativen Zielsetzungen von Zielvereinbarungen, drohen diese zu einem Kontrollinstrument der Unternehmensführung zu verkümmern; die für ein funktionierendes Qualitätsmanagement notwendige Grundlage gegenseitiger Wertschätzung ginge verloren. Die Spezifika der Institution Hochschule lassen den handelnden Personen die Freiräume, diese Prämissen zu berücksichtigen und danach zu handeln: »Danach ist die Hochschule zu verstehen als ein sich selbst organisierendes System mit dezentraler Selbststeuerung und iterativen nicht linearen Rückkoppelungsstrukturen unter zentraler Koordination« (Wolff 2004, S. 6).

Hochschulen sind gesellschaftlich zu wichtig und im Wortes Sinne zu kostbar, als dass ein Qualitätsmanagement es sich erlauben könnte, nur auf dem Papier zu existieren, sich in autoritären Setzungen oder in bürokratischen Kontrollmaßnahmen zu erschöpfen. Ein funktionales Qualitätsmanagement bedarf ausreichender Ressourcen in zeitlicher und finanzieller Hinsicht, um durch den Einsatz externer Beratung in einem realistischen Zeitfenster Veränderungen in Gang zu setzen und Leistungsprozesse und -ergebnisse nachhaltig positiv zu beeinflussen. Von der Entwicklung einer strategischen Planung über die Entwicklung geeigneter Instrumente des Qualitätsmanagements bis hin zur Zertifizierung kann ein solcher Veränderungsprozess durchaus zwei bis drei Jahre beanspruchen. In der Beschäftigungswirtschaft ist es unstrittig, dass ein solch langer Prozess der begleitenden Unterstützung externer und interner Personen oder Organisationen bedarf, um die in der Organisation beheimateten Personen durch den Veränderungsprozess nicht zu überfordern.

Literatur

DIN EN ISO 9000:2000: www.iso9001.qmb.info/ (Abruf 26.7.06).

Donabedian, A. (1980): Explorations in quality assessment and monitoring. Band 1. The definition of quality and approaches to its assessment. Michigan: Health Administration Press.

Dubs, R. (1999): Wissenschaftsbezug und Praxis im Bereich der Bildungspolitik und in der Schule. In: Pollak, G./Prim, R. (Hrsg.): Erziehungswissenschaft und Pädagogik zwischen kritischer Reflexion und Dienstleistung. Festschrift zum 65. Geburtstag von Helmut Heid. Weinheim: Deutscher Studienverlag, S. 31–45.

Ebel-Gabriel, C. (2004): Qualitätssicherung an Hochschulen – Konzepte, Prozesse, Akteure. In: Benz, W./Kohler, J./Landfried, K. (Hrsg.): Handbuch Qualität in Studium und Lehre. Berlin: Raabe, S. 20–24.

Gerlach, F. (2001): Qualitätsförderung in Praxis und Klinik: Eine Chance für die Medizin. Stuttgart: Thieme.

Heid, H. (2000): Qualität: Überlegungen zur Begründung einer pädagogischen Beurteilungskategorie. In: Helmke, A./Hornstein, W./Terhart, E. (Hrsg.): Qualität und Qualitätssicherung im Bildungsbereich: Schule, Sozialpädagogik, Hochschule. 41. Beiheft der Zeitschrift für Pädagogik, S. 41–51.

Henninger, M. (2003): Qualitätsmanagement für die Entwicklung tutoriell betreuter Lernumgebungen. In: Apel, H./Kraft, S. (Hrsg.): Online lehren. Bielefeld: Bertelsmann, S. 231–260.

Hopbach, A. (2005): Qualität messen – Qualität managen: Leistungsparameter in der Hochschulentwicklung. In: Hopbach, A./Chalvet, V. (Hrsg.): Qualität messen – Qualität managen: Leistungsparameter in der Hochschulentwicklung. Bonn: Hochschulrektorenkonferenz.

Kamiske, G.F./Ehrhart, K.J./Jacobi, H.-J./Pfeifer, T./Ritter, A./Zink, K.J. (1997): Bausteine des innovativen Qualitätsmanagements: erfolgreiche Praxis in deutschen Unternehmen. München: Hanser.

Lippert, I. (2005): Mitbestimmung von Studierenden bei der Qualitätssicherung und Hochschulentwicklung. In: HRK (Hrsg.): Hochschule entwickeln, Qualität managen: Studierende als (Mittel)punkt. Bonn: HRK, S. 47–55.

Reese, M. (2005): Qualitätsmanagement in der Schulentwicklung. Kiel: Christian-Albrechts-Universität. Verfügbar unter: deposit.ddb.de/cgi-in/dokserv?idn=978445333&dok_var=d1&dok_ext=pdf&filename=978445333.pdf (Abruf 2.2.07).

Schauber, H./Grabowski, S./Schlaeger, S./Zülch, J. (1997): Total Quality Learning. Ein Leitfaden für lernende Unternehmen. Berlin: Springer.

Schenker-Wicki, A. (2005): Qualität messen – Qualität managen: Leistungsparameter im Studium. In: HRK (Hrsg.): Qualität messen – Qualität managen. Leistungsparameter in der Hochschulentwicklung. Bonn: HRK, S. 44–50.

Schmidt, U. (2005): Mitbestimmung von Studierenden bei der Qualitätssicherung und Hochschulentwicklung. In: HRK (Hrsg.): Hochschule entwickeln, Qualität managen: Studierende als (Mittel)punkt. Bonn: HRK, S. 39–44.

Timmermann, D. (1996): Qualitätsmanagement an Schulen. In: Wirtschaft und Erziehung 10, S. 327–333.

Weber, J./Schäffer, U. (2000): Implementierung – Nutzen für Manager und Controller – Erfahrungen in deutschen Unternehmen. 3. überarb. Auflage. Wiesbaden: Gabler.

Weibel, W. (1997): Qualitätssicherung durch Qualitätsentwicklung in der Schule. In: Pädagogische Führung 2, S. 58–65.

Wolff, K.D. (2004): Wege zur Qualitätskultur. Die Elemente der Qualitätsentwicklung und ihre Zusammenhänge. In: Benz, W./Kohler, J./Landfried, K. (Hrsg.): Handbuch Qualität in Studium und Lehre. Berlin: Raabe, S. 1–20.

Robin Stark

Einführung in quantitative Methoden der empirischen Bildungsforschung

Enleitung: Aufgaben, Merkmale, Entwicklungen

In diesem Beitrag wird ein Überblick über Forschungsmethoden gegeben, die im Bereich der empirischen Bildungsforschung zur Anwendung kommen. Hierbei werden vor allem *quantitative* Forschungsmethoden thematisiert. Dieser Darstellung wird eine kurze Charakterisierung des Aufgabenfelds empirischer Bildungsforschung vorangestellt. Dieses Aufgabenfeld weist eine bedeutende Schnittmenge mit dem Aufgabenfeld auf, das das Berufsbild des Medien- und Bildungsmanagers ausmacht. Auf der Grundlage von Ergebnissen einer Delphistudie wurde das Aufgabenfeld des Medien- und Bildungsmanagers wie folgt definiert: »Medien- und Bildungsmanager/innen planen, entwickeln, gestalten und bewerten bildungsbezogene und mediengestützte Dienstleistungen und führen diese durch« (Hörmann, in diesem Band). *Keine* dieser Aufgaben kann professionell ohne Rückgriff auf Erkenntnisse der empirischen Bildungsforschung bewältigt werden und eine Nutzbarmachung dieser Erkenntnisse setzt zumindest forschungsmethodische Grundkenntnisse voraus.

Wenn es um Aufgaben geht, die dem Haupttätigkeitsfeld *Bewertung* (Hörmann, in diesem Band) zuzuordnen sind, werden solide Kenntnisse der *Evaluationsforschung* notwendig, die ein wichtiges Teilgebiet der empirischen Bildungsforschung darstellt.

Die Aufgabe der heutigen Bildungsforschung besteht in der Bearbeitung wissenschaftlicher Informationen, die eine rationale Begründung bildungspraktischer und bildungspolitischer Entscheidungen ermöglichen (Tippelt 2005, S. 9). Bildungsforschung analysiert Prozesse des Lehrens und Lernens in schulischen und außerschulischen Kontexten und befasst sich auch mit informellen Sozialisationsbereichen. Das Spektrum bearbeiteter Fragestellungen ist sehr breit und umfasst Mikroforschung zu spezifischen Lehr-Lern-Problemen ebenso wie institutionsbezogene Meso- und institutionenübergreifende Makroforschung. Die Fragestellungen können stärker grundlagen- oder anwendungsorientiert und hierbei in unterschiedlicher Weise praxisbezogen sein.

Empirische Bildungsforschung ist in hohem Maße inter- und multidisziplinär ausgerichtet und umfasst Theorien und Bezugsdisziplinen der Erziehungswissenschaft, der Psychologie, der Ökonomie, der Geschichte, der Philosophie sowie der Politik- und Rechtswissenschaft (Tippelt 2005; vgl. hierzu auch Helsper/Böhme 2004). Der Status einer Leitdisziplin kann dabei der Erziehungswissenschaft zugesprochen werden (Tippelt 2005, S. 10). Innerhalb der erziehungswissenschaftlichen Bildungsforschung kommt der quantitativ bedeutsamste Anteil dem Bereich der Schulforschung zu (Zedler 2005). Erziehungswissenschaftliche Bildungsforschung gibt nach Zedler Antworten auf folgende Frage: »Was macht die ältere mit der jüngeren Generation tatsächlich, was bewirkt sie und wie erklärt sich, was innerhalb und mittels der Einrichtungen des Bildungssystems an nicht intendierten Wirkungen feststellbar ist?« (Zedler 2005, S. 27). Darüber hinaus wird in der empirischen Bildungsforschung auch transdisziplinär gearbeitet, indem beispielsweise in der Interventionsforschung zur Überwindung der Kluft zwischen Theorie und Praxis pädagogische Praktiker in universitäre Forschergruppen integriert werden (vgl. Stark 2004; Stark/Mandl 2007).

Einen wichtigen Beitrag zur Bildungsforschung und -diskussion leistet seit den 1990er-Jahren die internationale Schulleistungsforschung (vgl. Baumert et al. 2001). Damit verbunden ist eine Fokussierung des Erkenntnisinteresses auf Probleme der Qualitätssicherung und des Qualitätsmanagements von Institutionen und Fragen des Bildungs- und Wissensmanagements des pädagogischen Personals (Tippelt 2005, S. 11). Studien zur Sozialisationsforschung sind im Vergleich zu den 1980er-Jahren deutlich in den Hintergrund getreten (Zedler 2005).

In methodischer Hinsicht kommen quantitative Ansätze (vgl. Böhm-Kasper/Weishaupt 2004), qualitative Ansätze (vgl. Böhme 2004) oder verschiedene Integrationsformen von quantitativer und qualitativer Forschung (Kelle 2007; Krüger/Pfaff 2004) zum Einsatz. In der Folge des sogenannten Positivismusstreits in den 1960er-Jahren (vgl. Adorno et al. 1969), in dem die Grundannahmen der einheitswissenschaftlichen Position eines unter anderem von Popper (1969) vertretenen kritischen Rationalismus von namhaften Vertreter/innen einer kritisch-dialektischen Position zurückgewiesen wurden (Krüger/Pfaff 2004, S. 160), begann in den 1970er-Jahren eine intensive Methodendebatte, in der quantitative und qualitative Zugänge als einander ausschließende Forschungsmethodologien konzipiert wurden. Dies führte dazu, dass sich beide Forschungstraditionen in den 1970er-Jahren in den Disziplinen Soziologie, Psychologie und Erziehungswissenschaft weitgehend unabhängig voneinander entwickelten. In den 1980er- und 1990er-Jahren kam es zu Annäherungen und Vermittlungsversuchen zwischen den Positionen (Krüger/Pfaff 2004). Der »Krieg der Paradigmen« (Kelle 2007, S. 26) wurde durch einer Phase wissenschaftspolitischer Koexistenz beider Methodentraditionen abgelöst. Doch selbst Beispiele für gelungene Verbindungen unterschiedlicher Methoden und Datenquellen, methodologisch reflektierte Triangulationskonzepte (vgl. Krüger/Pfaff 2004) und *Mixed Methods Designs* (vgl. Kelle 2007) können nicht darüber hinwegtäuschen, dass die jeweiligen Scientific Communities im Bereich der Bildungsforschung immer noch weitgehend isoliert voneinander arbeiten und sich wechselseitig wenig zur Kenntnis nehmen. Im Folgenden werden Forschungsansätze *quantitativer* Bildungsforschung dargestellt (eine sehr informative Darstellung *qualitativer* Ansätze findet sich bei Böhme 2004). Danach wird das Prinzip der Messung behandelt und auf Gütekriterien quantitativer Forschung eingegangen; zur Kontrastierung wird auch qualitative Forschungslogik gestreift. Anschließend werden Methoden der Datengewinnung und Auswertung skizziert und Aspekte der Evaluationsforschung thematisiert. Abschließend wird das Problem der Praxisrelevanz von empirischer Bildungsforschung angeschnitten.

Forschungsansätze quantitativer Bildungsforschung

Forschungsansätze lassen sich nach dem *Forschungszweck* klassifizieren, also danach, ob Erklären bzw. Vorhersagen, Beschreiben oder Bewerten im Vordergrund stehen (vgl. Skowronek/Schmied 1977). Geht es primär um Erklärung und Prognose, kommen Ansätze zum Einsatz, die experimenteller, quasi-experimenteller oder kausalvergleichender Natur sein können. Steht die Beschreibung von Sachverhalten im Mittelpunkt, können deskriptive Forschungsansätze wie Surveys und Korrelationsstudien angewandt werden. Bewertung ist die Aufgabe der Evaluationsforschung, die jedoch eine Sonderstellung einnimmt, da unterschiedlichste Forschungsansätze und Methoden zur Anwendung kommen.

Experimentelle und quasi-experimentelle Ansätze

Nach Traxel (1974, S. 90) besteht ein Experiment »in der absichtlichen, planmäßigen Auslösung eines Vorgangs zum Zweck der Beobachtung«. Mit Planmäßigkeit ist gemeint, dass der Experimentator entscheidet, wann, wo, bei welchen Personen und unter welchen sonstigen Bedingungen ein psychischer Vorgang (z. B. Lernen) ausgelöst wird, um ihn unter einer Fragestellung (z. B. der Wirksamkeit einer bestimmten Lernmethode) zu beobachten. Da die auslösenden Bedingungen, die in der psychologischen Forschung als unabhängige Variable(n) (UV, Treatment) gefasst werden, »manipulativ« hergestellt werden – man muss nicht warten, bis sie sich zeigen (also bis Lernende z. B. spontan eine bestimmte Lernmethode anwenden) – kann man sich optimal auf die Messung vorbereiten. Zudem kann das Treatment wiederholt werden.

Werden mehrere UV untersucht, müssen sie zudem unabhängig voneinander sein. Hiermit ist gemeint, dass nicht mehrere Bedingungen gleichzeitig (z. B. die Lernmethode *und* die zu lernenden Inhalte) oder miteinander zusammenhängende Bedingungen (z. B. eine bestimmte Lernmethode in Verbindung mit bestimmten Inhalten, eine andere Lernmethode in Verbindung mit anderen) variiert werden dürfen. Alle Bedingungsvariationen (z. B. Lernmethoden und Inhaltskombinationen) müssen im Experiment »durchgespielt« werden. Hierbei ist darauf zu achten, dass immer nur ein Aspekt variiert und alle anderen konstant gehalten werden (isolierte Variation). Ansonsten können die Effekte, die aufseiten der abhängigen Variable(n) (AV, z. B. dem Lernerfolg) festgestellt werden, nicht mehr eindeutig auf bestimmte Bedingungen (in unserem Beispiel: die Lernmethode) zurückgeführt werden, was das Ziel des Experimentierens und auch die Stärke des experimentellen Ansatzes ist.

Darüber hinaus muss vermieden werden, dass Proband/innen, die nach der Logik des Experiments unterschiedlichen Treatments ausgesetzt sind, sich nicht bereits *vor* Applikation des Treatments in der AV unterscheiden. Zu diesem Zweck können bestimmte Designs (sogenannte Pretest-Posttest-Designs) zur Anwendung kommen, bei denen die AV vor und nach der experimentellen Manipulation gemessen wird. Darüber hinaus dürfen sich Proband/innen der Experimentalgruppe (mit Treatment) von Proband/innen der Kontrollgruppe (ohne Treatment) auch nicht in anderen Variablen, die die AV beeinflussen könnten (sogenannte Störvariablen), unterscheiden. Störvariablen müssen deshalb konstant gehalten werden, was am einfachsten durch Zufallszuweisung der Proband/innen auf die Experimental- oder Kontrollgruppe (sogenannte Randomisierung) bewerkstelligt wird. Wenn jede Person einer bestimmten Population die gleiche Chance hat, einer der beiden Gruppen zugeteilt zu werden, kann bei ausreichend großen Stichproben (n > 30; vgl. Skowronek/Schmied 1977) davon ausgegangen werden, dass sich die Störvariablen in beiden Gruppen gleich verteilen, wodurch ihre Wirkung »neutralisiert« wird. Eine andere Möglichkeit besteht darin, Paare von Proband/innen, die im Hinblick auf Störvariablen vergleichbar sind, zu bilden und die Paarlinge dann zufällig auf beide Gruppen zu verteilen. Diese Parallelisierungsprozedur, die mit zunehmender Anzahl von Störvariablen immer weniger handhabbar ist, setzt voraus, dass die Theorie, die den kausalen Wirkmechanismus beschreibt, so elaboriert ist, dass sich daraus ableiten lässt, welche Variablen als Störvariablen kontrolliert werden müssen. Dies gilt auch für alternative statistische Kontrollmöglichkeiten, z. B. kovarianzanalytische Verfahren (vgl. Bortz 2005, S. 361–386).

Nur experimentelle Forschung ermöglicht aufgrund optimaler Bedingungskontrolle Kausalerklärungen. Die *interne Validität*, also das Ausmaß, in dem Veränderungen der AV durch die UV und nicht durch das (zusätzliche) Wirksamwerden von Störvariablen erklärt werden können, ist bei experimentellen Forschungsansätzen am höchsten, die unter kontrollierten Laborbedingungen durchgeführt werden. Aufgrund der Künstlichkeit der Untersuchungsbedingungen kann es jedoch zu Problemen mit der *externen Validität*, also der Verallgemeinerbarkeit (Generalisierbarkeit) der unter kontrollierten Bedingungen entstandenen Ergebnisse kommen. Neben der Übertragbarkeit auf andere Situationen, z. B. auf relevante Praxiskontexte, die mit dem Konzept der *ökologischen Validität* beschrieben wird, betrifft die externe Validität auch die Generalisierbarkeit von Ergebnissen über die Stichprobe, spezielle Prozeduren und Operationalisierungen und über die Zeit (vgl. Rost 2005, S. 91). Hierbei ist zu beachten, dass eine gewisse interne Validität einer Studie eine notwendige Bedingung für deren externe Validität darstellt.

Wenn die experimentelle Manipulation unter Feldbedingungen, z. B. realen Schulklassen appliziert wird – und dies ist in der empirischen Bildungsforschung häufig der Fall – und trotz der Feldbedingungen eine maximale Kontrolle von Störvariablen durch Randomisierung bzw. Parallelisierung realisiert werden kann, spricht man von *experimentellen Feldstudien*. Experimentelle Feldstudien haben im Vergleich zu Laborexperimenten Vorteile in Bezug auf ihre externe bzw. ökologische Validität. Aus naheliegenden Gründen müssen jedoch Einbußen aufseiten der internen Validität hingenommen werden.

Bei vielen Fragestellungen der empirischen Bildungsforschung sind jedoch weder Randomisierungen noch Parallelisierungen möglich. Werden Untersuchungen an Schulen durchgeführt, muss häufig mit vorgefundenen Gruppen, z. B. Klassen oder Kursen, gearbeitet werden. Wenn sich experimentelle Manipulationen in diesen Praxiskontexten realisieren lassen, können sogenannte *quasi-experimentelle Studien* durchgeführt werden (vgl. Rost 2005, S. 95). Die Kontrolle von Störvariablen muss hierbei über das Design und/oder statistische Verfahren erfolgen.

Kausal-vergleichende Ansätze

Oft ist es jedoch aus forschungspraktischen und/oder ethischen Gründen nicht möglich, beispielsweise im Rahmen einer Feldstudie, in den natürlichen Handlungsverlauf einzugreifen. Dann verbieten sich experimentelle und quasi-experimentelle Untersuchungen. In diesem Fall sind *kausal-vergleichende Ansätze* gefragt (vgl. Böhm-Kasper/Weishaupt 2004). Geht es beispielsweise um den Einfluss des Migrationshintergrunds von Vorschulkindern (UV) auf die Entwicklung der phonologischen Bewusstheit (AV) (Schneider 2005), kann dieser nicht experimentell manipuliert werden: Kinder haben entweder einen Migrationshintergrund oder nicht, der seine Wirkung ohne Einwirkung des Forschers entfaltet. Die UV wird mit einer bestimmten Ausprägung »vorgefunden« und zumeist zusammen mit der AV erhoben.

Eine optimale Bedingungskontrolle ist in dieser Art von »Ex-post-facto«-Untersuchungen nicht möglich, was jedoch nicht heißt, dass auf die Überprüfung von Kausalhypothesen gänzlich verzichtet werden muss. Die »Beweisführung« ist hier jedoch schwieriger und auch weniger zwingend, da die Daten prinzipiell mit verschiedenen Hypothesen vereinbar sind. Eine strenge Überprüfung kausaler Hypothesen ist nicht möglich. »Ex-post-facto«-Untersuchungen erfordern deshalb präzise theoretische Analysen, um vorab Hypothesen über den Einfluss der UV auf die AV und alternative Hypothesen über andere potenziell relevante Einflussgrößen, die als Störvariablen fungieren (z. B. Intelligenz oder Geschlecht), ableiten zu können. Zudem sind Vorabinformationen über die Verteilung der UV in der interessierenden Probandengruppe einzuholen, um sicherzustellen, dass die gebildeten Stichproben (hier: Kinder mit versus ohne Migrationshintergrund) groß genug sind, um systematische Zusammenhänge zwischen UV und AV analysieren zu können, aus denen zumindest Hinweise über Ursache-Wirkungs-Beziehungen gewonnen werden können. Die interne Validität von »Ex-post-facto«-Untersuchungen ist mitunter eingeschränkt, was auch zu Problemen aufseiten der externen Validität führen kann (zu Faktoren, die die interne und die externe Validität von Studien beeinträchtigen (Rost 2005, S. 86–94). Die Qualität der Studie hängt deshalb in hohem Maße von ihrer *theoretischen* Fundierung ab.

Deskriptive Ansätze

Viele Studien der empirischen Bildungsforschung sind rein *deskriptiver Natur*, d. h. es geht nicht um die Explikation von Ursache-Wirkungs-Beziehungen, sondern um Beschreibung von Wirklichkeitsausschnitten der Bildungslandschaft und/oder deren Entwicklung im Zeitverlauf (Böhm-Kasper/Weishaupt 2004). Hierbei werden bestimmte Bedingungen beschrieben (z. B. Bedingungen für die Entwicklung verschiedener Formen der Kooperation zwischen Lehrpersonen), Standards identifiziert (z. B. Standards für die Bewertung dieser Bedingungen) und Beziehungen zwischen Sachverhalten aufgedeckt (z. B. die Beziehung zwischen Kooperationsformen und Unterrichtsverhalten). Deskriptive Untersuchungen bilden häufig den Einstieg in die Untersuchung relevanter Phänomene. Solche explorativen Studien oder Überblicksuntersuchungen werden primär mit dem Ziel durchgeführt, in einem relativ neuen, unerforschten Untersuchungsbereich neue Hypothesen zu entwickeln und/oder theoretische bzw. begriffliche Voraussetzungen zu schaffen, um erste Hypothesen formulieren zu können, die den Boden für hypothesenprüfende (z. B. experimentelle) Untersuchungen bereiten (vgl. Bortz/Döring 2003, S. 34). Die Datenbasis deskriptiver Untersuchungen kann sehr unterschiedlich sein. In der qualitativen Forschung kann sie auf einem oder wenigen Fällen beruhen; in der quantitativen Forschung kann sie auf kleine oder im Fall von sogenannten *Surveys* auf sehr großen Stichproben und sogar auf Vollerhebungen ganzer Populationen basieren (z. B. alle Schüler/innen der vierten Klasse in einem Bundesland). Nicht minder heterogen sind die hierbei zum Einsatz kommenden statistischen Analyseverfahren: von einfachen Häufigkeitsauszählungen bis zu komplexen multivariaten Datenanalysen (zu Fragen der Stichprobenziehung und damit verbundene Konsequenzen für statistische Analysen vgl. Böhm-Kasper/Weishaupt 2004, S. 100/101).

Darüber hinaus können deskriptive Untersuchungen *querschnittlich* oder *längsschnittlich* angelegt sein. Bei *Querschnittstudien* werden Daten (z. B. Ergebnisse eines Leistungsmotivationstests) zu einem Zeitpunkt bei verschiedenen Altersgruppen (z. B. Schüler/innen verschiedener Jahrgangsklassen) gemeinsam analysiert. Die Ökonomie von Querschnittstudien wird mit verschiedenen Problemen »erkauft« (vgl. Bortz/Döring 2003, S. 565): So können Proband/innen aus verschiedenen Generationen unterschiedlichen Sozialisationsbedingungen ausgesetzt sein, wodurch es zu einer Vermischung (Konfundierung) von Alter und Kohorte kommen kann, die präzise Aussagen über intraindividuelle Entwicklungen (z. B. des Leistungsmotivs) verunmöglichen. Zudem können selektive Populationsveränderungen auftreten. So können z. B. hoch Leistungsmotivierte in der Stichprobe überrepräsentiert sein (da sie z. B. soziale Krisen in Kriegszeiten eher überleben). Auch die Aussagekraft und damit die Validität von Messinstrumenten kann sich in Abhängigkeit von der untersuchten Kohorte ändern (z. B. kann computerunterstütze Diagnostik auf ältere Menschen eine abschreckende Wirkung haben). Geht es um die Analyse intraindividueller Veränderungen, sind *Längsschnittdesigns* unumgänglich: Die gleiche Stichprobe von Individuen ist mehrmals zu verschiedenen Zeitpunkten mit einem vergleichbaren Messinstrument zu untersuchen. Neben Problemen der Stichprobengewinnung können systematische Selektionseffekte, bei denen Ausfälle von Proband/innen mit der untersuchten AV assoziiert sind und andere Formen der »Panelmortalität« zu erheblichen Verzerrungen der Ergebnisse führen. Die interne Validität von Längsschnittuntersuchungen ist zudem dadurch gefährdet, dass Entwicklungen häufig unterschiedlich bedingt sind: Biologische, soziokulturelle und pädagogische Effekte können konfundiert sein.

Eine spezielle Form deskriptiver Forschung stellen *Korrelationsstudien* dar, die Zusammenhänge zwischen zwei oder mehreren Variablen aufklären. Kausale Aussagen können auf der Grundlage von Korrelationsstudien nicht getroffen werden. Selbst Nullkorrelationen können nur unter bestimmten, genau zu prüfenden Bedingungen (vgl. Renkl 1993) herangezogen werden, um kausale Hypothesen zu falsifizieren. Eine leicht verständliche Übersicht über Faktoren, die die Höhe des Korrelationskoeffizienten beeinflussen sowie über verschiedene Arten von Korrelationskoeffizienten findet sich bei Diehl und Kohr (2004; zur Interpretation von Korrelationen vgl. auch Rost 2005, S. 118–122). Häufig werden korrelationsstatistische Befunde in kausale Modelle integriert. Sie können dabei die Theorieentwicklung unterstützen, eine strenge empirische Prüfung von Theorien ist jedoch auf einer solchen Datenbasis nicht möglich. An dieser Stelle wird deutlich, dass deskriptive Studien sich häufig nicht mit rein deskriptiven Aussagen begnügen und weitergehende Geltung beanspruchen, die nicht zuletzt durch Verwendung bestimmter statistischer Verfahren legitimiert wird. Inwieweit diese analytische Orientierung deskriptiver Studien gerechtfertigt ist, hängt nicht zuletzt von der theoretischen Fundierung dieser Studien ab.

Das Prinzip des Messens und Gütekriterien quantitativer Forschung

Messen

Das Kerngeschäft quantitativer Forschung besteht im Quantifizieren. Dieses setzt die Messbarmachung (*Operationalisierung*) theoretischer Konstrukte (z. B. Lesekompetenz) voraus, d. h. die Übersetzung nicht direkt beobachtbarer Merkmale in beobachtbare Merkmale (Indikatoren, z. B. Lesegeschwindigkeit), deren Ausprägungen sich dann mit bestimmten Messprozeduren bzw. der Anwendung bestimmter Messinstrumente bestimmen lassen. Die Qualität dieses Übersetzungsprozesses steht und fällt zuallererst mit der Elaboriertheit des Konstrukts und – damit zusammenhängend – mit der Auswahl geeigneter Indikatoren.

Kommen Messprozeduren zum Einsatz, die Messobjekten (z. B. Proband/innen) im Hinblick auf ein Beobachtungsmerkmal (z. B. Lesegeschwindigkeit) einen numerischen Ausprägungsgrad (eine Zahl) zuordnen, müssen die Zahlenrelationen Beziehungen zwischen empirischen Ausprägungen des Beobachtungsmerkmals widerspiegeln (homomorphe Abbildung). Wie präzise und informationshaltig diese Abbildung erfolgen kann, ist unter anderem vom *Skalenniveau* abhängig, auf dem dabei operiert wird. Im einfachsten Fall wird nur eine Gleich-/Ungleichrelation auf einer Nominalskala abgebildet (z. B. männlich/weiblich). Wenn darüber hinaus die Stärke von Merkmalsausprägungen abgebildet werden soll, wird eine Ordinalskala angelegt (z. B. Schulnoten). Ordinalskalen enthalten jedoch keine Information über die Größe der Abstände zwischen Merkmalsausprägungen. So erlaubt eine Notenskala keine Aussage über die Bedeutung von Notendifferenzen. Derartige Aussagen erfordern eine metrische Skala, die eine Einheit hat (d. h. die Abstände sind vereinheitlicht, standardisiert). Hat eine metrische Skala keinen absoluten Nullpunkt, handelt es sich um eine Intervallskala (z. B. IQ-Werte in einem Intelligenztest). Gibt es einen nicht beliebigen Nullpunkt, wird bei willkürlicher Maßeinheit (z. B. Lebensalter) auf einer Verhältnisskala gemessen, bei natürlich vorgegebener Maßeinheit auf einer Absolutskala (z. B. Fehleranzahl). Bei diesen Skalenniveaus sind die meisten mathematischen Prozeduren zulässig (Additionen, Subtraktionen, Multiplikationen, Divisionen), Skalentransformationen sind jedoch nur bei Verhältnisskalen erlaubt. Mit der Quantifizierung von Merkmalsausprägungen wird in der quantitativen Forschung das Ziel verfolgt, die Vergleichbarkeit von Daten sicherzustellen und sie statistischen Auswertungsverfahren zugänglich zu machen. Die dadurch erzielte *Komplexitätsreduktion* ist ein mehr oder weniger erwünschter, in der quantitativen Bildungsforschung jedoch nicht immer hinreichend reflektierter Nebeneffekt. Dies gilt auch für die Reflexion anthropologischer Prämissen, von denen dabei implizit ausgegangen wird.

Gütekriterien quantitativer Forschung

Um die Qualität einer Messung (z. B. mittels Beobachtung, Fragebogen oder Test) zu bewerten, wurden Gütekriterien entwickelt, die mit den Konzepten Objektivität, Reliabilität und Validität beschrieben werden (Lienert/Raatz 1998) und über die in der quantitativ arbeitenden Scientific Community weitgehend Konsens herrscht.

Objektivität (Konkordanz) ist das Ausmaß der Unabhängigkeit von Durchführung, Auswertung und Interpretation einer Messung (z. B. von Lesekompetenz) von den durchführenden, auswertenden und interpretierenden Personen.

Reliabilität gibt die Zuverlässigkeit oder Genauigkeit einer Messung an. Diese ist reliabel, wenn sich z. B. bei einer Wiederholung unter denselben Bedingungen und an denselben Gegenständen dieselben Ergebnisse zeigen. Die Reliabilität kann durch verschiedene Verfahren ermittelt werden, die unterschiedlichen Logiken folgen (Messwiederholung, Messung mit äquivalenten Methoden oder mit unterschiedlich zusammengesetzten Bestandteilen einer Methode) und numerisch ausgedrückt werden (Bortz/Döring 2003, S. 195–198).

Validität (Gültigkeit) gibt den Grad der Genauigkeit an, mit dem das gemessen wird, was gemessen werden soll (so soll ein Test zur Erfassung von Lesekompetenz eben Lesekompetenz messen und nicht Intelligenz). Die Validität kann mit verschiedenen Methoden bestimmt werden, die unter dem Konzept der Konstruktvalidität subsumiert werden können. Diese ist gegeben, wenn nach einer gründlichen theoretischen und empirischen Analyse anzunehmen ist, dass das intendierte Merkmal auch tatsächlich erfasst wird. Konstruktvalidierung erfordert die Spezifikation eines »nomologischen Netzwerks« (Cronbach/Meehl 1955), in dem unter anderem beobachtbare Manifestationen verschiedener Konstrukte miteinander (z. B. Lesegeschwindigkeit, Lesestrategien) und mit unterschiedlich nahe verwandten Konstrukten (z. B. Lesemotivation, mathematische Kompetenz) in Beziehung gesetzt werden (vgl. Bortz/Döring 2003, S. 200–206; Rost 2005, S. 133–137).

Exkurs: Qualitative Forschungslogik

Der kleinste gemeinsame Nenner der qualitativen Forschungstradition wurde von Flick, Kardorff und Steinke (2005, S. 4) folgendermaßen bestimmt:

»Qualitative Forschung hat ihren Ausgangspunkt im Versuch eines vorrangig deutenden und sinnverstehenden Zugangs zu der interaktiv ›hergestellt‹ und in sprachlichen wie nicht-sprachlichen Symbolen repräsentiert gedachten sozialen Welt. Sie bemüht sich dabei, ein möglichst detailliertes und vollständiges Bild der zu erschließenden Wirklichkeitsausschnitte zu liefern. Dabei vermeidet sie, so weit wie möglich, bereits durch rein methodische Vorentscheidungen den Bereich möglicher Erfahrungen einzuschränken [...]. Die bewusste Wahrnehmung und Einbeziehung des Forschers und der Kommunikation mit den ›Beforschten‹ als konstitutives Element des Erkenntnisprozesses ist eine zusätzliche, allen qualitativen Ansätzen gemeinsame Erfahrung.«

Dieser Definitionsversuch verdeutlicht, wie weit eine Forschungslogik, die primär *nomothetischen* Zielen verpflichtet ist (also dem Auffinden allgemeingültiger Gesetzmäßigkeiten), von einer Forschungslogik entfernt ist, für die eine *idiografische* Orientierung konstitutiv ist, die also der beschreibenden Untersuchung des Individuellen, Einmaligen und Besonderen verpflichtet ist. Er lässt auch erahnen, dass mit diesen Orientierungen bestimmte epistemologische Positionen und anthropologische Grundannahmen verbunden sind (vgl. Fahrenberg 2007).

Die mit Objektivität und Reliabilität verbundenen Zielvorstellungen von quantifizierender Vergleichbarkeit, Standardisierung und die damit einhergehende Komplexitätsreduktion sind mit qualitativen Forschungsansätzen schwer vereinbar. Aus qualitativer Sicht besteht durch die Standardisierung einer Untersuchung, die Kontrolle von Kontextfaktoren (Störvariablen) und die bewusst herbeigeführte Neutralität des Forschers die Gefahr, eine Künstlichkeit zu erzeugen, die sich verzerrend auf die Untersuchungsergebnisse auswirken kann (Stangl 2007) und deren externe bzw. ökologische Validität korrumpiert. Deshalb wird in qualitativen Studien versucht, der Forderung nach Objektivität gerade durch eine gezielte Berücksichtigung der spezifischen Untersuchungssituation gerecht zu werden, indem alle untersuchungsrelevanten Kontextfaktoren erfasst werden. Jede Vorselektion von untersuchten Merkmalen wird möglichst vermieden. Die *Offenheit* qualitativer Methoden soll hierbei den individuellen Ausdrucksmöglichkeiten der Akteure viel Spielraum geben und erzeugt so ein einzigartiges Datenmaterial, an das der Anspruch exakter Wiederholbarkeit nicht gestellt wird. Mangelnde Reliabilität ist aus qualitativer Sicht keine mangelnde Genauigkeit der Methode; sondern vielmehr bedingt durch die Vielschichtigkeit und Prozesshaftigkeit sozialer Realitäten und damit durch den Untersuchungsgegenstand selbst. Reliabilitätskontrollen und Replikationen spielen daher in der qualitativen Forschung nur eine untergeordnete Rolle. Selbst wenn man sich der auf Kuhnschen Ideen (Kuhn 1962/1989) Bezug nehmenden radikalen Position inkompatibler Paradigmen (z. B. Guba 1987, S. 31) nicht anschließt, verdeutlicht bereits diese oberflächliche Kontrastierung, dass eine einfache Übertragung von Gütekriterien quantitativer Forschung auf qualitative Methoden weitgehend einer Negation qualitativer Zielvorstellungen gleichkommt. Die Bewertung der Qualität qualitativer Forschung muss deshalb anhand alternativer Gütekriterien erfolgen (z. B. Transparenz der Erhebung, Offenheit und Begründung aller Auswertungsschritte, multipersonaler Diskurs). Es wird deshalb aus meiner Sicht kaum möglich sein, beide Methodentraditionen im Rahmen ein und desselben Forschungsprojekts *gleichberechtigt* zu integrieren. Kommen beispielsweise qualitative Methoden im Kontext quantitativer Forschungsprojekte zum Einsatz, haben diese meist ergänzende, illustrierende Funktion. Eine solche »Methodenhochzeit« ist eher pragmatischer Natur (vgl. Renkl 1999) und wird in der Regel weder Vertreter/innen (genuin) qualitativer Forschung noch Expert/innen für Triangulationsdesign (vgl. Kelle 2007) überzeugen.

Methoden der Datenerhebung in der quantitativen Bildungsforschung

Ein wichtiger Bestandteil der Operationalisierung ist die Festlegung des Messverfahrens. Zur Beschreibung von Messverfahren wurden eine Reihe von taxonomischen Vorschlägen entwickelt (z. B. Bortz/Döring 2003; Lienert/Raatz 1998). Im Folgenden sollen nur die in der quantitativen Bildungsforschung am häufigsten eingesetzten Verfahren – Fragebogen und Tests – erläutert werden. Im Anschluss wird kurz auf komplexe Analysemethoden eingegangen.

Fragebogen

Befragungen können in mündlicher oder schriftlicher Form realisiert werden. Zudem können sie in unterschiedlichem Ausmaß standardisiert sein (z. B. halb- oder vollstrukturierte Befragung). Maximal standardisiert ist eine Befragung mittels Fragebogen (z. B. Fragebogen zum Leseverhalten). Es versteht sich von selbst, dass die Qualität der mit diesem Verfahren erhobenen Daten von der Güte des Fragebogens abhängt, die durch testtheoretisch reflektierte Methoden der Fragebogenkonstruktion sichergestellt werden muss (vgl. Lienert/Raatz 1998).

Schwieriger zu handhaben ist die Tatsache, dass das Ankreuzen eines bestimmten Grades der Zustimmung oder Ablehnung ein wesentlich komplexerer und vor allem multipel bedingter psychologischer Prozess darstellt, als dies auf den ersten Blick erscheinen mag. Selbst wenn man von der Möglichkeit absichtlicher Verfälschung absieht, können kognitive, emotionale, motivationale und situative Einflüsse verschiedenster Art, mögliche Antwortentendenzen wie Ja-Sage-Tendenz und der Einfluss sozialer Erwünschtheit bestimmter Antworten, Stereotypien und Urteilsheuristiken zu erheblichen Verzerrungen führen. Wesentlich sind der situative Kontext, in dem der Fragebogen ausgefüllt wird und die individuelle Motivation der Proband/innen, an der Untersuchung teilzunehmen bzw. sich zu bestimmten Fragen zu äußern. Wichtige

Hinweise auf mögliche Verzerrungen geben der Rücklauf, d.h. der Prozentsatz der ausgefüllten und abgelieferten Fragebogen und die Anzahl der auswertbaren Fragebogen.

Tests

Eine wichtige Rolle in der quantitativen Bildungsforschung spielen Tests. Nach einer gebräuchlichen Definition von Lienert und Raatz (1998, S. 1) ist ein Test »ein wissenschaftliches Routineverfahren zur Untersuchung eines oder mehrerer empirisch abgrenzbarer Persönlichkeitsmerkmale mit dem Ziel einer möglichst quantitativen Aussage über den relativen Grad der individuellen Merkmalsausprägung«. Für die empirische Bildungsforschung von besonderem Interesse sind Leistungstests, z. B. Schulleistungstests. Aktuelle Leistungstests, wie sie z. B. im Kontext von PISA (Programme for International Student Assessment) zum Einsatz kommen, sind auf die Erfassung komplexer Kompetenzen spezialisiert, die eine notwendige Voraussetzung für erfolgreiche Teilhabe an der Arbeitswelt sowie am kulturellen und sozialen Leben darstellen (z. B. Lesekompetenz). Inwieweit diese Kompetenztests auch Aspekte von (bereichsunabhängiger) Intelligenz messen, ist Thema einer aktuellen Debatte in der empirischen Bildungsforschung (vgl. Rindermann 2006; Baumert et al. 2006). Neben Intelligenz- und Begabungstests, die allgemein und unspezifisch die intellektuelle Leistungsfähigkeit einer Person erfassen, kommen zudem Persönlichkeitstests zum Einsatz, die nicht-kognitive Eigenschaften wie z. B. Interesse oder Selbstkonzepte erfassen.

Die Qualitätsanforderungen an Tests sind sehr hoch gesteckt (Böhm-Kasper/Weishaupt 2004, S. 108). Im Einzelnen sind sie abhängig von der *Testtheorie*, die ihrer Konstruktion zugrunde liegt. Die Mehrzahl der Tests, die in der quantitativen Bildungsforschung zum Einsatz kommen, orientiert sich an der sogenannten klassischen Testtheorie, die von der Annahme ausgeht, dass sich der beobachtete Messwert aus einem »wahren Wert« und einer Fehlerkomponente zusammensetzt und dass die Fehlerkomponente normal verteilt ist. Diese Annahme wird mit drei Axiomen verbunden, die folgende Nullkorrelationen postulieren: 1. zwischen Messfehler und wahrem Wert, 2. zwischen Messfehler und anderen Konstrukten und 3. zwischen Messfehlern, die sich bei verschiedenen Personen oder wiederholter Testung derselben Person zeigen.

Die Kritik an der klassischen Testtheorie ist umfassend, dennoch kann die »Erfolgsgeschichte« zahlreicher auf diesem Modell beruhender Instrumente kaum bestritten werden. Eines der größten Probleme, das in neueren probabilistischen Modellen überwunden ist, stellt die Stichproben- bzw. Populationsabhängigkeit von Itemparametern dar (Reliabilität, Validität, Trennschärfe und Schwierigkeit). Aktuelle Testentwicklungen (z. B. bei PISA) beruhen auf dem probabilistischen Rasch-Modell (vgl. Böhm-Kasper/Weishaupt 2004). Die Lösungswahrscheinlichkeit einer Aufgabe wird in diesem Modell als Funktion der latenten Personenfähigkeit und der Itemschwierigkeit bestimmt (lokale stochastische Unabhängigkeit), alle Items messen dasselbe Merkmal (Testhomogenität), Itemparameter werden unabhängig von der Stichprobe (Personenhomogenität) und Personenparameter unabhängig von der verwendeten Itemstichprobe (spezifische Objektivität) bestimmt. Hieraus ergeben sich viele Vorteile, z. B. bei Wiederholungsmessungen. Im Gegensatz zum axiomatischen Modell der klassischen Testtheorie werden diese Annahmen auch empirisch geprüft. Der Aufwand einer auf dem Rasch-Modell basierenden Testentwicklung ist jedoch deutlich größer als eine von der klassischen Testtheorie ausgehende Konstruktion.

Komplexe Verfahren der Datenanalyse

Die Komplexität vieler Fragestellungen der empirischen Bildungsforschung macht es notwendig, neben einfachen uni- und bivariaten Analyseverfahren komplexe *multivariate Verfahren* einzusetzen, die sich unter anderem dadurch auszeichnen, dass der Einfluss verschiedener UV (z. B. Vorwissen, Motivation, Lernmethode) und deren Wechselwirkungen (z. B. zwischen Vorwissen und Lernmethode) auf verschiedene AV (z. B. verschiedene Wissensarten) gleichzeitig untersucht werden kann. Die hierbei zu beachtenden Voraussetzungen bezüglich Stichprobenumfang und Verteilungscharakteristika werden in einschlägigen Statistiklehrbüchern abgehandelt (z. B. Bortz 2005). Eine Voraussetzung multivariater Verfahren, die Unabhängigkeit der Beobachtungen, ist häufig verletzt, wenn beispielsweise ganze Schulklassen, Schulen oder Schulsysteme untersucht werden. In vielen dieser Studien werden Analyseeinheiten auf unterschiedlichen hierarchischen Niveaus aufeinander bezogen, wenn z. B. die Frage beantwortet werden soll, ob sich Aggregatmerkmale (wie Unterrichtsstile der Lehrer, Schul- und Klassenklima) auf alle Schüler gleichermaßen auswirken oder ob sich in Abhängigkeit von Individualmerkmalen (wie Alter, Geschlecht, Vorwissen) unterschiedliche Effekte zeigen (Böhm-Kasper/Weishaupt 2004, S. 116/117). Da herkömmliche statistische Vorgehensweisen der hierarchischen Struktur der in diesen Studien auszuwertenden Datensätze nicht gerecht werden, kommen immer häufiger komplexe Verfahren zum Einsatz, die als *Mehrebenenanalysen* bezeichnet werden (Byrk/Raudenbusch 1997).

Solche Analysen machen es möglich, das komplexe Bedingungsgefüge von Variablen unterschiedlicher Systemebenen systematisch miteinander in Verbindung zu bringen – ähnlich wie in der Idee des ökologischen Experiments (Bronfenbrenner 1978), in dem Effekte auf Mikro-, Meso-, Exo- und Makroebene unterschieden werden. Individuelle Bildungsunterschiede können beispielsweise unter Berücksichtigung außerschulischer Einflüsse (z. B. des sozialen Milieus) und zeitlicher Veränderungen auf institutionelle, ökologische und interpersonale Merkmalsklassen innerhalb bestimmter Bildungskontexte bezogen werden (Seel 2005, S. 437).

Wie bereits erwähnt, sind in vielen Studien der empirischen Bildungsforschung experimentelle Ansätze nicht realisierbar. Sollen dennoch Aussagen über Ursache-Wirkungs-Beziehungen getroffen werden, kann mithilfe von sogenannten *Pfadanalysen* die Übereinstimmung zwischen einem theoretisch fundierten Hypothesensystem und dem Datenmaterial überprüft werden. Werden in diese Hypothesensysteme auch hypothetische Konstrukte, also nicht direkt beobachtbare Merkmale wie z. B. Intelligenz oder Schulklima aufgenommen, die mittels bestimmter Indikatoren operationalisiert werden, kommen lineare *Strukturgleichungsmodelle* (LISREL-Ansatz) zum Einsatz. Eine strenge Überprüfung kausaler Hypothesen ist mit diesen Ansätzen nicht möglich, die Überprüfung der Passung von Hypothesensystemen kann experimentelle Ansätze nicht ersetzen. Eine solide, explizierte theoretische Basis vorausgesetzt, können jedoch wichtige Hinweise zu kausalen Beziehungen und deren Stärke gewonnen werden.

Evaluationsforschung

Wissenschaftliche Evaluation kann sich, ähnlich wie unsystematische Qualitätsbewertungen, die in Alltagskontexten vorgenommen werden, auf sehr unterschiedliche Gegenstände beziehen (z. B. Personen, Organisationen, Produkte, Reformen, Maßnahmen, Projekte, Programme oder gar Evaluationen selbst). Der Unterschied zwischen wissenschaftlicher Evaluation und »Alltagsevaluationen« kommt in folgender Definition zum Ausdruck:

»Evaluationsforschung bezeichnet den gezielten Einsatz sozialwissenschaftlicher Forschungsmethoden zur Verbesserung der Planung und laufenden Überwachung sowie zur Bestimmung der Effektivität und Effizienz von [...] Interventionsmaßnahmen.« (Rossi/Freeman 1988, S. 3)

Prinzipiell können in der Evaluationsforschung alle oben beschriebenen Forschungsansätze zum Einsatz kommen. Häufig werden verschiedene Ansätze und Methoden kombiniert, um Daten und Informationen unterschiedlicher Art und Herkunft einbeziehen zu können (Ditton 2005). Internationale Schulvergleichsstudien wie PISA haben im Hinblick auf methodische Fundierung und Komplexität der Analyseverfahren ein sehr hohes Niveau erreicht (Helmke 2000). Da Evaluationen hochgradig ziel- und zweckorientiert sind, bewegen sie sich in einem komplexen Spannungsfeld zwischen wissenschaftlich-methodischer Exaktheit, Nachvollziehbarkeit der angewandten Verfahren und ihrer Standards auf der einen und Praxisbezogenheit, Wertsicherheit und praktische Anwendbarkeit auf der anderen Seite (Ditton 2005, S. 778). Die oben beschriebenen Gütekriterien quantitativer Bildungsforschung können diesem breiten Spektrum nicht gerecht werden. Deshalb wurden Standards festgelegt, die den multiplen Funktionen von Evaluationsforschung Rechnung tragen, z. B. Nützlichkeit, Durchführbarkeit, (politische und ethische) Korrektheit und Genauigkeit (vgl. Widmer 2004).

In der Evaluationsforschung können drei Analyseperspektiven unterschieden werden, in denen schwerpunktmäßig unterschiedliche Arten von Evaluation zum Tragen kommen (Stockmann 2004). 1. In der Phase der Programmentwicklung geht es um

Konzeptualisierung und Ausarbeitung einer geplanten Intervention. Hierbei werden die materiellen, personellen, institutionellen, finanziellen und theoretischen Rahmen- bzw. Eingangsbedingungen eines Programms untersucht. 2. Während der Implementationsphase werden vor allem Kontroll- und Beratungsfunktionen wahrgenommen. Prozessbegleitend werden Entscheidungshilfen für die Steuerung der Durchführung des Programms und Modifikationen des Programmdesigns bereitgestellt (sogenannte *formative* Evaluation). 3. Nach Abschluss der Implementation eines Programms kommt der Evaluationsforschung die Aufgabe zu, alle Effekte, die durch ein Programm ausgelöst wurden, bilanzierend zu erfassen und zu bewerten sowie Zusammenhänge aufzudecken (sogenannte *summative* Evaluation).

Im Zusammenhang mit der Unterscheidung von Prozess- und Ergebnisorientierung wird im Kontext empirischer Bildungsforschung zudem differenziert zwischen *interner* Evaluation, die von den Beteiligten eines Programms oder Projekts (häufig formativ) durchgeführt wird und *externer* Evaluation, die außenstehende Experten (häufig summativ) durchführen. Schulentwicklungsprozesse, wie sie in aktuellen Diskursen zu Fragen der Schulqualität thematisiert werden (vgl. Rahm 2005), sind auf kompetente Realisierungen interner *und* externer Evaluation angewiesen.

Nicht unabhängig von den Analyseperspektiven lassen sich verschiedene Funktionen von Evaluation unterscheiden (Stockmann 2004). Die größte Nähe zu den oben dargestellten Forschungsansätzen hat sicherlich die *Erkenntnisfunktion*. Indem z. B. festgestellt wird, ob die Maßnahme die Zielgruppe erreicht, welcher Bedarf vorliegt, wie es mit der Akzeptanz von Programmen bestellt ist und welche Ursache-Wirkungs-Beziehungen die Effektivität und Effizienz von Programmen beeinflussen, werden entscheidungs- und steuerungsrelevante Daten gesammelt. Da diese Daten auch Informationen darüber enthalten, inwieweit alle Beteiligten ihren Verpflichtungen nachkommen, ist mit der Erkenntnisfunktion auch immer (explizit oder implizit) eine *Kontrollfunktion* verbunden. Durch Evaluationen werden Informationen bereitgestellt, die den Dialog zwischen allen an der Evaluation beteiligten Parteien auf eine solide Grundlage stellen und eine detaillierte und transparente Analyse der Qualität der Zusammenarbeit ermöglichen (*Dialogfunktion*). Evaluationen können darüber hinaus auch taktische Funktionen erfüllen, wenn z. B. Ergebnisse von Evaluationen primär verwendet werden, um politische Entscheidungen (manchmal sogar nachträglich) zu legitimieren (*Legitimationsfunktion*). Insbesondere die Kontroll- und die Legitimationsfunktion verweisen auf die Problematik von Evaluationen, die primär mit nachhaltigen Sanktionen der beteiligten Personen oder Institutionen verbunden sind. Nichols und Berliner (2006) attestieren dem in den USA verbreiteten »high-stakes testing« negative Effekte auf allen Ebenen des öffentlichen Schulsystems (unter anderem verschiedene Arten von Betrug aufseiten der Schulverwaltung, der Lehrer/innen sowie der Schüler/innen, Ausschluss leistungsschwacher Schüler/innen aus der Schule, »Teaching to the test« und damit verbundene curriculare Einseitigkeiten). Eine seriöse Prüfung dieser eher impressionistischen Analyse von »Kollateralschäden«, insbesondere im Hinblick auf ihre Bedeutung für die »empirische Wende« in der deutschen Schulevaluation (Helmke 2000), steht noch aus.

Zum Problem der Praxisrelevanz von Bildungsforschung

Die »Gretchenfrage« nach der Praxisrelevanz von Bildungsforschung wurde in der bisherigen Darstellung ausgeklammert. Sie ist in die hier gewählte Systematik nicht zu integrieren, weil kein Forschungsansatz und auch keine Methode für sich allein reklamieren kann, einen Beitrag zur Verbesserung der Bildungspraxis zu leisten. Die Evaluationsforschung mag mit ihrer explizit praxisorientierten Konzeption einer solchen Zielsetzung am nächsten kommen – inwieweit diese wirklich erreicht wird, hängt von Spezifika der jeweiligen Realisierung ab und ist in jedem Fall empirisch zu prüfen.

Bei oberflächlicher Betrachtung mögen kausal-vergleichende und vor allem deskriptive Studien, die in der Regel größere Praxisnähe und damit potenziell höhere ökologische Validität aufweisen, mit guten »Prädispositionen« für die Umsetzbarkeit der gewonnenen Erkenntnisse in der Praxis ausgestattet sein. Doch dies ist nicht unbedingt der Fall, ebenso wenig wie die Grundlagenorientierung experimenteller Forschung – insbesondere die relative Künstlichkeit von Laborexperimenten und die damit verbundene Generalisierungsproblematik – notwendigerweise ungünstige »Eingangsvoraussetzungen« für substanzielle Beiträge zur Praxisverbesserung darstellen. Die unzureichende theoretische und methodische Qualität, die vor allem vielen deskriptiven Studien anhaftet, erschwert eine Generalisierung der gewonnenen Erkenntnisse. Zudem können Laborexperimente unter bestimmten Bedingungen durchaus einen Beitrag zur Verbesserung instruktionaler Praxis leisten.

Im Kontext pädagogisch-psychologischer Interventionsstudien wurde ein *integrativer Forschungsansatz* entwickelt (Stark 2004; Stark/Mandl 2007), dessen konstitutiver Bestandteil *anwendungsorientierte* Laborexperimente darstellen. Diese zeichnen sich dadurch aus, dass sie in Kooperation mit Expert/innen aus der Praxis im Hinblick auf den theoretischen Rahmen, die Forschungsfragen und das Design, die untersuchte Stichprobe, die eingesetzten Materialien, die Messinstrumente und die Untersuchungsdurchführung explizit so konzipiert werden, dass die gewonnenen Erkenntnisse auf Praxiskontexte transferiert werden können. Mit diesem Vorgehen wird versucht, eine funktionale Balance von interner und externer Validität zu erzielen. Darüber hinaus wird ein sequenzieller Untersuchungsprozess realisiert, bei dem anwendungsorientierte Laborexperimente mit möglichst kontrollierter Feldforschung systematisch kombiniert werden. Dadurch wird es möglich, abgesicherte (replizierte) laborexperimentelle Befunde unter Praxisbedingungen systematisch zu evaluieren. Sowohl im Labor als auch im Feld kommen schwerpunktmäßig quantitative Methoden zum Einsatz, die jedoch mit qualitativen Methoden gezielt angereichert und ergänzt werden. In einem weiteren Schritt muss dieser Ansatz mit effektiven Implementationsstrategien verbunden werden, die eine Verbreitung und großflächigere Umsetzung der gewonnenen Erkenntnisse in der Praxis unterstützen (vgl. Gräsel/Parchmann 2004).

Dieser interdisziplinär angelegte Forschungsansatz, der verschiedene methodische Zugänge der empirischen Bildungsforschung integriert und in theoretischer Hinsicht durch große Offenheit gekennzeichnet ist, dürfte sich in besonderer Weise für die Bewältigung von *Entwicklungs-* und *Bewertungsaufgaben* aus dem Bereich des Medien- und Bildungsmanagements eignen (vgl. Hörmann in diesem Band). Hier zeichnen sich innovative Kooperationsmöglichkeiten ab, die die empirische Bildungsforschung und das Medien- und Bildungsmanagement gleichermaßen bereichern könnten.

Literatur

Adorno, T.W./Albert, H./Dahrendorf, R./Habermas, J./ Pilot, H./Popper, K. (Hrsg.) (1969): Der Positivismusstreit in der deutschen Soziologie. Neuwied/Berlin: Luchterhand.

Baumert, J./Klieme, E./Neubrand, M./Prenzel, M./Schiefel, U./Schneider, W./Stanat, P./Tillmann, K.-J./Weiß, M. (Hrsg.) (2001): PISA 2000: Basiskompetenzen von Schülerinnen und Schülern im internationalen Vergleich. Opladen: Leske + Budrich.

Baumert, J./Brunner, M./Lüdtke, O./Trautwein, U. (2007): Was messen internationale Schulleistungsstudien? – Resultate kumulativer Wissenserwerbsprozesse. In: Psychologische Rundschau 58, H. 2, S. 118–145.

Böhme, J. (2004): Qualitative Schulforschung auf Konsolidierungskurs. In: Helsper, W./Böhme, J. (Hrsg.): Handbuch der Schulforschung. Wiesbaden: VS Verlag, S. 127–159.

Böhm-Kasper, O./Weishaupt, H. (2004): Quantitative Ansätze und Methoden in der Schulforschung. In: Helsper, W./Böhme, J. (Hrsg.): Handbuch Schulforschung. Wiesbaden: VS Verlag, S. 93–125.

Bortz, J. (^{6}2005): Statistik für Human- und Sozialwissenschaftler. Heidelberg: Springer.

Bortz, J./Döring, N. (2003): Forschungsmethoden und Evaluation für Human- und Sozialwissenschaftler. Berlin/Heidelberg/New York: Springer.

Bronfenbrenner, U. (1978): Ansätze zu einer experimentellen Ökologie menschlicher Entwicklung. In: Oerter, R. (Hrsg.): Entwicklung als lebenslanger Prozess. Hamburg: Hoffmann & Campe, S. 33–65.

Bryk, A./Raudenbush, S. (1997): Hierarchical Linear Modeling. In: Keeves, J. (Hrsg.): Educational Research, Methodology, and Measurement. An International Handbook. Oxford, UK: Pergamon, S. 549–556.

Cronbach, L./Meehl, P. (1955): Construct validity in psychological tests. In: Psychological Bulletin 52, S. 281–302.

Diehl, J./Kohr, H. (2004): Deskriptive Statistik. Eschborn: Klotz.

Ditton, H. (2005): Evaluation und Qualitätssicherung. In: Tippelt, R. (Hrsg.): Handbuch Bildungsforschung. Opladen: VS Verlag, S. 775–794.

Fahrenberg, J. (2007): Menschenbilder. Psychologische, biologische interkulturelle und religiöse Ansichten. www.jochen-fahrenberg.de/fileadmin/pdf/e-book_Download.pdf (Abruf 11.12.2007).

Flick, U./von Kardorff, E./Steinke, I. (Hrsg.) (^{4}2005): Qualitative Forschung. Ein Handbuch. Reinbek bei Hamburg: Rowohlt.

Gräsel, C./Parchmann, I. (2004): Implementationsforschung - oder: der steinige Weg, Unterricht zu verändern. In: Unterrichtswissenschaft 33, S. 196–213.

Guba, E. (1987): What have we learned about naturalistic evaluation? In: Evaluation Practice 8, Issue 1, S. 23–42.

Helmke, A. (2000): TIMSS und die Folgen. Der weite Weg von der externen Leistungsevaluation zur Verbesserung des Lehrens und Lernens. In: Trier, U.P. (Hrsg.): Bildungswirksamkeit zwischen Forschung und Politik. Chur/Zürich: Rüegger, S. 135–164.

Helsper, W./Böhme, J. (Hrsg.) (2004): Handbuch der Schulforschung. Wiesbaden: VS Verlag.

Hörmann, C. (2009): Aufgabenstellungen und Kompetenzprofile im Medien- und Bildungsmanagement. Weinheim: Beltz, S. 12–20.

Kelle, U. (2007): Die Integration qualitativer und quantitativer Methoden in der empirischen Sozialforschung. Wiesbaden: VS Verlag.

Krüger, H.-H./Pfaff, N. (2004): Triangulation quantitativer und qualitativer Zugänge in der Schulforschung. In: Helsper, W./Böhme, J. (Hrsg.): Handbuch der Schulforschung. Wiesbaden: VS Verlag, S. 159–183.

Kuhn, T. (1962/1989): Die Struktur wissenschaftlicher Revolutionen. Frankfurt a.M.: Suhrkamp.

Lienert, G./Raatz, U. (1998): Testaufbau und Testanalyse. Weinheim und Basel: Beltz.

Nichols, S./Berliner, D. (2006): Collateral damage: How high-stakes testing corrupts schools. Cambridge, MA: Harvard Education Press.

Popper, K. (1969): Die Logik der Sozialwissenschaften. In: Adorno, T.W./Albert, H./Dahrendorf, R./Habermas, J./Pilot, H./Popper, K. (Hrsg.): Der Positivismusstreit in der deutschen Soziologie. Neuwied/Berlin: Luchterhand, S. 103–124.

Rahm, S. (2005): Einführung in die Theorie der Schulentwicklung. Weinheim: Beltz.

Renkl, A. (1999): Jenseits von $p < .05$: Ein Plädoyer für Qualitatives. In: Unterrichtswissenschaft 27, S. 310–322.

Renkl, A. (1993): Korrelation und Kausalität: Ein ausreichend durchdachtes Problem in der pädagogisch-psychologischen Forschung? In: Tarnai, C. (Hrsg.): Beiträge zur empirischen pädagogischen Forschung. Münster: Waxmann, S. 115–123.

Rindermann, H. (2006): Was messen internationale Schulleistungsstudien? Schulleistungen, Schülerfähigkeiten, kognitive Fähigkeiten, Wissen oder allgemeine Intelligenz? In: Psychologische Rundschau 57, S. 69–86.

Rossi, P./Freeman, H./Hofmann, G. (1988): Programm Evaluation: Einführung in die Methoden angewandter Forschung. Stuttgart: Enke.

Rost, D. (2005): Interpretation und Bewertung pädagogisch-psychologischer Studien. Weinhelm und Basel: Beltz.

Schneider, W. (2005): Die Bedeutung des Konzepts der phonologischen Bewusstheit für den Schriftspracherwerb. In: Büttner, G./Sauter, F./Schneider, W. (Hrsg.): Empirische Schul- und Unterrichtsforschung. Lengerich: Pabst, S. 221–238.

Seel, N. (2005): Quantitative Bildungsforschung. In: Tippelt, R. (Hrsg.): Handbuch Bildungsforschung. Wiesbaden: VS Verlag, S. 427–441.

Skowronek, H./Schmied, D. (Hrsg.) (1977): Forschungstypen und Forschungsstrategien in der Erziehungswissenschaft. Hamburg: Hoffmann und Kampe.

Stangl, W. (2007): Gütekriterien empirischer Forschung. arbeitsblaetter.stangl-taller.at/FORSCHUNGSMETHODEN/Guetekriterien.shtml (Abruf 11.12.2007).

Stark, R./Mandl, H. (2007): Bridging the gap between basic and applied research by an integrative research approach. In: Educational Research and Evaluation 13, Special Issue 3, S. 249–261.

Stark, R. (2004): Eine integrative Forschungsstrategie zur anwendungsbezogenen Generierung relevanten wissenschaftlichen Wissens in der Lehr-Lern-Forschung. In: Unterrichtswissenschaft 32, H. 3, S. 257–273.

Stockmann, R. (Hrsg.) (2004): Evaluationsforschung. Grundlagen und ausgewählte Forschungsfelder. Opladen: Leske + Budrich.

Tippelt, R. (2005): Einleitung des Herausgebers. In: Tippelt, R. (Hrsg.): Handbuch Bildungsforschung. Wiesbaden: VS Verlag, S. 9–21.

Traxel, W. (1974): Grundlagen und Methoden der Psychologie: Eine Einführung in die psychologische Forschung. Bern: Huber.

Widmer, T. (2004): Qualität der Evaluation – Wenn Wissenschaft zur praktischen Kunst wird. In: Stockmann, R. (Hrsg.): Evaluationsforschung. Grundlagen und ausgewählte Forschungsfelder. Opladen: Leske + Budrich, S. 83–109.

Zedler, P. (2005): Erziehungswissenschaftliche Bildungsforschung. In: Tippelt, R. (Hrsg.): Handbuch Bildungsforschung. Wiesbaden: VS Verlag, S. 21–41.

12. Medien- und Bildungsmanagement in der Praxis

Sven Lehmann / Heinz Mandl

Implementation von E-Learning in Unternehmen

Problemstellung

In den letzten Jahren hat der Einsatz von E-Learning in der Weiterbildung stark an Bedeutung gewonnen. Viele Unternehmen machen ihren Mitarbeiter/innen Angebote, sich mithilfe von E-Learning aus- und weiterzubilden. Verschiedene E-Learning-Formen bieten vielfältige Möglichkeiten, die von Computer Based Training (CBT) über Online-Lernen bis hin zu selbst organisierten »Communities of Practice« reichen. Dem E-Learning wird eine Reihe von Vorteilen zugesprochen, wie der Ungebundenheit von Zeit und Ort, Flexibilität, Individualität und der Möglichkeit aktiv zu lernen. Aus unternehmerischer Sicht werden die Potenziale von E-Learning in einer Kostenersparnis und schnellen Aktualisierbarkeit der Inhalte gesehen. Auf technischer Ebene ergibt sich beim elektronischen Lernen die Möglichkeit zur Interaktivität im Hinblick auf Feedback und Selektion von Lerneinheiten. Allerdings haben sich bei der Implementierung von E-Learning in Unternehmen öfter Probleme ergeben.

Neben der Unterschätzung der Kosten für elektronische Weiterbildungsmaßnahmen stellt die mangelnde Akzeptanz der Mitarbeiter/innen ein großes Problem dar (Küpper/Markart 2001). Aber auch ein Mangel an qualitativ hochwertigen externen Angeboten wird von Unternehmen als Hemmschuh genannt. Bei der Einführung von E-Learning kommt erschwerend hinzu, dass diese Lernform eher additiv als integrativ in die vorhandene Weiterbildungslandschaft eingebettet wird. Schwachpunkte finden sich aber insbesondere im Hinblick auf eine professionelle Implementationsstrategie.

Implementierung bzw. Implementation leitet sich vom lateinischen »implementum« ab, was übersetzt »Erfüllung« oder auch »Anfüllung« bedeutet (Tarlatt 2001). Implementation wird ferner als »die konkrete Festlegung der Strukturen und (Arbeits-)Abläufe in einer Organisation oder einem System unter Berücksichtigung von Rahmenbedingungen, Regeln und Zielvorgaben« definiert. Der Begriff der Implementation wird darüber hinaus verstanden als die vollbrachte Umsetzung von Lösungen, »die im Entwurf vorhanden sind und durch die Umsetzung zu konkretem Handeln führen« (Tarlatt 2001, S. 41). Der Implementationsbegriff findet in verschiedenen Domänen bereits seit Langem Verwendung, wie beispielsweise den technischen Ingenieurswissenschaften, der Betriebs- und Volkswirtschaft oder aber mittlerweile auch im Bereich der Didaktik.

Dabei findet sich jedoch trotz verschiedener Akzentuierungen der eine gemeinsame Nenner, dass unter Implementation stets die nachhaltige Einführung und Verankerung wissenschaftlicher, didaktischer Theoriekonzepte in die gesellschaftliche

Alltagspraxis verstanden wird. Diese Einführung und Verankerung bedingt jedoch einen mehr oder weniger stark ausgeprägten Veränderungsprozess sowie die Integration von Neuem, wobei die bisher beteiligten Personen, deren Aufgaben organisationale Strukturen und Beziehungsgeflechte sind, betroffen sein können (Kremer 2003; Winkler/Mandl 2004; Mandl et al. 2007). Diese Einführung von Neuerungen muss, je nach konkreter Situation und jeweiligem Kontext, so ganzheitlich wie nur möglich betrachtet werden, um den Implementationserfolg zu gewährleisten. Dabei muss ein Implementationsprozess in seinem gesamten Verlauf keineswegs als einmaliges Ereignis in nur eine Richtung verstanden werden, sondern als offenes System, das flexibel auf die Anforderungen der Praxis reagieren muss und somit im Dialog zwischen Planer und Anwender stattzufinden hat (Tarlatt 2001). Im Folgenden wird ein 5-Stufen-Modell zur Implementation von E-Learning dargestellt (Lehmann 2007), das auf der Analyse des generellen Implementationsmodells von Tarlatt (2001) beruht und die Implementationsmodelle für E-Learning von Rosenberg (2001), Back, Bendel und Stoller-Schai (2001), Kraemer und Sprenger (2002), Kremer (2003), Hinkhofer und Mandl (2003) berücksichtigt. Das Modell umfasst folgende Stufen:

- Stufe 1: Vision und Initialisierung
- Stufe 2: Bildungsdiagnose – Analyse Ist- und Soll-Zustand
- Stufe 3: Konzeption und Design
- Stufe 4: Realisierung und Produktion
- Stufe 5: betriebliche Umsetzung

Darüber hinaus werden wichtige Kontextfaktoren berücksichtigt:
- die Organisation selbst, die die individuellen und unternehmensspezifischen Strukturen beinhaltet. Zentral hierbei steht die langfristige Einbindung des E-Learnings in bereits vorhandene Arbeitsabläufe und -prozesse, wie sie die Pädagogische Psychologie bzw. die Arbeits- und Organisationspsychologie beschreibt.
- die jeweiligen Prozesse, die innerhalb des Unternehmens bereits vorhanden sind. Diese sind im Rahmen der Einführung von E-Learning nicht selten grundlegend abzuändern, zu ergänzen oder unter Umständen auch gänzlich neu aufzusetzen. Dabei können einerseits konzeptionelle Prozesse rund um die Inhalte betroffen sein, andererseits auch Prozesse der redaktionellen Verwaltung oder der Qualitätssicherung.
- die vom Unternehmen benötigten Inhalte, die die Mitarbeiter/innen bzw. Lernenden zu einer Verhaltensoptimierung bewegen, ebenso wie Inhalte, die es neu zu erstellen oder an die neuen, medialen Lernmöglichkeiten anzupassen gilt.
- die Technologie, die die Basis einer computergestützten Lernumgebung ausmacht. Dies betrifft insbesondere Faktoren, wie etwa die geeignete Hard- und Software, die nicht zuletzt hinsichtlich der Anwenderfreundlichkeit einen positiven Beitrag zur Akzeptanz von E-Learning leisten. Hierzu sind vor allem die Anwender- und Bedienerfreundlichkeit von Bedeutung. Den Gestaltungsprinzipien von E-Learning-Maßnahmen wird dabei besonderes Gewicht eingeräumt, was die Auswirkung auf die Akzeptanz und letztlich den Erfolg angeht.

Das 5-Stufen-Modell zur Implementation von E-Learning

Stufe 1: Vision und Initialisierung

Zu Beginn einer Einführung von E-Learning als innovative Lernumgebung ist eine klare Struktur sowie eine eindeutige Zieldefinition erforderlich. Für die erste Stufe sind vier Aspekte für die Domäne E-Learning relevant: *Orientierung, Auftrags-/ Zielklärung, Strategieintegration* sowie *Lernkompetenzen*.

1. Orientierung

Mit dem Begriff *Orientierung* ist zunächst gemeint, dass ein Unternehmen in dieser Initiativphase generell den Wert einer computergestützten Lernumgebung für seine Aus- und Weiterbildungsanliegen bzw. für sich überhaupt entdeckt. Diese erste Betrachtung von E-Learning und seinen unterschiedlichen Ausprägungen kann sowohl durch unternehmensinterne als auch unternehmensexterne Impulse zustandekommen (vgl. Kremer 2003). So kann beispielsweise die interne Forderung nach dem Einsatz innovativerer und effektiverer Lehr- und Lernmethoden oder aber auch Veränderungen seitens des nationalen/lokalen bzw. des internationalen Marktes die Neugestaltung der Lernarchitektur in einem Unternehmen erforderlich machen (Stein 2003).

In diesem Zusammenhang ist somit zu klären, welchen Beitrag das E-Learning mit seinen verschiedenen Anwendungsmöglichkeiten für den unternehmerischen Kontext per se zu leisten vermag (Rosenberg 2001). Geeignete Informationsquellen stellen hierbei die Presse, Fachbücher, Messen oder auch Schulungsabteilungen dar, die eine erste Übersicht über das Thema E-Learning ermöglichen und für ein Verständnis der E-Learning-Dimensionen und -varianten sorgen (Harhoff/Küpper 2003).

2. Auftrags-/Zielklärung

Wenn Entscheider/innen und Bildungsverantwortliche im Unternehmen dem E-Learning Chancen einräumen und diese konkret prüfen wollen, so muss im nächsten Schritt überlegt werden, welchen Benefit das E-Learning besonders vor dem Hintergrund des eigenen Geschäftsauftrages darstellt. Dabei spielen vor allem das eigene Verständnis sowie der Stellenwert von Aus- und Weiterbildung im Unternehmen eine maßgebliche Rolle. Unter anderem müssen E-Learning-spezifische Faktoren, wie zeit- und ortsunabhängiges Lernen oder auch etwaige Einsparungspotenziale, als Verbesserungsmöglichkeit für das Unternehmen erkannt und begriffen werden, um den sich immer rascher wandelnden Ansprüchen des globalen Wettbewerbs zu begegnen (Rosenberg 2001; Kraemer/Sprenger 2002; Hinkofer/Mandl 2003). Bei der Formulierung einer konkreten Vision in diesem Schritt geht es vor allem darum, wohin genau sich das Unternehmen mithilfe des E-Learnings entwickeln will und was es sich davon verspricht. Hier gilt es zu klären, welche Bedeutung man beispielsweise E-Learning-charakteristischen Aspekten wie der Vernetzung, der Aktualisierung, der Personalisierung oder auch dem informellen Lernen im Unternehmen beimisst (Back/Bendel/Stoller-Schai 2001). Eine maßgebliche Rolle spielt hierbei die Firmenphilosophie bzw. die verschiedenen Bausteine einer Unternehmensidentität, wie etwa Wettbewerbsstrategie, Corporate Governance, personalbasierte Unternehmenskultur und die Organisationsstruktur (vgl. Marr/Fliaster 2003; Hinkofer/Mandl 2003).

3. Strategieintegration

Als direkte und konsequente Fortführung der Auftrags- bzw. Zielklärung lässt sich als nächstes die Strategieintegration ableiten. Damit ist gemeint, dass eine konkrete Strategie zur Implementation von E-Learning konzipiert wird, die mit der Mission des Unternehmens, dem eigentlichen »raison d´être«, harmoniert und somit den Geschäftsauftrag stützt. Dabei stellt E-Learning häufig einen zentralen Aspekt der Weiterbildungsvision dar, wenn es darum geht, die Ziele des Unternehmens im Rahmen der Weiterbildung zu erreichen (Mandl/Winkler 2003). Durch eine frühe Integration des E-Learnings in die Unternehmensstrategie können bereits in dieser frühen Phase Synergieeffekte genutzt, redundantes Arbeiten vermieden und mögliche Widerstände umgangen bzw. minimiert werden. Hierbei liegt es nahe, beispielsweise firmeninterne Kommunikations- und Marketingstrategien oder firmenweite Rollouts mit organisationalem, inhaltlichem oder auch technischem Anliegen für die Einführung von E-Learning mitzunutzen. Somit ist ebenfalls der Aspekt der Strategieintegration wiederum geprägt von der Philosophie und der Identität des jeweiligen Unternehmens.

4. Lernkompetenzen

Als vierter Aspekt der Stufe 1 in diesem Modell sind weiterhin die Lernkompetenzen zu nennen. Ein typisches Merkmal von computergestützten Lernumgebungen ist die computervermittelte Kommunikation und Kooperation. Wenn hierbei von Lernkompetenzen seitens des Lernenden die Rede ist, ist damit gleichermaßen auch die Lehrkompetenz seitens beispielsweise des Unterrichtenden bzw. Dozenten oder Teletutors gemeint. Ohne sich mit den spezifischen Gesetzmäßigkeiten des Lehrens und Lernens mit E-Learning auseinanderzusetzen, ist der Erfolg jeglicher E-Learning- bzw. Blended-Learning-Qualifizierungsmaßnahme für die Beteiligten kaum sicherzustellen (Scholl/Pelz/Rade 1996; Döring 1999). Daher ist es wichtig, im Unternehmen Ansätze zu finden, wie Lernende und Lehrende an innovative Lernstrategien herangeführt werden können. Aktuelle Themen wie Wissensmanagement (Schnurer 2005) und »Virtual Communities« (Winkler 2004) spielen eine bedeutende Rolle, wenn man sich durch verteiltes Lernen in sozialen Netzwerken nachhaltig einen Beitrag zum Wissensaufbau bei den Beteiligten erhofft.

Stufe 2: Bildungsdiagnose – Analyse Ist- und Soll-Zustand

Bereits Doppler und Lauterburg (2002) postulieren generell als den zweiten Grundsatz ihrer Charta: keine Maßnahme ohne Diagnose, um erfolgreiches Change Management in einer Unternehmenskultur konsequent einzuleiten. Und so steht nicht nur bei diesem, sondern auch bei sämtlichen anderen, domänenspezifischen Modellen (Rosenberg 2001; Back/Bendel/Stoller-Schai 2002; Kraemer/Sprenger 2002; Hinkofer/Mandl 2003) aus gutem Grund als erster oder zumindest als einer der ersten Schritte die Bildungsdiagnose. Hierbei wird die Ausgangssituation und das Umfeld des Unternehmens möglichst genau analysiert, wobei folgende Aspekte vor allem fokussiert werden: Benchmarking, Zielgruppenbestimmung, inhaltliche Bedarfsermittlung, technische Bedarfsermittlung und Systemdefinition sowie die Klärung des »return on investment« (ROI) und »return on education« (ROE).

Namhafte Berater/innen wie etwa Eliott Masie und Brandon Hall schlagen als Instrument zu einer solchen E-Learning-Umfeldanalyse das Benchmarking vor (Back/Bendel/Stoller-Schai 2001), das gleich zu Beginn der Stufe 2 vorgestellt wird.

1. Benchmarking

Hilfreich bei der Orientierung ist das Finden eigener Schwächen und Prozesse hinsichtlich E-Learning im Abgleich mit anderen Unternehmen mithilfe des Benchmarking-Konzepts. Dieses formalisierte Instrument wurde von der amerikanischen Firma Xerox Ende der 1980er-Jahre entwickelt (Xerox Corporation 1987) und ermöglicht den Vergleich von Leistungsmerkmalen mehrerer vergleichbarer Objekte bzw. Prozesse. Es kann somit dem Unternehmen aufzeigen, wie E-Learning anderen, vergleichbaren Unternehmen im Rahmen der Aus- und Weiterbildung hilft, die gesetzten Unternehmensziele effektiver zu erreichen (vgl. Siebert/Kempf 2002). Das Benchmarking selber kann sich wiederum aus verschiedenen Phasen zusammensetzen: der *Zielsetzungs-/Vorbereitungsphase*, der *Vergleichsphase*, der *Umsetzungsphase* sowie der *Kontrollphase*. Bereits zu diesem frühen Zeitpunkt lassen sich viele grundlegende, konkrete Aspekte für die weiteren Stufen des Implementationsmodells herausarbeiten und ableiten. So wird beispielsweise in der *Zielsetzungs-/Vorbereitungsphase* nicht nur der Gegenstand des Benchmarkings, der Einsatz von E-Learning im eigenen Unternehmen, definiert, sondern auch das Benchmarking-Team wird zusammengestellt und Benchmarking-Partner, also vergleichbare Unternehmen, die bereits E-Learning im Einsatz haben, werden gesucht und ausgewählt.

In der Benchmarking-*Vergleichsphase* werden zunächst die Instrumente bzw. Messdaten festgelegt ebenso wie die Metrik, die eine anschließende Auswertung im Sinne der Zielsetzung zulässt. Häufig geschieht dies als Leistungslücken-Analyse. Für die Domäne des E-Learnings würde dies beispielsweise bedeuten, dass Checklisten eingesetzt werden, die relevante Parameter wie etwa Unternehmensgröße, Weiterbildungsbudget, Teilnehmerzahl pro Jahr enthalten.

Die *Umsetzungsphase* sorgt für die Ziel- und Strategiedefinition zur Lückenschließung sowie für die Generierung von möglichen, konkret umsetzungsorientierten Aktionsplänen.

Für die das Benchmarking abschließende Ergebnis- und Fortschrittskontrolle trägt letztlich die *Kontrollphase* Sorge. Vor allem hinsichtlich der späteren Ermittlung des »return on investment« (ROI) bzw. des »return on education« (ROE) können schon hier entsprechende Grundlagen gelegt werden.

2. Zielgruppenbestimmung

Ausgehend von den Kontextaspekten der Organisation und den sich darin befindlichen, betroffenen Personen des Unternehmens, findet als nächstes die genaue Definition der E-Learning-Zielgruppe statt. Dies ist in mehrfacher Hinsicht für den Lernenderfolg relevant. Zunächst werden die benötigten Inhalte von den jeweiligen Aufgabenfeldern und Tätigkeitsprofilen der Zielgruppe diktiert bzw. die daraus resultierenden, zu schließenden Wissenslücken. Des Weiteren bildet die Zielgruppenbestimmung mit die Grundlage für die technische Passung bzw. die spätere technische Bedarfsermittlung. Unterschiede, wie sie in manchen Großunternehmen zwischen Produktionswerkstätten mit Fließbandarbeiter/innen (oft ohne eigenen PC) und den an Anwendungen, E-Mail und Internet gewohnten Büroangestellten (in aller Regel mit eigenem PC als Standard) auftreten, müssen berücksichtigt werden, um sowohl die methodisch-didaktische Ausgestaltung als auch technische Grundausstattung des E-Learnings sicherzustellen. Die möglichst genaue Erhebung der Teilnehmerzahl ist nicht zuletzt zur Ermittlung des ROI bzw. ROE ebenfalls wichtiger Bestandteil der Zielgruppenbestimmung.

3. Inhaltliche Bedarfsermittlung

Nahezu untrennbar mit der Zielgruppenbestimmung verbunden ist der eigentliche Inhalt, der letztlich in der computergestützten Lernumgebung vermittelt werden wird. Die Frage nach dem, was vom Lernenden gebraucht wird, muss daher möglichst gründlich von den E-Learning-Verantwortlichen beantwortet werden. Hilfreich hierbei ist eine systematische Befragung der später operativ arbeitenden Zielgruppe (Mitarbeiter/innen) sowie der mittleren bzw. oberen Unternehmensleitung (Vorgesetzter). Der Mitarbeiter kann vor allem auf in der Anwendungspraxis unmittelbar relevante Inhaltsaspekte verweisen, die Unternehmensleitung dagegen kann eher strategische Inhalte beitragen. Beide Praxiswelten müssen gehört und miteinander abgeglichen werden, um den richtigen Inhalt auszuwählen. Auf den Ergebnissen einer solchen Befragung basierend kann die Frage nach dem »make or buy« beantwortet werden, also danach, ob Lerninhalte von externen Partnern zugekauft oder innerhalb des Unternehmens selbst produziert werden sollen, gegebenenfalls mit teilweise externen Partnern zur Programmierung bzw. Visualisierung, wie etwa Animationen und Grafiken. Auch das E-Learning-Format wird hierbei definiert. So eignet sich beispielsweise ein mehrstündiges und meist kostenintensiveres Web Based Training (WBT) vor allem dann, wenn die Inhalte über einen längeren Zeitraum stabil bleiben und von einer größeren Lernerzahl asynchron genutzt werden. Der Einsatz eines virtuellen Klassenzimmers eignet sich dagegen eher dann, wenn eine kleinere Anzahl Lernender mit immer wieder tagesaktuell angepassten Inhalten versorgt werden soll. Damit werden ebenfalls die Produktionsprozesse definiert, die eng mit der technischen Bedarfsermittlung und Systemdefinition verbunden sind.

4. Technische Bedarfsermittlung und Systemdefinition

Die Prämisse »technique follows didactics« stellt natürlich das Optimum beim E-Learning dar, bei dem sich die Technik ganz an den methodisch-didaktischen Anforderungen sowie den bisherigen Produktionsprozessen innerhalb der Weiterbildung ausrichtet. Wenn auch vielfach bereits technische Lösungen und Systeme im Unternehmen bestehen, sollte dennoch gründlich geprüft werden, inwieweit dieser Forderung dennoch entsprochen werden kann. Die Frage, welche Lern- und Evaluationstools letztlich im gesamten Qualifizierungsprozess zielführend sind und zum Einsatz kommen sollen und wie diese im Zusammenspiel funktionieren müssen (z. B. nur ein einziges Login für alle Tools, SCORM), muss an dieser Stelle beantwortet werden. Entscheidet man sich beispielsweise im Rahmen der »make-or-buy«-Frage für den sogenannten »third party content«, also externe Inhalte, wie bereits bestehende WBTs, Audio-/Videoclips oder Datenbanken, muss die Passbarkeit in die geplante bzw. bereits vorhandene IT-Landschaft bedacht werden. Sollen die Inhalte dagegen firmenintern erstellt werden, müssen gegebenenfalls Autorensysteme ebenso eingeplant werden wie Content Management Systeme (CMS), die in den meisten Fällen notwendig sind. Ebenso sind Tools wie virtuelle Seminarräume, Newsgroups und Foren, Weblogs oder Firmen-Wikis zu bewerten sowie deren geplante Rolle in der Weiterbildung. Als die zentrale Schnittstelle, von der aus sowohl Trainer/innen, Expert/innen, Referent/innen bzw. Tele-Tutor/innen als auch die Lernenden bzw. Teilnehmer/innen sämtliche Tools zur Kooperation und Kommunikation ansteuern können, dient in der Regel eine Lernplattform, quasi die Homepage der jeweiligen E-Learning-Qualifizierungsmaßnahme mit eigener URL und personalisierter Zugangsberechtigung (Login, Passwort). Das Konzept einer personalisierten und teilnehmerbezogenen Zugangsberechtigung ermöglicht häufig erst ein nachvollziehbares Tracking und Monitoring des Nutzerverhaltens bzw. eine personalisierte Lernzielkontrolle.

5. Klärung ROI/ROE

So wünschenswert die präzise Ausweisung des »return on investment« (ROI) bzw. des »return on education« (ROE) am Ende von Qualifizierungsmaßnahmen auch ist, so stellt sie in der Praxis häufig eine große Herausforderung dar. Geeignet ist hierzu das

Evaluationsmodell nach Kirkpatrick (1998), das mit seinen vier Stufen *reaction, learning, behaviour* und *impact* gerne als Standard verwendet wird. Die Stufe des *impacts* entspricht dabei dem ROI, bedarf jedoch gewisser Voraussetzungen, die es bereits hier zu berücksichtigen und einzuleiten gilt. So kann der ROI beispielsweise besonders gut gemessen werden, wenn mit Kontrollgruppen gearbeitet wird, die hier Qualifizierungsmaßnahmen ohne E-Learning durchlaufen. Des Weiteren müssen z.B. auch Störfaktoren weitgehend eliminiert werden, die das Messergebnis verfälschen können (z.B. geringer Umsatz nach Vertriebstrainings kann auch globale, marktwirtschaftliche Gründe haben).

Im Rahmen der Qualitätssicherung durch Evaluation wird der ROI jedoch erst später in vollem Umfang relevant. Fragen, die es schon hier zu klären gilt, sind beispielsweise welches Evaluationsziel genau angesteuert werden soll und in diesem Zusammenhangs welche Messinstrumente und Verfahren hierbei reliabel, valide und objektiv sind. Dabei ist ebenfalls das vorhandene Budget wichtig bzw. in welchem Investitionsrahmen man sich bewegt, was nach Beendigung der Maßnahme schließlich dem Abgleich mit dem Endergebnis dient. Faktoren, wie einmalige Erstinvestitionen (z.B. Erstellung und Einrichtung eines CMS) sowie spätere laufende Kosten (z.B. Lizenzen und Nutzungsrechte, Administration, Tele-Tutoring) müssen hier bereits abgeschätzt werden.

Stufe 3: Konzeption und Design

Die nächste Stufe bei der Implementation von E-Learning im Unternehmenskontext verwendet die in Stufe 1 und 2 gesammelten Faktoren und leitet ein möglichst schlüssiges Konzept ab, das den definierten Bedürfnissen und Anliegen gerecht wird. Dabei kommen nicht alleine die methodisch-didaktischen Aspekte zum Tragen, sondern ebenfalls die technischen. Die Stufe 3 beinhaltet *die Trainings- und Curriculumplanung, die E-Learning-Systemarchitektur, die Systemauswahl, die Datenintegration durch Modularisierung und Standardisierung sowie die Rollout-Planung.*

1. **Trainings- und Curriculumplanung**

Nachdem in den vorherigen Stufen Grundlegendes zu den Qualifizierungsmaßnahmen im Unternehmen abgedeckt wurde, sind in Stufe 3 Konzeption und Design zunächst Grobkonzepte für Einzeltrainings bzw. mehrere, aufeinander folgende und aufbauende Trainings im Sinne von Curricula gefragt, je nachdem was im Unternehmen benötigt wird. Diese sind jedoch nicht auf konkrete, einzelne Maßnahmen bezogen, sondern dienen vielmehr als multiplizierbare Blaupausen und Vorlagen, die mit Feinkonzepten den jeweils spezifischen Trainings leicht angepasst werden können. Hierbei werden ebenso generelle Lernszenarien entworfen, die für das Unternehmen infrage kommen, wie auch Standardkombinationsmöglichkeiten der verschiedenen

Lernumgebungen und jeweiligen Tools. Ein denkbarer Standard könnte hier beispielsweise der sein, dass vor Präsenzphasen die Teilnehmer/innen zusammen mit der Einladung zum Training auch vorbereitendes Material und Aufgabenstellungen erhalten. Auch eine Nachbereitung im Sinne transfersichernder Maßnahmen (z. B. Lernzielkontrollen, Follow-Ups bzw. Nachfolge-Veranstaltungen und Transferfragebögen) könnte ein solcher Standard sein. Dabei können beliebige Medien eingebunden werden, wie etwa E-Mails an die Teilnehmer/innen mit Anhängen oder auch Lernplattformen mit Inhalten zum Herunterladen. Die Grundlage stellen die Gestaltungsprinzipien situierter E-Learning-Maßnahmen dar. Der Vorteil einer solchen Trainings- und Curriculumplanung besteht einerseits in einer Unterstützung des Lernkulturwandels im Unternehmen, da diese Standards für alle Beteiligten lediglich einer einmaligen Gewöhnung bedürfen. Andererseits lassen sich so alle Varianten der Qualifizierungsmaßnahmen inklusive der Evaluation besser planen, durchführen und weiter verbessern, was für das Unternehmen nicht zuletzt auch einen wirtschaftlich ergonomischen Faktor darstellt.

2. E-Learning-Systemarchitektur und Systemauswahl

Die Konkretisierung und Umsetzung der E-Learning-Systemarchitektur sowie die daran anschließende Auswahl der Systemarchitektur sind die unmittelbare Fortsetzung der Systemdefinition der Stufe 2 des Implementationsmodells. Dabei muss eine Passung der gewünschten und tatsächlich realisierbaren bzw. bereits vorhandenen technischen Systeme durchgeführt werden. Dass dabei Abstriche und Modifizierungen vorgenommen und Kompromisse gemacht werden müssen, kann durch unterschiedliche Faktoren bedingt sein, wie etwa das verfügbare Budget oder die Kompatibilität der einzelnen, geplanten Komponenten (z. B. Integrierbarkeit einzelner Tools in eine Lernplattform). Das Angebot an möglichen technischen Lösungen ist groß und so empfiehlt es sich, bei einem Vergleich der verschiedenen Systeme auf dem Markt, ein möglichst konkretes Bild des angestrebten eigenen E-Learning-Konzeptes vorliegen zu haben.

3. Datenintegration durch Modularisierung und Standardisierung

Ist der technische Rahmen gesetzt, gilt es im Weiteren die im Unternehmen bisher verwendeten Datensätze, wie etwa Trainingsmaterialien und Unterlagen, sprich das gesamte dokumentierte Know-how, darin einzubetten, soweit es gewünscht und zielführend ist. Zur ergonomischeren Verwaltung kann es hilfreich sein, sich nach einem definierten Katalogsystem und einer standardisierten Nomenklatur bei Datensätzen zu richten sowie diese zu modularisieren, um ein Finden und eine Wiederverwendung zu erleichtern. Gerade in Zeiten, in denen Wissens- und Produktzyklen häufig einem raschen Wandel unterliegen können, kann sich ein Unternehmen durch zeitnahes Reagieren und Adaptieren in der Weiterbildung durchaus Wettbewerbsvorteile verschaffen. Zudem können hier auch durchaus Kosten gespart werden, indem bereits existierendes Wissen zusammengetragen, vernetzt und durch Modularisierung leicht wiederauffindbar gemacht wird. Das isolierte Suchen einzelner Beteiligter auf Lehr- sowie Lernseite nach Wissen oder, im schlimmsten Fall, eine redundante und kostenintensive Neuerstellung kompletter Inhalte und Datensätze, kann so vermieden werden. Dabei kann ebenfalls die Erstellung von Rollenkonzepten hilfreich sein, die festlegen, wer zu welchem Zeitpunkt im Rahmen einer Qualifizierungsmaßnahme welche Information in das System einstellt bzw. abruft oder diese über das System auch kontrolliert oder freigibt. In Unternehmen sind hiervon Weiterbildungsverantwortliche, Trainer/innen, Administrator/innen und nicht zuletzt die Teilnehmer/innen gleichermaßen betroffen.

4. Rollout-Planung

Der Rollout beinhaltet vor allem die frühe Planung und Vorbereitung der unternehmensinternen Kommunikation. Wichtig hierbei ist die Berücksichtigung der Aspekte des Change Managements im Allgemeinen sowie die jeweilige Situation des Unternehmens im Besonderen. Die Transparenz bei den Neuerungen sowie die rechtzeitige Information und Einbindung der Beteiligten werden für eine spürbare Verringerung von Hemmschwellen und Widerständen führen, insbesondere dann, wenn allen Beteiligten in angemessenem Umfang die Möglichkeit zur Mitgestaltung ermöglicht wird. Auch die Auswahl der zur Verfügung stehenden Medien im Unternehmen, wie etwa E-Mail, die eigene Unternehmens-Homepage oder auch interne Printmedien, spielt hier eine tragende Rolle. In der Regel ist hier eine enge Kooperation mit den hauseigenen Marketingabteilungen gut vorstellbar, um über das Was und Wie bei der Einführung von E-Learning zu informieren und auch zu motivieren.

Stufe 4: Realisierung und Produktion

Die Stufe 4 stellt nunmehr die Phase der eigentlichen operativen und konkreten Umsetzung der Lerninhalte im Implementationsmodell dar. Sie beinhaltet die Punkte der:
- Entwicklungsphase: Neuentwicklungen als Ergänzung zu Vorhandenem
- Partnerschaften/Fremdcontent
- Change Management: Entwicklung von E-Learning-Vertriebs- und Marketingstrategien

Dabei muss abgewogen werden, ob auf rein unternehmensinterne Lernmaterialien und Inhalte zurückgegriffen werden kann oder ob es zweckmäßiger ist, auch externe Zulieferer gezielt mit einzubinden, wenn es sich beispielsweise um zu spezielles Knowhow handelt, das im Unternehmen nicht vorhanden ist bzw. es aufzubauen sich wirtschaftlich nicht lohnt. Erfolgt eine Entscheidung für die Einbindung externer Dienstleister, beispielsweise für die Programmierung animierter, interaktiver Grafiken oder von Internetseiten, so können auch langfristige Partnerschaften mit den dementsprechenden Rahmenverträgen eingegangen werden.

1. **Entwicklungsphase: Neuentwicklungen als Ergänzung zu Vorhandenem**

Hier stellt sich zunächst die Frage, welchen konkreten Einfluss genau der Einsatz von E-Learning im Unternehmen auf bereits vorhandene Aspekte der Lernumgebungen als auch die Aufbereitung der Inhalte haben kann. Der Einsatz computergestützter Lernumgebungen kann bedeuten, dass zunächst Lerninhalte an die jeweiligen Formate der Anwendungen und Tools (z. B. virtuelle Klassenzimmer, WBTs) angepasst bzw. überarbeitet werden müssen. Darüber hinaus kann es ebenfalls erforderlich sein, dass Handlungsanleitungen erstellt werden müssen, die den Lernenden über den effektiven Einsatz und Umgang mit E-Learning informieren. So ist bereits bei der Bewerbung der Qualifizierungsmaßnahme, z. B. mit gedruckten Broschüren oder über die unternehmenseigenen Intranetportale, darauf zu achten, dass das Wie und Warum der neuen Lernumgebung angemessen berücksichtigt wird. Hier können dementsprechende Visualisierungen eingesetzt werden, die beispielsweise die modulare Abfolge der E-Learning-Phasen, gegebenenfalls im Wechsel mit Präsenzphasen, verdeutlichen. Darüber hinaus enthalten Lernplattformen und WBTs in aller Regel ein Hilfe-Menü, das den Umgang mit den E-Learning-Besonderheiten beschreibt und vom Lernenden jederzeit angesteuert werden kann.

2. **Partnerschaften/Fremdcontent**

In großen Unternehmen werden in aller Regel neben generischen Grundlagen, wie z. B. Kommunikation oder Zeitmanagement, auch hochgradig spezifische Lerninhalte benötigt, wie etwa Strategiethemen oder hauseigene Prozessabläufe. Dabei stellt sich die Frage nach dem »make or buy«, d.h. was kann bzw. will das Unternehmen an Inhalten selbst beisteuern und was kann bzw. soll an Bausteinen von außerhalb eingesetzt werden. Was bereits im Rahmen der herkömmlichen Weiterbildung Thema sein kann, erhält durch E-Learning eine besondere Bedeutung aufgrund der multimedialen Besonderheiten. Viele Firmen bieten hier eine Vielzahl unterschiedlicher Module auf unterschiedlichen Datenträgern bzw. Medien an. Im Bereich des E-Learnings findet man vor allem CBTs und WBTs, Online-Artikel, Bücher und Datenbanken, die nicht nur rein selbstgesteuerte und asynchrone, sondern durch den Einsatz von Tele-Tutor/innen bzw. Dozent/innen auch synchrone Aspekte beinhalten können. Ein solcher Fremdcontent muss zunächst auf seine Passbarkeit zum eigenen bzw. benötigten Lehr- und Lerninhalt sowie auf technische Kompatibilität hin geprüft werden. In der Regel werden hier schnell Nahtstellen sichtbar, bei denen der unternehmensunspezifische Fremdcontent an den eigenen, unternehmensspezifischen Content angeglichen werden muss. Der unter Umständen hohe Prüf- und Transferaufwand bei der

Implementierung durch Fachexpert/innen, Entscheider/innen und IT-Verantwortliche lohnt lang- und mittelfristig durchaus und ist vor allem bei mehrfacher Durchführung und einer größeren Teilnehmerzahl lohnenswert.

3. Change Management: Entwicklung von E-Learning-Vertriebs- und Marketingstrategien

Die alleinige Unterstützung durch die unternehmenseigenen Vertriebs- und Marketingkanäle ist im Rahmen eines ersten Rollouts zwar wichtig, aber langfristig sicherlich noch zu kurz gegriffen. Unternehmensinterne Vertriebs- und Marketingstrategien und deren Umsetzung bedeuten hier eine langfristig angelegte Mitwirkung bei der Information und Motivation im Unternehmen auf Führungs- und Mitarbeiterebene. Um an dem Wandel der Lernkultur nachhaltig mitzuwirken, können beispielsweise Beteiligte in Form von Testimonials und Interviews regelmäßig über erfolgreiches E-Learning und eigene Erfahrungen berichten. Die dabei genutzten Kommunikationskanäle können entweder unternehmensinterne Printmedien oder Intranetportale sowie Push-E-Mails, die regelmäßig über die E-Learning-Aktivitäten im Unternehmen berichten, sein.

Stufe 5: Betriebliche Umsetzung

Im Modell zur Implementation von E-Learning im Unternehmen stellt die Stufe 5, die betriebliche Umsetzung, sicherlich die interessanteste Stufe dar. Seitens aller Beteiligten wird hier mit Spannung erwartet, inwieweit in den vorangegangenen Stufen den tatsächlichen Aus- und Weiterbildungsbedürfnissen des Unternehmens Rechnung getragen wurde. Im Rahmen der betrieblichen Umsetzungspraxis stellt sich heraus, wie hoch die Akzeptanz als Erfolgsfaktor für E-Learning seitens der Nutzer/innen ist. Die betriebliche Umsetzung deckt dabei die folgenden wichtigen Punkte ab: *Integration und Performanz, Educational Controlling/Qualitätssicherung durch Evaluation, Partizipation und Redesign, Redaktion und Updates sowie Logistik und Administration.*

1. Integration und Performanz

Ist nach Beendigung der Stufe 4 im Modell zur E-Learning-Einführung die eher theorielastige Phase abgeschlossen, so folgen zunächst mit der *Integration* und der *Performanz* die ersten Schritte der eigentlichen, operativen Strategieimplementierung im laufenden Weiterbildungsbetrieb des Unternehmens. Die Umsetzung von E-Learning könnte aus mehreren Gründen erst in einer Art Evolutionsschema verlaufen. Dies bedeutet, computergestützte Lernumgebungen zunächst nur in ausgewählten Fällen einzusetzen, in sogenannte Pilotveranstaltungen bzw. Piloten. Der Vorteil einer solchen Pilotierung im kleinen Maßstab besteht darin, dass Probleme und strategische Schwachstellen schneller korrigiert werden können und Nachbesserungen leichter möglich sind. Zudem kann eine Pilotierung gegebenenfalls auch mit Testteilnehmer/innen durchgeführt werden, die sowohl bei kürzeren (z. B. Tagesseminaren) als auch bei längeren Qualifizierungsmaßnahmen (z. B. Curricula) besonders kritisch nach Verbesserungsmöglichkeiten suchen. Hierbei können auch interne Investor/innen, Weiterbildungsverantwortliche oder auch Mitarbeiter/innen aus den Führungsebenen eingebunden werden. Ein Feedback aus einer solchen Pilotveranstaltung kann Nachbesserungen für alle flankierende Aspekte des Implementationsmodells, also für die *Organisation*, die *Prozesse*, die *Technologie* als auch den *Inhalt* nach sich ziehen.

Sind die »lessons learned« aus den Piloten verwertet und wiederum eingearbeitet, so steht einer flächendeckenden Integration im gesamten Regelbetrieb nichts mehr im Wege. Ziel hierbei muss sein, eine möglichst reibungslose Durchführung bzw. Performanz beim E-Learning über die gesamte Weiterbildungsmaßnahme hinweg, bis hin zum ständigen Controlling, zu erreichen und Fehler im Ablauf, gleich in welcher Hinsicht, möglichst gering zu halten. Dies setzt voraus, dass hierbei auch Instrumente Verwendung finden, die es erlauben, nach Fehlern zu suchen und so die Qualität ständig zu sichern, wie es im Folgenden näher beschrieben wird.

2. Educational Controlling/Qualitätssicherung durch Evaluation

Das Thema der Evaluation von Bildungs- und Qualifizierungsmaßnahmen nimmt aufgrund seiner Komplexität einen besonderen Stellenwert im Rahmen der Aus- und Weiterbildung ein. Daher wird dieser Punkt im folgenden Abschnitt besonders gründlich vorgestellt.

Pieler (2001) sieht Aus- und Weiterbildungsverantwortliche im Spannungsfeld von insgesamt drei Anforderungen: erstens der, das Management von der Sinnhaftigkeit geplanter Qualifizierungsmaßnahmen als Förderer und Sponsoren zu überzeugen. Die weiteren beiden Anforderungen beziehen sich ausschließlich auf die Evaluation, um zum einen gegenüber dem Management einen Erfolgsnachweis im Sinne ökonomischer Erfolgsgrößen zu erbringen, aber zum anderen auch selber zu erfahren, welchen Beitrag die Maßnahme für das Unternehmen leistet bzw. geleistet hat und wo Optimierungsbedarf ersichtlich ist. Zweifelsohne ist die Erfolgskontrolle das wichtigste Werkzeug, das nicht nur bei Aus- und Weiterbildungsmaßnahmen generell, sondern auch bei E-Learning zur dauerhaften Sicherung der Qualität einen zentralen Beitrag leistet. Als problematisch bezeichnet es Pieler jedoch, den Bildungserfolg in seiner Ganzheit zu fassen, da seiner Meinung nach ein Großteil davon bestenfalls nur qualitativ abgeschätzt werden kann. Nichtsdestotrotz beinhalten alle vier bereits oben genannten Modelle zur Implementation von E-Learning im Unternehmen, mehr oder weniger detailliert beschrieben, den Aspekt der Evaluation. Um sich einem Standard annähern zu können, sollen nun die Empfehlungen und Vorschläge der vier Grundlagenmodelle näher betrachtet werden.

Einen weit verbreiteten Ansatz zur Ergebniskontrolle stellt das »Vier-Ebenen-Modell« von Kirkpatrick (1998) dar. Dort wird unterschieden nach den Ebenen der *Reaktion* bzw. der *Zufriedenheit (Reaction)*, des *Lernens (Learning)*, des *Verhaltens* bzw. des *Lerntransfers (Performance)* sowie der Ebene der *Organisation (Results)*. Dabei steigt der methodische Anspruch von Ebene zu Ebene konsequent an:

Ebene der Reaktion bzw. der Zufriedenheit (Reaction)

Als eine typische Erhebungsmethode am Ende von Trainingsmaßnahmen gilt der sogenannte »*happy sheet*«, mit dem die Teilnehmerzufriedenheit gemessen wird. Dieser Fragebogen erfasst in der Regel neben den inhaltlichen Aspekten auch Themen der Logistik und der Lernumgebung. Aber auch für den Trainer bietet sich die Reaktionsebene an, um mit eigenen Trainer- bzw. Dozentenfragebögen die Konzeption, die Vorbereitung sowie den Ablauf zu reflektieren und gegebenenfalls sich zukünftig den Teilnehmerbedürfnissen noch gezielter anpassen zu können.

Ebene des Verhaltens bzw. Lerntransfers (Performance)

Kirkpatricks Modell stellt hier die Frage »Was hat der Teilnehmer im Rahmen der Maßnahme gelernt?« ganz in den Mittelpunkt. Dabei können komplexere Lernzielkontrollen in Form von reinen Wissensabfragen oder aber auch als Projektarbeit durchgeführt werden. Von dem Selbstzweck des Trackings, also des PC-basierten Nachverfolgens des Lernfortschritts im Sinne des reinen »Abarbeitens« von Inhalten, wird dabei dringend abgeraten. Vielmehr sollte das Ziel jedes einzelnen Lernenden und nicht das des E-Learning-Nutzungsnachweises bzw. die festgestellte Verweildauer im Fokus des Interesses stehen.

Ebene des Lernens (Learning)

Ebene 3 bezieht sich auf die Frage, ob die Teilnehmer/innen nach einer durchlaufenen E-Learning-Maßnahme an ihrem Arbeitsplatz nun besser und effizienter arbeiten können. Im Sinne einer Qualitätskontrolle beinhalten Evaluationsmaßnahmen dieser Ebene vermehrt einen ganzheitlichen Aspekt. So wird hierbei auch der Einbezug des oberen Managements, der Stakeholder sowie der Kunden eines Unternehmens vorgeschlagen, um die spürbaren Verbesserungen in den Unternehmensprozessen festzustellen. Besonders in dieser Stufe sind regelmäßige Erhebungen notwendig, um auch langfristig den Mehrwert von E-Learning für das Unternehmen nachzuweisen.

Rosenberg (2001) nennt mit der Nutzerfreundlichkeit (*Service*) und der Anpassungsfähigkeit (*Speed*) noch zwei weitere Schwerpunkte der E-Learning-Evaluation.

Ebene der Organisation (Results)

Die Organisationsebene geht über die Feststellung des konkreten »return on investments« (ROI) hinaus. Den Auswirkungen auf das Unternehmen in jeglicher Hinsicht wird hier nachgegangen, was sowohl Aspekte der Unternehmenskultur und der Unternehmensphilosophie miteinschließen kann, als auch die Motivation und Einstellung der Mitarbeiter/innen. Durch Evaluation auf dieser höchsten und anspruchsvollsten Ebene, lassen sich Rückschlüsse ziehen auf das Unternehmen als funktionierendes Ganzes in Gegenwart und Zukunft.

Back, Bendel und Stoller-Schai (2001) referenzieren vor allem auf Sanders' (2006) »Standards for Educational Evaluation«. In ihren Augen trägt es den hauptsächlichen Aspekten der E-Learning-Evaluation hinsichtlich der unternehmerischen Investition, den Nutzungsmustern und Lernresultaten von Teilnehmer/innen sowie den allgemeinen und spezifischen Problemstellungen hierbei Rechnung. Vermerkt wird jedoch auch, dass solche Standards lediglich als Orientierungshilfe bei der Schaffung eigener unternehmensspezifischer Evaluierungskonzepte dienen. Ebenfalls als wichtiger Evaluationsgegenstand ist aber auch hier der ROI genannt. Um dabei zu einem möglichst genauen Ergebnis zu gelangen, werden die bisherigen Aus- und Weiterbildungsmaßnahmen des Unternehmens den E-Learning-Maßnahmen gegenübergestellt. Kosteneinsparungen, Kostenerhöhungen und Kostenverschiebungen sind die drei vornehmlichen Kriteriencluster, nach denen ein solcher Abgleich zu erfolgen hat. Darüber hinaus schlagen Back, Bendel und Stoller-Schai (2001) noch eine Reihe nachgeordneter, dabei jedoch sehr ganzheitlicher Kriterien vor, die etwa den Ebenen 3 und 4 in Kirkpatricks »Vier-Ebenen-Modell« entsprechen.

Der von Kraemer und Sprenger (2002) vorgeschlagenen Vorgehensweise zum Thema »Evaluation« liegt, verglichen mit den drei anderen Implementationsmodellen, keine explizite Rahmentheorie zugrunde. Jedoch gehen auch diese beiden Autoren davon aus, dass kontinuierliche Erfolgsmessung maßgeblich zum Erfolg beiträgt. Sie nennen als die wichtigsten Untersuchungsgegenstände vor allem die Nutzerakzeptanz sowie Nutzerverhalten und die Erfolgsmessung, im Sinne von Lernzielkontrollen.

Darüber hinaus plädieren sie nicht alleine für die Verwendung von computergestützten E-Methoden, sondern auch von klassischen Instrumenten, wie beispielsweise Telefoninterviews oder schriftliche Fragebögen, die nach wie vor ihre Berechtigung und ihren festen Platz im Rahmen der Evaluation haben sollten. Die Messung der E-Learning-Qualität wird sowohl während der Pilotphase als auch im laufenden Betrieb als die wesentlichste Grundlage des kontinuierlichen Verbesserungsprozesses gesehen.

Die von Hinkofer und Mandl (2003) vorgeschlagene bzw. in dem konkreten Fall verwendete Evaluation basiert auf dem »Drei-Phasen-Konzept« (Reinmann-Rothmeier/Mandl/Prenzel 1994). Dieses besteht aus folgenden Phasen:

1. Planungsphase
2. Phase der formativen Evaluation
3. Phase der summativen Evaluation

Dabei beschreibt die erste Phase vor allem die wesentliche Zielstellung der beiden anderen Phasen hinsichtlich der Qualitätssicherung sowie des kontinuierlichen Verbesserungsprozesses. In Phase zwei, der *Phase der formativen Evaluation in der Realisierungsstufe 1*, werden von einer Expertengruppe Daten hinsichtlich der permanenten Qualitätsanalyse erhoben. Eine Pilotgruppe wird hingegen zur Wirkungsanalyse herangezogen. Dabei werden als Messwerkzeuge Fragebögen und Interviews verwendet. Die Phase drei der *summativen Evaluation in der Realisierungsstufe 2* hat ebenfalls eine Wirkungsanalyse mithilfe eines Fragebogens zum Inhalt, der an die eigentliche Nutzergruppe, Mitarbeiter/innen im Außendienst, ausgegeben wird. Ebenfalls wird in dieser Phase eine Kosten-Nutzen-Analyse durchgeführt.

Generelle Modelle des *Change Managements* (Beer/Nohria 2000; Doppler/Lauterburg 2002; Quilter 2000) sehen die Evaluation als feste Größe zur Sicherung der Qualität bei Veränderungen im Unternehmen, was sich, wie bereits gezeigt, ohne Weiteres auch auf den Bereich der Aus- und Weiterbildung bzw. hier des E-Learnings übertragen lässt. Dass somit mit dem Thema der Evaluation in Stufe 5, der betrieblichen Umsetzung, im Fünf-Stufen-Modell zur Implementation von E-Learning ein weiterer wichtiger Aspekt seinen Niederschlag findet, liegt auf der Hand. Mit der Messung der Qualität und des Erfolges benennt das »McGraw-Hill Handbook of Distance Learning« (Chute 1998) die beiden zentralsten Faktoren der Evaluation und unterscheidet dabei die Stufen des Systems und des Individuums. Die Systemstufe beinhaltet Funktionalität, Management und das Instruktionsdesign, wohingegen die Individuumsstufe sowohl Effektivität als auch die persönliche Zufriedenheit des Lernenden messen sollte. Welcher der genannten, den vier Implementationsmodellen zugrunde liegenden Evaluationsansätze, ist nun der geeignetste? Um diese Entscheidung zu treffen ist es für Bildungsverantwortliche sicherlich am hilfreichsten, sämtliche zur Verfügung stehende Vorschläge zur Evaluation genau zu prüfen und dabei stets die Situation und Bedürfnisse des eigenen Unternehmens im Auge zu behalten. Mit dem »Drei-Phasen-Konzept« (Reinmann-Rothmeier/Mandl/Prenzel 1994) steht den Bildungsverantwortlichen sicherlich ein sehr praxisnahes und variables Evaluationsmodell zur Verfügung.

Gewinnbringend für die Unternehmenspraxis scheint jedoch ebenfalls das Modell der integrativen Evaluation zu sein, das mit seiner Mehrdimensionalität, dem Evaluationsfokus, den verschiedenen Messzeitpunkten und der Evaluationsebene, für eine höhere Akzeptanz der Evaluation insgesamt und damit letztlich für einen höheren Wirkungsgrad sorgt (Henninger 2000). Dabei kann es durch den Miteinbezug der vier bekannten Aspekte (siehe oben) innerhalb der Evaluationsebenen durchaus als konsequente Fortführung des Kirkpatrick-Modells betrachtet werden, das hier um zwei weitere Ebenen erweitert wird. Wenn auch die Verwendung des dreidimensionalen »Evaluationskubus« durch seine Durchführung und Rückkopplungsprozesse eher aufwendig scheint, so stellt sie im Licht der netzbasierten Evaluationsmöglichkeiten sicher einen vielversprechenden Ansatz dar.

Partizipation und Redesign

Die aktive und dauerhafte Einbindung der Teilnehmer/innen bei der kontinuierlichen Verbesserung bei jeglicher Art von E-Learning ist unerlässlich. Der Teilnehmer sollte daher nicht nur auf die Rolle als Nutzer bzw. Lernkonsument reduziert werden, sondern als wertvoller Beteiligter und Partner innerhalb des Weiterbildungsprozesses verstanden werden. Dabei bieten die Anwendungen und Tools einer computergestützten Lernumgebung etliche Möglichkeiten, um die Erlebnisperspektive der Anwenderseite zu erfassen. Neben der eher technischen Bedienungs- und Handhabungsergonomie von E-Learning, sollten ebenfalls auch inhaltliche, vor allem aber auch Aspekte der Lernkultur für die Bildungsverantwortlichen von Wert sein.

So ist es wichtig, auf eine ausgewogene Work-Life-Balance bei der Abschätzung des Arbeitsaufwandes zu achten, da es wenig effektiv und nachhaltig sein wird, bei berufsbegleitendem Lernen den Teilnehmer regelmäßig bis spät in die Nacht hinein und am Wochenende zu beschäftigen. Bei entsprechenden direkten Rückmeldungen (z.B. Teilnehmer-Feedback) oder auch indirekten Anzeichen (z.B. regelmäßige Fristverlängerung bei Arbeitsaufgaben) muss daher sorgfältig geprüft werden, ob Inhalte unter Umständen gekürzt oder auch ganz gestrichen werden können. Die Bildungsverantwortlichen müssen sich darüber im Klaren sein, dass aus solchen etwaigen konzeptionellen Missgriffen ein durchaus massives Redesign und Nachbessern von E-Learningmaßnahmen resultieren kann. Dieses sollte jedoch eher als Chance und nicht etwa als Scheitern verstanden werden.

Redaktion und Updates

Wurde noch vor einiger Zeit im Rahmen des E-Learnings verstärkt über den ausschließlichen Einsatz von Hypertexten sowie von tutoriellen Systemen nachgedacht (Friedrich et al. 1997; Weinert/Mandl 1997; Bruns/Gajewski 2000), so sind bei den meisten aktuellen Anwendungen des E-Learnings reale Personen, wie Expert/innen, Tele-Tutor/innen und Moderator/innen, mittlerweile kaum mehr wegzudenken. Kommen zwar WBTs und CBTs weitgehend ohne die Einbindung realer Personen als Ansprechpartner/innen aus, so benötigen jedoch gerade Qualifizierungsmaßnahmen, die über Lernplattformen stattfinden, ein Mindestmaß an pädagogischer bzw. redaktioneller Betreuung. So ist es sowohl bei synchroner bzw. asynchroner Kommunikation als auch bei Kollaboration, wie etwa beim Einsatz von Newsgroups und Diskussionsforen, durchaus angebracht, neben den Netiquetten, den Verhaltens- und Kommunikationsregeln in computergestützten Lernumgebungen, auch auf die vermittelnde oder regulierende Instanz eines Tele-Tutors, z.B. bei Erinnerungs- bzw. Pushmails, zurückzugreifen. Dieser kann ebenfalls mit separaten Administratorenrechten ausgestattet werden, die es ihm erlauben, Inhalte innerhalb der Plattform redaktionell zu verwalten, neues Material einzupflegen oder nicht mehr benötigtes zu löschen bzw. zu archivieren.

Logistik/Administration

Abschließend seien noch besonders die Prozesse der Lerner- bzw. Teilnehmerverwaltung bei E-Learning erwähnt. In der Regel wird es ratsam sein, bereits vorhandene Abwicklungsprozesse und -instrumente für den Einsatz bei E-Learning zu prüfen, gegebenenfalls zu übernehmen und zu adaptieren. Vor allem die technische Komponente kann sich dabei besonders bei der Erstinstallation als zusätzliche, aber dennoch lohnenswerte Herausforderung erweisen. Sind etwa eine Plattform und die damit verbundenen Anwendungen und Tools einmal installiert, so kann sie jederzeit wieder Verwendung finden. Im Rahmen einer solchen Erstinstallation können beispielsweise für die Teilnahme an virtuellen Klassenzimmern Headsets, Kopfhörer mit integriertem Mikrofon, zur synchronen, netzbasierten Kommunikation benötigt werden, die erst noch zu bestellen und an die Teilnehmer/innen zu verschicken sind. Die Betreuung der Lernenden im Sinne einer technischen Hotline, die bei Problemen hilft, ist ein weiterer Punkt, der hier beachtet werden muss. Ist dabei etwa die Zielgruppe über verschiedene Zeitzonen weltweit verteilt, so müssen unter Umständen auch dementsprechende Vorkehrungen getroffen werden, wenn man eine Rund-um-die-Uhr-Betreuung der Teilnehmer/innen sicherstellen will.

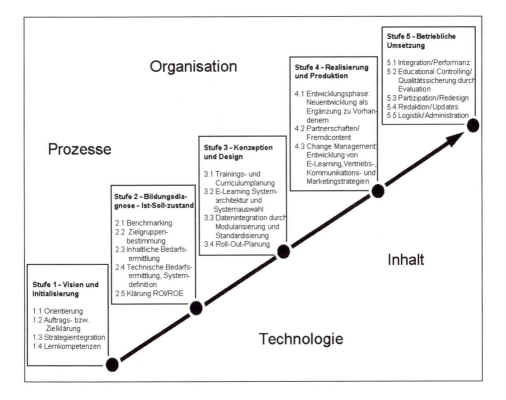

Abb.1: 5-Stufen-Modell zur Implementierung von E-Learning

Konsequenzen für Forschung und Praxis

Das 5-Stufen-Modell wurde im Rahmen einer Reanalyse von drei E-Learning-Fallbeispielen einer ersten Erprobung unterzogen (Lehmann 2007). Generell ist festzustellen, dass sich das 5-Stufen-Modell sowohl auf der Makro- als auch auf der Mikroebene eignet, um die vielfältigen Komplexe bei der Einführung von E-Learning in die Unternehmenspraxis abzudecken.

Es bedarf auch noch in mancher Hinsicht weiterer Erprobung und Optimierung durch Forschung und den Einsatz in der unternehmerischen Praxis.

So könnte man neben den gesetzten, flankierenden vier Kontextaspekten des Modells (*Organisation, Prozesse, Inhalt* und *Technologie*) auf derselben Ebene einen weiteren fünften Punkt, nämlich *interkulturelle Aspekte*, verankern. Vor allem vor dem Hintergrund der zunehmenden Globalisierung und der unmittelbar damit verbundenen Auseinandersetzung mit anderen Ländern und Kulturen, gewinnt dieser Aspekt an besonderer Bedeutung. Dies könnte ein Ansatzpunkt für weitere Forschungsaktivitäten sein, um das 5-Stufen-Modell zu verbessern.

Auch benötigt die eher schwierige Messung und der Nachweis des ROI/ROE bei E-Learning in der Unternehmenspraxis, als zentraler Bestandteil der Stufe 5 im Modell, weitere theoretische Grundlagen. Noch sind zu wenig praxistaugliche Ansätze vorhanden und der Ausschluss von möglichen Störfaktoren und die bislang empfohlene Einrichtung zusätzlicher Kontrollgruppen, sind in der Praxis so kaum zu bewerkstelligen.

Zudem machen die immer stärker werdenden Paradigmenwechsel der jüngsten Zeit beim E-Learning im Rahmen des Web 2.0 (O'Reilly 2005), eine Ausweitung und Adaption des 5-Stufen-Modells an die neuen Anforderungen notwendig. Dabei ist sicher vor allem der Aspekt der zunehmenden Wissensvernetzung als eine, immer bedeutsamer werdende, gemeinsame Wissensbasis zu untersuchen. Der daraus resultierende, schnellere Austausch von Know-how sowie die schnellere Neugenerierung von Wissen, steigern auch das Lernniveau in der Weiterbildung von Unternehmen. Diesem Aspekt sollte durch weitere Forschung hinsichtlich des 5-Stufen-Modells zukünftig verstärkt Rechnung getragen werden.

Weitere Forschung und empirische Untersuchungen sind nötig, um die Wirksamkeit des 5-Stufen-Modells zu belegen. Ein Abgleich mit weiteren E-Learning-Fällen in Unternehmen auf Makro- und Mikroebene muss vorgenommen werden, um weitere Stärken und Schwächen des Modells zu verdeutlichen. Dabei sollte das 5-Stufen-Modell verstärkt eine Anwendung in der Unternehmenspraxis, bei gleichzeitiger Untersuchung der Effektivität, erfahren. Als Erfolgskriterium für E-Learning empfiehlt sich dabei besonders die Akzeptanz der E-Learning-Maßnahme bei den Anwender/innen. Als eine weitere Konsequenz für die Forschung hinsichtlich des Modells, steht noch die Frage im Raum, inwiefern es sich ausschließlich für die Implementierung von E-Learning eignet oder ob das 5-Stufen-Modell, nach entsprechenden Modifikationen, auch bei der Implementierung anderer Qualifizierungsmaßnahmen von Nutzen sein kann.

Wie bereits verdeutlicht wurde, stellt die Implementierung von E-Learning im Unternehmen eine komplexe Herausforderung dar, die Zeit und Geld kostet. Dabei hängt der Grad der Komplexität maßgeblich von dem vom Unternehmen angestrebten E-Learning ab. Das Modell soll durch seinen ganzheitlichen Charakter helfen, den Prozess der Implementierung zu optimieren und bestimmte Teilaspekte frühzeitig zu berücksichtigen, die nachträglich nur schwer bzw. gar nicht mehr einzubringen sind. Die Beantwortung der Fragen, wann welche Beteiligten (z. B. Trainer, Lernender, Programmierer, Mediendesigner) miteinzubinden sind, inwiefern die Kontextfaktoren (Technologie, Inhalt, Prozesse, Organisation) im Implementierungsmodell zu berücksichtigen sind und welche Adaptionen am Modell im konkreten Fall vorgenommen werden müssen, setzt beim Anwender des Modells gewisse Kompetenzen voraus. Zum einen ist die Kenntnis des Unternehmens sicherlich von großem Nutzen, wenn es um den Einfluss der vier Kontextfaktoren auf die Stufen im Modell geht. Zum anderen sollte ebenfalls eine hinreichende, generelle Expertise bezüglich der Erstellung, Konzeption und Durchführung von Qualifizierungsmaßnahmen vorliegen. Davon abgesehen stellt Erfahrung mit E-Learning mit Sicherheit ebenfalls einen großen Vorteil dar. Zur Implementation der Implementation könnte man sich die Bildung einer »Task-Force«, d. h. einer kleinen Arbeitsgruppe, vorstellen, die sich mit dem 5-Stufen-Modell vertraut macht und andere Beteiligte im weiteren E-Learning-Implementierungsprozess an das Modell, je nach Verantwortlichkeit und Aufgabe innerhalb der Stufen, heranführt. Dabei sollte innerhalb der »Task-Force« gründlich über die Anpassung des Modells an den jeweiligen Unternehmenskontext diskutiert und entschieden werden. Die unterschiedlichen Fallbeispiele konnten zeigen, dass das 5-Stufen-Modell flexibel genug ist, um solche individuellen Adaptionen zu ermöglichen.

Die Ansprüche an Unternehmen, auch zukünftig in einem globalen Wettbewerb bestehen zu können, werden sicherlich zunehmen. Dabei ist die Einbindung des Internet schon jetzt mit E-Mail gesetzt und vor allem für große Unternehmen ist die Verwendung von E-Learning keine Frage mehr »ob«, sondern lediglich »wie« dabei vorgegangen werden muss. Auch müssen auf Unternehmensseite weiterhin Strategien und Möglichkeiten zur Implementation von innovativen und effektiven Qualifizierungsmaßnahmen, allen voran dem E-Learning, erarbeitet und umgesetzt werden. Blended-Learning-Maßnahmen, die E-Learning in Kombination mit herkömmlichen Präsenztrainings zur Unterstützung bzw. zur Vor- und Nachbereitung enthalten, sind dabei sicher notwendig. Dieser Aspekt sollte vor allem innerhalb der Stufe 3 (*Konzeption und Design*) entsprechend geprüft werden.

Insgesamt stellt auch das Modell mit seinen Stufen und Unterpunkten einen vielversprechenden Ansatz dar. So ist seine Anwendung, in welcher Form auch immer, stets mit einem wichtigen, für erfolgreiches Change Management essenziellen Hinweis verbunden. Dabei geht das Modell über eine additive Aufzählung und bloße Abarbeitung Erfolg versprechender Prozessfaktoren hinaus. Entscheidend ist der Geist, in dem es angewandt wird. In diesem Zusammenhang wird als wichtigster, übergeordneter Faktor eine menschenorientierte und partnerschaftliche Grundhaltung angeführt, die ein persönliches und intrinsisch motiviertes Engagement der Beteiligten fördert und überhaupt erst ermöglicht. Mit dem 5-Stufen-Modell zur Implementierung von E-Learning ist für weitere Aktivitäten genügend Ausgangsmaterial vorhanden, um weitere wichtige Erkenntnisse der theoretischen Forschung in die Weiterbildungspraxis von Unternehmen zu transferieren.

Literatur

Back, A./Bendel, O./Stoller-Schai, D. (2001): E-Learning im Unternehmen. Grundlagen – Strategien – Methoden – Technologien. Zürich: Orell Füssli.
Beer, M./Nohria, N. (2000): Breaking the Code of Change. In: Harvard Business Review 4, S. 133–141.
Bruns, B./Gajewski, P. (^{2}2000): Multimediales Lernen im Netz. Berlin: Springer.
Chute, A.G. (1998): The McGraw-Hill Handbook of Distance Learning. New York: McGraw-Hill.
Döring, N. (1999): Sozialpsychologie des Internets. Die Bedeutung des Internets für Kommunikationsprozesse, Identitäten, soziale Beziehungen und Gruppen. Göttingen: Hogrefe.
Doppler, K./Lauterburg, C. (2002): Change Management. Den Unternehmenswandel gestalten. Frankfurt a.M.: Campus.
Friedrich, H.F./Eigler, H./Mandl, H./Schnotz, W./Schott, F./Seel, N.M. (Hrsg.) (1997): Multimediale Lernumgebungen in der betrieblichen Weiterbildung. Gestaltung, Lernstrategien und Qualitätssicherung. Neuwied: Luchterhand.
Harhoff, D./Küpper, C. (2003): Verbreitung und Akzeptanz von E-Learning. Ergebnisse aus zwei Befragungen. In: Dowling, M./Eberspächer, J./Picot, A. (Hrsg.): E-Learning im Unternehmen. Neue Wege für Training und Weiterbildung. Berlin: Springer, S. 17–41.
Henninger, M. (2000): Evaluation – Diagnose oder Therapie? In: Harteis, C./Heid, H./Kraft, S. (Hrsg.): Kompendium Weiterbildung. Aspekte und Perspektiven betrieblicher Personal- und Organisationsentwicklung. Opladen: Leske + Budrich, S. 249–260.
Hinkofer, L./Mandl, H. (2003): Implementation von E-Learning in einem Pharma-Unternehmen. In: Härtel, M./Zinke, G. (Hrsg.): E-Learning: Qualität und Nutzerakzeptanz sichern. Bielefeld: Bertelsmann, S. 126–139.
Kirkpatrick, D.L. (1998): The Four Levels of Evaluation. In: Brown, S.M./Seidner, C.J. (Hrsg.): Evaluating Corporate Training: Models and Issues. Boston/Dordrecht/London: Kluwer, S. 95–112.
Kraemer, W./Sprenger, P. (2002): Step by Step – Von der Strategie zur Implementierung. In: Köllinger, P. (Hrsg.): E-Learning in deutschen Unternehmen. Fallstudien, Konzepte, Implementierung. Düsseldorf: Symposion, S. 175–235.
Kremer, H.H. (2003): Implementation didaktischer Theorie. Innovationen gestalten. Paderborn: Eusl.
Küpper, C./Markart, V. (2001): E-Learning in der Weiterbildung – Ein Benchmarking deutscher Unternehmen. Institut für Innovationsforschung und Technologiemanagement. Ludwig-Maximilians-Universität München.
Lehmann, S. (2007): Strategien und Möglichkeiten zur Implementation von E-Learning im Unternehmen. Berlin: Logos.
Mandl, H./Winkler, K. (2003): Auf dem Weg zu einer neuen Weiterbildungskultur. Der Beitrag von E-Learning in Unternehmen. In: Dowling, M./Eberspächer, J./Picot, A. (Hrsg.): E-Learning in Unternehmen. Berlin: Springer, S. 3–15.
Mandl, H./Winkler, K./Heuser, B./Weber, W. (2007): Mitarbeiterorientierte Implementierung von E-Learning in einem Pharmaunternehmen. In: Gaiser, B./Hesse, F./Lütke-Entrup, M. (Hrsg.): Bildungsportale. Potenziale und Perspektiven netzbasierter Bildungsressourcen. München/Wien: Oldenbourg Verlag, S. 165–178.

Marr, R./Fliaster, A. (2003): Jenseits der Ich-AG. Der neue psychologische Vertrag der Führungskräfte in deutschen Unternehmen. München: Hampp.
O´Reilly, T. (2005): What is Web 2.0? O´Reilly Media.
Pieler, D. (2001): Neue Wege zur lernenden Organisation. Wiesbaden: Gabler.
Quilter, D.R. (2000): E-Learning – A Panacea or a Culture Change? www.e-learningguru.com/wpapers/AdVal.pdf (Abruf 23.2.2004).
Reinmann-Rothmeier, G./Mandl, H./Prenzel, M. (1994): Computerunterstützte Lernumgebungen. Hrsg.: Arzberger, H./Brehm, K.-H. Erlangen: Publicis Verlag.
Rosenberg, M.J. (2001): E-Learning. Strategies for Delivering Knowledge in the Digital Age. New York: McGraw-Hill.
Sanders, J.R. (2006): Joint Commitee on Standards for Educational Evaluation. Wiesbaden: VS Verlag für Sozialwissenschaften.
Scholl, W./Pelz, J./Rade, J. (1996): Computervermittelte Kommunikation in der Wissenschaft. Münster: Waxmann.
Schnurer, K. (2005): Kooperatives Lernen in virtuell-asynchronen Hochschulseminaren. Berlin: Logos.
Siebert, G./Kempf, S. (2002): Benchmarking. München: Hanser.
Stein, H.P. (2003): Globale Weiterbildung. In: Dowling, M./Eberspächer, J./Picot, A. (Hrsg.): E-Learning in Unternehmen. Berlin: Springer, S. 42–49.
Tarlatt, A. (2001): Implementierung von Strategien in Unternehmen. Wiesbaden: Gabler.
Weinert, F.E./Mandl, H. (1997): Psychologie der Erwachsenenbildung. Enzyklopädie der Psychologie Bd. 4: Themenbereich D, Praxisgebiete: Serie 1, Pädagogische Psychologie. Göttingen/Bern/Toronto/Seattle: Hogrefe.
Winkler, K. (2004): Wissensmanagementprozesse in face-to-face und virtuellen Communities. Kennzeichen, Gestaltungsprinzipien und Erfolgsfaktoren. Berlin: Logos.
Winkler, K./Mandl, H. (2004): Mitarbeiterorientierte Implementation von Wissensmanagement in Unternehmen. In: Reinmann, G./Mandl, H. (Hrsg.): Psychologie des Wissensmanagements. Göttingen: Hogrefe, S. 207–219.
Wikipedia (2004): Implementierung. de.wikipedia.org/wiki/Implementation (Abruf 26.7.2004).
Xerox Corporation (1987): Leadership through quality: implementing competitive benchmarking. Stamford: CT.

Susanne Weber / Verena Mayer / Stephanie Starke

Projektmanagement

Einleitung und Problemstellung

Projektmanagement war und ist zu allen Zeiten nötig, wenn es darum ging und geht, Vorhaben zu verwirklichen, die über eine übliche Aufgabenerfüllung und Problemlösung hinausreichen. Für den Bau der Pyramiden war es notwendig, ganz unterschiedliche Tätigkeitsbereiche so miteinander vernetzt in Angriff zu nehmen und zu koordinieren, dass ein kontinuierlicher Arbeitsablauf zur Zielerreichung möglich wurde: z. B. die Verarbeitung und Einbringung der einzelnen Steine, die fristgemäße Anlieferung des Materials durch Bereitstellung von Schiffen, die sanitäre Betreuung der Arbeitskräfte. Für die erfolgreiche Umsetzung derartiger Projektziele sind jeweils ein umfangreiches Wissen, vielfältige Fähigkeiten und organisationale Strategien erforderlich. Allerdings wurde erst mit der Planung und dem Bau des Hoover-Staudamms (1931–1935) versucht, die erforderlichen Planungs- und Kontrollschritte für die Durchführung derartiger Projekte zusammenzustellen und zu systematisieren.

Grundlage für die Entwicklung eines systematischen Projektmanagements waren vor allem die Erfahrungen mit dem Bau der Atombombe bzw. mit der erfolgreichen Planung und Durchführung der Mondlandung. Die so gewonnenen Erfahrungen schlugen sich zum einen in der Gründung entsprechender Institute und wissenschaftlicher Gesellschaften und zum anderen in der Planung und Durchführung von internationalen Großprojekten, vor allem im militärischen Bereich, nieder. Sehr schnell wurden diese Erkenntnisse aber auch in der Industrie, dabei vor allem im Automobilbau, aufgegriffen und gehören heute zum betriebswirtschaftlichen Grundwissen, vor allem in der Beratungsbranche (vgl. unter anderem die Beispiele in Heizer/Render 2001, S. 656f.). Inzwischen gelten Standards für das erfolgreiche Management von Projekten, die sogar ihren Niederschlag in DIN-Normen gefunden haben (Bechler/Lange 2005). Danach zeichnet sich ein Projekt durch seine relative Neuartigkeit aus, d.h. Projektziele sind oft nur vage formuliert und Maßnahmen zur Erreichung der Projektziele sind für gewöhnlich nicht vorher bekannt. Von daher lassen sich die Projektaufgaben nur selten genau im Vorhinein bestimmen. Ein entscheidendes Merkmal ist, dass hiermit verbundene unternehmerische Ziele sich im Allgemeinen nicht mithilfe der vorhandenen Organisationsstrukturen effektiv erreichen lassen, sodass über die Einrichtung von Projekten Organisationsgrenzen überschritten, verschiedene Spezialist/innen zusammengebracht sowie vorhandene Ressourcen gemeinsam genutzt werden (vgl. Frese 2000, S. 500ff.; Schreyögg 2003, S. 192ff.; Kieser/Walgenbach 2003, S. 148ff.).

Damit stellt heute das Projektmanagement ein zentrales Werkzeug unternehmerischen Handelns dar: Gerade komplexere Vorhaben sowohl innerhalb eines Unternehmens als auch zwischen Unternehmen erfordern Zusammenarbeit und Abstimmung zwischen Mitarbeiter/innen und verschiedenen Abteilungen sowie die zielgerichtete und zeitadäquate Koordination von Teilaufgaben. Ein Projektmanagement ermöglicht es, komplexe unternehmerische Vorhaben (wie z. B. Softwareentwicklungsprojekte, Neuproduktentwicklung oder Vorhaben innerhalb der Forschung und Entwicklung) unter optimaler Nutzung aller eingesetzten Ressourcen durchzuführen (Zielasek 1999, S. 11). Empirische Studien zeigen einen Zusammenhang zwischen dem Projektmanagement und Unternehmenserfolgsgrößen, sowohl bezogen auf den »return on investment« (ROI) als auch auf nicht monetär quantifizierbare Größen (*intangible assets*) (Thomas/Mullaly 2007, S. 74).

Im Verlauf dieses Artikels soll daher auch gezeigt werden, wie die »Neuen Medien« sich nutzen lassen, um Aufgaben und Strategien des Projektmanagements sinnvoll und effizient zu unterstützen. Dieses kann nur gelingen, wenn die an einem Projekt Beteiligten die Medien entsprechend der Projektzielsetzung und -anforderungen einzusetzen in der Lage sind, d. h. über Medienkompetenz verfügen (Baacke 1996, S. 119).

Aktuelle wissenschaftliche Diskussion

Relevanz des Projektmanagements für Unternehmen

Warum ist ein Projektmanagement in Unternehmen überhaupt notwendig? Die Hervorhebung des Projektmanagements fällt in einem hohen Maße mit neueren organisationstheoretischen Auffassungen zur Modularisierung zusammen. Darunter versteht man die Restrukturierung einer Unternehmensorganisation im Hinblick auf die Bearbeitung abgegrenzter Prozesse, die dezentral entschieden und verantwortet werden (Picot/Reichwald/Wigand 2003, S. 230–235).

Ziel ist es, unternehmerische Entscheidungen schneller, flexibler und besser zurechenbar zu treffen. Daraus ergeben sich Konsequenzen für die Arbeitsorganisation auf den verschiedenen Systemebenen, z. B. durch die Bildung autonomer Arbeitsgruppen (Mikrosystemebene) bzw. durch die Aufgliederung des Gesamtunternehmens in weitgehend unabhängige Profitcenter (Makrosystemebene). In welchem Maße Modularisierungsprozesse sinnvoll sind, zeigen Picot/Reichwald/Wigand (2003, S. 273) im Hinblick auf die Kategorien »Marktunsicherheit« und »Produktkomplexität«. Danach sind Modularisierungsbestrebungen weniger dringend, wenn für ein Unternehmen Massenproduktion und standardisierte Dienstleistungen vorherrschend sind. Dagegen scheint es sich anzubieten, bei einer hohen Marktunsicherheit und einer großen Produktkomplexität modulbezogen virtuelle Organisationsformen zu wählen, bei denen aufgabenorientiert Teams ad hoc zusammengestellt und entsprechende Kooperationen gewählt werden. Vor diesem Hintergrund lassen sich Projekte und Projektmanagementaktivitäten im Hinblick auf verschiedene Projektarten, wie z. B. IT-Projekte oder Logistikprojekte, aber auch Forschungs- und Entwicklungsprojekte klassifizieren, die sowohl unternehmensintern als auch -extern, national wie international angelegt sein können. Durch optimale Projektmanagementstrategien verspricht man sich eine bessere Koordination der erforderlichen Prozesse sowie eine höhere Motivation der Mitarbeiter/innen im Sinne einer organisationalen Basis für erfolgreiches ökonomisches Handeln. Ziel ist es dabei, eine Senkung der Transaktionskosten zu erreichen, die als Kosten der Erbringung einer Organisationsleistung verstanden werden (Picot/Reichwald/Wigand 2003, S. 27).

Die Bedeutung dieser Zielsetzung lässt sich daran festmachen, dass der Anteil der Transaktionskosten im Hinblick auf die Gesamtkosten aller anderen ökonomischen Aktivitäten zur Erstellung von Produkten und Dienstleistungen in den letzten hundert Jahren stark gestiegen ist und bereits mehr als die Hälfte des gesamten erwirtschafteten Einkommens ausmacht: »Dies bedeutet, dass der größte Teil des Volkseinkommens für Information und Kommunikation, also zur Organisation eingesetzt wird« (Picot/Reichwald/Wigand 2003, S. 28). Hieraus erklärt sich auch die steigende strategische Bedeutung der Informations- und Kommunikationstechnologien – und damit auch des Projektmanagements.

Projekt und Projektmanagement

Im Folgenden werden die Begrifflichkeiten »Projekt« und »Projektmanagement« gemäß den Projektmanagementnormen des »Deutschen Institutes für Normung« (DIN) definiert. In einer empirischen Studie aus dem Jahr 2000 wurde, neben dem volkswirtschaftlichen Nutzen der Normung, der unternehmerische Nutzen der Normung untersucht. Hierbei wurde herausgestellt, dass sich Unternehmen individuelle Wettbewerbsvorteile sichern können, wenn sie Normung als strategisches Instrument innerhalb des Unternehmens verankern (Hartlieb 2000, S. 5/6). Daher wird auf die Normen des DIN vorrangig aus drei Gründen zurückgegriffen:

- *Zeitvorteile:* Durch eine präzise und verbindliche Definition und Vereinheitlichung von Arbeitsabläufen werden lange Such- und Irrwege, Rückfragen, aber auch Mahnungen und damit Zeit gespart.
- *Wissensvorteile*: Unternehmen versprechen sich Vorteile gegenüber den nicht an der Normung teilnehmenden Unternehmen aufgrund von zielgerichtet aufbereiteter Information und vorstrukturiertem Wissen. Dabei wird jedoch der Wissensvorteil durch die Unternehmen selbst höher gewichtet als der Zeitvorteil (Hartlieb 2000, S. 12).
- *Erleichterung der Projektkommunikation*: Einheitliche und überbetriebliche Normen ermöglichen klare Begrifflichkeiten und Definitionen und erleichtern so die Projektkommunikation (Bechler 2005, S. 14). Die Sprachgenauigkeit innerhalb eines gegebenen Projektes fließt direkt in die Projektleistung ein, denn einheitliche Standards bzw. Sprachregeln (DIN-Normen) erhöhen die Transparenz und somit auch die Projektproduktivität (Ohlig 2005, S. 19). »Denn mit der notwendigen Be-

griffsklarheit und inhaltlichen Präzision gelingt dem Projekt der Weg von zieldefinitorischer Projektstrategie über Arbeitspakete zur Realisierung und erfolgreichen Übergabe bzw. Abnahme« (Ohlig 2005, S. 16).

Auf diese Weise können mithilfe der überbetrieblichen DIN-Normen Informationen für alle Beteiligten zugänglich gemacht werden, was zu einer erheblichen Senkung der Transaktionskosten beiträgt (Hartlieb 2000, S. 14/15).

Nach der DIN-Norm 69901 wird ein Projekt definiert als »[…] ein zeitlich begrenztes Vorhaben, das im Wesentlichen durch Einmaligkeit aller Bedingungen gekennzeichnet ist, z.B. Zielvorgabe, zeitliche, finanzielle, personelle und andere Begrenzungen, Abgrenzung gegenüber anderen Vorhaben, projektspezifische Organisation«. Projektmanagement befasst sich demzufolge nach der DIN 69901 mit »[...] Führungsaufgaben, -organisation, -techniken und -mitteln für die Abwicklung eines Projektes«.

Struktur eines Projektmanagements

Die Literatur unterscheidet für das Management vor allem größerer Projekte im Allgemeinen zumindest drei Phasen, die sich gegenseitig bedingen und überlappen:
1. Phase der Planung
2. Phase der Ablaufplanung
3. Phase des Controllings (Heizer/Render 2001, S. 658)

Eine Projektphase wird laut DIN 69901 definitorisch dahingehend bestimmt, dass sie als zeitlicher Abschnitt eines Projektablaufs sachlich gegenüber anderen Abschnitten abgegrenzt ist (Bechler/Lange 2005, S. 57). Diese drei Phasen sollen im Folgenden überblicksweise beschrieben werden:

(ad 1) In der Planungsphase geht es primär darum, die übergreifenden und die daraus abzuleitenden spezifischen Projektziele festzulegen. Dabei kommt es wesentlich darauf an, dass die ausgewählten Projektmitarbeiter/innen mit ihren spezifischen Kompetenzen bei der Aufgabenformulierung mitwirken (Heizer/Render 2001, S. 658/659; Zielasek 1999, S. 87). Aufgrund der Neuartigkeit von Projektanforderungen werden hier insbesondere Kreativitätstechniken wie z.B. Brainstorming eingesetzt (Ebersbach/Glaser/Heigl 2005, S. 284). Die verschiedenen Projektaufgaben werden wie in Abbildung 1 in Projektstrukturplänen visualisiert (Wischnewski 2001, S. 157).

Ebenso geht es in dieser Phase darum, die Projektorganisation inklusive der Kommunikationsstrukturen festzulegen sowie die Lokalisierung des Projektes in der Gesamtorganisation zu verdeutlichen. Hier sind vielfältige Projekteinbindungen je nach Zielsetzung und Dauer denkbar: So kann beispielsweise bei einer langfristigen Planung die Unternehmensleitung in der Gestaltungsform eines Matrix-Projektmanagements die Projektkapazität aus den funktionalen Abteilungen für bestimmte Perioden verbindlich zuteilen und durch eine genaue Spezifizierung und Abgrenzung der Kompetenzen der Projektleiter/innen in Stellenbeschreibungen oder Funktionsdiagrammen Konflikte kanalisieren (Heizer/Render 2001, S. 659/660; Kieser/Walgenbach 2003, S. 152). Eine andere Form der Einbindung von Projekten kann über sogenannte Produktkomitee-Konzepte erfolgen, wobei der Sachverstand funktionsübergreifend gebündelt wird und damit eventuelle Widerstände minimiert werden können, da die Projektmitglieder bereits ihre Funktionsinteressen in die Projektarbeit einfließen lassen (Kieser/Walgenbach 2003, S. 157; hier werden auch weitere Einbindungsformen für Projekte diskutiert). Unabhängig davon jedoch, welche Form des Projektmanagements gewählt wird, hängt der Erfolg in erheblichem Maße von den eingesetzten Planungsinstrumenten und dem Führungsverhalten des Projektmanagements ab (Kieser/Walgenbach 2003, S. 153; Thomas/Mullaly 2007, S. 77).

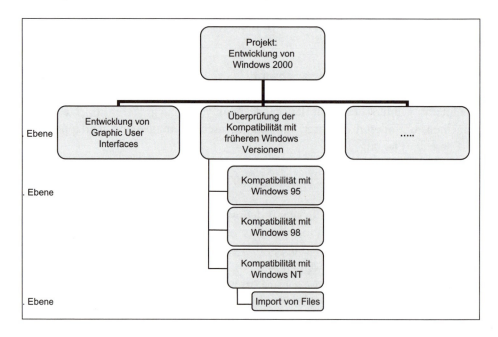

Abb. 1: Projektstrukturplan (Quelle: in Anlehnung an Heizer/Render 2001, S. 661)

(ad 2) In der *Ablaufphase* geht es vor allem darum, die Aufgaben auf die spezifischen Fähigkeiten der Projektmitarbeiter/innen hin abzustimmen und Verantwortlichkeiten festzulegen. Dabei sind unter Berücksichtigung der zur Verfügung stehenden finanziellen und sonstigen Ressourcen die für die Bewältigung der erforderlichen Aufgaben vorzusehenden Zeiten zu fixieren. Instrumente, die in diesem Zusammenhang Anwendung finden, sind vor allem Gantt-Charts (Heizer/Render 2001, S. 662) und Netzpläne wie PERT (Program Evaluation and Review Technique), CPM (Critical Path Method) und MPM (Metra-Potential-Methode) (Domschke/Drexl 2005, S. 114 ff.; Zimmermann/Rieck/Stark 2006, S. 55 f.; 73 f.; 87 f.; Schwarze 2006, S. 151).

Um die Vielfältigkeit der kritischen Projektmanagementgrößen deutlich zu machen, werden im Folgenden ausgewählte Verfahren kurz erläutert:

Mithilfe von Gantt-Diagrammen (auch Balkendiagramm) können der Fortschritt sowie Anfangs- und Endzeitpunkte der zu erledigenden Projektaktivitäten dargestellt werden (Domschke/Drexl 2005, S. 109). Das Gantt-Diagramm erlaubt eine realistische Abschätzung von Zeiten und Kosten sowie die Bestimmung von Engpässen. Das Beispiel-Gantt-Diagramm in Tabelle 1 gibt an, welche Aufgaben (hier für ein Verkehrsflugzeug) während eines 60-minütigen Zwischenstopps auf einem Flughafen zu erledigen sind. Aufgrund von begrenzten Ressourcen im Personal können nicht alle Arbeiten in den ersten 15 Minuten gestartet werden. Sie müssen über die gesamte Aufenthaltszeit verteilt werden, die im Wesentlichen durch den längsten Bearbeitungsvorgang, der WC-Reinigung und der Bordküchenversorgung, determiniert wird.

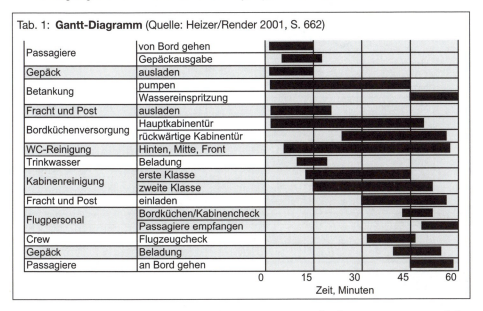

Tab. 1: **Gantt-Diagramm** (Quelle: Heizer/Render 2001, S. 662)

Bestehende Abhängigkeiten zwischen den Aktivitäten und/oder Ressourcen – und damit zu berücksichtigende Sequenzierungen – können jedoch nicht mit einem Gantt-Diagramm adäquat dargestellt und determiniert werden; hierzu wird auf die Verfahren der Netzplantechnik zurückgegriffen (Heizer/Render 2001, S. 661/662). Im Rahmen der Netzplantechnik werden Projekte in einzelne Aktivitäten mit Vorgängen und Ereignissen aufgeteilt.

Vorgänge bezeichnen dabei gemäß DIN 69900 zeiterfordernde Geschehen mit definiertem Anfang und Ende. Der Zeitpunkt, der das Eintreten eines bestimmten Projektzustandes markiert, wird dagegen als Ereignis definiert (Bechler/Lange 2005, S. 40). In der Literatur werden zur Erstellung von Netzplänen verschiedene Konnotationen unterschieden, wobei sich die CPM und MPM als vorgangsorientierte Verfahren auf die Vorgangspfeile fokussieren und die PERT als ereignisorientiertes Verfahren auf die Netzknoten (Domschke/Drexl 2005, S. 97f.; Schwarze 2006, S. 117). Übereinstimmend steht im Fokus der Netzplantechniken die Ermittlung des sogenannten »kritischen Pfades«. Als solcher wird der längste Weg in einem Netzplan bezeichnet, d.h. alle Vorgänge, die auf diesem Weg zwischen Projektanfang und -ende liegen, weisen eine Pufferzeit von 0 auf. Jede Verzögerung bei einem dieser kritischen Vorgänge hat eine entsprechende Verlängerung der gesamten Projektdauer zur Folge (Domschke/Drexl 2005, S. 106f.; Altrogge 1994, S. 69). Dieses entspricht auch der Definition nach DIN 69900 (Bechler/Lange 2005, S. 41).

Tabelle 2 stellt beispielhaft die Aktivitäten im Rahmen der Einführung eines neuen Enterprise-Resource-Planning-Systems dar.

Tab. 2: **Aktivitäten zur Implementierung eines neuen Enterprise-Resource-Planning Systems** (Quelle: Heizer/Render 2001, S. 674)

Aktivität	Beschreibung	unmittelbarer Vorgänger	optimistische Zeit a	realistische Zeit m	pessimistische Zeit b	erwartete Zeit $t = (a + 4m + b)/6$	Unsicherheit $[(b - a)/6]^2$
A	Lieferung Computerhardware		1	2	3	2	4/36
B	Modifikation der neuen Software		2	3	4	3	4/36
C	Computer installieren	A	1	2	3	2	4/36
D	Test der neuen Software offsite	B	2	4	6	4	16/36
E	Test des neuen Netzwerks	C	1	4	7	4	36/36
F	Training	C	1	2	9	3	64/36
G	neue Software auf die Hardware aufspielen	D, E	3	4	11	5	64/36
H	Implementierung des neuen Produktionssystems und Elimination des alten Systems	F, G	1	2	3	2	4/36

Die Abbildung 2 zeigt einen beispielhaften PERT-Netzplan auf Basis der Aktivitäten aus Tabelle 1 (Heizer/Render 2001, S. 674ff.):

Aus der Tabelle 2 und der Abbildung 2 wird deutlich, dass den Aktivitäten jeweils geschätzte Zeiten zugewiesen werden, die zumeist als Mittel aus einer optimistischen, einer durchschnittlichen und einer pessimistischen Zeitschätzung festgelegt werden. Im Beispiel wurde für die Aktivität A (Lieferung der Computerhardware) eine optimistische Zeit von einer Woche, eine als realistisch angenommene Zeit von zwei Wochen und eine pessimistische Zeit von drei Wochen geschätzt. Unternehmensintern war hierbei festgelegt, dass die »realistische« Zeit mit einem Faktor vier gewichtet wird. Damit ergibt sich eine erwartete Zeit von zwei Wochen. Die Werte zeigen, dass sich der »kritische Pfad« mit A, C, E, G und H ergibt. Beispielsweise sollen zum Ereigniszeitpunkt (5) sowohl die Hardware als auch die Software installiert sein. Die Werte für die Hardwareinstallierung (A, C, E) zeigen einen Zeitbedarf von acht Wochen, die für die Softwareinstallierung (B, D) einen solchen von sieben Wochen. Damit bliebe prinzipiell für die Softwareinstallierung ein Puffer von einer Woche, ohne das Gesamtprojekt zeitlich zu verlängern.

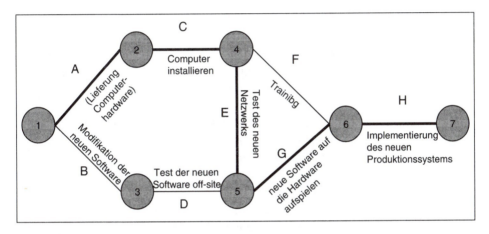

Abb. 2: PERT-Netzplan zur Implementierung eines neuen Enterprise-Resource-Planning-Systems (Quelle: Heizer/Render 2001, S. 674)

Zur Ermittlung von Unsicherheiten im Hinblick auf die Gesamtprojektlaufzeit werden für die Aktivitäten auf dem kritischen Pfad jeweils die Differenzen zwischen der pessimistischen und der optimistischen Zeitschätzung berechnet. Die Aufsummierung dieser Unsicherheiten dient dann dazu, insgesamt das fristgemäße Fertigstellen eines Projektes genauer zu bestimmen. Dieses Vorgehen gewinnt vor allem im Hinblick auf das Verhandeln möglicher Konventionalstrafen Bedeutung (Heinzer/Render 2001, S. 674ff.).

(ad 3) Im Rahmen des *Projektcontrollings* erfolgt die Bewertung des Projektmanagements sowohl als summatives Assessment, mit dem der Gesamterfolg des Projekts festgestellt und bewertet wird, als auch insbesondere als formatives Assessment, mit dessen Hilfe der Projektprozess überwacht und der Erfolg der einzelnen Projektschritte im Hinblick auf die Einhaltung insbesondere der zeitlichen, finanziellen und qualitativen Vorgaben festgestellt und bewertet wird. Gleichzeitig geht es aber beispielsweise auch darum, Störfaktoren zu identifizieren, Konflikte zu balancieren, Kommunikationsstrukturen zu verbessern, Möglichkeiten zur Minimierung der Projektdauer auszuloten. Als Hilfsmittel zur Projektsteuerung und zum -monitoring werden Instrumente wie z. B. die bereits genannten Netzplantechniken (PERT, CPM, MPM) (Heizer/Render 2001, S. 663) verwendet, allerdings zunehmend unter einem ganzheitlichen, systemischen Projektmanagement auch Kennzahlen und Informationen, die einen ständigen Abgleich der Projektwerte sowohl mit den spezifischen Projektzielen als auch mit den übergreifenden Unternehmenszielen erlauben. In Abbildung 3 werden die oben beschriebenen Phasen noch einmal grafisch im Zusammenhang dargestellt.

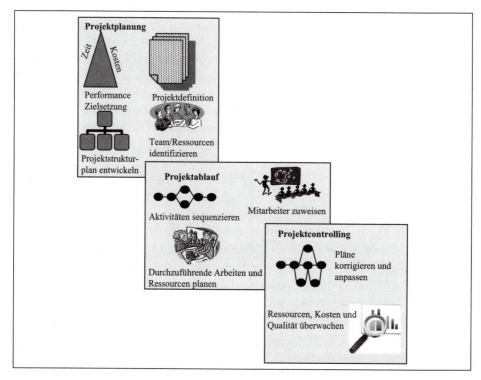

Abb. 3: Phasen des Projektmanagements (Quelle: in Anlehnung an Heizer/Render 2001, S. 659)

Evaluation von Projektmanagement

Hierbei geht es primär um eine summative Evaluation, d. h. um die Frage, ob das übergeordnete Projektziel und die subsumierten Teilziele vereinbarungsgemäß erreicht wurden. Dieses stellt sich als sehr problematisch dar – sowohl unter einer theoretischen als auch einer praktischen Perspektive: Die Problematik besteht darin, dass sich die Projektmanagementaktivitäten – insbesondere für nicht industrielle Branchen – nicht eindeutig auf Output- bzw. Outcome-Variablen beziehen lassen (Thomas/Mullaly 2007). In der Literatur finden sich verschiedene Versuche, neben der Berechnung finanzieller Daten (vor allem den ROI) auch qualitative Kennwerte zu ermitteln. Dabei wird auf die folgenden Ansätze Bezug genommen wie z. B.

- die *Balanced Scorecard* (BSC) (Kaplan/Norton 1996), die neben den quantitativen Aspekten wie »ROI« auch qualitative Aspekte wie »Lernprozesse der Mitarbeiter/innen« oder die »Kundenperspektive« zu erfassen sucht.
- das *European Foundation Quality Model (EFQM)* (Westerveld 2003); dieses versucht, das Projektmanagement im Hinblick auf »vorausschauende, visionäre Denkansätze«, »nachhaltige Kundenzufriedenheit«, aber auch »politische und soziale Verantwortlichkeit« zu erfassen und zu bewerten.
- den *Competency Based Approach* (Barney 1991); hiermit versuchen Unternehmen, intern Kompetenzen aufzubauen, die es gestatten, zielgerichtet und schnell neue Projekte und Problemlösungen in Angriff zu nehmen.
- Aspekte des *Total Quality Managements (TQM)* (Escrig-Tena/Bou-LLusa 2005); hier geht es vor allem für die Manager- und Mitarbeiterebene darum, ob Initiativen ergriffen und Voraussetzungen dafür geschaffen wurden, die für ein erfolgreiches Projektmanagement erforderlich sind.
- ein Fokus auf ausgewählte Korrelationen zwischen dem Projekterfolg und einzelnen Aspekten wie z.B. Einfluss der Akzeptanz von Projektmanagementsoftware auf den Projekterfolg (unter anderem Cooke-Davis 2002; Dai/Wells 2004).
- den Mehrebenen- und Multimethod-Ansatz von Thomas/Mullaly (2007), der mit einer systemischen Ausrichtung versucht, auf fünf Ebenen Ergebnisse des Projektmanagements zu erfassen und mittels statistischer Analysen auszuwerten, wie z.B. Zufriedenheit der Stakeholder, Verlauf und Abstimmung der Projektschritte, Einhaltung von Zeit- und Budgetvorgaben, Weiterempfehlungen des Projektmanagements oder ROI.

Des Weiteren ist das Projekt administrativ angemessen abzuschließen. Dabei geht es um die Wiedereingliederung der Mitarbeiter/innen in ihre angestammten Abteilungen, die Anfertigung des Abschlussberichts, eine Konferenz zur Darstellung des Ablaufs des Projekts einschließlich der aufgetretenen Probleme sowie eine Sicherung der Projektdaten als Grundlage für künftige Projekte. Gerade dieser letzte Punkt verdient nach den Einlassungen des *Project Management Institute* besondere Beachtung, um entsprechende Planungs- und Lernprozesse im Sinne eines Wissensmanagements unterstützen zu können.

Unterstützung des Projektmanagements durch »Neue Medien«

Für einfache bzw. wenig komplexe Projekte können Netzpläne relativ schnellhändisch aufgestellt werden. Sind die Vorhaben jedoch komplexer sowie zeit- und ressourcenintensiver, sodass ein ganzheitliches, integriertes Projektmanagement installiert werden muss, so sollte dieses durch eine geeignete Software unterstützt werden (Schwarze 2006, S. 319). Mit dem Einsatz einer integrierten Projektmanagementsoftware können die folgenden Funktionen des Projektmanagements zielgerichtet unterstützt werden (vgl. DIN 69904; Bechler/Lange 2005, S. 78):

- Erfüllung der Ziele des Auftraggebers
- Erreichung von Transparenz im Hinblick auf die Projektstruktur
- Sicherung einer effektiven, d. h. möglichst vollständigen und zeitgerechten Kommunikation
- Erstellen einer verlässlichen Planungsgrundlage für die Planung, Durchführung und Kontrolle von Prozessen, Organisation und Personalbedarf in allen Projektphasen
- Schaffung der Voraussetzungen für eine systematische Überwachung des Projekts
- Sicherung der Qualität der Projektmanagementprozesse
- Sicherstellung der Rückverfolgung aller relevanten Projekt(-management-)prozesse
- Sicherstellung zielgerichteter und flexibler Reaktionsmöglichkeiten auf Änderungen in der Planung
- Durchführung der Bedarfsermittlung in Bezug auf personale und fachliche Anforderungen der Projektmitarbeiter/innen
- Bewertung von Gehalt und Integration der Managementprozesse in Bezug auf deren strategischen, operativen, unterstützenden und informellen Charakter
- Einschätzung der Anfälligkeit für Störungen oder Gefährdung der Prozesse
- Erstellung von Vorgaben für die unterschiedlichen Aufgabenbereiche und Sachgebiete sowie Sachgebiete innerhalb des Projektmanagements

Moderne Projektmanagementsoftware bietet heutzutage eine Vielzahl von Funktionalitäten. Die bereits erwähnte Netzplantechnik ist mittlerweile nur noch eine von vielen Anwendungen, die innerhalb der komplexen Softwarelösungen bereitgestellt werden (Ahlemann/Wieland 2007, S. 53). Während die ersten Anwendungen der Projektmanagementsoftware primär die Termin- und Ressourcenplanung im Sinne der Netzplantechnik (Ahlemann/Backhaus 2006, S. 3) unterstützten, hat sich mit fortschreitender Entwicklung der Informations- und Kommunikationstechniken (IUKT) eine Schwerpunktverschiebung hin zu Portfolio- und Wissensmanagementfunktionalitäten ergeben. Damit werden vor allem die Projektprozesse in ihrer Interdependenz mit den Gesamtunternehmensprozessen abgebildet und erlauben damit eine synchrone Steuerung und Überwachung. Fehlsteuerungen und Korrekturen lassen sich damit schneller und präziser in Einklang mit den übergeordneten Unternehmenszielen bringen (Ahlemann/Wieland 2007, S. 53 f.). Diese ganzheitliche Perspektive ist insbesondere vor dem Hintergrund der bereits oben erwähnten Modularisierung und verstärkten Prozessorientierung von Organisationen notwendig, da hierbei die Wertschöpfungskette aufgebrochen und entsprechend koordiniert werden muss. Mit diesem Fokus der Prozessorientierung geht es dabei um die Reduktion organisatorischer Schnittstellen im Leistungsprozess des Projektes, aber auch des Gesamtunternehmens (Picot/Reichwald/Wigand 2003, S. 231). Eine solche modulare, prozessorientierte Organisation ist darauf angewiesen, dass die verwendeten IUKT unternehmensweit koordiniert sind, um »die dezentralen Module mit bedarfs-, zeit- und qualitätsgerechten Informationen zu versorgen« (Picot/Reichwald/Wigand 2003, S. 273).

Standardsoftware wie beispielsweise »MS Project 2007« greift diese aktuellen Marktanforderungen mit der Integration von aussagekräftigen Kennzahlensystemen (*Business Intelligence*) auf (wie z. B. ROI, Umsatzrentabilität, Eigenkapitalrentabilität) und integriert erweiterte Reportingsysteme. Hier können vielfältige Informationen für Projekte, Ressourcen, Vorgänge und Zeitphasendaten in Verbindung gebracht und ausgewertet werden (Bialas/Jäger/Meyer 2006, S. 63). Moderne Software deckt die vielfältigen Aspekte des Projektmanagements ab (Ahlemann/Backhaus 2006, S. 3) und schafft so einen Mehrwert, indem das Projektmanagement bzw. die Projektziele kontinuierlich auf die Erreichung/Einhaltung der übergeordneten Unternehmensziele hin überprüft werden können.

Durch integrierte Groupware-Funktionalitäten oder die Unterstützung von asynchronen Kommunikationsformen kann die Kommunikation innerhalb des Projektes – insbesondere bei verteilten Projektteams – gefördert werden (Chiocchio 2007, S. 98). Kommunikation, wie oben bereits in den Zielen erwähnt, ist ein wichtiger Erfolgsfaktor für ein effektives Projektmanagement (Keßler/Winkelhofer 2002, S. 153; Bechler 2005, S. 3). Zur effektiven Gestaltung dieser Kommunikation mittels IUKT gibt es in der Literatur verschiedene Vorschläge unter gleichzeitiger Erwähnung ihrer Anwendungsbedingungen: Chiocchio (2007) diskutiert z. B. die Effektivität von Projektteams in Abhängigkeit von der gewählten Kommunikation. Er macht deutlich, dass eine Kommunikation via E-Mail je nach Problembezug und Projektstand durchaus negative Konsequenzen haben kann, wenn beispielsweise umfangreiche Anfragen nicht mehr hinreichend detailliert beantwortet werden. Ein anderer Gesichtspunkt bezieht sich auf Probleme des *Tacit Knowledge*, das eine effektive Zusammenarbeit behindern kann, wenn es nicht gelingt, zugleich auch die entscheidenden Kontextinformationen zu vermitteln. Er empfiehlt beispielsweise, Videokonferenzen oder Team-Discussion Boards einzusetzen (Chiocchio 2007, S. 99).

Hinweise auf marktübliche Projektmanagementsoftware finden sich unter anderem auf der Homepage des amerikanischen »Project Management Institute« (www.pmi.org), aber auch in vielfältiger Weise im Internet oder einschlägigen Journals (z. B. im »Projektmanagement« oder »Project Management Journal«). Einen ausführlichen Überblick über Programme und Funktionalitäten vieler verschiedener Tools und Anbieter geben Ahlemann/Backhaus (2006).

Auch neuere Entwicklungen im Bereich des Internets bergen nicht nur große Potenziale für Unternehmen, sondern auch speziell für das Projektmanagement. Der Begriff Web 2.0 bezeichnet den Übergang vom Distributionsmedium Internet in ein Netz, welches auf dem Prinzip der aktiven und vor allem gemeinsamen Gestaltung des Internets basiert. Man spricht vom Web 2.0 als einer neuen aktiven Internet-Ära (Alby 2007, S. 15 ff.).

Im Zusammenhang mit dem Kommunikationsaspekt wird oftmals auch der Begriff »Social Software« verwendet. Dieser ist aus der Praxis entstanden, um verschiedene, neuere Applikationen zu kennzeichnen, und kann somit als eine bestimmte Form internetbasierter Anwendungen verstanden werden. Diese neuen Applikationen zeichnen sich besonders durch die Unterstützung gemeinsamer Inhaltserarbeitung aus, die wiederum Interaktionen zwischen den Benutzer/innen initiiert (Brahm 2007, S. 21). Eine beispielhafte Applikation aus diesem Bereich ist ein Wiki, das sich beschreiben lässt als »eine webbasierte Software, die es allen Betrachtern einer Seite erlaubt, den Inhalt zu ändern, indem sie die Seite online im Browser editieren« (Ebersbach/Glaser/Heigl 2005, S. 10). Das bekannteste Bespiel eines Wikis ist *Wikipedia* (www.wikipedia.org).

Ebersbach/Glaser/Heigl (2005) geben im Rahmen einer Fallstudie einen Überblick, wie ein Wiki als Projektbaukasten genutzt werden und durch die kooperative Erarbeitung einer Projektskizze die Teamarbeit unterstützen kann (Ebersbach/Glaser/Heigl 2005, S. 283–286).

Neue Anforderungen an Projektmitarbeiter/innen und Projektmanager/innen

»*Software is a wonderful tool when you know how to make the most of it*« (Society for Human Resource Management 2007, S. 119). Die Nutzung von moderner Projektmanagementsoftware ist trotz (oder gerade wegen) der Vielzahl der oben genannten Funktionen bei vielen Anwender/innen auf die Funktionalitäten des Ablauf- und Terminmanagements beschränkt (Meyer 2005, S. 42). Auch die umfassende Nutzung asynchroner Kommunikationsformen oder Tools der Social Software ist teilweise mit Schwierigkeiten für die Nutzer/innen verbunden.

Um daher Projektmanagementsoftware bzw. »Neue Medien« effizient einsetzen und das inhärente Potenzial für die Projekt- und damit auch für die Unternehmensziele voll ausschöpfen zu können, müssen sowohl die betroffenen Mitarbeiter/innen als auch die Projektleiter/innen über eine ausreichende Medienkompetenz verfügen. Eine für das Projektmanagement notwendige Medienkompetenz ist daher als gegeben vorauszusetzen bzw. als Vorlauf in die Projektplanung mit einzubeziehen. Dabei bezeichnet Medienkompetenz die Fähigkeit, Informationen gezielt auszuwählen, zu gewichten, zu speichern, weiter zu verarbeiten sowie aktiv zur Gestaltung von Problemlösungen einzusetzen (Baacke 1996; Hesse 2002). Die Beherrschung eines Tools wie beispielsweise E-Mail ist von daher nicht gleichzusetzen mit situationsrelevanter Medien- und Kommunikationskompetenz (Thimm/Fauser 2005, S. 138). Vielmehr wird hierbei Medienkompetenz als Teil der beruflichen Handlungskompetenz über Sach-, Methoden- und Sozial- sowie Selbstkompetenz verstanden. In Bezug auf Sachkompetenz geht es um das Wissen über theoretische Anforderungen und Sachverhalte im Sinne eines Umgangs mit Projektmanagementkonzepten. Im Hinblick auf die Methodenkompetenz ist das Wissen über den Umgang mit Hard- und Software gefordert. Sozialkompetenz spielt für die Medienkompetenz eine Rolle, indem es darum geht, die neuen Medien für einen angemessenen Umgang mit Projektmitgliedern und Stakeholdern zielbezogen zu nutzen. Für die Selbstkompetenz geht es um Einstellungen, Werte, Motive, Emotionen und Meta-Kognitionen im verantwortungsbewussten Umgang mit den Medien (Baethge/Achtenhagen/Arends/Babic et al. 2006,

S. 52; Reetz 1999, S. 41). Um medienkompetent handeln zu können, muss sowohl in der beruflichen Erstausbildung als auch in der Weiterbildung mit und durch Medien gelernt/gelehrt werden. Dabei ist auf Lehr- und Lernverfahren zu verweisen, die sich an Vorschlägen zum *Situierten Lernen* ausrichten (vgl. vor allem die Ansätze des *Anchored Instruction* [AI], [CGTV, Cognition and Technology Group at Vanderbilt (1997)], der *Goal Based Scenarios* (Schank/Fano/Jona/Bell 1993); der *Cognitive Flexibility* (Spiro/Jehng 1990) oder des *Problem Based Learning* (Evensen/Hmelo 2000) (vgl. auch die Hinweise in anderen Kapiteln diese Bandes).

Fazit und Ausblick

Projekte werden initiiert, um neuartige Aufgaben und Problemlösungen zu erarbeiten. Die Zielsetzungen dabei sind überaus vielfältig. Auf jeden Fall ist charakteristisch, dass sie – nach Auffassung der jeweiligen Unternehmensleitung – nicht im Rahmen der gegebenen Unternehmensstruktur erfolgreich in Angriff genommen werden können. Im Zuge der Globalisierung der Wirtschaft und der immer stärker werdenden Vernetzung unternehmerischer Prozesse auf der nationalen wie internationalen Ebene wird es immer schwieriger, angemessen auf neue Anforderungen zu reagieren. Hieraus ergibt sich der rasante Anstieg von Projekten, der sein Gegenstück in der wachsenden Zahl von Projektmanager/innen hat, wie sie weltweit gezielt ausgebildet werden (nach dem *Project Management Institute* haben etwa 260000 Nachwuchskräfte in 171 Ländern ein Zertifikat im Bereich des Projektmanagements erworben). Dass Unternehmen Projekte einrichten, hat neben dem Eingehen auf neuartige Kundenwünsche bzw. die Erarbeitung neuer Produkte oder Dienstleistungen vor allem den Grund, sich Wettbewerbsvorteile zu verschaffen und dabei nach Möglichkeit Transaktionskosten zu reduzieren. Bei Unternehmen, die bereits erfolgreich Projekte losgelöst von ihrer Organisationsstruktur durchgeführt haben, gewinnt ein Sachverhalt besondere Bedeutung: die detaillierte Dokumentation und Analyse erfolgreicher und weniger erfolgreicher Projektarbeit.

Hinzu kommt die Entwicklung eines flexiblen Mitarbeiterstammes, der Erfahrungen in der Anlage, Durchführung und Evaluation von Projekten hat sammeln können. Ein wesentliches Merkmal ist, dass sowohl auf der Manager- als auch der Mitarbeiterebene klar erkannt wird, dass Aufgaben des Projektmanagements nicht isoliert, sondern stets als Teil der Gesamtaufgaben eines Unternehmens zu sehen sind. Um entsprechend arbeiten zu können, muss durchgängig in Projektarbeiten eine ganzheitliche, vernetzte Perspektive eingehalten werden, wofür zwei Voraussetzungen unabdingbar sind: der Einsatz von Werkzeugen der IUKT, die eine entsprechend ganzheitliche Sichtweise stützen oder überhaupt erst ermöglichen, sowie Manager/innen und Mitarbeiter/innen, die im Hinblick auf das Gesamtziel und die Teilziele stringent und expertenhaft mit diesen Werkzeugen umgehen können. Diese unabdingbare Forderung verweist auf zentrale Aufgaben des Bereichs des *Human Resource Education and Managements*.

Literatur

Alby, T. (2007): Web 2.0. Konzepte, Anwendungen, Technologien. München: Hanser.

Ahlemann, F./Backhaus, K. (^{4}2006): Project management software systems. Requirements, selection process and products. München: Oxygon-Verlag.

Ahlemann, F./Wieland, E. (2007): Portfoliomanagement ist Standard, Wissensmanagement ist im Kommen. Studie zu Projektmanagementsoftware der Universität Osnabrück. In: Projektmanagement, H. 1, S. 53–57.

Altrogge, G. (^{2}1994): Netzplantechnik. München: Oldenbourg.

Baacke, D. (1996): Medienkompetenz – Begrifflichkeit und sozialer Wandel. In: von Rein, A. (Hrsg.): Medienkompetenz als Schlüsselbegriff. Bad Heilbrunn: Klinkhardt, S. 112–124.

Baethge, M./Achtenhagen, F./Arends, L./Babic, E./Baethge-Kinsky, V./Weber, S. (2006): Berufsbildungs-PISA. Machbarkeitsstudie. Pädagogik. Stuttgart: Steiner.

Barney, J.B. (1991): Firm resources and sustained competetive advantage. In: Journal of Management, 17, S. 99–120.

Bechler, K.J. (2005): Kommunikation im Projekt. In: Bechler, K.J./Lange, D. (Hrsg.): DIN Normen im Projektmanagement. Bonn: BDU Servicegesellschaft für Unternehmensberater mbH, S. 13/14.

Bechler, K.J./Lange, D. (Hrsg.) (2005): DIN Normen im Projektmanagement. Bonn: BDU Servicegesellschaft für Unternehmensberater mbH.

Bialas, M./Jäger, M./Meyer, M.M. (2006): PM Software: Microsoft Project 2007. Ein großer Schritt voran. In: Projektmanagement, H. 4, S. 63–67.

Brahm, T. (2007): The Development of Team Competencies through Social Software. In: Lindner, M./Bruck, P.A. (Hrsg.): Micromedia and Corporate Learning. Proceedings of the 3rd International Microlearning 2007 Conference. Innsbruck : University Press, S. 158–168.

CGTV (Cognition and Technology Group at Vanderbilt) (1997): The Jasper Project. Mahwah, NJ: Erlbaum.

Chiocchio, F. (2007): Project Team Performance: A Study of Electronic Task and Coordination Communication. In: Project Management Journal, 38 , H. 1, S. 97–109.

Cooke-Davis, T.J. (2002): The »real« succes factors of projects. In: International Journal of Project Management, 20, S. 185–190.

Dai, C.X./Wells, W.G. (2004): An exploration of project managers office features and their relationship to project performance. In: International Journal of Project Management, 22, S. 523–532.

Domschke, W./Drexl, A./Domschke-Drexl. (^{6}2005): Einführung in Operations Research. Springer-Lehrbuch. Berlin: Springer.

Ebersbach, A./Glaser, M./Heigl, R. (2005): Wiki-Tools. Kooperation im Web. Berlin, Heidelberg: Springer.

Escrig-Tena, A.B./Bou-LLusa, J.C. (2005): A model for evaluating organizational competencies: An application in the context of quality management initiative. In: Decision Sciences, 36, S. 221–257.

Evensen, D.H./Hmelo, C.E. (Hrsg.) (2000): Problem-based learning. Mahwah, NJ: Lawrence Erlbaum Associates.

Frese, E. (2000): Organisationsmanagement. Neuorientierung der Organisationsarbeit. Schäffer-Poeschel-Verlag: Stuttgart.

Hartlieb, B. (2000): Gesamtwirtschaftlicher Nutzen der Normung. Zusammenfassung der Ergebnisse; wissenschaftlicher Endbericht mit praktischen Beispielen. Berlin u.a.: Beuth.

Heizer, J./Render, B. (^{4}2001): Principles of Operations Management. Upper Saddle River, NJ: Prentice Hall.

Hesse, F.W. (2002): Psychologisch-pädagogische Potenziale des Lernens mit Online-Medien. In: Issing, L.J./Stärk, G. (Hrsg.): Studieren mit Multimedia und Internet. Münster: Waxmann, S. 49–56.
Kaplan, R.S./Norton, D.P. (1996): The balanced scorecard. Translating strategy into action. (Nachdr.). Boston, Mass.: Harvard Business School Press.
Keßler, H./Winkelhofer, G.A. (^{3}2002): Projektmanagement. Leitfaden zur Steuerung und Führung von Projekten. Berlin u. a.: Springer.
Kieser, A./Walgenbach, P. (^{4}2003): Organisation. Stuttgart: Schäffer-Poeschel.
Mandl, H./Reinmann-Rothmeier, G./Gräsel, C. (1998): Gutachten zur Vorbereitung des Programms »Systematische Einbeziehung von Medien, Informations- und Kommunikationstechnologien in Lehr- und Lernprozesse«. In Bund-Länder-Kommission (Hrsg.): Materialien zur Bildungsplanung und zur Forschungsförderung (Heft 66). Bonn: Bund-Länder-Kommission für Bildungsplanung und Forschungsförderung (BLK).
Meyer, M.M. (2005): Studie zur Softwareunterstützung für Projektmanagement-Aufgaben. In: Projektmanagement, H. 4, S. 42–45.
Ohlig, J.C. (2005): Projektsprache und Projekterfolg. In: Bechler, K.J.L.D. (Hrsg.): DIN Normen im Projektmanagement. Bonn: BDU Servicegesellschaft für Unternehmensberater mbH, S. 15–20.
Picot, A./Reichwald, R./Wigand, R.T. (^{5}2003): Die grenzenlose Unternehmung. Information, Organisation und Management; Lehrbuch zur Unternehmensführung im Informationszeitalter. Wiesbaden: Gabler.
Reetz, L. (1999): Zum Zusammenhang von Schlüsselqualifikationen – Kompetenzen – Bildung. In: Tramm, T./Sembill, D./Klauser, F./John, E.G. (Hrsg.): Professionalisierung kaufmännischer Berufsbildung. Beiträge zur Öffnung der Wirtschaftspädagogik für die Anforderungen des 21. Jahrhunderts; Festschrift zum 60. Geburtstag von Frank Achtenhagen. Frankfurt a.M.: Lang, S. 32–51.
Schank, R.C./Fano, A./Jona, M./Bell, B. (1993): The Design of Goal Based Scenarios. Technical Report, 39. Evanston, IL: Northwestern University. The Institute for Learning Sciences.
Schreyögg, G. (^{4}2003): Organisation. Gabler-Verlag: Wiesbaden.
Schwarze, J. (^{9}2006): Projektmanagement mit Netzplantechnik. NWB-Studienbücher, Wirtschaftswissenschaften. Herne: Verlag Neue Wirtschafts-Briefe.
Society for Human Resource Management (2007): The essentials of project management. Business literacy for HR professionals. Boston, Mass.: Harvard Business School Press.
Spiro, R.J./Jehng, J.C. (1990): Cognitive flexibility and hypertext: theory and technology for the nonlinear and multidimensional traversal of complex subject matter. In: Nix, D./Spiro, R.J. (Hrsg.): Cognition, education, and multimedia. Exploring ideas in high Technology. Hillsdale, NJ: Erlbaum.
Thimm, C./Fauser, P. (2005): Remote Leadership: Neue Kompetenzen für medienbasiertes Führungshandeln? In: Thimm, C. (Hrsg.): Bonner Beiträge zur Medienwissenschaft: Bd. 5. Netz-Bildung. Lehren und Lernen mit neuen Medien in Wissenschaft und Wirtschaft. Frankfurt a.M.: Lang, S. 129–156.
Thomas, J./Mullaly, M. (2007): Understanding the Value of Project Management: First Steps on an International Investigation in Search of Value. In: Project Management Journal, 38, H. 3, S. 74–89.
Westerveld, E. (2003): The Project Excellence Model: linking success criteria and critical success factors. In: International Journal of Project Management, Band 21, H. 6, S. 411–419.
Wischnewski, E. (^{7}2001): Modernes Projektmanagement. PC-gestützte Planung, Durchführung und Steuerung von Projekten. Braunschweig: Vieweg.
Zielasek, G. (^{2}1999): Projektmanagement als Führungskonzept. Erfolgreich durch Aktivierung aller Unternehmensebenen. Berlin: Springer.
Zimmermann, J./Rieck, J./Stark, C. (2006): Projektplanung. Modelle, Methoden, Management. Berlin, Heidelberg: Springer.

Michael Balk

Moderation und Präsentation

Worum geht es? Moderation im Medien- und Bildungsmanagement

Liest oder hört man den Begriff »Moderation«, denkt man zunächst oft an Moderation in den Medien, d.h. in Fernsehen oder Rundfunk (vgl. Drescher 2003; Herman/Krol/Bauer 2002). Woran liegt es, dass einige der Moderator/innen regelrechte Quotengarant/innen sind? Ist es das attraktive Äußere, die Kleidung, die Stimme, der Wortwitz, das Auftreten, die fachlich-journalistische Kompetenz? Ist es der Blickkontakt mit den Zuschauer/innen? Welche dieser Erfolgsattribute gelten auch für Moderator/innen von *Arbeits-* und *Lerngruppen* im Medien- und Bildungsmanagement?

Während in den öffentlichen Medien das Herausarbeiten von (z.B. politischen) Standpunkten oder die Präsentation eines neuen Produktes (Lied, Film) und die dazu gehörende Selbstdarstellung im Mittelpunkt stehen (*Informations-, Unterhaltungs- und Marketingeffekte*), geht es bei der Moderation von Arbeitsgruppen, Projektteams, Qualitätszirkeln, Workshops und Besprechungen sowie im Rahmen von Lehr-Lern-Veranstaltungen weniger um Unterhaltung, sondern um das Erreichen von Ergebnissen (Klebert/Schrader/Straub 2006; Seifert 2003; Vögel-Biendl/Weiderer 2008).

Das in einer Arbeitsgruppe gebündelte oder in einer Lerngruppe zu erarbeitende Wissen der einzelnen Teilnehmenden soll dazu beitragen, neue Lösungen für bestimmte Ausgangsfragen zu entwickeln, die eine einzelne Person weniger gut oder weniger schnell finden dürfte (Hill 1982). Allerdings kann es in Gruppen zu Störungen der Kooperation wie Verantwortungsdiffusion, unkoordiniertem Vorgehen, Gruppendruck und Machtinteressen (Frey/Schulz-Hardt 2000) kommen. Die Mitglieder der Gruppe sollen daher durch den Moderator dabei unterstützt werden, lösungsorientiert zusammenzuarbeiten (*Kooperationseffekt*) und eine von allen getragene Problemlösung zu entwickeln (*Performanzeffekt*) bzw. einen Wissenszuwachs zu erfahren (*Lerneffekt*).

Moderation als komplexe Aufgabe

Die Moderation von Gruppen dürfte in den meisten Fällen keineswegs eine triviale Angelegenheit sein. Ist es in einem Unternehmen schwierig, in einer Projektgruppe zu einer Einigung zu kommen (z.B. weil die Teilnehmenden aus unterschiedlichen Abteilungen mit je eigenen Perspektiven und Interessen stammen), sind die Erwartungen an einen Moderator meist relativ hoch. Die Zufriedenheit der Teilnehmer/innen mit Prozess und Ergebnis der Moderation ist jedoch ein wichtiges Kriterium für den Erfolg (Hartmann/Funk/Arnold 2000), da diese anschließend im Unternehmen weiter an der Entwicklung beispielsweise einer neuen multimedialen Lernplattform, an neuen Bildungsangeboten, der Veränderung von Prüfungsmodalitäten oder an einem neuen Studienprogramm arbeiten.

Sich schnell in ein Thema einzuarbeiten, reicht daher meist noch nicht aus, um Gruppen erfolgreich zu moderieren. Zu komplex ist diese Aufgabe: Steuerung des Gruppenprozesses, differenziertes Verstehen von Gesprächsäußerungen, Konsensfindung, Ausgleich von Spannungen zwischen Teilnehmer/innen, Zeitmanagement, Auswahl geeigneter Arbeitsformen und Visualisierungen – dies sind nur einige Aufgaben, die ein Moderator zu bewältigen hat.

In diesem Text werden Anregungen und Impulse aufgezeigt, wie Moderator/innen die unterschiedlichen Aufgaben der Moderation strukturieren können, um die Zielsetzungen von Moderation zu erreichen. Es wird erläutert, welche theoretischen Ansätze dabei hilfreich erscheinen und welche Befunde Moderator/innen kennen sollten, um mit typischen Phänomenen der Kommunikation und Gruppendynamik konstruktiv und aktiv umgehen zu können. Auf einzelne Moderations- und Visualisierungstechniken kann hier nicht näher eingegangen werden; diese werden jedoch in der Literatur zum Thema »Moderation« ausführlich dargestellt (vgl. Allhoff/Allhoff 2006; Hartmann/Rieger/Auert 2003; Klebert/Schrader/Straub 2006; Seifert 2006; Sperling/Stapelfeldt/Wasseveld 2004; Vögel-Biendl/Weiderer 2008).

Ziele, Grundsätze und aktuelle Trends der Moderation

Was kann mit Moderation erreicht werden? Welchen Nutzen bietet Moderation? Für wen? Wann sollte man andere Verfahren verwenden? Ein Blick auf die Bedeutung des aus dem Lateinischen stammenden Wortes »Moderation« kann zur Klärung dieser Fragen beitragen (Langenscheidts Taschenwörterbuch der Lateinischen und Deutschen Sprache 1984):

- moderatio: Regelung, Zügelung, Lenkung, Leitung; rechtes Maß, Modulation, Mäßigung, Milde, Schonung, Selbstbeherrschung
- moderator: Lenker, Leiter, der Einhalt gebietet
- moderatrix: Leiterin, Herrscherin, die Mäßigung bietet
- moderatus: gemäßigt, maßvoll; besonnen, ruhig
- moderor: mäßigen, zügeln; lenken, leiten; einrichten, bestimmen

Zusammenfassend lässt sich folgende übertragene Bedeutung festhalten: Bei der Moderation geht es darum, eine Gruppe besonnen und ruhig zu leiten und dafür zu sorgen, dass die beteiligten Personen ihre Emotionen in einem rechten Maß halten können. Es entsteht das Bild einer Tätigkeit, bei der der Moderator durchaus stilvoll, wertschätzend und einfühlsam vorgeht, aber auch bestimmend und aktiv ist, wenn es erforderlich werden sollte.

Warum sind diese Attribute eines Moderators so wichtig? Im Alltag von Organisationen zeigt es sich, dass die Teilnehmer/innen an Besprechungen, Teamsitzungen, Projektarbeiten oder Workshops nicht immer effizient und gezielt kommunizieren und somit nicht die gewünschten Ergebnisse erzielen (Frey/Schulz-Hardt 2000). Häufig stellen sich folgende Probleme (Albers 2001, S. 30):

- »Mündliche Diskussionen erfordern ein hohes Maß an Konzentration [...].
- Ermüdungserscheinungen führen zu Missverständnissen [...].
- In Besprechungen geht der rote Faden leicht verloren [...].
- Gesprächsteilnehmer beißen sich an Kleinigkeiten fest [...].
- Vielredner dominieren andere Teilnehmer [...].
- Ergebnisse können Außenstehenden nur unvollständig vermittelt werden [...].
- Entscheidungsprozesse werden unnötig in die Länge gezogen.«

Die erhofften *Synergieeffekte* von Arbeitsgruppen werden insbesondere durch ein förderliches Arbeitsklima und eine Steuerung der Kommunikation durch eine inhaltlich möglichst neutrale Person freigesetzt, damit sich alle Gruppenmitglieder aktiv und mit Freude beteiligen können. Dadurch kann deren individuelles Wissen, ihre Erfahrungen und ihre Kreativität genutzt werden, um eine hohe Qualität der Ergebnisse für Problemstellungen aus dem Arbeitsbereich zu erzielen (Drescher 2003; Hartmann/Funk/Arnold 2000; Klebert/Schrader/Straub 2006; Seifert 2003; Sperling/Stapelfeldt/Wasseveld 2004; Vögel-Biendl/Weiderer 2008).

Moderation als Methode der gezielten Steuerung von Gruppenprozessen und der Kommunikation in der Gruppe sowie der Visualisierung von Diskussionsinhalten wurde etwa in den 1970er-Jahren entwickelt (Klebert/Schrader/Straub 2003). In den letzten Jahren hat sich die klassische Variante jedoch aufgrund neuer Anforderungen in einigen Aspekten verändert (Hartmann/Rieger/Auert 2003):

- Bei vielen Moderationsaufträgen geht es darum, die Ziele mit den jeweiligen Ansprechpartner/innen der Organisation *vor* der Veranstaltung zu klären – nicht zuletzt auch deshalb, um Zeit zu sparen und ein maßgeschneidertes Angebot erstellen zu können.
- Der Moderator soll den *Prozess* positiv beeinflussen, während die Gruppe für die *Ergebnisse* verantwortlich ist. Die Gruppe sollte von Anfang an ein Mindestmaß an Eigenverantwortung besitzen.
- Die Ergebnisverantwortung der Gruppe spiegelt sich im Prinzip der *inhaltlichen Neutralität* des Moderators. Inzwischen ist es in der Regel aber so, dass der Moderator über inhaltliches Wissen verfügen sollte, um Begriffe und die Sprachverwendung der Zielgruppe einordnen zu können – ohne jedoch ein ausgewiesener Experte im Gegenstandsbereich sein zu müssen. Wenn der Moderator inhaltliche Aussagen macht, sollten diese transparent gemacht werden, um der Gefahr zu begegnen, Entscheidungen der Gruppe zu manipulieren.
- Nach wie vor gilt das Prinzip der *personenbezogenen Neutralität und Wertschätzung*. Das bedeutet, dass der Moderator nicht bestimmte Personen bevorzugt oder benachteiligt – schließlich sollen alle Gruppenmitglieder zu einer aktiven Teil-

nahme bewegt werden, damit sie ihr Wissen und ihre Erfahrungen verbalisieren können.
- Die *Zeitplanung* ist vergleichsweise genauer geworden. Aufgrund der begrenzten Zeitvorgaben (Kostengründe) und der häufig hohen Komplexität von Aufgabenstellungen (z. B. Konkurrenzdruck, Globalisierung) ist es notwendig, dass der Moderator aktiv auf das Einhalten der Zeit achtet, damit die Gruppe zu einem (vorläufigen) Ergebnis kommen kann.

Moderation als Mittel der Wahl bietet sich insbesondere dann an, wenn der *Gestaltungsspielraum* der Gruppe bei der Erarbeitung von Problemlösungen eher hoch und zumindest eine gewisse *Zeit* für Kooperation verfügbar ist. Ist der Gestaltungsspielraum der Gruppe bezüglich des Ausgangsthemas jedoch eher gering und ist weniger Zeit verfügbar, ist die klassische Leitung beispielsweise einer Teambesprechung eher geeignet (Hartmann/Rieger/Auert 2003): Der Vorgesetzte gibt in diesem Fall Informationen weiter, fragt nach Einschätzungen der Mitarbeiter/innen und trifft dann mehr oder weniger gemeinsam mit dem Team die Entscheidung über das weitere Vorgehen.

Im Fall der *internen Moderation* beispielsweise durch die Führungskraft einer Abteilung oder eines Teams (Albers 2001; Drescher 2003; Hartmann/Funk/Arnold 2000; Seifert 2006; Sperling/Stapelfeldt/Wasseveld 2004) im Sinne eines Diskussionsleiters finden sich spezifische Tipps bei Vögel-Biendl und Weiderer (2008). Empfehlenswert erscheint es im Fall der internen Moderation, wenn die Führungskraft ihre inhaltlichen Positionen oder die eigene Entscheidungskompetenz transparent macht und dem Team verdeutlicht, in welcher Rolle (Führungskraft, Moderator) sie welche Aussagen macht.

Der Vorteil von *externen Moderator/innen* besteht darin, dass es diesen in der Regel leichter fallen dürfte, die Prinzipien der inhaltlichen und personenbezogenen Neutralität zu verwirklichen. Weiterhin können erfahrene Moderator/innen auf umfangreiche Erfahrungen mit Moderations- und Gruppenprozessen unterschiedlichster Zielgruppen zurückgreifen und diese für den konkreten Moderationsauftrag nutzen.

Aufgaben von Moderator/innen

Welche Aufgaben haben Moderator/innen? Was kann ein Moderator beitragen, dass der Gruppenprozess in eine kreative, ergebnisorientierte Richtung läuft? Wie kann es einem Moderator gelingen, eine Atmosphäre der Kooperation, Offenheit und der Freude am Entwickeln neuer Lösungen zu fördern und damit das Potenzial der Gruppe zu wecken? Im Folgenden wird der Blick auf die spezifischen Tätigkeiten von Moderator/innen bei der Vorbereitung, Durchführung und Reflexion von Veranstaltungen gerichtet.

Vorbereitung

Neben den Fragen der Teilnehmerstruktur und der Themen spielt es für eine präzise Vorbereitung der jeweiligen Moderation eine große Rolle, ob es sich um eine zweistündige Besprechung, einen Halbtages-Workshop oder eine mehrtägige Veranstaltung handelt. Die verfügbare Zeit bestimmt in der Praxis häufig, welche Ziele in diesem Rahmen erreicht werden können (z.B. Problemsammlung, Problemlösung) und welche anschließenden Maßnahmen erforderlich sind (z.B. Folgeveranstaltung, individuelle Arbeitspakete). Wird man als Moderator angefragt, dient eine gründliche Vorbereitung dazu, den Grundstein für den Erfolg der Veranstaltung zu legen.

Vorgespräche führen

Vorgespräche mit dem Auftraggeber dienen in erster Linie dazu, eine Zieldefinition und Zielgruppenanalyse vornehmen zu können, um infolgedessen angemessene Arbeitsformen und Zeitläufe zu planen (Abschnitt »Moderationsplan«) und sich gegebenenfalls in das Thema einzuarbeiten. Diese Abstimmung mit dem Auftraggeber kann im Rahmen persönlicher Treffen oder in telefonischen Absprachen erfolgen, je nach vorhandenem Zeit- und Finanzbudget der Organisation.

Langmaack/Braune-Krickau (1993) geben einen Überblick über Leitfragen für Vorklärungen und Kontraktgestaltung. An den dort dargestellten Themen orientiert werden im Folgenden einige ausgewählte zentrale Aspekte der Vorgespräche aus Sicht des Autors erläutert:

- *Ziele:* Was soll mit der geplanten Veranstaltung erreicht werden? Welche ökonomischen, qualitativen und zeitlichen Ziele werden vom Auftraggeber formuliert? Woran merken Organisation, Vorgesetzte und Mitarbeiter/innen, dass die Ziele erreicht wurden (überprüfbare Indikatoren)? Der Moderator hat die Aufgabe, die expliziten Ziele der Organisation zu erfragen und gegebenenfalls implizite (d.h. zunächst noch ungeklärte oder unausgesprochene) Ziele zu ermitteln, wenn dies möglich ist. Dabei spielt genaues Hinhören, vertiefendes Nachfragen und ein großes Interesse für die Gegebenheiten der Organisation eine wichtige Rolle.
- *Themen:* Bei einer Anfrage empfiehlt es sich, sich möglicherweise schon vor einem ausführlicheren Vorgespräch über die Einrichtung zu informieren, um bereits über ein gewisses Ausmaß an Vorwissen zu verfügen. Im Vorgespräch ist es wichtig zu klären, wie man Informationen zur Einarbeitung in die Themen der Veranstaltung erhalten kann und welche Materialien oder Ergebnisse anderer Besprechungen der beteiligten Personen für den Einstieg in die moderierte Sitzung relevant sind (z.B. Kurzpräsentation, Handouts).
- *Teilnehmer:* Wer wird an der Veranstaltung teilnehmen? Wie viele Personen sind es? Gibt es Personen, bei denen eine Teilnahme erwünscht, aber noch offen ist (z.B. wegen anderen wichtigen Terminen)? Aus welchen Bereichen der Organisation kommen die Teilnehmer/innen? Wie lange sind die einzelnen Personen im

Unternehmen tätig? Welche Ausbildung und Qualifikationen haben sie? Wer kennt wen? Verfügen Teile der Gruppe oder alle bereits über Kooperationserfahrungen miteinander oder ist es eine Gruppe, bei der die Personen zum ersten Mal zusammenarbeiten? Wenn die Personen bereits zusammengearbeitet haben: Wie hat dies funktioniert? Welche Erfahrungen haben die Teilnehmer/innen mit moderierten Veranstaltungen gemacht? Mit diesen Fragen kann der Moderator etwas über die Gruppenstruktur, deren Vorerfahrungen und potenzielle Konflikte erfahren. Allerdings ist es möglich, dass der Gesprächspartner darüber nur wenig oder keine Angaben macht oder machen kann.

- *Raum und Ausstattung:* Wo wird die Veranstaltung stattfinden? Welcher Raum bzw. welche Räume stehen zur Verfügung? Welche Sitzordnung ist vorgesehen? Wie flexibel können Stühle und Tische positioniert werden? Dabei sind möglichst präzise Angaben über Raumgröße(n) im Verhältnis zur Anzahl der Teilnehmer/innen und die Möglichkeiten der Beleuchtung und Belüftung notwendig. Gibt es Fenster, die geöffnet werden können? Liegt der Raum z. B. an einer viel befahrenen Straße oder ist die Umgebung eher ruhig? Welche Medien stehen zur Verfügung (z. B. ausreichende Anzahl an Flipcharts und Stellwänden, Moderationsmaterial, Beamer, Internetzugang)? Wie wird die Verpflegung in den Pausen gehandhabt?

- *Anzahl der Moderatoren:* Generell besteht die Möglichkeit, eine Veranstaltung auch zu zweit zu moderieren (Sperling/Stapelfeldt/Wasseveld 2004; Seifert 2006). Eine Aufteilung von Aufgaben und ein Austausch zur Steuerung des Prozesses mithilfe der Perspektiven beider Moderator/innen kann eine Erleichterung und Qualitätsverbesserung bewirken – wenn man mit der anderen Person gut zusammenarbeiten kann. Häufig wird jedoch die Höhe des Honorars den Ausschlag geben, ob man eine Veranstaltung alleine oder zu zweit moderiert. Überschreitet die Gruppengröße die Anzahl von zehn Teilnehmer/innen, empfehlen Hartmann, Funk und Arnold (2000) die Moderation im Team durch zwei Moderator/innen.

- *Bedingungen der Moderatoren:* Vor dem Vorgespräch sollte der Moderator überlegen, welche Bedingungen er für eine produktive Zusammenarbeit mit der Organisation und mit der jeweiligen Gruppe braucht. Die Klärung der oben erwähnten Aspekte dürfe für die meisten Moderator/innen dazugehören. Es ist jedoch denkbar, dass individuelle Vorlieben oder Abneigungen bzw. konkrete Erfahrungen mit Moderation und verschiedenen Zielgruppen und Settings dazu führen, weitere Kriterien zu bestimmen. Zu den Bedingungen gehört natürlich ein angemessenes Honorar. Hierbei empfiehlt sich ein gewisser Spielraum, um eigene Entscheidungsmöglichkeiten bezüglich der Auftragsannahme auch bei begrenzten Möglichkeiten der Organisation aufrechterhalten zu können.

- *Entscheidung über den Auftrag:* Am Ende des Vorgesprächs ist es ratsam, eine Vereinbarung zu treffen, wie die Gesprächspartner/innen bezüglich des Auftrags miteinander verbleiben wollen. Welche Arbeitsschritte sind von wem bis wann zu tun (z. B. Zusenden von Informationen, Erstellung eines Moderationskonzeptes)? Bis wann ist eine Zu- bzw. Absage erforderlich? Selbstverständlich ist eine Zu- oder Absage grundsätzlich von beiden Seiten möglich, da die Organisation bei mehreren Moderator/innen anfragen kann. Treffen beide Seiten die Entscheidung über eine Zusammenarbeit, ist eine Absprache notwendig, wie die Dokumentation der Ergebnisse gehandhabt werden soll (z. B. Fotoprotokoll, Protokollmitschrift) und wer dafür zuständig ist.

Diese Punkte können in Form einer Checkliste verdichtet werden (vgl. Hartmann/Funk/Arnold 2000; Hartmann/Rieger/Auert 2003; Moderationstechnik 2007). Letztlich ist es die Entscheidung des Moderators, ob er bei nur sehr wenig verfügbaren Informationen eine Zusage machen möchte.

Positive Einstellung zu Personen und Prozess entwickeln

Moderator/innen sollen eine kreative, konsensorientierte Kooperation der Gruppenmitglieder fördern. Das bedeutet für den Moderator, zur Vertrauensbildung beizutragen. Ein wichtiger Schritt besteht darin, dass die Gruppenmitglieder der Person des Moderators vertrauen und sich aus gutem Grund auf dessen Kompetenz verlassen können. Wenn die Gruppe spürt, dass der Moderator selbst sehr engagiert ist, wirkt sich dies auf die Akzeptanz durch die Gruppe und den Erfolg der Veranstaltung aus (vgl. Bungard/Wiendieck 1992; Deppe 1986).

Insofern kommt es dem Moderator zu, ein positives Vorbild für einen guten, kooperativen Kontakt zu den Mitgliedern der Gruppe sein und seine eigenen nonverbalen und verbalen Botschaften in ihrer Wirkung auf die Gruppe zu beachten (Albers 2001; Seifert 2003; Vögel-Biendl/Weiderer 2008): *Jede* Person, die zur Gruppe gehört und im Raum anwesend ist, soll sehen und spüren können, dass *genau sie* wichtig für den Erfolg ist und dass sie kompetent daran mitwirken kann. Dies gelingt leichter, wenn der Moderator selbst davon überzeugt ist und sich entsprechend verhält (*self-fulfilling prophecy*).

Dieses Engagement und diese Überzeugung können Moderator/innen verwirklichen, wenn es ihnen auf der Grundlage der Bewertung aller vorliegenden Informationen gelingt, eine positive Einstellung zu sich selbst, den Teilnehmenden und zum bevorstehenden Arbeitsprozess zu entwickeln. Folgende Leitfragen können dabei hilfreich sein:
- *Was weiß ich aus den Vorgesprächen?* Hierbei kann der Moderator einen Überblick über die verfügbaren Informationen durch eine geeignete Visualisierung gewinnen (z. B. Mind Map, siehe Albers 2001; Allhoff/Allhoff 2006; Seifert 2006; Sperling/Stapelfeldt/Wasseveld 2004; Vögel-Biendl/Weiderer 2008).
- *Wie sehe ich das insgesamt?* Diese Frage dient einer inneren Bestandsaufnahme, um die eigenen Reaktionen und Assoziationen in Bezug auf den Auftrag zu ermitteln (vgl. Abschnitt »Kongruenz«). Um eine angemessene Distanz zum eigenen Erleben zu schaffen, können die dabei entstehenden inneren Vorstellungs- und Fühlbilder (Gerl 1998) ebenfalls externalisiert und auf dem Mind Map oder in anderer für den Moderator passenden Form festgehalten werden (Balk 2007).

- *Was könnte schiefgehen? Inwiefern empfinde ich ein gewisses Unwohlsein?* Während im vorangegangenen Punkt eine allgemeine Erfassung des eigenen Erlebens im Vordergrund stand, wird hier der Fokus auf potenzielle Warnsignale im Vorfeld gelenkt (somatische Marker; vgl. Damasio 2004; Hüther 2006; Lux 2007; Storch 2006), die ebenfalls extern auf dem Mind Map symbolisiert werden können. Deren Beachtung kann für die weitere Vorbereitung hilfreich sein, um sich auf die bevorstehende Aufgabe einzustellen und geeignete Arbeitsformen für die Gruppe und Umgangsweisen mit möglichen Schwierigkeiten zu finden (vgl. Abschnitt »Vorsätze«).
- *Welcher Ablauf wäre optimal? Woran würde ich dies erkennen (äußerlich, innerlich)? Was braucht die Gruppe und was brauche ich selbst, damit dies eintritt?* Sicherlich gibt es nicht nur eine Möglichkeit eines optimalen Verlaufes, sondern vielleicht mehrere oder sogar viele (»viele Wege führen nach Rom«). Die hier genannten Leitfragen dienen der Ermittlung einer erstrebenswerten Richtung bei der Durchführung der jeweiligen Veranstaltung. Besonders empfehlenswert erscheint es, diese positiv besetzten Aspekte ebenfalls zu visualisieren, damit sie bei der Handlungssteuerung während der Veranstaltung genutzt werden können.

Als theoretischer Rahmen für die Entwicklung einer positiven Einstellung zu den Teilnehmer/innen wird der »Personzentrierte Ansatz« nach Carl Rogers (1959/1991) von einer Reihe von Autor/innen als hilfreich für Moderator/innen erachtet (Albers 2001; Henninger/Mandl/Balk 1997; Sperling/Stapelfeldt/Wasseveld 2004; Vögel-Biendl/Weiderer 2008; von Grone-Lübke/Petersen 2006). Dieser beschreibt drei förderliche Einstellungen gegenüber Gesprächspartner/innen bzw. Gruppenmitgliedern, die in ihrer positiven Wirkung auf guten Kontakt, gegenseitiges Verstehen und persönliche Weiterentwicklung bestätigt wurden (vgl. z. B. Lux 2007):

(1) Echtsein (Kongruenz) im Sinne der Glaubwürdigkeit des Moderators, die sich aus dem bewussten Zugang zu den eigenen inneren Erfahrungen (Gedanken, Gefühle, Körperempfindungen, Vorstellungsbilder) und der Außenwirkung (Passung von Körpersprache und verbalen Äußerungen) zusammensetzt; *(2) unbedingte Wertschätzung (Akzeptanz)* als positive Zuwendung zu den Personen und ihren Sichtweisen; *(3) einfühlendes Verstehen (Empathie)*, d.h., sich in diese Sichtweisen hineinversetzen zu können und sie verbal zu verstehen versuchen (vgl. Abschnitt »Differenzieren von Gesprächsäußerungen«). Zur Klärung und Förderung dieser Einstellungen hat die Reflexion eigenen Handelns einen bedeutenden Stellenwert.

Eine Heuristik bei der Selbstreflexion und Formulierung angemessener Antworten oder Vorschläge in einer moderierten Veranstaltung sind die physischen (z. B. passende Raumtemperatur, Versorgung mit Energie) und die psychischen Grundbedürfnisse. Das »Herausarbeiten der Interessen und Bedürfnisse der Beteiligten« (Drescher 2003, S. 96) ist eine zentrale Aufgabe des Moderators. Wenn diese weitgehend erfüllt sind, ist den umfangreichen Forschungsbefunden zufolge mit Interesse und Wohlbefinden in Bezug auf die zu bearbeitenden Aufgaben zu rechnen (Ryan/Deci 2000). Diese psychischen Grundbedürfnisse sind:

(1) Autonomie (Einfluss und Mitbestimmungsmöglichkeiten, z. B. »Sind Sie einverstanden, wenn wir jetzt in Kleingruppen zu je vier Personen weiterarbeiten, in denen Sie Lösungsmöglichkeiten für das Ausgangsproblem entwickeln?«), *(2) Kompetenz* (das eigene Wissen und seine Fähigkeiten anwenden können) und *(3) positive soziale Beziehungen* (guter Kontakt zu anderen Menschen, z. B. emotionale Sicherheit im Kontakt zum Moderator und anderen Gruppenmitgliedern).

Moderationsplan entwerfen

Auf der Grundlage der Informationen aus den Vorgesprächen und der Klärung der eigenen Einstellungen zum Moderationsvorhaben entwirft der Moderator den Moderationsplan (Seifert 2006). Dies ist ein grober Ablauf von methodischen Schritten, geeigneten Visualisierungen und der voraussichtlich dafür erforderlichen Zeit. Ziel ist es dabei, kreative Prozesse mittels geeigneter, auf die Gruppe und das Thema bezogener Arbeitsformen und Zeitstrukturen zu initiieren.

Es empfiehlt sich, Alternativen zum geplanten Vorgehen zu berücksichtigen, falls beispielsweise die Gruppe schneller oder langsamer als vorhergesehen arbeitet, bestimmte Vorgehensweisen nicht akzeptiert werden oder andere Konflikte auftreten. Dabei ist eine großzügige Zeitstruktur (Pufferzeiten) hilfreich, da kreative Potenziale durch ein zu rigides Zeitmanagement in der Regel weniger gut gefördert werden können. Die groben Arbeitsschritte sind nach Seifert (2006; in ähnlicher Form auch bei Albers 2001; Allhoff/Allhoff 2006; Günther/Sperber 1993; Hartmann/Funk/Arnold 2000; Klebert/Schrader/Straub 2006; Sperling/Stapelfeldt/Wasseveld 2004):

- *Einstieg:* Dazu gehört die Begrüßung und Vorstellung des Zeitplans, das Kennenlernen der Teilnehmer/innen und das Vertrautwerden mit den räumlichen Gegebenheiten, die Schaffung eines positiven Arbeitsklimas, das Abklären der Erwartungen und das Formulieren der Zielsetzung sowie das Festlegen der Methodik und das Klären der Protokollfrage. Ein gelungener Einstieg stellt die Weichen für den weiteren Prozess, daher bieten sich hier einfache, die Kooperation fördernde Arbeitsformen und Aufgabenstellungen an, um positive Erfahrungen machen zu können (vgl. auch Vögel-Biendl/Weiderer 2008; Sperling/Stapelfeldt/Wasseveld 2004).
- *Themen sammeln:* Der Moderator formuliert – gemeinsam bzw. in Abstimmung mit der Gruppe – eine präzise, zielgerichtete Fragestellung und visualisiert diese. Anschließend machen die Teilnehmer/innen ein Brainstorming zu den mit der Frage in Verbindung stehenden Themen (z. B. über Kartenabfrage).
- *Thema auswählen:* Nachdem ein Themenspeicher angelegt wurde (z. B. durch Dokumentation auf dem Flipchart), werden die Teilnehmer/innen dazu angeregt, die für sie relevanten Themen auszuwählen (z. B. durch Punktabfrage). Mit dem für die Gruppe wichtigsten Thema wird dann weitergearbeitet. Je nach verfügbarer Zeit und Arbeitstempo können in einer Veranstaltung auch mehrere Themen nacheinander bearbeitet werden.

- *Thema bearbeiten:* Hier geht es für den Moderator um die Auswahl einer geeigneten Methodik, die sowohl strukturiert ist als auch kreative Prozesse ermöglicht. Ziel ist es, (vorläufige) Lösungen für das zugrunde liegende Problem zu entwickeln. Beispielsweise kann ein Problem-Analyse-Schema eingesetzt werden, um eine möglichst effiziente Bearbeitung und die Konzentration der Aufmerksamkeit der Teilnehmer/innen auf die Zielsetzung zu fördern.
- *Maßnahmen planen:* Hat die Gruppe Ursachen und Lösungen erarbeitet, geht es nun darum, eine möglichst gute Ausgangsbasis für die Umsetzung geeigneter Maßnahmen im Arbeitsalltag zu gewährleisten. Die Frage ist hierbei, wer was wann und wie tun soll. Dafür ist die Methode des Maßnahmenplans geeignet. Durch die Visualisierung vor der Gruppe wird die Verpflichtung der einzelnen Personen zur Umsetzung gefördert; Kontrollen der Umsetzung können ebenfalls vereinbart und visualisiert werden.
- *Abschluss:* In der letzten Phase sollte geklärt werden, inwieweit die Erwartungen der Teilnehmenden erfüllt wurden, die Arbeit effektiv war und wie es um die Zufriedenheit mit dem Ergebnis bestellt ist. Es hat sich als förderlich erwiesen, wenn der Moderator den beteiligten Personen für die Zusammenarbeit dankt und eine kurze, angemessene Rückmeldung zum Prozess gibt: »Die Schlussszene/das Schlusswort sollte, der Situation angemessen, so positiv wie möglich ausfallen« (Seifert 2006, S. 158). Wenn die Moderator/innen den Abschluss positiv und mit sichtbaren Ergebnissen gestalten, ist dies ein guter Ausgangspunkt für individuelle oder gruppenbezogene Folgeaktivitäten – die spürbare Energie, Zufriedenheit und Inspiration können dann genutzt werden.

Moderatoren können dabei Überlegungen aus der »Themenzentrierten Interaktion« (Cohn 1992; Langmaack/Braune-Krickau 1993; Vögel-Biendl/Weiderer 2008) berücksichtigen: Ziel ist ein ausgewogenes Verhältnis der Aufmerksamkeit auf (1) einzelne Personen, (2) die gesamte Gruppe, (3) die Arbeit am konkreten Thema und (4) den Kontext (die Rahmenbedingungen vor Ort, im Unternehmen sowie in dessen sozialen, ökonomischen und ökologischen Umfeld).

Mithilfe einer ausgewogenen Gestaltung (Einzel-, Partner- und Kleingruppenarbeitsphasen, Diskussionen im Plenum, Differenzieren von Wortbeiträgen Einzelner, Phasen des Perspektivenwechsels auf Kontextfaktoren) kann ein Moderator dafür sorgen, dass die Bedürfnisse der beteiligten Personen berücksichtigt werden, um das rechte Maß an emotionaler Aktivierung für kreative Prozesse zu fördern (Damasio 2004; Hüther 2006; Storch 2006). Die notwendige Abwechslung der Arbeitsformen und das Einplanen adäquater Pausen tragen dazu bei, die Energie- und Aufmerksamkeitskapazitäten aufrechtzuerhalten (Sperling/Stapelfeldt/Wasseveld 2004; Vögel-Biendl/Weiderer 2008).

Wirksamer Umgang mit kritischen Situationen durch situationsbezogene Vorsätze

Auch bei einer sehr umfassenden und genauen Vorbereitung kann ein Moderator an den Punkt kommen, dass er unsicher ist, wie das geplante Vorgehen bei der Gruppe ankommt. Wie könnte er wirksam mit diesen erwarteten Schwierigkeiten umgehen?

Auf der Grundlage einer positiven Einstellung zur Gruppe und zum Arbeitsprozess bieten sich hierbei insbesondere *situationsbezogene Vorsätze* (Gollwitzer 1999) an. Allgemeine Vorsätze wie »Ich tue mein Bestes.« (um sich z. B. gesünder zu ernähren oder gut zu moderieren) haben in der Regel kaum einen Effekt (wie viele Menschen in der Zeit nach Silvester bemerken). Umfangreiche Forschungsarbeiten haben gezeigt, dass man mit einfachen, aber spezifischen mentalen Plänen erfolgreich sowohl in neuen Situationen als auch bei der Veränderung von Gewohnheiten handeln kann – insbesondere wenn der Person das zu erreichende Ziel (z. B. eine erfolgreiche Moderation und die entsprechenden Teilziele) sehr wichtig sind. Die mentale Kopplung einer spezifischen Situation mit der entsprechenden Handlung sorgt dafür, dass bei der Umsetzung weniger kognitiver Aufwand notwendig ist, weil die Situationsmerkmale den Abruf des Vorsatzes erleichtern (Automatisierung): »*Wenn Situation X auftritt, mache ich Y.*« Solche Vorsätze können für typische Unsicherheiten von Moderator/innen beispielsweise folgendermaßen lauten:

- »Wenn die ersten Teilnehmer/innen den Raum betreten und mein Puls ansteigt, atme ich bewusst aus, um mich zu beruhigen.«
- »Wenn ein Teilnehmer einen Fachbegriff verwendet, den ich nicht kenne, frage ich nach, um die Aussage einordnen zu können.«
- »Wenn ein Teilnehmer einen Kollegen unterbricht, greife ich ein und erteile ihm das Wort, nachdem der Kollege ausgeredet hat.«
- »Wenn ich ein Missverständnis unter den Teilnehmer/innen vermute, spreche ich dies an und frage nach, wie die Personen ihre Aussagen gemeint haben.«
- »Wenn die Sitzordnung für die Kleingruppenarbeit ungünstig ist, bitte ich die Teilnehmer/innen um Mithilfe beim Umstellen der Tische.«

Durchführung

Worauf sollten Moderator/innen achten, wenn sie eine Veranstaltung leiten? Auf diese Frage werden im Folgenden Antworten angeboten, die den Leser/innen bei der Durchführung von Moderationsveranstaltungen helfen sollen.

Nonverbale Kompetenz: Raumgestaltung, Ausstrahlung und Präsenz

Damit die eigene Präsenz, Ausstrahlung und die persönliche Stärke besser zur Geltung kommen können, die für die Leitung von Gruppen notwendig sind, sollte sich der Moderator im eigenen Körper *und* im Gruppenraum (einigermaßen) wohlfühlen (Gendlin 1998; Storch 2006).

> »*Der Violinist Miha Pogacnik beschrieb mir diese Form der Praxis mit dem folgenden Beispiel: Als ich mein erstes Konzert in Chartres gab, hatte ich das Gefühl, dass mich die Kirche fast rauswarf. ›Raus mit Dir!‹, sagte sie. Ich war jung und versuchte Leistung zu bringen, so wie ich es gewohnt war: einfach meine Geige zu spielen. Aber dann wurde mir auf einmal klar, dass du in Chartres gar nicht die kleine Violine spielen darfst, du musst die Makro-Violine spielen. Die kleine Violine ist das Instrument in deinen Händen. Die Makro-Violine ist die ganze Kathedrale, die dich umgibt.*« (Scharmer 2007)

Während der Violinist in diesem Beispiel einen aus musikalischer Sicht perfekten Raum nutzen kann, obliegt dem Moderator bei der *Raumgestaltung* insbesondere darauf zu achten, dass Blickkontakt unter den Teilnehmenden und zum Moderator möglich ist und die Visualisierungen (Leinwand, Flipchart, Stellwände) gut zu sehen sind (Vögel-Biendl/Weiderer 2008). Erfüllt der Raum diese funktionalen Kriterien, dürfte sich das auch auf das Wohlbefinden des Moderators auswirken.

Es empfiehlt sich daher, frühzeitig anwesend zu sein, um das eigene Idealbild mit der Realität (und den Möglichkeiten) abzugleichen und gegebenenfalls das Arrangement von Tischen, Stühlen, Stellwänden, Flipcharts umzugestalten. So kann der Moderator mit den räumlichen Bedingungen vertraut werden (Seifert 2006), *bevor* er mit Anforderungen bezüglich der Gruppenleitung konfrontiert ist. Sollten im weiteren Verlauf – z. B. für eine Kleingruppenarbeit – Veränderungen in der Raumgestaltung nötig sein, kann der Moderator die Teilnehmenden um Mithilfe bitten.

Hat der Moderator für günstige räumliche Bedingungen gesorgt, kann der persönliche Stil bei der Moderation besser zum Ausdruck kommen. Die Mehrzahl von Signalen der Wertschätzung, des Interesses und persönlichen Engagements sind nonverbaler Natur und vielfach automatisiert, aber dem Bewusstsein zugänglich (Damasio 2004; Ekman 2007; Hüther 2006; Storch 2006). Hermann-Ruess (2006) empfiehlt daher, auf Aspekte wie Kleidung, Stimme, Betonungen, Körperhaltung, Blickkontakt und Gestik zu achten, die Glaubwürdigkeit, Vertrauen, Sympathie und Begeisterung vermitteln (vgl. auch Vögel-Biendl/Weiderer 2008):

- Über den *Blickkontakt* steuert der Moderator die teilnehmerbezogene Aufmerksamkeit. Nur durch Hinsehen kann man nonverbale Signale erkennen, dass eine Person etwas sagen möchte (z. B. sich nach vorne lehnen und den Moderator oder den Sprechenden ansehen; sich melden; heftiges Kopfschütteln oder -nicken). Darüber hinaus ist es Ausdruck der Wertschätzung, wenn der Moderator immer wieder Blickkontakt zu allen Teilnehmenden aufbaut, damit alle in den Prozess einbezogen werden können.
- Was den Einsatz der *Stimme* des Moderators angeht, empfiehlt sich eine dynamische und abwechslungsreiche Sprechweise. Wenn beispielsweise in einer turbulenten Diskussionsphase eine verbale Intervention angebracht erscheint, sollte dies auch in einer etwas lauteren, deutlichen Stimme zum Ausdruck kommen.

- *Körperhaltungen* und *-bewegungen:* Grundsätzlich empfiehlt sich eine aufrechte Haltung und eine freie, lebendige Gestik, um z. B. das Wort durch eine einladende Hand- und Armbewegung zu erteilen oder eigene Aussagen zu betonen. Möchte der Moderator die Aufmerksamkeit der Teilnehmenden auf sich lenken (z. B. um zu Wort zu kommen oder die Arbeitsform zu wechseln), kann das relativ einfach geschehen: er steht auf und geht zum zentralen Punkt vor der Gruppe (z. B. in der Nähe des Flipcharts).
- Um in Verbindung mit den eigenen Stärken bleiben zu können, ist eine *körperlich-mentale Regulation* insbesondere in den Pausen hilfreich. Gerade bei Arbeitsphasen, die eine hohe Konzentration seitens des Moderators erfordern, können die dabei meist unweigerlich entstehenden muskulären Anspannungen durch Lockern, Durchatmen und Strecken gelindert oder beseitigt werden (Förderung von Eigenwahrnehmung und Kongruenz).

Verbale Kompetenz: Differenziertes Verstehen von Gesprächsäußerungen und gezieltes Stellen von Fragen

Gesprächsäußerungen – beispielsweise von Gruppenmitgliedern – sind nicht immer so eindeutig, dass der Zuhörende deren Bedeutung sofort klar erkennt. Insbesondere in Kommunikationssituationen mit emotionalem Gehalt, wie dies bei der Analyse und Lösung von Problemen in Arbeitsgruppen oft der Fall ist, ist man mit eigenen Gedankengängen und der Regulation innerer Zustände beschäftigt, was Aufmerksamkeitskapazität von der Verarbeitung verbaler Informationen in den Äußerungen der anderen Person beim Zuhören abzieht. Infolgedessen können Missverständnisse entstehen, was die Kooperation erschwert.

Da man als Moderator unweigerlich nicht nur nonverbal, sondern auch verbal als Modell für die Teilnehmer/innen wirkt, betont Seifert (2003), auf die eigenen verbalen Botschaften zu achten: ehrliche Ich-Aussagen, wertschätzende die Gesprächspartner/innen betreffende Botschaften, verständliche Aussagen zur Sache. Hilfreich erscheinen daher der situative Einsatz *Bezug nehmender Gesprächstechniken* und *vertiefenden Nachfragens*. Deren positive Wirkungen für das differenzierte Verstehen von Gesprächsäußerungen sind umfangreich erforscht (Henninger/Mandl 2003).

Diese Gesprächstechniken orientieren sich an den Sprachfunktionen von Bühler (1934) – man greift dabei das Gesagte (z. B. »Mit diesem Vorschlag bin ich nicht einverstanden.«) auf und trägt dadurch dazu bei, dass der Gesprächspartner daran anschließend die Gelegenheit bekommt, das auszudrücken, was er meint.
- bezugnehmende Gesprächstechniken: (1) Bei der *Paraphrase* formuliert man, wie man den Sachinhalt des Gesprächspartners verstanden hat (Darstellungsfunktion; z. B. »Sie meinen den Vorschlag von Herrn X.«). (2) Beim *Ansprechen von Wünschen* bezieht man sich auf die Appellfunktion (z. B. »Sie möchten, dass dieser Vorschlag nochmals überdacht und diskutiert wird.«). (3) Das *Ansprechen von Gefühlen* dient dem Aufgreifen der emotionalen Anteile (Ausdrucksfunktion; z. B. »Sie

haben Bedenken, dass der Vorschlag zum gewünschten Ziel führt.«). Der Gesprächspartner kann dann die Richtigkeit bestätigen oder korrigieren und damit genauer zum Ausdruck bringen, was er gemeint hat, was er möchte oder wie er etwas bewertet.

- Verstehenssicherndes Nachfragen: Im Unterschied zu den bezugnehmenden Gesprächstechniken wird beim Nachfragen keine Aussage formuliert, wie man eine Äußerung verstanden hat, sondern eine offene Frage gestellt. Um die *Darstellungsfunktion* aufzugreifen, bieten sich beispielsweise folgende Formulierungen an: »Was meinen Sie damit?« oder »Ich bin mir nicht sicher, wie weit ich Sie jetzt schon verstanden habe: Können Sie es mir bitte noch genauer erklären?«. Die Fragen »Wie geht es Ihnen (damit)?« oder »Wie sehen Sie das?« zielen auf die *Ausdrucksfunktion*. Mit den Fragen »Was möchten Sie?« oder »Was hätten Sie gerne?« kann man die *Appellfunktion* ansprechen.

Diese Formen der Zusammenfassung oder des Nachfragens, um in der Gruppe eine gemeinsame Verstehensbasis für die Weiterarbeit zu fördern, wird von vielen Autor/innen als zentrale Aufgabe von Moderator/innen betrachtet (Drescher 2003; Hartmann/Funk/Arnold 2000; Seifert 2006; Sperling/Stapelfeldt/Wasseveld 2004; Vögel-Biendl/Weiderer 2008). Gruppenmitglieder, die sich mehr oder weniger gewollt abstrakt ausdrücken, werden zur Konkretisierung gefordert, was die Problemanalyse und -lösung in der Regel erleichtert. Weiterhin steuern Moderator/innen durch *Fragen* die Kommunikation in der Gruppe und regen kreative Prozesse an: z.B. »Herr X favorisiert Vorschlag Y. Frage in die Runde – Welche Vor- und eventuellen Nachteile sehen Sie?« (vgl. Vögel-Biendl/Weiderer 2008). Nach Seifert (2006) werden offene W-Fragen in der Moderation am meisten verwendet (was, wer, wie, wozu, wann, welche, wessen, wo?), da sie zur Elaboration des Themas und dessen Konkretisierung anregen sowie zur Lösungssuche geeignet sind. Geschlossene Fragen sind bei der Strukturierung des Vorgehens angebracht (z.B. »Sind Sie einverstanden, wenn wir jetzt zum nächsten Schritt übergehen?«). Dadurch wird die Mitbestimmung und Kooperationsbereitschaft der Gruppenmitglieder gefördert (vgl. Autonomie).

Einschätzen und Steuern von Gruppenprozessen

Wenn beispielsweise während einer Arbeitsphase in Kleingruppen eine Teilgruppe nur wenig Interaktion zeigt, könnte es daran liegen, dass diese Personen die Aufgabenstellung nicht verstanden haben, es könnten aber auch Konflikte zwischen den Gruppenmitgliedern bestehen (Reduktion der Kooperationsbereitschaft) oder es wäre denkbar, dass die Teilnehmer/innen intensiv über die Aufgabenstellung nachdenken und bereits in der Vorstellung Lösungen entwerfen, die aber noch nicht spruchreif sind. Hier ist also eine Reihe von alternativen Erklärungsmöglichkeiten denkbar. Wie kann der Moderator herausfinden, was diese Gruppe braucht, um effektiv zusammenarbeiten zu können?

Um zu beurteilen, inwieweit man als Moderator kommunikative Mittel oder eine Änderung des Vorgehens bezüglich Arbeitsformen und -aufträgen einsetzt, ist ein Überblick über *Gruppenphasen* hilfreich. Diese Gruppenphasen können teilweise auch in recht kurzer Zeit durchlaufen werden. Je nach Phase kommt es zu unterschiedlichen Interaktionsmustern der Teilnehmenden. Moderation kann dazu beitragen, um beispielsweise das positive Potenzial von Konflikten und Meinungsverschiedenheiten (Phase 2) für die Erarbeitung von Problemlösungen zu nutzen. Diese Phasen sind (Tuckman 1965, zitiert nach Vögel-Biendl/Weiderer 2008, S. 95; vgl. auch Seifert 2006; Höher/Höher 2002):

- Phase 1: Forming (Orientierung und Anpassung)
- Phase 2: Storming (Konflikte und Differenzierung)
- Phase 3: Norming (Festigung der Gruppenstruktur, Aufbau von Normen)
- Phase 4: Performing (Arbeit der Gruppe im engeren Sinn)

Möglichkeiten, mit größeren Konflikten umzugehen, die von hoher emotionaler Intensität sind, länger andauern und möglicherweise tiefer gehende unternehmensinterne Gründe haben oder sich an die Person des Moderators richten, werden bei unterschiedlichen Autoren ausführlich dargestellt (vgl. »Konflikte erkennen und managen« in diesem Buch; Höher/Höher 2002; Seifert 2003; Sperling/Stapelfeldt/Wasseveld 2004; Vögel-Biendl/Weiderer 2008).

Weiterhin kann es in Gruppen – auch unabhängig von der jeweiligen Phase und ohne des Vorliegens eines Konfliktes – zu typischen *gruppenimmanenten Problemen* kommen, die zu Fehlentscheidungen führen können (Frey/Schulz-Hardt 2000):

- Anstrengungsreduktion und Verantwortungsdiffusion
- Koordinationsverluste
- Zurückhalten von Informationen und Vernachlässigen von Spezialwissen einzelner Gruppenmitglieder
- Kritiklosigkeit durch Gruppendenken (Selbstbestätigung durch Gruppendruck und dem Abwerten von Meinungsgegner/innen außerhalb der Gruppe)

Diese Probleme können durch einen externen Moderator deutlich reduziert werden (z.B. durch Brainstorming in Einzelarbeit oder Arbeit in Untergruppen zu Pro- und Kontra-Argumenten). Allerdings ist es dabei erforderlich, anhand von unterschiedlichen Anzeichen zu erkennen, dass Steuerungsbedarf bezüglich des Gruppenprozesses notwendig ist.

Ein Moderator kann diese Probleme daran erkennen, dass (1) neue Informationen nicht ausreichend beachtet werden, (2) Alternativen für Lösungen kaum berücksichtigt werden, (3) keine kritische Reflexion stattfindet, inwieweit die präferierte Alternative tatsächlich zur Zielerreichung beiträgt, (4) Risiken ausgeblendet werden, (5) Neubewertungen von Alternativen nicht erfolgen und (6) Rückschläge, Störungen und »Worst-Case-Szenarien« nicht beachtet werden (Frey/Schulz-Hardt 2000).

Als Moderator ist daher eine *systematische Gesprächsbeobachtung* zur Einschätzung der jeweiligen Gruppensituation erforderlich (Allhoff/Allhoff 2006; Günther/

Sperber 1993; Sperling/Stapelfeldt/Wasseveld 2004). Der Moderator beurteilt dabei, inwieweit der Wechsel von Wortbeiträgen strukturiert verläuft, sich die Gruppenmitglieder zuhören und sich alle beteiligen können und ob Teilnehmer/innen oder der Moderator selbst immer wieder Zwischenergebnisse mittels inhaltlicher Zusammenfassungen und Visualisierungen verdeutlichen.

Beachtenswert erscheinen in dem Zusammenhang auch geschlechtsspezifische Unterschiede im Gesprächsverhalten (vgl. Allhoff/Allhoff 2006). Während Männer dazu tendieren, das Gespräch zu dominieren (Unterbrechen, höhere Redezeit und Anzahl von Beiträgen, Themenwechsel), verhalten sich Frauen häufig nicht dominierend (Bezüge herstellen, Nachfragen). Oft verwenden Frauen auch Formulierungen wie »Es scheint, dass …« oder »Ich weiß nicht, ob …«, obwohl die inhaltlichen Anteile dieser Äußerungen auf sicherem Wissen basieren. Für Moderator/innen bedeutet das, diese Verhaltensweisen richtig einzuschätzen, um die aktive Beteiligung von Frauen und Männern im Sinne konstruktiver Kooperation zu fördern. Interkulturelle Aspekte werden bei Allhoff/Allhoff (2006), Höher/Höher (2002) und Sperling/Stapelfeldt/Wasseveld (2004) ausführlicher thematisiert.

Zur Prävention destruktiver Gesprächsverläufe bieten sich *Regeln* an, die entweder direkt zu Beginn mit der Gruppe vereinbart werden oder die der Moderator bei der Gesprächssteuerung berücksichtigt und bei Bedarf transparent macht (z. B. »Ich möchte, dass immer nur eine Person spricht und die anderen dann zuhören.«). Zwei für die Moderation besonders hilfreiche Regeln stammen aus der »Themenzentrierten Interaktion«: (1) Jede Person übernimmt die Verantwortung für sich und ihr eigenes Handeln und (2) Störungen haben Vorrang (Cohn 1992; vgl. auch Hartmann/Funk/Arnold 2000; Seifert 2006; Sperling/Stapelfeldt/Wasseveld 2004; Vögel-Biendl/Weiderer 2008).

Der Moderator entscheidet auf der Grundlage der Einschätzung des Gesprächsverlaufs situativ, wann und wie er mit *kommunikativen Mitteln* eingreift, z. B. durch Steuern der Reihenfolge von Wortmeldungen (Diskussionsleitung), Zurückgeben von Fragen einzelner Teilnehmer an die Gruppe bzw. Aufnehmen in den Themenspeicher, Konkretisieren und Visualisieren, Übersetzen provokativer oder personenbezogener Äußerungen in neutrale, wertschätzende Formulierungen, Nachfragen zum Arbeitsprozess. Um die Gruppe miteinzubeziehen, können Moderator/innen Fragen stellen wie »Ist alles in Ordnung?«, »Haben Sie den Eindruck, dass die Richtung stimmt?«, »Wie zufrieden sind Sie bis jetzt mit dem Verlauf? Mit den bisherigen Ergebnissen?«.

Auf diese Weise kann der Moderator herausfinden, welcher Steuerungsbedarf bezüglich des Prozesses notwendig ist, um nützliche Ergebnisse zu erarbeiten. Dadurch wird das Prinzip »Störungen haben Vorrang« aus Sicht der Teilnehmenden (z. B. Absinken der Aufmerksamkeit, Hunger) berücksichtigt – nur wenn diese geklärt und beseitigt werden können, ist die Gruppe in der Lage, sich auf das Thema zu konzentrieren.

Neben diesen Interventionen auf der Kommunikationsebene obliegt es dem Moderator zu prüfen, ob der *Moderationsplan* in dieser Form eingehalten werden kann oder welche Anpassungen nötig erscheinen. Der Moderator muss abwägen, wann eine

Arbeitsphase durch Hinweis auf die Zeit abgeschlossen und wann die Gruppe in einer besonders kreativen Phase durch Bereitstellen zusätzlicher Zeit bei der Entwicklung von Problemlösungen unterstützt werden muss und dann den ursprünglichen Plan und die Zeitläufe ändern.

Visualisierungen: Ergebnisse und Vorgehensweisen sichtbar machen

Ein Schlüssel zum Erfolg der Moderationsmethode sind die unterschiedlichen Möglichkeiten der Visualisierung (Hartmann/Rieger/Auert 2003; Klebert/Schrader/Straub 2006; Seifert 2006). Argumente, Inhalte und Zusammenhänge für alle Teilnehmer/innen zu veranschaulichen, bewährt sich bei der Erwartungsklärung, Themensammlung, zum Einstieg in eine Diskussion oder zur Reduktion des Gesprächstempos, zur Priorisierung und Klärung des weiteren Vorgehens, bei themenbezogenen Entscheidungen (Darstellung von Alternativen) oder bei der Bewertung von Maßnahmen sowie zur Zeitplanung (z. B. »Zeitstrahl mit konkreten Uhrzeiten«; vgl. Sperling/Stapelfeldt/Wasseveld 2004). Visualisierungen

- bündeln die Aufmerksamkeit der Teilnehmenden und bieten Orientierung.
- erhöhen das Verstehen von Zusammenhängen durch Konzentration auf das Wesentliche.
- senken den erforderlichen Redeaufwand durch Bezugnahme auf dokumentierte Aussagen.
- machen Gesagtes und Vereinbartes verbindlich.
- steigern die Beteiligung am Gespräch.
- signalisieren, dass die Beiträge der Teilnehmer/innen ernst genommen werden (vgl. Sperling/Stapelfeldt/Wasseveld 2004; Vögel-Biendl/Weiderer 2008).

Passend zu den Teilschritten und Arbeitsformen, die im Moderationsplan festgelegt sind, kann der Moderator auswählen, welche Art der Visualisierung er einsetzen möchte (einen guten Überblick bietet Seifert 2006). Gelungene Visualisierungen bestechen durch die geschickte Verwendung von Symbolen, wenig Text, Lesbarkeit und eine übersichtliche, ansprechende Gestaltung (vgl. auch Drescher 2003; Hartmann/Rieger/Auert 2003; Hertlein 2003; Sperling/Stapelfeldt/Wasseveld 2004; Will 2006). Auf diese Kriterien müssen Moderator/innen bei eigenen Anschriften achten, aber auch bei der Erstellung von Ergebnispräsentationen durch die Teilnehmer/innen (z. B. von Kleingruppenarbeiten).

Reflexion des eigenen Handelns

Mithilfe der Reflexion des eigenen Handelns kann man als Moderator aus den eigenen Erfahrungen lernen, seine weiteren Handlungsschritte auf gelungene Weise steuern – insbesondere um die notwendige Gelassenheit, Besonnenheit und Neutralität aufrechterhalten zu können – sowie das eigene Handlungsrepertoire schrittweise erweitern (Seifert 2006; Vögel-Biendl/Weiderer 2008). Durch Reflexion können Moderator/innen bewusster und gezielter Situations- und Personspezifika und die damit verbundene komplexe Dynamik beachten: »Haben Sie das Gefühl, dass etwas nicht stimmig ist? Sind Sie irritiert, wissen aber nicht genau warum? Nehmen Sie diese Beobachtungen ernst«, empfehlen Sperling, Stapelfeldt und Wasseveld (2004, S. 289).

Diese intuitiven Einschätzungen erweisen sich insbesondere dann als günstig für die Auswahl von Handlungsalternativen, wenn in einer Situation nur begrenztes Wissen (z. B. fehlende oder bruchstückhafte Informationen über Einzelinteressen, Machtverhältnisse, Konflikte) und begrenzte Zeit zur Verfügung stehen (Gigerenzer 2007). Dass körperliche Signale – sogenannte somatische Marker – dabei hilfreich sind, zeigt die neuere neurobiologische Forschung (Damasio 2004; Ekman 2007; Hüther 2006). Der eigenen Aufmerksamkeitssteuerung kommt dabei eine wichtige Rolle zu (Balk 2007; Gendlin 1998; Lux 2007; Storch 2006; Wiltschko 2003).

Als Moderator kann man zwei Möglichkeiten der Reflexion einsetzen: (1) die individuelle Reflexion und (2) die Reflexion mit Unterstützung durch andere Personen. Die *individuelle Reflexion* kann während und nach der Moderationsveranstaltung stattfinden (Henninger/Mandl/Law 2001). Während die unmittelbare Reflexion des eigenen Handelns beim Moderieren ausgesprochen hohe kognitive Ansprüche an den Moderator stellt, können (kurze) Pausen eine gute Gelegenheit sein, über Steuerungsbedarf im Hinblick auf die laufende Veranstaltung nachzudenken. Nach Abschluss der Moderationsveranstaltung kann man sich fragen: »Was ist geglückt?«, »Welche Einschätzung und welche Methoden haben sich prozessförderlich ausgewirkt?«, »Wann war ich unsicher?« (vgl. Vögel-Biendl/Weiderer 2008).

Selbstverständlich kann man auch die *Unterstützung durch andere Personen* nutzen, um sich auf Moderationsaufträge vorzubereiten oder diese systematisch zu reflektieren. Kollegiales Feedback, Supervision und Coaching sind oftmals geeignete Instrumente (Sperling/Stapelfeldt/Wasseveld 2004), die Perspektive, Erfahrung oder den Rat von Fachleuten einzuholen, die einen zu guten eigenen Ideen inspirieren. Eine Person des eigenen Vertrauens muss aber nicht unbedingt Fachmann sein, um über Fragen und Unsicherheiten hinwegzuhelfen: Oft genügt ein offenes Ohr, die Bereitschaft zum Zuhören und das Vertrauen in den anderen, um einen kreativen Prozess in Gang zu setzen. In diesem Sinne: Viel Erfolg beim Moderieren!

Literatur

Albers, O. (2001): Gekonnt moderieren: Zukunftswerkstatt und Szenariotechnik. Regensburg: Fit for business.
Allhoff, D.-W./Allhoff, W. ([14]2006): Rhetorik und Kommunikation. Ein Lehr- und Übungsbuch. München: Reinhardt.
Balk, M. (2007): Focusing: Klarheit im Fühlen, Denken und Handeln. www.psychophysik.com/html/ak-093-focusing.html (Abruf 20.6.2007).

Balk, M. (2003): Anwendungen von Focusing (außerhalb psychotherapeutischer Settings). In: Stumm, G./Wiltschko, J./Keil, W.W. (Hrsg.): Grundbegriffe der Personzentrierten und Focusing-orientierten Psychotherapie. Stuttgart: Pfeiffer, S. 25–27.

Barth, C./Henninger, M. (2008): Konflikte erkennen und managen. In: Henninger, M./Mandl, H. (Hrsg.): Handbuch Medien- und Bildungsmanagement. Weinheim: Beltz, S. 167–188.

Bühler, K. (1934): Sprachtheorie: Die Darstellungsfunktion der Sprache. Jena: Fischer.

Bungard, W./Wiendieck, G. (1992): Qualitätszirkel in einem Großbetrieb der metallverarbeitenden Industrie – Ergebnisse einer Befragung von Vorgesetzten, Moderatoren und Mitarbeitern. In: Bungard, W. (Hrsg.): Qualitätszirkel in der Arbeitswelt. Göttingen: Verlag für Angewandte Psychologie, S. 139–180.

Cohn, R.C. (^{11}1992): Von der Psychoanalyse zur Themenzentrierten Interaktion. Von der Behandlung einzelner zu einer Pädagogik für alle. Stuttgart: Klett-Cotta.

Damasio, A.R. (^{5}2004): Ich fühle, also bin ich. Die Entschlüsselung des Bewusstseins. Berlin: List.

Deppe, J. (1986): Qualitätszirkel – Ideenmanagement durch Gruppenarbeit. Bern: Lang.

Drescher, P. (2003): Moderation von Arbeitsgruppen und Qualitätszirkeln. Göttingen: Vandenhoeck & Ruprecht.

Ekman, P. (2007): Gefühle lesen. Wie Sie Emotionen erkennen und richtig interpretieren. München: Elsevier.

Frey, D./Schulz-Hardt, S. (2000): Entscheidungen und Fehlentscheidungen in der Politik: Die Gruppe als Problem. In: Mandl, H./Gerstenmaier, J. (Hrsg.): Die Kluft zwischen Wissen und Handeln. Empirische und theoretische Lösungsansätze. Göttingen: Hogrefe, S. 73–93.

Gendlin, E.T. (1998): Focusing. Hamburg: Rowohlt.

Gerl, W. (1998): Moderne Hypnose: Hilfe durch das Unbewußte. Stuttgart: TRIAS.

Gigerenzer, G. (2007): Bauchentscheidungen. Die Intelligenz des Unbewussten und die Macht der Intuition. München: Bertelsmann.

Gollwitzer, P.M. (1999): Implementation Intentions. Strong Effects of Simple Plans. In: American Psychologist 54, S. 493–503.

Günther, U./Sperber, W. (1993): Handbuch für Kommunikations- und Verhaltenstrainer. München: Reinhardt.

Hartmann, M./Funk, R./Arnold, C. (2000): Gekonnt moderieren. Teamsitzung, Besprechung und Meeting: zielgerichtet und ergebnisorientiert. Weinheim: Beltz.

Hartmann, M./Rieger, M./Auert, A. (^{4}2003): Zielgerichtet moderieren. Ein Handbuch für Führungskräfte, Berater und Trainer. Weinheim: Beltz.

Henninger, M./Balk, M. (2008): Grundlagen der Kommunikation. In: Henninger, M./Mandl, H. (Hrsg.): Handbuch Medien- und Bildungsmanagement. Weinheim: Beltz, S. 136–150.

Henninger, M./Mandl, H. (2003): Zuhören – verstehen – miteinander reden. Ein multimediales Kommunikations- und Ausbildungskonzept. Bern: Huber.

Henninger, M./Mandl, H./Balk, M. (1997): Untersuchung eines konstruktivistisch orientierten Trainingsansatzes in der Weiterbildung. In: Unterrichtswissenschaft 25, S. 365–376.

Henninger, M./Mandl, H./Law, L.-C. (2001): Training der Reflexion. In: Klauer, K.J. (Hrsg.): Handbuch Kognitives Training. Göttingen: Hogrefe, S. 235–260.

Herman, I./Krol, R./Bauer, G. (2002): Das Moderationshandbuch. Souverän vor Mikro und Kamera. Stuttgart: UTB.

Hermann-Ruess, A. (2006): Speak limbic! Wirkungsvoll präsentieren – Präsentationen effektiv vorbereiten, überzeugend inszenieren und erfolgreich durchführen. Göttingen: Business Village.

Hertlein, M. (2003): Präsentieren – vom Text zum Bild. Hamburg: Rowohlt.

Hill, G.W. (1982): Group versus individual performance: Are N+1 heads better than one? In: Psychological Bulletin 91, S. 517–539.

Höher, P./Höher, F. (^{2}2002): KonfliktManagement. Konflikte kompetent erkennen und lösen. Planegg: Haufe.

Hüther, G. (2006): Wie Embodiment neurobiologisch erklärt werden kann. In: Storch, M./Cantieni, B./Hüther, G./Tschacher, W. (Hrsg.): Embodiment. Die Wechselwirkung von Körper und Psyche verstehen und nutzen. Bern: Huber, S. 73–97.

Klebert, K./Schrader, E./Straub, V. (2006): ModerationsMethode. Das Standardwerk. Hamburg: Windmühle Verlag.

Klebert, K./Schrader, E./Straub, V. (2003): Kurz-Moderation. Anwendung der ModerationsMethode in Betrieb, Schule und Hochschule, Kirche und Politik, Sozialbereich und Familie, bei Besprechungen und Präsentationen. Mit 20 Beispielabläufen. Hamburg: Windmühle Verlag.

Langenscheidts Taschenwörterbuch der Lateinischen und Deutschen Sprache. (^{36}1984). Berlin: Langenscheidt.

Langmaack, B./Braune-Krickau, M. (^{4}1993): Wie die Gruppe laufen lernt. Anregungen zum Planen und Leiten von Gruppen. Weinheim: Psychologie Verlags Union.

Lux, M. (2007): Der Personzentrierte Ansatz und die Neurowissenschaften. München: Reinhardt.

Moderationstechnik (Arbeitsheft) (2007): Offenbach: Gabal.

Revenstorf, D./Zeyer, R. (^{5}2004): Hypnose lernen. Leistungssteigerung und Streßbewältigung durch Selbsthypnose. Heidelberg: Carl-Auer.

Rogers, C.R. (1959/1991): Eine Theorie der Psychotherapie, der Persönlichkeit und der zwischenmenschlichen Beziehungen. Köln: GwG-Verlag.

Rogers, C.R. (1974): Lernen in Freiheit. München: Kösel.

Ryan, R.M./Deci, E.L. (2000): Self-determination theory and the facilitation of intrinsic motivation, social development, and well-being. In: American Psychologist 55, S. 68–78.

Scharmer, C.O. (2007): Theorie U: Von der Zukunft her führen. Presencing als evolutionäre Grammatik und soziale Technik für die Erschließung des vierten Feldes sozialen Werdens. In: Gesprächspsychotherapie und Personzentrierte Beratung 38, S. 202–211.

Seifert, J.W. (^{23}2006): Visualisieren – Präsentieren – Moderieren. Offenbach: Gabal.

Seifert, J.W. (^{4}2003): Moderation und Kommunikation. Gruppendynamik und Konfliktmanagement in moderierten Gruppen. Offenbach: Gabal.

Sperling, I.B./Stapelfeldt, U./Wasseveld, J. (2004): Moderation. Teams professionell führen mit den besten Methoden und Instrumenten. Planegg: Haufe.

Storch, M. (2006): Wie Embodiment in der Psychologie erforscht wurde. In: Storch, M./Cantieni, B./Hüther, G./Tschacher, W. (Hrsg.): Embodiment. Die Wechselwirkung von Körper und Psyche verstehen und nutzen. Bern: Huber, S. 35–72.

Tschacher, W. (2006): Wie Embodiment zum Thema wurde. In: Storch, M./Cantieni, B./Hüther, G./Tschacher, W. (Hrsg.): Embodiment. Die Wechselwirkung von Körper und Psyche verstehen und nutzen. Bern: Huber, S. 11–34.

Vögel-Biendl, D./Weiderer, M. (2008): Besprechungen mit Biss. München: Reinhardt.

von Grone-Lübke, W./Petersen, J. (2006): Moderieren können. Moderation in Theorie und Praxis – mit interaktivem Lernprogramm auf DVD. Donauwörth: Auer.

Will, H. (^{6}2006): Mini-Handbuch Vortrag und Präsentation. Weinheim: Beltz.

Wiltschko, J. (2003): Focusing. In: Stumm, G./Wiltschko, J./Keil, W.W. (Hrsg.): Grundbegriffe der Personzentrierten und Focusing-orientierten Psychotherapie und Beratung. Stuttgart: Pfeiffer, S. 117–120.

Autorenverzeichnis

Dr. **Michael Balk,** Leiter der SOS-Kinder- und Jugendhilfe, München und Erding.

Dipl.-Psych. **Christina Barth** ist wissenschaftliche Mitarbeiterin in der Arbeitsgruppe »Mediendidaktik I – Medien- und Bildungsmanagement« und Mitglied im Zentrum »Lernen mit digitalen Medien« der Pädagogischen Hochschule Weingarten.

Dipl.-Psych. **Sonja Bausch** ist wissenschaftliche Mitarbeiterin am Lehrstuhl für Arbeits- und Organisationspsychologie der Universität Heidelberg.

Prof. Dr. **Roland Brünken** ist Professor für Erziehungswissenschaft und empirische Bildungsforschung an der Philosophischen Fakultät III der Universität des Saarlandes in Saarbrücken.

Prof. Dr. **Oliver Deussen** ist Leiter der Arbeitsgruppe Computergrafik und Medieninformatik an der Universität Konstanz.

Prof. Dr. **Günter Dörr,** Direktor des Landesinstituts für präventives Handeln in Saarbrücken.

Dipl.-Psych **Katharina Ebner** ist Mitarbeiterin der Professur für Arbeits- und Organisationspsychologie der Universität der Bundeswehr München.

Prof. Dr. **Frank Fischer** ist Lehrstuhlinhaber des Lehrstuhls für Empirische Pädagogik und Pädagogische Psychologie an der Ludwig-Maximilian-Universität in München.

Dr. **Michael Fuhrmann** ist geschäftsführender Gesellschafter bei Rother & Partner Management-Consulting-Training in Karlsruhe.

Dipl.-Psych. **Manuela Glaser,** Arbeitsgruppe »Wissenserwerb mit Cybermedien« am Institut für Wissensmedien »IWM / KMRC« in Tübingen.

Prof. Dr. **Hans Gruber** ist Lehrstuhlinhaber des Lehrstuhls Pädagogik III an der Universität Regensburg.

Kirstin Hansen, ist wissenschaftliche Mitarbeiterin am Lehrstuhl Pädagogik III an der Universität Regensburg.

Prof. Dr. **Rainer Hammwöhner** ist Lehrstuhlinhaber des Lehrstuhls für Informationswissenschaft an der Universität Regensburg.

Dr. **Anja Hartung** M.A., ist wissenschaftliche Mitarbeiterin am Lehrstuhl Allgemeine Pädagogik der Otto-von-Guericke-Universität Magdeburg.

Prof. Dr. **Michael Henninger** leitet die Arbeitsgruppe »Mediendidaktik I – Medien- und Bildungsmanagement« und ist Direktor des Forschungszentrums »Lernen mit digitalen Medien« an der Pädagogischen Hochschule Weingarten.

Dr. **Jan Hense** ist Mitarbeiter am Institut für Pädagogische Psychologie und Empirische Pädagogik an der Ludwig-Maximilian-Universität München.

Dr. **Christine Hörmann** ist wissenschaftliche Mitarbeiterin in der Arbeitsgruppe »Mediendidaktik I – Medien- und Bildungsmanagement« und Mitglied im Zentrum »Lernen mit digitalen Medien" der Pädagogischen Hochschule Weingarten.

Dipl.-Psych. **Inge Jänen** ist wissenschaftliche Mitarbeiterin in der Fachrichtung Erziehungswissenschaft der Universität des Saarlandes in Saarbrücken.

Prof. Dr. **Regina Jucks,** Arbeitsbereich *Pädagogische Psychologie*, stv. geschäftsführende Direktorin des Instituts für Psychologie an der Goethe Universität in Frankfurt am Main.

Dipl.-Psych. **Babette Koch** ist wissenschaftliche Mitarbeiterin am Institut für Erziehungswissenschaft der Universität des Saarlandes.

Dr. **Ingo Kollar** ist Mitarbeiter am Lehrstuhl für Empirische Pädagogik und Pädagogische Psychologie an der Ludwig-Maximilian-Universität in München.

Prof. Dr. **Nicole Krämer** ist Professorin für Sozialpsychologie - Medien und Kommunikation an der Fakultät für Ingenieurwissenschaften an der Universität Duisburg-Essen.

Prof. Dr. **Thomas Lang von Wins**, Arbeits- und Organisationspsychologie an der Universität der Bundeswehr München.

Sven Lehmann, Siemens AG München.

Prof. Dr. jur. **Joachim Löffler** ist Professor für Wirtschaftsrecht und Unternehmensführung an der Hochschule Heilbronn.

Prof. Dr. **Heinz Mandl**, Department Psychologie an der Ludwig-Maximilian-Universität München.

Verena Mayer ist selbständige Motivberaterin und Coach unter anderem für Personalentwickler, Führungskräfte sowie Trainerin im Unternehmen »SprechWeisen-motivbasierte Kommunikation«.

Dr. **Peter Neumann**, wissenschaftlicher Berater Markt- und Werbepsychologie, München.

Univ.-Prof. Dr. **Helmut N. Niegemann** ist Professor für *Lernen und neue Medien* und Direktor des Zentrums für Lehr-/Lern- und Bildungsforschung an der Universität Erfurt.

Reißmann Wolfgang, M.A.

Prof. Dr. **Lutz von Rosenstiel,** Wirtschafts- und Organisationspsychologie, Departement Psychologie an der Ludwig-Maximilian-Universität in München.

Dipl.- Kffr. **Algar Rother** ist geschäftsführende Gesellschafterin bei Rother & Partner Management-Consulting-Training in Karlsruhe.

Prof. Dr. **Karlheinz Sonntag**, Arbeits- und Organisationspsychologie, Psychologisches Institut an der Ruprecht-Karls-Universität Heidelberg.

Prof. Dr. **Robin Stark**, Inhaber des Lehrstuhls für Persönlichkeitsentwicklung und Erziehung an der Universität des Saarlandes in Saarbrücken.

Dipl.-Hdl. **Stephanie Starke** ist Mitarbeiterin an der Fakultät für Betriebswirtschaft an der Ludwig-Maximilian-Universität in München.

Dr. **Rolf Stegmaier**, Arbeits- und Organisationspsychologie, Psychologisches Institut an der Ruprecht-Karls-Universität Heidelberg.

Prof. Dr. **Stephan Schwan**, stv. Direktor des Institutes für Wissensmedien und Professor für Lehr- und Lernforschung in Tübingen.

Andreas Urra ist Mitarbeiter der Arbeitsgruppe Computergrafik und Medieninformatik an der Universität Konstanz.

Prof. Dr. **Gerhard Vowe** ist Professor an der Philosophischen Fakultät und Lehrstuhlinhaber der Kommunikations- und Medienwissenschaft I an der Heinrich Heine Universität in Düsseldorf.

Prof. Dr. **Susanne Weber**, Institut für Wirtschaftspädagogik, Ludwig-Maximilians-Universität München.

Dipl.-Psych. **Sonja Weigand** ist Mitarbeiterin am Psychologischen Institut der Eberhard Karls Universität in Tübingen.

Prof. Dr. **Christian Wolff**, Professur für Medieninformatik an der Philosophischen Fakultät IV – Sprach- und Literaturwissenschaften, Universität Regensburg.